Martin Rhonheimer
Natur als Grundlage der Moral

Martin Rhonheimer

Natur als Grundlage der Moral

Die personale Struktur des Naturgesetzes bei Thomas von Aquin:
Eine Auseinandersetzung mit autonomer und teleologischer Ethik

Tyrolia-Verlag · Innsbruck-Wien

Mit kirchlicher Druckerlaubnis des Bischöflichen Ordinariates Chur vom 6. Mai 1986

Mitglied der Verlagsgruppe „engagement"

CIP-Kurztitelaufnahme der Deutschen Bibliothek
Rhonheimer, Martin:
Natur als Grundlage der Moral:
Die personale Struktur des Naturgesetzes bei Thomas von Aquin:
Eine Auseinandersetzung mit autonomer und teleologischer Ethik/Martin Rhonheimer. –
Innsbruck; Wien: Tyrolia-Verlag, 1987.
ISBN 3-7022-1602-2

1987
Alle Rechte bei der Verlagsanstalt Tyrolia,
Gesellschaft m. b. H., Innsbruck, Exlgasse 20
Gesamtherstellung in der Verlagsanstalt Tyrolia,
Gesellschaft m. b. H., Innsbruck

Für Hermann Lübbe
zu seinem sechzigsten Geburtstag

„Im Innern seines Gewissens entdeckt der Mensch ein Gesetz, daß er sich nicht selbst gibt, sondern dem er gehorchen muß und dessen Stimme ihn immer zur Liebe und zum Tun des Guten und zur Unterlassung des Bösen anruft und, wo nötig, in den Ohren des Herzens tönt: Tu dies, meide jenes; denn der Mensch hat ein Gesetz, das von Gott seinem Herzen eingeschrieben ist, dem zu gehorchen eben seine Würde ist und gemäß dem er gerichtet werden wird. Das Gewissen ist die verborgenste Mitte und das Heiligtum im Menschen, wo er allein ist mit Gott, dessen Stimme in diesem seinem Innersten zu hören ist. Im Gewissen erkennt man in wunderbarer Weise jenes Gesetz, das in der Liebe zu Gott und dem Nächsten seine Erfüllung hat."
II. Vatikanisches Konzil, Pastoralkonstitution
Gaudium et spes, 16

„Als Person zur unmittelbaren Gemeinschaft mit Gott berufen, als Person Ziel einer ganz einzigartigen Vorsehung trägt der Mensch in sein Herz geschrieben ein Gesetz (vgl. Röm 2,15; II. Vat. Konzil, „Dignitatis humanae", Nr. 3), das er sich nicht selber gegeben hat, sondern das Ausdruck der unveränderlichen Forderungen an sein personales Sein ist, das von Gott geschaffen wurde, auf Gott hingeordnet ist und in sich mit einer unendlich höheren Würde als die Dinge ausgestattet ist. Dieses Gesetz besteht nicht nur aus allgemeinen Richtlinien, deren nähere Bestimmung hinsichtlich ihres Inhaltes von den verschiedenen und veränderlichen geschichtlichen Umständen abhängig ist. Es gibt moralische Vorschriften, die ihren genauen, unveränderlichen und unbedingten Inhalt haben ...

... Daß es Bestimmungen gibt, die einen solchen Wert besitzen, kann nur jemand bestreiten, der leugnet daß es eine *Wahrheit* der Person, eine unveränderliche menschliche Natur gibt, die letztlich auf die schöpferische Weisheit gegründet ist, die jeder Wirklichkeit Rahmen und Maß verleiht.

Es ist deshalb unerläßlich, daß sich die sittliche Reflexion auf eine wahre Anthropologie gründet und immer tiefer in ihr Wurzel faßt und daß diese letzten Endes auf jener Metaphysik der Schöpfung beruht, die im Mittelpunkt jedes christlichen Denkens steht. Die Krise der Ethik ist der offenkundigste „Test" für die Krise der Anthropologie, eine Krise, die ihrerseits auf die Ablehnung eines wahrhaft metaphysischen Denkens zurückgeht. Diese drei Momente – das ethische, das anthropologische, das metaphysische – trennen zu wollen, ist ein äußerst schwerer Irrtum. Die Geschichte der modernen Kultur hat das in tragischer Weise bewiesen ...

... Das Ziel der ethischen Reflexion ist, zu zeigen, wie nur die Freiheit, die sich der Wahrheit unterwirft, die menschliche Person zu ihrem wahren Glück führt. Das Glück der Person besteht darin, sich in der Wahrheit zu befinden und die Wahrheit zu tun."
Johannes Paul II., Ansprache vom 10. April 1986

INHALTSVERZEICHNIS

Vorwort 13
Zitierweise der Werke von Thomas von Aquin 16
Einleitung 17

I.
DAS GESETZ DER PRAKTISCHEN VERNUNFT
(Methodologische und begriffliche Grundlagen)

1 Naturgesetz und praktische Vernunft als Gegenstand philosophischer Ethik 24

   1.1 Gründe für die Notwendigkeit einer „Rekonstruktion" des Begriffs „lex naturalis" 24
   1.2 „Physizismus": Die Verkennung der praktischen Vernunft 25
   1.3 Lehramtliches und moraltheologisches Sprechen über das Naturgesetz 29
      1.3.1 Zur Sprache des Lehramtes und der vorwissenschaftlichen Kommunikation 29
      1.3.2 Fragwürdige moraltheologische Rezeptionen 30
      1.3.3 Ein „vergessener" Text von Leo XIII. und die Perspektive des II. Vatikanums 32
   1.4 Zur Kritik des essentialistischen Verständnisses der „lex naturalis" 36
      1.4.1 Vernunft oder Natur? 36
      1.4.2 Nicht-Reduzierbarkeit der sittlichen Ordnung auf die Naturordnung 37
      1.4.3 Ein methodologischer Fehlschluß 38
      1.4.4 Unmöglichkeit der Ableitung des „sittlich-Guten" aus der „essentia" ... 39
      1.4.5 Inkonvertibilität des „esse morale" mit dem „esse essentiale" 41
   1.5 Praktische Vernunft und philosophische Ethik 42
      1.5.1 Die Ausgangsfrage 42
      1.5.2 Die Einheit des Intellekts und seine „extensio" 44
      1.5.3 Die Differenzierung von spekulativer und praktischer Vernunft 44
      1.5.4 Die „appetitive" Bedingtheit der praktischen Vernunft 46
      1.5.5 Die reflexive Ausweitung der Erkenntnisakte 48
      1.5.6 Erkenntnistheoretische Priorität des Aktes der praktischen Vernunft ... 49
      1.5.7 Die Unableitbarkeit des ersten Prinzips der praktischen Vernunft 51
      1.5.8 Gegenstand der philosophischen Ethik: Der „ordo rationis" 52
      1.5.9 Ethik und philosophische Anthropologie 53
      1.5.10 Das aristotelische Paradigma für die Beziehung zwischen Ethik und Anthropologie 56
      1.5.11 Integrierung der Ethik in die Metaphysik der Handlung 58
      1.5.12 Zur Begründung der normativen Funktion der Vernunft 60

2 Der Begriff des Naturgesetzes bei Thomas von Aquin: Eine Theorie der praktischen Vernunft 63

   2.1 Zur Unterscheidung von präzeptiv-praktischer und deskriptiv-reflexer Ebene 63

2.2 Die „lex naturalis" als Werk der Vernunft („opus rationis") 67
2.3 Das natürliche Gesetz: Partizipation des Ewigen Gesetzes 70
2.3.1 Die Konstituierung der „lex naturalis" durch die „lex aeterna" 70
2.3.2 Die doppelte Partizipation der „lex aeterna" im Menschen 72
2.3.3 Die natürliche Vernunft („ratio naturalis"), eine „mensura mensurata" 74

2.4 Die Konstituierung des natürlichen Gesetzes durch die „ratio naturalis" 76
2.4.1 Das erste Prinzip der praktischen Vernunft und des Naturgesetzes 76
2.4.2 Der imperative (präzeptive) Charakter des ersten Prinzips 78
2.4.3 Die spontane Erfassung menschlicher Grundwerte („bona humana") 79
2.4.4 Die Integration der menschlichen Grundwerte in die Struktur der menschlichen Handlung („actus humanus") 80
2.4.5 Gegenstandsbereich des Naturgesetzes: Der „ordo ad finem" 83

2.5 Naturgesetz und Tugend 85
2.5.1 Identität von „ordo rationis" und „ordo virtutis" 85
2.5.2 Sittliche Tugend als Integration der natürlichen Neigungen in die Ordnung der Vernunft 88
2.5.3 Die natürlichen Neigungen als „semina virtutum" 89

2.6 Zur Konstituierung des Handlungsobjektes 91
2.6.1 Abstrakte (ontische) und praktisch-moralische Objektivierung, – und eine neue Version des naturalistischen Fehlschlusses 91
2.6.2 Das Handlungsobjekt, eine „forma a ratione concepta" 94
2.6.3 Das Objekt als Ziel des Willens 96
2.6.4 Zum Begrifff der „Objektivität" des Naturgesetzes und des sittlichen Handelns 97

2.7 Jenseits von Naturalismus und Dualismus: Das Problem des sogenannten „naturwidrigen Handelns" („peccatum contra naturam") 98
2.7.1 Personale Anthropologie als Voraussetzung zum Verständnis 99
2.7.2 Das Paradigma der ehelichen Liebe 100
2.7.3 Ganzheitliche Anthropologie oder Spiritualismus? 103
2.7.4 Ein falscher Ausgangspunkt: Die Moralisierung der Naturordnung 108
2.7.5 Der entscheidende Gesichtspunkt der „praesuppositio" 111

2.8 Exkurs: Naturgesetz und Empfängnisverhütung 113
2.8.1 Die dreifache „praesuppositio" im Akt der Weitergabe des menschlichen Lebens 113
2.8.2 Der Ausgangspunkt: Der Begriff der „verantwortlichen Elternschaft" 115
2.8.3 Die Formulierung des Problems: Der untrennbare Zusammenhang von „liebender Vereinigung" und „Fortpflanzung" 117
2.8.4 Sexualität und prokreative Verantwortung 121
2.8.5 Fazit: Die „Naturgesetzwidrigkeit" der Empfängnisverhütung 136

2.9 Zusammenfassende Bemerkungen 139
2.9.1 Die „lex naturalis": Das Gesetz der praktischen Vernunft 139
2.9.2 Die „lex naturalis": Das Gesetz der Tugend 142

II.
PERSONALE AUTONOMIE, NATURGESETZ UND DIE OBJEKTIVITÄT DES SITTLICHEN HANDELNS
(Vertiefende Analysen)

Vorbemerkungen 148

1 Das Modell der „Autonomen Moral" 149

   1.1 Zum Begriff der moralischen Autonomie 150

   1.2 Die Autonomie der Vernunft: Selbstbehauptung durch Unabhängigkeit 152

   1.3 Autonome Moral und praktische Vernunft 154

   1.4 Die Frage nach dem „Proprium des Ethischen" 156

2 Zur Klärung des Autonomie-Begriffes 159

   2.1 Drei verschiedene Autonomiebegriffe 159
      2.1.1 Personale Autonomie 159
      2.1.2 Funktionale Autonomie 161
      2.1.3 Konstitutive Autonomie (Kompetenzautonomie) 163
      2.1.4 Formen der Heteronomie 166

   2.2 Zur Verwendung des Autonomiebegriffes: Einschränkungen seiner Brauchbarkeit 168
      2.2.1 Die „Autonomie des Sittlichen gegenüber der Naturordnung" 168
      2.2.2 Die „Autonomie des Sittlichen gegenüber der Metaphysik" 170
      2.2.3 Folgerungen 172

   2.3 Kants Autonomie-Begriff und die „autonome Moral" 173
      2.3.1 Die kantische Entdeckung der Autonomie des Sollens 174
      2.3.2 Sollenserfahrung und die Erkenntnis des Guten 175
      2.3.3 Das gemeinsame Defizit: Die Anthropologie der sittlichen Handlung 176

   2.4 „Theonome Autonomie": Ein Anthropomorphismus 178
      2.4.1 Theonome Autonomie des „Weltethos" (A. Auer) 178
      2.4.2 „Autonomie" – „Partizipation": Begriffliche Klärungen 180
      2.4.3 Theonome Autonomie der „schöpferischen Vernunft" (F. Böckle, K.-W. Merks) 181

   2.5 Autonomie oder Partizipation? 185

3 Partizipierte Autonomie: Zur Metaphysik und Anthropologie des Naturgesetzes 189

   3.1 Das „Ewige Gesetz" als philosophische Position 189

   3.2 Der imago-Charakter der personalen Autonomie 191

   3.3 Die Partizipation der *providentia* 196

   3.4 Die Partizipation der *lex aeterna* im Menschen 198

3.4.1 Partizipation des Ewigen Gesetzes 199
3.4.2 Der doppelte Modus der Partizipation im Menschen 200
3.4.3 Schlußfolgerungen 202

4 Die natürliche Dynamik der Vernunft: Zur erkenntnistheoretischen Struktur des Naturgesetzes 205

4.1 Das „Licht der natürlichen Vernunft" 205
4.1.1 Zur Bedeutung der Lichtmetapher 205
4.1.2 Einige Gründe für die Unhaltbarkeit des Begriffes „schöpferische Vernunft" in der Thomas-Exegese 206
4.1.3 „Ratio naturalis" 208
4.1.4 „Lumen intellectuale" 210
4.1.5 Die Wahrheitsmächtigkeit der natürlichen Vernunft 213
4.1.6 Der doppelte Erkenntnismodus der natürlichen Vernunft 215

4.2 Der Prozeß der „inventio" der natürlichen Vernunft 216
4.2.1 Die fundamentale Einheit von „intellectus" und „ratio" 217
4.2.2 Aktualisierung (Explikation) des „intellectus" durch die „ratio" . 218
4.2.3 Die „inventio", – ein Akt der „ratio naturalis" 221
4.2.4 Partizipative Binnenstruktur der „ratio naturalis" 223

4.3 Die Extension der „lex naturalis" aufgrund ihrer diskursiven Entfaltung durch die „ratio naturalis" (sekundäre Präzepte) 224
4.3.1 „Schlußfolgerungen" und „Konkretisierungen" 225
4.3.2 Einheit und Komplexität des Naturgesetzes 226
4.3.3 Primäre und sekundäre Prinzipien 229
4.3.4 Der inventive Ursprung der sekundären Prinzipien 231
4.3.5 Nochmals: I-II, q.94, a.2 235

5 Die normative Funktion der Vernunft und ihre Vollendung in der sittlichen Tugend 241

5.1 Die Vernunft: Maßstab der Sittlichkeit 241
5.1.1 Traditionelle und traditionskritische Mißverständnisse 241
5.1.2 Der Telos-Charakter der Vernunft 246
5.1.3 „Telos" und „imago", oder: Die Anforderungen des Menschseins 248
5.1.4 Die Konstituierung des „sittlich-Guten" durch die Vernunft 250
5.1.5 Drei Aspekte der maßstäblichen Funktion der Vernunft 252
5.1.6 „Autonomie" und „Theonomie" der Vernunft 255
5.1.7 Die Notwendigkeit einer operativen Konkretisierung der praktischen Vernunft 257
5.1.8 „Verdunkelung", bzw. „Zerstörung" des Naturgesetzes 258
5.1.9 Philosophische Ethik und Anthropologie vor dem Problem der „gefallenen Natur" und des „fomes peccati" 259

5.2 Der Begriff der sittlichen Handlung und das „ethische Proprium" .. 263
5.2.1 „Sittlichkeit", – eine Eigenschaft von Handlungen 264
5.2.2 „Sittlichkeit", „richtige Handlungsweise", „Tugend" 265
5.2.3 Das „ethische Proprium" 268

6 „Teleologische Ethik": Die utilitaristische Version „physizistischer" Normenbegründung 273

6.1 Utilitarismus: Ein scheinbarer Ausweg aus der „Vernunftvergessenheit" 273

6.2 Der klassische Utilitarismus 274
6.2.1 „Utilitarismus": Ein irreführender Name 274
6.2.2 J. Bentham: Sozialeudämonismus 275
6.2.3 J. S. Mill: Das Problem der Beziehung zwischen Nutzen und Wahrheit 277

6.3 „Deontologie" – „Teleologie": Eine falsche Disjunktion 280

6.4 Anthropologische Differenzierung von „Folgen" 282

6.5 Deontologische Formulierungen und teleologische Begründungen ... 285
6.5.1 Zwei Ebenen des Umgangs mit normativen Aussagen 286
6.5.2 Zur Kritik an der Schlußfigur „unerlaubt, weil naturwidrig" 287
6.5.3 Zur Kritik am Argument der „Vereitelung von Naturzwecken" 289
6.5.4 Zur Kritik an der Berufung auf die „überlegene Weisheit Gottes" 290

6.6 Die naturalistische (physizistische) Basis der teleologischen Ethik 292
6.6.1 Die Unterscheidung von „sittlich richtig" und „sittlich gut" 292
6.6.2 Der Begriff des „vor-sittlichen Gutes" und das Problem einer Rekonstruktion der „sittlichen Forderung" 294

6.7 Physizismus und latenter naturalistischer Fehlschluß in der Methode der Güterabwägung 296
6.7.1 „Werte" und „Güter" 296
6.7.2 Ableitung sittlicher Forderungen aus dem vorsittlich Guten 297

6.8 Der versteckte Deontologismus der teleologischen Ethik (Prinzipienethik und Liebesethik) 299
6.8.1 Der Hiatus zwischen „Gütern" und „Werten", bzw. zwischen „richtig" und „gut" 299
6.8.2 Das Problem der Rekonstruktion einer Zuordnung von Handlungen und sittlichen Werten 300
6.8.3 „Liebe" als Grundprinzip 303
6.8.4 „Partikuläre Prinzipien" 304
6.8.5 Das Prinzip der Optimierung vor-sittlicher Güter 306
6.8.6 Auswege und Notlösungen 309

6.9 Zusammenfassende Bemerkungen: Die Verkennung des objektivwerthaften Charakters des menschlichen Handelns in der teleologischen Ethik 312

7 Der objektive Sinn des menschlichen Handelns und seine Regelung durch das natürliche Gesetz der praktischen Vernunft 317

7.1 Das „Objekt" des Handelns und die praktische Vernunft 318
7.1.1 Zur begrifflichen Beziehung zwischen „Handlungsobjekt" und „actus humanus" 318
7.1.2 Handlungsobjekte: Gegenstände von Vernunft und Willen 325

7.1.3 Handlungen als Gegenstände der praktischen Vernunft 326
7.1.4 Handlungen als Objekte des Willens 332
7.1.5 Intention, „Finis operis", „Finis operantis" 337
7.1.6 „Objektivität", oder: Die Frage nach der moralischen Dimension menschlicher Handlungen 343
7.1.7 Exkurs I: Die Tugend der Wahrhaftigkeit und die Lüge 346
7.1.8 Exkurs II: „Indirektes Handeln", „voluntarium indirectum", – und einige Anmerkungen über den Mißbrauch der Kasuistik in der Moraltheologie ... 350
7.1.9 Exkurs III: Der Begriff des „intrinsece malum" und der ethische Kontext 367

7.2 Der objektive Sinn des menschlichen Handelns und das Naturgesetz 374
7.2.1 Der zentrale Begriff des *debitum* 374
7.2.2 Das Problem der Kontingenz der Handlungsmaterie (1): „Non est eadem rectitudo apud omnes" 378
7.2.3 Das Problem der Kontingenz der Handlungsmaterie (2): Ausnahmen, Dispensierung, Epikie 386
7.2.4 Das Problem der Kontingenz der Handlungsmaterie (3): Die universale Geltung der sekundären Prinzipien des Naturgesetzes 391
7.2.5 Das Problem der Kontingenz der Handlungsmaterie (4): Die Geschichtlichkeit des Naturrechts 400
7.2.6 Naturgesetz, Tugend, Klugheit 403

8 Philosophische Schlußfolgerungen und moraltheologischer Ausblick 406

Literaturverzeichnis 421
Personenregister 430
Sachregister 433

VORWORT

Unter die Stichworte „autonome Moral" und „teleologische Ethik" lassen sich moraltheologische Positionen einordnen, deren Repräsentanten eine in der traditionellen Moraltheologie zum Teil nur ungenügend berücksichtigte oder nicht selten in falscher Weise aufgelöste Problematik zu artikulieren verstanden: Die Problematik der Beziehung zwischen *menschlicher Natur* und *praktischer Vernunft,* zwischen dem, was der Mensch *ist,* und der Erkenntnis dessen, was er *tun soll.*

Eine vertiefte Klärung dieser Beziehung hatte sich, wie bekannt ist, vornehmlich anläßlich der Diskussion um die Empfängnisverhütung anfangs der sechziger Jahre als notwendig erwiesen. Danach trachtend, ihre Ablehnung bestimmter, durch das kirchliche Lehramt in ungebrochener Kontinuität verkündeter sittlicher Ansprüche moraltheoretisch abzustützen, gelangten dann aber die Vertreter der genannten Positionen schließlich dazu, Aussagen wie die folgenden zu vertreten: Das (moralische) Naturgesetz bestehe lediglich in einer natürlichen Neigung der praktischen Vernunft, in schöpferischer Weise je wieder neue sittliche Normen zu formulieren; nichts anderes habe bereits Thomas von Aquin unter „Naturgesetz" verstanden; der Mensch sei für alle voraussehbaren Folgen seiner Handlungen verantwortlich (also auch für die üblen Folgen, die sich aus der Unterlassung einer im allgemeinen als Untat eingestuften Handlung ergeben, sofern man diese Folgen voraussehen konnte); eine solche Handlung sei in Wirklichkeit gar keine Untat, sondern eine Ausnahme; überhaupt gebe es keine innerlich abwegige Handlung, es sei denn die Abwendung von Gott; die Hinrichtung eines Unschuldigen, um das Leben anderer Menschen zu retten, sei nur deshalb nicht statthaft, weil dadurch die Funktionsfähigkeit der Institution „Strafrecht" gefährdet würde; die Judenvernichtung im Dritten Reich sei moralisch deshalb nicht zu rechtfertigen, weil dabei die Proportion zwischen Mittel und Zweck exzessiv verzerrt sei; Sterilisation sei wie der Krieg: ein Übel, aber in der gegenwärtigen Welt oft unvermeidlich; der Mensch sei wesentlich ein geistiges Subjekt, das sich, um etwas zu *tun,* seines Körpers bedient; die menschliche Fortpflanzungskraft gehöre zur „untermenschlichen" Natur des Menschen, deren Gesetze ausgesprochen inhumane Züge trügen, die man deshalb durch Manipulation kultivieren und humanisieren müsse; alles, worauf sich unsere Handlungen beziehen, seien nur vor-sittliche Güter; menschliche Handlungen seien von guten oder schlechten Absichten durchformte „äußere Ereignisse"; im sittlichen Handeln gehe es darum, nach Möglichkeit vor-sittliche Güter zu mehren, bzw. möglichst wenig vor-sittliches Übel in der Welt zu verursachen; man dürfe, wenn angemessene Gründe vorliegen, auch direkt solche Übel verursachen, so wie man einen schmerzlichen ärztlichen Eingriff vornimmt, solange man dabei niemandem zu schaden beabsichtige; „einen Menschen töten" sei sittlich immer dann erlaubt, wenn das gewirkte (nur vor-sittliche) Übel „Tod" nicht als Ziel angestrebt wird und im Gesamt der Handlung durch entsprechende Gründe gerechtfertigt ist; in einer Welt, die von der Sünde geprägt ist, müsse (und dürfe) man oft Dinge tun, die man sonst verabscheuen würde; und ähnliches mehr.

Keine dieser Aussagen ist erfunden; alle wurden sie während der letzten Jahre von katholischen Moraltheologen ernsthaft vertreten. Und in allen Fällen handelt es sich um führende Vertreter ihres Faches, die zudem in der Öffentlichkeit durchaus als deren fortschrittlichste gelten und ihre Arbeit als Beitrag zur moraltheologischen und pastoralen Erneuerung verstehen, wie sie das II. Vatikanische Konzil wünschte. Wie es dazu kommen konnte, ist nicht das Thema dieses Buches. Die hier vorgelegten Untersuchungen wollen sich der Sache selbst zuwenden. Sie berühren methodologische und inhaltliche Grundfragen normativer Ethik und wollen nicht zuletzt den Nachweis erbringen, daß sich die Problemstellungen der Vertreter „autonomer Moral" und „teleologischer Ethik", ihre Thomas-Interpretation und ihre Argumentationsweisen ganz in herkömmlichen Bahnen „legalistischer" und „physizistischer" Denkschemata bewegen, die sämtlich auf einer tiefgreifenden Fehlbeurteilung der praktischen Vernunft beruhen.

In der auf den folgenden Seiten geführten Auseinandersetzung geht es nicht um Personen oder ihre Intentionen, sondern um grundsätzliche Denk- und Argumentationsstrukturen. Vor aller Kritik jedoch will das Buch für das Verständnis des Begriffes „Naturgesetz" und zu gegenwärtig diskutierten ethischen Grund- und Einzelfragen *Anregungen* und *Lösungen* anbieten. Da das Bessere der Feind des Guten ist, mußten manche sachlichen Unvollständigkeiten und – auch in der Formulierung und Differenzierung – verbesserungswürdige Vorläufigkeiten in Kauf genommen werden. Die vorliegenden Studien bilden ein zusammenhängendes Ganzes und nur als solches vermögen sie ihrem Anspruch einigermaßen gerecht zu werden, einen konstruktiven *philosophischen* Beitrag zur moraltheologischen Grundlagendiskussion zu leisten; dennoch umgreifen die einzelnen Kapitel jeweils eine in sich geschlossene Thematik. Das ausführliche Inhaltsverzeichnis, das Register und Querverweise im Text sollen eine – selbstverständlich nicht empfohlene – „selektive" Lektüre erleichtern. Über Grundthesen und Aufbau orientiert die Einleitung.

Nicht versäumen möchte ich es, all jenen hier meinen Dank auszusprechen, durch die die vorliegenden Studien und ihre Veröffentlichung gefördert wurden. In besonderer Weise gilt meine Dankbarkeit Prof. Dr. Wolfgang Kluxen (Bonn) für die Durchsicht des Manuskriptes, für Ermutigung, hilfreiche, manchmal auch kritische Anregungen, und für die entscheidende Förderung der Drucklegung des Buches. Zum Teil kritische, aber auch ergänzende Einwände und Anregungen zu Einzelaspekten verdanke ich vor allem G. Grisez (Emmitsburg/USA), J. M. Finnis (Oxford), T. Styczeń (Lublin), T. G. Belmans (Bamberg) und F. Inciarte (Münster).

Für die großzügigen Druckkostenzuschüsse, die die Veröffentlichung ermöglichten, gilt schließlich mein besonderer Dank dem Verband der Diözesen Deutschlands, dem Erzbistum Köln – insbesondere Sr. Eminenz Kardinal Joseph Höffner – und dem Lindenthal-Institut, Köln.

Schließlich fühle ich mich dem Verlag und der Druckerei, besonders jedoch Herrn Dr. Raimund Tischler, für die angenehme Zusammenarbeit und die sorgfältige Drucklegung verpflichtet.

Das erste, methodologisch grundlegende Kapitel über „Naturgesetz und praktische Vernunft als Gegenstand philosophischer Ethik" wurde in einer ersten, kürzeren Fassung bereits im „Forum Katholische Theologie" (2/86) veröffentlicht. Ebenfalls wurde die in diesem Buch vertretene Position in einem Beitrag mit dem Titel „Die Konstituierung des Naturgesetzes und sittlich-normativer Objektivität durch die praktische Vernunft" am

Internationalen Kongreß für Moraltheologie (Rom, 1986) vorgelegt und wird in dessen Akten erscheinen.

Das Buch sei anläßlich seines sechzigsten Geburtstages und als Zeichen der Verbundenheit und Dankbarkeit meinem einstigen akademischen Lehrer Prof. Dr. Hermann Lübbe zugeeignet, dem ich auch während mehrerer Jahre als wissenschaftlicher Assistent zur Seite stehen durfte und ohne dessen Förderung meiner früheren wissenschaftlichen Arbeit auch dieses Buch nie entstanden wäre.

Zürich, im August 1986   Martin Rhonheimer

ZITIERWEISE DER WERKE VON THOMAS VON AQUIN

(alle nach der Ausgabe Marietti, Turin: Sentenzenkommentar nach der Ausgabe des Index Thomisticus: S. Thomae Aquinatis Opera omnia, Bd. 1, Ed. R. BUSA, Stuttgart 1980)

In Sent.	In quattuor libros sententiarum Petri Lombardi („Sentenzenkommentar"). Zitiert z. B.: In II Sent., d.35, q.1, a.1: = Buch II, distinctio 35 etc.)
C. G.	Summa contra Gentiles
I	Summa Theologiae, Prima pars
I–II	Summa Theologiae, Prima secundae
II–II	Summa Theologiae, Secunda secundae
III	Summa Theologiae, Tertia pars
Comp. Theol.	Compendium Theologiae ad fratrem Reginaldum (Opuscula Theologica Bd. I)
In Ethic.	In Decem libros Ethicorum Aristotelis ad Nichomachum expositio (In I Ethic.: = Kommentar zum ersten Buch, etc.)
In de Anima	In Aristotelis librum de Anima commentarium
In Phys.	In octo libros physicorum Aristotelis expositio
In Met.	In duodecim libros Metaphysicorum Aristotelis expositio
In Post. Anal.	In Aristotelis libros Posteriorum Analyticorum expositio
In de Div. Nom.	In librum beati Dionysii de Divinis Nominibus expositio
In de Causis	In Librum (pseudo) Aristotelis de expositione bonitatis purae seu Librum de Causis expositio
Super Ioannem	Super Evangelium S. Ioannis Lectura
Ad Rom.	Super Epistolam S. Pauli ad Romanos Lectura
Ad I (II) Cor.	Super primam (secundam) epistolam S. Pauli ad Corinthios Lectura
In duo praecepta	In duo praecepta caritatis et in decem Legis praecepta expositio (Opuscula Theologica, Bd. II)
De Verit.	Quaestiones disputatae de Veritate
De Malo	Quaestiones disputatae de Malo
De Pot.	Quaestiones disputatae de Potentia
De Anima	Quaestiones disputatae de Anima
De Virt.	Quaestiones disputatae de Virtutibus in communi
De Virt. card.	Quaestiones disputatae de Virtutibus cardinalibus
De Caritate	Quaestiones disputatae de Caritate
Quaestio Quodlibet	Quaestiones Quodlibetales

EINLEITUNG

Mit dem Anspruch, der sittlichen Eigenverantwortung der menschlichen Person gerecht zu werden, haben viele katholische Moraltheologen im Laufe der letzten Jahre den Versuch unternommen, neue philosophische Fundamente und Argumentationsweisen für die Begründung moralischer Normen zu entwickeln. Der abstrakte, die individuelle Einzelperson und ihre sittliche Eigenständigkeit nicht berücksichtigende „Legalismus" sowie die mangelnde argumentative Tragfähigkeit der traditionellen Moraltheologie bezüglich der sog. „naturrechtlichen" Begründung sittlicher Ansprüche menschlichen Handelns seien, so wird festgehalten, in neuester Zeit offenkundig geworden und unwiderruflich erwiesen.

In dem bereits vor dem Konzil etwa durch S. Pinckaers* vorbildlich inaugurierten Bestreben, einige in der sogenannten „thomistischen Schule" seit langer Zeit verbreitete naturalistische („physizistische") Argumentationsstrukturen zu überwinden, ist im Laufe der letzten zwei Jahrzehnte im Rahmen der Moraltheologie eine neue Interpretation der thomistischen** Lehre vom Naturgesetz („lex naturalis") vorgelegt worden. Besonders wurde dabei auf die Tatsache verwiesen, daß, nach Thomas von Aquin, das Naturgesetz ein Gesetz der *Vernunft*, und nicht der *Natur* sei. Diese Interpretation, die in ihrem Ansatz vielversprechend war, führte jedoch schließlich zu einer Thomasinterpretation, die nicht nur historisch, sondern auch inhaltlich gesehen als unkorrekt und inkonsistent bezeichnet werden muß. Diese Interpretation wurde zum Ausgangspunkt und weitgehend auch zur Legitimationsgrundlage für die sogenannte „autonome Moral" und die mit ihr zumeist verbundene „teleologische Ethik", die weitgehend identisch ist mit dem, was im angelsächsischen Raum „Konsequentialismus" und „Proportionalismus" genannt wird.

Der Versuch, die naturalistische Interpretation des Naturgesetzes und die „physizistische" Begründung sittlicher Normen im Rückgriff auf Thomas von Aquin zu überwinden, ist nicht gelungen, weil die Vertreter einer Moral „theonomer Autonomie" dabei einem neuen, nun hingegen deutlich spiritualistische Züge tragenden Physizismus erlegen sind: Dem Dualismus von „Natur" und „Vernunft", bzw. „Natur" und „Person". Insbesondere fehlt dieser Interpretation eine adäquate Theorie der *praktischen Vernunft* und ihrer Eigenständigkeit gegenüber der theoretischen Vernunft.

Wie in den hier vorgelegten Untersuchungen gezeigt werden soll, erklären sich die Fehlschlüsse dieser schiefen Thomas-Interpretation sowie der sich auf sie abstützenden neueren Modelle moralischer Normbegründung letztlich aus der Ausgangsposition ihrer Verfechter: Während viele neuscholastische Interpreten den thomistischen Begriff des Natur-

---

* Vgl. die bereits aufgrund ihres Titels programmatische Sammlung von Aufsätzen aus den fünfziger und frühen sechziger Jahren: Le renouveau de la morale. Etudes pour une morale fidèle à ses sources et à sa mission présente, Tournai 1964; darin vor allem: Le rôle de la fin de l'action morale selon Saint Thomas (1961), S. 114–143.

** „Thomistisch" wird hier, sofern es sich aus dem Kontext nicht anders ergibt, einem international verbreiteten und auch außerwissenschaftlichen Sprachgebrauch folgend, als auf die Person „Thomas von Aquin", und nicht auf die „thomistische Schule" bezogen gebraucht, – also gleichbedeutend mit „thomanisch" oder „thomasisch".

gesetzes in entscheidenden Punkten unkorrekt und verfälscht („naturalistisch") wiederzugeben pflegten, ist es andererseits den federführenden Kritikern dieser sogenannt „traditionellen" Auffassung nicht gelungen, deren Mängel zu überwinden; vielmehr steht ihre Kritik in entscheidenden Aspekten auf dem Boden analoger Mißverständnisse. Sie ist im wahrsten Sinne „systemimmanente" Kritik an einer „Normenethik", die seit jeher die Eigenständigkeit und Autonomie sittlicher Erfahrung und die in ihr normativ-konstitutive Funktion der praktischen Vernunft zu übersehen pflegte, und bezieht ihre argumentative Plausibilität und Legitimation als „einzige Alternative" weitgehend aufgrund der Kontinuität bezüglich genau angebbarer früherer Fehldeutungen und Lücken.

Solche Fehldeutungen beziehen sich auch auf das Verständnis des *objektiven* Sinnes menschlicher Handlungen. Die heute weit verbreitete Überzeugung, es sei unmöglich, menschliche Handlungen unabhängig von konkreten Intentionen des Handelnden bzw. der Gesamtheit ihrer Folgen sittlich zu qualifizieren, ist, so soll hier gezeigt werden, die letzte Konsequenz aus einer verfälschten, ebenfalls „naturalistischen" Auffassung des *Handlungsobjektes*, der objektiven Dimension menschlicher Handlungen. Ergebnis dieser oft unbemerkten Kontinuität ist die sogenannte „teleologische Ethik". Diese, wie auch die „autonome Moral", ist trotz ihrer innovativen Intention in einem weiten Ausmaß tiefsitzenden Vorurteilen einer Schultradition verhaftet, die Phänomene wie „sittliche Normen", „Gesetz" und „Gebot" als das grundlegende Thema der Moraltheologie betrachtet hatte. Der in den vergangenen Jahren, an sich berechtigterweise, erfolgte „Aufstand" gegen eine solche legalistische „Normenethik" verblieb weitgehend in den Bahnen der diesem Ansatz eigenen Voraussetzungen, gemäß denen das Phänomen der sittlich relevanten, im Handeln praktisch-objektivierten Güter auf naturale Gegebenheiten reduziert werden. Der Versuch einer Überwindung dieses „Naturalismus" (vor allem durch Einführung des Begriffes der sogenannten „vor-sittlichen Güter", bzw. „Übel") führte in der gegenwärtigen Moraltheologie zu Argumentationsstrukturen, die sich bei einer genaueren Analyse (vor allem ihrer anthropologischen Implikationen) zudem unschwer als dualistisch und spiritualistisch identifizieren lassen.

Es handelt sich dabei nicht um einen „ethischen Naturalismus" im klassischen Sinn, sondern darum, was man *„methodischen Naturalismus"* (oder „methodischen Physizismus") nennen könnte: Kein Moraltheologe wird ja heute noch aus der „Natur" (verstanden als das natürlicherweise „Gegebene" und „Vorgefundene") ohne weiteres moralische Normativität ableiten. Der „methodische Naturalismus" besteht vielmehr darin, die dem ethischen Naturalismus eigene (physizistische) Interpretation von Handlungsobjekten zu übernehmen, um auf dieser Grundlage neue Wege zur Begründung des sittlichen Sollens zu suchen, also gleichsam „neuen Wein in alte Schläuche zu gießen".

Das Anliegen einer Moraltheologie, die diesen Weg beschritten hat, ist hingegen durchaus ernstzunehmen und zu bejahen. Es formuliert sich im Kontext einer – zwar oft sachlich und historisch undifferenzierten – Kritik an einer Moral, in der die sittliche Eigenverantwortung der Person und ihre fundamentale Selbstbestimmung, sowie der innerlich-personale Charakter des sittlich Guten und seiner verpflichtenden Dimension (das Auftreten des Guten als „Sollen"), der bloßen Unterordnung unter absolut, unabhängig von jeglicher Einsicht und den konkreten individuellen Erfordernissen geltenden von außen auferlegten „Normen" geopfert zu werden scheint. Sittliches Handeln wäre einer solchen Auffassung gemäß bloßes „Befolgen" oder „Anwenden" von Normen oder Gesetzen, zu denen auch das „Gesetz der Natur" gezählt wird. Inwiefern mit einer solchen Kennzeichnung als Moralpositivismus die moraltheologische Tradition verzerrt und karikiert dargestellt wird, mag vorerst dahingestellt sein. Jedenfalls plädieren Modelle wie diejenigen der „autonomen Moral" und der „teleologischen Güterabwägung" für eine Wiederentdeckung der personalen Dimension sittlicher Verpflichtung und Entscheidung, – und das heißt: für eine im wahren Sinne *menschliche* Moral.

Die Frage ist, ob die genannten Modelle diesem Anspruch zu genügen vermögen. Diese Frage muß nun jedoch verneint werden. Nicht nur eine einseitige, notwendiger Differenzierung und Tiefe ermangelnde und deshalb oft oberflächliche Auseinandersetzung mit der – sehr vielschichtigen und vielfältigen – moraltheologischen Tradition führt zum Verfehlen dieses Anspruches, sondern auch der genannte methodische Naturalismus, und damit – paradoxerweise – ein verpaßtes Abrücken von ebenderselben Tradition in jenen Punkten, wo ein solches Abrücken nötig und fruchtbar gewesen wäre.

Grundlegende Aspekte, die für eine adäquate Erfassung der menschlichen Person als moralisches Subjekt, seiner sittlichen Autonomie und Eigenverantwortung, ja des „Propriums" des Sittlichen und der sittlichen Handlung als personalem Vollzug sowie der theonomen Bestimmtheit menschlicher Moralität als zentral zu betrachten sind, bleiben deshalb in der „autonomen Moral" und der ihr zugeordneten Methode der „teleologischen Güterabwägung" unberücksichtigt oder verstellt. Diese moraltheologische „Via nova" ist deshalb nicht nur aus dem Blickwinkel des Theologen, sondern auch aus demjenigen des Philosophen als ungenügend, und wie sich auch zeigen wird: als inkonsistent zu bezeichnen.

Die vorliegende Studie will dazu beitragen, zentrale Aspekte der personalen Struktur des Naturgesetzes („lex naturalis") und moralischer „Objektivität" bei Thomas von Aquin in ihren Grundzügen von den Texten her aufzuarbeiten und damit gleichzeitig traditionelle, „naturalistische" Mißverständnisse, wie sie in der heutigen Moraltheologie weiterleben und wie nie zuvor wirksam sind, zu korrigieren. Sie verfolgt also zugleich eine *systematische* und eine *kritische* Absicht: Was ist gemeint, wenn wir von der menschlichen Natur als Grundlage moralischer Normativität sprechen? Welche sind die methodologischen und inhaltlichen Grundprinzipien einer „naturrechtlich" argumentierenden normativen Ethik? Wie sich aufgrund der nachfolgenden Untersuchungen zeigt, liegt der Schlüssel zur Beantwortung dieser Frage im Aufweis der personalen Struktur des Naturgesetzes, einer Struktur, die bei Thomas nur im Kontext einer Theorie der praktischen Vernunft transparent wird. Das Naturgesetz ist, wie sich zeigen wird, das *Gesetz der praktischen Vernunft* und genau deshalb ist eine Theorie der „lex naturalis" eine Theorie der praktischen Vernunft. Dazu ist zunächst einmal die Eigenständigkeit der praktischen Vernunft gegenüber der theoretischen zu begründen und zu erklären, wie überhaupt die praktische Vernunft Gegenstand der philosophischen Ethik wird.*

---

* Dabei fühle ich mich besonders der allgemein als bahnbrechend anerkannten Studie von W. KLUXEN, Philosophische Ethik bei Thomas von Aquin (1964). 2. Aufl. Hamburg 1980 verpflichtet, deren Ergebnisse in den vorliegenden Untersuchungen eine neuerliche Bestätigung, aber auch in manchen Aspekten eine vertiefende Weiterführung finden mögen.

Daraus ergeben sich die anthropologischen Implikationen eines solchen Begriffes des Naturgesetzes: Voraussetzung ist eine personale Anthropologie, im Gegensatz zur dualistischen oder spiritualistischen Anthropologie, durch die sich heute viele Ansätze – wohl ungewollt – auszeichnen. Eine besondere Berücksichtigung wird dabei die Anthropologie und Ethik der ehelichen Liebe finden.

In der Folge lassen sich konkrete Anwendungen für aktuelle moraltheologische Fragen erschließen; insbesondere, was heißt, eine Handlungsweise verstoße gegen das Naturgesetz oder sie sei „naturwidrig". Was damit richtigerweise gemeint sein kann, soll ausführlich und exemplarisch am Beispiel der Empfängnisverhütung gezeigt werden.

Zur Gliederung: In TEIL I („Methodologische und begriffliche Grundlagen") erfolgt zunächst eine methodologische Kritik an der traditionellen Ableitung moralischer Normen aus einer „Naturmetaphysik", bzw. der „essentialistischen" Interpretation des Naturgesetzes; schließlich werden die Grundzüge der Methodologie der philosophischen Ethik als einer Theorie der praktischen Vernunft erarbeitet. Zur Sprache gelangt die Eigenständigkeit (Autonomie) und Unableitbarkeit der durch die praktische Vernunft geleiteten sittlichen Erfahrung sowie ihr Verhältnis zur philosophischen Ethik, deren Gegenstand sie ist. Damit ist der Zugang zu einer Theorie des Naturgesetzes als Gesetz der praktischen Vernunft freigelegt.

Darauf folgt (Kap. 2) – in Auseinandersetzung mit Vertretern einer „autonomen Moral" – die systematische „Rekonstruktion" der Grundelemente der thomistischen Lehre über die personale Struktur der „lex naturalis". Als Ergebnis zeigt sich ein Begriff des Naturgesetzes als „Gesetz der praktischen Vernunft", das *objektive* und inhaltlich umschriebene moralische Normativität begründet. Damit wird erklärt, weshalb „naturwidriges", bzw. „naturgesetzwidriges" Handeln immer auch „vernunftwidriges" Handeln ist und weshalb es gegen die spezifisch humanen Grundlagen des menschlichen Handelns überhaupt verstößt. Zudem erweist sich das Naturgesetz als ein Gesetz, das im Kontext menschlicher Freiheit steht und diese Freiheit selbst als verantwortliche und spezifisch menschliche Freiheit begründet.

TEIL II („Personale Autonomie, Naturgesetz und die Objektivität des sittlichen Handelns") beinhaltet „vertiefende Analysen" zu einzelnen, in Teil I bereits angeschnittenen Aspekten: Zur Sprache kommt das Modell der „autonomen Moral" und eine Kritik an dem ihr zugrundeliegenden Autonomiebegriff; Differenzierungen und Klärungen bezüglich dieses Begriffes und die Charakterisierung der fundamentalen Eigenschaft menschlichen Handelns als „personale Autonomie" (Kap. 1 und 2). Der Weg der Erschließung der „lex naturalis" als Partizipation des „ewigen Gesetzes" („lex aeterna") und damit der *partizipativen* Struktur menschlicher Autonomie führt dann über Analysen zur Metaphysik und Anthropologie des Naturgesetzes (Kap. 3) und seiner erkenntnistheoretischen Struktur (Kap. 4) zum Aufweis der grundlegend normativen („maßstäblichen") Funktion der menschlichen Vernunft und deren Vollendung in der sittlichen Tugend (Kap. 5). Es wird sich dabei zeigen, daß und weshalb der Begriff einer „schöpferischen Vernunft" unhaltbar ist und in welchem Maße er die sittlich-*maßstäbliche* Funktion der Vernunft übersieht.

Auf dieser Grundlage erfolgt eine detaillierte Analyse der sogenannten „teleologischen Ethik", eine Analyse, die deren in fundamentaler Weise naturalistische (bzw. „physizistische") Voraussetzungen und Argumentationsstrukturen freilegen soll (Kap. 6). Diese Kritik führt dann schließlich zu einer abschließenden und das Vorhergehende auch synthetisch zusammenfassenden Analyse des Begriffes „Handlungsobjekt" als der der *praktischen Vernunft* gegenständliche, d. h. *objektive,* sittliche Gehalt menschlicher Handlungen, sowie des Bezugs dieser praktisch-vernünftigen Objektivität zur „lex naturalis" als deren in fundamentaler und universaler Weise konstitutive Grundlage (Kap. 7).

Im Endergebnis zeigt sich, daß die legitimen Ansprüche moralischer Autonomie als sittlicher „Eigengesetzlichkeit" in der partizipativen Autonomie der sittlichen Erfahrung und im Begriff eines durch die praktische Vernunft konstituierten Naturgesetzes voll erfüllt werden. Die Konsequenzen eines solchen korrigierten Autonomie-Begriffes für das Verhältnis menschlicher Ethik zur christlichen Moral, zur Offenbarung und zum kirchlichen Lehramt sowie auch für das Verständnis Gottes als „moralischem Gesetzgeber" sind allerdings wesentlich andere, als jene, die sich aus der sogenannten „autonomen Moral" ergeben.

Die vorliegenden Untersuchungen sind, auch wenn einige spezifische theologische Bezüge hergestellt werden, grundlegend *philosophischer* Natur. Philosophische Reflexion als der Beitrag einer wirklich *philosophischen* Ethik ist in der heutigen moraltheologischen Grundlagendiskussion besonders dringlich geworden. Insofern könnte man die folgenden Beiträge eine Art „Philosophisch-ethische Propädeutik in moraltheologischer Absicht" nennen. Gerade die *philosophische* Aufarbeitung der Ethik des hl. Thomas ist heute ein besonders unverzichtbarer Dienst an der Moraltheologie. Nicht nur, weil viele heutige *philosophisch* fragwürdige Formen von Moraltheologie sich immer noch auf dem Wege der Thomas-„Reinterpretation" abzusichern bemühen und deshalb wohl auch, will man sie beim Wort nehmen, an Thomas gemessen einer philosophischen Kritik zu unterziehen sind; sondern auch, weil das II. Vatikanische Konzil den „heiligen Thomas als Meister" der theologischen Arbeit und Ausbildung herausstellt* und ihn für das Verständnis dafür, „wie Glaube und Vernunft sich in der einen Wahrheit treffen", als „Vorbild" bezeichnet.** Wie es den deutlich ausgesprochenen Intentionen desselben Konzils entspricht, kann es dabei nicht um eine Neuauflage oder „Aufwärmung" eines früheren (neoscholastischen) „Schulthomismus" gehen. Nötig ist vielmehr eine präzise, an den Originaltexten orientierte Aufarbeitung einzelner Lehrstücke des hl. Thomas; wir müssen, so glaube ich, erneut bei *ihm* (und nicht bei seinen Kompilatoren) in die Schule gehen, um dann eigenständig und bezogen auf neue, aktuelle Fragen und Probleme auf seinem Weg weiterzuschreiten. Die „thomistische" Philosophie und Theologie ist ein für solche Aktualisierungen und Ergänzung durch zeitgenössisches Denken überaus *offener* Reflexionsrahmen. So ist denn auch in die nachfolgenden Untersuchungen in methodologischer und inhaltlicher Hinsicht vieles eingegangen, was sich der Auseinandersetzung mit philosophischen Arbeiten aus dem Bereich des ethischen Personalismus, der Wertphänomenologie, der angloamerikanischen Philosophie und der neueren Aristoteles-Forschung verdankt.

Schließlich – und nicht zuletzt – sollen die nachstehenden Ausführungen dem Lehrer

---

* Vgl. Dekret „Optatam totius", 16.
** Vgl. die Erklärung „Gravissimum educationis", 10.

und Studenten der Moraltheologie dazu verhelfen, gegenüber verbreiteten, philosophisch aber wenig oder nur oberflächlich reflektierten moraltheologischen „Erneuerungstendenzen" ein fundiert abwägendes Verhältnis zu gewinnen und bezüglich oft mit intellektuellem Monopolanspruch auftretender theologischer Modeströmungen die eigene Urteilsbildung zu erleichtern. Auch in dieser Hinsicht möchte sich das Folgende als ein Beitrag zu echter und dauerhafter Erneuerung der Moraltheologie verstehen.

Dabei können viele Fragen nur angeschnitten und unvollständig behandelt werden. Mehr als um eine lückenlose Darstellung geht es darum, Grundlinien und Grundstrukturen aufzuzeigen. Dies mag vorderhand genügen, denn „sind erst die Grundlinien einer Sache vorhanden, so kann jeder daran weiter arbeiten und das einzelne nachtragen, und die Zeit ist hierbei eine gute Finderin und Helferin".*

---

* Aristoteles, Nikomachische Ethik, Buch I, Kap. 7.

I.

DAS GESETZ DER PRAKTISCHEN VERNUNFT

Methodologische und begriffliche Grundlagen

1 NATURGESETZ UND PRAKTISCHE VERNUNFT ALS GEGENSTAND PHILOSOPHISCHER ETHIK

1.1 Gründe für die Notwendigkeit einer „Rekonstruktion" des Begriffs „lex naturalis"

Im Laufe der letzten Jahre ist es zum Gemeinplatz geworden, daß die philosophische Begründung der natürlichen Fundamente des sittlichen Handelns im Rahmen der sogenannten „traditionellen katholischen Moraltheologie" erhebliche Mängel aufzuweisen habe. Im Kontext drängender moraltheologischer Probleme – allen voran die Frage der Empfängnisverhütung, deren versuchte Bewältigung katalysatorisch wirkte – ist die neoscholastische Naturrechtslehre unter dem Vorwurf von *Physizismus, Biologismus* oder *Essentialismus* von einer ganzen Reihe repräsentativer katholischer Moraltheologen intellektuell praktisch liquidiert worden.

Daß diese Kritik in einigen Punkten berechtigt war, ändert jedoch nichts an der Tatsache, daß sie, wie bereits einleitend gesagt, am entscheidenden Problem vorbeizugehen pflegte, dieses nicht nur nicht gelöst, sondern eine adäquate Lösung noch mehr verunmöglicht hat: es handelt sich dabei um die Frage nach der *Bedeutung der praktischen Vernunft für die Konstituierung der „lex naturalis"*. Das „revidierte" Verständnis des Begriffes „Naturgesetz" als *schöpferische Vernunft* und seine Situierung in den Kontext einer *theonomen Autonomie*, wozu man auf Umwegen über eine oft äußerst fragwürdige, textlich selektive und einseitige Thomasinterpretation gekommen ist, vermag dieses gemeinsame Defizit der neuthomistischen Lehre vom Naturgesetz und ihrer Kritiker nur oberflächlich zu verdecken.

Heutige Bestrebungen einer Erneuerung moraltheologischer Prinzipienlehre (Fundamentalmoral) – in ihrer Form als Theorie teleologischer Normenbegründung, als „autonome" oder als „heilsgeschichtlich" orientierte Ethik – bieten dieser Voraussetzung gemäß ein wenig überzeugendes Bild. Nach der moraltheologischen Kritik an der neuscholastischen Philosophie des Naturgesetzes ist heute insbesondere eine philosophische Kritik jener Versuche notwendig geworden, für die Moraltheologie ein neues philosophisches Fundament zu finden. Bestritten werden muß auch in weiten Teilen die sachliche *Legitimität* dieser Versuche, insofern sie den Anspruch erheben, eine *notwendige*, von der Sache her sich aufdrängende Konsequenz der Unstimmigkeiten und Argumentationsengpässe bisheriger moraltheologischer Normenbegründung darzustellen.[1]

Diese Kritik, wie sie heute nötig geworden ist, muß konstruktiv sein; d. h. sie darf nicht der Versuchung verfallen, „Apologetik" zu betreiben. Sie muß vor allem auch die Mängel

---

[1] Vgl. z. B. A. AUER, Hat die autonome Moral eine Chance in der Kirche?, in: G. VEIT (Hsg.), Moral begründen – Moral verkünden, Innsbruck–Wien 1985, S. 12: „In der Diskussion über die Empfängnisregelung – also um die Mitte der sechziger Jahre – trat die mangelnde argumentative Tragfähigkeit der bisherigen Position an einem brisanten Punkt so deutlich zutage, daß sich ein neues Argumentationsmodell, das nun einmal seit langem auf dem Tisch lag, auch ohne saubere geistesgeschichtliche Absicherung einfachhin aufdrängte".

der neothomistischen Moralphilosophie aufdecken und zu überwinden suchen, und zwar durch eine erneute und *nicht selektive* Konfrontation mit den Texten des hl. Thomas: In einem historisch beispiellosen Akt ideenpolitisch motivierter Hermeneutik zeichnete sich der Umgang mit Thomas in den letzten Jahren durch eine erstaunliche Freizügigkeit im Umgang mit den Quellen aus, der methodologisch in keiner Weise zu rechtfertigen ist. Man arbeitete nicht „am Text", sondern „mit Texten", sorgfältig ausgewählten und oft aus dem größeren Zusammenhang gerissenen Bruchstücken der thomistischen Quaestionen, um einen Thomas zu erhalten, wie man ihn brauchte, und damit eine völlig neue moraltheologische Stoßrichtung zu legitimieren.

Bei der, wie gesagt, konstruktiven Kritik dieses Legitimationsanspruches geht es nicht zuletzt auch um das Interesse an einer im authentischen Sinne philosophischen Ethik, wie es in den letzten Jahren erfreulicherweise gewachsen ist. Dieses Interesse artikuliert sich besonders hinsichtlich einer *theologischen Ethik,* die nicht nur immer mehr ihrer theologischen Substanz verlustig geht, sondern schließlich auch philosophisch fragwürdig wird, da sie sich immer mehr in den Bahnen utilitaristischer Normenbegründung bewegt[2] und einem anthropologischen Dualismus verfällt[3], demgemäß letztlich gilt: *anything goes,* – wenn man nur das Gute will.

Die kritische Hinterfragung dieser Tendenzen bleibt auch im Rahmen eines moraltheologischen Interesses im entscheidenden Maße Aufgabe vorurteilsloser philosophischer Reflexion, die gerade in dem Maße der Theologie einen Dienst zu erweisen vermag, als sie ihrer eigenen, philosophischen Methode treu bleibt.

Im folgenden handelt es sich zunächst um Überlegungen, die auch weiterführen und vertiefen wollen, was in den letzten Jahren das Anliegen zahlreicher Bemühungen geworden ist: Die Entdeckung einer *philosophisch*-ethischen Methodologie beim hl. Thomas, deren Aufweis für eine philosophisch-ethische Theorie der Normenbegründung, und näherhin für das Verständnis des thomistischen Begriffes des Naturgesetzes, selbstverständlich entscheidend ist.

Da der Begriff einer philosophischen Ethik mit demjenigen der praktischen Vernunft eng verbunden ist, so wird sich dieses erste Kapitel darauf konzentrieren, die praktische Vernunft als Gegenstand der philosophischen Ethik aufzuzeigen; erst dann kann plausibel werden, wie und weshalb der Begriff des Naturgesetzes Bestandteil einer Theorie der praktischen Vernunft ist.

1.2 „Physizismus": Die Verkennung der praktischen Vernunft

Der Hauptvorwurf gegenüber der „traditionellen" Lehre vom natürlichen Sittengesetz ist derjenige des *Physizismus* (oder *Naturalismus):* man versuche aus an sich der vormorali-

---

[2] Zur Begründung dieses Vorwurfs siehe Robert SPAEMANN, Über die Unmöglichkeit einer universalteleologischen Ethik, in: Philosophisches Jahrbuch 88 (1981), S. 70–89.
[3] Vgl. Germain GRISEZ, Dualism and the New Morality, in: L'Agire Morale (Tommaso d'Aquino nel suo settimo Centenario, 5), Neapel 1974, S. 323–330.

schen Sphäre angehörenden, seinsmäßigen Gesetzlichkeiten – insbesondere biologischer Art – ethische Normen abzuleiten. Diese Konklusion sei in doppelter Hinsicht unzulässig: erstens, weil aus vormoralischen („ontischen", physischen, biologischen) Werten und Gesetzen keine sittlichen Normen erschließbar seien; und zweitens, allgemeiner gefaßt, weil aus dem *Sein* überhaupt kein *Sollen* abgeleitet werden kann.

Im Rahmen der neothomistischen Naturrechtslehre, vor allem derjenigen des deutschen Sprachraums, existiert in der Tat eine Schultradition essentialistischer und physizistischer Interpretation des Begriffes „Naturgesetz". Deren heutige Kritiker sind jedoch in großer Zahl selbst Opfer dieser Tradition geworden: sie haben ihre zentralen Voraussetzungen nicht überwunden, sondern vielmehr auf einigen ihrer schiefliegenden Prämissen eine neue Theorie der Normenbegründung entwickelt.

Der gemeinsame Boden, den diese Prämissen bilden, ist das Unvermögen, die *konstitutive Bedeutung* der praktischen Vernunft für die Erkenntnis sittlicher Werte zu erfassen. Damit ist gemeint: Im Rahmen bestimmter moraltheologischer Schulrichtungen, durch die eine große Zahl heutiger Moraltheologen geformt wurden, verstand man das Naturgesetz oft als ein der praktischen Vernunft gewissermaßen in der Natur der Dinge vorliegender Erkenntnisgegenstand; man übersah dabei die, für Thomas gerade entscheidende, Rolle der praktischen Vernunft in der *Konstitutierung* des natürlichen Gesetzes; denn dieses wird von der erkennenden Vernunft nicht einfach „vorgefunden", sondern von ihr einem Akt *praktischer* Erkenntnis konstituiert: Thomas begreift die natürliche praktische Vernunft als *Gesetzgeber* und nicht nur als Befolgerin eines Gesetzes.

Eng verbunden mit einer verkürzten Auffassung des Naturgesetzes war auch die Tendenz einer Ableitung sittlicher Normen aus naturhaft („physizistisch") verstandenem Sein (als „ontischer", vormoralischer Wert). Die an sich durchaus löbliche Absicht vieler heutiger Moraltheologen, eine solche Ableitung als unstatthaft oder zumindest unplausibel zu erweisen, wird jedoch dadurch fragwürdig, daß sie die dabei implizierte dualistische Dissoziierung von Vernunft und Natur, Sittlichkeit und Seinsordnung und schließlich die naturalistische Interpretation menschlicher Handlungsobjekte als vormoralische, ontische Gegebenheiten beibehalten; gerade dies wäre jedoch zu überwinden gewesen.

Dieser beibehaltene Dualismus, der „Sein" und „Natur" einer „schöpferischen Vernunft" gegenüberstellt – der nun emanzipierten, aber weiterhin „naturlosen", Vernunft neoscholastischer „Physizismen" – wird dann zur Grundlage und zum Ausgangspunkt für einen utilitaristischen Teleologismus, der praktische Vernunft als Kalkül der Nutzenmaximierung durch Güterabwägung versteht. Der sogenannte *naturalistische Fehlschluß* wird damit überflüssig und insofern auch überwunden; nicht überwunden bleibt jedoch der Naturalismus, der diesen Schluß zu einem Fehlschluß machte. Und deshalb kann es auch nicht verwundern, daß – wie gezeigt werden soll – in der sogenannten „teleologischen Ethik" der „naturalistic fallacy" gewissermaßen durch die Hintertür wieder Einlaß gewährt wird.[1]

---

[1] Der Terminus „naturalistic fallacy" stammt bekanntlich vcon G. E. MOORE, Principia Ethica (1903), Reprint Cambridge 1984. Worin genau ein naturalistischer Fehlschluß besteht, ist insofern bei Moore nicht ganz klar, als er nie genau zu zeigen vermochte, was gemeint sei, wenn er das Gute („the good") eine „nicht-naturale Eigenschaft" („a non-natural property") nennt. Mir scheint den-

Der Physizismus oder Naturalismus – sowohl in seiner traditionellen Form, wie auch in neueren Varianten – beruht somit auf der Verkennung der konstitutiven Funktion der praktischen Vernunft als *wertender Instanz* des menschlichen Handelns. Diese sittlich wertende Vernunft gilt es heute wiederzuentdecken; ihr Begriff ist eng verbunden mit der Grundaufgabe der *ratio* überhaupt: Ordnung zu stiften, denn *rationis est ordinare*.[2] Ohne ein angemessenes Verständnis dieser Aufgabe der Vernunft bleibt sowohl der Begriff der *lex naturalis* als *ordinatio rationis*, wie auch derjenige der sittlichen Tugend als *ordo rationis* im Dunkeln.

Ohne die großen Verdienste neothomistischer Theoretiker des Naturgesetzes schmälern zu wollen, kann nicht bestritten werden, daß viele unter ihnen die spezifische Eigenart der praktischen Vernunft übersehen haben.[3] Man erblickte in ihr nur zu oft, in ver-

---

noch die Ansicht Moores einer richtigen Intuition zu entspringen, die er allerdings metaphysisch nie genau auszudrücken vermochte: Das moralisch Gute (und damit das „Sollen", „the ought") besitzt einen eigenen ontologischen und epistemologischen Status, der auf das bloße „Sein" („the is") weder rückführbar, noch mit ihm identifizierbar, noch aus ihm ableitbar ist. Moore hat in einer subtilen Analyse gezeigt, daß auch der hedonistische Utlitarismus J. S. Mill's auf einer „naturalistic fallacy" beruht (Principia Ethica, S. 64–81). Ebenfalls gilt dies, nach Moore, für die Methode der „naturalistic ethics" (ebd., S. 40): „This method consists in substituting for ‚good‘ some one property of a natural object or of a collection of natural objects." Die nachfolgende Kritik der sogenannten „teleologischen Ethik" (Teil I, Kap. 2.6 und vor allem Teil II, Kap. 6) wird eine solche „naturalistische Methodologie" aufzeigen. Insbesondere entspringt die Behauptung, das sittlich Gute ergebe sich aus einer Optimierung „vorsittlicher",, „ontischer", „physischer" „Güter" durch Güterabwägung, einer naturalistischen Methodologie, und zwar entsprechend Moore, nicht aufgrund der Ersetzung des „sittlich Guten" durch „one property of a natural object", wohl aber durch eine entsprechende Ersetzung durch „a collection of natural objects". Wie gezeigt werden soll, ist nämlich durch die kalkulatorisch-abwägende Kombination von *vor*-sittlichen Gütern nichts für die Bestimmung des *sittlich*-Guten gewonnen. Das *scheint* nur so, dann nämlich, wenn man mit einem naturalistischen Fehlschluß operiert. – Die Position von Moore steht ihrerseits ganz auf dem Boden der Tradition von David HUME, der zum ersten Mal die Unableitbarkeit des „ought" aus dem „is" ausgesprochen hat (vgl. A Treatise of Human Nature, III. I, I; zit. nach D. D., RAPHAEL, Ed., British Moralists II, Oxford 1969, S. 19, Nr. 504). Hume, der sich vor allem gegen eine rein metaphysisch-essentialistische Bestimmung des sittlich Guten wendet, wie sie sich (in der Tradition von Gabriel VASQUEZ, Francisco SUAREZ und Hugo GROTIUS) in SAMUEL CLARKE's „A Discourse of Natural Religion" (1706) findet, hat wohl am historisch einflußreichsten die Eigenart der *praktischen* Vernunft übersehen. Für Hume hat die Vernunft überhaupt keine praktische Bedeutung, denn „reason is perfectly inert, and can never either prevent or produce any action or affection." (Treatise, ebd., Raphael S. 9, Nr. 490). „Passions", „volitions" und „actions" können weder wahr noch falsch sein, weder mit der Vernunft übereinstimmen, noch mit ihr nicht übereinstimmen. „Reason ... cannot be the source of moral good and evil ... Actions can be laudable or blameable; but they cannot be reasonable or unreasonable ... Moral distinctions, therefore, are not the offspring of reason. Reason is wholly inactive, and can never be the source of so active a principle as conscience, or a sense of morals" (Treatise, ebd., Raphael, S. 9–10 Nr. 490). Eine nützliche Konfrontation von Hume mit Aristoteles findet sich bei T. H. IRWIN, Aristotle on Reason, Desire and Virtue, in: The Journal of Philosophy, Vol. 72 (1975), S. 567–578.

[2] „Rationis enim est ordinare ad finem" (I–II, q.90, a.1).
[3] Einen Überblick über die neothomistischen Interpretationen des Naturgesetzes und die neueren Ansätze gegenwärtiger Moraltheologen bietet mit vielen guten kritischen Hinweisen A. LAUN, Die naturrechtliche Begründung der Ethik in der neueren katholischen Moraltheologie, Wien 1973. Leider beschränkt sich die Studie praktisch auf den deutschen Sprachraum und die dort vor-

fehlter Weise, eine Kombination von theoretisch-metaphysischer Erkenntnis + Wille.[4] Dies rührt daher, die *lex naturalis* – im Sinne des naturwissenschaftlichen Gesetzesbegriffes – mit einer im Sein der Dinge bestehenden Naturordnung zu identifizieren; dies bedeutet, den Begriff einer dem sittlichen Sollen zugrundeliegenden „Naturordnung" – oder „natürlichen Ordnung" *(ordo naturalis)* – in einer Weise zu verstehen, welche die Vernunft, wie kritisiert wurde, auf die Rolle eines „Ableseorgans" reduziert, das aufgrund der Erkenntnis dessen, was ist, vorschreibt, daß, was ist, nun auch sein solle. Formeln wie „Erfülle deine Wesensnatur!" oder „Werde, was du bist!" sind in dieser Art Naturgesetztheorien geläufig.[5]

herrschende „Wesens-" und „Seinsethik"; das Bild des Neothomismus ist damit wohl nicht differenziert genug. Weiter wäre zu nennen: H. D. SCHELAUSKE, Naturrechtsdiskussion in Deutschland, Köln 1968.

[4] Mit dieser Kritik schließe ich mich in vielen Punkten den Ausführungen von Germain GRISEZ an, The First Principle of Practical Reason, in: A. KENNY (Hsg.), Aquinas. A Collection of Critical Essays, London 1969, S. 340–382. Einige Einwände, wie diejenigen von Ralph McINERNY, scheinen mir allerdings dabei beachtenswert; vgl. The Principles of Natural Law, in: American Journal of Jurisprudence, 25 (1980) S. 1–15; ferner: Ethica Thomistica. The Moral Philosophy of Thomas Aquinas, Washington D. C. 1982, S. 48 ff. – Wesentliche Hilfen bietet natürlich auch Wolfgang KLUXEN, Philosophische Ethik bei Thomas von Aquin, 2. Aufl. Hamburg 1980. In diesem Zusammenhang darf auch nicht unterlassen werden, auf Jacques MARITAIN und seine „Neuf leçons sur les notions premières de la Philosophie morale" hinzuweisen (Paris 1951). Trotz seiner zweifelhaften Auffassung über das Verhältnis zwischen philosophischer Ethik und Moraltheologie (zwischen Philosophie und Theologie überhaupt), hat er, so scheint mir, ausgezeichnet den Unterschied zwischen spekulativer und praktischer Erkenntnis sowie die epistemologische Stellung der philosophischen Ethik erfaßt. Ebenso ist zu verweisen auf: John M. FINNIS, Natural Law and Natural Rights, Oxford 1980, und DERS.: Fundamentals of Ethics, Oxford 1983. Finnis gelangt durch seine ausgezeichneten Analysen zu m. E. weitgehend ähnlichen Folgerungen, wie sie hier entwickelt werden.

[5] Vgl. etwa frühere „Klassiker" des Naturrechtsdenkens wie Heinrich ROMMEN, Die ewige Wiederkehr des Naturrechts, München 1947; Josef PIEPER, Die Wirklichkeit und das Gute, 7. Auflage München 1963; Gallus M. MANSER, Das Naturrecht in thomistischer Beleuchtung, Freiburg/Schweiz 1944. – Der Begriff „Wesensnatur" des Menschen, mit dem man lange Zeit operierte, ist sehr fragwürdig. Ich weiß nicht recht, welchem Terminus bei Thomas er entsprechen sollte. Es besteht die unmittelbare Gefahr, den vielfältigen und analogen Begriff *natura* dabei einfach auf die *essentia* zu reduzieren. Nicht besser steht es mit dem Terminus *natura metaphysica*, während langer Zeit zentral bei Josef FUCHS' Versuchen, einen Begriff des Naturrechts zu begründen; so vor allem in : Lex naturae. Zur Theologie des Naturrechts, Düsseldorf 1955. Auch die bekannte Kritik von Karl RAHNER (Bemerkungen über das Naturgesetz und seine Erkennbarkeit, in: Orientierung 22 (1955), S. 239–243) steht auf dem Boden desselben rationalistischen Essentialismus; Rahner erkannte allerdings bereits damals die Brüchigkeit dieser Position, um dann jedoch den von Josef Fuchs vertretenen metaphysischen Rationalismus mit der Forderung nach einer „transzendentalen Deduktion" auf die Spitze zu treiben.

1.3 Lehramtliches und moraltheologisches Sprechen über das Naturgesetz

1.3.1 Zur Sprache des Lehramtes und der vorwissenschaftlichen Kommunikation

Das kirchliche Lehramt hat nie den Anspruch erhoben, philosophisch-diskursive Begründungen zum Gegenstand seiner Verkündigung zu erheben, auch nicht im Bereiche sittlicher Forderungen des Naturgesetzes. Das Lehramt verkündet die Existenz des Naturgesetzes und seine Implikationen in einer Sprache, die im Kontext der Offenbarung steht, allgemein verständlich ist und jedermann zugängliche Grunderfahrungen anspricht. Auch wenn sich lehramtliche Äußerungen philosophischer und theologischer Termini bedienen, so wollen sie dennoch keine philosophische oder theologische Lehre sein, sondern vielmehr Verkündigung und lehrende Darlegung des oft diskursiv noch gar nicht begründeten oder in dieser Weise überhaupt nicht begründbaren Glaubensbestandes.

Es gibt auch in der pastoralen „Normalsprache" sowie auf der Ebene der Alltagskommunikation ein Sprechen über das Naturgesetz, das man als „abgekürzte Redeweise" bezeichnen kann. Solche Kurzformeln sind unentbehrlich, bringen jedoch in der Regel noch keine Entscheidung darüber, wie nun eine philosophische Theorie der „lex naturalis" auszusehen habe. Die „abgekürzte Redeweise" verfolgt nicht einen analytischen, sondern einen kommunikativen Zweck. Die relative – grenzziehende und das Unverzichtbare formulierende – Indifferenz lehramtlicher Äußerungen bezüglich theologischer und philosophischer Reflexion ist ja auf allen Gebieten der Glaubenslehre anzutreffen.

Die essentialistische Variante der Naturrechtsbegründung hat sich wohl zu sehr auf eine gewisse intuitive Evidenz der „abgekürzten Rede" über das Naturgesetz gestützt. Damit hat sie zwar wesentlichen Ansprüchen für die Erklärung der „lex naturalis" Genüge getan, ist jedoch mit anderen in Konflikt geraten. Für eine Korrektur bedarf es keines „Paradigmenwechsels", wohl aber eines „ressourcissement" zwecks Vertiefung und Differenzierung, also auch eines sorgfältigeren Eingehens auf den hl. Thomas selbst.

Wenn wir in „abgekürzter Rede" von einer „objektiven sittlichen Ordnung" sprechen, die „im Sein des Menschen verankert" ist und durch das Licht der Vernunft „erkannt" werden kann, so ist noch nichts darüber entschieden, wie diese Ordnung zu verstehen ist Und es ist auch noch nichts darüber gesagt, wie die Sittlichkeit mit dem Sein oder der Natur des Menschen verbunden ist; um was für eine Art von Vernunfterkenntnis es sich handle und wie sie sich vollziehe und praktisch wirksam werde.

Schließt man jedoch sogleich – ausgehend von dieser Redeweise – darauf, daß nun also die „Natur" Norm der Sittlichkeit sei, und zwar im eigentlichen Sinne als *mensura* und *regula,* dann ist bereits eine unzulässige Vorentscheidung theoretischer Art gefallen. Man muß dann versuchen, sittliche Normen und Naturrecht aus der sogenannten „Wesensnatur" oder der „natura metaphysica" abzuleiten. Zusätzlich verstellt man sich dabei auch den Zugang zum Verständnis der Texte des hl. Thomas, bei dem man vergeblich die Aussage suchen würde, die Natur sei Maßstab des sittlich Guten. Eine philosophische Theorie der „lex naturalis" läuft dann Gefahr, sich mit Problemen zu beschäftigen, die ohne diese Theorie gar nicht existierten, – z. B. jenes, wie man denn zur Kenntnis eines menschlichen Wesens gelangen könne, aus dem sich das sittliche Sollen deduzieren lasse.

1.3.2 Fragwürdige moraltheologische Rezeptionen

Mit einer historischen Reminiszenz soll dies verdeutlicht und belegt werden. Josef Fuchs hatte seinerzeit in seinem Standardwerk „Lex naturae"[1] lehramtliche Formulierungen bezüglich des Naturgesetzes systematisiert. Er glaubte dabei „zwei Reihen" von Formulierungen finden zu können; eine erste, die dessen „ontologische Grundlage" betrifft; und eine zweite, die sich auf die „noetische Seite des Naturgesetzes, sein Ins-Herz-geschriebensein, seine natürliche Erkennbarkeit durch den Menschen" bezieht.[2] Zur ersten Reihe gehören Formulierungen wie die Ehe sei aufgrund ihrer „Natur" Einehe, diese Eigenschaft folge aus der „Natur des Menschen" selbst, das Eigentumsrecht sei „von der Natur" selbst gegeben, die Wertordnung ergebe sich „aus der Natur der Dinge" usw.

Was ist damit entschieden? Doch wohl nur, daß die sittliche Ordnung ein natürliches Fundament besitzt. *Wie* allerdings diese natürliche Fundierung und Regelung wirksam wird, ist damit nicht gesagt. Fuchs interpretiert jedoch: „So erscheint das Sein, das Wesen, die leibgeistige Natur des Menschen selbst als die Norm des sittlichen Verhaltens und des Rechtes." Diese Schlußfolgerung geht entschieden zu weit. Man könnte sie zwar, wiederum als „abgekürzte Rede", gelten lassen; sie verwandelt sich aber in den Händen eines Moraltheologen in eine viel weitergehende, analytische Aussage: Norm, Maßstab des sittlich Guten sei die Natur; die sittliche Ordnung wird auf die Naturordnung reduziert.

Wenn dann Fuchs von der „zweiten Reihe" spricht (das Naturgesetz ist ins Herz des Menschen eingeschrieben und natürlicherweise erkennbar), dann kann dieser zweite Aspekt nur im Einklang mit dem ersten interpretiert werden, und das heißt: Die Entscheidung bezüglich der Interpretation ist bereits gefallen. Fuchs formuliert: „Die naturhafte Seinswirklichkeit stellt die objektiv-seinshafte Aussage über die sittliche und rechtliche Ordnung dar, die in der von der Seinswirklichkeit her bestimmten Vernunftserkenntnis subjektiv erfaßt wird; *die Vernunft liest aus der Natur der Dinge und des Menschen das Naturrecht heraus*. Die Aussage, daß die Vernunft das ins Menschenherz geschriebene Gesetz lesen kann, will offensichtlich nichts anderes bedeuten: das Naturgesetz ist insofern ins Herz geschrieben, als die Vernunft aus der Seinswirklichkeit des Menschen und der Dinge heraus das Gesetz der Natur zu erfassen vermag."

Alle diese Formulierungen könnte man in der abgekürzten Rede der Alltagskommunikation und auch der Verkündigung einigermaßen gelten lassen. Baut man jedoch darauf eine systematische Analyse auf, so hat man bereits eine folgenschwere Entscheidung getroffen: Man befindet sich in einem Schematismus, der unterstellt, daß das Naturgesetz „objektiv" die Ordnung der Natur ist, die dann, „subjektiv", von der Vernunft erkannt, also aus der Natur „abgelesen" wird.

Nun kann man keinesfalls behaupten, daß dieses Schema ganz allgemein die Meinung der „traditionellen katholischen Moraltheologie" wiedergibt[3]; man braucht dazu nur eini-

---

[1] Lex naturae. Zur Theologie des Naturrechts, Düsseldorf 1955.
[2] Ebd., S. 13–16.
[3] Wie das z. B. B. SCHÜLLER anführt: „Die katholische Theologie ist dabei zu dem Ergebnis gekommen: Der subjektive Erkenntnisgrund der lex naturalis sei die Vernunft, ihr objektiver Erkenntnisgrund die „Natur" des Menschen. (...) Die Natur sei der objektive Erkenntnisgrund der

ge „traditionelle" Handbücher der Moraltheologie zur Hand zu nehmen, ganz abgesehen von vielen systematischen Einzeluntersuchungen, die in der Vergangenheit zu diesem Thema erarbeitet wurden. Im klassischen Lehrbuch von Merkelbach beispielsweise findet sich das genannte Schema nicht; es hält sich strikte an die Formulierungen des hl. Thomas und seine Bestimmung der der „lex naturalis" als „ordinatio rationis" und „dictamen a ratione constitutum".[4] Greifen wir zum Lehrbuch von D. Prümmer, so finden wir zwar eine weniger klare Bestimmung des Naturgesetzes; Prümmer beschränkt sich jedoch praktisch auf seine Definition als „Partizipation des Ewigen Gesetzes in der vernünftigen Kreatur"; der Schematismus eines „objektiven" Naturgesetzes als Naturordnung und eines „subjektiven" als Erkenntnis dieser Ordnung durch die Vernunft fehlt jedoch auch bei ihm.[5]

Anders ist dies hingegen im weitverbreiteten Lehrbuch von Mausbach-Ermecke. Hier wird nun tatsächlich gesagt: „Das Naturgesetz (lex naturalis) umfaßt das physische (lex naturalis physica) und das sittliche Naturgesetz (lex naturalis ethica). Unter diesem versteht man die Summe derjenigen sittlichen Normen, die der Mensch aus der Natur der Dinge kraft seiner natürlichen Vernunft als sittlich verbindlich erkennen kann. (...) Die natürliche Vernunft bzw. das Gewissen des Menschen ist *erkennendes Organ* für das Naturgesetz, *nicht* sein Wesen; das Naturgesetz ist *Objekt,* idealer Gegenstand des menschlichen Erkennens."[6]

Mehr als um die „traditionelle katholische Moraltheologie" handelt es sich also um bestimmte Schulrichtungen innerhalb dieser Tradition, in denen eine ganz bestimmte, wie mir scheint: verzerrte Perspektive der „lex naturalis" gelehrt wurde. Leider haben unsere Moraltheologen die „katholische Moraltheologie" meist immer nur im Filter bestimmter

---

lex naturalis meint in diesem Fall negativ: die lex naturalis könne ihr Dasein und Sosein nicht durch die freie Setzung des von ihm betroffenen Menschen empfangen; positiv: der Mensch erfasse die lex naturalis, indem er seine eigene Vorgegebenheit als seine Aufgegebenheit, sein ihm ohne sein Zutun zugeeignetes Sein als sein unbedingtes Sollen verstehe" (Zur theologischen Diskussion über die lex naturalis, in: Theologie und Philosophie, 4 (1966), S. 490.

[4] Vgl. B. H. MERKELBACH, Summa Theologiae Moralis, I, Ed. altera, Paris 1935, S. 225 (Nr. 245).
[5] Vgl. D. M. PRÜMMER, Manuale Theologiae Moralis, Tom. I., Ed. Nona, Freiburg/Br. 1940, S. 105ff. (Nr. 151.152). Prümmer unterscheidet allerdings die „lex naturalis" „obiective" und „subiective considerata"; das hat aber einen anderen Sinn, als der genannte Schematismus. Denn dies bezieht sich auf eine objektive, bzw. subjektive Betrachtung der Partizipation der „ordinatio" des Ewigen Gesetzes. Insofern der Mensch dieser „ordinatio" durch die Schöpfung unterliegt – ganz unabhängig also von je *meiner* Erkenntnis – kann man von einem Naturgesetz im objektiven Sinn sprechen; insofern sich das Naturgesetz in *meinen* Akten der praktischen Vernunft konstituiert und für mein Handeln wirksam wird, spricht man vom Naturgesetz im „subjektiven" Sinne. Damit ist einfach gemeint, daß die „ordinatio" der „lex naturalis" (die sittliche Ordnung) unabhängig vom menschlichen Subjekt besteht, aber eben *nicht* in der „Naturordnung", sondern in der partizipativen, auf Schöpfung gegründeten, Relation der menschlichen zur göttlichen Vernunft; diese Relation kann man zwar auch als „Naturordnung" bezeichnen, aber in einem anderen Sinne; nicht als eine solche, die der menschlichen Vernunft „gegenübersteht" und von ihr erkannt wird; sondern als eine „Naturordnung" *in* der menschlichen Vernunft selbst.
[6] J. MAUSBACH-G. ERMECKE, Katholische Moraltheologie, Erster Band: Die allgemeine Moral, 9. Aufl., Münster 1959. Dieses Lehrbuch ist, wie auch jenes von B. HÄRING, Das Gesetz Christi, 6. Aufl. 1961, von der Wertphilosophie Schelers beeinflußt, sowie deren moraltheologisch Rezeption durch F. Tillmann und T. Steinbüchel.

Schultraditionen kennengelernt; das Studium der großen theologischen Meister und der Kirchenväter ist dabei vernachlässigt worden. So haben in den Grundorientierungen vieler Moraltheologen offenbar bestimmte, nur einzelne Schulrichtungen repräsentierende Denkschemata bis heute deren Auffassung von der „traditionellen katholischen Moraltheologie" geprägt.

Ein solches Schema ist jenes der Unterscheidung eines „objektiven" Naturgesetzes als „Naturordnung" von einer „subjektiven" Erkenntnis dieser Ordnung durch die Vernunft als eine zum Nachvollzug „aufgegebene" Wesensordnung der Dinge und die so verstandene Ableitung des „Sollens" aus dem „Sein". Was in diesem Schema jedoch völlig unberücksichtigt bleibt, ist die praktische Vernunft, insofern sie in ihrem Erkenntnisakt die „lex naturalis" selbst konstituiert, d. h. es bleibt unerkannt, daß die praktische Vernunft selbst eine *natürliche* Erkenntnisweise besitzt, die ebenfalls zur Natur des Menschen gehört und mitformuliert, was Naturgesetz ist. Es handelt sich dabei um den natürlichen Akt der praktischen Vernunft, der zwar zur „Natur des Menschen" gehört, dabei aber, als Natur, dem Akt der praktischen Vernunft nicht „gegenüber steht", *sondern vielmehr dieser Akt, bzw. die durch ihn etablierte Ordnung („ordinatio rationis") selbst ist.* Das Naturgesetz ist also nicht einfach von der Vernunft aus der Natur abgelesen, sondern durch die Vernunft in einem natürlichen Akt praktischer Erkenntnis konstituiert.

1.3.3 Ein „vergessener" Text von Leo XIII. und die Perspektive des II. Vatikanums

Nun gibt es eine lehramtliche Formulierung, in der dieser Aspekt präzis erfaßt wird. Es handelt sich dabei um die Enzyklika „Libertas praestantissimum", von Leo XIII. aus dem Jahre 1888. Dieser Text ist schon deshalb wichtig, weil er nicht anhand konkreter Probleme lediglich auf das Naturgesetz verweist und ein Verständnis seines Begriffes voraussetzt, sondern weil er das Thema Naturgesetz selbst ex professo zum Gegenstand hat. Merkwürdigerweise führte Fuchs diesen Text seinerzeit nur unvollständig und am Rande auf. Dies mag sich dadurch erklären, daß er tatsächlich auch in keine der beiden Reihen von Texten einzuordnen ist, und zwar weil er grundlegender und umfassender ist.[7]

Die Formulierung lautet folgendermaßen: Das Fundamentalste aller Gesetze sei die „lex naturalis",

„quae scripta est et insculpta in hominum animis singulorum, quia *ipsa est humana ratio recte facere iubens et peccare vetans.* Ista vero humanae *rationis praescriptio* vim habere legis non potest, nisi quia altioris est vox atque interpres rationis, cui mentem libertatemque nostram subiectam esse oporteat. (...) Ergo consequitur, ut naturae lex sit ipsa *lex aeterna* insita in iis qui ratione utuntur, eosque incli-

---

[7] Bei PRÜMMER, a. a. O., S. 106 hingegen ist dieser Text angeführt, ohne daß jedoch weitere Konsequenzen daraus gezogen würden. – Man muß hier anmerken, daß die moraltheologischen Handbücher der Vergangenheit, aufgrund einer oft einseitig „apologetischen" Haltung gegenüber „Indifferentismus", „Relativismus", „Subjektivismus" usw., mehr am Beweis der *Existenz* eines Naturgesetzes, denn an der Klärung seiner Natur interessiert waren. Das zweite zu lehren ist nicht Aufgabe des kirchlichen Lehramtes, wohl aber eine solche der Moraltheologie. Insofern muß man auch den damaligen Versuch von J. Fuchs, eine solche moraltheologische Klärung vorzunehmen, in ihrer Verdienstlichkeit würdigen.

nans ad debitum actum et finem, eaque est ipsa aeterna ratio Creatoris universumque mundum gubernantis Dei."[8]

In dieser Formulierung fehlt der Schematismus eines Naturgesetzes als „objektiver Naturordnung", die von der Vernunft dann (subjektiv) erkannt würde. Die Tatsache, daß das Naturgesetz in der Seele der Menschen eingegraben ist, beruht, wie der Text besagt, darauf, daß das Naturgesetz „die menschliche Vernunft selbst ist, insofern sie anordnet, richtig zu handeln, und zu sündigen verbietet." Das Naturgesetz erhält so seine adäquate Umschreibung als *„praescriptio rationis"*, was, wie aus dem Folgenden noch deutlicher werden wird, dasselbe bedeutet wie *„ordinatio rationis"*. Das Naturgesetz gründet also in einem Akt der praktischen Vernunft; das Naturgesetz ist diese „praescriptio" selbst (und nicht eine erkannte Naturordnung). Die Kraft des Gesetzes (vis legis) liegt nicht in der Natur, sondern im praeskriptiven Akt der Vernunft, der, weil er ein natürlicher Akt ist (impressum oder insculptum in anima), ein natürliches Gesetz konstituiert.

Diese Gesetzeskraft, und das ist die zweite Aussage dieses Textes, kommt der Vernunft nicht aufgrund der „Naturordnung" zu, die aus dem Sein der Dinge abgelesen wird, sondern aufgrund der göttlichen Vernunft, bzw. der „lex aeterna" (Ewiges Gesetz), die der menschlichen Vernunft eingestiftet, „angeboren" ist. Das Naturgesetz ist deshalb objektiv, fundamental und inhaltlich nicht die „Ordnung der Natur", sondern „ipsa lex aeterna", insofern sie unserer Vernunft „eingegeben" ist oder durch die menschliche Vernunft partizipiert wird, ein Gesetz, das uns auf das „angemessene Handeln und Ziel hinordnet".

Diese Formulierungen sprechen deutlich die Sprache des hl. Thomas. Sie eröffnen eine ganz neue Perspektive. Dennoch handelt es sich auch hier „nur" um eine lehramtliche Umschreibung. Und, es ist offensichtlich, sie scheint mehr Probleme aufzuwerfen, als zu lösen.

Das Schema, das Naturgesetz als objektive Naturordnung und subjektive Erkenntnis derselben zu betrachten, ist eine Möglichkeit, diesen Problemen zu entrinnen. Aber man muß dafür den Preis bezahlen, jene großartige Perspektive aufzugeben, die das Naturgesetz wesentlich als eine formelle, in der „praescriptio" der menschlichen Vernunft bestehende, bewußte, verstehende, freie und verantwortliche Teilnahme an der ordnenden Kraft und Weisheit der göttlichen Vernunft und damit an seiner Vorsehung und Weltregierung erblickt. Man muß, um auf diese Weise den Problemen zu entkommen, schließ-

---

[8] Denz.-Schön. Nr. 3247. Eine Übersetzung findet sich in E. MARMY (Hsg.), Mensch und Gemeinschaft in christlicher Schau. Dokumente, Freiburg/Ue. 1945, S. 91 (Nr. 91): „Ein solches Gesetz ist an erster Stelle das Naturgesetz, welches geschrieben steht und eingegraben ist in die Seele jedes einzelnen Menschen; es ist nämlich die menschliche Vernunft selbst, die das Gute befiehlt und das Böse verbietet. Diesem Gebote der menschlichen Vernunft kann aber die Bedeutung eines Gesetzes nur zukommen, weil es die Stimme und die Dolmetscherin jener höheren Vernunft ist, der unser Geist und unsere Freiheit zu gehorchen hat. (...) Daraus folgt, daß das Naturgesetz ein und dasselbe ist wie das *ewige Gesetz*, welches den vernünftigen Wesen angeboren ist und sie hinlenkt auf das rechte Tun und Ziel; es ist nämlich die ewige Vernunft Gottes selbst, des Schöpfers und Lenkers der ganzen Welt." Hier ist der entscheidende Satz durch eine zweideutige Übersetzung wiedergegeben; der lateinische Text ist eindeutig: „quia ipsa est humana ratio recte facere iubens et peccare vetans". In genauer Übersetzung heißt dies: „... denn es (das Naturgesetz) ist die menschliche Vernunft selbst, insofern sie (oder: wenn sie) anordnet, richtig zu handeln und zu sündigen verbietet."

lich ein anderes Modell des Naturgesetzes einführen: Das naturalistisch-stoische. Was man aber keinesfalls behaupten kann ist, daß dieses Modell den Äußerungen des kirchlichen Lehramtes bezüglich des Naturgesetzes zugrundeliegt.[9] Vielmehr scheint es, daß die Darlegungen in lehramtlichen Texten erst in der Wiedergabe ihrer Kritiker jenen naturalistischen, bzw. „biologistischen" Charakter erhalten, der ihnen generell vorgeworfen wird.

Als scheinbar einzig mögliche und „befreiende" Alternative zur verfehlten naturalistischen Interpretation des Begriffes des Naturgesetzes erweist sich dann eine Vernunft, die nicht mehr eine „Naturordnung" aus den Dingen abliest, sondern der man nun die „schöpferische" Aufgabe zuweisen will, die sittliche Ordnung zu schaffen. Die „Natur" bleibt dabei ein vor-sittliches Substrat, mit dem der Mensch „verantwortlich umgehen" muß; aber ihre ethische Relevanz scheint verfügbar geworden zu sein. Nicht weniger als vorher bleibt dabei übergangen, daß dieser Dualismus von Natur und Vernunft verfehlt ist. Denn die praktische Vernunft ist selbst Teil jener Natur des Menschen, welche die sittliche Ordnung begründet. Und deshalb auch entsteht aufgrund einer „praescriptio" dieser Vernunft, genauer gesagt: der *natürlichen* Vernunft („ratio naturalis") ein natürliches Gesetz des menschlichen Handelns.

Diese Perspektive, wie sie der zitierte, offenbar nur beschränkt wirksam gewordene und heute kaum noch beachtete Text Leos XIII. eröffnet, wird in den nachfolgenden Untersuchungen zum Begriff des Naturgesetzes eine vollumfängliche Bestätigung erfahren. Eine solche Bestätigung findet sich auch in jenen eindrücklichen Formulierungen des II. Vatikanischen Konzils, die mit anderen Worten auf das natürliche Gesetz der praktischen Vernunft hinweisen:

„Im Inneren seines Gewissens entdeckt der Mensch ein Gesetz, daß er sich nicht selbst gibt, sondern dem er gehorchen muß und dessen Stimme ihn immer zur Liebe und zum Tun des Guten und zur Unterlassung des Bösen anruft und, wo nötig, in den Ohren des Herzens tönt: Tu dies, meide jenes; denn der Mensch hat ein Gesetz, das von Gott seinem Herzen eingeschrieben ist, dem zu gehorchen eben seine Würde ist und gemäß dem er gerichtet werden wird. Das Gewissen ist die verborgenste Mitte und das Heiligtum im Menschen, wo er allein ist mit Gott, dessen Stimme in diesem seinen Innersten zu hören ist. Im Gewissen erkennt man in wunderbarer Weise jenes Gesetz, das in der Liebe zu Gott und dem Nächsten seine Erfüllung hat."[10]

In diesem Text ist eine Unterscheidung von „Gewissen" und „Gesetz" impliziert: Das Gewissen des Menschen entdeckt das Gesetz als etwas Vorgegebenes, als eine normative

---

[9] Diese Meinung vertrat im Zusammenhang mit der Diskussion um Humanae Vitae insbesondere L. OEING-HANHOFF, Der Mensch: Natur oder Geschichte? Die Grundlagen und Kriterien sittlicher Normen im Licht der philosophischen Tradition, in: F. HENRICH (Hsg.), Naturgesetz und christliche Ethik. Zur wissenschaftlichen Diskussion nach Humanae Vitae, München 1970, S. 13–47. Ebenso auch H. WELZEL, Naturrecht und materiale Gerechtigkeit, 4. Aufl. Göttingen 1980, bes. S.60–61. Die eher oberflächliche Darstellung von Welzel beruht auf dem Fehler, Thomas eine bestimmte Methodologie zu unterstellen, – und zwar jene einer Ableitung „praktischer Erkenntnis" aus der Metaphysik. Wie die nachfolgenden Ausführungen zeigen werden, ist hingegen das „Naturgemäße" für Thomas Inhalt einer unabgeleiteten und eigenständigen (autonomen) praktischen Erkenntnis des Guten; das Naturgemäße ist also nicht ursprünglich und zuerst Gegenstand der Metaphysik, sondern zunächst Gegenstand und Inhalt der durch die natürliche Vernunft geleiteten und durchformten *sittlich-praktischen Erfahrung*.
[10] Pastoralkonstitution „Gaudium et spes", Nr. 16.

Wahrheit, in der Gott selbst zum Menschen spricht und durch die die menschliche Person als moralisches Subjekt verpflichtet wird. Das moralische Gesetz erhebt einen Wahrheitsanspruch, über den das Gewissen selbst nicht verfügt, sondern dem es erkenntnismäßig unterworfen ist. Der Akt des Gewissens besteht fundamental nicht in einem Setzen von Wahrheit, sondern in deren Entdeckung oder Auffindung.[11]

Zugleich ist jedoch zu betonen – und es wird sich im Folgenden deutlich zeigen – daß dasselbe Gesetz, dem das Gewissen verpflichtet ist, seinen kognitiven Ursprung ebenfalls in der menschlichen Person als moralisches Subjekt besitzt. Dies nicht zu berücksichtigen, käme einem Moralpositivismus gleich, der übersieht, daß an der „Basis" der Anerkennung oder Befolgung des sittlich Gesollten oder Guten immer eine *eigene Einsicht* in das Gesollte oder Gute steht und stehen muß. So kann also auch das moralische Gesetz in seinen fundamentalen Aspekten nicht einfach als „von außen" an das Gewissen herangetragen verstanden werden (auch wenn diese Möglichkeit im Sinne der Unterweisung, Lehre und Verkündigung *zusätzlich* besteht und der Notwendigkeit eigener Einsicht in das sittliche Sollen weder widerspricht noch sie aufhebt); das Gesetz entspringt jedoch vielmehr einer näher zu bestimmenden Autonomie der sittlichen Erfahrung des Subjektes selbst. Dies gründet in der Tatsache, daß der Mensch „das ewige, objektive und universale göttliche Gesetz, durch das Gott nach dem Ratschluß seiner Weisheit und Liebe die ganze Welt und die Wege der Menschengemeinschaft ordnet, leitet und regiert"[12] durch Teilhabe (Partizipation) *in sich trägt*, dieses Gesetz also sein *Eigenbesitz* ist. „Gott macht den Menschen seines Gesetzes teilhaftig, so daß der Mensch unter der sanften Führung der göttlichen Vorsehung die unveränderliche Wahrheit mehr und mehr zu erkennen vermag."[13]

Die Frage, die hier noch nicht beantwortet ist, zu deren Beantwortung nur die Koordinaten abgesteckt sind, lautet: Wie konstituiert sich ein sittliches Sollen, daß eigener, und insofern autonomer Einsicht des Subjekts entspringt (als wahrhafte Teilhabe am göttlichen Gesetz) und zugleich eine unverfügbare Wahrheit darstellt, der das Gewissen verpflichtet ist? Kurz: Wie ist es möglich, die Autonomie der Einsicht in das sittlich Gute oder Gesollte, ohne die kein wirklich sittliches Handeln je zustande kommen könnte, mit der Theonomie und noetischen Unverfügbarkeit der Inhalte dieses sittlichen Sollens zu vereinbaren? Eine *methodologisch* ungenügende Antwort auf diese Fragen bildet das, was man eine „essentialistische" Auffassung des Naturgesetzes nennen kann. Worauf dieses Ungenügen beruht, soll zunächst gezeigt werden; danach werden wir uns einer positiven methodologischen Klärung des Status philosophischer Ethik zuwenden, um so den Weg für das Verständnis des Naturgesetzes als Gesetz der praktischen Vernunft freizulegen.

---

[11] Vgl. dazu die Analyse von T. STYCZEN, Das Gewissen – Quelle der Freiheit oder der Knechtung?, in: Archiv für Religionspsychologie, Bd. 17 (1986), S. 130–147.
[12] II. Vatikanisches Konzil, Erklärung über die Religionsfreiheit „Dignitatis humanae", Nr. 3.
[13] Ebd.

1.4 Zur Kritik des essentialistischen Verständnisses der „lex naturalis"

Der thomistische Begriff der lex naturalis wird erst verständlich, wenn man ihn auf jene Wirklichkeit bezieht, die Thomas *ordo rationis* nennt.[1] Es geht dabei um einen Schlüsselbegriff thomistischer Moralbegründung. Während bei einigen Vertretern der neuthomistischen Philosophie vor allem im deutschen Sprachraum die Tendenz vorherrschte, den „ordo rationis" in einen *ordo naturae* oder *ordo naturalis* umzudeuten, so hat sie zwar den Ordo-Gedanken beibehalten, ihn jedoch gerade durch eine Art „Vernunftvergessenheit" fragwürdig werden lassen.

1.4.1 Vernunft oder Natur?

In der Quaestio 18, Artikel 5 der Prima Secundae steht der nur allzu bekannte Satz: „In actibus autem humanis bonum et malum dicitur per comparationem ad rationem". Die Verwirrung bezüglich des Begriffes „lex naturalis" scheint zu einem bedeutenden Teil daher zu rühren, daß man diese und eine Fülle von ähnlich lautenden Aussagen des hl. Thomas nicht beim Wort zu nehmen pflegte, insbesondere jene, in denen von der *ratio* als *mensura* und *regula*, als Maßstab und Regel des Willens, allen Strebens und damit der Sittlichkeit überhaupt die Rede ist. Denn der Inbegriff von Moralität von Augustinus bis Thomas ist der „gute Wille", zu dem gehört: Das Gute intendieren, das Gute „tun" wollen (oder wählen, „eligere) und sich auch zum effektiven Tun des Gewollten nicht indifferent zu verhalten. Der gute Wille bildet also eine Einheit von Gesinnung und Verantwortung. Als Maß und Regel dieses Willens, als konstituierendes Prinzip seines „Gutseins", bezeichnet nun Thomas die Vernunft, – und zwar nicht nur als Regel „subjektiver" Moralität, sondern als *objektives Maß*. Und auch nicht nur im Sinne einer „ratio mensurans", sondern einer *mensura*. Denn die Vernunft ist nicht nur messende und regelnde „Instanz", im Sinne der Anwendung eines Maßstabes; sie ist vielmehr selbst Maßstab und damit Norm der Moralität.

Die erste und primäre Frage besteht nun darin, ob man Thomas in diesem Punkt ohne Abstriche beim Wort nehmen will. Tatsache ist, daß man ihn nicht immer beim Wort genommen hat. Dabei geht es nicht um die Frage, ob die *ratio* als zum Bereich der geschaffenen Wirklichkeit gehörende *mensura* noch auf eine transzendente „regula remota", den Geist des Schöpfers, zurückgeführt werden muß. Das ist für Thomas selbstverständlich. Es geht allein darum, ob gerade in der Ordnung des menschlichen Handelns der Vernunft selbst diese Aufgabe zukommt oder nicht. Denn zwei Maßstäbe auf derselben Ebene kann es nicht geben; sie würden sich gewissermaßen gegenseitig konkurrenzieren.

In der nun schon lange zurückliegenden, aber weiterhin lehrreichen Kontroverse zwischen P. Elter, V. Cathrein und L. Lehu ist ja die Alternative, um die es hier geht, scharf

---

[1] Vgl. dazu Vernon J. BOURKE, Right Reason as the Basis for Moral Action, in: L'Agire Morale, a. a. O., S. 122–127; sowie DERS., St. Thomas and the Greek Moralists, Milwaukee 1947, bes. S. 21–29; Frank J. YARTZ, Order and Right Reason in Aquinas' Ethics, in: Mediaeval Studies, 37 (1975), S. 407–418.

zum Ausdruck gebracht worden. Erstere[2] waren der Meinung, die Regelfunktion der Vernunft müsse auf die „natura complete spectata" zurückgeführt werden; Regel, so hieß es, sei eigentlich die Natur; die Vernunft erkenne und appliziere diese Regel nur. L. Lehu hingegen, so scheint mir, ist einer der wenigen Autoren, die Thomas wirklich beim Wort genommen haben und er ist dabei im Wesentlichen zu heute noch gültigen, wenn auch ergänzungsbedürftigen Aussagen gekommen.[3]

Rückblickend läßt sich jedoch feststellen, daß sich diese konsequente Thomasinterpretation nicht durchgesetzt hat. Das hat sich nicht zuletzt im neothomistischen Begriff des Naturgesetzes niedergeschlagen.

1.4.2 Nicht-Reduzierbarkeit der sittlichen Ordnung auf die Naturordnung

Exemplarisch für das eben Gesagte ist sicherlich die Interpretation von Michael Wittmann[4], die einen „Mittelweg", ein zunächst ausgewogen erscheinendes „Sowohl-als-auch" vertreten möchte, dann aber, bei näherem Zusehen, den Zugang zu Thomas geradezu versperrt. Wittmann war der Meinung: „Lehu hat einen richtigen Gedanken zu sehr gepreßt und zu einseitig festgehalten"[5], womit bereits alles entschieden ist. Denn die Pointe der Interpretation von Lehu – und der Moralbegründung des hl. Thomas – liegt eben gerade in dieser „Einseitigkeit".

Wittmann möchte hingegen betonen, daß die Ordnung der Moralität ihre Grundlage im Sein habe. Der hl. Thomas hätte das sicherlich niemals bestritten, – nicht nur weil die menschliche Vernunft selbst ein Bestandteil der Seinsordnung ist, sondern weil auch jede Erkenntnis immer ein „mensuratum a rebus" ist.[6] Weiterhin ist für Thomas klar, daß die geschaffene Wirklichkeit (die „res creatae") ihrerseits kognitive Regel für die Vernunft ist.[7] Aber Thomas spricht hier weder von einer „Wesensnatur" als „Regel", noch behauptet er, die „res creatae" seien als solche bereits Maßstab der *Moralität*.

So kam Wittmann zu einer Konklusion, die irreführend ist, weil sie die sittliche Ordnung der Vernunft auf die Naturordnung reduziert: „Die sittliche Ordnung stammt nach Thomas aus der Welt der Dinge oder der objektiven Wirklichkeit, hat den Charakter einer in den Dingen liegenden Natur- oder Seinsordnung."[8] Diese Formulierung ist zumindest ambivalent, zu undifferenziert und deshalb verwirrend.

---

[2] ELTER, Norma honestatis ad mentem Divi Thomae, in: Gregorianum, 8 (1972), S. 337ff.; V. CATHREIN, Quo sensu secundum S. Thomam ratio sit regula actuum humanorum? In: Gregorianum, 5 (1924), S. 584ff.
[3] Vgl. vor allem L. LEHU, La Raison – Règle de la moralité d'après Saint Thomas, Paris 1930. – Vgl. auch in diesem Sinne J. TONNEAU, Le volontaire in *esse naturae* et in *esse moris*, in: Thomistica Morum Principia, Rom 1960, S. 196–203.
[4] Die Ethik des Hl. Thomas von Aquin, München 1933.
[5] A. a. O., S. 285.
[6] Vgl. I–II, q. 64, a.3.
[7] Vgl. ebd. q.74, a.7.
[8] M. WITTMANN, a. a. O. S. 286. Zu sagen bleibt, um Wittmann gerecht zu werden, daß er durchaus und sogar eingehend auf den „Vernunftcharakter" des Naturgesetzes hinweist; ebenso hatte Wittmann erkannt, daß bei Thomas das Naturgesetz als „Seinsordnung weniger in den endlichen

Es ist nämlich unmöglich, die sittliche Ordnung in der „Welt der Dinge" zu finden; denn in ihr finden sich beispielsweise weder Gerechtigkeit noch Freundschaft, noch Tugend überhaupt; auch nicht die Ehe oder Ähnliches. Man kann ja z. B. aufgrund der Normierungen staatlicher Gesetze eine Ehe schließen: man hat in diesem Fall ein vorgegebenes Gesetz befolgt und kann sagen: diese Ehe entspricht dem Paragraphen x des Zivilgesetzbuches. Man kann jedoch nicht in der „Natur" oder der „Welt der Dinge" ein entsprechendes Gesetz finden, aufgrund dessen Befolgung sich in gleicher Weise eine Ehe gründen ließe. Die Natürlichkeit oder „Naturgesetzlichkeit" der Ehe kommt anders zustande und ist auch anders zu begründen.

Gerade wenn man Sittlichkeit als – naturgemäße – Vollkommenheit bezeichnet, dann muß man sich fragen: Ist mit den Dingen und ihrer Natur auch ihre jeweilige Vollkommenheit mitgeschaffen worden? Aber was nicht geschaffen wurde, kann auch nicht aus der Naturordnung deduziert werden.

1.4.3 Ein methodologischer Fehlschluß

Mit diesen Fragen, so denke ich, werden nicht offene Türen eingerannt. Es geht ja nur darum, obige Aussage beim Wort zu nehmen. Man könnte einwenden: Was etwas sein soll – seine Vollkommenheit – könne man aus seiner Natur ablesen. Jedes Seiende besitze ja ein Wesen und ihm entspringende Potenzen, die als Grundlage seiner Tätigkeit diese selbst als gut oder schlecht qualifiziere: *operari sequitur esse*.

Das soll nicht bestritten werden, würde uns aber nur dann weiterhelfen, wenn wir die geschaffene Wirklichkeit mit den Augen des Schöpfers zu erkennen vermöchten, d. h. im Lichte der *lex aeterna*. Wir erkennen jedoch, gerade umgekehrt, das Wesen der Dinge aufgrund ihrer Akte.[9] Das *primum in essendo* bleibt dabei das *ultimum in cognoscendo*. Da nun aber der Mensch, im Unterschied zu den anderen Geschöpfen, in seinem Handeln keiner „determinatio ad unum" unterliegt, seine Akte also frei sind, und deshalb „naturgemäß" aber auch nicht „naturgemäß" vollzogen werden, d. h. „gut" oder aber auch „schlecht", der Tugend entsprechen oder ihr entgegengesetzt sein können, so sind sie auf-

---

Dingen als in der göttlichen Vorsehung gesucht wird" (ebd. S. 345), – wovon noch zu sprechen sein wird. Das Problem der Wittmann'schen Exegese besteht darin, daß er alle diese verschiedenen Aspekte „nebeneinanderstellt", ohne ihre Synthese, wie sie sich bei Thomas findet, aufzuzeigen. Es scheint, daß sich Wittmann dabei zu einseitig auf die stoischen und neuplatonischen Elemente im Denken Thomas' gestützt hat, ja rundweg erklärt: „Von aristotelischen Einwirkungen zeigt sich nichts" (ebd. S. 344/45).

[9] Cfr. De Verit., q.10, a.l: „Quia vero rerum essentiae sunt nobis ignotae, virtutes autem earum innotescunt nobis per actus, utimur frequenter nominibus virtutum vel potentiarum ad essentias significandas." – Vgl. auch folgende Äußerung von K. WOJTYLA: „Da nämlich das ,operari' aus dem ,esse' hervorgeht, ist es – in entgegengesetzter Richtung – der eigentliche Weg zum Kennenlernen des ,esse'. Es geht also um eine gnoseologische Abhängigkeit. So schöpfen wir aus dem menschlichen ,operari' nicht nur die Erkenntnis, daß der Mensch ,Subjekt' seines Handelns ist, sondern auch, *wer er als Subjekt seines Handelns ist*" (Person: Subjekt und Gemeinschaft, in: K. WOJTYLA/A. SZOSTEK/T. STYCZEN: Der Streit um den Menschen. Personaler Anspruch des Sittlichen, hsg. von J. Kardinal HÖFFNER, Kevelaer 1979, S. 20).

grund der Faktizität ihrer Setzung sittlich noch nicht qualifizierbar, – auch wenn eine bestimmte Handlungsweise unter den Menschen einer bestimmten Epoche oder in einer bestimmten Gesellschaft die Regel, das „Normale" sein sollte.

Für die Wissenschaft vom sittlichen Handeln genügt deshalb in keiner Weise eine rein empirische Feststellung dessen, was die Menschen tun. Aber auch eine metaphysische Feststellung der „Natur" des Menschen kann hier zumindest nicht den *Ausgangspunkt* bilden, denn eine für die Ethik relevante Metaphysik oder Anthropologie setzt aus dem gleichen Grund bereits einen Begriff des menschlichen Handelns als *spezifisch*, und nicht nur empirisch-faktisch, *menschliches* Handeln voraus.

Mit der Berufung auf die „Wesensnatur" als Grundlage der Beurteilung der Angemessenheit von Handlungen begibt man sich deshalb *methodologisch* gesehen in eine Sackgasse. Es sei betont: Es handelt sich um eine Frage der Erkenntnisweise und der Methode, die vor allem den Gegenstand selbst in seiner Eigenart respektiert, – und das heißt hier den Menschen, der – wie sich im Verlauf der folgenden Erörterungen zeigen wird – keine *res naturalis*, kein „Naturding" ist. Der Mensch, insofern er ein sittlich handelndes Wesen ist, transzendiert gerade durch Vernunft das, was nur „Natur" ist. Aus einem Begriff des Wesens des Menschen kann die Bestimmtheit dieser Transzendenz nicht schon abgeleitet werden. Vielmehr wird gerade erst das „Wesen" des Menschen durch die Analyse des sittlichen Handelns erhellt und transparent.

1.4.4 Unmöglichkeit der Ableitung des „sittlich-Guten" aus der „essentia"

Die Bestimmung des sittlich Guten, verstanden als metaphysische Ableitung aus der sogenannten „Wesensnatur", erweist sich auch noch aus anderen Gründen, gerade im Kontext einer thomistischen Metaphysik, als problematisch.

Diese Ableitung beruht nämlich auf der Annahme, daß das Wesen und die Natur der Dinge, also auch diejenige des Menschen, Ziel und deshalb Maßstab seiner Vervollkommnung bilde. So pflegten beispielsweise Heinrich Rommen[10] oder Josef Pieper[11] zu argumentieren, wobei letzterer die Formulierung „Werde, was du bist!" verwendet. Das ist ein schönes, aber analytisch ebenso unbrauchbares Prinzip. Denn, so kann man fragen: Wieso muß ich das, was ich bin, erst werden, wenn ich es doch bereits bin? Was für einen Sinn hat es zu sagen, daß man das, was man ist, erst sei, wenn man es geworden ist? Gemeint ist natürlich ganz einfach, daß der Mensch erst durch sittliches Handeln sein Menschsein verwirkliche, und er eben erst so im Vollsinne Mensch werde. Nur wird dann eben der Ter-

---

[10] Die Ewige Wiederkehr des Naturrechts, a. a. O., S. 185: „Die ontologische Ordnung wird dem willensfreien Menschen gegenüber zur moralischen Ordnung."
[11] Die Wirklichkeit und das Gute, a. a. O., S. 70–71: „Das natürliche Gesetz fordert von der geistbegabten Natur, zum ersten, die Bejahung, die nachvollziehende Neusetzung, die Wahrung der wesenswirklichen Ordnung der Welt. Und, zweitens und eigentlich: es bedeutet, daß der Mensch sich selbst unter die Verpflichtung des ‚Werde, was du bist' begeben soll, jenes Satzes, in dem die innewohnende Wesensrichtung alles Wirklichen sich ausspricht." Was mir hier kritikwürdig erscheint, ist nicht, *was* hier gesagt werden will – man versteht ja, was mit solchen Sätzen „gemeint" ist – sondern die Art der Begründung und Darlegung.

minus „Mensch" zweimal in verschiedenem Sinne gebraucht: Zunächst in seiner Spezifität als „Wesen" des Menschen; danach in seinem Modus der Vollkommenheit, der eben gerade *nicht* ausmacht, daß ein Mensch das ist, was er ist, nämlich ein Mensch.

Metaphysische Argumente dieser Art rechtfertigen sich mit einer entsprechenden ontologischen Begrifflichkeit: Das „Wesen" existiere zunächst in seiner Spezifität als Unvollkommenheit. Erst durch das sittlich gute Handeln gelange es zu einem Modus der Existenz, der vollkommen ist. Das Wesen wird also als Ziel der Vervollkommnung verstanden.[12] Eine solche Metaphysik ist essentialistisch und ich glaube, daß sie sich darin von derjenigen des hl. Thomas zutiefst unterscheidet.[13]

Bei genauerem Hinsehen wird offensichtlich, daß man sich damit gewissermaßen den Ast abschneidet, auf dem man sitzt. Denn hieß es zunächst, daß man aus der Wesensordnung des Seienden den Maßstab für das Gute – das gute Handeln – erschließen könne, so wird nun zusätzlich postuliert, daß dieses Wesen erst am Ende des Vervollkommnungsprozesses realisiert, in Existenz gesetzt und sichtbar wird. Das bedeutet nun aber, daß der Maßstab sich nicht aus dem, was ist, ergibt, sondern aus der Erkenntnis dessen, was sein soll. Impliziert wird also gerade eine gewisse Priorität und Autonomie der normativ-praktischen Fragestellung gegenüber der Erkenntnis dessen, was ist. Damit wird nun aber gerade die praktische Erkenntnis von der rein metaphysischen abgegrenzt und es erweist sich im erkenntnistheoretischen Essentialismus der Normbegründung ein innerer Widerspruch. Sätze wie „Werde, was du bist!", oder: „Was ist, soll auch sein" offenbaren sich damit als methodisch sinnlos und unbrauchbar.

Der Widerspruch wird nur verdeckt, wenn man die Erkenntnis des Vollkommenen – also der Tugend – als rein metaphysische Erkenntnis der Seinsordnung, der „Wesensnatur" oder als Deduktion aus einer „natura metaphysica" ausgibt. So gelangt man nämlich zu dem bekannten und immer wieder festgestellten Zirkel, man lese ja nur das aus der Natur heraus, was vorher bereits durch Antizipation der Erkenntnis der der Natur entsprechenden Vollkommenheit in sie hineingelegt wurde. Dieser Zirkel, so scheint mir, ist in einer Theorie der „lex naturalis" unvermeidlich, wenn sie sich in den Bahnen einer Metaphysik bewegt, die – anders als diejenige des hl. Thomas – das „Wesen" als die Fülle des Seins (als *plenitudo essendi*) interpretiert.[14]

Daß das Wesen – oder genauer: die „forma substantialis" – und damit die Natur „Ziel"

---

[12] Vgl. z. B. H. ROMMEN, a. a. O., S. 52: „Das Gute ist das der Wesensnatur entsprechende. Das Wesen eines Dinges stellt auch seinen Zweck in der Schöpfungsordnung dar und ist in seiner vollkommen Vollendung auch das Ziel seines Wachsens und Werdens. Die Wesensnatur also ist der Maßstab"; J. PIEPER, a. a. O. S 68: „Das Gute aber ist nichts anderes als eben das Ziel und das Ende dieser Wesensbewegung: Das Verwirklichtsein des Soseins."

[13] Dieser gemäß müßte man eher sagen: Jedes Seiende ist einer bestimmten „spezies" gemäß konstiuiert, aufgrund derer sich ihr „Wesen" oder ihre „Natur" ausmachen läßt. Darüber hinaus erlangt nur jedes Seiende durch seine Akte eine zweite Vollkommenheit, die sich zur ersteren (dem „actus primus") wie deren Ziel verhält. Aber nicht das Wesen ist Ziel und Vollkommenheit; sondern es gibt eine durch Akte erreichte Vollkommenheit, die das Ziel des „Wesens" ist. Nur unter der Bedingung einer „determinatio ad unum" der entsprechenden operativen Potenzen ließe sich diese Vollkommenheit einfach aus dem Wesen ableiten.

[14] So J. PIEPER, a. a. O.

ist, steht für Thomas zwar fest. Thomas ist die aristotelische Lehre aus dem zweiten Buch der Physik geläufig: *forma est finis*. Gemeint ist damit jedoch nicht, daß die Natur oder die substantielle Form, bzw. die eine bestimmte „natura" konstituierenden Prinzipien der *species*, Ziel des Prozesses der Vervollkommnung darstellen; vielmehr sind sie Ziel der *Entstehung*, „*finis generationis*" eines Naturdinges.[15]

Auch in seiner „Politik" benutzt Aristoteles den Grundsatz, daß die Natur Ziel sei, dies aber im Zusammenhang mit der Entstehung – der „genesis" – der Polis aus ihren Teilen: Menschen und Hausgemeinschaften.[16] Das alles aber hat mit dem Verhältnis zwischen Natur und sittlich-Gutem noch gar nichts zu tun: Vielmehr behaupten sowohl Aristoteles wie auch Thomas, dieses Gute bilde in seiner habituellen Aneignung, der Tugend, gewissermaßen eine „zweite Natur". Natur und Vollkommenheit, deren Zusammenhang und Verknüpfung die Ethik untersucht, sind nicht auseinander deduzierbar.

1.4.5 Inkonvertibilität des „esse morale" mit dem „esse essentiale"

Für Thomas ist die „bonitas moralis" als „plenitudo essendi" – die *ultima perfectio rei* durch Tätigkeit – gerade jener Bereich, der die Prinzipien der „essentia", das Wesen übersteigt.[17] Um ein metaphysisches Prinzip nicht zu mißbrauchen, ist in diesem Zusammenhang zu betonen, daß die Konvertibilität des sittlich Guten mit dem Sein eben eine solche mit dem *sittlichen* Sein (dem „esse morale") und nicht mit dem substantiellen, „wesenhaften" Sein darstellt.

Während im Naturprozeß des Entstehens *(generatio simpliciter)* eine *esse substantiale* Wirklichkeit erlangt, so nennt Thomas die sittliche Vervollkommnung eine *generatio secundum quid*, aus der ein *esse accidentale* folgt; dieses ist das *esse morale*, ein akzidentelles Sein, das zu den Wesensprinzipien hinzutritt, zugleich jedoch die *bonitas simpliciter* darstellt. „Denn ein jedes Ding nennt man ein Seiendes insofern es absolut betrachtet wird; gut nennt man es hingegen in Hinsicht auf anderes. In sich selbst, zum Zwecke seiner Subsistenz, wird etwas durch seine Wesensprinzipien vervollkommnet; damit es sich aber in angemessener Weise in Bezug auf das verhält, was außerhalb seiner ist, wird es ausschließlich durch Akzidenzien vervollkommnet, die zum Wesen hinzutreten (...)." Nur in Gott sei Weisheit, Gerechtigkeit, Starkmut etc. – also jede Vollkommenheit – identisch mit seinem Wesen; in uns sind sie, als Tugenden, *essentiae superadditae*. Die sittliche Vollkommenheit („bonitas absoluta" oder „simpliciter") fällt in Gott mit seinem Wesen zusammen, „*in nobis autem consideratur secundum ea quae superadduntur essentiae*".[18]

Die immer wieder beschworene Konvertitibilität des Seienden mit dem Guten braucht

---

[15] ARISTOTELES, Physik, II, Kap. 2 und 8; Vgl. In II Phys., lect. 4: „Set natura quae est forma, est finis materiae ...".
[16] ARISTOTELES, Politik I, Kap. 2, 1252b–1254b: „Denn der Staat verhält sich zu ihnen wie das Ziel nach dem sie streben; das ist aber eben die Natur. Denn die Beschaffenheit, die ein jedes Ding beim Abschluß seiner Entstehung *(genesis)* hat, nennen wir die Natur des betreffenden Dinges ...".
[17] Vgl. De Verit., q.21, a.5.
[18] Ebd.

also nicht als Konvertibilität des „bonum morale" mit den „esse essentiale" aufgefaßt zu werden. Thomas bestreitet eine solche Identifizierung ausdrücklich und hält daran fest, daß die Ordnung der operativen Vollkommenheit (der Sittlichkeit) die Ordnung der Natur übersteigt.

Der Satz „alles Sollen gründet im Sein" wird deshalb dann problematisch, wenn das Sein mit der *essentia* gleichgesetzt wird; bedenkt man, daß die menschliche Natur oder das „Wesen" aus sich – diesem Wesen entsprechend, aber nicht mit ihm identisch – Potenzen hervorbringt, und diese wiederum Akte, so erweitert sich das Feld des „Seienden", – und auch des „Natürlichen". Während die *essentia* ein für das Menschsein metaphysisch-konstitutiv Notwendiges ist, bildet der Bereich der Akte den über das konstitutiv-Notwendige hinausreichenden Bezirk der Freiheit. Das in Freiheit gesetzt Sein ist jedoch aus einem metaphysisch-notwendigen Konstitutivum nicht *ableitbar,* sondern nur in ihm *begründbar.* Es handelt sich bei der menschlichen Freiheit um eine metaphysisch konditionierte Freiheit, aber eben doch um Freiheit; eine logisch zwingende Ableitung des in Freiheit – und das heißt aufgrund vernünftiger Einsicht und eigenem Wollen – vollzogenen Guten (d. h. des „sittlich Guten") kann nicht geleistet werden.

Wie gezeigt werden wird, entspringt die Ausrichtung des Willens auf das Gute ursprünglich nicht einer metaphysischen Wesenseinsicht, sondern einer *praktischen* Erfahrung. In ihr kommt zwar die Natur des Menschen zum Ausdruck, sie ist aber als Spruch der praktischen Vernunft „Das ist gut" oder „Das soll ich tun" nicht aus metaphysischer Wesenseinsicht abgeleitet; sie gründet in der Natur des Menschen, begründet aber eben deshalb erst die Möglichkeit metaphysischer Einsicht in diese Natur.

In der Verwechslung von „natürlicher Begründetheit praktischer Einsicht" mit „Ableitung praktischer Einsich aus der Metaphysik" und dem sich aus dieser Verwechslung ergebenden Zirkel, besteht das Ungenügen essentialistischer Analyse des sittlichen Sollens. Das *esse morale* bedarf hingegen zu seiner Erfassung eines eigenen Modus der Erkenntnis, der auch eine besondere Wissenschaft und Methode zugeordnet ist, die, wenn auch nicht unabhängig, so doch verschieden von der Metaphysik ist.

1.5 Praktische Vernunft und philosophische Ethik

1.5.1 Die Ausgangsfrage

Der Ausgangspunkt der ethischen Fragestellung ist nicht derjenige theoretischer Erkenntnis des Wesens oder der Natur, denn die Ethik entspringt nicht der Frage nach dem, was der Mensch *ist,* sondern der Frage danach, wie er *handeln soll* und nach der ihm eigentümlichen Vollkommenheit. Auf ihr beruht und aus ihr erst ergibt sich die Frage danach, was der Mensch ist.

Was der ethischen Fragestellung somit den Anstoß verleiht, ist nicht die staunende Konfrontation mit der Wirklichkeit des Seins, sondern eine praktische Erfahrung: „Jede Kunst und jede Lehre, desgleichen jede Handlung und jeder Entschluß, scheint ein Gut zu erstre-

ben, weshalb man das Gute treffend als dasjenige bezeichnet hat, wonach alles strebt."
Dies ist der erste Satz der Nikomachischen Ethik des Aristoteles.

In ihm zeigt sich der Ausgangspunkt der praktischen Wissenschaft schlechthin: Die jedem menschlichen Tun beigesellte Erfahrung des intentionalen Zielstrebens; Gegenstand des Strebens, das Ziel, nennt man das Gute. Diese Grunderfahrung führt zur Entdeckung der praktischen Vernunft und wird als solche Gegenstand der Ethik, d. h. näherhin: der Frage: Welches ist das eigentliche, nicht nur scheinbare, und welches das höchste, sich selbst genügende Gut? Worin besteht die „Trefflichkeit" – *aretê* –, d. i. die „Tugend" des Menschen, die dem praktischen Vollzug dieses Guten entspricht?

Solche Fragen verlangen eine normative Antwort, die sich in der Logik des „Sollens" bewegt. Mehr noch: Antworten auf solche Fragen liegen bereits in großer Vielfalt vor, und wir selbst sind, wenn wir sie stellen, bereits in ein Ethos eingespannt, das wir leben.[1]
Die Frage nach dem „Sollen" ist nicht Antwort auf die Erfahrung des Seins, sondern auf die Erfahrung – Selbsterfahrung – der Zielgerichtetheit unseres Strebens, Wählens und Tuns. Aus der wissenschaftlichen Reflexion auf diese Erfahrung entsteht die Moralphilosophie oder philosophische Ethik.

Die Frage nach der Tugend ist zwar keine Frage der praktischen Vernunft *als solcher;* sie entspricht vielmehr einer Erkenntnisweise, die über den Akt der praktischen Vernunft reflektiert. Ebenso gilt es aber festzuhalten, daß die Urteile „Alles Streben usw. ist auf ein Ziel gerichtet" und „Das, wonach alles strebt, nennen wir das Gute" nicht aus der Metaphysik abgeleitet sind, sondern eine ursprüngliche Erfahrung *sui generis* darstellen.

Es handelt sich dabei um eine Erfahrung, die sehr wohl zum Gegenstand metaphysischer Analyse werden kann und es auch muß; denn in dieser Erfahrung offenbart sich ein Aspekt des menschlichen Seins – seine Unvollkommenheit und damit seine Perfektibilität. Die Metaphysik gelangt dadurch zur Erkenntnis des dynamischen Aspektes des Seins. Die Erfahrung praktischer Intentionalität ist somit Seinserfahrung – denn alle Erfahrung ist in irgend einer Weise Seinserfahrung – als solche aber nicht aus der *Theoria* der Metaphysik abgeleitet, sondern ursprünglich, ihr vorgelagert, sie selbst bedingend und damit zu dieser „Theoria" hinführend. Sie gibt aber auch Anlaß zu einer anderen Fragestellung, die nicht darauf abzielt, diese Erfahrung ontologisch zu deuten, sondern die gleichsam ihre eigene Logik – die „Logik" der praktischen Intentionalität – untersuchen will: Was ist das wahrhaft Gute? Was ist die Tugend?

Diese ursprüngliche Intuition (oder Erfahrung) des Guten als Ziel des Strebens, Wählens und Tuns bildet den Ausgangspunkt der Tätigkeit der praktischen Vernunft. Und die Reflexion auf diesen Ausgangspunkt wiederum ist der Anfang der Moralphilosophie.

---

[1] So analysiert denn Aristoteles am Beginn, gemäß der Methode der „Topik", die verschiedenen Lebensformen und Meinungen bezüglich des guten Lebens. Siehe dazu auch G. BIEN, Die menschlichen Meinungen und das Gute. Die Lösung des Normproblems in der aristotelischen Ethik, in: M. RIEDEL (Hsg.), Rehabilitierung der praktischen Philosophie, I, Freiburg/Br. 1972, S. 345–371. – Einen Niederschlag dieses Prüfungsverfahrens findet sich auch in der zweiten Quaestio der I–II, die gar nicht so unaristotelisch aufgebaut ist, wie man hin und wieder gesagt hat.

1.5.2 Die Einheit des Intellektes und seine „extensio"

In diesem Zusammenhang stellt sich nun zunächst einmal die Frage nach der Unterscheidung von spekulativer und praktischer Vernunft. Es scheint, daß dabei oft zwei verschiedene Aspekte nicht genügend differenziert werden: Nämlich, ob spekulative und praktische Vernunft zwei verschiedenen *Potenzen* der Seele angehören; sowie die ganz andere Thematik des Unterschiedes zwischen spekulativer und praktischer *Erkenntnisweise*, bzw. des Unterschiedes zwischen spekulativen (theoretischen) und praktischen *Urteilen*. Während Thomas nämlich die *Einheit der Potenz* festhält, betont er gleichzeitig eine grundlegende *Verschiedenheit theoretischer und praktischer Urteile*, worauf auch die Differenzierung von theoretischer und praktischer Wissenschaft beruht.

Offensichtlich behandelt Thomas in I., q.79, a.11 nur den ersten Aspekt. Die Fragestellung lautet ja, ob spekulativer und praktischer Intellekt zwei verschiedene Potenzen seien.[2] Thomas führt zur Verneinung der Existenz zweier verschiedener Potenzen die Autorität des Aristoteles aus dem zehnten Kapitel des dritten Buches von *De Anima* an, und zwar in der Formulierung: „Intellectus speculativus per extensionem fit practicus", der Akt der praktischen Vernunft sei lediglich eine „Ausweitung" seines spekulativen Aktes durch eine hinzutretende *ordinatio ad opus*.

Diese Formulierung einer „extensio" der spekulativen Vernunft findet sich allerdings bei Aristoteles in dieser Weise nicht. Dort heißt es vielmehr, wie Thomas dann auch im corpus articuli anführt: „Die spekulative Vernunft unterscheidet sich von der praktischen durch ihr Ziel."[3] Der Begriff der „extensio" ist also eher eine Paraphrase und scheint dadurch gerechtfertigt zu sein, daß es Thomas hier ja lediglich darum geht, nachzuweisen, daß es sich bei beiden Akten um solche derselben Potenz handelt. Nur aufgrund zweier verschiedener Aktweisen, die sich in ihrem Ziel unterscheiden, spricht man auch vom spekulativen und vom praktischen Intellekt. Das extensive Praktischwerden des spekulativen Aktes des Intellektes will besagen, daß durch dieselbe Potenz sowohl die spekulative wie auch die praktische Erkenntnis vollzogen werden. Die Potenz, und näherhin der *intellectus agens* als *lumen*, ist nur *eine*. Ihr Akt – eine „apprehensio intellectualis" – ist wesentlich und immer spekulativ, denn der Intellekt ist wie ein geistiges Licht und Auge, das sichtbar macht und sieht.[4] Diese seine natürliche Tätigkeit unterliegt also in seiner „extensio ad opus" auch praktischen Urteilen und es bedarf dazu keiner anderen Potenz.[5]

1.5.3 Die Differenzierung von spekulativer und praktischer Vernunft

Was heißt nun jedoch, spekulativer und praktischer Intellekt unterscheiden sich durch ihr Ziel? Ziel des Intellektes, seiner spekulativen „apprehensio", ist doch gerade das Sichtbar-

---

[2] „Utrum intellectus speculativus et practicus sint diversae potentiae."
[3] Vgl. ARISTOTELES, De Anima III, Kap. 10, 433 a 15.
[4] Näheres dazu in Teil II, Kap. 4.1.
[5] Siehe auch I–II, q.64, a.3.

machen der in der Sinneserfahrung eingeschlossenen intelligiblen Wahrheit. Ist der praktische Intellekt etwa nicht auf Wahrheit gerichtet?

Thomas betont in der Tat, daß er das ist, denn auch das Gute, worauf der praktische Intellekt gerichtet ist, ist ein „Wahres"; denn sonst wäre es überhaupt nicht intelligibel, wie im gleichen Artikel zu lesen ist. Objekt der praktischen Vernunft ist das Gute, das auf das Tun hingeordnet werden kann, und zwar das Gute unter dem Aspekt seiner Wahrheit.[6] Demnach handelt es sich auch hierbei um eine „speculatio", um Sichtbarmachen einer intelligiblen Wahrheit. Wie ist denn aber die Aussage zu verstehen, daß sich praktischer und spekulativer Intellekt durch ihr Ziel unterscheiden? Das erklärt sich offensichtlich nicht durch den Begriff der „extensio", der ja hinsichtlich der Wahrung der Einheit der Potenz trotz verschiedener Akte eingeführt wurde.

Tatsächlich steht die aristotelische Aussage, daß der praktische Intellekt sich vom theoretischen durch das Ziel unterscheide, in einem ganz anderen Kontext als die eben besprochene Quaestio. Hier geht es nämlich nicht um die Frage nach der Einheit der Potenz, sondern um den Nachweis der unterschiedlichen Struktur und Eigenart theoretischer und praktischer *Urteile*. Ganz abgesehen davon, daß der Intellekt von Natur aus immer spekulativ ist – denn die „speculatio" ist die dem Intellekt im Unterschied zu den Sinnen eigene Art der „apprehensio", die eben sieht, was die Sinne nicht „sehen", nämlich die *intelligible* Wahrheit – abgesehen von der Natur des Vermögens also, geht es hier um das verschiedene Ziel, welches das erkennende Subjekt verfolgt, wenn es einmal seinen Intellekt theoretisch, ein anderes Mal praktisch gebraucht. Trotz der gleichbleibenden spekulativen Eigenart des Vermögens, unterscheiden sich dann die kognitiven Intentionen des Erkenntnisaktes. Einmal ist diese Intention – das Ziel – theoretisch (bloßes Erkennen dessen, was ist, um der Erkenntnis willen); im anderen Fall ist sie praktisch (die Bestimmung des praktisch Guten, dessen, was getan werden soll). Dem ersten Erkenntnismodus entsprechen theoretische, dem zweiten praktischen Urteile.[7] Praktische Urteile sind zwar eine „extensio" des spekulativen *Aktes* der Vernunft; sie sind aber *keine* „extensio" theoretischer *Urteile* der Vernunft.

Daß Thomas die unterschiedliche Struktur praktischer Urteile nicht übersehen hat, wird aus seinem Kommentar zu *De anima* deutlich. Es zeigt sich, daß die „extensio" des Intellektes keineswegs darin besteht, daß nun einfach der Inhalt spekulativer Urteile durch einen hinzutretenden Willensakt „gewollt" und so auf die Sphäre des Handelns angewandt würde. Das in einer metaphysisch-theoretischen Erkenntnis erfaßte Sein braucht und kann ja gar nicht in diesem Sinne gewollt werden, da es ein notwendig Seiendes bereits ist. Der Wille kann sich dem Sein wohl liebend zuwenden; dabei handelt es sich jedoch um die affektive Vollendung der Kontemplation. Gegenstände der menschlichen „Theoria" sind nur für den Schöpferwillen Gottes auch praktische Gegenstände.

Das Verhältnis zwischen praktischem Intellekt und Willen (bzw. Liebe) ist vielmehr umgekehrt: Während die Theoria mit der staunend-fragenden Hinwendung des Intellek-

---

[6] „(...) et bonum est quoddam verum, alioquin non esset intelligibile (...) ita obiectum intellectus practici est bonum ordinabile ad opus sub ratione veri" (I, q.79, a.11, ad 2).
[7] Vgl. ARISTOTELES, De anima, a. a. O. Ausführlich behandelt Aristoteles dieses Thema auch in De Motu Animalium, Kap. 6–11.

tes zur Wirklichkeit beginnt, um sie dann in einem Nachvollzug schöpferischer Liebe („Und Gott sah, daß alles gut war") zu bestätigen, so ist das Prinzip des praktischen Intellektes Gegenstand eines Strebens, ein *appetibile*. Die „extensio ad opus" beruht auf einer bewegenden Kraft, einer *motio,* die praktischen Urteilen durch das ihnen eigene Prinzip zukommt. Dieses Prinzip, das „appetibile", ein praktisches Gut, das „bewegt ohne bewegt zu sein", ist das „primum consideratum ab intellectu practico".[8] Es ist als unbewegtes und zugleich bewegendes Prinzip der Ausgangspunkt der *consideratio* des praktischen Intellektes, der als Intellekt dadurch seine bewegende Kraft, d. h. seine „extensio" erhält. „Der praktische Intellekt – betont Thomas – wird deshalb ‚bewegend' genannt, weil nämlich sein Prinzip, das Erstrebte (‚appetibile'), bewegt."[9]

1.5.4 Die „appetitive" Bedingtheit der praktischen Vernunft

Somit scheint klar zu sein, daß auch für Thomas der Akt der praktischen Vernunft – praktische Urteile – nicht durch ein Wollen des theoretisch Erkannten oder ein extensives Praktischwerden theoretischer Urteile entsteht. Vielmehr besitzt der praktische Intellekt von Anfang an ein anderes Verhältnis zum Streben, ist in dieses eingebettet und von ihm abhängig. Das *appetibile,* Prinzip („primum consideratum") des praktischen Intellektes, ist nicht irgend ein Gut, sondern ein *praktisches* Gut. Praktische Güter sind nicht solche, die in der Notwendigkeit der Struktur des Seienden bereits als „Gegebenheiten" auftreten oder „Dinge", die man erstrebt oder im Handeln berücksichtigt.[10] Sie unterliegen vielmehr der Kontingenz des Handelns und damit des Strebens. Für den Dieb ist ja nicht das Geld das „praktische Gut", das er verfolgt, sondern der *Besitz* dieses Geldes, oder aber der *Gebrauch* desselben. Das Geld als solches ist kein praktischer Gegenstand; es existiert unabhängig von allem Handeln; sein Besitz oder seine Verwendung jedoch wird erst durch Handeln erreicht; und damit es zu einem Gegenstand des Handelns wird, dazu bedarf es eines von der praktischen Vernunft organisierten Strebens, eines Strebens, das sich auf Grund des praktischen Urteils formiert: „Das, – d. h. nicht das Geld, sondern der Besitz oder die Verwendung dieses Geldes –, ist gut".

---

[8] In III De Anima, lect. 15.
[9] Ebd.: „(...) propter hoc dicitur intellectus practicus movere, quia scilicet eius principium, quod est appetibile, movet." – Richtig gesehen ist dies auch bei G. E. M. ANSCOMBE, Intention (Oxford 1958), S. VII: „The starting point for a piece of practical reasoning is something wanted, and the first premise mentions something wanted". Für eine wichtige Kritik der von dieser Aussage abweichenden Aristotelesinterpretation von A. KENNY (Will, Freedom and Power, Oxford 1975) verweise ich auf die eingehenden Ausführungen bei J. FINNIS, Fundamentals of Ethics, Oxford-New York 1983, S. 30 ff.
[10] Zum Begriff des „praktischen Gutes" („to prakton agathon") vgl. ARISTOTELES, De Anima a. a. O., 433a. – Bei Thomas sind solche Handlungsobjekte nicht „Dinge"; so ist z. B. nicht das „Geld" das Objekt einer Handlung, sondern die „possessio" des Geldes. Handlungsobjekte sind immer Objekte des Willens und als solche jeweils eine „operatio", ein „actus exterior". Dazu sehr gut T. G. BELMANS, a. a. O., S. 175–185. Eine verdinglichte Auffassung von Handlungsobjekten als „vor-sittliche" „Güter" ist typisch für die sogenannte „teleologische Ethik"; solchen Gütern werden dann die sittlichen Werte entgegengestellt. Mehr über dieses Thema in Teil II, Kap. 6 und 7.

Praktische Vernunft und philosophische Ethik 47

Das notwendig Seiende ist gewollt (geliebt), insofern es ist. Ein Willensakt, der sich auf den Inhalt eines Banktresors richtet, ist als solcher praktisch irrelevant, bzw. undefiniert. Er kann ja auch bloße Anerkennung oder Mitfreude über den Besitz oder den Erfolg des Anderen beinhalten. Praktische Güter „sind" nur, insofern sie erstrebt, gewollt, geliebt werden, und sie sind dies jeweils aufgrund eines praktischen Urteils der Vernunft; deshalb können sie so oder anders sein; sie können auch nicht sein; und insofern sind sie kontingent. Kontingent sind sie auch, weil ihr Modus der Verwirklichung im konkreten Handeln vielfältig und je wieder anders ist.[11] Der praktische Intellekt ist das in diese intentionale Struktur des Erstrebens und Tuns des praktischen Guten eingebettete Licht, das ermöglicht, das wahrhaft Gute vom nur scheinbar Guten zu unterscheiden – die spezifische Leistung intellektueller „speculatio" – und es bis auf die Stufe der konkreten Handlungswahl *(electio)* zu bestimmen.[12]

Damit ist keineswegs das Prinzip „nihil volitum nisi praecognitum" durchbrochen. Das eigentlich praktische Streben (die Intention und die von ihr abhängige und sie konkretisierende „electio") beruht immer auf einem Urteil der praktischen Vernunft. Und der erste Erkenntnisakt erhält seine Information aus einer ihm gegenständlichen Wirklichkeit, einer „*res*".[13] Diese Wirklichkeit ist jeweils ein dem Intellekt vorgegebenes, insofern natürliches Feld seiner „apprehensio". Im Falle theoretischer Erkenntnis handelt es sich um den Gegenstandsbereich des Seienden; im Falle praktischer Erkenntnis ist das „primum consideratum" ein „appetibile", das als erstes ein *naturaliter appetibile* sein muß, dem eine natürliche Neigung *(inclinatio naturalis)* entspricht.

Das Objekt der „inclinatio naturalis" ist von Anfang an praktisch (ein Ziel), das in einem Akt der „natürlichen Vernunft" ein *naturaliter cognitum* darstellt und als solches als praktisches Gut und „bonum humanum" erfaßt wird.[14] Dieser ursprüngliche Akt der „ratio naturalis" ist Ausgangspunkt aller praktischen Urteile. Diese sind ebensowenig aus Urteilen metaphysischer Theorie ableitbar oder rekonstruierbar, wie die ersten Prinzipien der praktischen Vernunft aus den ersten Prinzipien der theoretischen Vernunft ableitbar sind. Beide besitzen den Charakter der Ursprünglichkeit und sind sozusagen „eigenen Rechts".

Dabei zeigt sich wiederum, daß auch der praktische Intellekt seinen grundlegend speku-

---

[11] Vgl. dazu K. HEDWIG, Circa particularia. Kontingenz, Klugheit und Notwendigkeit im Aufbau des ethischen Aktes bei Thomas von Aquin, in: The Ethics of Thomas Aquinas (Proceedings of the Third Symposium of St. Thomas Aquinas' Philosophy, Rolduc, 1983), hsg. v. L. J. ELDERS und K. HEDWIG, Città del Vaticano 1984 (Studi Tomistici 25), S. 161–187.

[12] Vgl. In III De Anima, lect. 15, Nr. 827.

[13] Man kann „res" nicht einfach mit dem deutschen Wort „Ding" übersetzen, auch wenn „Dinge" selbstverständlich ebenfalls zu den „res" gezählt werden müssen. „Res" besitzt jedoch einen viel weiteren Bedeutungsumfang, und zwar im Sinne jedwelcher Wirklichkeit. Auch dazu finden sich nützliche Ausführungen bei BELMANS, a. a. O., S. 164 ff. Thomas gebraucht den Terminus „res" besonders auch zur Bezeichnung von Handlungsobjekten, die ja gerade „operationes" sind; so ist der Gegenstand der „electio" die „res volita" (in III Sent. d. 39, q.1, a.2) obwohl Thomas festhält: „Electio semper est actuum humanorum *actuum*" (I–II, q.14, a.3).

[14] Thomas spricht dabei ebenfalls von einer „apprehensio"; vgl. I–II, q.94, a.2. – Daß es sich bei der Erfassung dieser menschlichen Güter immer um *intelligible* Güter handelt („intelligible goods") hat besonders nachdrücklich J. FINNIS betont: Fundamentals of Ethics, a. a. O. S. 26–55 (Kap. II: „Desire, Understanding and Human Goods").

lativen Charakter eines intellektiven „lumen" nicht verliert. Nur führt die spekulative (intellektive) „apprehensio", die auf ein „appetibile" gerichtet ist, zu einem praktischen Urteil. Die ursprüngliche „speculatio" ist durch die appetitive Bedingtheit dieser Art von „apprehensio" in der intentionalen Dynamik des Strebens („inclinatio naturalis" – „intentio" – „electio") integriert: es hat eine „extensio" auf das „operabile" stattgefunden.

1.5.5 Die reflexive Ausweitung der Erkenntnisakte

Für Thomas ist Erkenntnis von Wahrheit erst dann abgeschlossen, wenn der Intellekt über sein eigenes Urteil reflektiert.[15] Diese reflektive *reditio* des Intellektes auf seinen eigenen Akt ist von großer Bedeutung, weil ohne sie die Tatsache des sittlichen Bewußtseins und der sich aus dem Akt der praktischen Vernunft ergebenden praktischen Normativität nur schwer verstanden werden können. Thomas sieht sogar die Möglichkeit von Freiheit in dieser Fähigkeit zur Reflexion verwurzelt, eine Fähigkeit, die sich aus der geistigen Natur des Intellektes ergibt.[16]

Bezüglich der Wahrheit des Urteils im allgemeinen, die ja in einer „adaequatio rei et intellectus" besteht, betont Thomas, daß zur Erkenntnis von Wahrheit nicht nur diese „adaequatio" gehört, sondern auch die Erkenntnis der „adaequatio" selbst in der Reflexion. Das ist möglich, weil der Intellekt – im Unterschied zu den sinnlichen Erkenntnispotenzen – über seinen eigenen Akt zu reflektieren vermag. Zu dieser Reflexion genügt es jedoch nicht, nur den eigenen Akt zu erkennen; dies wäre das bloße Bewußtsein bezüglich des eigenen Erkennens. Sondern es muß auch die „proportio" des Aktes zur erkannten Wirklichkeit miterkannt werden. Dies sei nun aber nur möglich, wenn die Natur des Aktes selbst erfaßt wird, was wiederum voraussetzt, die Natur des diesem Akt zugrundeliegenden aktiven Prinzips, des Vermögens, zu erkennen. Dadurch gelangt man schließlich in einer *reditio completa* zur Kenntnis der „essentia", die diesem Vermögen als Ursache zugrundeliegt. Erst dann ist Erkenntnis der Wahrheit abgeschlossen und vollkommen.[17]

Dieselbe Lehre von der reflektiven „reditio" wendet Thomas auch auf die praktische Erkenntnis im Bereiche der Tugenden und ihrer Akte an.[18] Ohne darauf weiter einzugehen, kann festgehalten werden: Jeder Akt des Intellektes provoziert gewissermaßen spontan eine Reflexion desselben Intellektes über seinen eigenen Akt, wodurch wir uns des

---

[15] Vgl. De Verit., q.1, a.9.
[16] „Iudicium autem est in potestate iudicantis secundum quod potest de suo iudicio iudicare: de eo enim quod est in nostra potestate, possumus iudicare. Iudicare autem de iudicio suo est solius rationis, quae super actum suum reflectitur, et cognoscit habitudines rerum de quibus iudicat, et per quas iudicat: unde totius libertatis radix est in ratione constituta" (De Verit., q.24, a.2).
[17] De Verit., q.1, a.9. Die Lehre der „reditio completa" hat Thomas durch Proclus inspiriert entwickelt; vgl. In Lib. De Causis Expositio, Prop XV. (lect.15). Auf ihre Bedeutung in diesem Zusammenhang hat auch W. KLUXEN hingewiesen (Philosophische Ethik ..., a. a. O. S. 189).
[18] De Verit., q.10, a.9. Vgl. auch I, q.87, a.4: „(...) actus voluntatis intelligitur ab intellectu, et inquantum aliquis percipit se velle, et in quantum aliquid cognoscit naturam huius actus, et per consequens naturam eius principii, quod est habitus vel potentia."

Aktes selbst sowie seines Gegenstandes und schließlich des ihm zugrundeliegenden Vermögens bewußt werden. Dadurch gelangen wir, mehr oder weniger explizit, in einer „reditio completa" zur Natur der menschlichen Seele. Interpretation und Analyse dieser reflektiven Selbsterfahrung sind äußerst reichhaltig und in verschiedenen Richtungen möglich.

Zunächst einmal als phänomenologische Analyse des Bewußtseins der handelnden Person[19], eine Analyse, die wir bei Thomas, wenn überhaupt, höchstens in Ansätzen und Andeutungen finden.[20] Eine zweite Möglichkeit besteht darin, diese Reflexion in theoretisch-metaphysischer Weise zu verfolgen: So gelangte man zu einer Metaphysik der Erkenntnis und den grundlegenden Elementen einer philosophischen Anthropologie. Eine dritte Möglichkeit schließlich besteht in der wiederum systematischen Reflexion auf den Akt der praktischen Vernunft insofern er praktisch ist. Dann befinden wir uns im Bereich der Moralphilosophie oder philosophischen Ethik.

1.5.6 Erkenntnistheoretische Priorität des Aktes der praktischen Vernunft

Es sollte nun also deutlich geworden sein, daß der immer wieder angeführte Grundsatz „agere sequitur esse" zwar ein fundamentales Seinsprinzip darstellt, aber gerade deshalb kein Erkenntnisprinzip ist. Die Ordnung der Erkenntnis ist der Ordnung des Seins entgegengesetzt. Das Wesen wird aus den Akten erschlossen, und nicht umgekehrt. Was der Mensch ist, zeigt sich zuerst in seinen Akten, zu deren Interpretation die reflektive Selbsterfahrung unerläßlich ist.[21] Denn zu der geistigen Natur der Akte der menschlichen Seele und ihrer Freiheit ist der *einzige* Zugang die Selbsterfahrung. Der Weg zum metaphysischen Verständnis des Menschen, zu einer philosophischen Anthropologie also, führt gerade auch immer *über* die praktische Selbsterfahrung des Menschen als praktisch Erkennenden, Strebenden, Wollenden und Handelnden. Zu meinen, diese Aspekte menschlichen Seins seien *ursprünglich* aus einer metaphysischen Weseneinsicht erschlossen, bedeutet, die Ordnung des Erkennens zu verkehren und einem methodologischen Trugschluß zu erliegen.[22]

---

[19] Vgl. dazu die, wie der Autor unterstreicht, nicht „phänomenalistisch" zu verstehenden, sondern die klassische Theorie des „actus humanus" ergänzenden Analysen von K. WOJTYLA, Person und Tat, Freiburg/Br. 1981.
[20] Z. B. im Traktat über das Gewissen finden sich solche Ansätze (De Verit., q.17, a.1).
[21] Vgl. K. WOJTYLA, Person: Subjekt und Gemeinschaft, a. a. O., S. 30–31: „Das Erleben des eigenen personalen Subjekt-seins ist nämlich nichts anderes als eine volle Aktualisierung all dessen, was virtuell im Suppositum humanum, dem metaphysischen Subjekt-sein, enthalten ist. Es ist zugleich die volle und tiefgründige Enthüllung und die volle und tiefgründige Realisation und Verwirklichung des erlebten Seins. So sei hier der Satz „operari sequitur esse" verstanden, was uns nicht nur möglich, sondern auch in etwa definitiv erscheint. Das „Suppostium humanum" und das menschliche „Ich" sind zwei Pole ein und der selben Erfahrung des Menschen." Siehe auch: J. FINNIS, Fundamentals of Ethics, a. a. O., Kap. I.
[22] Gerade darum ging es W. KLUXEN: Nicht um eine „Emanzipation" der Ethik von der Metaphysik, sondern um den Nachweis, daß die Gründung der Ethik in der Metaphysik und entsprechende „Ableitungen" erst *nachfolgende* Erkenntnis ist, Reflexion. „Vielmehr muß man umgekehrt

Ebensowenig wie das „agere" oder „operari" aus dem Sein erschlossen wird, kann auch das Sollen aus dem Sein abgeleitet werden. Der Akt ist das *primum cognitum* für den erkennenden Intellekt. Wird er auf seine Seinsgrundlage hin befragt, so handelt es sich um eine metaphysische Fragestellung. Wird er – im Falle der Akte der praktischen Vernunft, der Strebensakte im allgemeinen, der Willensakte im besonderen, sowie der äußeren Handlungen – auf seinen normativ-praktischen Gehalt hin untersucht, so befinden wir uns im Bereich der philosophischen Ethik.

Wobei nicht zu vergessen ist, daß dabei das „Sollen" – die präzeptive Eigenschaft dieser Akte – nicht einer Ableitung bedarf oder zu diesen Akten „hinzugefügt" wird. Vielmehr sind diese Akte der praktischen Vernunft aufgrund ihrer appetitiven Bedingtheit als Gegenstand der Ethik bereits schon präzeptive Akte. Der Akt der praktischen Vernunft – das praktische Urteil – bewegt sich ja *von seinem Ursprung her* in der „Logik" des *praeceptum* und des *imperium*. Dies unbeschadet der Tatsache, daß die Erfahrung des „Sollens", oder der „Pflicht", ja des Normativen überhaupt, sich erst in der Reflexion des Intellektes über seinen eigenen Akt vollendet.

Der erkenntnistheoretischen Priorität des Aktes der praktischen Vernunft gegenüber seiner Seinsgrundlage entspricht demnach auch eine gewisse Autonomie – Eigengesetzlichkeit – dieses Aktes. Es ist nicht möglich, die präzeptive Struktur praktischer Urteile aus bloßen Aussagen über die Wirklichkeit abzuleiten oder sie auf solche zu reduzieren. Denn praktische Urteile sind ein *dictamen prosecutionis,* bzw. *fugae;* dieses entspricht einer „bejahenden Antwort" des Willens auf das Gute (die „prosecutio"), bzw. einer Verneinung (die „fuga") bezüglich des Übels.[23]

---

sagen, daß die Erkenntnis des gründenden Wesens erst dann zu ihrer Fülle kommt, wenn die Erfahrung des Gegründeten, des moralischen Bereiches, gegeben ist. Hier ist an den allgemeinen Grundsatz zu erinnern, daß ein Vermögen stets vom Akt her erkannt wird: dieses prinzipielle Verhältnis beherrscht die thomistische Lehre von der Selbsterkenntnis der Seele dergestalt, daß dieser prinzipiell dem Charakter einer Reflexion zugewiesen wird, die erst einem aktuellen Erkennen nachfolgt (...). Wenn hier nun auf den Grund der Moralität hin gefragt wird, verhält sich das nicht anders: Als bloßes *Vermögen* des Gründens wird der Grund erst aus der geschehenen Gründung erkannt, und der Gedankengang muß sich folglich in der Figur der Reflexion bewegen. (...) Das Resultat ist die metaphysische „Gründung" oder „Ableitung" der Moralität. Aber es ist entscheidend festzuhalten, daß diese „Gründung" und „Ableitung" wesentlich *nachfolgende* Erkenntnis ist" (Philosophische Ethik ..., a. a. O., S. 189). – In etwa ist damit auch der Kritik von D. VON HILDEBRAND an der Ableitung der sittlichen Werte aus der „Natur" entsprochen (vgl. Ethik, 2. Aufl., Gesammelte Werke Bd. II, Stuttgart-Regensburg 1973, S. 194–196). Die bei von Hildebrand postulierte Priorität der Erkenntnis des „sittlich Guten" vor der Erkenntnis der „Naturgemäßheit" dieses Guten existiert tatsächlich. Mit der Aussage, daß „unser Verständnis für die sittliche Gutheit (...) in keiner Weise von der Analyse der menschlichen Natur abhängig" ist, scheint mir von Hildebrand jedoch zu weit zu gehen; hier zeigt sich wohl eine gewisse Einseitigkeit des wertphilosophischen Ansatzes. Eine solche analytische Erhellung des sittlich Guten durch die Anthropologie gibt es, wie noch genauer gezeigt werden soll, aber erst *nachdem* der Zugang zu dieser Anthropologie durch die *ursprüngliche* und als solche unabgeleitete sittliche Erfahrung eröffnet worden ist.

[23] Vgl. De Malo, q.10, a.1: „Est autem considerandum, quod appetitivae virtutis est obiectum bonum et malum; sicut obiecta intellectus sunt verum et falsum. Omnes autem actus appetitivae virtutis ad duo communia reducuntur, scilicet ad prosecutionem et fugam; sicut et actus intellectivae virtu-

Es handelt sich dabei um eine naturhaft-fundamentale Beziehung. Die bewußte Erfahrung dieser Beziehung vollzieht sich in der Selbstreflexion des Intellektes; dadurch erst wird diese Beziehung, die Ihrer Natur gemäß präzeptiven, bewegenden Charakter hat, auch als „praeceptum", als „Norm" oder „Sollen" bewußt und kann reflex in der Form einer Aussage formuliert werden: „Das Gute ist zu verfolgen" („bonum est prosequendum") „und das Übel ist zu meiden" („malum est vitandum"). Präzeptive Sätze – Sollensaussagen – sind also durchaus ableitbar – weil darin eingeschlossen – aus intelligiblen Willensakten, deren Gegenstand entweder universal ist, wie z. B. das erste Prinzip der praktischen Vernunft, oder aber singulär-konkret bezüglich einer bestimmten Handlung „hic et nunc".

1.5.7 Die Unableitbarkeit des ersten Prinzips der praktischen Vernunft

In einer Vertiefung dieser Analyse zeigt sich, daß der normative Charakter des ersten Prinzips der praktischen Vernunft, ebenso wie der fundierende Charakter desjenigen der theoretischen Vernunft, des Widerspruchsprinzips, unableitbar und damit unbeweisbar ist. Das heißt: Die Ableitung der normativen Geltung des Urteils „bonum est prosequendum et faciendum, malum est vitandum" aus der grundlegend naturhaften Beziehung zwischen „bonum" und „prosecutio" ist undurchführbar, da das Erste nie abgeleitet oder bewiesen werden kann, sondern vielmehr der Evidenz der Erfahrung unterliegt. Wer es doch versucht, kann schließlich höchstens zur Feststellung gelangen, daß es sich hier um eine bloße Leerformel oder Tautologie, um ein formallogisches Strukturprinzip oder dergleichen handelt.[24]

Das hieße jedoch – gerade weil man das Unbeweisbare begründen will – die Natur dieses Prinzips zu verkennen. Denn es handelt sich hier nicht um ein Aussage-Urteil, sondern um die in der Reflexion zum Ausdruck gebrachte Struktur eines vernunftgeprägten Strebeaktes. Dieser Strebeakt selbst, bzw. das ihm zugrundeliegende erste praktische Urteil, ist das erste Prinzip der praktischen Vernunft. Die Struktur dieses praktischen Urteils beruht ja nicht auf der Verknüpfung zweier Termini (Subjekt und Prädikat), wie das in

---

tis referuntur ad affirmationem et negationem; ut hoc sit prosecutio in appetitu quod affirmatio in intellectu, et hoc sit fuga in appetitu quod negatio in intellectu (...)". So versteht sich der Unterschied zwischen den jeweiligen ersten Prinzipien der theoretischen und der praktischen Vernunft. Das erste Prinzip der theoretischen Vernunft („non est simul affirmare et negare") *fundatur supra rationem entis et non entis*; desjenigen der praktischen Vernunft („bonum est prosequendum et malum vitandum") *„fundatur supra rationem boni, quae est 'Bonum est quod omnia appetunt"* (I – II, q.94, a.2). Davon wird noch eingehend zu sprechen sein.

[24] Diesen Fehler scheint mir z. B. F. BÖCKLE zu begehen; vgl.: Natur als Norm in der Moraltheologie, in: F. HENRICH (Hsg.), Naturgesetz und christliche Ethik, München 1970, S. 80: „Geprägt ist der Mensch in seiner Vernunftbegabtheit, so daß er im Bereich des Logischen nicht anders denken kann als vom Prinzip des Widerspruchs her, und im Bereich der Ethik nicht anders als vom Grundprinzip des Sittlichen ausgehend: „bonum faciendum, malum vitandum" (...) Allerdings ist hierbei zu beachten, daß diese Idee „gut" formal als Idee gedacht und nicht schon auf konkrete Güter bezogen wird." Böckle ist offensichtlich, u. a., der fundamentale Unterschied zwischen „Denken" und „Handeln" entgangen.

einer Aussage *(enuntiatio)* der Fall ist, sondern in einem Verhältnis des „appetitus" zum „appetibile". Das Verhältnis besteht nicht in einer kognitiven Zuordnung der Art, wie sie in der Kopula „est" oder „non est" zum Ausdruck kommt, sondern in der „prosecutio", bzw. der „fuga", die gewissermaßen die „praktische Kopula" genannt werden können.[25]

Erst in der Reflexion auf den im Streben integrierten Akt der praktischen Vernunft erhalten wir eine sprachlich formulierbare Gestalt dieses „praeceptum" in der Form einer *Aussage:* „bonum prosequendum est ...". Hier handelt es sich nun um ein Urteil im geläufigen Sinn, das aber aus keinen anderen Urteilen oder Prämissen ableitbar, sondern nur in der Reflexion bewußtgewordene Bestätigung des ersten Aktes der praktischen Vernunft ist. Weit davon entfernt, eine Leerformel, Tautologie oder ein formallogisches „ethisches Denkprinzip" zu sein, handelt es sich vielmehr um eine ursprüngliche appetitive Beziehung und – gleichzeitig – intellektive „Intuition", die den Intellekt als praktischen konstituiert und seine „extensio" ermöglicht.

Alles, was in der Folge von der „ratio naturalis" in universaler Weise als gut erkannt wird oder aber im „iudicium electionis" (bzw. durch die Klugheit) konkret als hic et nunc zu tun bestimmt wird, formuliert sich unter der Herrschaft dieses ersten Prinzips als „praeceptum" der praktischen Vernunft: im ersten Fall als ein solches der *lex naturalis;* im zweiten Fall als „praeceptum", der Klugheit.[26]

1.5.8 Gegenstand der philosophischen Ethik: Der „ordo rationis"

Ist einmal philosophische Ethik als wissenschaftliche Reflexion auf die Tätigkeit der praktischen Vernunft bestimmt, so ist es auch von Interesse, genauer einzugrenzen, worin diese Tätigkeit besteht. In seinem Kommentar zur Nikomachischen Ethik hat Thomas sich dazu in sehr präziser Weise geäußert; es lohnt sich, diese bekannten Formulierungen hier anzuführen.

Zunächst, heißt es, habe die praktische Vernunft *nicht* zur Aufgabe, eine von ihr unabhängig seiende Ordnung zu betrachten, wie sie die Ordnung der Dinge in der Natur darstelle.[27] Dies sei vielmehr Aufgabe der Naturwissenschaft und der Metaphysik.[28] Die praktische Vernunft bezieht sich vielmehr auf eine Ordnung, die die Vernunft selbst in den Akten des Willens erkennend schafft.[29] Dieses *ordinare,* bzw. die *ordinatio,* kennzeichnet genau den präzeptiven oder imperativen Charakter der praktischen Vernunft.

---

[25] Vgl. den Text aus De Malo, zit. in Anm. 23. Es darf nicht vergessen werden, daß solche praktischen Urteile die Struktur eines „iudicium ex inclinatione" besitzen; eine ausgezeichnete, auch die Dimension praktischer Urteile berücksichtigende, aber leider schwer zugängliche Studie darüber ist R. T. CALDERA, Le Jugement par Inclination chez saint Thomas d'Aquin (Diss.), Freiburg/Schweiz (Univ.-Bibliothek) 1974.

[26] Eine solche Gegenüberstellung findet sich etwa in I–II, q.96, a.1, ad 2: „Ad singulares enim actus dirigendos dantur singularia praecepta prudentium; sed lex est praeceptum commune (...)."

[27] (...) ordo quem ratio non facit, sed solum considerat, sicut est ordo rerum naturalium" (In I Ethic., lect. 1).

[28] Ebd.

[29] „(...) ordo quem ratio considerando facit in operationibus voluntatis" (ebd.).

Dieser „ordo", der nicht der „ordo rerum naturalium" ist, sondern ein *ordo rationis*, der von der Vernunft in den Akten des Willens geschaffen wird, ist Gegenstand der „moralis philosophia".

Deutlich zeigt sich hier der wiederholt erwähnte reflektive Charakter der philosophischen Ethik[30], den Thomas unter verschiedenen Aspekten formuliert. Gegenstand der „philosophia moralis" ist: Der „ordo actionum voluntarium"; oder die „operationes humanae, secundum quod sunt ordinatae ad invicem et ad finem".[31] Thomas präzisiert noch weiter: Es handle sich um Tätigkeiten, die, der Ordnung der Vernunft gemäß, dem Willen entspringen: also um den „actus humanus" oder die „operatio humana ordinata in finem" oder ganz einfach um den „homo prout est voluntarie agens propter finem", – den „Menschen, insofern er willentlich um eines Zieles willen handelt".[32]

Diese letzte Formulierung weist darauf hin, daß die Analyse der praktischen Vernunft immer auch eine Untersuchung über den Menschen ist, und zwar unter einem ganz bestimmten, dem praktischen Gesichtspunkt. Insofern wird Ethik zur Anthropologie, oder ist sie bereits ein Stück Anthropologie, ohne jedoch einer direkten Ableitung aus metaphysisch, anthropologischen Aussagen zu entspringen. Ethik besitzt somit von Anfang an eine innere Beziehung zum Gegenstandsbereich der Anthropologie. Daraus kann geschlossen werden, daß auch eine weitergehende anthropologische „Fundierung" dem Gegenstandsbereich der Ethik nicht fremd zu sein braucht, – ja, daß diese geradezu danach verlangt. Zweitens zeigt sich auch, daß die Ethik ihrerseits einen Beitrag zur Vertiefung anthropologischer Erkenntnis leistet.

1.5.9 Ethik und philosophische Anthropologie

Während die Vertiefung und Vervollkommnung der Anthropologie durch die Ethik im Kontext der vorliegenden Problemstellung dahingestellt bleiben darf, so verlangt doch die Thematik einer anthropologischen Fundierung der Ethik weitere Präzisierungen. Zu betonen bleibt – gegenüber möglichen Mißverständnissen –, daß es nicht um das Verhältnis von Sittlichkeit, Moral, zur menschlichen Natur geht, sondern um eine methodologische Frage des Verhältnisses der Ethik als *Wissenschaft* vom sittlichen Handeln zur Anthropologie als philosophischer Lehre vom Menschen.

Wie betont wurde, ist die Reflexion des Intellektes über seinen eigenen Akt Ausgangspunkt nicht nur jeder metaphysischen Lehre von der Seele und vom Menschen insgesamt,

---

[30] Vgl. auch in III De Anima, lect. 14: „Aliquando autem intellectus considerat aliquid agibile, non tamen practice, sed speculative, quia considerat ipsum in universali, et non secundum quod est principium particularis operis (...) manifestum est quod intellectus speculative considerando aliquid agibile non movet. Ex quo patet, quod intellectus speculativus nullo modo movet aliquid." Der Unterschied der beiden Gesichtspunkte ist offensichtlich nicht nur derjenige zwischen dem „universale" und dem „particulare", sondern er besteht auch darin, daß im ersten Fall das Prinzip oder „primum consideratum" nicht ein „appetibile" ist, sondern der in der Reflexion gegenständlich gewordene Akt der praktischen Vernunft.
[31] In I Ethic, a. a. O.
[32] Ebd.

sondern auch jener Selbsterfahrung, die der Moralphilosophie ihren Gegenstand verleiht. Diese reflektive Selbsterfahrung, durch die der Intellekt in einer „reditio completa" von den Akten auf die mehr oder weniger explizit erfaßte Natur der ihnen zugrundeliegenden Seelenvermögen (auch der sinnlichen) und schließlich auf die Natur der Seele stößt, gehört zur inneren, wirklichkeitserfassenden Struktur geistig-intellektueller Erkenntnis. Sie ist als solche nicht aus der Metaphysik oder Anthropologie abgeleitet. Im Gegenteil: Metaphysik und Anthropologie, Erkenntnis des Menschen in seinem vollen und nicht nur körperlichen und empirisch-phänomenalen Sein, sind überhaupt nur möglich dank dieser Erfahrung und aufgrund ihrer systematischen Durchdringung.

Ebenso wie zur Metaphysik des menschlichen Seins gehört diese reflektive Selbsterfahrung der Seele jedoch auch zur praktischen Vernunft; sie bildet keine ihr „fremde" theoretische Grundlage oder „Beigabe", sondern erweist sich als zur Selbsterhellung, „Hermeneutik" ihres eigenen Aktes gehörig. Indem die praktische Vernunft in der Reflexion sich selbst als ordnende Vernunft erlebt und weiß, öffnet sich auch dieser reflektiven Selbsterfahrung in der „reditio completa", – handelt es sich doch bei jeglicher Vernunfttätigkeit immer um ein und dasselbe Vermögen.

Somit sind Fragen wie: Was ist die Vernunft und worin besteht ihre Beziehung zu anderen Seelenvermögen, was ist die Seele? keine der praktischen Vernunft fremden Fragen. Oder genauer: Sie sind keine der praktisch erkennenden und handelnden menschlichen *Person* fremde Fragen; denn diese Frage nach der Seele und der Ordnung ihrer Potenzen entspringt einer ursprünglich-spontanen, vorwissenschaftlichen Grunderfahrung, die sowohl der theoretischen als auch der praktischen Vernunft gemeinsam ist.[33]

Versteht man den Ursprung der Frage nach der Seele und der Ordnung ihrer Potenzen als eine sowohl der Metaphysik wie auch der Ethik in ihrem Ausgangspunkt *gemeinsame* Grunderfahrung des erkennenden Subjekts schlechthin, der Person also, so wird auch offensichtlich, daß die Moralphilosophie aufgrund ihres Gegenstandsbereiches selbst eine innere, notwendige und unauflösliche Beziehung zur Anthropologie und zur Metaphysik

---

[33] Bereits im ersten Kapitel des ersten Buches der Nikomachischen Ethik betont Aristoteles, daß wer sich nicht bemüht, nach der Vernunft zu leben, sondern den Leidenschaften folgt, ein ungeeigneter Hörer dieses Faches sei. „Wohl aber dürfte für diejenigen, die ihr Begehren und Handeln vernunftgemäß einrichten, diese Wissenschaft von großem Nutzen sein" (1095a 10). Denn nur dann, so kann dieser Gedanke ergänzt werden, besteht auch die Offenheit für eine unverfälschte Selbsterfahrung der praktischen Vernunft. – Durch die Feststellung, daß Ethik und Metaphysik in einer *gemeinsamen* Grunderfahrung wurzeln, könnten auch die Ausführungen von J. FUCHS über das Verhältnis von Ethik und Metaphysik, die in einigen Punkten durchaus zu bejahen sind, geklärt werden (Autonome Moral und Glaubensethik, in: D. MIETH – F. COMPAGNONI (Hsg.), Ethik im Kontext des Glaubens, Freiburg-Wien 1978, bes. S. 53–59). Fuchs gelangt dabei jedoch zur allzu undifferenzierten Feststellung einer „Verschiedenheit" von Ethik und Metaphysik (ebd., S. 58); das Band zwischen den beiden Disziplinen wird durch die Annahme zerrissen, daß die sittliche Erfahrung letztlich einer rationalen (metaphysischen) Durchdringung unzugänglich ist. Der Subjektivismus und „ethische Solipsismus", der daraus folgt, ist offenkundig. Fuchs besitzt wohl eine zu rationalistische („aprioristische") Auffassung von Metaphysik; er übersieht, daß Ausgangspunkt der metaphysischen Anthropologie *dieselben* Erfahrungsgehalte bilden, auf denen auch die Ethik gründet.

besitzt.[34] Eine erzwungene Abtrennung, zwecks Wahrung einer falsch verstandenen methodischen Autonomie, käme einer Verfälschung des Gegenstandes praktischer Philosophie gleich. Deshalb ist eine Zusammenarbeit von metaphysischer Anthropologie und philosophischer Ethik – unter Wahrung deren methodischer Eigengesetzlichkeit und der fundamentalen gegenseitigen Unableitbarkeit – nicht nur möglich, sondern geradezu unumgänglich.[35] Denn die Ethik wird sich nicht einer metaphysisch-anthropologischen Erkenntnis der Seele verschließen dürfen, die gerade eine auch der praktischen Vernunft innewohnende Grunderfahrung erhellt. Eine Verschließung gegenüber der Metaphysik führte andererseits, wie man immer wieder sehen kann, unausweichlich zur Orientierung an Erfahrungen gesellschaftlicher oder geschichtlicher Bedingtheiten menschlichen Handelns. Daß auch solche Erfahrungen in der Ethik mitberücksichtigt werden müssen, steht außer Zweifel; sie sind hingegen nicht *fundamental* und für ihren Gegenstand nicht konstitutiv und führen deshalb, wenn sie auch nur implizit als solche angesehen werden, zu einer Verkennung und Verfälschung der personalen Struktur menschlichen Handelns.

Bei einer solchen Zusammenarbeit handelt es sich demnach weder um Deduktion der Ethik aus der Anthropologie, noch um eine Unterordnung („Subalternation") der ersteren unter die letztere. Sondern um eine innere, durch die Einheit des Gegenstandes selbst gegebene Beziehung gegenseitiger Erhellung. Sowohl eine Metaphysik, die von der Grunderfahrung der praktischen Vernunft absähe, wie auch eine Ethik, die auf eine metaphysische Erhellung der in der reflektiven Selbsterfahrung der praktischen Vernunft eingeschlossenen Frage nach der Seele verzichtete, würden verfälscht. Was allerdings im Sein des Menschen zuinnerst zusammengehört, fächert sich als Gegenstand menschlicher Erkenntnis in methodisch unterschiedlich strukturierte Wissenschaften auf.[36]

---

[34] Dem entspricht auch die philosophiegeschichtliche Tatsache, daß die klassische Lehre von der Seele bei Sokrates, bzw. Platon aus der praktisch-ethischen Fragestellung erwachsen ist. Sehr gut hat diesen Zusammenhang E. VOEGELIN analysiert; vgl. The New Science of Politics, Chicago/London 1952, S. 61–70. Eine solche Theorie „rather is an attempt at formulating the meaning of existence by explicating the content of a definite class of experience" (S. 64).

[35] Ich gehe hier in den wesentlichen Fragen einig mit T. STYCZEN, Zur Frage einer unabhängigen Ethik, in: Der Streit um den Menschen, a. a. O., S. 161f: „Es geht hier nicht um die Verbindung eines autonom gefaßten Gegenstandes der Ethik und dieser selbst mit unabhängig und gesondert von ihr bestehenden philosophischen Disziplinen (wie es die philosophische Anthropologie und die Metaphysik sind), sondern allein um die Kontinuation der Theorie, deren Erfordernisse und Charakter durch Fragen bestimmt sind, die dieser Gegenstand selbst provoziert. Es geht also nicht um eine Verbindung der Ethik mit irgendeiner von ihr verschiedenen Theorie von außen her, sondern um den abschließenden Ausbau der Theorie ihres eigenen Gegenstandes in seinem Bereich." Siehe auch H. JUROS/T. STYCZEN, Methodologische Ansätze ethischen Denkens und ihre Folgen für die Theologische Ethik, in: Theologische Berichte IV, Zürich 1974, S. 89–108.

[36] Nur in der göttlichen Erkenntnis und dementsprechend in der Theologie gibt es diese Unterscheidung nicht. „Unde licet in scientiis philosophicis alia sit speculativa et alia practica, sacra tamen doctrina comprehendit sub se utramque; sicut et Deus eadem scientia se cognoscit, et ea quae facit" (I, q.1, a.4). Demnach ist eine „theologische Ethik" genau besehen unmöglich. Ihr Begriff enthielte bereits einen Widerspruch: Denn als Ethik müßte sie gerade ihren theologischen Charakter aufgeben. Moraltheologie hingegen ist wirkliche Theologie. Man hat allerdings in der Vergangenheit oft den Fehler begangen, spezifischen Problemen der Ethik, die nur mit einer philosophischen

1.5.10 Das aristotelische Paradigma für die Beziehung zwischen Ethik und Anthropologie

Aufgrund der Nikomachischen Ethik des Aristoteles kann die Methodologie der anthropologischen Erhellung der ethischen Fragestellung aufgezeigt werden. Ausgangspunkt ist – wie bereits erwähnt – die Grunderfahrung der praktischen Vernunft, daß alles Streben und Handeln um eines Zieles willen erfolgt, das wir das Gute nennen.[37] Zweitens zeigt sich, daß alle Menschen nach einem letzten, vollendeten, sich selbst genügenden Gut streben, dessen Erlangung wir als Glückseligkeit bezeichnen.[38] In Anbetracht der verschiedenen Möglichkeiten einer fundamentalen Lebensorientierung (Buch I, Kap. 3), der vielfältigen Aussageweisen und Seinsmodi des Guten (Kap. 4) und der Feststellung, daß das höchste, weil vollendete Gut den Charakter der Selbstgenügsamkeit haben muß, also ein „finis ultimus" darstellt (Kap. 5), formuliert die Ethik eine Frage, die einem fundamentalen Interesse der Vernunft in der Suche nach der konkreten Gestalt des „bonum faciendum" entspringt: Worin denn nun eigentlich das Kriterium zur Bestimmung des für den Menschen Guten überhaupt, seiner „Trefflichkeit" oder „Tugend" bestehe.[39]

Methode lösbar sind, mit theologischen Kategorien zu begegnen. Der umgekehrte Fehler besteht nun darin, in einer „theologischen Ethik" spezifisch moraltheologische Probleme mit philosophischen Methoden anzugehen. Eigentlich theologische Aussagen erhalten dann immer mehr einen „ideologischen" Charakter zur Rechtfertigung bestimmter philosophischer Positionen, die jedoch ihrerseits wiederum auf philosophischer Ebene wenig reflektiert und begründet sind.

[37] ARISTOTELES, Nikomachische Ethik, I, Kap.1.
[38] Ebd., Kap.2. Die eudämonistische Ethik gründet auf dem Gedanken, daß das Glück auf dem Guten beruht; die Erlangung des Guten ist gerade die Glückseligkeit. Man hat den Eudämonismus oft falsch verstanden, seitdem Kant ihn mit dem hedonistischen Utilitarismus verwechselte, der ja gerade das Umgekehrte meint, nämlich, daß das Gute auf dem Glück beruhe, d. h.: daß jenes das Gute ist, was jeweils als Glück (Lustbefriedigung) empfunden wird. Siehe dazu A. LAMBERTINO, Eudemonologia tomista e critica kantiana all'eudemonismo, in: L'Agire morale, a. a. O., S. 261–269. – Eine inadäquate Vorstellung des aristotelischen „Eudämonismus" scheint mir auch der Bemerkung von J. SEIFERT zugrundezuliegen, der Eudämonismus wolle mit dem Begriff des „wahren Glücks" sittliche Werte begründen; in Wirklichkeit setze jedoch der Begriff des wahren Glücks die Bestimmung der sittlichen Werte voraus; es handle sich also um einen Zirkelschluß (so in seiner differenzierten und einfühlsamen Untersuchung „Was ist und was motiviert eine sittliche Handlung?", Salzburg-München 1976, S. 33). Dem ist entgegenzuhalten, daß gerade Aristoteles das „wahre Glück" durch eine Analyse des sittlich Guten, d. h.: der „eupraxia" (das gute Handeln, die sittlichen Tugenden) bestimmt. Aus dem „Begriff" des Glückes *als solchem* kann auch nach Aristoteles nichts abgeleitet werden. Die konstitutiven Bedingungen des Glücks müssen gerade *durch* die Analyse des guten Handelns, der Tugend – der „sittlichen Werte" also – aufgezeigt werden. Dazu ist jedoch das aristotelische Verständnis der Mittel-Ziel Relation richtig zu verstehen; so wie das Mittel generell eine (operative) Konkretisierung des Zieles ist, ist auch die *eupraxia* nichts anderes als die operative Konkretisierung des Glückes; vgl. dazu u. a. J. D. MONAN, Moral Knowledge and its Methodology in Aristotle, Oxford 1968, S. 60ff.; T. ANDO, Aristotle's Theory of Practical Cognition, 3. Aufl. Den Haag 1971, bes. S. 244; T. ENGBERG-PEDERSEN, Aristotle's Theory of Moral Insight, Oxford 1983, S. 175; 193; 203. Eine wie mir scheint fehlerhafte, aber weitverbreitete Interpretation dieses Sachverhaltes findet sich hingegen bei P. AUBENQUE, La prudence chez Aristote, Paris 1963.
[39] „Jedoch mit der Erklärung, die Glückseligkeit sei das höchste Gut, ist vielleicht nichts weiter gesagt, als was jedermann zugibt. Was verlangt wird, ist vielmehr, daß noch deutlicher angegeben werde, was sie ist" (NE I, Kap.6, 1097b 22–23).

Dabei sieht sich der Mensch umgeben von anderen Lebewesen, die alle ihre eigene, spezifische Tätigkeit, ihr „ergon idion" besitzen, dessen „Entelechie" deren jeweilige Trefflichkeit ausmacht.[40] Die Selbsterfahrung des Menschen erkennt diese ihm eigentümliche Tätigkeit – in der inneren Logik der über sich selbst reflektierenden Vernunft – in der Tätigkeit gemäß dem vernunftbegabten Seelenteil.[41] Darin läßt sich – aufgrund der Erfahrung einer Vielfalt von Seelenkräften – ein Teil ausmachen, „der der Vernunft gehorcht, und einen anderen, der sie besitzt und der denkt".[42] Somit besteht also das „eigentümliche Werk" oder die „eigentümliche Verrichtung" des Menschen „in vernünftiger oder der Vernunft nicht entbehrender Tätigkeit der Seele"; menschliche Trefflichkeit – Tugend – ist ein Handeln gemäß der Vernunft und die Glückseligkeit ist ein solches Leben gemäß der Tugend.[43]

Damit ist im Umriß die Vernunft als Maßstab der Sittlichkeit bereits bestimmt, und zwar durch eine anthropologische Erhellung der Selbsterfahrung der praktischen Vernunft. Nichts ist allerdings bereits darüber entschieden, worin denn näherhin eine tugendhafte Handlung bestehe. Ebenfalls wissen wir noch nicht, was die von Aristoteles in diesem Zusammenhang genannte „rechte Vernunft" *(orthos logos)* ausmacht. Das zeigt sich erst in der weiteren Untersuchung der Tätigkeit der praktischen Vernunft.

Um diese Untersuchung zu ermöglichen, bedarf es einer zusätzlichen anthropologischen Klärung, und zwar gerade weil nun die Tugend zum eigentlichen Gegenstand der Ethik erklärt worden ist, und Tugend Tüchtigkeit der Seele und nicht des Körpers ist.[44] Wiederum wird hier der Bereich der reflektiven Selbsterfahrung nicht überschritten, wenn nun die Frage nach dem hierarchischen Zuordnungs- und Unterordnungsverhältnisses der verschiedenen Seelenkräfte, bzw. -teile gestellt wird. Denn die Erfahrung der Vielfalt der Seelenkräfte und des Widerstreites zwischen Vernunft und Sinnlichkeit ist eine genuin praktische Erfahrung.

Die Untersuchung der Seele ist Gegenstand der philosophischen Seelenlehre, der „Psychologie", und somit der Anthropologie. Aristoteles verweist auf sie, wenn auch damit wohl nicht die Bücher „De Anima" gemeint sind: „Einiges aus der Seelenlehre ist nun in den exoterischen Schriften ausreichend behandelt *und mag hier Verwendung finden*."[45] Es handelt sich also um eine „Anwendung" anthropologischer Kenntnisse auf einen Bereich der Selbsterfahrung der praktischen Vernunft, der selbst identisch ist mit dem Ausgangspunkt und Gegenstand der Anthropologie, die hier zur Verwendung kommt.

Auf diese Weise gelangt Aristoteles zu seiner Lehre der naturgemäß „politischen Herrschaft" der Vernunft über den sinnlichen Seelenteil, der in der Tugend an der Vernünftig-

---

[40] Diese Lehre ist ursprünglich platonisch (siehe Platon, Politeia, I, 352d–353b). R. A. Gauthier kommentiert die Grundidee sinngerecht folgendermaßen: „*L'ergon d'un être, sa fonction ou sa tâche propre, c'est donc l'opération pour laquelle il est fait, et qui, étant sa fin, définit aussi son essence; tout être qui a une tâche a accomplir existe en effet pour cette tâche (…).*" (GAUTHIER/JOLIF, L'Ethique à Nicomaque, II, 1, S. 54).
[41] Ebd., 1098a 4.
[42] Ebd.
[43] Ebd., 7–18.
[44] Ebd., Kap. 13, 1102a 16.
[45] Ebd., 26: „chrêsteon": „soll benutzt werden", „Verwendung finden".

keit des herrschenden Teils partizipiert.[46] Gerade in dieser Ordnung der Seele – sie ist ein „ordo rationis" – besteht die sittliche Tugend. Sie herzustellen und im Bereiche des Handelns wirksam zu machen, wird dann gerade als Aufgabe der praktischen Vernunft erkannt und im einzelnen untersucht. Die praktische Vernunft ist damit *orthos logos (recta ratio)* und entwickelt eine dieser Bestimmung entsprechende Tugend: die Klugheit.[47]

Der Nachweis des Nachvollzuges der aristotelischen Bestimmung der Tugend und der „rechten Vernunft" beim hl. Thomas kann hier nicht geleistet werden. Es ging darum zu zeigen, wie eine direkte Zusammenarbeit von Ethik und Anthropologie unter Wahrung der Eigenart praktischer Vernunft nicht nur möglich, sondern auch notwendig ist. D. h., daß die Anthropologie ethisch relevante Aussagen macht, die die praktische Philosophie nicht übersehen darf. Andererseits führt die Ethik auf diese Weise selbst zu einer Vertiefung der Anthropologie.[48]

1.5.11 Integrierung der Ethik in die Metaphysik der Handlung

Abgesehen von der Anthropologie, die sich ihrerseits bereits im Rahmen metaphysischer Erhellung vollzieht, besitzt die philosophische Ethik – ebenfalls auf der Ebene der Reflexion über den Akt der praktischen Vernunft – noch eine gesonderte Beziehung zur Metaphysik. Denn jeder menschliche „actus" – ein Spezialfall von „operatio" – kann und muß unter dem besonderen Gesichtspunkt der Metaphysik als zur Struktur des Seienden, insofern es ein Seiendes („ens qua ens") ist, betrachtet werden. Damit konstituiert sich, was man „Metaphysik der Handlung" zu nennen pflegt.[49] Es braucht hier nicht wiederholt zu werden, was W. Kluxen bereits vor Jahren dazu ausgeführt hat.[50]

---

[46] Es handelt sich bei dieser Methode also nicht um eigentliche Subalternation der Ethik unter die Anthropologie, wie auch W. KLUXEN zutreffend feststellt (Philosophische Ethik ..., a. a. O., S. 55).

[47] Vgl. NE, VI, Kap. 13.

[48] Und auch dazu, daß es der Anthropologie möglich wird, auch normative Aussagen zu machen, also „normative Anthropologie" zu sein.

[49] Sie besteht letztlich darin, „daß die Metaphysik auch das Handeln, insofern es eben „seiend" ist, jener Gesamtordnung des „Seienden im Ganzen" einordnet, die sich in Gott als dem Prinzip des Seienden überhaupt gründet" (W. KLUXEN, a. a. O., S. 93).

[50] So wie ich es verstanden habe, ging es Kluxen darum – was auch die vorliegenden Ausführungen zeigen wollen –, inwiefern es falsch ist, die philosophische Ethik als Ableitung aus der Metaphysik zu begreifen. Man hat sich daran gewöhnen müssen, daß die Ausführungen Kluxens, wie mir scheint, verschiedentlich mißverstanden wurden und in etwa auch mißbraucht wurden, um eine „Autonomie des Sittlichen gegenüber der Metaphysik" zu konstatieren (so A. AUER, Die Autonomie des Sittlichen nach Thomas von Aquin, in: Christlich glauben und handeln, a. a. O. S. 37). Auer u. a., so gewinnt man den Eindruck, haben Kluxen nicht richtig verstanden; denn dieser spricht erstens nicht von Autonomie, sondern von „Unableitbarkeit"; und zweitens geht es nicht um das Verhältnis von Metaphysik und Sittlichkeit, sondern von Metaphysik (als Wissenschaft) und philosophischer Ethik (als Wissenschaft). A. Auer zieht jedoch den Schluß, daß die Ordnung des Handelns (Gegenstand der Ethik) bezüglich der Ordnung des Seins (Gegenstand der Metaphysik) autonom sei. Um eine „Autonomie des Sittlichen gegenüber der Naturordnung" (Auer, a. a. O., S. 36) zu behaupten, kann man sich aber kaum auf Kluxen berufen (vgl. auch das Zitat in der vorhergehenden Anmerkung). Näheres dazu in Teil II, Kap. 1–3.

Jedenfalls soll hier betont sein, daß eine solche Metaphysik des Handelns selbst Unverzichtbares zur Erhellung des Gegenstandes philosophischer Ethik beiträgt. Sie ermöglicht insbesondere eine Integration der praktischen Vernunft in die Struktur des geschaffenen Seins und konstituiert damit auch die Möglichkeit, den letztlichen Sinn sittlichen Handelns in seiner Dimension „personaler Autonomie" zu verstehen.[51] Die praktische Vernunft beantwortet nämlich zunächst nur die Frage „Was sollen wir tun", nicht aber eine andere: „Warum sollen wir überhaupt?", bzw.: „Warum sollen wir tun, was gut ist?"; und diese Frage gehört ebenfalls zur Ethik.[52]

Bereits in der aristotelischen Ethik findet sich eine solche handlungsmetaphysische Erhellung des Sinnes und der letzten Zielhaftigkeit allen Handelns und Lebens überhaupt. Aristoteles erblickt sie in der Ermöglichung der Kontemplation der Wahrheit, einem Leben gemäß dem *nous*, der gleichsam ein „Gott in uns" ist[53] – eine Vorahnung der Gottebenbildlichkeit des menschlichen Geistes. Der noch im Banne der platonischen Akademie stehende junge Aristoteles kommt dabei vorerst zur radikalen Forderung einer einzigen Sinnmöglichkeit menschlich-irdischer Existenz: „Also soll man entweder philosophieren oder vom Leben Abschied nehmen und von hier weggehen; denn alles übrige scheint nur ein törichtes Geschwätz zu sein und leeres Gerede."[54] Später jedoch begreift Aristoteles eine zweite, zwar unvollkommene, aber allgemein zugängliche Sinngebung des Lebens im Sinnhorizont der Polis, der „communitas perfecta" des menschlichen Zusammenlebens, wobei aber auch dann das Leben gemäß der höchsten Weisheit – der Kontemplation der Wahrheit – der letztlich normative, wenn auch nur für wenige tatsächlich nachvollziehbare Sinnhorizont verbleibt.

Dabei wird nun die handlungsmetaphysische Struktur aristotelischer Ethik nicht aufgegeben, wenn der christliche Moraltheologe – und das ist Thomas, insofern man seinen moralischen Gesamtentwurf betrachtet – von einer Weisheit sprechen kann, die auf dem „intellectus fidei" gründet und allen Menschen zugänglich ist, und das Leben, das solcher Weisheit entspricht, zu identifizieren vermag mit dem Sinnhorizont einer neuen, erhabeneren „Polis": der „civitas Dei", einer „communitas perfecta", der anzugehören alle Menschen berufen sind. Das fällt natürlich aus dem Gegenstandsbereich einer philosophischen

---

[51] Vgl. dazu Teil II, Kap. 1–3.
[52] Es handelt sich dabei um ein spezifisch *philosophisches* Problem, dessen Lösung in einer moraltheologischen Systematik bereits vorausgesetzt ist. Die Moraltheologie setzt ja Offenbarung und Glauben als das ihr eigene methodische Prinzip voraus; durch die gläubige Annahme der Offenbarung ist dieses Problem des „Warum soll ich überhaupt?" bereits gelöst; es existiert hier nicht als „Basisproblem". Anders ist es jedoch in der philosophischen Ethik: „Die Ethik darf nämlich keine Fragen übersehen, die spontan an der Basis der sittlichen Erfahrung auftreten und die überhaupt erst entscheidend nach dem Aufbau einer ethischen Theorie und ihres methodologischen Profils verlangen. (...) Die Erklärung dieser Art Fragen verlangt eine notwendige Verbindung von normativen Thesen (das heißt Aussagen der Ethik) und deskriptiven Aussagen der philosophischen Anthropologie wie auch der Metaphysik, und dies deshalb, weil die Sittlichkeit als Gegenstand der Ethik eine normative interpersonale Relation darstellt" (H. JUROS/T. STYCZEN: Methodologische Ansätze ethischen Denkens und ihre Folgen für die theologische Ethik – Bericht über Ethik in Polen, in: Theologische Berichte IV, Zürich 1974, S. 100).
[53] ARISTOTELES, Protreptikos (Ed. I. Dühring), Frankfurt/M. 1969, B. 110.
[54] Ebd., B. 108.

Ethik heraus und steht hier nicht zur Diskussion. Konsequenz einer solchen theologischen Perspektive ist nun aber gerade nicht „vom Leben Abschied nehmen und von hier weggehen", sondern dieses menschliche Leben in seiner ganzen, die menschliche Natur übersteigenden Sinnfülle zu verwirklichen. Auch für die Theorie eines solchen Lebens – die Moraltheologie – bleibt, weil es sich immer um ein Leben von Menschen handelt, eine philosophische Ethik mit ihrem spezifischen Beitrag unverzichtbar, will sie, die Moraltheologie, nicht selbst „vom Leben Abschied nehmen und von hier weggehen".

1.5.12 Zur Begründung der normativen Funktion der Vernunft

Die aristotelische Tugendlehre und eine Metaphysik des Handelns ermöglichen es dem hl. Thomas, das normative Prinzip sittlichen Handelns zu bestimmen. Da Thomas die praktische Vernunft als „operatio propria" (das aristotelische „ergon idion") aus der Spezifizität des menschlichen Seins ableitet[55], formuliert sich diese Bestimmung wie folgt: „Bonum cuiusque rei est in hoc, quod sua operatio sit conveniens suae formae. Propria autem forma hominis est secundum quam est animal rationale. Unde oportet quod operatio hominis sit bona ex hoc, quod est secundum rationem rectam. Perversitas enim rationis repugnat naturae rationis."[56]

Aufgrund dieser Formulierung wird einsichtig, daß Thomas den Rekurs auf die Seele, die „forma substantialis", – ebenso wie Aristoteles – lediglich dazu benutzt, um das Formprinzip menschlicher, d. h. sittlicher Handlungen zu bestimmen, *nicht aber* um zu behaupten, die „forma substantialis" – also die natürliche „Wesensform" des Menschen – sei der Maßstab der „bonitas" einer „operatio". Der Verweis auf die Seele dient vielmehr dazu, das Kriterium für die Auffindung dieses Maßstabes aufzuzeigen; dieser kann nun als die ratio, und zwar als die „ratio *recta*" angegeben werden.[57]

Der Begriff *recta ratio* ist nicht ein anderer Terminus für die „forma substantialis", sondern bezeichnet die „rectitudo" eines Seelenvermögens, bzw. seiner Akte. Maßstab ist das diese „rectitudo" (praktische Wahrheit) besitzende Urteil der Vernunft, ein „dictamen rationis rectae".[58] Andernfalls wäre es unverständlich, weshalb Thomas in dem angeführten Text von einer „perversitas rationis" spricht, die nicht nur der „recta ratio", sondern, wie es hier heißt, auch der Natur der Vernunft widerspreche. Eine solche Verderbtheit kann nur dem Vermögen und seinem Akt zukommen, und selbstverständlich nicht der „forma substantialis".

Daß dem vorliegendem Text tatsächlich dieser Sinn zuzusprechen ist, bestätigt Thomas selbst durch den Hinweis, daß die „recta ratio" einer dianoetischen Tugend – der Klugheit – entspreche, wovon im sechsten Buch die Rede sein werde.[59] Damit ist die normati-

---

[55] In I Ethic., lect. 10: „Nam homo sortitur species ab hoc quod est rationalis."
[56] Ebd., II, lect. 2.
[57] Vgl. auch I–II, q.71, a.2; siehe dazu Kluxen, a. a. O., S. 188–195.
[58] Daß Thomas mit der „regula rationis" die „ratio" als *dictamen* meint, hat gerade L. LEHU überzeugend nachgewiesen (La Raison, règle de la moralité, a. a. O.).
[59] Vgl. In II Ethic., lect. 2.

ve Aufgabe der Vernunft begründet: „Der Unterschied von Gut und Böse im moralischen Sinne kann demnach nur spezifisch sein, wenn er sich im Hinblick auf das Prinzip der menschlichen Akte ergibt, und dieses Prinzip ist die Vernunft"[60], – und nicht die „Wesensnatur" oder die „natura metaphysica".

Durch eine Reflexion im Lichte der Metaphysik des Handelns ist jetzt begründet, was die praktische Vernunft in ihrem eigenen Vollzug bereits schon selbst erfahren hat. Denn damit die praktische Vernunft (d. h. die praktisch urteilende Person) sich ihrer maßgebenden Funktion bewußt wird und diese auch ausübt, bedarf sie ja nicht zuvor einer metaphysischen Ableitung dieser Funktion. Das wäre absurd, weil sittlich-praktische Erkenntnis dann den Fachphilosophen vorbehalten wäre. Die Möglichkeit sittlich-praktischer Erkenntnis wird nicht durch Metaphysik begründet, sondern durch das natürliche Licht der „ratio naturalis".[61] Die reflektive Begründung – *demonstratio* – der maßverleihenden Funktion der Vernunft durch den Rekurs auf die „forma substantialis" – die menschliche Seele – entspricht einer nachfolgenden Reflexion im Sinne der „reditio completa".

Diese Überlegungen sind wichtig für eine sinngerechte Interpretation von I–II, q.18, a.5. Wenn hier Thomas schreibt: „Patet ergo quod differentia boni et mali circa obiectum considerata, comparatur per se ad rationem: scilicet secundum quod obiectum est ei conveniens vel non conveniens", so ist hier als *terminus ad quem* der Konvenienz gerade nicht die Natur der Seele gemeint; diese letztere ist nur die Grundlage für den Nachweis, daß die Vernunft selbst dieser „terminus" ist; die moralische Spezifizierung von Objekten erfolgt im Hinblick auf die Vernunft und ihre *praktischen Urteile*.

Nicht zu vergessen ist, was Thomas kurz zuvor bereits dargelegt hat: In gleicher Weise, wie die „forma" einem Naturding die „species" verleiht, so konstituiert das Objekt die „species" einer Handlung.[62] Das Objekt ist also die „Form" der Handlung, und ist als solche eine *conceptio rationis:* „So wie die Spezies der Naturdinge aus natürlichen Formen entstehen, so entstehen die Spezies der sittlichen Handlungen aus Formprinzipien, wie sie durch die Vernunft erfaßt sind."[63] Thomas unterscheidet damit deutlich die „forma naturalis", die als substantielle Form ein Seiendes innerhalb eines bestimmten „modus

---

[60] W. KLUXEN, a. a. O., S. 84.
[61] Die konstitutive Bedeutung der „ratio naturalis" wird von all denen übersehen, die Thomas im Sinne einer „autonomen Moral" umzudeuten versuchen. Das Mißverständnis von J. Th. C. ARNTZ (Die Entwicklung des naturrechtlichen Denkens innerhalb des Thomismus, in: F. BÖCKLE (Hsg.), Das Naturrecht im Disput, Düsseldorf 1966, S. 87–120), die „ratio naturalis" als rein formale Erkenntnis aufzufassen – ohne Bezugnahme auf die „inclinationes naturales" – ist dann etwa von F. BÖCKLE aufgegriffen und verbreitet worden. Dieser (ebd., „Rückblick und Ausblick", S. 122) interpretiert die „ratio naturalis" um in die „Natur des menschlichen Erkennvermögens" und das „Angeborene in der menschlichen Erkenntnis". Diese Kombination einer transzendentalen Wendung mit der rationalistischen These eines angeborenen a priori der Vernunft, ermöglicht es ihm, „Naturgesetzlichkeit" als formallogische Konsistenz sittlicher Urteile zu verstehen, – unabhängig von aller materialer Gegenständlichkeit der natürlichen Neigungen. Wie wenig zutreffend diese Thomas-Interpretation ist, wird sich aus dem Folgenden erweisen.
[62] „Sicut autem res naturalis habet speciem ex sua forma, ita actio habet speciem ex obiecto" (I–II, q.18, a.2).
[63] Ebd., a.10: „Sicut species rerum naturalium constituuntur ex naturalibus formis, ita species moralium actuum constituuntur ex formis prout sunt a ratione conceptae, sicut ex supradictis patet."

essendi" konstituiert, von einer „forma a ratione concepta": diese ist nichts anderes als das Objekt, das einer Handlung seine „species moralis", letztlich die „bonitas" oder die „malitia" verleiht.[64]

Diese Ausführungen erheben nicht den Anspruch, irgend etwas Neues oder noch nicht Gesehenes vorzubringen. Hätte man in den letzten fünfzig Jahren etwa die damals wie heute wichtigen und, abgesehen von zeitbedingter Polemik, unüberholten Ausführungen von L. Lehu ernster genommen und sie nicht durch Festhalten an Schultraditionen „neutralisiert", so hätte das sicher wohltuende Wirkungen bezüglich des Verständnisses der thomistischen Lehre über die Objektivität des sittlichen Handelns und die „lex naturalis" gehabt. Die immer wiederkehrende Verwechslung und Vermengung zwischen den Ebenen der „forma naturalis" (genus naturae) und der „forma a ratione concepta", das Objekt auf der Ebene des „genus moris", sowie zwischen „ordo naturalis" und „ordo rationis", wie das im Rahmen einer zum Naturalismus tendierenden Thomasinterpretation geläufig war, hat schließlich gerade bezüglich der Lehre von der „lex naturalis" zu zweifelhaften Interpretationsansätzen geführt. Eine diesbezügliche Verwirrung scheint oftmals noch immer nicht überwunden zu sein, und zwar auch bei Autoren, die sich heute um eine „Neuinterpretation" thomistischer Texte bemühen.

Es scheint zwar, daß gerade letztere heute wieder erkennen, daß eigentlicher Maßstab des Sittlichen die Vernunft ist, und daß auch die „lex naturalis" nicht einfach mit einer aus dem „Wesen der Dinge" ablesbaren Naturordnung gleichgesetzt werden kann. Zum thomistischen Begriff des Naturgesetzes haben sie dabei jedoch nicht zurückgefunden, und zwar deshalb, weil die neuerarbeitete Konzeption einer „schöpferischen Vernunft" immer noch auf dem Boden eines Dualismus von „Naturordnung" und „Vernunft" steht. In einem solchen Dualismus besteht aber gerade die Grundannahme „physizistischer" Normableitung, die übersieht, daß die Objektivität des Handelns auf einer „conceptio rationis" beruht, die ihrerseits vom Akt der *ratio naturalis* geprägt ist. Dabei ist die Vernunft nicht nur maßanlegende Instanz (ein *mensurans*), sondern selbst auch natürliches Maß *(mensura, regula)* des Sittlichen; deshalb formulieren ihre Akte eine *lex naturalis*, ein natürliches Gesetz.

In dieser Perspektive wird der Zugang zum Verständnis des thomistischen Naturgesetzes eröffnet. Denn dieses natürliche Gesetz ist im eigentlichen Sinne ein Gesetz der praktischen Vernunft, ein *opus rationis*[65], *aliquid per rationem constitutum*.[66] Und das heißt auch, daß eine Theorie des Naturgesetzes letztlich Bestandteil einer Theorie der praktischen Vernunft ist.

---

[64] Auch diesen Punkt hat L. LEHU völlig richtig gesehen: „La moralité est une forme qui se trouve dans l'acte humain et dans les vertus morales; l'objet est appelé moral en tant seulement qu'il est cause de la moralité de l'acte" (a. a. O., S. 111). „D'après S. Thomas, la règle de la moralité de l'objet, c'est la raison" (ebd., S. 115).
[65] I–II, q.94, a.1.
[66] Ebd.

2 DER BEGRIFF DES „NATURGESETZES"
BEI THOMAS VON AQUIN:
EINE THEORIE DER PRAKTISCHEN VERNUNFT

2.1 Zur Unterscheidung von präzeptiv-praktischer und deskriptiv-reflexer Ebene

Im ersten Kapitel dieser Darlegungen wurden zwei Ebenen praktischer – auf das praktische Handeln gerichteter – Erkenntnis unterschieden: Diejenige, auf der sich die praktischen Urteile der Vernunft vollziehen einerseits; und andererseits die Ebene der Reflexion über diese Akte der praktischen Vernunft. Diese zweite Ebene der Reflexion, sofern es sich um eine wissenschaftliche Reflexion handelt, ist auch die der Moralphilosophie, die zwar am praktischen Interesse der Vernunft teilhat, selbst aber den Charakter einer Theorie besitzt, insofern sie zu universalen, das konkrete „operabile" übersteigenden Aussagen gelangt.

Für eine adäquate Verortung des Begriffes der „lex naturalis" scheint mir das Auseinanderhalten dieser beiden Ebenen von wesentlicher Bedeutung. So zeigt sich nämlich, daß die Akte der praktischen Vernunft selbst gerade *nicht* die „lex naturalis" zum Gegenstand haben, weil sie nämlich vielmehr das Naturgesetz *konstituieren*. Gegenstand der praktischen Vernunft ist vielmehr das Gute im Bereich des Handelns, letztlich das *bonum operabile*, die „gute Handlung", unter dem Aspekt seiner praktischen Wahrheit, das heißt seiner Übereinstimmung mit dem richtigen Streben. Genau dieses *bonum* – das Objekt der praktischen Vernunft – ist ebenfalls Gegenstand dessen, was Thomas ein *praeceptum* der „lex naturalis" nennt.

Die Entdeckung dieser „lex naturalis" im Menschen, als deren kognitive Objektivierung, vollzieht sich erst auf der Ebene der Reflexion, in der die Ordnung der Präzepte des Naturgesetzes als eine von der praktischen Vernunft etablierte Ordnung des guten Handelns erkannt wird. Das reflexe und habituell angeeignete Wissen um diese Ordnung ist der Habitus der *scientia moralis;* die entsprechende wissenschaftlich-systematische Reflexion ist die Moralphilosophie. In ihr wird die präzepive Tätigkeit der praktischen Vernunft, deren Konstituierung des *ordo virtutum* sowie der Inhalt dieses „ordo", – der ein *ordo rationis* ist –, als Naturgesetz erkannt.

Aufgrund dieser Unterscheidung zweier Ebenen können einige Probleme gelöst werden, die sich in dieser Perspektive eher als Scheinprobleme erweisen. Es wurde ja beispielsweise bereits darauf hingedeutet, daß eine *normative Aussage* wie „bonum est faciendum, malum est vitandum" als Aussage nicht Gegenstand der praktischen Vernunft auf der Ebene des Präzeptes, sondern ein solcher der Reflexion über diesen präzeptiven Akt der praktischen Vernunft darstellt. Gegenstand der praktischen Vernunft ist im ursprünglichen Sinne vielmehr das entsprechende „bonum" selbst; und das Produkt des praktischen Urteils ist nicht eine Aussage, sondern eine *prosecutio*, und zwar entweder als Intention, oder als „electio", aus der unmittelbar die Handlung folgt. Die praktische Vernunft konstituiert also das *praeceptum*, und nicht eine „normative Aussage"; letztere ist nicht ein „praeceptum", sondern vielmehr eine *enuntiatio* im Modus des „Sollens".

Deshalb sind Gegenstand der praktischen Vernunft zunächst auch gar keine „Gebote", „Normen", „Pflichten" oder „Sollensforderungen", sondern *das Gute*. In der (praktischen) Objektivierung des Guten *konstituiert* die praktische Vernunft vielmehr Gebote, Normen, Pflichten usw. unter dem Aspekt des Guten, d. h. sie bildet Aussagen in der Form des „Sollens" (Gebietens etc.). Das praktisch Gute wird erst in der Reflexion als Gebot, Norm oder Pflicht vergegenständlicht. So entsteht eine *normative Aussage* wie „bonum prosequendum est".[1]

---

[1] In einer solchen Perspektive zeigt sich, daß die Alternative „Teleologie" oder „Deontologie" eine falsche Alternative ist und einem mangelhaften Verständnis der komplexen Struktur der praktischen Vernunft entspricht. Der „teleologische" Akt der praktischen Vernunft ist das primäre, ursprünglich-präzeptive praktische Urteil, das sich in der Logik von „Ziel" *(finis)* und dem „was zum Ziel hinführt" oder „auf das Ziel gerichtet ist" *(ea quae sunt ad finem)* bewegt. Das Zweite nennen wir geläufigerweise – jedoch in einer leicht mißverständlichen Formulierung – *Mittel*. Dieser teleologischen Struktur menschlicher Akte entsprechen die *intentio* und die *electio* des Willens; die Tugend der praktischen Vernunfttätigkeit, die zur *electio* führt, ist die Klugheit. Der „deontologische" Aspekt hingegen entspricht einer reflektiven Ableitung aus dem ersten; die entsprechende deontische Formulierung des Guten wird hier nicht durch das Ziel-Mittel-Schema charakterisiert, sondern durch jenes der Beziehung zwischen dem Universalen und dem Konkreten. Als reflexive Formulierung des Guten ist es zugleich eine solche allgemeiner Normen, die auf Einzelfälle appliziert werden können, und zwar im Gewissensurteil, das ja, insofern es eine *applicatio* darstellt, wiederum praktisch ist. Selbstverständlich wird dadurch die teleologische Struktur der Klugheit und der *electio* nicht aufgehoben. Hingegen scheint es mir verfehlt, von einem „klugen Gewissen" zu sprechen, da dies einer deontischen Deutung der praktischen Vernunft entspräche. Dies wäre eine Fehldeutung, da die praktische Vernunft primär und fundamental teleologisch ist; der Gewissensakt kann eine reflektive Beurteilung dieses teleologischen Aktes sein, ist aber kein Akt dieser teleologischen Vernunft selbst. Zum letzteren gehört nicht das Gewissensurteil, sondern das praktische Urteil der Klugheit, das *praeceptum prudentiae*. Aus einer deontologischen Fehldeutung der praktischen Vernunft als „kluges Gewissen" würde aber auch eine Fehldeutung des Gewissens selbst folgen: denn es würde dadurch gleichsam in die teleologische Struktur der praktischen Vernunft und deren affektive Konditionierung hineingezogen und man könnte seine über dieser Konditionierung stehende Funktion reflektiver Kontrolle aufgrund universaler Normen nicht mehr verstehen. Die Möglichkeit der Existenz, oder zumindest der Bedeutsamkeit solcher universaler Normen müßte dann ebenfalls bestritten werden (zu entsprechenden Konsequenzen gelangt etwa die Forderung nach einem „klugen Gewissen" bei F. FURGER, Gewissen und Klugheit in der katholischen Moraltheologie der letzten Jahrzehnte, Luzern/Stuttgart 1965; das Grundproblem der hier vertretenen Auffassung besteht darin, eine deontologisch verstandene Normenmoral durch eine Klugheitslehre ergänzen – sprich: „entschärfen" – zu wollen und dabei zu übersehen, daß der deontologische Aspekt und der Gewissensakt die praktische Vernunft gar nicht in fundamentaler und primärer Weise charakterisieren, sondern ihrerseits ergänzend auf einer Klugheitsmoral aufbauen müssen). Es ist demnach sinnvoller, von einer „gewissenhaften Klugheit" zu sprechen, einer Klugheit also, die dem Gewissen Gehör leiht und es als unbestechliche Informationsquelle und Kontrollinstanz gegenüber einer immer möglichen *ignorantia electionis* anerkennt, – d. i. einem durch affektive Einflüsse bedingten falschen praktischen Urteils auf der teleologischen Ebene der Mittel-Ziel-Relation. Diese Hinweise mögen auch nützlich sein, um zu verstehen, daß zwei verschiedene Formen des sogenannten „praktischen Syllogismus" existieren: Erstens jene, die dem teleologischen, ursprünglichen Schema von *finis* und *ea quae sunt ad finem* entspricht; und, zweitens, die deontologische Form, die nicht durch die Klugheit als solche, sondern auf der reflexen Ebene des deontisch urteilenden Gewissens vollzogen wird, gemäß der Logik der *Subsumtion* des Konkreten (sei dies nun ein Urteil oder eine bereits vollzogene Handlung) unter das Allgemeine. Beide Formen des praktischen Syllogismus finden sich – jedoch ohne die explizite Unterscheidung von

Erst wiederum in einer „applicatio" dieses normativen Wissens auf das konkrete Handeln, und damit auf die Ebene des präzeptiven Aktes der praktischen Vernunft, ergeben sich dann praktische Imperative der Art: „Das ist meine Pflicht"; „das soll ich tun oder meiden"; „das hätte ich nicht tun sollen", usw. Es handelt sich dann bei solchen praktischen Imperativen um Akte des Gewissens, der „con-scientia", die nicht im ursprünglichen Sinne Akte der praktischen Vernunft sind, sondern eine „applicatio scientiae" auf konkrete präzeptive Akte der praktischen Vernunft und der aus ihnen folgenden Handlungen.[2]

Es soll nicht behauptet werden, daß diese Unterscheidung von praktischer und reflexer Ebene bei Thomas explizit sei. Wohl aber, so scheint mir, ist sie implizit vorhanden,[3] und sie nicht zu berücksichtigen, wirft große Probleme auf.[4] Daß Thomas zwei Ebenen von Urteil und Reflexion unterscheidet, das zeigte sich ja bereits bei seiner Lehre über die reflektive Natur der Wahrheitserkenntnis. Und so verhält es sich auch bei der Erkenntnis von praktischer Wahrheit oder „Normativität". Bei genauerer Analyse erweist sich dann der Traktat über die „lex naturalis" als eine Reflexion über den Akt der praktischen Vernunft, insofern diese ein moralisches Gesetz konstituiert. Dieser Traktat besitzt deshalb auch den Charakter einer Reflexion über die Tugend, den „actus humanus" überhaupt und die Stellung der sinnlichen Antriebe oder Leidenschaften (die „passiones") im Kontext sittlichen Handelns. Somit ist in den entsprechenden Traktaten das Feld des natürlichen Gesetzes als ein von der praktischen Vernunft etablierter *ordo rationis* strukturell und inhaltlich bereits abgesteckt. Was für den Gesetzestraktat spezifisch ist, ist die Explikation, daß die Konstituierung dieses „ordo rationis" den Charakter eines Gesetzes besitzt, das zudem Teilhabe (Partizipation) am Ewigen Gesetz der göttlichen Vorsehung ist.

Klugheit und Gewissen – bereits bei Aristoteles; vgl. dazu D. J. ALLAN, The Practical Syllogism, in: Autour d'Aristotes (Festschrift für A. Mansion), Louvain 1955, S. 325–340.
[2] Vgl. De Verit., q.17, a.1: „Nomen enim ‚conscientia' significat applicationem scientiae ad aliquid (...) nominat ipsum actum, qui est applicatio cuiuscumque habitus vel cuiuscumque notitiae ad aliquem actum particularem." Ein echter Akt des Gewissens besteht also auch in der „applicatio" offenbarten oder durch in Freiheit anerkannte Autorität vermittelten Wissens.
[3] Auf glänzende Weise hat dies der Thomas-Kommentator Kajetan begriffen: Die Akte der praktischen Vernunft (er spricht von der Synderesis und der Klugheit) seien an sich („in actu exercito") präzeptive Akte.; wir würden sie jedoch, gar nicht ihrer Natur entsprechend, jeweils „in actu signato" (also in der Reflexion) diskutieren. Er nennt das abschließende praktische Urteil eine „conclusio praeceptiva, non in actu signato, idest ‚Ergo hoc est mihi nunc praecipiendum, eligendum, prosequendum'; sed in actu exercito, idest, ‚Ergo actualiter sum in exercitio iudicii, praecepti, electionis, prosecutionis'." Kajetan verdeutlicht abschließend die Schwierigkeit unseres Sprechens über die Akte der praktischen Vernunft: „Hoc enim est quod multos decipit in hac materia: quoniam propositiones istae tam synderesis quam prudentiae, in acto signato disputantur; et tamen oportet intueri naturam et vim earum in actu exercito" (In I–II, q.58, a.5, Comm. VIII, Ed. Leonina).
[4] Vgl. z. B. die Vermengung von Gewissen und Klugheit bei F. FURGER, Gewissen und Klugheit in der katholischen Moraltheologie der letzten Jahrzehnte, a. a. O. Ähnlich fragwürdig sind die Auffassungen – ebenfalls ein Reflex desselben Mißverständnisses – bez. einer „Verdoppelung" des Gewissensurteils. Gewissermaßen eine Synthese dieser Fehldeutung hinsichtlich des Gewissensaktes, des Handlungsobjektes und der Struktur des „actus humnus" zeigt sich bei J. FUCHS, „Operatio" et „operatum" in dictamine conscientiae, in: Thomistica Morum Principia II, Rom 1961, S. 71–79. Für nähere Ausführungen zu diesem Thema und der Auffassung von Fuchs vgl. Teil II, Kap. 7.1.

Es scheint sich somit als unumgänglich zu erweisen, die beiden Ebenen des „praeceptum" als Akt der praktischen Vernunft, und der reflektiven Erkenntnis dieses Aktes (Ebene der „Deskription", der „normativen Aussage", der „scientia moralis" – das allgemeine und habituelle „sittliche Wissen" – und der moralphilosophischen Theorie) zu unterscheiden. Diese Unterscheidung führt nicht zuletzt zu einem genau eingrenzbaren Begriff des Gewissens als „applicatio" der „scientia moralis", die ja der Habitus bereits in der Form normativer Aussagen formulierter Präzepte – eines „normativen Wissens" also – ist und als solches – in der „applicatio" auf das konkrete Wollen (Intendieren, Wählen) und Tun – selbst wieder praktisch wird.

Das Problem, wie denn aus deskriptiven Sätzen präzeptive Urteile oder normative Aussagen „abgeleitet" werden können, erweist sich damit, so ergibt sich, in Wirklichkeit als ein Scheinproblem. Denn alle „Deskriptionen" und Aussagen der Moralphilosophie – und auch einer im Kontext der Ethik vorliegenden Anthropologie – entstehen ja aus einer Reflexion über die praktische Vernunft und beziehen sich auf sie. *Denn das „praeceptum" der praktischen Vernunft ist der Gegenstandsbereich der Ethik und nicht deren Derivat.* Ebenfalls bilden die anthropologische Erhellung sowie die Integrierung in die Metaphysik der Handlung lediglich Ausweitungen, Vertiefungen und resolutive Begründungen auf der Ebene der Diskription oder Theorie (Modus der Aussage), ohne den Ausgangspunkt, den Gegenstand dieser Theorie – die praktische Vernunft – und dessen eigene präzeptive Struktur zu verlassen. Erst dann, nur dann und nur in diesem Sinne ist philosophische Ethik auch „normative Anthropologie".

Für das Verständnis einer moralphilosophischen Theorie der „lex naturalis", wie sie sich bei Thomas findet, ist die hier vertretene Unterscheidung äußerst hilfreich. Denn die „lex naturalis" ist „primo et per se" nicht ein Gefüge von normativen Aussagen, welche die praktische Vernunft „vorfindet" und „befolgt"; sie ist vielmehr das erste und unmittelbare *Ergebnis* präzeptiver Akte der praktischen Vernunft; man könnte das Naturgesetz „präzeptiver Gegenstand" der menschlichen Vernunft nennen. In einer Theorie de „lex naturalis" – ja, im Rahmen einer ethischen Theorie überhaupt – wird diese „lex naturalis" dann aber zum „deskriptiven Gegenstand", insofern die Vernunft über ihren eigenen Akt reflektiert. In analoger Weise ist sie auch im Habitus der „scientia moralis" in der Form normativer Aussagen objektiviert.[5] Dieses Wissen wird erst dann wieder unmittelbar praktisch – d. h. präzeptiv – , wenn es im Gewissensurteil auf konkrete Akte appliziert wird.

---

[5] Man könnte wohl durchaus von einem Naturgesetz „in fieri" (präzeptiver Gegenstand der Vernunft) und einem solchen „in facto esse" (deskriptiver Gegenstand der Vernunft in der Reflexion) sprechen. Tatsache ist auch, daß der Mensch sich ja kaum der Existenz des Naturgesetzes *als* Gesetz „in fieri" (also seiner eigenen Tätigkeit in der Konstituierung des Naturgesetzes in *seinem* Handeln) bewußt ist. Man wird sich dieser Ordnung des vernünftigen Handelns erst bewußt, wenn man es als bereits erworbenes sittliches Wissen reflektiert. Vgl. den Text von „Gaudium et spes", Nr. 16 (zit. in Kap. 1.3.3), wo es heißt: „Im Innern seines Gewissens entdeckt der Mensch ein Gesetz, das er sich nicht selbst gibt ..."; „Im Gewissen erkennt man in wunderbarer Weise jenes Gesetz, das in der Liebe zu Gott und dem Nächsten seine Erfüllung hat."

2.2 Die „lex naturalis" als Werk der Vernunft („opus rationis")

Jedes Gesetz ist für Thomas wesentlich etwas, „was zur Vernunft gehört"[1] sowie ein „Werk der Vernunft".[2] Deshalb gibt es dort, wo Vernunft fehlt – bei den nichtvernünftigen Lebewesen und in der leblosen Natur – auch keine Gesetze im eigentlichen Sinne. Nur „per similitudinem", aufgrund einer gewissen Ähnlichkeit kann man dort von „Gesetz" sprechen.[3] Denn in diesem Bereich des Seins existieren keine gesetzgebenden Akte, sondern lediglich Akte, die einem Gesetz unterliegen, also „gesetzmäßig" verlaufen. Die nicht-vernünftigen Geschöpfe handeln nicht („non agunt"), sondern „werden vielmehr geführt" („sed magis aguntur"); sie sind Objekte einer Normierung, die sie enthalten und befolgen, jedoch nicht selbst konstituieren.[4]

Von einer – wie auch immer zu beurteilenden – Analyse des gängigen Sprachgebrauches ausgehend, bezeichnet Thomas jedwelches Gesetz als „eine Art Regel oder Maßstab von Handlungen, aufgrund dessen jemand zum Handeln angehalten oder von ihm abgehalten wird; man spricht nämlich von ‚Gesetz' ausgehend vom Akt des ‚Bindens', weil es Verbindlichkeit bezüglich des Handelns auferlegt".[5]

Thomas setzt hier als bekannt und begründet voraus, daß das erste Prinzip menschlicher Handlungen insofern sie menschliche sind, die Vernunft ist; diese wird somit auch als Maßstab und Regel aufgeführt. Denn im Handeln ist das Erste das Ziel; und Aufgabe der Venunft ist gerade, die Handlungen auf ihr Ziel hinzuordnen. Wenn nun also dem Gesetz dieser Charakter einer Handlungsregel oder eines Maßstabes zukommt, so wird damit sein Vernunftcharakter offenbar: dem Gesetz entspricht ein Akt der Vernunft, und die Vernunft selbst hat demnach gesetzgebende Funktion. Thomas kann auf diese Weise den Begriff des Gesetzes auf jenen der *ordinatio rationis* zurückführen.[6]

„Gesetz" ist weder das Vermögen, noch ein Habitus oder ein bloßer Akt der Vernunft als solcher[7]; sondern „aliquid per huiusmodi actum constitutum" („etwas durch diesen Akt Konstituiertes").[8] Es handle sich dabei – analog zur „enuntiatio" der theoretischen Vernunft – um „propositiones universales rationis practicae ordinatae ad actiones" („universale, auf Handlungen gerichtete Urteile der praktischen Vernunft").[9]

Der Terminus „propositio", dem hier Thomas als „aliquid per rationem constitutum"

---

[1] „... aliquid pertinens ad rationem" (I–II, q.90, a.1).
[2] „opus rationis" (ebd., q.94, a.1).
[3] Ebd., q.91, a.2, ad 3.
[4] Siehe z. B. De Verit., q.22, a.4; C.G. III, c.111. Das Wortspiel „non agunt sed magis aguntur" ist leider im Deutschen nicht nachvollziehbar.
[5] (...) lex quaedam regula est et mensura actuum, secundum quam inducitur aliquis ad agendum, vel ab agendo retrahitur; dicitur enim lex a ‚ligando', quia obligat ad agendum" (I–II, q.90, a.1).
[6] „(...) quaedam rationis ordinatio ad bonum commune, ab eo qui curam communitatis habet, promulgata" (ebd., a.4). Auch die „lex naturalis" bezieht sich auf das „bonum commune" (vgl. ebd., a.2).
[7] Wie in q.90, a.1 arg.2 zum Einwand erhebt.
[8] Ebd., ad 2
[9] Ebd.

den Wesencharakter des Gesetzes (die „ratio legis") zuspricht, mag zunächst erstaunen. Die Erklärung ist folgende: „Propositio" ist hier kein grammatikalischer Terminus und meint nicht einfach „Satz" oder „Aussage"; solches entspräche der „enuntiatio" der theoretischen Vernunft. „Propositio" ist vielmehr ein *Urteil* in der Terminologie der Logik; denn Urteile werden in der Logik als „propositiones" bezeichnet. Die „enuntiatio" der spekulativen Vernunft ist eine bestimmte Art von „propositio". Beim Gesetz handelt es sich hingegen um eine „propositio rationis practicae". Eine solche ist keine „Aussage", sondern ein „Befehl" oder „Gebot", ein *praeceptum*.

Dies wird übrigens in q.92, a.2 noch deutlicher; denn Thomas spricht dort nicht einfach von einer „propositio", sondern von einem *dictamen rationis*. Ein solches ist ebenfalls ein Urteil, sowohl der theoretischen wie auch der praktischen Vernunft: „Sicut enuntiatio est rationis dictamen per modum enuntiandi, ita etiam lex per modum praecipiendi."

Das Gesetz als „ordinatio rationis" ist also ein von der praktischen Vernunft ausgesprochenes „praeceptum" oder „imperium".[10] Damit hat Thomas bestimmt, daß das Gesetz „präzeptiver Gegenstand" der Vernunft ist, also ein „Produkt" – „aliquid constitutum" – der praktischen Vernunft. Dieses „Produkt" darf jedoch nicht verdinglicht gedacht werden: Als präzeptiver Gegenstand der Vernunft – als Objekt der praktischen Vernunft – kann es nicht vom ordnenden Akt dieser Vernunft losgelöst betrachtet werden; es ist vielmehr, *als* Gegenstand, der Inhalt dieses Aktes, d. h. des Urteils.[11]

Sprachlich ist dieses „praeceptum" *als solches* streng genommen gar nicht ausdrückbar, wenigstens nicht in seiner Eigenheit als praktisches *Urteil* („in actu exercito"), sondern höchstens als Befehl: „Tu das!". Der adäquate Ausdruck des praktischen Urteils als „praeceptum" scheint allein ein vom präzeptiven Inhalt dieses Urteils geprägter Willensakt zu sein (die „prosecutio" oder „fuga" auf der Ebene der „intentio" oder der „electio") bzw. die Handlung selbst. Die intersubjektiv erfahrene „Sprache" des präzeptiven Aktes der Vernunft als solcher ist letztlich die Handlung. Unmittelbar erfahrbar wird somit der präzeptive Akt der praktischen Vernunft in seinem *Vollzug*. Erst auf der Ebene der Reflexion – die aber bereits als bloßes Bewußtsein spontan *in* diesem Vollzug, ihn begleitend, gegenwärtig ist[12] – wird dann auch die sprachliche Formulierung des „praeceptum" möglich: „Hoc est prosequendum et faciendum etc.", – wobei es sich dabei bereits um eine normative Aussage auf der Ebene der Reflexion, also eine „enuntiatio" mit normativem Gehalt, handelt, die in der Applikation durch ein Gewissensurteil selbst wieder praktisch wirksam wird.

Wir vermögen somit eine oft zitierte und nicht selten mißbrauchte Aussage des hl. Thomas in ihrem Zusammenhang zu stellen: „Das Naturgesetz ist etwas durch die Vernunft Konstituiertes, genau wie die „propositio" ein Werk der Vernunft ist."[13] Der Sinn dieses

---

[10] In q.94, a.2 sind die Begriffe „imperium" und „praeceptum" als Synonyme verwendet.
[11] Ausführlicher werden wir dieses Thema in Teil II, Kap. 7 behandeln.
[12] Die analytische Differenzierung einer präzeptiven und reflexen Ebene meint also keinesfalls, daß auch „in concreto" diese beiden Ebenen ein bloßes Nebeneinander oder gar Nacheinander bilden. Die Reflexion ist spontan; sie, wie auch das Gewissen, begleiten stets den präzeptiven Prozeß in all seinen Phasen.
[13] „Lex naturalis est aliquid per rationem constitutum; sicut etiam propositio est quoddam opus rationis" (I–II, q.94, a.1).

Die „lex naturalis" als Werk der Vernunft 69

Satzes ist offensichtlich folgender: Das Naturgesetz ist, wie jedes Gesetz, weder ein Habitus, noch ein Vermögen und auch kein bloßer Akt der Vernunft, sondern etwas, was durch die praktische Vernunft konstituiert wird, nämlich ein „praeceptum" der praktischen Vernunft, und zwar ein „praeceptum universale".[14]

Für nicht wenige Interpreten ist dieser Satz zu einer Art befreiender Formel geworden, um die „Autonomie" der „lex naturalis" gegenüber der sogenannten „Naturordnung" zu konstatieren. Ganz abgesehen davon, daß dies eine kontextfremde Interpretation wäre, wird dabei übersehen, daß die Suche nach einer solchen Autonomie auf einer naturalistischen Reduktion des Begriffes „Natur" beruht. Denn, wie noch ausführlich gezeigt werden soll, gehört auch die dieses „praeceptum" effektiv und inhaltlich begründende *ratio naturalis* zur „Natur". Eine metaphysische Disjunktion von Natur und Vernunft, wie auch von freiem Willen und Natur besitzt ja in einem thomistischen Kontext keinen Sinn[15], – man müßte sich dazu eher auf Kant berufen. Eine solche dualistische Anthropologie, die unausweichlich zu einer spiritualistisch argumentierenden Ethik der grundsätzlichen Verfügbarkeit des „Natürlichen" führt, entspringt letztlich dem Versuch, einer weiterhin naturalistisch – „physizistisch" – interpretierten „Naturordnung" eine Vernunft gegenüberstellen, die den Charakter einer gegenüber dem Natürlichen ungebundenen Freiheit beansprucht.[16] Damit wird nun aber gerade das Problem, das zur Debatte steht – die Konstituierung eines natürlichen Gesetzes durch die praktische Vernunft – eigentlich liquidiert. Aufgrund der von den hier angesprochenen Autoren entwickelten Neuinterpretation einer „lex naturalis" als Begründung „theonomer Autonomie" entsteht nämlich ein völlig anderes Paradigma der Normenbegründung: Das teleologisch-utilitaristische, das später noch eingehend zur Sprache kommen wird.[17]

---

[14] Und das heißt auch: eine „propositio universalis" (vgl. q.90, a.1).
[15] Nicht dasselbe gilt von der bloßen *Unterscheidung* zwischen „ratio" und „natura"; sie ist aber keine vollständige Disjunktion, da es in der ratio selbst einen natürlichen Akt gibt.
[16] Historisch beispielhaft ist dafür der spiritualistische Dualismus der spätantiken Gnosis und des Manichäismus; dort gab es ja nicht nur eine asketische (leibfeindliche) Variante, sondern auch die „libertinistische", die „alles für erlaubt" hielt. Siehe dazu H. JONAS, Gnosis und spätantiker Geist, I, 3. Aufl. Göttingen 1964, (vor allem das Kapitel „Gnostische Moral", S. 233 ff.). Das Studium historischer Präzedenzen wäre heute von nicht geringem Interesse, auch wenn die Begründungen geändert haben. So entnehme ich den Ausführungen von Jonas die folgende Charakterisierung einer gnostischen Lehre bei IRENÄUS: „... secundum enim ipsius gratiam salvari homines, sed non secundum operas iustas. Nec enim esse naturaliter operationes iustas, sed ex accidenti; quemadmodum posuerint (sc. operas iustas) qui mundum fecerint angeli, per huiusmodi praecepta in servitutem deducentes homines (...)" („Die Menschen würden aufgrund der Gnade – Christi – selbst gerettet, und nicht gemäß ihrer gerechten Taten. Ja es gebe gar keine natürlicherweise gerechten Handlungen, sondern nur solche, denen dies zufällt; gerade denjenigen Menschen, der glaube, es gebe in sich gerechte Handlungen, den würden die Engel, die die Welt gemacht haben, durch entsprechende Gebote in die Knechtschaft führen", S. 236). „Hier scheint der Libertinismus einfach sittlicher Indifferentismus zu sein, sofern er sich lediglich auf die Indifferenz und nurmenschliche Wertbelehnung aller Handlungen beruft, deren Gebrauch er allgemein freistellt, ohne ihn aber durch ein positives Interesse zu fordern" (S. 235).
[17] Selbstverständlich ist sowohl die aristotelische Ethik wie auch diejenige des hl. Thomas „teleologisch". Teleologie und Deontologie bilden ja, wie bereits betont, keine Alternative. Denn Teleologie ist ein Verfahren der Normen*begründung;* Deontologie hingegen ein solches der Exposition begründeter oder in bestimmten Zusammenhängen begründungsunbedürftiger Normen, bzw.

2.3 Das natürliche Gesetz: Partizipation des Ewigen Gesetzes

Thomas nennt weiterhin das Naturgesetz eine „Teilhabe am Ewigen Gesetz im vernunftbegabten Geschöpf".[1] Es besteht nicht geringe Uneinigkeit darüber, welches Gewicht und welche Bedeutung dieser Definition im Rahmen einer philosophischen Theorie des Naturgesetzes zugestanden werden soll. Für viele Interpreten bleibt die Rückbindung der „lex naturalis" an die „lex aeterna" eine metaphysische oder theologische Zugabe, die ohne eigentliches Interesse für die philosophische Ethik bleiben müsse oder zumindest nichts Wesentliches zum Verständnis des Begriffes des Naturgesetzes bei Thomas beitrage.[2]

Das stimmt insofern, als die Erkenntnis der partizipativen Gründung der „lex naturalis" in der „lex aeterna" weder für den präzeptiven Akt der praktischen Vernunft noch für die reflexive Erfahrung dieses Aktes als Gesetz konstitutiv ist. Eine andere Frage bleibt, ob ohne sie der bindende Charakter dieses Gesetzes, oder genauer: die „ordinatio" des präzeptiven Aktes der praktischen Vernunft *als* Gesetz bewußt zu werden vermag. Analoges gilt ja auch auf der Ebene der Seinserkenntnis: Das Sein ist zunächst in seiner endlichen Struktur ohne Rekurs auf die „causa prima" – das „esse subsistens" – erkennbar; diese Endlichkeit jedoch als *konstitutives* Merkmal des erfahrbaren Seienden und somit in seiner positiven Sinnhaftigkeit zu erkennen, ist erst möglich, wenn es durch die Rückführung (resolutio) auf die „causa prima" als Partizipation am subsistierenden Sein erfaßt wird.

Jedenfalls entspringt die Rückführung der „lex naturalis" auf die „lex aeterna" einer solchen metaphysischen „resolutio" und ist deshalb ein „ultimum in cognoscendo", das allerdings bei einer Integration der Ethik in die Metaphysik der Handlung keine weiteren Probleme aufwirft.

Ganz abgesehen jedoch von der Frage der sittlichen Verpflichtung, besitzt der partizipative Zusammenhang von „lex naturalis" und „lex aeterna" noch eine weitere Aussagekraft. Und ist einmal dieser Zusammenhang erkannt, so erhellt er den Begriff des natürlichen Gesetzes in einigen entscheidenden Punkten.[3]

2.3.1 Die Konstituierung der „lex naturalis" durch die „lex aeterna"

So wie man das Gesetz allgemein als „dictamen practicae rationis in principe" bezeichnen kann und *vorausgesetzt*, daß die Welt durch die Vorsehung Gottes regiert wird, läßt sich

---

prinzipiell diskursiv unbegründbarer Normen, weil sie nur auf Offenbarung beruhen und nur durch das Licht des Glaubens einsichtig werden können. Nur in diesem letzten Fall ist die „deontologische" Exposition auch bereits eine Begründung. Im Übrigen sei erneut verwiesen auf R. SPAEMANN, Über die Unmöglichkeit einer universalteleologischen Ethik, a. a. O.

[1] „Participatio legis aeternae in rationali creatura" (I–II, q.91, a.2).
[2] Diese Ansicht vertrat vornehmlich O. LOTTIN, La Valeur des formules de Saint Thomas d'Aquin concernant la Loi naturelle, in: Mélanges Joseph Maréchal, II. Bruxelles 1950, S. 368: „Il faut raisonner de même au sujet du rapprochement établi par saint Thomas entre la loi naturelle et la loi éternelle. Ce rapprochement est inutile, parce que lui, non plus, n'éclaire pas le concept même de loi naturelle." Vgl. hingegen: J. FINNIS, Natural Law and Natural Rights, Oxford 1980, S. 398–403.
[3] Vertiefende Ausführungen zu dieser Frage finden sich in Teil II, Kap. 3 und 4.

der „Plan" der göttlichen Weltregierung („ratio gubernationis rerum in Deo") als Gesetz bezeichnen. Dieser Plan oder dieses Gesetz ist ein „conceptum" der „ratio divina", und deshalb ewig; es ist also ein ewiges Gesetz.[4]

Das natürliche Gesetz ist nun nicht „aliquid diversum a lege aeterna", nicht etwas vom Ewigen Gesetz Verschiedenes, sondern „quaedam participatio eius", „eine gewisse Teilnahme an ihm".[5] Dies zu betonen erweist sich als wichtig: Denn der „Raum", in welchem die menschliche Vernunft gesetzgebend wirkt, ist nicht als Freiraum zu denken, innerhalb dessen gewissermaßen noch nichts „vorgesehen" oder geordnet wäre und der damit auch noch nicht einem Gesetz unterläge. Dieser Fehlschluß – der letztlich einem Irrtum bezüglich der Natur der göttlichen Vorsehung gleichkommt – liegt dem Begriff „theonome Autonomie" zugrunde.

Vielmehr besteht dieses Gesetz für das menschliche Handeln bereits, aber – das ist gegenüber einer naturalistischen Fehldeutung zu betonen – nur im göttlichen Geist und nicht in der geschaffenen Natur. Die durch die „lex aeterna" etablierte und im Bereich des menschlichen Handelns durch das natürliche Gesetz konstituierte Ordnung ist keine „Naturordnung" schlechthin, sondern ein „ordo rationis", der von Ewigkeit her in Gott besteht und dann, durch die menschliche Vernunft vermittelt, in den Akten des Willens und den einzelnen Handlungen konstituiert wird.[6]

Die Rückbeziehung der „lex naturalis" auf eine der Natur selbst transzendente „lex aeterna" – möglich nur in einer Metaphysik des geschaffenen Seins – erweist die thomistische Lehre vom Naturgesetz, trotz aller anderer Parallelen, als eigentliche Alternative zum stoischen Begriff des Naturgesetzes und seines Prinzips des „secundum naturam vivere". Denn auf der Ebene des Geschöpfes, der „causa secunda" also, ist die Ordnung des natürlichen Gesetzes tatsächlich ein Werk der Vernunft, „aliquid per rationem constitutum" und somit formell ein „ordo rationis", – und eben nicht, wie gemäß stoischer Auffassung und der an dieser orientierten naturalistischen Deutung, eine „Naturordnung", derer die Vernunft lediglich einsichtig wird, um dann in Übereinstimmung mit ihr zu leben. Die Stoa hat wohl die „lex aeterna" entdeckt, und dadurch erklärt sich die große Anziehungskraft, die ihre Lehre immer auf die christlich inspirierte Philosophie auszu-

---

[4] Vgl. I–II, q.91, a.1.
[5] Ebd., a.2, ad 1.
[6] Deshalb scheint mir der Ausgangspunkt der Naturrechtslehre von J. MESSNER äußerst fragwürdig zu sein. Denn er möchte den Begriff „Naturgesetz" auch im Bereiche der Ethik demjenigen der Naturwissenschaften angleichen: „Wie der Begriff des sittlich „Guten" dem allgemeinen menschlichen Sprachgebrauch, so muß sich, wie uns scheint, der Begriff des sittlichen „Naturgesetzes" dem *allgemeinen wissenschaftlichen Sprachgebrauch* einfügen, soll nicht von vornherein der Eindruck erweckt werden, daß „Naturgesetz" im menschlichen Bereich etwas ganz Verschiedenes bedeute. (...) Der allgemeine wissenschaftliche Sprachgebrauch versteht unter Naturgesetz die den Dingen oder Lebewesen kraft ihrer Natur innewohnende beständigen Wirkweisen oder Verhaltensweisen. Der *allgemeinste Begriff des Naturgesetzes* braucht im menschlichen Bereich kein anderer zu sein: Er ist die der Vernunftnatur des Menschen innewohnende Wirkweise zur Herbeiführung des ihr gemäßen Verhaltens" (Das Naturrecht, Innsbruck–Wien, 6. Aufl., 1966, S. 55) – Eine Großzahl der sicher anregenden und auch heute noch bedenkenswerten Überlegungen von Messner sind letztlich jedoch zum Teil recht komplizierte und hin und wieder auch widersprüchliche Versuche, die Schwierigkeiten zu lösen, die ihm aus dieser unglücklichen Vorannahme erwachsen.

üben vermochte. Die stoische Philosophie mußte aber gleichzeitig die „lex aeterna" mit der natürlichen Seinsordnung schlicht identifizieren, und deshalb wird das stoische Naturgesetz zu einer vernünftigen Partizipation an der Notwendigkeit der Seinsordnung, und Freiheit zur „Einsicht in die Notwendigkeit", wie ein anderer „Stoiker", nämlich Hegel, formulierte. Das Problem, das sich aus dieser Identifizierung ergibt, ist jenes der nachfolgenden zirkelhaften konkret-materialen Bestimmung des Inhaltes dieses natürlichen Gesetzes.[7]

2.3.2 Die doppelte Partizipation der „lex aeterna" im Menschen

Nun stellt sich allerdings bei Thomas in seiner ganzen Schärfe das Problem, wie denn die Ordnung des Ewigen Gesetzes auf der Ebene der Kreatur vermittelt, transparent und wirksam wird. Daß dies durch direkte Offenbarung oder göttlich-positive Gesetzgebung möglich ist[8], ist für den Begriff der „lex naturalis" belanglos. In der Beantwortung dieser Frage präzisiert sich der thomistische Begriff des natürlichen Gesetzes.

Der hl. Thomas greift dazu auf die frühere Bestimmung des Gesetzes im allgemeinen als „regula" und „mensura" zurück. Da alle Geschöpfe der göttlichen Vorsehung und damit dem Ewigen Gesetz unterstellt sind, muß die entsprechende Regel, der Maßstab, auch irgendwie im Geschöpf enthalten sein. Zunächst ist ja, als geschaffenes Sein, alles Seiende einer bestimmten Spezies gemäß formiert und besitzt demnach einen determinierten Seinsmodus, (den man „essentia", sein „Wesen" nennt). Ihm entsprechend sind alle seienden Dinge bereits in ihrem Sein durch die schöpferische Vernunft Gottes „gemessen" und „geregelt". Diese passive Partizipation an der „lex aeterna" drückt sich in der einer jeden Spezies entsprechenden „inclinatio in proprios actus et fines" aus.[9] Alle Geschöpfe besitzen eine solche passive *impressio* der „lex aeterna" in ihrem Sein, die sich in natürlichen Neigungen zu spezifischen Akten und Zielen äußert, – also auch der Mensch.[10]

Somit ist die „naturalis inclinatio" das im Sein, in der Natur verankerte appetitive Fun-

---

[7] Der hl. Thomas nennt die Natur niemals „regula" – auch nicht „regula remota" – des menschlichen Handelns, bzw. des Willens. Regel ist immer eine Vernunft: „Regula voluntatis humanae est duplex. Una propinqua et homogenea, scilicet ipsa humana ratio; alia vero est prima regula, scilicet lex aeterna, quae est quasi ratio Dei" (I–II, q.71, a.6); „Humanorum actuum duplex est mensura, una quidem proxima et homogenea, scilicet ratio; alia autem suprema et excedens, scilicet Deus" (II–II, q.17, a.1). Hier besteht, zwischen den beiden Regeln, das Verhältnis von Erst- und Zweitursache, die sich ja nicht konkurrenzieren, sondern je auf einer anderen Ebene stehen; die erste ist für die zweite fundierend und zugleich in ihr innerlich enthalten: „(...) in omnibus causis ordinatis, effectus plus dependet a causa prima quam a causa secunda: quia causa secunda non agit nisi in virtute primae causae. Quod autem ratio humana sit regula voluntatis humanae, ex qua eius bonitas mensuretur, habet ex lege aeterna, quae est ratio divina" (I–II, q.19, a.4).
[8] Vgl. z. B. ebd., ad.3
[9] Vgl. I–II, q.91, a.2.
[10] Für den Begriff der „inclinatio naturalis" und seine Geschichte verweise ich auf die vorzügliche Untersuchung von D. COMPOSTA, Natura e ragione. Studio sulle inclinazioni naturali in rapporto al diritto naturale, Zürich 1971.

Naturgesetz als Partizipation des Ewigen Gesetzes 73

dament aller Akte und deren Zielgerichtetheit.[11] Nicht aber bildet sie für den Menschen bereits einen adäquaten „ordo operationis". Bei den unvernünftigen Lebewesen werden die natürlichen Neigungen durch wiederum naturhafte Ordnungsprinzipien (z. B. die Instinkte) auf angemessene Akte und das ihnen angemessene Ziel, den „finis *debitus*", hingeordnet.[12] Eine solche Hinordnung auf das „debitum" erweist sich als zusätzlich notwendig, da die natürliche Neigung als solche lediglich das seinshafte Fundament ist, auf und in der die Ordnung der Akte ruht.

Der Mensch hingegen, so betont Thomas, besitzt eine höhere Weise der Teilhabe an der „lex aeterna", nämlich durch eine Partizipation der „ratio aeterna" selbst, wodurch er eine *„naturalis inclinatio ad debitum actum et finem"* besitzt.[13] Der unvernünftigen Kreatur kommt eine solche „inclinatio" auf das „debitum" nicht zu; sie besitzt zwar eine naturhafte „determinatio" ihrer Neigungen. „Inclinatio" und „determinatio" sind jedoch nicht dasselbe: Während alle unvernünftigen Lebewesen in den Instinkten – oder wie auch immer das operativ-normative Ordnungsprinzip hier genannt werden soll – eine rein passive „determinatio" oder „regulatio" ihrer natürlichen Neigungen besitzen – eine „mensuratio" –, so ist hingegen der Mensch zur Bestimmung und Ausrichtung auf das „debitum" – das Gute – mit einem anderen *aktiven* und *kognitiven* Ordnungsprinzip ausgestattet, nämlich mit einer erneuten „inclinatio naturalis", die der *ratio naturalis* entspringt, eine Partizipation der „divina ratio", Ebenbild – *imago* – der göttlichen Vernunft.[14]

Durch sie wird uns das Ewige Gesetz transparent. Sie ist im Menschen ein *lumen*, ein Licht, durch eine „impressio divini luminis in nobis". Dieses Licht ermöglicht uns zwischen Gut und Böse zu unterscheiden. Darin liegt Funktion und Wirksamkeit der „lex naturalis", durch die der Mensch „providentiae particeps, sibi ipsi et aliis providens" wird.[15] Der Mensch durch die „lex naturalis" selbst Teilhaber und verantwortlicher Interpret der göttlichen Vorsehung, ist Mitarbeiter, Mitvollstrecker der göttlichen Weltregierung bezüglich seiner selbst und anderer.[16] „Die vernünftige Kreatur nimmt deshalb an der göttlichen Vorsehung nicht nur hinsichtlich des Regiert-Werdens, sondern ebenfalls

---

[11] „(...) lex enim Dei est cuilibet creaturae infixa naturalis inclinatio ipsius ad agendum id quod convenit ei secundum naturam; et ideo, sicut omnia tenentur a desiderio divino, ita tenentur a legibus Eius. (...) Et propter hoc dicitur Sap. 8 de divina Sapientia, quod suaviter omnia disponit (...)" (In X de Div.Nomin., lect. 1); „Inclinatio autem cuiuslibet rei est in ipsa re per modum eius. Unde inclinatio naturalis est naturaliter in re naturali; et inclinatio quae est appetitus sensibilis, est sensibiliter in sentiente; et similiter inclinatio intelligibilis, quae est actus voluntatis, est intelligibiliter in intelligente, sicut in principio et in proprio subiecto" (I, q.87, a.4).

[12] Vgl. In IV Sent., d.33, q.1, a.1.

[13] Betont werden muß hierbei der Unterschied zwischen „actus *proprius*" (die „Naturkonvenienz") und „actus *debitus*" (das moralisch Gute). In IV Sent, a. a. O. macht diesen Unterschied mit einer anderen Terminologie: „actus *proprius*" einerseits und „actus *conveniens*" (oder auch *„competens* fini") andererseits: „... operationes *propriae* prodeunt *convenientes* fini ..."; die naturspezifischen Akte müssen also dem Ziel angemessen werden.

[14] Vgl. I–II, q.19, a.2. Für eine vertiefende Analyse der Begriffe „ratio naturalis" und „imago" sei auf Teil II, Kap. 3 und 4 verwiesen.

[15] Ebd., q.91, a.2.

[16] Bezeichnenderweise ist ja in der Summa contra Gentiles der Traktat über das Gesetz in denjenigen über die Vorsehung integriert. Eine Parallele dazu bildet De Verit., q.5 („De Providentia").

hinsichtlich des Regierens teil. (…) Die Regierungsfunktion der menschlichen Akte, insofern sie personale Akte sind, gehört zur göttlichen Vorsehung."[17]
Wenn auch das Naturgesetz im Falle des Menschen wesentlich in dieser aktiven, vernünftigen Partizipation des Ewigen Gesetzes besteht, so darf dabei nicht vergessen werden, daß der Mensch auch dann immer noch einer dieser zweiten Partizipation zugrundeliegenden passiven „mensuratio" in seinem Sein und den darin eingelassenen natürlichen Neigungen unterliegt. Interpreten, die bei Thomas einen Begriff der „schöpferischen Vernunft" zu finden glaubten, haben hin und wieder diesen wichtigen Doppelaspekt der Partizipation übergangen, obwohl dies von den Texten her in keiner Weise zu rechtfertigen ist.[18]

2.3.3 Die natürliche Vernunft („ratio naturalis"), eine „mensura mensurata"

Indem wir nun das Gesagte nochmals aufschlüsseln, ergibt sich Folgendes: Der Mensch besitzt, wie jede Kreatur, eine Vielfalt von naturhaft vorgegebenen natürlichen Neigungen, die jeweils auf die ihnen eigenen („proprii") Akte und Ziele tendieren, jedoch noch nicht auf das Gute im sittlichen Sinne („actus et finis *debitus*"), also das Gute im operativen Sinne gemäß einer operativen Konkretisierung im Kontext der Ordnung der praktischen Vernunft. Für diese zweite Ausrichtung auf das „bonum operabile", – das mehr ist als das „bonum proprium" der „inclinatio", – besitzt der Mensch, im Unterschied zum vernunftlosen Geschöpf, nicht eine „determinatio" oder „regulatio" dieser natürlichen Neigungen, sondern – in der Form einer erneuten „inclinatio naturalis" – ein eigenes aktives und kognitives *Prinzip* der „determinatio" oder „mensuratio": die natürliche Vernunft, ein „lumen intellectuale", Prinzip der „Selbst-Determinierung" auf das Gute hin (Freiheit) und somit der Ordnung in den natürlichen Neigungen und zwischen ihnen, – eine Ordnung, die nicht in demselben Sinne „Naturordnung" ist wie die Ordnung der Neigungen auf die ihnen spezifischen „actus proprii" hin, sondern ein „ordo rationis", der nicht einfach „da ist", sondern geschaffen werden muß; der den Charakter einer „providentia" bezüglich der eigenen Akte besitzt und „aliquid per rationem constitutum" darstellt.[19] Es handelt sich um eine Ordnung, die nicht „a natura" besteht, wohl aber „secundum natu-

---

[17] C.G. III., c.113, Nr. 2873.
[18] So behauptete F. BÖCKLE, eine zweite, passive Partizipation des Ewigen Gesetzes im Menschen anzunehmen, entspringe einer Fehlinterpretation der späteren Scholastik (vgl. Natur als Norm in der Moraltheologie, in: F. HENRICH (Hsg.), Naturgesetz und christliche Ethik, München 1970, S. 83). Vgl. Hingegen I–II, q.93, a.6: „Duplex est modus quo aliquid subditur legi aeternae (…); uno modo, inquantum participatur lex aeterna per modum cognitionis; alio modo, per modum actionis et passionis, inquantum participatur per modum principii motivi. Et hoc secundo modo subduntur legi aeternae irrationales creaturae, ut dictum est. Sed quia rationalis creatura, *cum eo quod est commune omnibus creaturis*, habet aliquid sibi proprium inquantum est rationalis, *ideo secundum utrumque modum legi aeternae subditur* (…)", was ja auch bereits in I–II, q.91, a.2 gesagt war. Näheres zu diesem Thema in Teil II, Kap. 3.4.
[19] „Nè si dimentichi ch per l'Aquinate il pensiero non ha funzione puramente succedanea nell'*inclinatio*, come abbiamo già notato: più che verificare la ragione costituisce l'ordine naturale" (D. COMPOSTA, a. a. O., S. 97).

ram", sich konstituiert, und zwar genau in dem Maße, in dem sie *secundum rationem* ist.[20] Alle natürlichen Neigungen sind, insofern sie „a natura" bestehen, auch „mensuratae". Deshalb ist auch die natürliche Neigung der „ratio naturalis" auf das „debitum" – das Gute unter dem intelligiblen Aspekt seiner Wahrheit – ein „mensuratum" und „a natura". Die übrigen natürlichen Neigungen sind als geordnete, ein „mensuratum a ratione", und die Vernunft bezüglich ihrer ein „mensurans". Sie ist das in besonderer Weise bezüglich des Willens, der „appetitus in ratione" ist, in dessen Akt der Mensch seine „Selbsturheberschaft", seine Freiheit, die Herrschaft über sich selbst, seine Neigungen und seine Akte erfährt.[21] Der Wille ist das bewegende Prinzip aller übrigen Potenzen im Menschen, sofern diese im Kontext eines „actus humanus" tätig sind. Das Objekt des Willens, das Ziel, wird ihm alleine durch die Vernunft vermittelt – es ist ein *bonum rationis* – worin sich zeigt, daß die Vernunft nicht nur ein „mensurans", „maßanlegende Instanz", sondern selbst die *mensura*, das adäquate Maß oder der Maßstab für eine menschliche Handlung ist.[22]

Auf diesem Weg erklärt sich das Zustandekommen von Handlungsobjekten: Das „obiectum morale", das analog zur „lex naturalis", „aliquid per rationem constitutum" ist; darüber wird später zu sprechen sein. Zusammenfassend soll festgehalten werden: Zur „lex naturalis" gehören zunächst einmal sämtliche natürliche Neigungen. Als solche haben diese jedoch noch nicht den Charakter einer „lex".[23] Sie bilden vielmehr das natürliche Fundament, auf dem das Gesetz konstituiert wird.[24] Das Gesetz, der „ordo ad debitum actum et finem" wird in den Akten des Willens, der sinnlichen Strebungen und des äuße-

---

[20] „Sic igitur sub Deo legislatore diversae creaturae diversae habent naturales inclinationes, ita ut quod uni est quodammodo lex, alteri sit contra legem ... Est ergo hominis lex, quam sortitur ex ordinatione divina secundum propriam conditionem, ut secundum rationem operetur" (I–II, q.91, a.6).
[21] Vgl. K. WOJTYLA, Das Problem des Willens in der Analyse des ethischen Aktes, in: DERS., Primat des Geistes. Philosophische Schriften (hsg. von J. STROYNOWSKY), Stuttgart 1979, S. 281–308.
[22] Vgl. I–II, q.1, a.1.
[23] Sie sind aber dennoch mehr als bloß „ontologische Sachverhalte, die an sich sittlich indifferent sind, eine sittliche Wertqualität erst erhalten, wenn Zwecke Forderungen als existentielle Zwecke im Verhalten des Menschen oder der Gesellschaft stellen", wie J. MESSNER (Das Naturrecht, a. a. O., S. 50) dies ausdrückte. Man kann m. E. keinesfalls von einer sittlichen *Indifferenz* der natürlichen Neigungen sprechen, sondern nur von einer sittlichen *„Indetermination"*. Was noch nicht den Charakter einer „lex" besitzt, jedoch deren naturgegebene Grundlage bildet, kann weder indifferent noch „vor-sittlich" genannt werden; es besitzt in sich schon eine „proportio ad rationem", die allerdings bezüglich des „debitum", also in der Ordnung des sittlichen Handelns, noch nicht determiniert ist. Genau besehen vertritt hier Messner eine Position, die sich von derjenigen der sogenannten „teleologischen Ethik" kaum unterscheidet.
[24] F. BÖCKLE, a. a. O., S. 81, benutzt hier eine höchst unklare Formulierung. „Mit diesen natürlichen Neigungen wird sozusagen das Terrain abgesteckt, in dem der Mensch zur Selbstgestaltung schreiten muß." Böckle begreift – aufgrund eines von ihm übernommenen Mißverständnisses von Arntz (siehe unten, Kap. 2.6, Anm. 7) – die natürlichen Neigungen als eine Art „informe" Materie, die zudem gewissermaßen einem der Vernunft völlig heterogenen, mit den Worten Rahners: „unterpersonalen" oder „untermenschlichen" Bereich entspringen; er übersieht die „ratio naturalis", die selbst einer natürlichen Neigung entspricht, und schließlich den personalen Aspekt der Integration aller dieser Neigungen in das Suppositum, wovon noch zu sprechen sein wird.

ren Handelns durch die Vernunft etabliert, die dabei nicht nur „mensurans", sondern zugleich „mensura" ist, – also nicht nur „Ableseorgan" und Instanz die ein in der Natur „abgelesenes" Maß „anwendet", sondern selbst Maßstab und Regel.[25] Die „autonomistische" Thomasinterpretation hat diesen entscheidenden Punkt weitgehend übersehen; sie kritisiert zwar zu Recht ein Verständnis der praktischen Vernunft als bloßes „Ableseorgan", um sie dann zu einer „schöpferisch" bestimmenden Instanz zu erheben. Dabei entgeht ihr, daß die Vernunft ein zur Natur des Menschen gehörender *Maßstab* ist. Derselbe Fehler findet sich bei A. Auer, wo die praktische Vernunft als „Organ der Entdeckung menschlicher Möglichkeiten und damit sittlicher Verbindlichkeiten" bezeichnet wird.[26] Hier liest die Vernunft nicht mehr ab, sondern sie vermag offenbar „Neues zu entdecken"; aber ihre maßstäbliche Funktion wird dabei ebenso übergangen.

2.4 Die Konstituierung des natürlichen Gesetzes durch die „ratio naturalis"

Der hl. Thomas hat das Thema der Konstituierung des Naturgesetzes durch die „ratio naturalis" nie als solches zum Gegenstand einer Quaestio oder einer systematischen Analyse gemacht; vielmehr wird bei ihm diese Frage in den verschiedensten Zusammenhängen aspektweise aufgegriffen. Grundlegend ist dabei der viel analysierte zweite Artikel der Quastio 94 der Prima Secundae. Bei diesem Artikel ist allerdings zu beachten, daß seine Fragestellung sehr beschränkt ist; sie zielt lediglich darauf ab zu zeigen, daß das Naturgesetz nicht nur *ein* einziges Gebot, sondern deren viele enthalte. Deshalb ist der Fehler zu vermeiden, die Erwartungen gegenüber diesem Artikel zu hoch anzusetzen; er muß durch einiges, was an anderer Stelle ausgesprochen wird, ergänzt werden. Dennoch enthält er die entscheidenden Hinweise darauf, wie die genannte „inclinatio naturalis ad debitum finem et actum" – bzw. die „ratio naturalis" – im Menschen das natürliche Gesetz konstituiert.

2.4.1 Das erste Prinzip der praktischen Vernunft und des Naturgesetzes

Ebenso wie in der spekulativen Vernunft – so beginnt der besagte Artikel – gibt es auch in der praktischen Vernunft erste, allgemein evidente, unableitbare Urteile („propositio-

---

[25] Das gilt auch für den „horos" und das „horizein" des „logos" in der aristotelischen Ethik. Vgl. dazu die treffende Bemerkung von R. A. GAUTHIER (R. A. GAUTHIER/J. Y. JOLIF, L'Ethique à Nicomaque, II, S. 147 f.): „lorsque le verbe ‚horizein', au passif et au moyen, est suivi d'un datif, le mot au datif ne désigne pas la faculté (le juge, le législateur) qui préscrit, mais la norme par rapport a laquelle la détermination est faite (...) Notre texte veut donc dire, non pas que le juste milieu est déterminé par un *logos*, mais qu'il est déterminé par rapport à un *logos*, qui est sa norme, *horos."* Vgl. auch J. DE FINANCE, Autonomie et Théonomie, in: L'Agire morale, a. a. O., S. 244: „(...) celle-ci (d. h. die Vernunft) ne joue pas seulement un rôle *déclaratif* (...). Au contraire, la raison est le présupposé de l'ordre moral. (...) L'ordre posé par la raison pratique n'a de sens et de consistance que par rapport à elle et c'est en cela que son rôle est ici constituant. Elle entre dans la formalité de son objet."
[26] A. a. O., S. 37.

Die Konstituierung des natürlichen Gesetzes 77

nes per se notae communiter omnibus"). Es handelt sich dabei um Urteile, deren Termini allen bekannt sind („quarum termini sunt omnibus noti"). Diese Termini solcher praktischer Urteile sind, wie bereits gezeigt, jeweils ein „bonum" (vom „bonum communissimum" bis zum konkreten „bonum operabile"), sowie das praktische „Prädikat" „prosequendum", bzw. „fugiendum". Eine solche Beschreibung praktischer Urteile – als „normativer Aussagen" – ist allerdings nur in der Reflexion auf den Akt der praktischen Vernunft sinnvoll, auf jener Ebene also, auf der praktischen Urteile auch eine sprachliche Formulierung erhalten können. Auf der Ebene ihres ursprünglichen Vollzuges sind sie einer solchen Formulierung nicht zugänglich, da es sich dabei um eine appetitiv-präzeptive „affirmatio" des als „gut" erkannten („prosecutio") handelt, oder aber um eine entsprechende „negatio" („fuga").

Auch hier, so scheint mir, stellt sich Thomas wie gewöhnlich auf die der Moralwissenschaft entsprechende Ebene der reflexiven Deskription („in actu signato") von seelischen Vorgängen. Man muß sich dies stets bewußt bleiben, will man den Gegenstand der Deskription selbst – den präzeptiven Akt der praktischen Vernunft – nicht aus den Augen verlieren oder verfälschen, indem man ihn einer „normativen Aussage" – einer „enuntiatio" – gleichstellt.[1]

Wenn nun also Thomas sagt, daß das erste Prinzip der praktischen Vernunft auf der „ratio boni" gründe, die da heiße: „Bonum est quod omnia appetunt", so meint er nicht, daß die praktische Vernunft ihre Urteile auf diesen „Satz" gründe; sondern vielmehr auf ein Faktum, das in diesem Satz nur reflex formuliert und festgehalten wird: dem Faktum des „appetibile", das sich stets der Vernunft als Ziel vergegenständlicht, und das heißt: als etwas das „gut scheint", – also entweder ein wahrhaft oder aber nur scheinbar Gutes ist (denn auch das wahrhaft Gute „scheint" gut, ist ein „phainomenon agathon", aber sein Gutsein ist nicht *nur* Schein; denn es ist auch der Wahrheit gemäß gut, – und deshalb tut der Tugendhafte, wenn er tut, was ihm gut scheint, immer auch spontan das wahrhaft Gute; darin liegt ja gerade die „moralische Effizienz" der sittlichen Tugend).

Die „ratio boni" ist somit nichts anderes, als das, was wir als „gut" erfahren, die Faktizität des im Streben als dessen Ziel erfahrenen praktischen Gegenstandes, das „appetibile". Die praktische Vernunft objektiviert diesen Gegenstand als „bonum" aufgrund eines intellektiven Aktes, auf den dann die appetitive Antwort der „prosecutio" folgt, – genauer gesagt: nicht „folgt", eher beruht diese Antwort darauf, denn die „prosecutio" ist ja bereits im Urteil selbst ausgesprochen. Reflektierend auf diesen Vorgang läßt sich das erste Prinzip der praktischen Vernunft formulieren: „Bonum est prosequendum et faciendum, malum vitandum."

---

[1] Vgl. dazu auch J. MARITAIN, Neuf leçons sur les notions premières de la Philosophie Morale, Paris 1951, S. 48: „Nous sommes là en présence de la fonction explicatrice, justificatrice, manifestatrice de la vérité, qui appartient à la philosophie morale. La philosophie morale est une connaissance réflexe, non pas au même sens que la logique sans doute, mais enfin une connaissance de second regard. (...) Le philosophe découvre la loi dans l'expérience morale de l'humanité, il la dégage, il ne la fait pas; il n'est pas un législateur., Il n'annonce pas la loi, il réfléchit sur elle et l'explique." Zum Begriff der praktischen Vernunft finden sich in Lektion 2 und 3 äußerst treffende und nützliche Ausführungen.

2.4.2 Der imperative (präzeptive) Charakter des ersten Prinzips

Wie bereits ausgeführt wurde, ließe sich dieses Prinzip nur dann als Leerformel oder Tautologie begreifen, wenn man seine wahre – praktische – Natur verkennt. Es ist eben auf der Ebene der Reflexion, als normative *Aussage* allein betrachtet, weil zu allgemein und zu fundamental, geradezu nichtssagend. So betrachtet kann man auch nichts von ihm „ableiten", was von praktischer Bedeutung wäre.

Tatsächlich braucht aber dieses erste Prinzip auch gar nichts zu „sagen"; als „praeceptum" besitzt es zunächst eine ganz andere Funktion, nämlich die des ordnenden Befehlens oder Gebietens. Auf diesen Akt der Vernunft trifft zu, was Thomas an anderer Stelle über das *imperium* ausführt, das „nihil aliud est quam actus rationis ordinantis, cum quadam motione, aliquid ad agendum".[2] Das erste Prinzip der praktischen Vernunft besitzt die Aufgabe, aus der erfahrenen Faktizität des Strebens auf das „appetibile" überhaupt eine erste (praktische) Konklusion zu ziehen, die darin besteht, das Streben – und das heißt ja immer: die naturhaft strebende oder wollende Person – auf das Handeln hinzuordnen und ihn auf dieses hin zu bewegen.[3] Ohne dieses erste Prinzip, das im Kontext der „voluntas ut natura" steht, gäbe es überhaupt keine weiteren Akte der praktischen Vernunft und kein Handeln; es erklärt in fundamentaler Weise die „extensio ad opus" der Vernunft überhaupt.

In allen weiteren Prinzipien der praktischen Vernunft ist dieses erste Prinzip mit seiner „motio ordinativa" stets gegenwärtig. Es ist, wie Thomas sagt, das Fundament aller anderer „praecepta" des Naturgesetzes. Und zwar aus folgendem Grund: Im ersten Prinzip der praktischen Vernunft hat die „inclinatio naturalis ad debitum" – die „ratio naturalis" – bereits ihren ersten determinativen, allerdings noch universalsten Akt gesetzt; daraus folgt die ebenfalls erste und universalste „ordinatio ad debitum" oder „bonum". Wenn es nun weitere „bona" gibt, welche die natürliche Vernunft in analoger Weise spontan als solche erfaßt, dann werden diese durch die Vernunft aufgrund des ersten Prinzips ebenfalls als „prosequenda" und „facienda" beurteilt werden.

Thomas setzt in dem besagten Artikel die Existenz solcher weiterer „bona" zunächst voraus – er wird nachher auf sie eingehen –, wenn er aufgrund des ersten Prinzips folgert: „ut scilicet omnia illa facienda vel vitanda pertineant ad praecepta legis naturae, quae ratio naturaliter apprehendit esse bona"; der Nachweis einer solchen Pluralität von menschlichen Gütern, bzw. einer Vielfalt von Geboten des Naturgesetzes, die sich auf diese Güter beziehen, ist ja gerade das Ziel des Artikels. Das ist nun jedoch nicht so zu verstehen, als ob die übrigen evidenten Prinzipien des Naturgesetzes – der praktischen Ver-

---

[2] I-II, q.17, a.5.
[3] Was man geläufigerweise den „praktischen Syllogismus" nennt, ist dabei selbst wiederum nur eine reflexe Formulierung des Aktes der praktischen Vernunft. Die „conclusio" des „syllogistischen" Aktes der diskursiven praktischen Vernunft, eingebettet in die Intentionalität der Strebensakte, ist ja nicht ein „Satz", sondern eine Handlungswahl („electio"), auf die die Handlung *unmittelbar* folgt („ex electione immediate sequitur opus", In II, Sent, d.40, q.1, a.2, ad 1). Die Schlußfolgerung ist also eine Handlung, wie Aristoteles in De Motu Animalium betont: „to symperasma ... praxis estin" (7, 701a, 19).

nunft – deduktive Schlußfolgerungen aus dem ersten und fundamentalsten wären; dann wären sie nämlich gar nicht mehr evident oder „per se notae".

Dazu muß man sich vergegenwärtigen, daß das erste Prinzip „bonum est prosequendum …", oder genauer: das Urteil bezüglich der „prosecutio boni" als solcher, losgelöst von jedem weiteren Gehalt gar nicht auftritt oder bewußt werden könnte. Ebensowenig wie im Bereich der theoretischen Erkenntnis des Seienden der Gegensatz von „ens" und „non ens" *als solcher*, d. h. in seiner reinen Formalität, auftritt. Er wird ja immer nur am konkreten Seienden erfahren, und in dieser fundamentalen Eigenschaft des Seins in seiner konkreten Gestalt *zeigt* sich das Widerspruchsprinzip als erstes Prinzip der Seinserkenntnis.

Ebenso muß betont werden, daß auch das erste Prinzip der praktischen Vernunft sich immer nur in material bestimmten Bereichen der „prosecutio" zeigt; es erweist sich gewissermaßen auf bestimmte Bereiche aufgefächert, die der wertbestimmenden natürlichen Vernunft natürlicherweise gegenständlich sind. Und es entwickelt, weil es das fundamentale „principium ordinans et motivum" ist, darin seine praktisch-fundierende Wirksamkeit.

2.4.3 Die spontane Erfassung menschlicher Grundwerte („bona humana")

Diese Bereiche sind nun für Thomas jene, die den natürlichen Neigungen zugehören und von ihnen gewissermaßen abgesteckt werden. Da es sich um *natürliche* und nicht um erworbene Neigungen handelt, tendieren sie auch mit einer naturhaften Notwendigkeit – einer „determinatio ad unum" – auf ein Gut als ihr „proprium". Nur ist das natürliche Ziel dieser Neigungen noch nicht als „debitum" in den Bereich der praktischen Vernunft eingegangen. Dies geschieht, sobald die „ratio naturalis" diese Ziele als praktische Güter, als „appetibile", erfaßt, um sie zu ihren eigenen Zielen zu machen, was sie spontan-naturhaft tut. Denn die Ziele der natürlichen Neigungen sind ebenso *natürliche* Gegenstände – „appetibilia" – der natürlichen Vernunft. Diese ist nicht Herrin über diese Neigungen; d. h. sie kann nicht deren Existenz setzen und sich ihrer Dynamik auch nicht entziehen, ohne überhaupt der Möglichkeit einer fundamental- und spezifisch menschlichen praktischen Erkenntnis verlustig zu gehen: Denn die natürlichen Neigungen entspringen der seinsmäßigen Konstitution der Person. Nur sind sie auf dieser ontischen Ebene noch keine „bona rationis". Deshalb nennt Thomas, was „a natura" besteht, „eine Art generelle Regel oder Maßstab für all das, was der Mensch tun muß, bezüglich dessen die „ratio naturalis" Maßstab ist, obwohl sie nicht Maßstab dessen ist, was von Natur aus besteht".[4] Das heißt: Die natürlichen Neigungen sind *als solche* nur „indirekt" Regel oder Maßstab, d. h. sie fundieren die Regel; sie vermögen indes als solche das Handeln noch nicht zu regeln. Sie sind vielmehr Regel und Maßstab für die „ratio naturalis", die erst, durch ihre „ordinatio in den natürlichen Neigungen" Regel und Maßstab für das Handeln ist.

Deshalb, schließt Thomas, erkennt die natürliche Vernunft all jenes als menschlich

---

[4] Vgl. I–II, q.91, a.3, ad 2: „ratio humana secundum se non est regula rerum: sed principia naturaliter indita, sunt quaedam regulae generales et mensurae omnium eorum quae sunt per homines agenda, quorum ratio naturalis est mensura, licet non sit mensura eorum quae sunt a natura."

Gutes, woraufhin eine natürliche Neigung des Menschen hinzielt. Die Ordnung der Gebote des Naturgesetzes entspricht somit der Ordnung der natürlichen Neigungen[5], womit der Nachweis der Pluralität solcher Gebote geleistet und das Ziel des vorliegenden Artikels erreicht ist; nicht aber ist geklärt – weil es hier nicht zur Fragestellung gehört –, welche die Beziehung zwischen „inclinatio" und „praeceptum" ist, d. h. zwischen dem „actus proprius" der natürlichen Neigung und dem „debitum", wie es im Akt der praktischen Vernunft geboten wird.

Thomas spricht in diesem Zusammenhang bekanntlich von natürlichen Neigungen auf drei verschiedenen Ebenen: Jenen, die jedem Seienden aufgrund seiner Substantialität entsprechen, d. h. den Neigungen, die zur „conservatio sui esse secundum suam naturam" gehören. Zweitens nennt er solche Neigungen, die der Mensch mit allen Lebewesen gemeinsam hat, wozu er als Beispiel die „inclinatio ad coniunctionem maris et feminae" und „ad educationem liberorum" anführt; und schließlich existieren auch spezifisch menschliche Neigungen, die der Natur der „ratio" selbst folgen: Die „inclinatio" zur Erkenntnis von Wahrheit; zum Leben in der Gemeinschaft mit seinesgleichen usw. Aus all diesen Neigungen ergeben sich entsprechende „praecepta" des Naturgesetzes, die diese Neigungen, ihre Ziele und Akte, der Vernunft gemäß ordnen. Wie dies des näheren zu verstehen ist, geht zumindest aus dem „corpus articuli" nicht hervor, weil es ja auch gar nicht gefragt war.

2.4.4 Die Integration der menschlichen Grundwerte in die Struktur der menschlichen Handlung („actus humanus")

Zunächst ist zu fragen: Was bedeutet, die „ratio naturalis" *erfasse* („apprehendit") die Ziele der natürlichen Neigungen als „bona", bzw. als „bona humana"? Und weiterhin: als „opera prosequenda"? Vorerst muß betont werden: Nicht in derselben Weise sind diese Ziele „bona" für die natürliche Vernunft, wie sie es für den jeweiligen „appetitus naturalis" sind, der den entsprechenden Neigungen entspricht. Die Vernunft erfaßt diese Neigungen auf intellektive Weise; die „bona", auf welche sie gerichtet sind, werden von der natürlichen Vernunft nicht als „sensibilia", sondern als „intelligibilia" objektiviert, und damit im Kontext ihrer Einordnung in das „bonum humanum" insgesamt. Dieses menschliche Gut als solches ist das „bonum rationis".[6]

Es soll an dieser Stelle wiederholt sein, daß diese „apprehensio" zwar ein spekulativer Akt ist, nicht jedoch ein spekulatives *Urteil*, denn es entspringt einer „naturalis inclinatio ad debitum finem et actum", deren kognitiver Gehalt vom „lumen rationis naturalis" geprägt ist; der Träger dieser „inclinatio" ist die „voluntas ut natura", also der naturhaft auf die fundamentalen menschlichen Güter ausgerichtete Akt des Willens.[7] Das Urteil, das daraus folgt, ist ein praktisches, präzeptives Urteil.

---

[5] „Secundum igitur ordinem inclinationum naturalium est ordo praeceptorum legis naturae" (I–II, q.94, a.2).
[6] So erklärt sich beispielsweise die differenzierte Argumentation bezüglich der „Natürlichkeit" der Ehe, vgl. In IV Sent., d.26, q.1, a.1, sol. und ad 1.
[7] Vgl. I–II, q.10, a.1.

Der Wille, ein intellektives oder rationales Strebevermögen, erstrebt nicht nur sein eigenes Gut, das „bonum rationis", sondern auch dasjenige aller anderen Potenzen, all jenes, was zum Menschen in seiner Gesamtheit gehört.[8] Die „apprehensio" und „prosecutio" der Ziele der natürlichen Neigungen ist also nicht als bloße spekulative Beurteilung, Einsicht oder „Bestätigung" und „Unterwerfung" der Vernunft bezüglich dieser Ziele zu verstehen. Vielmehr werden sie, nachdem sie einmal als natürliche, der Person zugehörige Neigungen erfaßt sind, von der Vernunft in deren eigene Ordnung, d. h. in die Ordnung der Vernunft, hineingenommen (integriert) und damit Objekt eines intellektiven Strebens des Willens.[9] Erst also solche sind sie jeweils Inhalt eines „praeceptum" und ein „prosequendum" und gehören sie zum Naturgesetz. „Alle Neigungen irgend eines Teiles der menschlichen Natur, d. h. sowohl des begehrenden wie auch des irasziblen, gehören zum Naturgesetz, *insofern* sie durch die Vernunft reguliert sind".[10] Denn die Vernunft ist „ordinativa omnium quae ad homines spectant".[11]

Um einer naturalistischen Intepretation von I–II, q.94, a.2 zu entgehen, scheint also vor allem entscheidend zu sein, nicht zu übersehen, daß das „praeceptum", der „prosecutio", das sich aus der Erfassung der natürlichen Neigungen und ihres Zieles ergibt, bereits ein „praeceptum" der Vernunft ist und *als solches* nicht der natürlichen Neigung selbst entspringt, sondern vielmehr einer „motio" des Willens; sonst handelte es sich nämlich bei einem solchen präzeptiven Akt gar nicht um einen „actus humanus".

Ohne das Zusammenspiel von Intellekt und Wille hier näher zu analysieren, läßt sich bei der Konstituierung des Naturgesetzes eine Struktur feststellen, die für die praktische Vernunft überhaupt charakteristisch ist: Das Ziel jedweder natürlichen Neigung – ein „appetibilie" – wird durch die „ratio naturalis" zum Objekt des Willens; der Wille seinerseits bewegt die Vernunft zum „imperium", dem präzesiv-ordinativen Akt, der seinerseits, wenn sein Inhalt universaler Art ist, ein Gebot der „lex naturalis" ist.

Ebenfalls kann in gleicher Weise die Struktur der Konstituierung von Willens- und Handlungsobjekten beschrieben werden, wie sie für das „genus moris" kennzeichnend ist. Die äußerst präzise Formulierung, die Thomas dazu an andere Stelle gibt, soll im Wortlaut angeführt sein: „bonum per rationem repraesentatur voluntati ut obiectum; et inquantum cadit sub ordine rationis, pertinet ad genus moris, et causat bonitatem moralem in actu voluntatis. Ratio enim principium est humanorum et moralium actuum."[12]

Dies bedeutet: Jedes Objekt erhält der Wille durch die Vernunft[13]; nur ein „bonum rationis", und kein „bonum sensibile" als solches vermag den Willen spezifizierend zu bewegen. Deshalb sind lediglich die Ziele der „ratio naturalis" – jene der dritten Ebene –

---

[8] Vgl. ebd. und q.9, a.1.
[9] Vgl. I–II, q.94, a.4, ad 4: „sicut ratio in homine dominatur et imperat aliis potentiis, ita oportet quod omnes inclinationes naturales ad alias potentias pertinentes ordinentur secundum rationem. Unde hoc est apud omnes communiter rectum, ut secundum rationem dirigantur omnes hominum inclinationes."
[10] I–II, q.94, a.2, ad 2: „omnes inclinationes quarumcumque partium humanae naturae, puta concupiscibilis et irascibilis, secundum quod regulantur ratione, pertinent ad legem naturalem."
[11] Ebd., ad 3.
[12] I–II, q.19, a.1, ad 3.
[13] „Obiectum autem voluntatis proponitur ei per rationem" (ebd., a.3).

in sich schon immer adäquate Gegenstände des Willens; nicht aber diejenigen der übrigen natürlichen Neigungen. „Bonum autem sensibile vel imaginarium non est proportionatum voluntati sed appetitui sensitivo."[14] Nur insofern ein solches durch die natürliche Vernunft objektiviert wird, ist es auch ein adäquates Objekt für den Willen. Denn der Wille hängt genau in dem Maße von seinem Objekt ab, wie er von der Vernunft abhängt.[15] Thomas unterstreicht somit, daß ein jeder „appetitus finis debiti", die richtige Erfassung und Erstrebung des Ziels, eine Leistung der Vernunft impliziert.[16]

Eine weitere Bestätigung erfährt das eben Gesagte durch die Ausführungen Thomas' über die Moralität des „actus exterior" (= „actus imperatus a voluntate").[17] Denn jedes Ziel einer natürlichen Neigung, das zum Gegenstand des Willens wird, wird auch von dieser Neigung als „imperatus a voluntate" verfolgt, und damit auch in der Ordnung der Vernunft. Wie für jeden „actus exterior" (oder „actus imperatus") gilt dann auch hier, daß dieser „insofern Objekt des Willens ist, als er dem Willen durch die Vernunft als ein erfaßtes und geordnetes Gut vergegenständlicht wird".[18]

Der Begriff „bonum humanum" (analog zum Begriff „actus humanus") impliziert also bereits diese kognitive Integration eines „bonum" in den Kontext des „bonum rationis". Wenn Thomas in I–II, q.94, a.2 davon spricht, daß die Vernunft die Ziele der natürlichen Neigungen „naturaliter apprehendit ut bona", so ist damit – da es sich um eine intellektive „apprehensio" handelt – bereits das jeweilige „bonum" in seiner humanen, personalen Intelligibilität, also das „bonum humanum" gemeint. Deshalb, wie es an gleicher Stelle ebenfalls heißt, gehört all das zum Naturgesetz, „quae ratio practica naturaliter apprehendit esse bona humana." Daß Thomas dabei die „regulatio rationis" als impliziert versteht, wird ja dann auch ausdrücklich in ad 2 (wie oben angeführt) ausgesprochen.

Damit also die Ziele der natürlichen Neigungen überhaupt zu Objekten des Willens werden können – und, in der Folge, dann auch zum Gegenstand eines präzeptiren Aktes der praktischen Vernunft, „praeceptum" der „lex naturalis" – ist also zunächst eine intellektive „apprehensio" und „ordinatio" dieser Ziele notwendig, wodurch sie dem Willen – als „bona humana", „bona rationis" – zu adäquaten Objekten werden, um dann durch ein

---

[14] Ebd.
[15] „Et ideo bonitas voluntatis dependet a ratione, eo modo quo dependet ab obiecto" (ebd.).
[16] Das gilt sowohl für „ea quae sunt ad finem" (die sogenannten „Mittel"), wie auch für das Ziel selbst; im ersten Fall handelt es sich um den praktischen Intellekt, insofern er „consiliativus et ratiocinativus" ist (seine Tugend ist die Klugheit); im zweiten Fall ist es die „ratio naturalis" selbst, welche für die „rectitudo" des Strebens sorgt. „(...) In his autem quae sunt ad finem, rectitudo rationis consistit in conformitate ad appetitum finis debiti (= praktische Wahrheit). Sed tamen et ipse appetitus finis debiti praesupponit rectam apprehensionem de fine, quae est per rationem" (ebd. ad 2).
[17] Der „actus exterior" ist nicht identisch mit dem „actus externus" schlechthin, also einer eigentlich „äußeren" Handlung wie „sprechen", „nehmen", „schlagen", „gehen" usw. Es handelt sich um den „actus exterior" des Willens, d. h. den „actus imperatus", den Akt, den der Wille vermittels eines Imperium über eine andere Potenz vollzieht, im Gegensatz zum „actus elicitus", den der Wille aus sich selbst „hervorbringt"; vom „actus exterior" in diesem Sinne handelt I–II, q.20. (Genaueres dazu findet sich in Teil II, Kap. 7.1).
[18] (...) actus exterior est obiectum voluntatis, inquantum, proponitur voluntati a ratione ut quoddam bonum apprehensum et ordinatum a ratione" (I–II, q.20, a.1, ad 1).

„imperium" des Willens auch effektiv in dieser Ordnung verfolgt zu werden. Über die Existenz selbst dieser natürlichen Neigungen und ihrer Ziele als Grundlage, „principia a natura", für diesen Prozeß, hat allerdings die Vernunft keine Herrschaft; sie wird vielmehr erst gerade aufgrund dieser Neigungen als praktische Vernunft überhaupt möglich, – ebenso wie als Prinzip der Freiheit. Der erkennende Mensch, die Person, erfährt diese Neigungen als zu seinem Sein gehörig, *impressae*. Er kann sich nicht über sie hinwegsetzen, ohne mit den Konstitutionsbedingungen seines Seins als *menschliches* Sein und damit auch der Vernunft und ihrer Orientierung zur Freiheit, die immer eine natürlich gebundene und konditionierte Freiheit ist – die Freiheit eines Geschöpfes –, in Widerspruch zu geraten. Ohne Vernunft wären die natürlichen Neigungen nur blinde, naturhafte Antriebe. Die praktische Vernunft ihrerseits jedoch wäre ohne die natürlichen Neigungen und die Ausrichtung an ihnen ebenso blind und unfähig, dem Menschen zu sagen, was für sein Handeln von fundamentalem Interesse sei.

2.4.5 Der Gegenstandsbereich des Naturgesetzes: Der „ordo ad finem"

Präzisierend bleibt zu verdeutlichen, daß die „ordinatio" der „lex naturalis" zwar auf die durch das Ensemble der natürlichen Neigungen abgesteckten Ziele *teleologisch* ausgerichtet ist, sich aber im eigentlichen auf den entsprechenden „ordo ad finem", der gleichzeitig ein „ordo operationis" und damit der „actus debitus" ist, erstreckt. Ein Gesetz ist ja „aliquid pertinens ad rationem", weil gerade der Ratio es zusteht, die Ordnung der Willensakte und der Handlungen hinsichtlich des Zieles festzulegen.[19] Bereits im Sentenzenkommentar ist diese Sichtweise ausschlaggebend für den Begriff des Naturgesetzes.[20] „Allen Dingen – so heißt es dort – sind bestimmte Prinzipien eingegeben, durch die sie nicht nur die ihnen eigentümlichen Akte („operationes propriae") bewirken können, sondern durch die sie diese auch dem Ziele angemessen machen."[21] Thomas unterscheidet drei verschiedene Realisierungen dieser Regel, je nachdem, ob es sich um reine Naturdinge, um unvernünftige Lebewesen oder aber um Menschen handelt.

Bei den ersten – sie sind aufgrund von Naturnotwendigkeit („ex necessitate naturae") tätig – ist die „forma" („naturalis" oder „substantialis") selbst Prinzip der Tätigkeit, wodurch die spezifischen Akte auch gleichzeitig dem Ziel angemessen, auf dieses hingeordnet verlaufen. Das gilt also nicht für den Menschen, wie eine naturalistische Auffassung des Naturgesetzes unterstellen würde. Die „animalia" hingegen in ihrer Gesamtheit – zunächst ist damit der Mensch eingeschlossen – besitzen in sich ein *kognitives* Prinzip, sodaß ihr Tätigkeitsprinzip die Erkenntnis (ob sinnlich oder intellektiv bleibt vorderhand dahingestellt) und das Streben ist.[22] Aus diesem Grunde sei es nötig, „daß in der Erkenntniskraft ein natürlicher Erkenntnisakt („naturalis conceptio") und im Strebevermögen

---

[19] „Rationis enim est ordinare ad finem" (I–II, q.90, a.1).
[20] Darauf hat vor allem wieder G. GRISEZ eindringlich hingewiesen (The First Principle of Practical Reason, a. a. O., S. 359ff.). Vgl. In IV Sent., d.33, q.1, a.1.
[21] Ebd.
[22] Vgl. dazu auch De Verit., q.22, a.4.

eine natürliche Neigung existieren, durch welche die dem „genus" oder der „spezies" gemäße Tätigkeit auch dem Ziele angemessen verläuft."

Die „naturalis conceptio" und „naturalis inclinatio" nennt man bei den Tieren „aestimatio naturalis"; sie ist ein natürlicher Instinkt, der selbst naturhaft determiniert ist, und zwar nicht bloß aufgrund einer „necessitas finis", – die ja mit der Freiheit nicht nur vereinbar ist, sondern beim Geschöpf deren Fundament bildet, – sondern auch einer „determinatio ad unum" bezüglich der Tätigkeit selbst. Deshalb, präzisiert Thomas, verhält es sich bei den vernunftlosen Lebewesen so, daß sie „ihre Tätigkeiten nicht wie durch eigene Beurteilung regulieren, sondern durch die Macht der Natur dazu angehalten werden, die angemessenen Akte zu vollziehen". Der Mensch hingegen unterscheidet sich dadurch, daß er die „ratio finis" erfaßt sowie das Verhältnis, die „proportio" der einzelnen Handlungen hinsichtlich des Zieles.[23] Deshalb, so schließt der Text, nennt man „die ‚naturalis conceptio', die dem Menschen eingegeben ist, und durch die er angeleitet wird, angemessen zu handeln, ‚lex naturalis' oder auch ‚ius naturale'."

Das Naturgesetz erweist sich hier geradezu identifiziert mit dem Licht der natürlichen Vernunft[24], das, bewegt durch die natürliche Neigung des Willens zum Guten, dem Menschen ermöglicht, durch eigenes Urteil die seinen natürlichen Neigungen eigentümlichen Tätigkeiten den Zielen dieser Neigungen angemessen zu vollziehen. Nicht zu vergessen ist dabei allerdings, daß aufgrund der Geistigkeit, die dem Willen und damit aller „inclinatio" des Menschen eigen ist, eine Offenheit für eine Vielfalt von Handlungsmöglichkeiten vorhanden ist, die jeweils erst durch den Akt des „liberum arbitrium" oder der „electio"[25] auf eine konkrete Handlung hin bestimmt werden.[26]

Dieser „ordo" der menschlichen Handlungen ist also der Gegenstand, das Werk des Naturgesetzes, – „aliquid a ratione constitutum". Er ist der „ordo ad finem", wobei hier „finis" jeweils das menschliche Gute meint, das eine natürliche Neigung in der Ordnung der Vernunft intendiert. Diesem „ordo rationis" entspricht, wie Thomas anschließend betont, der „ordo virtutis": die sittliche Tugend ist der Ausdruck des „ordo rationis" und gewissermaßen das Werk des Naturgesetzes.[27]

---

[23] Genau so bestimmt Thomas auch das „voluntarium" in I–II, q.6, a.2.
[24] Darauf hat neuerdings besonders deutlich A. SCOLA hingewiesen in seiner ausgezeichneten Untersuchung: La fondazione della legge naturale nello *Scriptum super Sententiis* di san Tommaso d'Aquino, Freiburg/CH 1982.
[25] „Proprium liberi arbitrii est electio" (I, q.83, a.3).
[26] Vgl. De Malo, q.6, a.un.: „(…) sicut in rebus naturalibus invenitur forma, quae est principium actionis, et inclinatio consequens formam, quae dicitur appetitus naturalis, ex quibus sequitur actio; *sed in hoc est differentia,* quia forma rei naturalis est forma individuata per materiam; unde et inclinatio ipsam consequens est determinata ad unum, sed forma intellecta est universalis sub qua multa possunt comprehendi; unde cum actus sint in singularibus, in quibus nullum est quod adaequet potentiam universalis, remanet inclinatio voluntatis indeterminata se habens ad multa (…)."
[27] Und zwar sowohl hinsichtlich des intentionalen, wie auch des elektiven Aspektes der sittlichen Tugend, die ja, nach Thomas, Aristoteles folgend, ein „habitus electivus" („hexis proairetikê") ist. Diesem elektiven Akt entspricht die Bestimmung des „medium virtutis", das ein „medium rationis" ist; auf dieses „medium" ist die sittliche Tugend „per modum naturae", aufgrund einer „inclinatio naturalis ad virtutem", hingeordnet; es bedarf jedoch der Klugheit, um diese operativ zu konkretisieren (vgl. II–II, q.47, a.7, ad 3). Im Corpus desselben Artikels heißt es: „(…) hoc ipsum quod est conformari rationi rectae est finis proprius cuiuslibet moralis virtutis (…) Et hic finis

2.5 Naturgesetz und Tugend

Der dritte Artikel der Quaestio 94 von I–II ist von nicht wenigen Interpreten „übersehen" worden. Dennoch ermöglicht gerade er eine abschließende Klärung des Begriffes „lex naturalis". Er befaßt sich mit der Frage, ob alle Akte der Tugenden zum Naturgesetz gehören. Die Antwort des hl. Thomas lautet zunächst: Insofern einer Handlung überhaupt der Charakter von sittlicher Tugend zukommt (also aufgrund der „ratio virtutis"), gehören alle Akte einer jeden Tugend zum Naturgesetz; denn das Naturgesetz konstituiert gerade auf universale Weise, was einen tugendhaften Akt als tugendhaft auszeichnet, – wohlverstanden hinsichtlich seiner objektiv-spezifischen Bestimmtheit, und nicht in seiner Eigenschaft als Akt eines Habitus.[1]

2.5.1 Identität von „ordo rationis" und „ordo virtutis"

Die Begründung wiederholt zunächst Bekanntes; denn sie beruht auf der Existenz einer „naturalis inclinatio quod (homo) agat secundum rationem". Diese Neigung entspringt dem menschlich-spezifischen, d. h. vernünftigen Teil der Seele.[2] Dieses vernunftgemäße Handeln sei nun, wie es weiter heißt, nichts anderes als ein „agere secundum virtutem". Damit entspringt das tugendgemäße Handeln, ebenso wie die „lex naturalis", einem „dictamen" der „ratio naturalis".[3]

Die Bedeutung der Identifizierung des durch das Naturgesetz konstituierten „ordo rationis" mit dem „ordo virtutis"[4] wird dann offensichtlich, wenn man bedenkt, was (sittliche) Tugend eigentlich ausmacht. Die Tugend eines jeden „appetitus" besteht nicht in der Erreichung des „finis naturalis" dieses Strebens als solchem, sondern in seiner Partizipation an der Vernunft, in seiner Unterordnung unter die Vernunft.[5] Das gilt sowohl für

---

praestitutus est homini secundum naturalem rationem: naturalis enim ratio dictat unicuique ut secundum rationem operetur. Sed qualiter et per quae homo in operando attingat medium rationis, pertinet ad dispositionem prudentiae (…)."

[1] I–II, q.94, a.3: „Si igitur loquamur de actibus virtutum inquantum sunt virtuosi, sic omnes actus virtuosi pertinent ad legem naturae."

[2] „Inclinatur autem unumquodque naturaliter ad operationem sibi convenientem secundum suam formam: sicut ignis ad calefaciendum. Unde cum anima rationalis sit propria forma hominis, naturalis inclinatio inest cuilibet homini ad hoc quod agat secundum rationem. Et hoc est agere secundum virtutem" (ebd.).

[3] Aufgrund der fundamentalen Orientierung der „voluntas ut natura": „(…) naturalis inclinatio voluntatis est ad bonum virtutis" (De Malo, q.1, a.4).

[4] Vgl. I–II, q.100, a.2: „Ordo virtutis, qui est ordo rationis".

[5] Vgl. I–II, q.56, a.4: „(…) irascibilis est concupiscibilis dupliciter considerari possunt. Uno modo secundum se, inquantum sunt partes appetitus sensitivi. Et hoc modo (d. h. in abstrakt-ontischer Betrachtungsweise auf der Ebene des „genus naturae") non competit eis, quod sint subiectum virtutis. Alio modo possunt considerari inquantum participant rationem, *per hoc quod natae sunt rationi obedire*. Et sic irascibilis vel concupiscibilis potest esse subiectum virtutis humanae: sic enim est principium humani actus, inquantum participat rationem (…)." Dieser zweite Gesichtspunkt beruht auf der Integration in das Suppositum, wovon noch die Rede sein wird.

den Willen als auch für das sinnliche Streben. „Ein sittlicher Habitus besitzt den Charakter von menschlicher Tugend, insofern er mit der Vernunft übereinstimmt."⁶ Die sittliche Tugend „ist nichts anderes als eine gewisse Teilhabe der rechten Vernunft im strebenden Teil" (der Seele).⁷
Das „bonum hominis", auf das die Tugend der sinnlichen Strebungen zielt, besteht darin, „daß die Vernunft in vollkommener Weise die Wahrheit erkenne, und die niederen Strebungen gemäß der Regel der Vernunft geordnet werden".⁸ Der Mensch ist keineswegs ein rein spirituelles Wesen, dessen Strebeakte und Handlungen ausschließlich geistiger Natur sind. Der Mensch ist von Natur ein „animal"; er *hat* nicht nur einen Leib, sondern *ist* Leib⁹, – ein Leib, der allerdings von einer „anima rationalis" informiert, beseelt ist. Als Körper und „animal" besitzt er Sinneserkenntnis und sinnliche Strebevermögen, sinnen- und leibgebundene Möglichkeiten und Bedürfnisse, die in ihm nicht „unter-menschliche", ihm fremde oder beschränkende „Naturphänomene", sondern in seine personale Seinsstruktur integrierte, sein menschliches Person-Sein mitkonstituierende Fundamente menschlicher Existenz darstellen. Ebenso sind alle „inclinationes naturales" in ihm immer schon menschliche Neigungen, welche die Grundlinien formulieren, denen gemäß menschliches Leben und Handeln *menschlich* verlaufen. Wenn diese Neigungen von der Vernunft geordnet werden müssen, so heißt dies nicht, daß sie nicht bereits immer schon, durch ihre seinsmäßige Zugehörigkeit zum menschlichen Suppositum einen menschlichen Sinn besitzen; in diesem Sinne müssen sie nicht noch erst „vermenschlicht" oder „vergeistigt" werden, um dem Menschen für sein Leben etwas sagen zu können.¹⁰
Deshalb muß der, im Grunde dualistischen, These vieler gegenwärtiger Moraltheologen entschieden widersprochen werden, die natürlichen Neigungen – auch diejenigen der „natura animalis" – stellten lediglich eine Art naturales „Rohmaterial" dar, einen Bereich „untermenschlichen" Seins, das nicht bereits schon durch seine Zugehörigkeit zum

---

⁶ I–II, q.58, a.2.
⁷ Vgl. z. B.: De Virt., a.12, ad 16; II–II, q.141, a.6; I–II, q.61, a.2.
⁸ De Virt., a.9.
⁹ Sehr gut hervorgehoben hat die Wichtigkeit dieses Aspektes G. GRISEZ in seinem Artikel „Dualism and the New Morality", in: L'Agire Morale, a. a. O., S. 323–30. Die Idee des Menschen als „Geist in Welt" (oder: „inkarnierter Geist"), wie sie etwa der Anthropologie Karl Rahners zugrundeliegt, halte ich für äußerst problematisch, denn sie ist grundlegend dualistisch. Vgl. auch G. GRISEZ, A New Formulation of a Natural-Law Argument against Contraception, in: The Thomist, 30 (1966), S. 349: „Man is not an incarnate spirit; he is a rational animal. The dualism implied in the definition of man as incarnate spirit threatens to become a totalitarianism which will distort the true shape of man's nature and thus destroy the only solid foundation for a realistic personalism. And Christian personalism must be realistic, as has been declared repeatedly in the past against gnostics, manichees, cathars and jansensists."
¹⁰ In solchen eigentlich dualistischen Ansätzen, gemäß denen dem Menschen über seine Natur „Verfügungsrecht" (im Sinne der Autonomie zu sittlicher „Sinngebung") zugesprochen werden soll, wird dann zumeist nicht unterschieden zwischen der den Menschen umgebenden „Natur" und jener „Natur", die das menschliche Suppositum konstituiert, die der Mensch also selbst *ist*; ein Beispiel dafür ist L. OEING-HANHOFF, Der Mensch: Natur oder Geschichte?, a. a. O., S. 41, wo es, mit Berufung auf Hegel, heißt: „Aufgabe der Sittlichkeit ist es gerade, wie die äußere Natur nach den Bedürfnissen des Menschen zu gestalten, so auch im Bereich der eigenen menschlichen Natur natürliche Triebe und Naturzwecke zu vergeistigen, zu versittlichen und zu humanisieren."

menschlichen Sein ein „bonum humanum" wäre, sondern erst durch nachherige Integration in die Sphäre des Menschlichen zu einem solchen würde. Daß dem nicht so ist, zeigt sich bereits bei der fundamentalsten aller natürlichen Neigungen, die der Mensch mit allem subsistierenden Seienden gemeinsam hat: nämlich der Neigung zur „conservatio sui esse", zur Selbsterhaltung. Es hat ja offensichtlich überhaupt keinen Sinn zu behaupten, daß dieses „esse" nicht schon von Natur aus ein „bonum humanum" sei, sondern erst zu einem solchen gemacht werden müsse.

Dabei würde letztlich die seinsmäßige Integration dieser Neigungen im Kontext der Person, eine Integration, die immer schon besteht, die den Menschen überhaupt zum Menschen macht, und die deshalb in diesem Sinne nicht geleistet werden muß, mit ihrer praktisch-kognitiven und operativen Integration durch die „ratio naturalis" und die sittliche Tugend verwechselt. Der Mensch muß nämlich diese Neigungen nicht zunächst *seinsmäßig* vermenschlichen; sie sind von Anfang an menschliche Neigungen. Er muß sie jedoch *praktisch-kognitiv* in ihrem menschlichen Sinn ordnen und entsprechend verfolgen. Das leisten diese Neigungen nicht von sich aus. An dieser Stelle erhält nun auch der eingangs als methodischer Ausgangspunkt kritisierte Satz „Werde, was du bist!" eine klar umrissene Bedeutung.

Die These jedoch, die natürlichen Neigungen würden erst „menschlich", insofern sie von der Vernunft aufgegriffen werden, hieße, daß der Mensch sie durch dieses Aufgreifen überhaupt erst seinsmäßig in ihrem menschlichen Sinn konstituiert. Diese These wäre spiritualistisch oder dualistisch und würde zudem behaupten, der Mensch besitze über die Natur, die er selbst ist, eine durch diese Natur selbst nicht näher bestimmte Verfügungs- oder sittliche „Sinngebungsgewalt".

Gleichzeitig muß aber auch der naturalistischen These widersprochen werden, wonach der Mensch lediglich ein Gefüge natürlicher Neigungen ist, welche für ihn ohne weitere Regulierung oder „kognitive Integration" bereits schon normativ wären und bereits als solche schon den Charakter eines sittlich bedeutsamen Naturgesetzes hätten. Der Pluralität der Seelenteile und der ihnen entsprechenden natürlichen Neigungen steht die fundamentale Einheit der menschlichen Seele als „forma substantialis" gegenüber, sowie die substantielle Einheit von Leib und Seele und schließlich die Einheit der Person und ihrer Akte: Das *suppositum humanum*. Diese Einheit begründet, daß alle natürlichen Neigungen immer schon einen Wertbezug auf die Gesamt-Einheit besitzen; ein Wert, der allerdings nicht unmittelbar aus dem Ziel der einzelnen Neigungen „ablesbar" ist, sondern sich erst aus ihrer Beziehung zum spezifisch Humanen, dem vernünftigen Teil der Seele ergibt.

Deshalb kann man aufgrund einer empiristischen Konstatierung natürlicher Neigungen *allein* noch wenig Normatives für das sittliche Handeln aussagen. Anderseits sind jedoch auch solche normativen Aussagen nur möglich, wenn man diese Neigungen als menschliche Neigungen, als „bona humana", Güter der menschlichen Person respektiert. Ohne diesen Respekt gäbe es keine Moralphilosophie und auch keine Moraltheologie, die auch nur im Entferntesten imstande wären, etwas Wahres auszusagen.[11]

---

[11] Vgl. die treffenden Ausführungen von J. MARITAIN, Neuf leçons sur les notions premières de la philosophie morale, a. a. O., S. 58: „Tout d'abord les tendances et les inclinations naturelles ne fournissent pas à la philosophie de bons instruments d'argumentation. Elles apportent une matière

2.5.2 Sittliche Tugend als Integration der natürlichen Neigungen in die Ordnung der Vernunft

Tatsächlich muß die ontisch-naturhafte Hinordnung jeder „inclinatio" auf ihr „bonum poprium" hineingestellt werden in die Hinordnung einer jeden „inclinatio" auf das „bonum debitum" in seiner humanen Spezifität, also das „bonum rationis", das seinerseits die sittliche Tugend formell konstituiert.[12] Erst dann offenbart sich der vollmenschliche Sinn eines jeden dieser natürlichen Ziele im Gesamt der menschlichen Person. Dieser zweite, „*vertikale*" „ordo", der der Hierarchie der Seelenteile entspricht, zeigt beispielsweise, daß die natürliche Neigung „ad conservationem sui esse" im Menschen nicht einfach eine Neigung zur Bewahrung der „bloßen Existenz" ist. Ein solcher „Wille zum Sein" oder „conatus" ist zwar fundamental – er besteht „a natura" –, drückt aber noch nicht das „bonum humanum" der „Bewahrung im Sein" in seiner menschlichen Spezifität und Sinnfülle aus.

Dabei greift Thomas wiederum einen Gedanken Aristoteles' auf, wenn er betont: „Das Sein des Menschen betrachtet man vor allem gemäß dem Intellekt. Deshalb ist es der Tugendhafte, – da er vollumfänglich dem Intellekt und der Vernunft gemäß lebt, – der im höchsten Maße sein und leben will. Er will nämlich dem gemäß ‚sein' und ‚leben', was in ihm bleibend ist. Wer hauptsächlich gemäß dem Körper, der veränderlich ist, ‚sein' und ‚leben' will, der will nicht wahrhaft sein und leben."[13]

Jede natürliche Neigung ist somit fundamental. Sie ist immer schon zum Menschen gehörend, ein „bonum humanum", enthüllt und verwirklicht jedoch ihren spezifischen menschlichen Sinngehalt erst im Kontext ihrer Einordnung in den „ordo rationis", der nichts anderes als der „ordo virtutis" ist.[14] Diese „conformatio ad rationem" – das konstitutive, formelle Element der sittlichen Tugend – offenbart den wahren Charakter der natürlichen Neigungen, ein Offenbarwerden, das allerdings sich nie einstellen würde, respektierte man diese Neigungen nicht von Anfang an in ihrer Bedeutung als Konstitutionsbedingungen des menschlichen Suppositums und damit auch in ihrer sittlich konstitutiven Bedeutsamkeit.

Der Prozeß der Bildung der sittlichen Tugend entspricht dieser vertikalen Ordnung der

---

expérimentale précieuse, mais les raisonnements et démonstrations de la philosophie morale doivent procéder par la détermination conceptuelle, l'élucidation scientifique de ce qui est conforme ou non à la raison et aux fins de la nature humaine; la philosophie a à faire la théorie des inclinations naturelles, à expliquer leur existence et leur rôle, non à les invoquer comme preuve. Mais d'autre part, ces mêmes tendances ou inclinations naturelles sont la voie normale, la voie naturelle, et la *seule voie*, de la connaissance naturelle – non pas philosophique, mais préphilosophique – des valeurs morales."

[12] Vgl. z. B. I–II, q.59, a.4: „Virtus moralis perficit appetitivam partem animae ordinando ipsam in bonum rationis. Est autem rationis bonum id quod est secundum rationem moderatum seu ordinatum. Unde circa omne id quod contingit ratione ordinari et moderari, contingit esse virtutem moralem." Damit ist zugleich das Kriterium dafür bestimmt, welche natürlichen Neigungen, Tendenzen, Antriebe usw. überhaupt sittlich bedeutsam sind, welche sich hingegen indifferent bezüglich der sittlichen Ordnung des Handelns verhalten.

[13] In IX Ethic., lect. 4.

[14] Dieser „ordo virtutis" entspricht auch einer „ordinatio" „ad finem communem totius humanae vitae" (I–II, q.21, a.2, ad 2).

Seelenteile und ihrer Potenzen: Der durch den „intellectus agens" erkennende Intellekt, der das „bonum appetibile" einer natürlichen Neigung in seiner menschlichen Bedeutung erfaßt, bewegt das intellektive Strebevermögen, den Willen. Denn allein das intellektiv erkannte Gut vermag den Willen in Bewegung zu versetzen. Der Wille seinerseits bewegt das sinnliche Strebevermögen – im Sinne eines „actus imperatus a voluntate" – gemäß der „ordinatio rationis", unter welcher das „bonum appetibile" dem Willen vergegenständlicht wurde. Dadurch wir diese „ordinato rationis" – der „ordo rationis" – auf die natürlichen Neigungen übertragen. Durch das „imperium" des Willens „gehorchen" die niederen Seelenpotenzen der Vernunft, wie das ihrer Stellung im Gefüge der Person entspricht. Die habituelle Ausrichtung der Strebungen gemäß dieser „ordinatio rationis" nennt man sittliche Tugend. Deshalb schließt Thomas: „Virtus appetitivae partis (d. h. die sittliche Tugend) nihil est aliud, quam quaedam dispositio sive forma, sigillata et impressa in vi appetitiva a ratione."[15]

2.5.3 Die natürlichen Neigungen als „semina virtutum"

Thomas betont – und er zeigt damit einmal mehr seine Entfernung von jeglicher Form von Naturalismus –, daß nur die „res naturales" die „determinatio" ihrer Neigungen durch eine „forma naturalis" erhalten; die natürliche Neigung der Naturdinge ist deshalb Kraft der „forma", die „a natura" ist, eine „inclinatio ad unum". In diesem Fall erschöpft sich der Sinn jeder natürlichen Neigung gewissermaßen in sich selbst.

Das ist beim Menschen nicht der Fall. Denn, wie jedes Lebewesen, besitzt er eine „vis appetitiva", die aus sich heraus nicht auf Eines hin determiniert ist; dieselbe „vis appetitiva" kann sich bezüglich eines Objektes zumindest jeweils im konträren Sinne verhalten, d. h.: als „prosecutio" oder als „fuga". Wie bereits ausgeführt, ist bei unvernünftigen Lebewesen das Verhalten des Strebevermögens bezüglich seiner Objekte unter dem Aspekt des „debitum" durch ein weiteres naturhaft auf Eines hin determinierendes Prinzip geregelt: die „aestimatio naturalis". Beim Menschen ist jedoch dieses Regulationsprinzip die Vernunft. Sie gibt dem „appetitus" seine „forma" und Determinierung, deren Habitus „sittliche Tugend" heißt, die sich wie eine „zweite Natur" herausbildet, „quasi quaedam forma per modum naturae tendens in unum", nämlich auf das „bonum rationis" oder „bonum humanum".[16] Dieses ist selbst wiederum vielfältig, – eine Vielfalt, die nur aufgrund einer Vernunftdeterminierung möglich ist, die ja, gemäß der früheren Kennzeichnung von Handlungsobjekten, jeweils als eine „forma a ratione concepta" verstanden werden muß. Sie läßt im Rahmen des von den natürlichen Neigungen abgesteckten Feldes für verschiedene Menschen und in verschiedenen Situationen vielfältige Möglichkeiten offen. Deshalb reguliert die „lex naturalis" auch nicht sämtliche und einzelne Akte der Tugend; diese sind von der Klugheit in Übereinstimmung mit dem „praeceptum universale" des Naturgeset-

---

[15] De Virt., a.9.
[16] In diesem Zusammenhang gehört natürlich auch die Lehre von der Klugheit als „forma virtutis".

zes und auch anderer Gesetze oder Normen zu bestimmen, die ihrerseits jedoch auch niemals der „lex naturalis" widersprechen können.[17]

Damit findet sich bei Thomas auch die stoische Lehre bestätigt, aber auch umgeformt, daß die natürlichen Neigungen *semina virtutum* sind. Tatsächlich betont Thomas, daß die natürlichen Neigungen „zum Naturgesetz gehören", ebenso wie sie einer „impressio" der „lex aeterna" im Menschen entsprechen. Wichtig ist hingegen zu betonen: Sie sind als solche noch nicht die „lex naturalis", und das ebensowenig, wie der „actus proprius" einer „inclinatio naturalis" als solcher als Akt der Tugend bezeichnet werden könnte. Wenn die natürliche Neigung nicht von der Vernunft geregelt ist, kann sie, als sogenannte „natürliche Tugend", vielmehr in ihrer naturhaften Spontanität unmenschliche Folgen zeitigen, – das zeigt sich gerade auch im menschlichen Willen, wenn er nicht durch die Tugend der Gerechtigkeit auf das Gut des anderen ausgerichtet ist, das heißt: wenn er prinzipiell und naturhaft nur das eigene Gut überhaupt als Gut erstrebt oder sogar das Gut des anderen als eigenes Übel erfährt (Neid, Eifersucht). In der vernünftigen Regelung der natürlichen Neigungen hingegen besteht die „lex naturalis". Diese ist also nicht einfach bloße „ordinatio naturalis", sondern immer auch eine „ordinatio" der natürlichen Neigungen, bzw. ein „ordo rationis" *in* den natürlichen Neigungen. Das gilt auch und gerade für die eigentliche „inclinatio ad bonum rationis", den menschlichen Willen, der zur Verfolgung des „bonum alterius" in seiner naturhaften Hinordnung auf das Gute eine ungenügende Grundlage besitzt; er bedarf dazu einer Vernunftregelung und einer Tugend: der Tugend der Gerechtigkeit.[18]

Die sittliche Tugend ist also, genau wie die „lex naturalis" selbst, die Vervollkommnung der natürlichen Neigung aufgrund deren „conformitas ad rationem". Deshalb kann Thomas auch sagen: „Virtutum habitus ante earum consummationem praeexistunt in nobis in quibusdam naturalibus inclinationibus, quae sunt virtutum inchoationes."[19] Diese „inchoatio" ist doppelter Art: Erstens bezüglich der „dispositio habitualis", die im Falle der natürlichen Neigung „a natura" ist; im Falle der Tugend hingegen ist sie durch die Wiederholung vernunftgemäßer, vor allem innerer Willensakte, die auf Handlungen gerichtet sind *(electiones)*, erworben und durch Aneignung in der „vis appetitiva" *impressa*. Zweitens ist die Tugend eine „consummatio" der natürlichen Neigung durch deren Integration in das „bonum rationis".

---

[17] Vgl. I–II, q.94, a.3: „Sed si loquamur de actibus virtuosis secundum seipsos, prout scilicet in propriis speciebus considerantur, sic non omnes actus virtuosi sunt de lege naturae. Multa enim secundum virtutem fiunt, ad quae natura non primo inclinat; sed per rationis inquisitionem ea homines adinvenerunt, quasi utilia ad bene vivendum."

[18] Vgl. I–II, q.56, a.6: Die Gerechtigkeit erstreckt sich auf dreierlei: auf das Gut der „species" (das „bonum commune speciei"); auf dasjenige anderer Personen und somit das „bonum commune" der menschlichen Gemeinschaft; sowie auf Gott, das „bonum commune totius universi"; dieser letzte Aspekt der Gerechtigkeit ist ja die Tugend der „religio". Von Natur aus erstrebt jedoch der Wille das eigene Gut mehr, als das des anderen. Wird dies zum Habitus (Laster), dann handelt es sich um Hochmut, Egoismus, Neid usw., allgemein: Ungerechtigkeit. Die Gerechtigkeit erstellt hingegen im Wollen des Guten für andere und in den äußeren Handlungen die „aequalitas ad alterum" her. Deshalb ist auch die Freundschaft Teil der Tugend der Gerechtigkeit, denn Freundschaft besteht darin, das Gut des anderen wie ein eigenes Gut zu erstreben und zu lieben.

[19] De Verit., q.11, a.1. Neben der „inchoatio", die der Mensch als Mensch, also spezifisch, besitzt,

2.6 Zur Konstituierung des Handlungsobjektes

An dieser Stelle ist es sowohl für das Verständnis des Folgenden wie auch aus systematischen Gründen unumgänglich, einige vorläufige und überblicksartige Ausführungen über den Begriff des Handlungsobjektes („obiectum morale") einzuschieben, obwohl dieses Thema später noch eingehend zur Behandlung kommen wird (vgl. Teil II, Kap. 7). Zwischen der Konstituierung des Naturgesetzes und jener von Handlungsobjekten besteht nämlich eine weitgehende Analogie oder Parallelität. Mehr noch: Genau besehen handelt es sich um ein und dasselbe Phänomen unter zwei verschiedenen Aspekten auf, jedoch nur teilweise, verschiedenen Ebenen; zwei Aspekte, die sich gegenseitig ergänzen und beleuchten.

2.6.1 Abstrakte (ontische) und praktisch-moralische Objektivierung, – und eine neue Version des naturalistischen Fehlschlusses

Die „bona propria", auf welche die natürlichen Neigungen hinzielen, sind, wie bereits gesagt, abstrakt-ontisch, d. h. auf der Ebene ihre „genus naturae" und losgelöst (abstrahiert) von ihrer Integration in das Suppositum begriffen, noch nicht sittliche Werte, die unmittelbar als solche praktisch bedeutsam wären. Sie können jedoch ebenfalls nicht „vormoralische" Güter genannt werden, wie die dualistische These behauptet. Man kann nämlich auf der Ebene des „genus naturae" allein überhaupt keine sittliche Beurteilung vornehmen. Zu behaupten, sie seien vormoralische Güter wäre überhaupt nur sinnvoll in einer ethischen Betrachtungsweise, die, um überhaupt ethisch zu sein, den Kontext des Suppositums immer schon berücksichtigen muß. Die Ziele dieser natürlichen Neigungen als vormoralische Güter zu betrachten, würde dann heißen, sie besäßen überhaupt keine innere „proportio ad rationem", sie seien also, wie Thomas das ausdrückt, „indifferentes ex specie"; d. h.: sie besäßen auch im Kontext des Suppositums, also nicht nur abstrakt im „genus naturae" betrachtet, keine innere sittliche Wertbezogenheit, eine solche würden sie erst durch weitere Umstände oder Intentionen des Handelnden erhalten.

Nun ist aber eben die abstrakt-ontische Betrachtung der natürlichen Neigungen und ihrer Ziele weder eine ethisch noch anthropologisch adäquate Betrachtungsweise; sie kann also auch nicht zu einem moralisch-qualifizierenden Urteil führen; und ein solches ist ja die Behauptung, sie seien „indifferente" oder „vor-moralische" Güter.[1] Nicht die Ziele die-

gibt es auch noch eine solche individueller Art, aufgrund individueller Eigenschaften (die man auch „Charakter" nennt); sie entspricht der aristotelischen „aretê physikê".

[1] Vgl. I–II, q.18, a.8: Thomas gelangt zur Behauptung der Indifferenz eines Aktes „in specie" durch die Feststellung, daß er *als solcher* oder „an sich" keinen Bezug zum „ordo rationis" besitzt, „sicut levare festucam de terra, ire ad campum et huiusmodi". Etwas ganz anderes ist es jedoch, Akte, die an sich eine solche „proportio ad rationem" besitzen (z. B. die natürliche Neigung zur Verbindung von Mann und Frau), unabhängig von dieser Beziehung zu betrachten; dann handelte es sich etwa um eine biologische, psychologische, physiologische Betrachtungsweise, die in keiner Weise auch nur irgend ein moralisches Urteil ermöglichte. Die Beurteilung eines Aktes als indifferent ist aber gerade ein moralisches Urteil.

ser Neigungen sind vormoralisch, sondern die abstrakte Betrachtungsweise ist hier vormoralisch – oder nicht-moralisch; sie ist als Abstraktion dieser natürlichen Neigungen, ihre Herauslösung aus dem Kontext der Person, des Suppositums, die bloße Vergegenständlichung ihres „genus naturae".[2]

Die von den natürlichen Neigungen erstrebten Ziele als „vormoralische" Güter zu bezeichnen, heißt demnach, eine sittliche Qualifizierung (oder genauer: „Disqualifizierung") aufgrund des „genus naturae" vorzunehmen. Dies ist jedoch eine unstatthafte „transgressio in aliud genus" und damit ein Fehlschluß, der unschwer als bloße Variante der „naturalistic fallacy" erkannt werden kann. Denn diese beruht ja gerade darauf zu mißachten, daß „genus naturae" und „genus moris" nicht auseinander ableitbar sind; daß also auf der Ebene des „genus naturae" keine sittlich qualifizierenden Prädikate möglich sind. „Moralische Indifferenz" ist aber ein solches Prädikat.

Eine strukturell spiritualistische und dualistische Ethik hat ihre Basis notwendigerweise in einer abstrakt-naturalistischen Betrachtungweise von Handlungsobjekten. Es handelt sich dabei im Kontext der Ethik um einen grundlegenden Fehler, einen „error in principiis«. Durch diese naturalistische Interpretation von Handlungsobjekten – basierend auf der illegitimen Ableitung objektiver (spezifischer) Indifferenz aus dem abstrakt betrachteten, aus dem Gesamtkontext des menschlichen Suppositums herausgelösten „genus naturae" der natürlichen Neigungen – müssen dann beispielsweise in einer „teleologischen Ethik" nachträglich diese als vorsittlich und ethisch indifferent qualifizierten Güter erst wieder in einen ethischen Kontext eingearbeitet werden, damit der naturalistische Ausgangspunkt überwunden werden kann. Eine solche Ethik vermag dabei jedoch den Gesamtkontext der menschlichen Person nicht mehr adäquat zu rekonstruieren, und um zu Handlungsnormen zu gelangen, muß sie „universalteleologisch" und das heißt letztlich: utilitaristisch verfahren.[3]

In Wirklichkeit werden diese „bona propria" – als „bona particularia" der einzelnen natürlichen Neigungen – von der praktischen Vernunft sowie in der moralphilosophischen Reflexion keineswegs in ihrem „genus naturae" objektiviert. Wie gesagt ist der ontisch-naturale Aspekt dieser Güter oder Ziele eine Abstraktion, eine Herauslösung aus

---

[2] Thomas spricht auch etwa von „consideratio *absoluta*", d. h. „losgelöst" vom Kontext moralischer Beurteilung. In IV Sent., d.16, q.3, a.1, qla.2, ad 2: „aliqui actus ex suo genere sunt mali vel boni (…). Hoc autem ex quo actus reperitur in tali genere, quamvis sit de substantia eius inquantum est ex genere moris, tamen est extra substantiam ipsius secundum quod consideratur ipsa substantia actus absolute: unde aliqui actus sunt idem in specie naturae qui differunt in specie moris; sicut fornicatio et actus matrimonialis", die eben beide, absolut, als Sexualakt in ihrem „genus naturae" und den entsprechenden physiologischen, biologischen und in etwa auch affektiven Aspekten identisch sind; dennoch ist der menschliche Sexualakt kein „actus indifferens", wenn man ihn „in specie moris" betrachtet. Die Verwechslung von „absoluter" Betrachtung und Behauptung von Indifferenz findet sich z. B. deutlich bei R. A. McCORMICK, Neuere Überlegungen zur Unveränderlichkeit sittlicher Normen, in: W. KERBER (Hsg.), Sittliche Normen,. Zum Problem ihrer allgemeinen und unwandelbaren Geltung, S. 53; L. JANSSENS, Ontic Evil and Moral Evil, in: Louvain Studies, 4 (1972), S. 115–156. Ferner bei J. Th. C. ARNTZ, F. BÖCKLE, B. SCHÜLLER und vielen anderen.

[3] Für eine genauere Analyse und Kritik der sogenannten „teleologischen Ethik" sei auf Teil II, Kap. 6 verwiesen.

dem Kontext und damit eine „Reduktion" ihrer Intelligibilität. Der Mensch ist auch als Gegenstand praktischer (Selbst-)Erfahrung nie eine bloße Summe verschiedener natürlicher Neigungen, die sich gewissermaßen zusammenhangslos dieser Erfahrung anböten. Er ist vielmehr Person, d. h. eine bestimmte Art von *Suppositum*, in das sowohl die „natura animalis" wie auch die „natura rationalis" – Leiblichkeit, Sinnlichkeit und Geist – integriert sind. Zunächst ist jegliche Erfahrung und Erkenntnis solcher natürlicher Neigungen eine Leistung der Person als ganzer, die diese Neigungen als *eigene,* zu ihr gehörige erfährt. Solche Erfahrung vollzieht sich nicht abstrakt, sondern existentiell. Jede Neigung und ihr Gut werden immer als „mein" erfahren, und nicht als ein „fremder" Gegenstand, wie die mich umgebende „Natur", also personal-kontextbezogen.[4] Diese Art von Erfahrung ist nur ein Niederschlag der ursprünglichen, seinsmäßigen oder anthropologischen Integration verschiedener naturaler Schichten im Suppositum. Aufgrund dieser Metaphysik des Suppositums, die eine solche Erfahrung zu erklären vermag, zeigt sich, daß jede der natürlichen Neigungen im Kontext der Person von Natur aus einen Sinnbezug besitzt, der das bloße „genus naturae" immer schon transzendiert, jedoch gerade auch durch die bloß abstrakte, herauslösende Betrachtungsweise in seiner Intelligibilität verstellt und zerstört würde. Der in einer moralischen Vergegenständlichung natürliche Sinn der natürlichen Neigungen ist ein *personaler* Sinn, und er ist mit ihrem „genus naturae" nicht zu identifizieren.

Die Leistung der natürlichen Vernunft, deren Akte ja solche der Person sind, besteht nun gerade darin, diese Transzendenz der „bona particularia" aufgrund ihrer Integration in das Suppositum zu erfassen. In ihrem natürlichen Akt, der eine „inclinatio naturalis ad virtutem", bzw. „ad vivere secundum rationem" entspricht, erfaßt die Vernunft diese „bona particularia" als „bona humana" und somit als sittliche Güter der Gesamt-Person. Diesem Prozeß entspricht die sittliche Objektivierung von Gütern oder Werten. In ihm konstituiert sich das Objekt der praktischen Vernunft, das zum Objekt des Willens wird, der dadurch sein sittliches Gutsein erhält. Über den Willen wird dieser Inhalt auf die vom Willen selbst vollzogenen und die von ihm „befohlenen" Akte übertragen, die dadurch „actus humani", menschliche und sittliche Handlungen sind, weil sie einem „appetitus intellectivus" und letztlich der „voluntas deliberata" entspringen.

---

[4] Diese Differenzierung wird leider oft übergangen. Ein Beispiel ist L. JANSSENS, Ontic Evil and Moral Evil, a. a. O., S. 121 (Anmerkung 34) und S. 135 f., Die leibliche Dimension des Menschen wird hier einfach als „material part of the material world" begriffen, als menschlich jedoch nur insofern, als dieser „materielle Teil der materiellen Welt" zugleich an der Subjektivität des einzelnen menschlichen Individuums partizipiert. Deshalb wird dann der Leib auch, konsequent, als „means to action", ein Mittel der Subjektivität, um im Bereiche der äußeren Welt handeln zu können, verstanden. Damit ist das Menschliche auf die Subjektivität eingeschränkt; es handelt sich nicht mehr um eine personale Sicht des Menschen, sondern um eine personalistisch-spiritualistische. Die Konsequenzen bei Janssens sind durchgehend sichtbar, u. a. in seiner Bestimmung des „äußeren Handelns" („actus exterior") als „exterior *event*" (S. 120), das in sich keine moralische Bedeutung besitzt, sondern eben nur, insofern es an der „Subjektivität" des Menschen als „Mittel" partizipiert.

2.6.2 Das Handlungsobjekt, eine „forma a ratione concepta"

Die Aussage, die Ziele der natürlichen Neigungen seien transzendent hinsichtlich ihrer Integration in das Suppositum, ist nur ein anderer Ausdruck für die Tatsache, daß sich der *objektive Wert* oder Sinngehalt (also das „obiectum actus in genere moris") durch eine „proportio ad rationem" konstituiert. Man darf den Begriff „moralisches Objekt" nicht verdinglichen oder gar der Gefahr erliegen, ihn auf das „genus naturae" zu reduzieren.[5] Die „teleologische Ethik" verdankt, wie später gezeigt werden soll, einen Großteil ihrer Plausibilität nicht zuletzt der Tatsache, daß sie sich gegen ein solches naturalistisches („physizistisches") Mißverständnis der „moralitas ex obiecto" gewandt hat, dabei jedoch selbst dessen Grundproblematik, die Verkennung der praktischen Vernunft, nicht zu erfassen vermochte und deshalb in ihrem Ausgangspunkt selber einem bedauerlichen Naturalismus verfallen bleibt.

Der hl. Thomas betont, wie bereits angeführt: „Species moralium actuum constituuntur ex formis, prout sunt a ratione conceptae".[6] Diese „forma a ratione concepta" ist nichts anderes als das Objekt einer Handlung in seinem „genus moris". Deshalb unterstreicht Thomas, daß dieses Objekt nicht eine „materia ex qua" sei; eine solche liegt ja einem natürlichen Prozeß der „generatio" als Ko-Prinzip zur „forma substantialis" zugrunde; sie ist unabhängig von der „forma" noch unbestimmt und als „materia prima" sogar in reiner Potentialität. Handlungsobjekte nennt man hingegen eine „materia circa quam": diese ist nicht ein noch unbestimmtes Ko-Prinzip des Gesamtobjektes, sondern vielmehr dieses Objekt selbst, aber unter dem Aspekt seiner materialen Bestimmtheit betrachtet. Sie ist bereits durch die praktische Vernunft konfiguriert und deshalb – ganz im Gegensatz zur „materia ex qua" – „habet quodammodo rationem formae inquantum dat speciem".[7] Im

---

[5] Auf diese Gefahr hat bereits seit einiger Zeit S. PINCKAERS eindringlich hingewiesen, vgl. Le Renouveau de la Morale, Tournai 1964, S. 131ff. Das Grundanliegen von Pinckaers hat sich als äußerst opportun erwiesen, wenn seine Lösung auch noch in einigen Aspekten unausgewogen bleibt. Vgl. dazu die, etwas überzogene, Kritik und die Präzisierungen von T. G. BELMANS, Le sens objectif de l'agir humain, a. a. O., S. 280–289. Eine naturalistische und verdinglichte Konzeption des Handlungsobjektes war auch bei vielen früheren Moraltheologen geläufig, und sie hat sich bis heute zäh gehalten, – sicher auch ein Grund dafür, weshalb viele Moraltheologen die Enzyklika *Humanae Vitae* nicht zu verstehen vermochten.

[6] I–II, q.18, a.10.

[7] Ebd., a.2, ad 2. Hier liegt übrigens eines der zentralen Mißverständnisse von J. ARNTZ, der den materialen Charakter der natürlichen Neigungen analog zur „materia ex qua" zu verstehen scheint. Deshalb vermag er keinen Zugang zu der Aussage von Thomas zu finden, daß diese natürlichen Neigungen bereits zum Naturgesetz gehören. Denn wenn man sie, wie Arntz und dann auch Böckle, der ihm darin gefolgt ist, als „indifferente Materie" begreift, werden sie als konstitutiver Bestandteil der „lex naturalis" unerheblich. Sie können dann nicht als „bona humana" begriffen werden, wie das bei Thomas der Fall ist. Vgl. J. Th. C. ARNTZ, Die Entwicklung des naturrechtlichen Denkens innerhalb des Thomismus, in: F. BÖCKLE (Hsg.), Das Naturrecht im Disput, Düsseldorf 1966. Arntz ist der Meinung, daß die Behauptung normativer Bedeutsamkeit der natürlichen Neigung zu einer „Verdoppelung des Naturgesetzes" führen würde (S. 99). Ähnlich wie seinerzeit M. Wittmann, vermag er die beiden Aspekte nicht zusammenzubringen und formuliert deshalb viel zu einseitig: „Die natürlichen Neigungen bieten sich dem Menschen nur dar als Materie, in der *er selbst* eine vernünftige Ordnung zu schaffen hat" (S. 100). Arntz übersieht dabei vor

Sentenzenkommentar nennt Thomas die „materia circa quam" sogar „finis actus", der nichts anderes als das „obiectum" sei.[8]

Die Gleichsetzung von moralischem Objekt (Objekt der praktischen Vernunft, „actus exterior ordinatus a ratione", und als solches dem Willen als proportioniertes Objekt zum Ziel seines Strebens vorgesetzt) mit der „materia circa quam" mag manchmal verwirren. Die Verwirrung löst sich indes, wenn beachtet wird, daß für Thomas in jedem Objekt – wie in jedem „bonum" generell – ein materialer und ein formaler Aspekt zu beachten ist[9], die sich nicht einfach wie zwei „Dinge" summieren, und sich auch nicht im Sinne hylemorphistischer Ko-Prinzipien zueinander verhalten, sondern vielmehr, mit einer geglückten Metapher, so wie die Farbe zum Licht.[10] Die „materia circa quam" von der „ratio" vergegenständlicht, ist nicht eine „materia informis", sondern bereits eine geordnete, vernunftgeprägte Materie. Oder wie Thomas sagt: eine „materia debita" oder „materia commensurata a ratione" aufgrund des „finis rationis"; ohne das formelle Licht des „ordo rationis", – der ein „ordo ad finem" ist, – kann auch die „materia circa quam" gar nicht gedacht werden.[11]

allem die kognitive Bedeutsamkeit und Normativität der natürlichen Neigungen für den Akt der natürlichen (praktischen) Vernunft.

[8] In II Sent., d.36, q.un., a.5, ad 4. In ad 5 wird sie mit dem Objekt gleichgesetzt, das seinerseits „finis proximus" genannt wird. Vgl. ebenso I–II, q.72, a.3, ad 2; De Malo, q.2, a.4, ad 9: „Finis proximus actus idem est quod obiectum, et ab hoc recipit speciem." – I–II, q.73, a.3, ad 1: „obiectum etsi sit materia circa quam terminatur actus, habet tamen rationem finis, secundum quod intentio agentis fertur in ipsum, ut supra dictum est. Forma autem actus moralis dependet ex fine, ut ex superioribus patet." Mit „intentio" ist hier einfach der innere Akt des Willens gemeint, der, insofern er der Akt eines Handlungssubjektes ist, eine „intentio" genannt werden kann. Ein klares Beispiel dafür, wie wenig weit man bei Thomas mit einer Unterscheidung zwischen „subjektiven" und „objektiven" Elementen der Moralität kommt. Denn das Objektive ist immer auch subjektiv; und das Subjektive ist nur insofern „gut", als es auch „objektiv" gut, d. h. der Vernunft gemäß ist.

[9] Das gilt sowohl für das Objekt der „electio" als solcher, wie auch für jenes Objekt, das aus einer „electio" hinsichtlich einer „intentio finis" mit dem Gegenstand der „intentio" selbst sich bildet; dann verhält sich der Gegenstand der „electio" – die konkrete Handlung – material zum Gegenstand der Intention als dessen „ratio finis", – aber auch dann handelt es sich nur um ein einziges Objekt, weil Mittel und Ziel in einem einzigen Willensakt gewollt werden; man wählt um eines Zieles willen. Vgl. I–II, q.12, a.4, ad 2; In II Sent., d.38, q.1, a.4, ad 1: „(…) finis et id quod est ad finem, inquantum huiusmodi consideratum, non sunt diversa obiecta, sed unum obiectum in quo finis sicut formale est, quasi ratio quaedam volendi; sed id quod est ad finem, est sicut materiale, sicut etiam lumen et color sunt unum obiectum."

[10] Oder auch wie der Körper zur Farbe; vgl. De Caritate, a.4: „Sed in obiecto consideratur aliquid ut formale et aliquid ut materiale. Formale autem in obiecto est id secundum quod obiectum refertur ad potentiam vel habitum; materiale autem id in quo fundatur: ut si loquamur de obiecto potentiae visivae, obiectum eius formale est color, vel aliquid huiusmodi, in quantum enim aliquid coloratum est, in tantum visibile est; sed materiale in obiecto est corpus cui accidit color." Das Beispiel, das „mutatis mutandis" anzuwenden ist, verdeutlicht treffend, was Thomas sagen möchte: Sowohl die Farbe (d. h. die „ratio visibilitatis") wie auch der Körper bezeichnen jeweis das *ganze* Objekt, aber unter einem verschiedenen Gesichtswinkel. Das Auge erfaßt beide Male *nur* „Körper", bzw. *nur* „Farbe"; es erfaßt aber auch den Körper *durch* die Farbe; und weiterhin gäbe es keine Farbe ohne Körper, dem sie zukommen könnte. Wenn man also die „materia" von ihrem formellen Aspekt (den „ordo ad finem" oder „ordo rationis") ablöst, so ist sie in ihrer moralischen Spezifität als „materia circa quam" gar nicht mehr „sichtbar"; umgekehrt kann es aber auch ohne „materia" schlechthin auch keinen „ordo ad finem" und keine „ordinatio rationis" geben.

[11] Siehe auch C.G. III, c.9.

2.6.3 Das Objekt als Ziel des Willens

Der Wille, der sich auf einen ihm äußeren Akt als „actus imperatus" erstreckt, ist also nicht aus sich heraus Ursache der „bonitas moralis" dieses äußeren Aktes, etwa im Sinne eine „finis operantis", die einem vormoralischen „exterior event" die sittliche Qualität einer Intention verleihen würde.[12] Denn Ziel des Willens ist zunächst einmal die ihr von der Vernunft angebotene „materia circa quam" als „materia debita" ihres Imperiums. Die eben erwähnte Fehlbeurteilung entspringt der Verwechslung von „ordo specificationis" und „ordo executionis". Denn, wie Thomas betont, stammt das sittliche Gutsein des äußeren Aktes aufgrund der „materia debita" und den „circumstantiae debitae" nicht vom Willen, sondern vielmehr von der Vernunft.[13] Denn der äußere Akt ist Objekt des Willens, insofern – und nur insofern – er dem Willen als ein durch die Vernunft erfaßtes und geordnetes Gut vorgelegt wird; in dieser Ordnung der sittlich-objektiven *Spezifizierung* liegt also das „bonum rationis" *vor* dem „bonum voluntatis". In der Ordnung der *Ausführung* einer Handlung jedoch ist dies umgekehrt: hier wird das Gutsein des äußeren Aktes gerade durch den Willen bewirkt, der, wenn er einmal durch die Vernunft spezifiziert ist, seine „bonitas" auf den von ihm gewollten äußeren Akt überträgt, der ja nur insofern eine sittliche Qualität besitzt, als er gewollt (ein „volitum") ist; die sittliche Qualität des Handelns ist unter diesem Gesichtspunkt also eine *Folge* des inneren (elektiven und intentionalen) Willensaktes.[14]

Hier liegt der Argumentationsfehler beispielsweise von L. Janssens und jener, die ihm gefolgt sind: Sie übersehen nicht nur die Differenz zwischen der Ordnung der Spezifizierung und jener der Ausführung, sondern zweitens auch die konstitutive Ordnungsfunktion der praktischen Vernunft bezüglich der „materia debita", bzw. des Objektes; man übersieht, daß ein Objekt des Willens immer ein „apprehensum et ordinatum a ratione" sein muß und deshalb bereits eine sittliche Spezifität besitzt, also als „vor-moralisches" Gut gar nie gewollt werden kann.[15] Und drittens wird der „actus exterior" als Objekt und damit als „finis" des Willens systematisch mit einem „finis quem agens sibi praestituit" (einem bloßen „finis operantis") verwechselt, das heißt, es wird übersehen, daß nicht nur

---

[12] Diese Fehlbeurteilung findet sich vor allem bei L. JANSSENS, Ontic Evil and Moral Evil, a. a. O.
[13] „Bonitas autem vel malitia quam habet actus exterior secundum se, propter debitam materiam et debitas circumstantias, non derivatur a voluntate, sed magis a ratione" (I–II, q.20, a.1).
[14] „Actus exterior est obiectum voluntatis, inquantum proponitur voluntati a ratione ut quoddam bonum apprehensum et ordinatum per rationem; et sic est prius quam bonum actus voluntatis. Inquantum vero consistit in executione operis, est effectus voluntatis, et sequitur voluntatem" (Ebd., ad 1).
[15] Hier liegt vielleicht die entscheidende Fehlüberlegung von Janssens; er unterstellt nämlich, daß der Wille sich auf „ontische" Güter *als ontische* richten könne, daß es also möglich sei, „per se" ontische Übel qua ontische zu wollen, diese zum „finis intentionis" zu erheben; und darin, und nur darin, liege dann auch sittliche Bosheit. Eine solche Objektivierung ontischer Güter durch den Willen, unter Ausschluß einer moralisch qualifizierenden und spezifizierenden „ordinatio" der Vernunft, ist jedoch unmöglich und widerspricht der Natur des menschlichen Willens als „appetitus in ratione" oder „appetitus intellectualis". Die Argumentation Janssens' ist also naturalistisch. Wir werden auf dieses Problem in Teil II, Kap. 7 zurückkommen.

die Intention einen „finis" zum Gegenstand hat, sondern daß dies auch für die „electio" zutrifft, um die es hier ja geht.[16]

Immer wenn Thomas von „finis" spricht, liest deshalb Janssens „finis operantis" und übersieht, daß das Objekt des äußeren Aktes des Willens selbst ein „finis" ist, aber nicht ein „finis quem agens sibi praestituit", sondern das, was Thomas einige Male „finis operis" nennt, welches eine Handlung im Gesamtkontext der menschlichen Person spezifiziert.[17]

Diese „species" ist nun eben die Spezies „ab obiecto relato ad principium actuum humanorum, quod est ratio".[18] Der „finis operis" ist nichts anderes als das Objekt der *electio*, die ja selbst ein vernunftgeprägter Akt des Willens ist; und will man die Struktur des „actus humanus" nicht auseinanderreißen, so kann man deshalb die „moralitas ex obiecto" (oder „ex fine") keinesfalls auf das Objekt (oder Ziel) der Intention oder den „finis operantis" reduzieren. Man könnte sich dazu mindestens nicht auf Thomas berufen, sondern müßte wenigstens bis auf Abaelard zurückgehen.

2.6.4 Zum Begriff der „Objektivität" des Naturgesetzes und des sittlichen Handelns

Es soll vorläufig festgehalten werden, daß es eine Parallelität zwischen der Konstituierung von Handlungsobjekten als moralischen Objekten und derjenigen der Objekte von Präzepten der „lex naturalis" gibt. In beiden Fällen handelt es sich um eine „appetibile apprehensum et ordinatum per rationem". Sowohl das „praeceptum" des Naturgesetzes sowie

---

[16] Dies geschieht bei Janssens, weil er den Akt des Willens schlechthin mit dem „actus interior" identifiziert; den „actus exterior", der auch ein Willensakt ist (aber ein actus imperatus) jedoch nur als „exterior event" begreift. Deshalb ist dann für Janssens „Willensakt" und Intention schließlich dasselbe. Eine sittliche Handlung setzte sich zusammen aus Intention (Wille) und „äußerem Akt" („exterior event"). Nur wenn dieser „exterior event" ein ontisches Übel ist und zugleich Ziel der Intention, handle es sich um einen sittlich schlechten Akt. Die Funktion der praktischen Vernunft scheint hier völlig verkannt und die Argumentation naturalistisch.

[17] Vgl. z. b. in IV Sent, d.16, q.3, a.1, qIa 2, ad 3.

[18] I–II, q.18, a.8. Angemerkt sei noch, daß der gleiche Fehler bereits einem äußerst einflußreichen Artikel von P. KNAUER zugrundeliegt: Das rechtverstandene Prinzip der Doppelwirkung als Grundnorm jeder Gewissensentscheidung, in: Theologie und Glaube 57 (1967), S. 107–133; in englischer Übersetzung erschien diese Arbeit im gleichen Jahr ebenfalls im Natural Law Forum (1967) unter dem Titel: „The Hermeneutic Function of the Principle of Double Effect" und wurde wiederabgedruckt in C. E. CURRAN/ R. A. McCORMICK, Readings in Moral Theology, No. 1, New York 1979, S. 1–39; vgl. hier, S. 2: „The most exact [definition of the ‚morally good"] is the third definition, according to which the morally good is the ‚simply good'. *By ‚good' is here meant nothing other than the physical goodness of any reality whatsoever*, that goodness by which something becomes desirable in any sense, according to the axiom ‚ens et bonum convertuntur'. What is ‚simply' good, and therefore morally good, is such a value, if it is willed in such a way that the physical evil possibly associated with it remains objectively beyond the intention of the person willing. *Then the good alone, that is, ‚the simply good', determines the intention*" (Hervorhebungen von mir). D. h. also: „the physical goodness of any reality whatsoever" determiniert den Willen! Für Kauer hat die praktische Vernunft keinen Einfluß auf die (In-)Formierung des praktisch Guten („the morally good"); ihre Aufgabe beschränkt sich vielmehr darauf, angemessene Gründe für das Abwägen zwischen „physical goods" zu liefern.

auch das Objekt einer konkreten Handlung – Objekt des ebenfalls präzeptiven Aktes der „electio" – sind „aliquid a ratione constitutum", entspringen einer „ordinatio rationis". Durch die „lex naturalis" wird dieser *objektive* – das heißt vernünftig geordnete – Sinngehalt der natürlichen Neigungen *in universali* ausgedrückt. „Objektiv" heißt hier soviel wie: In die natürliche Intentionalität der „ratio naturalis" integriert und durch diese geordnet, gemessen, reguliert. Objektiv heißt damit auch: In den Kontext der Gesamt-Person, des Suppositums und damit auch in die Finalitätsstruktur des menschlichen Seins integriert.[19]

Dieselbe Charakteristik zeichnet den objektiven Gehalt eines konkreten „operabile", das Gegenstand einer „electio" ist, die wiederum, ist sie die „electio" eines Tugendhaften, von einem „praeceptum" der Klugheit informiert ist. Dieses „praeceptum" ist nicht universaler, sondern konkret-singulärer Natur. Die Klugheit als „recta ratio agibilium" besteht jedoch im Menschen nicht von Natur aus. Sie bezieht ihre „rectitudo" formell aus dem „praeceptum" der „lex naturalis", denn: „Lex naturalis est secundum quam ratio recta est."[20]

2.7 Jenseits von Naturalismus und Dualismus: Das Problem des sogenannten „naturwidrigen Handelns" („peccatum contra naturam")

Wie aus den bisherigen Ausführungen hervorgeht, finden sich in der „lex naturalis" sowohl Elemente, die „a natura" bestehen, sowie auch eine „ordinatio rationis" bezüglich dieser ersteren, die bewirkt, daß, was die Natur vorgibt, der Vernunft gemäß und damit auf menschliche Weise verfolgt wird. Dabei darf nicht übersehen werden, daß der ordnende Akt der „ratio naturalis" und seine Hinordnung auf das ihm zustehende „bonum proprium" – das „bonum rationis" – selbst „a natura" besteht; das Gut der Vernunft ist somit selbst fundamental ein „naturaliter cognitum".[1]

Damit ist eigentlich gesagt, daß ein jeder ungeordnete Akt – ein „peccatum" – gegen die Ordnung der Vernunft verstößt. Dennoch spricht jedoch Thomas in gewissen Zusammenhängen auch von seinem „peccatum contra naturam". Aber ein solches könnte es ja, aufgrund der ordnenden Aufgabe der Vernunft, streng genommen, gar nicht geben. Es scheint hier also zumindest eine terminologische Inkonsequenz vorzuliegen.

Dieses Problem wird noch nicht dadurch gelöst, daß man darauf hinweist, was gegen die Vernunft geschehe, verstoße auch gegen die menschliche Natur. Das ist selbstverständlich

---

[19] Ein Akt ist also „secundum se" (objektiv) „malus", „secundum quod actus discordat a rectitudine rationis. Unicuique enim nature indita est naturalis quaedam inclinatio in suum finem: et ideo in ratione est quaedam naturalis rectitudo, per quam in finem inclinatur: et ideo illud quod abducit a fine illo, est discordans a ratione" (In II Sent., d.42, q.2, a.5).

[20] Hier wäre auch von der Konstituierung der „prudentia" durch die „fines virtutum" zu sprechen und dem doppelten – intentionalen und elektiven – Aspekt der sittlichen Tugend, sowie dem Verhältnis zwischen Synderesis und Klugheit. Vgl. dazu II–II, q.47, a.6.

[1] Deshalb kann Thomas auch sagen „perversitas rationis repugnat naturae rationis" (In II Ethic., lect. 2) und „corrupta ratio non est ratio" (In II Sent., d.24, q.3, a.3, ad 3).

wahr, und Thomas wiederholt dies ohne zu ermüden. Dennoch unterscheidet er jedoch eine „contra *rationem* agere" von einem moralisch unzulässigen „contra *naturam* agere". Es ist wichtig, diesen Unterschied genau herauszuarbeiten; das ist aufgrund der bisherigen Darlegungen auch möglich; ja, es ist eigentlich bereits im Umriß gesagt, soll indes nun noch eingehender dargelegt werden.

Thomas führt die Terminologie „contra naturam agere" auf eine Unterscheidung „zweier Naturen" im Menschen zurück, der „natura rationalis" und der „natura animalis". Dabei handelt es sich selbstverständlich um eine rein analytische Unterscheidung zweier Ebenen oder Aspekte der einen menschlichen Natur. Betrachtet man den Menschen in seiner Spezifität, gemäß der Natur „quae est propria homini", so kann man alle „peccata", da sie der Ordnung der Vernunft widersprechen, auch naturwidrig nennen. Betrachtet man jedoch nur jenen Aspekt der Natur, der sich von der Vernunft unterscheidet und auch den anderen „animalia" gemeinsam ist, so gelangt man zu einem Begriff des „peccatum contra naturam" in einem spezielleren Sinne.[2]

2.7.1 Personale Anthropologie als Voraussetzung zum Verständnis

Rekapitulieren wir zunächst bereits Gesagtes: Insofern der Mensch als Geschöpf Gottes einem spezifischen „modus essendi" gemäß konstituiert ist, partizipiert er durch seine natürlichen Neigungen, als ein „mensuratus", am Ewigen Gesetz. Diese natürlichen Neigungen machen aus, was ein Mensch *ist*, bevor er überhaupt etwas *tut*. Sie alle tendieren auf ihr „bonum proprium", „ad proprium actum et finem", – wobei das „proprium" der „ratio naturalis" gerade das „debitum" ist. Durch eine „ordinatio", die der „inclinatio naturalis rationis ad debitum actum et finem" entspringt, werden sämtliche natürlichen Neigungen ihrer Integration in den Gesamtkontext der Person entsprechend verfolgt. Die „ordinatio rationis", die dies bewerkstelligt, heißt „lex naturalis"; in ihr besteht die formelle – weil vernünftige, aktiv-messende, gesetzgebende – Partizipation der vernünftigen Kreatur an der „lex aeterna".

Die der menschlichen Seele, die von Natur aus Form eines Leibes ist, entspringenden natürlichen Neigungen sind vielschichtig. Sie verlaufen von der „inclinatio ad conservationem sui esse" über den Ernährungstrieb zur Erhaltung des Individuums und die „inclinatio ad coniunctionem maris et feminae", die auf das Gemeinwohl der Spezies und deren Erhaltung gerichtet ist, bis hin zu jenen Neigungen, die ausschließlich dem Menschen eigen sind: die Erkenntnis der Wahrheit, insbesondere die Erkenntnis Gottes (das „Bonum Commune" des ganzen Universums), sowie das Leben in der Gemeinschaft mit anderen Menschen, mit all dem, was dieses Leben an Forderungen der Gerechtigkeit impliziert.

Damit ist umrißartig gekennzeichnet, was der Mensch in sich selbst und im Kontext der Gemeinschaft mit seinesgleichen als naturgegebene Grundlagen seines Lebens und Handelns vorfindet. Er erfährt sich selbst unmittelbar als ein Wesen der körperlichen Welt, für die Leiblichkeit mit all ihren Konsequenzen konstitutiv ist. Insbesondere in seinen Akten

---

[2] Vgl. I–II, q.94, a.3, ad 2.

erfährt sich der Mensch als Körperwesen.³ Ebenso erfährt er seine animalische Natur, die Ebene der sinnlichen Antriebe und Neigungen und der ihr eigenen Dynamik als „*passio*" der Seele. Er erfaßt bereits auf dieser Ebene deren Sinnhaftigkeit im Kontext der menschlichen Spezies als ganzer – eine Art naturhafter Solidarität – im Rahmen dessen also, was Thomas das „bonum commune naturae" nennt.⁴ Diese Solidarität offenbart sich vor allem in der natürlichen Neigung zur Weitergabe des menschlichen Lebens. Schon dadurch ist der einzelne Mensch in eine das Individuum übersteigende Gemeinschaft der menschlichen Spezies – die Menschheit – hineingestellt und besitzen seine Akte eine Hinordnung auf dieses „bonum commune naturae", ganz abgesehen davon, daß diese im Kontext der Person und ihrer Akte eine ganz eigene, menschliche Qualität erlangen.

Denn schlußendlich kommt dem Menschen unter allen Lebewesen eine einzigartige Stellung dadurch zu, daß er eine geistige Seele besitzt, die „*ad imaginem*" der göttlichen Natur geschaffen ist. Durch diese Gottebenbildlichkeit besitzt der Mensch die Möglichkeit, Wahrheit zu erkennen, zu lieben und die Gemeinschaft mit seinesgleichen als Freundschaft zu leben, wobei Freundschaft nichts anderes ist, als das Erstreben des Gutes des anderen wie ein eigenes Gut. Die Geistigkeit des Menschen begründet seine Freiheit, die Verfügungsgewalt über seine Handlungen (personale Autonomie) und insbesondere die Fähigkeit, jenen natürlichen Neigungen, die aufgrund ihrer naturhaften Dynamik nicht von sich aus dem „Gesetz des Geistes" folgen, dennoch aber aufgrund ihrer seinsmäßigen Integration in das Suppositum konstitutive Sinnelemente der Gesamt-Person sind und deshalb auch eine operative Integration verlangen, solchen natürlichen Neigungen also das „Gesetz des Geistes" zu geben und sie ihm entsprechend auf vollmenschliche Weise zu verfolgen, also aufgrund der Erfassung ihrer Sinnhaftigkeit im Kontext der Person und unter dem bewegenden Imperium des Willens, dem „appetitus intellectualis", – in der Gestalt menschlicher Liebe also.

2.7.2 Das Paradigma der ehelichen Liebe

Die natürliche Neigung „ad coniunctionem maris et feminae" kann zur Erläuterung dieser ganzheitlich-personalen Struktur menschlichen Wollens oder Liebens beispielhaft herangezogen werden, obwohl das Risiko kaum vermieden werden kann, dabei auf den Protest jener zu stoßen, für welche die Benennung dieser natürlichen Neigung als ein „quod natura omnia animalia docuit" geradezu ein Skandalum darstellt.⁵

---

[3] Vgl. dazu die eingehenden Analysen von K. WOJTYLA, Person und Tat, Freiburg/Brsg. 1981, Kap. 5.
[4] Vgl., I–II, q.91, a.6, ad 3; q.94, a.3, ad 1.
[5] Diese Formulierung des römischen Juristen Ulpian, die fest in die Tradition eingegangen war, und die Thomas nicht nur im Sentenzenkommentar, sondern auch in I–II, q.94, a.2 anführt, stammt aus einer juristischen Naturrechtstradition. Thomas hat sie in ihrer beschränkten Aussagekraft aufgegriffen und ihr im Kontext seiner Naturrechtslehre einen wohldefinierten Platz eingeräumt: sie ist Ausdruck der Tatsache, daß der Mensch eine Spezies der Gattung „animal" ist. Wer sich an der Formulierung Ulpians stößt, wird deshalb wohl dennoch kaum an der genannten Tatsache etwas ändern können. – Der nicht gerade sehr differenziert belegten These von Ch. E. Curran, wonach

Die natürliche Neigung, aufgrund der Mann und Frau sich zur Weitergabe menschlichen Lebens verbinden in ihrer naturgegebenen Hinordnung auf das „bonum commune naturae", die Erhaltung der „species", weist allerdings beim Menschen weit über diesen animalischen Kontext hinaus. Sie wird zwar nicht zu einer „Inkarnation" der menschlichen Liebe, wie hin und wieder ungenau formuliert wird, und zwar ebensowenig, wie der Mensch „inkarnierter Geist" ist. Ein inkarnierter Geist wäre ein inkarnierter Engel, – oder eine inkarnierte göttliche Person. Der Mensch hingegen ist, gerade umgekehrt, ein geistbeseeltes, vernunftbegabtes leibliches Sinnenwesen, gemäß der klassischen und präzisen Formulierung: ein *„animal rationale"*.

Eheliche Liebe (nicht *als* Liebe, sondern in ihrer Spezifität als *eheliche* Liebe zwischen Mann und Frau) ist ebenso nicht ein gewissermaßen nachträglich „inkarniertes", aber ursprünglich rein geistiges Phänomen. Sie entspringt vielmehr fundamental und ursprünglich dieser natürlichen Neigung der animalischen Natur des Menschen, zeigt sich jedoch aufgrund ihrer seinsmäßigen Integration in das Suppositum als etwas Neues: als menschliche Liebe zwischen Mann und Frau, die, wiederum aufgrund der spezifischen Würde des Menschen als geistiges Wesen, die Eigenart von ehelicher Liebe besitzt.[6]

Auch die Finalität der Fortpflanzung selbst – sowie das „bonum commune naturae" – erhält im Kontext des Suppositums „Mensch" eine höhere und neue Dimension. Denn sie ist jetzt nicht mehr nur auf das „bonum commune naturae" der Spezies gerichtet, sondern direkt auf das „bonum" eines neuen geistigen *Individuums,* einer Person in ihrer Individualität, die ebenfalls die „imago Dei" in sich trägt und aufgrund der Geistigkeit ihrer Seele, die Unsterblichkeit (= Inkorruptibilität) impliziert, auch als Individuum die Spezies transzendiert.[7] Es handelt sich deshalb nicht nur um bloße Weitergabe des Lebens auf

---

der Einfluß Ulpians im thomistischen Begriff des Naturgesetzes zu einem inkonsistenten Schwanken zwischen „Naturalismus" und „Vernunftbestimmtheit" führt, kann hingegen nicht zugestimmt werden; leider beschränkt sich Curran weitgehend auf den Aufweis von Ulpian-Zitaten bei Thomas, es fehlt jedoch eine genauere Analyse ihrer Bedeutung und ihres Einflußes (vgl. Ch. E. CURRAN, Themes in Fundamental Moral Theology, Notre Dame-London 1977, bes. S. 35ff.). Für eine differenziertere Sicht siehe: M. B. CROWE, The Changing Profile of the Natural Law, The Hague 1977, S. 46ff. und S. 141ff.

[6] Die Ehe ist ja auch aufgrund der vernünftigen Natur des Menschen eine „communitas", die selbst als solche durch das Fundament, auf dem sie aufruht, ihre Spezifität erlangt. Deshalb nennt man diesen gemeinschaftlichen Aspekt auch einen „finis secundarius"; nicht weil er nebensächlich wäre, sondern weil er auf dem primarius aufruht und ohne diesen gar nicht bestehen würde. Auch das „dritte" Ziel oder Gut, der sakramentale Charakter der Ehe, bestünde ja gar nicht ohne die ersten beiden. Er ist aber im Kontext eines christlichen Lebens der entscheidende und wichtigste Gesichtspunkt, schließt jedoch die anderen Ziele ein. Die „Rangordnung" bezeichnet einen Konstituierungszusammenhang, ist aber kein wertendes Urteil über die Bedeutsamkeit der einzelnen Ziele. Das Verhältnis ist analog zu jenem zwischen „actus primus" (Substanz) und „actus secundus" (die „operatio"); der erste ist fundierend; ohne ihn gäbe es keinen „actus secundus"; der letztere, die „operatio" steht aber gerade in der Ordnung der Vollkommenheit höher („operatio est ultima perfectio rei"), denn er schließt das Gründende ein, setzt es voraus und vervollkommnet es. Anders ist auch die Lehre vom „finis primarius" und „secundarius" der Ehe nicht zu verstehen.

[7] Vgl. I, q.98, a.1: „Est autem considerandum, quod alio modo intentio naturae fertur ad corruptibiles et incorruptibiles creaturas. (…) Quia igitur in rebus corruptibilibus nihil est perpetuum et semper manens nisi species, bonum speciei est de principali intentione naturae, ad cuius conservationem naturalis generatio ordinatur. Substantiae vero incorruptibiles manent semper non solum

jener Ebene, der die entsprechende „naturalis inclinatio" entspringt, sondern um die Weitergabe von *menschlichem* Leben, also letztlich darum, „das Gottebenbild von Mensch zu Mensch weiterzugeben".[8]

In einer noch weitergehenden Durchdringung der Sinnfülle dieses Aktes und der Liebe, die seine Grundlage bildet, – ohne damit schon auf die eigentlich übernatürliche, theologische Ebene einzugehen –, unter der Berücksichtigung der Tatsache, daß beim Entstehen jeden menschlichen Lebens ein unmittelbarer göttlicher Schöpfungsakt bezüglich der menschlichen Seele impliziert ist, wird menschliche Fortpflanzung als direkte Mitwirkung an einem göttlichen Schöpfungsakt erkennbar.[9] Damit wird auch deutlich – was hier nur am Rande vermerkt sei – daß die Weitergabe menschlichen Lebens (wie auch das menschliche Leben überhaupt) unter sämtlichen anderen in der Natur vorkommenden Phänomenen eine völlige Sonder- und Ausnahmestellung einnimmt. Die Weitergabe des menschlichen Lebens besitzt nicht jene Autonomie der „causa secunda", die sonst allgemein allen Naturphänomenen zuzusprechen ist; sie ist vielmehr ein Zusammenwirken von geschöpflichem Wirken des Menschen („causa secunda") und dem schöpferischen Wirken Gottes, bezüglich dessen – d. h., was die Erschaffung der Seele und damit das menschliche Leben überhaupt betrifft – die „causa secunda" in etwa eine Art „causa instrumentalis" ist. Das ist der entscheidende Gesichtspunkt, aufgrund dessen die nur beschränkte Verfügungsgewalt des Menschen über das menschliche Leben (das eigene und jenes des Nächsten) zu begründen ist.[10] Das unmittelbar-schöpferische Wirken Gottes beim Entstehen eines jeden einzelnen menschlichen Lebens ist letztlich auch der Grund dafür, weshalb man von der „Heiligkeit" dieses Lebens spricht: Denn menschliches Leben ist nicht *nur* ein Naturphänomen; es ist das einzige Phänomen der körperlichen Welt, das sowohl in seiner Entstehung wie auch in seinem Bestehen die Natur gleichzeitig in den konstitutiven Prinzipien seines Seins transzendiert.

---

secundum speciem, sed eiam secundum individua: *et ideo etiam ipsa individua sunt de principali intentione naturae."*

[8] Vgl. JOHANNES PAUL II., Apostolisches Rundschreiben „Familiaris Consortio", Nr. 28.
[9] Vgl. II. Vatikanisches Konzil, Pastoralkonstitution „Gaudium et spes", Nr. 50: „In ihrer Aufgabe, menschliches Leben weiterzugeben und zu erziehen, die als die nur ihnen zukommende Sendung zu betrachten ist, wissen sich die Eheleute als mitwirkend mit der Liebe Gottes des Schöpfers und gleichsam als Interpreten dieser Liebe." Siehe auch JOHANNES PAUL II., Ansprache vor dem Seminario di Studio su „La procreazione responsabile", Osservatore Romano vom 18. 10. 1984, S. 3: „Am Ursprung jeder menschlichen Person steht ein schöpferischer Akt Gottes: kein Mensch beginnt durch Zufall zu existieren: er ist immer ein Ziel der schöpferischen Liebe Gottes. Von dieser fundamentalen Wahrheit des Glaubens und der Vernunft rührt es her, daß die der menschlichen Sexualität eingeschriebene Fähigkeit zur Prokreation – ihrer tiefsten Wahrheit nach – eine Mit-Wirkung mit der Schöpfermacht Gottes ist. Von dieser Wahrheit her ist es auch bedingt, daß Mann und Frau über diese prokreative Potenz nicht Richter und Herren sind, sind sie doch berufen, in und durch sie an der schöpferischen Entscheidung Gottes teilzuhaben." Vgl. dazu auch J. SEIFERT, Der Unterschied zwischen natürlicher Empfängnisregelung und künstlicher Empfängnisverhütung, in: E. WENISCH (Hsg.), Elternschaft und Menschenwürde, Vallendar-Schönstatt 1984, S. 191–242.
[10] Dies zu betonen ist angesichts der oftmaligen Schwierigkeiten, z. B. die sittliche Dimension des Selbstmordes richtig zu beurteilen, wichtig. Bezüglich des Verfügungsrechtes, das der Mensch über das menschliche Leben besitzt, kann man nicht aufgrund der sonst generell einschlägigen

2.7.3 Ganzheitliche Anthropologie oder Spiritualismus?

Es würde demnach wiederum einer spiritualistischen Fehldeutung des Menschen entspringen, die „coniunctio maris et feminae" einfach nur als „materiales Feld" für die „Inkarnation" oder den „Ausdruck" menschlicher Liebe zu deuten. Vielmehr verhält es sich umgekehrt: Liebe zwischen Mann und Frau gibt es in ihrer Spezifität als eheliche Liebe überhaupt nur aufgrund und wegen der „inclinatio naturalis", die ihr zugrundeliegt. Eheliche Liebe gründet in ihrer Spezifität als eine bestimmte Art von menschlicher Liebe gerade *in* dieser natürlichen Neigung; sie besteht fundamental im Verfolgen dieser Neigung, aber dies auf menschliche Weise. Und das heißt: auf vernünftig geordnete Weise, der „lex naturalis" entsprechend und geleitet vom „appetitus intellectualis", dem Willen, der menschliche Liebe ist („dilectio" und, aufgrund der Gnade, „caritas"). Dabei handelt es sich im Kontext der „inclinatio naturalis" bei dieser Liebe immer um eine Einheit von Sinnlichkeit und Geistigkeit, die eben gerade jetzt in ihrer gegenseitigen und unauflösbaren Bedeutung offenbar wird.

Es läßt sich also durchaus sagen, die „inclinatio naturalis ad coniunctionem maris et feminae" sei im Menschen bereits eheliche Liebe, sofern sie auf menschliche, das heißt: dem Naturgesetz entsprechende Weise, innerhalb der Ordnung der Vernunft (aufgrund einer „ordinatio rationis"), verfolgt wird. Sie kann nämlich auch auf nicht-vollmenschliche Weise befolgt werden: Außerhalb des stabilen Bandes ehelicher Treue zwischen

Struktur der „causa secunda" argumentieren, weil der Mensch als „causa secunda" allein das menschliche Leben gar nicht weiterzugeben vermöchte; er kann dies nur in einer Mitwirkung mit der unmittelbar schöpferischen Kausalität Gottes, in etwa vergleichbar mit einer „causa instrumentalis", so daß das Leben eines jeden einzelnen Menschen in einer ganz besonderen und einmaligen Weise „Geschenk" *und* „Leihgabe" ist, über die also der Mensch nicht als „Eigentümer", sondern als „Verwalter" verfügt. Bedauerlicherweise hat B. Schüller in seiner Kritik traditioneller Argumente für das Tötungsverbot diesen entscheidenden Aspekt übergangen und die metaphysische Beziehung der Geschöpflichkeit des Menschen auf ein (sowieso bezüglich aller Geschöpfe bestehendes) „exklusives Herrscherrecht" Gottes reduziert (vgl. B. SCHÜLLER, Die Begründung sittlicher Urteile, 2. Aufl. Düsseldorf 1980, S. 238–251). Der Vorwurf des Anthropomorphismus, den J. FUCHS gegenüber dem sogenannten „Kreationismus" (unmittelbare Erschaffung der Seele durch Gott) vorgebracht hat, scheint mir auf einem Fehlverständnis göttlicher Kausalität zu beruhen (vgl. J. FUCHS, Das Gottesbild und die Moral innerweltlichen Handelns, in: Stimmen der Zeit 202 (1984), S. 363–382). Nach Fuchs wäre, gemäß diesem Argument, Gott durch Eingreifen Ko-Operator der Eltern. Durch die Erschaffung der Seele würde sich Gott dabei ein innerweltliches Recht vorbehalten. Die Eltern wären nur Ursache des „biologischen Substrats"; Gott Ursache des Personseins. Gott wirke in dieser Welt nur durch Zweitursachen; deshalb müssen auch die Eltern Ursache des ganzen Menschen sein, d. h. der Seele in derselben Weise wie des Körpers. Diese Auffassung, gemäß dem „Kreationismus" seien die Eltern nur Ursache des „organischen Substrates", oder Gott wirke als ko-operative Ursache in die kategoriale Welt hinein, muß jedoch als fundamentales Mißverständnis bezeichnet werden. Die Eltern sind vielmehr Ursache auch der Beseelung, des Personseins, aber auf instrumentale Weise. Das heißt: Gott wirkt nicht „neben" den Eltern in die kategoriale Welt hinein, sondern erhebt im Zeugungsakt die Eltern aus der kategorialen Ebene der Zweitursächlichkeit auf die Ebene geschöpflicher Ursächlichkeit; die Eltern wirken ko-operativ mit Gott, und nicht umgekehrt. Das ist nicht eine anthropomorphe Erklärung. Vielmehr scheint Fuchs den Fehler zu begehen, das „kreationistische" Argument anthropomorph zu verstehen, um es dann aufgrund dieses Vorverständnisses zu kritisieren.

einem Mann und *einer* Frau.¹¹ Oder auch in Verantwortungslosigkeit oder reiner Triebhaftigkeit innerhalb der Ehe. Denn der Mensch ist aufgrund seiner intellektiven Teilhaber an der „lex aeterna" dazu berufen, seine Mitwirkung am Schöpfungsplan in verantwortlicher Weise auszuüben, gleichsam als „Interpret der göttlichen Schöpferliebe", „sibi ipsi et aliis providens". Elternschaft muß also verantwortlich ausgeübt werden. Das Maß dazu ist einerseits die Großzügigkeit der Liebe und andererseits persönliche und äußere Umstände, die den Menschen zu kluger und den Sinn seiner Liebe selbst nicht zerstörender Beschränkung führen können.

Hierbei wäre auch anzumerken, wie man die Frage nach dem „Objekt" der ehelichen Liebe im allgemeinen und jenem des ehelichen Aktes im besonderen zu beantworten hätte. Nur wenn man nämlich von einer ontisch-abstrakten Betrachtung des „genus naturae" des Aktes menschlicher Fortpflanzung als Akt der „potentia generativa" ausgehen würde, müßte man zum Schluß kommen, daß Objekt dieses Aktes „naturhaft" die Fortpflanzung ist, daß dieser Akt aber, als zweites Ziel, auch noch das „Ausdrücken" der Liebe der Ehegatten habe.¹²

Mir erscheint dies jedoch eine wenig zutreffende Art, die Frage anzugehen. Die Liebe zwischen Mann und Frau entspringt, wie wir gesehen haben, einer „naturalis inclinatio ad coniunctionem maris et feminae". Diese natürliche Neigung mit ihrer auf der Ebene des

---

[11] Thomas begründet die „Natürlichkeit" der Ehe ja vor allem im Kontext der Tugend der Gerechtigkeit; was den „finis primarius" betrifft, wäre die außereheliche Zeugung eine Ungerechtigkeit gegenüber dem Kind (In IV Sent., d.26, q.1, a.1); bezüglich des „finis secundarius" geht es Thomas vor allem um die Gleichheit und die Würde der Frau, die nur in der unauflöslichen Ehe gewährleistet sei. „Si ergo vir deserere posset mulierem, non esset aequa societas viri ad mulierem, sed servitus quaedam ex parte mulieris" (C. G. III, c.123). So hatte bereits AMBROSIUS in seinem Hexameron, V, 7–19 (CSEL XXXII) geschrieben: „Non es dominus, sed maritus, non ancillam sortitus es, sed uxorem." Bezüglich der „Einheit" der Ehe argumentiert Thomas aufgrund der Eigenart menschlicher Liebe: „Sic enim erit fidelior amor unius ad alterum, dum cognoscunt se indivisibiliter coniunctos" (C. G., a. a. O.). Ich verweise auf meine früheren Ausführungen: Familie und Selbstverwirklichung, Köln 1979; Die Entdeckung der Familie, in: FONTES/HASSENSTEIN/LOBKOWICZ/RHONHEIMER, Familie – Feindbild und Leitbild, Köln 1977, S. 11–44; Sozialphilosophie und Familie. Gedanken zur humanen Grundfunktion der Familie, in: B. SCHNYDER (Hsg.), Familie – Herausforderung der Zukunft, Freiburg/CH 1982, S. 113–140.

[12] Diesen Ansatz vertrat seinerzeit J. FUCHS in seinem einflußreichen Artikel „Biologie und Ehemoral", in: Gregorianum, 2 (1962), S. 225–253. Er behandelt das Problem einer Bestimmung des „finis operis" (Objektes) des Ehevollzuges von Anfang an als eine reine „Tatsachenfeststellung", die ausgehend „von der inneren Sinn- und Zielhaftigkeit der *Fähigkeit* selbst und des ihr eigentümlichen Aktes, der *copula* beantwortet werden" müsse. „Wenn auf diese Weise geklärt ist, was an sich Sinn und Ziel *sexueller Betätigung* (als solcher) als Aktuierung der Sexualfähigkeit ist, läßt sich festlegen, welche Weisen sexueller Betätigung dieser Sinn- und Zielhaftigkeit entsprechen" (S. 237). Fuchs kommt dann zu dem erstaunlichen Schluß, daß, gemäß der „herkömmlichen" Lehre, – die er hier noch verteidigen will, – die „volle Natur" und der „Wesenssinn" der menschlichen Sexualität im *Sinnzusammenhang* von Keimzellenproduktion und -reifung, Geschlechtsverkehr, Vereinigung männlicher und weiblicher Keimzellen, bestehe (S. 238). Das ist zwar mehr als eine rein biologische Betrachtung – wie Fuchs zu Recht hervorhebt – aber dennoch bleibt sie auf der Ebene des „genus naturae", – denn wie könnte man denn auch auf *dieser* Ebene einen „actus matrimonialis" und einen „actus fornicatorius", die ja moralisch zwei verschiedene Akte sind, unterscheiden?

„quod natura omnia animalia docuit" naturgegebenen prokreativen Zielhaftigkeit wird beim Menschen als „actus humanus" im vollen Sinne zur menschlichen, ehelichen Liebe. Die Liebe zwischen Mann und Frau in ihrem unitiven Charakter (der körperlichen und willentlichen Vereinigung) liegt an der Basis des Phänomens. Sie ist nicht „Objekt" oder „finis operis" des Aktes der „potentia generativa", sondern sie ist vielmehr jener einer natürlichen Neigung entspringende und durch die Vernunft geordnete Akt menschlicher Liebe, der in der „copula carnalis" seine *Erfüllung* („consummatio") und letzte Vollendung („ultima perfectio") erreicht.[13] Der eheliche Akt erweist sich damit nicht als Akt der Zeugungspotenz, der zudem noch dem Ausdruck der Liebe „dient"; sondern er ist vielmehr der vollendete *personale* Akt einer Liebe, die von ihrem Ursprung her auf die Weitergabe des Lebens zielt, die allerdings als „actus humanus" eine *willentliche* und *verantwortliche* Weitergabe des Lebens bedeutet.

Wenn wir deshalb nach dem „Objekt" des ehelichen Aktes fragen, so fragen wir nach dem Objekt oder dem „objektiven Sinngehalt" der Liebe zwischen Mann und Frau, und nicht nach dem „finis naturalis" der Zeugungspotenz. Gleichzeitig halten wir jedoch fest, daß diese Liebe, nach deren Sinngehalt wir fragen, in einer natürlichen Neigung gründet, die wesentlich prokreativerer Art ist. Aufgrund dieses unlösbaren Zusammenhangs zwischen „menschlicher Fortpflanzung" und „Liebe zwischen Mann und Frau" können wir als „Objekt" (oder Sinngehalt) des ehelichen Aktes die liebende (körperliche) Vereinigung von Mann und Frau ausmachen; die prokreative Eigenschaft dieses Aktes gehört dabei wesentlich mit zu diesem „Objekt" oder „finis operis"; diese Eigenschaft liegt, wie gesagt, an der Basis des Phänomens „Liebe zwischen Mann und Frau" und definiert bzw. konstituiert diese Liebe als eine spezifische Art menschlicher Liebe. Damit diese Liebe diesen Sinngehalt bewahre, ist jedoch nicht die tatsächliche (physiologisch-biologische) Fruchtbarkeit der Zeugungspotenz notwendig, sondern lediglich die Offenheit des *Willens* für solche Fruchtbarkeit, ein Wille zur Fruchtbarkeit, der beim Menschen immer im Kontext der Verantwortung ausgeübt wird, der also das begründet, was „verantwortliche Elternschaft" genannt wird.[14]

Daß ein (im moralischen Sinne) *objektiver* und fundamentaler Zusammenhang zwischen ehelicher Liebe und menschlicher Fortpflanzung besteht, gründet jedoch nicht einfach nur auf der naturalen prokreativen Zielhaftigkeit der leiblichen Vereinigung von Mann und Frau; der moralische Zusammenhang wird vielmehr als sittlich bedeutsamer erfaßt, wenn man erkennt, daß die einzige der menschlichen Würde angemessene Form der Weitergabe dieses menschlichen Lebens darin besteht, daß dieses Leben der Liebe zwischen zwei Menschen und ihrer liebenden Vereinigung als Mitwirken mit der Liebe des Schöpfers entspringt. Die Liebe zwischen Mann und Frau und ihre Vollendung in der „commixtio carnalis" ist also viel mehr als ein bloßes „Mittel" zur Fortpflanzung einerseits, oder ein „Ausdrücken" von Liebe andererseits. Das „Objekt" oder der moralische Sinngehalt der liebenden Vereinigung ist diese leibliche Vereinigung *selbst* als personaler

---

[13] Thomas begreift das Verhältnis der „commixtio carnalis" zur ehelichen Liebe wie das Verhältnis der „operatio" als „secunda" oder „ultima perfectio" zum „actus primus"; vgl. In IV Sent., d. 26, q.2, a.4 (= Suppl., q.42, a.4).
[14] Vgl. Näheres dazu unten, Kap. 2.8.

Akt und in ihrer Dimension als Liebe, die der Weitergabe des menschlichen Lebens dient. Diese Liebe und ihre „ultima perfectio" oder „consummatio" in der ehelichen Vereinigung ist also der personale Akt oder der „actus humanus" aus dem neues menschliches Leben entspringt; ein Leben, dessen Sinn auf Liebe zielt und das deshalb auch seiner menschlichen Würde entsprechend der Liebe entspringt, einer Liebe, die auf der natürlichen Ebene eine Mitwirkung mit der göttlichen Schöpferliebe bedeutet, in übernatürlicher Perspektive Abbild der erlösenden Liebe Christi zu seiner Kirche und damit zum Menschen wird. Diese Sinnhaftigkeit besitzt die liebende Vereinigung der Ehegatten unbeschadet der Tatsache, ob dieser Akt nun in diesem oder jenem Fall biologisch fruchtbar ist oder nicht. Nur der menschliche Wille könnte den auf Fruchtbarkeit angelegten Sinn dieses Aktes und damit den Sinn der Liebe zerstören; nicht jedoch vermöchten dies die faktischen biologisch-physiologischen Dispositionen der „Zeugungspotenz".

Wenn man also von „Natur des ehelichen Aktes" spricht, so meint man nicht die Natur der „Aktuierung der Sexualfähigkeit" (J. Fuchs) auf der Ebene des „genus naturae", sondern die Natur eines personalen Aktes, letztlich die Natur der Liebe zwischen Mann und Frau selbst, insofern sie einer natürlichen Neigung entspringt, die einer „ordinatio rationis" gemäß verfolgt wird.[15] Und gemäß dieser personalen Natur des ehelichen Aktes ist dieser wesentlich auf die Weitergabe des menschlichen Lebens hingeordnet; denn die Liebe zwischen Mann und Frau ist die der Würde der menschlichen Person allein angemessene Form der Weitergabe dieses Lebens, die, als personaler Akt, zugleich immer ein Akt der menschlichen Verantwortlichkeit ist.

Hat man sich einmal von naturalistischen Perspektiven befreit, so können denn auch einige treffende Formulierungen von Pius XII. in ihrem wahren Sinn verstanden werden: „Der eheliche Akt ist in seinem natürlichen Gefüge eine personale Betätigung, ein gleichzeitiges und unmittelbares Zusammenwirken der Gatten, das gemäß dem Wesen des Handelnden und der Natur der Handlung Ausdruck des gegenteiligen Sichschenkens ist und dem Wort der Schrift gemäß das Einswerden ‚in einem einzigen Fleisch' bewirkt. Dies ist viel mehr als die Vereinigung von zwei Keimen, die auch künstlich zustandekommen kann, also ohne die natürliche Handlung der Gatten. Der eheliche Akt, so wie die Natur ihn anordnet und gewollt hat, ist ein persönliches Zusammenwirken, zu dem die Brautleute im Eheabschluß sich gegenseitig das Recht übertragen."[16]

Im Kontext solcher Überlegungen wird es möglich, von einem „peccatum contra natur-

---

[15] Damit ist nicht gemeint, daß die eheliche Vereinigung selbst ein „rationales" Geschehen sei. In ihr wird der Mensch vielmehr „totum caro" und „detinetur mens propter delectationem intensam" (vgl., In IV Sent., d.26, q.1, a.3; = Suppl. q.41, a.3). All das widerspricht nicht der sittlichen Tugend: „superfluum passionis quod virtutem corrumpit, non solum impedit rationis actum, sed tollit rationis ordinem. Quod non facit delectationis intensio in actu matrimoniali: quia, etsi tunc non ordinetur homo, tamen a ratione est praeordinatus" (ebd., ad 6); vgl. auch ebd. d.31, q.2, a.1, ad 3 (Suppl., q.49, a.4, ad 3): „Delectatio autem quae fit in actu matrimoniali, quamvis sit intensissima secundum quantitatem, non tamen excedit limites sibi a ratione praefixos ante principium suum: quamvis in ipsa delectatione ratio eos ordinare non possit."

[16] PIUS XII., Ansprache vom 29. 10. 1951; AAS 43 (1951), 850 (UTZ-GRONER, Soziale Summe Pius XII., Nr. 1086f.). Die Kennzeichnung des ehelichen Aktes als „Ausdruck" des „Sichschenkens" ist hier nicht (dualistisch) im Sinne einer „Ausdruckshandlung" verstanden, sondern im Sinne der „perfectio" oder der „consummatio" einer Liebe durch ihren Akt.

am" zu sprechen, das eben immer gewissermaßen die Fundamente menschlichen Wollens, Liebens und praktisch-sittlicher Werterkenntnis „denaturiert". Bei einem solchen „peccatum contra naturam" handelte es sich demnach um eine vom Menschen selbst verursachte „Pervertierung" einer von Natur aus nicht der „ratio" direkt entspringenden „inclinatio naturalis", eine „deordinatio" nicht bezüglich des „actus debitus", was eine Verletzung des „ordo rationis" darstellte. Sondern fundamentaler, eine „deordinatio" hinsichtlich des „actus *proprius*", was eine Verletzung des „ordo naturae" ist.

Wie nun eine solche Pervertierung im zweiten Sinne überhaupt ein moralisches Übel zu sein vermag ist nur – es sei wiederholt – aufgrund einer personal-ganzheitlichen Sicht des Menschen verständlich, in einer Anthropologie des „animal rationale". Geht diese ganzheitliche Sicht verloren, die allein eine *Ethik des Leibes* und der *Sinnlichkeit* ermöglicht[17], dann befindet man sich auf den Wegen einer auf dualistischen Argumentationsbasis beruhenden spiritualistischen Fehldeutung des Menschen, – wobei mit „Spiritualismus" hier eine Anthropologie und Ethik gemeint sind, in der Leiblichkeit und Sinnlichkeit im Kontext menschlichen Handelns keine im sittlichen Sinne konstitutive Bedeutung zugesprochen wird, sondern – aufgrund einer dualistischen Gegenüberstellung von „Person" und „Natur" – *alle* menschlichen Akte als *ursprünglich* geistige Phänomene angesehen werden, die sich erst im Nachhinein auch auf der Ebene einer bezüglich dieser Akte selbst indifferenten (in sich „untermenschlichen" oder „unterpersonalen") Leiblichkeit und Sinnlichkeit „ausdrücken" oder „inkarnieren" lassen, wobei diese Ebene des „Ausdruckshandelns" für den Geist ein jeder *eigener* moralischen Sinnhaftigkeit entbehrendes „materiales" Feld ist, über das gestaltend „verfügt" werden kann.[18]

Eine personal-ganzheitliche Anthropologie und Ethik zeichnen sich jedoch dadurch aus, daß in ihnen, wie beim hl. Thomas der Fall, die geistigen Akte zwar als die spezifischen und letztlich sinn- und ordnungsstiftenden verstanden werden; gleichzeitig aber auch erkannt wird, daß Leiblichkeit und Sinnlichkeit *Fundament* und Träger aller geistigen Akte sind. So wie nämlich die Seele für ihre geistigen Akte zwar keiner körperlichen Organe bedarf, so sind diese dennoch auf den Körper angewiesen, um überhaupt zu ihrem Vollzug zu gelangen. Das gilt ja gerade auch für alle Akte intellektiver Erkenntnis, die ohne „phantasma" und deshalb auch ohne „conversio ad phantasmata" geradezu gegenstandslos blieben. Denn die menschliche Seele ist von Natur aus Form eines Körpers, und die Trennung von ihm widerstreitet ihrer Natur, ist ihr „contra naturam".

---

[17] Und auch eine „Theologie des Leibes"; siehe dazu: JOHANNES PAUL II., Mann und Frau schuf er. Grundfragen menschlicher Sexualität, München/Zürich/Wien 1981. DERS.: Communio personarum. Katechesen 1981–1984, Vallendar-Schönstatt 1984ff.

[18] Das heißt, daß dieses „materiale Feld" seine anthropologische Wert- und Sinnhaftigkeit überhaupt erst *durch* das aktuelle Ausdrücken von Liebe erhält. Damit wäre also nicht das „Sein", sondern der „Akt" konstitutiv für die ontologische Integration der natürlichen Neigungen in das Suppositum. Der Akt erhielte eine ontologisch-konstitutive Funktion. Dadurch jedoch wird die leibliche Dimension der Liebe zu einem bloßen Mittel. Vgl. etwa die verfängliche Formulierung von A. AUER, a. a. O., S. 31, (die Auer selbst zwar als anti-spiritualistisch bezeichnet): „Auch die menschlichen Leidenschaften (passiones) stehen unter einem positiven Vorzeichen: sie sind naturale Güter, die als dynamisierende Potenzen dem Menschen mitgegeben sind und durch seine freie Verfügung der Entfaltung äußersten menschlichen Seinkönnens dienstbar gemacht werden können und sollen."

Ebenso bedarf der menschliche Akt der Liebe nur in seiner spezifischen Geistigkeit als solcher betrachtet keiner weiteren Fundamente; aber wenn sich diese Liebe von ihrem leiblichen und sinnlichen Fundament mit seiner im eigenen Sinnstruktur ablöst, dann ist sie gewissermaßen nicht mehr in dieser Welt und bleibt im Doppelsinne des Wortes „gegenstandslos". Zuletzt wird dann auch gerade aufgrund einer solchen ganzheitlichen Sicht der Person wirklich verständlich, daß sich im Vollzug menschlicher Liebe in ihrer Form als ehelicher Liebe, diese gerade auf der Ebene von Sinnlichkeit und Leiblichkeit auszudrücken vermag und sich ausdrücken muß, ohne daß dabei die Gefahr einer Instrumentalisierung des eigenen Leibes und desjenigen des anderen bestünde.

2.7.4 Ein falscher Ausgangspunkt: Die Moralisierung der Naturordnung

In dieser Perspektive einer ganzheitlichen und deshalb personalen Anthropologie und Ethik wird verständlich wieso und *unter welchen Bedingungen* man von einem „peccatum contra naturam" sprechen kann, und dies im eingegrenzten Sinn, also unter „Ausschluß" der „natura rationalis", der gemäß ja jedes „agere contra rationem" auch eine solches „contra naturam" ist.

Der Sinn dieser Eingrenzung auf die „natura animalis" ist zwar nicht ohne weiteres einleuchtend. Man kann ihre Plausibilität jedoch folgendermaßen aufzeigen: Eine „agere contra rationem" ist ja immer ein Verstoß gegen die „lex naturalis". Diese letztere, sowie der „ordo rationis", ist eine „ordinatio" *in* den natürlichen Neigungen, die selbst „a natura" bestehen und als solche zur „lex naturalis" gehören, sie jedoch noch nicht sind. Die Verfehlung gegenüber dem „ordo rationis" oder dem Naturgesetz ist eine Verletzung des *debitum*, eine „actio indebita". Abgesehen davon ist nun auch eine Verfehlung gegenüber dem *proprium* der natürlichen Neigungen selbst denkbar, woraus sich eine „actio inpropria" ergäbe, ein Akt also, der eine natürliche Neigung nicht nur auf unangemessene Weise, das „debitum" oder „bonum rationis" verfehlend, verfolgt; sondern ein Akt, in dem die natürliche Neigung selbst von ihrem „finis et actus proprius" abgelenkt ist und der somit ein „denaturierter" Akt ist.

Auf der Ebene der „inclinationes naturales" der „natura rationalis" ist eine solche Denaturierung nur theoretisch denkbar, praktisch jedoch schlicht unmöglich. Sie entspräche einer Ablenkung des Willens von seinem „finis et actus proprius", also darin, daß der Wille nicht mehr das Gute zum Gegenstand hätte – und auch nicht das nur „scheinbar Gute" – sondern etwas „sub ratione mali" wollen könnte. Das ist jedoch unmöglich: Der Mensch besitzt keine Macht, die Grundorientierung seines Willens auf das Gute hin zu verändern.

Nur dort, wo der Akt einer „inclinatio naturalis" in irgend einer Weise der leiblichen Dimension des Suppositums entspringt (wie gerade im Falle der Liebe zwischen Mann und Frau), ist es dem Menschen möglich, diesen Akt manipulativ zu denaturieren, ihn also von seinem „finis et actus proprius" abzulenken. So verstanden ist das „peccatum contra naturam" nur auf dieser Ebene möglich. Und deshalb genau ist die Unterscheidung einer „duplex natura" im Menschen praktisch sinnvoll. Damit allein ist allerdings die Frage nach der Möglichkeit einer moralischen Qualifizierung des „contra naturam agere" noch nicht beantwortet.

Ein „peccatum contra naturam" – so der hl. Thomas – ist ein Akt, der nicht nur der „ratio recta" oder dem „ordo rationis" widerspricht, sondern der *überdies* auch gegen den „ordo naturalis" („ordo naturae") verstößt[19], also gegen die „ordinatio naturalis" einer jeden „inclinatio naturalis" „ad proprium finem et actum" (auf der Ebene der passiven Partizipation des Ewigen Gesetzes also). Dieser ist ja ein „ordo", der nicht aufgrund der „mensuratio" der menschlichen Vernunft entsteht, sondern ihr vorausliegt und „a natura" ist.[20] „Contra naturam" in diesem Sinne ist also, was jener „impressio legis aeternae" im Menschen widerspricht, die Grundlage der „ordinatio rationis" – und somit des Naturgesetzes – ist. Es handelt sich nicht um einen *direkten* Verstoß gegen eine Tugend, sondern um einen solchen gegen das Fundament, die Voraussetzungen, die „semina" der Tugend, die ja in der „inclinatio naturalis" ihre natürliche „inchoatio" besitzen.

Schon aufgrund dieser Präzisierungen zeigt sich, daß es beim „peccatum contra naturam" nicht einfach *nur* um ein „contra naturam" als solches geht. Es ist zwar offensichtlich, daß der „ordo naturalis" der verschiedenen Strebungen bezüglich ihres „actus proprius" selbst den Charakter eines „Naturgesetzes" besitzt; aber es handelt sich hierbei nicht um ein moralisches Gesetz der praktischen Vernunft, sondern um Naturgesetze im naturwissenschaftlichen Sinne; also um physikalische, biologische, physiologische usw. Gesetzmäßigkeiten. Aufgrund eines ungenauen – falschen – Begriffes der „lex naturalis" besteht die unmittelbare Versuchung, diese mit solchen Naturgesetzen oder Naturgesetzlichkeiten zu identifizieren, also einfach die Naturordnung als solche zu „moralisieren", das *„peccatum* contra naturam" schlechthin mit einem bloßen *„agere* contra naturam" gleichzusetzen und damit „Natur" *als solche* bereits als normative Grundlage des menschlichen Handelns zu behaupten.

Nun ist es jedoch unmöglich, sich darauf berufen zu wollen, man dürfe schlechthin den „Gesetzen der Natur" nicht zuwiderhandeln; oder daß, was solchen Naturgesetzen entspreche, schon deshalb allein unantastbar sei oder ein „naturhafter" Verlauf jeweils dem Willen Gottes entspreche. Die Tatsache, daß etwas „a natura" besteht, ist überhaupt noch kein hinlänglicher Grund dafür, daß es menschlicher Verfügungsgewalt entzogen ist. Wer so argumentiert, macht sich eines krassen Naturalismus schuldig.

So beurteilt man doch in moralischer Hinsicht etwa Experimente im Bereich der Genmanipulation bei Menschen und Tieren auf verschiedene Weise. Aber in beiden Fällen handelt es sich um eine „contra naturam agere" bezüglich biologischer Naturgesetze, bzw. den faktischen, in der Natur grundgelegten Ablauf von Naturprozessen. Solche Manipulationen würde man bei Tieren als Mittel zu einem ehrenwerten Zweck ohne weiteres für

---

[19] Vgl. II–II, q.154, a.11.
[20] Thomas macht einen Unterschied zwischen „a natura" und „secundum naturam": „(...) Philosophus ibi loquitur de his quae sunt contra naturam, secundum quod esse contra naturam opponitur ei quod est esse a natura; non autem secundum quod esse contra naturam opponitur ei quod est esse secundum naturam, eo modo quo virtutes dicuntur esse secundum naturam, inquantum inclinant ad id quod naturae convenit" (I–II, q.71, a.2, ad 2). „Secundum naturam" – jedoch nicht „a natura" – ist also, wie die sittliche Tugend, auch der „ordo rationis", nicht aber die „inclinatio naturalis"; diese ist „a natura".

moralisch gerechtfertigt handeln; beim Menschen steht die Sache anders. Also kann es nicht einfach um die Respektierung der „Natur" als solcher gehen. Auch Eingriffe in den menschlichen Organismus, selbst wenn dabei natürliche Gegebenheiten zum Wohle und im Hinblick auf die Gesundheit des Gesamtorganismus verändert werden, pflegen durchaus keine sittlichen Probleme aufzuwerfen. Es gibt Menschen mit künstlichem Magen, Lungen und Nieren. Mit dem, was in der „Naturordnung" vorgesehen war, haben diese wenig zu tun. Weiter: Weder der katholischen Moraltheologie noch dem kirchlichen Lehramt ist es je in den Sinn gekommen, pharmazeutische Mittel zur Regulierung des Fruchtbarkeitsrhythmus als ein „peccatum contra naturam" zu verurteilen; ebenfalls hat man dies nicht getan bezüglich der Einnahme von Antikonzeptiva bei voraussichtlich akuter Gefahr einer Vergewaltigung.

Wenn man also argumentiert, der Eingriff in den natürlichen „ordo" könne ein moralisches Übel darstellen, so behauptet man das nicht aufgrund einer unantastbaren „Natürlichkeit" dieses „ordo" selbst, sondern weil man bereits weiß, daß und weshalb es sich dabei um ein moralisches Übel handelt. D. h., weil man erkannt hat, daß gewisse Natürlichkeiten von moralischer Bedeutsamkeit sind und daß zwischen ihnen und dem „ordo rationis" ein innerer und unlösbarer Zusammenhang besteht.

Man kann sich dabei auch nicht direkt auf den Willen Gottes als Urheber der Natur berufen, denn wir erkennen ja den Willen Gottes bezüglich der Ordnung der geschaffenen Dinge – wenn wir einmal von der Offenbarung dieses Willens absehen – aufgrund der Erkenntnis der Geschöpfe: „Lege autem divina haec solum prohibita sunt, quae rationi adversantur".[21] Es muß deshalb gerade in der Logik der thomistischen Ethik jeweils nachgewiesen werden, inwiefern ein „contra naturam agere" der *Vernunft* widerspricht; dann erst kann es nämlich auch als *„peccatum contra naturam"* erkannt und von ihm ausgesagt werden, es widerspreche dem Willen Gottes.

Breite Strömungen gegenwärtiger Moraltheologie haben einen Teil dieser Problematik durchaus erfaßt. B. Schüller hat ja richtig betont, daß unsere Aussagen über den Willen Gottes jeweils von unseren moralischen Interpretationen bezüglich der Natur abhängig sind, und nicht umgekehrt.[22] Schüller begeht jedoch in seiner Kritik der „Tradition" einen grundlegenden Fehler: er unterstellt nämlich, daß die naturalistische Moralisierung der Naturordnung den einzigen Argumentationstyp darstelle, aufgrund dessen ein Schluß wie „naturwidrig und deshalb unerlaubt" möglich sei. Schüller übersieht, daß gerade im Kontext einer Theorie der praktischen Vernunft als natürlicher Vernunft eine *differenzierte* moralische Qualifizierung der sittlichen Bedeutsamkeit von Naturgegebenheiten möglich wäre. Seine teleologische Alternative beruht deshalb ebenso wie eine von ihm undifferenziert kritisierte naturalistische Tradition auf derselben Verkennung der praktischen Vernunft. Noch etwas krasser findet sich der Mangel an Differenzierung etwa bei F. Scholz, der nun einfach jeden Eingriff in die Natur ohne weiteres und „in allen Lebensbereichen" einem „schmerzlichen ärztlichen Eingriff" gleichsetzt.[23] Von einer undifferenzierten

---

[21] C. G. III, c.125.
[22] Vgl. B. SCHÜLLER, Die Begründung sittlicher Urteile, a. a. O., S. 224.
[23] Vgl. F. SCHOLZ, Objekt und Umstände, Wesenwirkungen und Nebeneffekte. Zur Möglichkeit und Unmöglichkeit indirekten Handelns, in: Christlich glauben und handeln, a. a. O., S. 259.

Moralisierung der Naturordnung gelangt man dabei zu einer ebenso undifferenzierten, und insofern ebenfalls naturalistischen, jedoch zu einem Spiritualismus führenden, Behauptung einer grundsätzlich („in allen Lebensbereichen") sittlich erlaubten Manipulierbarkeit des Natürlichen.[24]

2.7.5 Der entscheidende Gesichtspunkt der „praesuppositio"

Thomas behandelt das „peccatum contra naturam" bekanntlich eingehend im Zusammenhang mit dem Laster der „luxuria", der Unzucht. Es lohnt sich, seine Begründung dafür zu lesen, weshalb das „vitium contra naturam" auch ein „maximum peccatum inter species luxuriae" sei:

„In quolibet genere pessima est principii corruptio, ex quo alia dependent. Principia autem rationis sunt ea quae sunt secundum naturam: *nam ratio, praesuppositis his quae sunt a natura determinata, disponit alia secundum quod convenit*. Et hoc apparet tam in speculativis quam in operativis. Et ideo, sicut in speculativis error circa ea quorum cognitio homini est naturaliter indita, est gravissimus et turpissimus; ita in agendis agere contra ea quae sunt secundum naturam determinata, est gravissimum et turpissimum. Quia ergo in vitiis quae sunt contra naturam transgreditur homo id quod est secundum naturam determinatum circa usum venereum, inde est quod in hac materia hoc peccatum est gravissimum. (...) Per aliae autem luxuriae species praeteritur solum id quod est secundum rationem rectam determinatum; *ex praexuppositione tamen naturalium principiorum.*"[25]

Im Rahmen einer ganzheitlichen Sicht der menschlichen Person und ihrer natürlichen Strebungen wird der zitierte Gedankengang unmittelbar plausibel; es besteht nicht die geringste Gefahr einer naturalistischen Fehldeutung: Denn der „ordo naturalis" einer jeden natürlichen Neigung hinsichtlich seines „actus et finis proprius" ist Fundament und Prinzip, *praesuppositum* des „ordo rationis" und damit auch der „lex naturalis", ja des sittlichen Handelns überhaupt als *menschliches* Handeln, und im Speziellen: jeder Form von menschlicher Liebe. Was Prinzip, Fundament des „ordo rationis" oder „ordo virtutis" ist, besitzt deshalb selbst eine moralische Qualifizierbarkeit, und zwar nicht aufgrund seiner

---

[24] Vgl. auch die geradezu bestürzenden Ausführungen von H. ROTTER, Tendenzen in der heutigen Moraltheologie, in: Stimmen der Zeit, 4 (1970). S. 264: „Daß die Gesetze der unterpersonalen Natur nicht ohne weiteres schon Kriterium für die Richtigkeit menschlichen Handelns sind, wird heute immer deutlicher. Denn die untermenschliche Natur trägt ausgesprochen inhumane Züge. Sie muß deshalb vom Menschen kultiviert, d. h. manipuliert werden." Der Autor verweist dann auf die Selektionsgesetze im Tierreich (Schwäche, Krankheit, Raubtiere); dann auf diejenigen im menschlichen Bereich: Kriege und hohe Sterblichkeit: „sie waren nicht nur Übel, sondern sie haben größere Katastrophen wie Verschlechterung des Erbguts, Überbevölkerung und Hungersnot vermieden. Diese Ordnungsfaktoren sind also sehr wichtige Naturgesetze (!) im Dienste der Arterhaltung. Dennoch sind sie inhuman, weil sie den einzelnen Menschen dem Wohl der menschlichen Art opfern. Es kann deshalb keine sittliche Pflicht sein, solche Gesetze einfach zu respektieren. Der Mensch muß sie vielmehr durch Medizin, Geburtenkontrolle und politische Aktivität auszuschalten versuchen. Die Würde des Menschen verlangt also Kultur im Sinne einer Humanisierung der Natur. Das ist nur möglich durch ‚unnatürliche' Eingriffe in die natürlichen Abläufe". Auch hier findet sich die dualistische Identifizierung einer „untermenschlichen" Natur *im* Menschen mit einer nicht-menschlichen Natur, die den Menschen umgibt.

[25] I-II, q.154, a.12.

bloßen „Natürlichkeit", sondern kraft seines Charakters als eines „praesuppositum" für den „ordo virtutis", und damit für das menschliche Handeln als *menschliches* überhaupt. Ist ein willentliches Handeln in diesem Sinne „contra naturam", so ist es zwar nicht *unmittelbar* „contra rationem", jedoch „contra naturam quam ratio praesupponit". Der Akt der „ratio naturalis" und damit die gesamte Ordnung des sittlichen Handelns wird durch ein solches „contra naturam agere" in seinem natürlichen Fundament verletzt und deshalb ist ein solches „contra naturam" ein fundamentaler Verstoß gegen die Ordnung der Vernunft in ihren Grundlagen. Das Verhältnis der „praesuppositio" zwischen Natur und Vernunft ist das entscheidende und einzige Kriterium dafür, daß ein Wollen eines solchermaßen ausgezeichneten „ontischen Übels" unmittelbar auch ein moralisches Übel zu sein vermag, bzw. dafür, daß es niemals *nur* ein „ontisches Übel" sein kann.

Nur in einer dualistischen, bzw. spiritualistischen Anthropologie kann eine solche „praesuppositio" übersehen werden, und zwar, weil dann sämtliche von der geistigen Sphäre des Menschen selbst unterscheidbaren Schichten der menschlichen Natur als sittlich indifferent und deshalb bezüglich der praktischen Vernunft und dem Willen nicht als Prinzipien, sondern instrumental aufgefaßt werden. Als eine Art „Rohmaterial" also, in welchem eine Ordnung, die mit dem „ordo moralis" einen inneren Bezug hätte, überhaupt noch nicht vorhanden wäre, sondern erst geschaffen werden müßte. Der Aufruf vieler Moraltheologen, jede moralische Verpflichtung bestünde einfach darin, „soviel ontisches Übel wie möglich zu verhindern", wobei kein „ontisches Übel" jedoch schon in sich auch ein moralisches Übel sein könne, mag zwar als Beleg für ihre edlen Absichten gelten, kann aber nicht darüber hinwegtäuschen, daß sie dabei die Grundstruktur praktischer Werterkenntnis und sittlichen Handelns verkennen, sowie auch, nebenbei bemerkt, die Wirklichkeit der „lex aeterna" und ihre Partizipation im Menschen. Damit werden wir uns noch eingehend beschäftigen.

Mit dem hl. Thomas ist zu betonen, daß sowohl die spezifisch menschlichen Akte der Erkenntnis wie auch die der Liebe immer auf einem „ordo a natura determinata", und d. h. einer bestimmten natürlichen Neigung mit ihrem „finis et actus *proprius*" aufruhen und sich allein in ihrem Kontext überhaupt definieren und vollziehen lassen, – zumindest, soweit es vom Willen des Menschen abhängt. Das gilt selbstverständlich auch für die der geistigen Ebene zugehörige Ausrichtung des Intellektes auf die Wahrheit, die Erkenntnis Gottes („desiderium naturale") und des Willens auf das Gute und auf das Du, die natürlicherweise einen „ordo iustitiae" begründen, der wiederum Grundlage aller menschlichen Liebe darstellt und auch im Kontext ehelicher Liebe konstitutive Bedeutung besitzt; denn eheliche Liebe vollzieht sich in der Einheit der Person auch immer in der Ordnung der Tugend der Gerechtigkeit.

Es soll damit unterstrichen werden, daß die moralische Qualifizierung eines „contra naturam agere" nicht einer Ableitung des „ordo moralis" aus dem „ordo naturae" entspricht. Sie entspringt vielmehr gerade umgekehrt, einer *Interpretation des natürlichen „ordo" der natürlichen Neigungen im Lichte des „ordo rationis"*, bzw. der Tugend; sie beruht also auf der Erfassung der Beziehung einer „praesuppositio". Deshalb erweist sich die moralische Qualifizierung des „contra naturam agere" selbst als eine Leistung der praktischen Vernunft.

Ebenfalls wird nicht behauptet, der „ordo naturalis", den die Vernunft voraussetzt, sei

„lex naturalis". Mit Thomas würden wir sagen: „pertinet ad legem naturalem", aber selbst ist er noch nicht „lex", denn diese besteht in der „ordinatio rationis" bezüglich dem „proprium" der natürlichen Neigungen, eine „ordinatio", die allerdings ohne dieses „praesuppositum" gar nicht zustande kommen könnte; d. h. sie könnte, wegen der Mißachtung der passiven Partizipation am Ewigen Gesetz (des „mensuratum esse" des Menschen) keine dem Ewigen Gesetz entsprechende „ordinatio" sein und würde deshalb ihren Charakter als „lex naturalis, quae est participatio legis aeternae in rationali creatura" grundlegend verfehlen. *Deshalb* kann man sagen: eine solche „ordinatio" entspräche auch nicht dem Willen Gottes.

Wenn verstanden wird, daß es einen „ordo naturalis" gibt, „quem lex naturalis praesupponit", daß ohne ihn auch die „lex naturalis", der „ordo rationis" und der „ordo virtutis" ihr Fundament verlieren, so versteht man auch, weshalb durch ein *solchermaßen* qualifiziertes „contra naturam agere" überhaupt ein echtes, im Vollsinne menschliches Handeln, Erkennen und Lieben verunmöglicht wird.

2.8 Exkurs: Naturgesetz und Empfängnisverhütung

2.8.1 Die dreifache „praesuppositio" im Akt der Weitergabe menschlichen Lebens

Im Falle des Aktes der Weitergabe des menschlichen Lebens besteht eine dreifache Beziehung der „praesuppositio"; d. h. der „ordo rationis" oder „virtutis" gründet gemäß drei Aspekten auf dem „ordo naturalis".

Zunächst einmal deshalb, weil der menschliche Akt der Fortpflanzung bezüglich der Weitergabe des menschlichen Lebens lediglich den Charakter einer ko-operativen Ursächlichkeit besitzt. Der Mensch vermag als „causa secunda", wie bereits gesagt, nicht, ein menschliches Leben weiterzugeben. Dazu bedarf es in jedem Falle eines unmittelbaren schöpferischen Eingreifens Gottes, da die menschliche Seele nicht aus der Potentialität der natürlichen Fortpflanzungskräfte des Menschen eduziert werden kann. Die menschliche Seele transzendiert deren Kausalität bei weitem. Dieser Aspekt, der die Schranken der menschlichen Verfügbarkeit über menschliches Leben sowie die unermeßliche Würde der Elternschaft aufzeigt, soll indes hier nur am Rande berücksichtigt werden, weil er im Zusammenhang mit den Auseinandersetzungen um „Humanae Vitae" auch nicht im Mittelpunkt stand.

In zweiter Hinsicht ist der „ordo naturalis" ein „praesuppositum" für das „bonum commune speciei" – die Erhaltung der „species" – und damit, aufgrund einer natürlichen Solidarität des Menschen mit seinesgleichen, Grundlage für eine spezifische Art von Gerechtigkeit.[1] Dieser, von Thomas vorwiegend berücksichtigte, Aspekt der menschlichen Fortpflanzung und der ehelichen Liebe, gemäß dem der einzelne Mensch und die eheliche Gemeinschaft als „ein Fleisch" und Einheit zweier Willen und der Affekte in den überzeitlichen und überindividuellen Sinnzusammenhang menschheitsspezifischer Soli-

---

[1] Vgl. dazu die guten Ausführungen von G. DE BROGLIE, La Doctrine de saint Thomas sur le fondement communautaire de la chasteté, in: L'Agire Morale, a. a. O., S. 297–307.

darität und Verantwortung gestellt sind, kann hier weitgehend ausgeklammert bleiben, weil sich in diesem Kontext allein die Frage einer moralischen Beurteilung der *Art* der Wahrnehmung einer entsprechenden „verantwortlichen Elternschaft" (durch Enthaltsamkeit oder aber Empfängnisverhütung) noch gar nicht stellt.

Die dritte Beziehung der „praesuppositio" ist jene bezüglich der Ordnung menschlicher Liebe als ehelicher Liebe selbst, und zwar in der doppelten Dimension der Tugend der Gerechtigkeit (des „amor amicitiae", der Treue und der „aequalitas" der Ehegatten) sowie der damit eng verknüpften Tugend der ehelichen Keuschheit.

Auf dieser Ebene lag die Argumentation von Humanae Vitae, und dieser grundlegende Zusammenhang ist es, der von vielen Kritikern dieser Enzyklika bis heute nicht verstanden worden ist, ein Unverständnis, das sich im Vorwurf, die Enzyklika argumentiere „biologistisch" und der weitverbreiteten Unfähigkeit, die entscheidenden Passagen von HV auch nur zu *zitieren*, manifestiert.[2]

Im Folgenden soll diese Thematik nur hinsichtlich der hier interessierenden Frage behandelt werden, inwiefern und weshalb man behaupten kann – und „Humanae Vitae" tut das – Kontrazeption (Empfängnisverhütung) verstoße gegen das Naturgesetz.[3] Es geht also darum zu zeigen, *wo* überhaupt die moralische Problematik der künstlichen Empfängnisverhütung zu suchen ist. Humanae Vitae und das ihr nachfolgende Lehramt haben das mit großer Klarheit gesagt; im Lichte der vorhergehenden Analysen sind wir jedoch imstande, die Frage präzise in der Begrifflichkeit der thomistischen Lehre von der „lex naturalis" zu beantworten, wobei wir uns vor Augen halten müssen, daß es hierbei um die weiterführende Vertiefung einer Argumentationsstruktur gehen muß, da ja für Thomas dieses Problem noch gar nicht existierte.

---

[2] Nur ein Beispiel unter unzähligen sei genannt: L. OEING-HANHOFF, Der Mensch: Natur oder Geschichte?, a. a. O., S. 17, der die Argumentation von „Humanae Vitae" mit unvollständigen und aus dem Zusammenhang gerissenen Zitaten völlig *entstellt*. Vgl. S. 17: „Dieser Ansicht liegt das im Schlußabschnitt der Enzyklika formulierte allgemeine Prinzip zugrunde, der Mensch gelange zu seinem wahren Glück, das heißt zum guten, geglückten, auch sittlich erfüllten Leben nur, sofern er die von Gott in seiner Natur eingeschriebenen Gesetze befolgt. Mit diesen Gesetzen sind auch und besonders „biologische Gesetze" gemeint, zum Beispiel die nach biologischen Gesetzen gegebene natürliche Unfruchtbarkeit vor der Eireife. Weil mit der Methode der Zeitwahl – und nur mit ihr – diese biologischen, von Gott in die Natur der Frau eingeschriebenen Gesetze beachtet werden, sei dieser Weg der Empfängnisregelung sittlich gerechtfertigt." Das Problem liegt hier nicht bei der Enzyklika, sondern beim Interpreten, der sich nicht vorzustellen vermag, daß es „in der Natur eingeschriebene Gesetze" gibt, die nicht biologische Gesetze, sondern *moralische* Gesetze sind; von diesen spricht „Humanae Vitae".

[3] Mit „Empfängnisverhütung" sind dabei an sich sämtliche, ob künstliche oder andere Praktiken (wie der „coitus interruptus") gemeint; im Zusammenhang mit Humanae Vitae geht es jedoch nur um die künstlichen Methoden der zeitweisen oder definitiven Sterilisierung durch pharmazeutische Produkte, mechanische Mittel oder operative Eingriffe. Die Frage nach abortiven Kontrazeptiva und der Abtreibung selbst stellt sich im Zusammenhang der Enzyklika nur, insofern sie als „Verhütungsmittel" fungieren. Die sogenannte „natürliche" Methode (periodische Enthaltsamkeit) ist keine „Verhütung" sondern eine *Vermeidung* der Empfängnis. Der Terminus „Geburtenregulierung" ist in diesem Zusammenhang zu undifferenziert. Reguliert wird die Empfängnis, bzw. die Fruchtbarkeit.

2.8.2 Der Ausgangspunkt: Der Begriff der „verantwortlichen Elternschaft"

In der Auseinandersetzung um die Sexualmoral müssen zunächst zwei verschiedene Fragen auseinandergehalten werden: Eine erste bezieht sich auf die Sinnorientierung der menschlichen Sexualität überhaupt und damit auch auf die „Natur" jenes menschlichen Aktes, der der menschlichen Fortpflanzung dient, im folgenden kurz „ehelicher Akt" genannt. Diese Frage betrifft also das Problem des Objektes dieses ehelichen Aktes, bzw. dessen objektiven Sinngehalt. Wobei daran zu erinnern ist, daß wir dabei immer an einen personalen Akt (einen „actus humanus"), und nicht an den Akt der „Zeugungspotenz" als solcher denken.[4]

Die zweite Frage berührt nicht unmittelbar den objektiven Sinn des ehelichen Aktes, sondern vielmehr die *Akte der Wahrnehmung verantwortlicher Elternschaft*. D. h., ob eine eventuelle Beschränkung der Fruchtbarkeit des ehelichen Aktes nur durch die sogenannten natürlichen oder auch durch künstliche Mittel erfolgen darf. Diese Frage ist es, die zu beantworten sich HV vorgenommen hat und die im Zentrum der Diskussion steht. Das Verständnis des objektiven Sinnes des ehelichen Aktes, bzw. entsprechende Mißverständnisse, sind dabei zwar von ausschlaggebender Bedeutung, sind aber nur in indirekter Weise Thema der Auseinandersetzung.

Das Anliegen von HV stellt sich vor allem in den Kontext der zweiten Frage, wie Verantwortlichkeit in der Elternschaft auszuüben sei, um zum Schluß zu gelangen, daß dafür der Weg der künstlichen Empfängnisverhütung aus moralischen Gründen auszuschließen sei. Versuchen wir kurz den Weg dieser Argumentation zu skizzieren, indem wir diese gleichzeitig in die Ergebnisse der vorhergehenden Darlegungen einfügen und sie dadurch entsprechend näher beleuchten.

Der Mensch ist dazu berufen, die Aufgabe der Weitergabe des menschlichen Lebens, als Mitwirken an der göttlichen Schöpferliebe, auf vernünftige und verantwortliche Weise wahrzunehmen, gleichsam als Interpret dieser Liebe und „sibi ipsi et aliis providens", also gemäß einer „ordinatio rationis" der „lex naturalis". Es handelt sich beim Menschen nicht um eine trieb- oder instinktgesteuerte, sondern um eine vernünftig-willentliche, und damit also: um verantwortliche Elternschaft. Das Maß seiner aktiven Mitwirkung an der göttlichen Weltregierung und somit seiner vernünftigen Teilnahme an der göttlichen Vorsehung bezüglich der Schaffung neuen menschlichen Lebens, die, obwohl der Mensch nur Mitwirkender ist, dennoch von seinem Mitwirken-Wollen abhängt, dieses Maß verleiht dem Menschen nicht die natürliche Neigung als solche mit ihren naturalen Antrieben,

---

[4] Vgl. die obigen Ausführungen in Kap. 2.7.3; weiter auch: Teil II, Kap. 7. – Es scheint mir von großer Wichtigkeit, die beiden Fragen nach dem prokreativen Sinngehalt der ehelichen Liebe (Zusammenhang zwischen ehelicher Liebe und Fortpflanzung) einerseits, und den Akten der Wahrnehmung verantwortlicher Elternschaft andererseits zu unterscheiden, was in der Diskussion nicht immer der Fall ist und zu Ungenauigkeiten führt. Die Kontrazeption zum Zwecke der prinzipiellen Ausschaltung der prokreativen Dimension der menschlichen Sexualität steht im Folgenden nicht zur Diskussion. Sondern einzig und allein die Frage nach der Sittlichkeit der Akte der *Wahrnehmung* elterlicher Verantwortung, der Regulierung der Fruchtbarkeit also, unter der Voraussetzung, daß der prokreative Sinn der menschlichen Sexualität grundsätzlich anerkannt bleiben soll. Denn die Befürworter einer sittlichen Legitimität der Kontrazeption unter den katholischen Mo-

sondern die Vernunft. Der Akt der Weitergabe des menschlichen Lebens ist deshalb nicht ein Akt der Zeugungspotenz, sondern ein *personaler* Akt (ein „actus humanus"), ein Akt, der also wesentlich ein vernunftgeprägter Willensakt, oder, was im Falle der willentlichen Verbindung von Mann und Frau dasselbe ist: ein Akt menschlicher Liebe ist.

Verantwortliche Elternschaft heißt also Wahrnehmung und Befolgung des natürlichen Strebens im Rahmen einer „ordinatio rationis". Bereits die Ehe selbst entspringt einer solchen „ordinatio", aber in ihr selbst bedarf es einer vernunftgerechten Wahrnehmung jener Neigung, die zur Ehe geführt hat. Dieser „ordo rationis", demgemäß die Weitergabe menschlichen Lebens erfolgt (verantwortliche Elternschaft) ist, wie sich von selbst versteht, ein „ordo virtutis". Die diesem „ordo" entsprechenden Tugenden sind die Gerechtigkeit (bezüglich des „bonum commune speciei" und des Ehegatten – Gleichheit, Treue –) sowie die Tugend der Keuschheit, also jene Tugend, welche in den Akten der menschlichen Sexualität die Ordnung und das Maß verantwortlicher Liebe erstellt und wahrt.

Wenn man von Keuschheit spricht, so denkt man oft sogleich an Enthaltsamkeit. Darum geht es jedoch nicht. Die Enthaltsamkeit ist in sich betrachtet überhaupt keine Tugend; sie kann sogar lasterhaft sein. Und umgekehrt gibt es eine tugendhafte Unenthaltsamkeit aus Liebe; Thomas nennt sie „incontinentia secundum similitudinem" und sie besteht dann, wenn „jemand vollständig durch eine der Ordnung der Vernunft entsprechende und damit gute Begierlichkeit (Konkupiszenz) geleitet wird".[5] Diese Form von Unenthaltsamkeit, die der Spontanität und Echtheit wahrer ehelicher Liebe eigen ist, gehört, so Thomas, „zur Vollkommenheit der Tugend".[6] Diese Art von Unenthaltsamkeit widerspricht keineswegs der ehelichen Keuschheit, die nicht Enthaltsamkeit meint, – die ohne entsprechende Gründe vielmehr „contra rationem" und deshalb der Tugend und der Liebe selbst entgegengesetzt wäre, – sondern vernünftige, verantwortungsbewußte Wahrnehmung der „naturalis inclinatio". Wobei aus verschiedenartigen Gründen auch die Übung von Enthaltsamkeit notwendig ist, damit die Tugend der Keuschheit, die Ordnung der menschlichen Liebe – ein „ordo rationis" – und der Verantwortungssinn erhalten und gestärkt wird. Aber eheliche Enthaltsamkeit ist immer auf Liebe und (verantwortliche) Fruchtbarkeit hingeordnet, auf die Verantwortung hinsichtlich der Aufgabe, am göttlichen Schöpfungs- und Erlösungsplan mitzuwirken, eine Verantwortung hinsichtlich

---

theologen gehen ja in der Regel davon aus, daß die Kontrazeption das gleiche Ziel anstrebe, wie die natürliche Familienplanung, daß sie also nicht einer negativen Einstellung gegenüber dem prokreativen Sinn der ehelichen Liebe entspringe, sondern nur eine andere Methode zur verantwortlichen Regulierung dieser an sich unbestrittenen prokreativen Folgen der Sexualität sei. Es zeigt sich dann allerdings, daß diese Rechnung nicht aufgeht, d. h. daß auch eine in dieser Absicht praktizierte Kontrazeption schließlich zu einer anti-prokreativen Einstellung führt; das ist jedoch eine *Folge* der Kontrazeption, die zwar für die Erkenntnis ihrer anthropologischen und ethischen Fragwürdigkeit ins Gewicht fällt, nicht jedoch den Punkt bezeichnet, welcher den *Grund* dieser Fragwürdigkeit ausmacht.

[5] „(...) aliquis totaliter ducitur per concupiscentiam bonam, quae est secundum rationem" (II–II, q.156, a.2).

[6] „pertinet ad perfectionem virtutis" (ebd.).

des Ehegatten, der Familie, der menschlichen Gemeinschaft und sich selbst, wobei letztlich das Maß die Großzügigkeit der Liebe ist.[7]

Deshalb wird in HV erklärt: „Im Hinblick schließlich auf die gesundheitliche, wirtschaftliche, seelische und soziale Situation bedeutet verantwortungsbewußte Elternschaft, daß man entweder, nach klug abwägender Überlegung, sich hochherzig zu einem größeren Kinderreichtum entschließt, oder bei ernsten Gründen und unter Beobachtung des Sittengesetzes zur Entscheidung kommt, zeitweise oder dauernd auf weitere Kinder zu verzichten" (Nr. 10).

Dabei lehrt nun die Enzyklika – und darin liegt ja der strittige Punkt – daß das einzig sittlich adäquate Mittel der Einschränkung oder Regulierung der Fruchtbarkeit die Enthaltsamkeit ist, während die „direkte, dauernde oder zeitlich begrenzte Sterilisierung des Mannes oder der Frau" sowie jede Handlung als unsittlich verurteilt wird, „die entweder in Voraussicht oder während des Vollzuges des ehelichen Aktes oder im Anschluß an ihn beim Verlauf seiner natürlichen Auswirkungen darauf abstellt, die Fortpflanzung zu verhindern, sei es als Ziel, sei es als Mittel zum Ziel" (Nr. 14).

2.8.3 Die Formulierung des Problems: Der untrennbare Zusammenhang von „liebender Vereinigung" und „Fortpflanzung"

Anschließend an die Definition verantwortlicher Elternschaft folgt der Hinweis auf die sittlich notwendige Beachtung der Integrität des ehelichen Aktes und der natürlichen Zyklen der menschlichen Fruchtbarkeit. Die Kritiker der Enzyklika sind zumeist an diesem Punkt stehengeblieben, suggerierend, daß hierin die Begründung von HV für die Unsittlichkeit der künstlichen Kontrazeption zu sehen sei, eine Begründung, die also auf der Wahrung der biologischen Integrität des Aktes und des ebenfalls, an sich biologischen, Gesetzes zyklischer Fruchtbarkeit, beruhe. Dabei übersieht man jedoch, daß die Begründung erst im nachfolgenden Abschnitt (Nr. 12) überhaupt erst beginnt. Hier findet sich die Kernaussage von Humanae Vitae, und wir wollen sie nachstehend anführen:

„Diese vom kirchlichen Lehramt oft dargelegte Lehre gründet in einer von Gott bestimmten unlösbaren Verknüpfung der beiden Sinngehalte – liebende Vereinigung und Fortpflanzung –, die beide dem ehelichen Akt innewohnen. Diese Verknüpfung darf der Mensch nicht eigenmächtig auflösen. Seiner innersten Struktur nach befähigt der eheliche Akt, indem er den Gatten und die Gattin aufs engste miteinander vereint, zugleich zur Zeugung neuen Lebens, entsprechend den Gesetzen, die in der Natur des Mannes und der Frau eingeschrieben sind. Wenn die beiden wesentlichen Gesichtspunkte der liebenden Vereinigung und der Fortpflanzung beachtet werden, behält der Verkehr in der Ehe voll und ganz den Sinngehalt gegenseitiger und wahrer Liebe und seine Hinordnung auf die erhabene Aufgabe der Elternschaft, zu der der Mensch berufen ist."

Diese Formulierung zeigt zunächst, daß es überhaupt nicht um die Wahrung der Integrität der „Natur" und ihrer biologischen Gesetze geht, sondern um die Wahrung der Integri-

---

[7] Vgl. Gaudium et spes, Nr. 50: „Unter den Eheleuten, die diese ihnen von Gott aufgetragene Aufgabe erfüllen, sind besonders jene zu erwähnen, die in gemeinsamer kluger Beratung eine größere Zahl von Kindern, wenn diese entsprechend erzogen werden können, hochherzig auf sich nehmen."

tät der *ehelichen Liebe* als eines personalen Aktes. Es geht, weiterhin, auch nicht um die „biologisch-prokreative" Offenheit des ehelichen Aktes, sondern um die Offenheit der ehelichen Liebe, d. h. des menschlichen Willens oder des ehelichen Aktes als *actus humanus*, als vernunftgeordneter Willensakt, bezüglich der „erhabenen Aufgabe der Elternschaft".

HV geht davon aus, daß diese eheliche Liebe zwei Aspekte besitzt, die beide gleich wichtig sind und untrennbar zusammengehören: „Liebende Vereinigung" und „Fortpflanzung".[8] Und daß die Eigenart der ehlichen Liebe in diesem Doppelaspekt durch Kontrazeption zerstört wird. Was auf dem Spiele steht, ist nicht die Integrität der „Naturordnung", sondern jene der menschlichen Liebe, die ein „ordo rationis" und ein „ordo virtutis" ist.

Aber warum ist das so? HV führt in Nr. 13 nur sehr kurz einige wenige Gründe an, und weist in Nr. 17 auf einige Folgen künstlicher Empfängnisregelung hin. Die Enzyklika appelliert an die vernünftige Einsichtigkeit dieser Lehre. Sie liefert aber selbst keine weiteren Begründungen. Denn das ist die Aufgabe der Theologie, die allerdings, unter Mißachtung der zentralen Aussage von HV, offenbar in dieser Aufgabe oft weitgehend versagt hat, bzw. gar nicht auf die Argumentation von HV eingetreten ist, ihr vielmehr andere, leicht kritisierbare Begründungen unterschoben hat.[9]

Der Schlüssel zur Begründung liegt jedoch, wie mir scheint, im Begriff der *verantwortlichen Elternschaft*. Man hat immer wieder versucht, deren Wahrnehmung auf ein „Methodenproblem" zu beschränken, d. h.: viele Moraltheologen erblicken in der natürlichen und der künstlichen Geburtenregelung lediglich einen Unterschied in der „Methode", keine Kinder zu bekommen. Diese Fehlhaltung ist letztlich Folge einer naturalistischen Betrachtung der menschlichen Fortpflanzung. Demgegenüber ist folgende Präzisierung angebracht:

Die Beschränkung der Kinderzahl muß, damit man von verantwortlicher Elternschaft

---

[8] Es sei wiederholt (vgl. oben Kap. 2.7.3): Damit ist nicht gemeint, daß der eheliche Akt zwei untrennbar zusammengehörige „Objekte" besitzt: Fortpflanzung und Ausdruck der Liebe. Vielmehr muß man sich vergegenwärtigen, daß der Akt selbst einer „naturalis inclinatio ad coniunctionem maris et feminae" entspringt. Diese *ist*, integriert in das Suppositum und in seiner vollmenschlichen Bedeutung, gerade „eheliche Liebe", deren Objekt wir nun suchen. Die Liebe zwischen Mann und Frau ist bei der Frage nach dem Objekt bereits vorausgesetzt, und wir fragen nun danach, was diese Liebe spezifiziert. Das spezifizierende Objekt ist eben der Akt der Weitergabe menschlichen Lebens. Und dies gerade deshalb, weil die Weitergabe menschlichen Lebens der Liebe entspringen muß, um der Würde des menschlichen Lebens zu entsprechen (ich habe diesen Gedanken näher ausgeführt in: Sozialphilosophie und Familie. Zur humanen Grundfunktion der Familie, a. a. O., S. 129 ff.). Die Liebe kommt dabei nicht zu kurz; sie ist aber nicht Objekt, sondern grundlegender. Sie ist jene Liebe, deren Objekt wir suchen, wenn wir nach dem Objekt des ehelichen Aktes fragen. Genau deshalb sind Fortpflanzung und liebende Vereinigung untrennbar verbunden. Das Argument gilt ebenso für die Befruchtung „in vitro": Ebensowenig wie Liebe zwischen Mann und Frau von der Aufgabe der Weitergabe des Lebens getrennt werden kann, kann die Weitergabe des menschlichen Lebens von der Liebe zwischen Mann und Frau gelöst werden.

[9] Diese Erkenntnis verbreitet sich gegenwärtig zunehmend und ist ausreichend belegt. Vgl. z. B. die Beiträge in E. WENISCH (Hsg.), Elternschaft und Menschenwürde. Zur Problematik der Empfängnisregelung. Mit einem Geleitwort von Franciszek Kardinal MACHARSKY, Vallendar-Schönstatt 1984.

sprechen kann, selbst einem Akt der Tugend der Keuschheit entspringen, d. h. einer Regelung der natürlichen Neigung durch Vernunft und Willen, und kann nicht durch Akte vollzogen werden, durch die die Tugend der Keuschheit hinsichtlich der verantwortlichen Wahrnehmung der Elternschaft *überflüssig* wird. Oder anders gesagt: Ein Akt verantwortlicher Wahrnehmung von Elternschaft muß immer den Strukturprinzipien des „actus humanus" entsprechen. Damit besteht ein untrennbarer Zusammenhang zwischen Verantwortung und *willentlicher* Wahrnehmung dieser Verantwortung, sodaß durch künstlich-sterilisierende Eingriffe die Struktur des ehelichen Aktes als „actus humanus" selbst zerstört wird.

Deshalb ist festzuhalten: Es geht erstens nicht darum zu begründen, künstliche Eingriffe in die natürliche Ordnung seien an sich schon sittlich verwerflich. Zweitens soll nicht gesagt werden, der eheliche Akt sei bei Voraussicht seiner Unfruchtbarkeit sittlich schlecht; eine solche Behauptung müßte vielmehr bestritten werden. Drittens steht auch nicht zur Debatte – und das wird oft übersehen –, ob ein moralischer Unterschied zwischen künstlich provozierter und der durch natürlich-biologische Gesetze verursachten Unfruchtbarkeit besteht. Dieser Unterschied ist nämlich *in sich* betrachtet moralisch belanglos, wie man am Beispiel therapeutischer Sterilisierung, (bei der der sterilisierende Effekt zwar direkt verursacht wird, aber nicht aus Gründen der Empfängnisverhütung, also nur indirekt, gewollt ist), oder beim Fall der Gefahr voraussichtlicher Vergewaltigung sehen kann. Es geht also grundsätzlich überhaupt nicht um die Differenz zwischen zwei Arten von Unfruchtbarkeit (natürliche und künstliche), sondern vielmehr um zwei verschiedene Weisen des Verhältnisses des menschlichen Willens zur Unfruchtbarkeit und näherhin: um zwei Weisen der »Kontrolle« über die Folgen der Fruchtbarkeit.

Die Alternative, um die es geht, ist damit nicht jene zwischen „natürlich-biologischer Gesetzmäßigkeit" einerseits und „künstlichem Eingriff" andererseits; so formuliert handelte es sich lediglich um ein „Methodenproblem". Die Alternative ist vielmehr diejenige zwischen Ausübung der Verantwortung durch willentliche Enthaltsamkeit einerseits und deren Ausübung durch Akte, die Enthaltsamkeit überflüssig machen, andererseits. Oder, anders gesagt, die Alternative „Ausübung prokreativer Verantwortung durch willentliche Regelung und Beherrschung des menschlichen Sexualtriebes" einerseits und „Ausübung prokreativer Verantwortung durch technisch-künstliche Kontrolle der Fruchtbarkeit menschlicher Sexualität *anstatt* solcher willentlicher Regelung und Beherrschung" andererseits; also nicht die Alternative „natürlich"-„künstlich", sondern: *„willentlich"-„künstlich"*[10]. Wobei die Befürworter der künstlichen Empfängnisverhütung unterstellen, daß die Notwendigkeit der willentlichen Beherrschung und Regelung der Sexualität durch periodische Enthaltsamkeit mindestens in vielen Fällen der menschlichen Liebe abträglich sei.

Wenn nachgewiesen werden kann, daß das Überflüssigwerden der Enthaltsamkeit als Ausübung prokreativer Verantwortung durch willentliche Beherrschung der „inclinatio

---

[10] Das Willentliche, d. h. personale, ist zugleich das „Natürliche" im moralischen Sinne. Deshalb wird ja die periodische Enthaltsamkeit auch eine „natürliche Methode" genannt. Spricht man im Zusammenhang der Moral von „natürlich" oder „Natur eines Aktes", so meint man immer die personale Dimension des „actus humanus".

naturalis", zu einer Zerstörung des „ordo rationis" *in radice* führt, und damit zu einer Zerstörung der spezifisch menschlichen, d. h. *verantwortlichen* Weise, die der ehelichen Liebe zugrundeliegende und sie prägende „inclinatio naturalis" zu verfolgen, und damit also zu einer Zerstörung der ehelichen Liebe in ihrer menschlichen Eigenart, – genau dann ist nachgewiesen, daß künstliche Geburtenregelung sittlich schlecht ist, und zwar weil sie „contra naturam, quam ordo rationis praesupponit" verstößt, also bezüglich der Natur des menschlichen Handelns *als menschliches* (personales Handeln) ein „error in principiis" darstellt und deshalb auch die Tätigkeit der praktischen Vernunft bezüglich der Ordnung der Weitergabe des menschlichen Lebens im eigentlichen Sinne „denaturiert" und sittlich desorientiert.

Nun, genau das behaupten sowohl Humanae Vitae als auch das diese weiterführende Apostolische Rundschreiben „Familiaris Consortio" (FC). In HV geht es ja überhaupt nicht um die Beachtung biologischer Gesetze, – die zwar als „praesuppositum" deutlich herausgestellt werden, – sondern darum, daß der eheliche Akt „voll und ganz den Sinngehalt gegenseitiger und wahrer Liebe" bewahrt, sowie „seine Hinordnung auf die erhabene Aufgabe der Elternschaft, zu der der Mensch berufen ist." Die Enzyklika enthält sich einer genaueren philosophischen und theologischen Beweisführung im strikten Sinne. Und noch FC weist darauf hin, daß dies weitgehend eine noch zu bewältigende Aufgabe der Wissenschaft sei, wobei das Problem auch hier deutlich beim Namen genannt wird: „Im Licht der Erfahrung so vieler Ehepaare und der Ergebnisse der verschiedenen Humanwissenschaften kann und muß die Theologie den anthropologischen und gleichzeitig ethischen Unterschied erarbeiten und vertiefen, der zwischen der Empfängnisverhütung und dem Rückgriff auf die Zeitwahl besteht. Es handelt sich um einen Unterschied, der größer und tiefer ist, als man gewöhnlich meint, und der letzten Endes mit zwei sich gegenseitg ausschließenden Vorstellungen von Person und menschlicher Sexualität verknüpft ist" (FC, Nr. 32). Diese verschiedenen Vorstellungen sind jene einer ganzheitlichen Betrachtung der Person einerseits und der auf naturalistischen und dualistischen Vorurteilen aufgebaute spiritualistische „Personalismus", wie er heute von vielen Moraltheologen vertreten wird.[11]

Wir können damit festhalten: Bei der Frage der Empfängnisverhütung geht es nicht um die biologische Struktur des ehelichen Aktes, sondern um die Wahrung der *personalen* Natur dieses Aktes als ein Akt menschlicher Liebe und Verantwortung und somit als Akt der sittlichen Tugend. Die biologistische Reduktion entstammt keinesfalls der Optik des kirchlichen Lehramtes, sondern derjenigen seiner Kritiker, die damit ihre Kritik auf der Grundlage eines klassischen „Sophimas" aufgebaut haben: der sogenannten „ignoratio elenchi", das heißt: der Verkennung des Streitpunktes.

---

[11] Als Beispiel sei J. FUCHS zitiert, Der Absolutheitscharakter sittlicher Handlungsnormen, in: Frankfurter Theologische Studien, Band 7, Frankfurt/M., 1971, S. 221: „Man kann Person und Natur einander gegenüberstellen, so daß Natur das unterpersonale Vorgegebene des Menschen und seiner Welt besagen kann. Person dagegen das sich – in der vorausgegebenen Natur – besitzende und gestaltende Ich." Zur Kritik dieses spiritualistischen „Personalismus" siehe W. KLUXEN., Menschliche Natur und Ethos, in: Münchener Theologische Zeitschrift 23 (1972), S. 1–17, bes. S. 16: „Von einem ‚Personalismus' ist nur dann zu reden, wenn jeglicher naturale und funktionale Inhalt seiner moralischen Relevanz entkleidet, das Wesen des Sittlichen allein im ‚personalen'

2.8.4 Sexualität und prokreative Verantwortung

Die ethische Argumentation gegenüber der künstlichen Empfängnisverhütung ist demnach im Rahmen einer ganzheitlich-personalen Anthropologie sowie einem Verständnis der „lex naturalis" und der sittlichen Tugend, wie sie vorgehend entwickelt wurden, zu leisten. Die entsprechende These lautet dabei folgendermaßen: Die Tugend der Keuschheit und die auf sie hingeordnete willentliche Beherrschung des Sexualtriebes durch periodische Enthaltsamkeit bilden die einzige dem menschlichen Handeln adäquate Grundlage für eine verantwortliche, vernünftige Regulierung der menschlichen Fortpflanzungskraft und der diese antreibenden sinnlichen Strebungen, die einzige Grundlage auch dafür, die Integration der entsprechenden „inclinatio naturalis" im Kontext personalen Handelns zu wahren; die Grundlage also für eine Bewahrung der personalen Integrität menschlicher Sexualität und für eine ständige Vertiefung und Bestärkung der ehelichen Liebe als prokreativ verantwortliche und damit *menschliche* Liebe.

Denn sowohl diese Liebe, wie auch die verantwortliche Wahrnehmung der aus ihr entspringenden Weitergabe des menschlichen Lebens, unterliegen als menschliche Akte („actus humani") *wesentlich* und *unverzichtbar* einer unmittelbaren Selbstregulierung durch Vernunft und Wille, einer Harmonisierung einer – auf der Ebene des „actus proprius" ihrer eigenen, sinnlich-naturalen Dynamik unterworfenen – „inclinatio naturalis" mit der Vernunft und dem vernünftigen Streben, das Liebe ist. Dabei ist das entscheidende Moment jenes der *Willentlichkeit* dieser „Selbstregulierung"; denn diese ist es, die mit einer „Selbstregulierung", die vom Willen absieht (weil sie „künstlich" ist), direkt in Konkurrenz steht.

Der eigentliche Unterschied zwischen einem ehelichen Aktvollzug, der vorsätzlich in eine unfruchtbare Periode fällt, aber ansonsten im Kontext der Enthaltsamkeit in Perioden der Fruchtbarkeit steht, und einem Akt, der unter der Bedingung der künstlichen Sterilisierung vollzogen wird, weil er folgenlos ist, besteht darin, daß ersterer bezüglich seiner preokreativen Potentialität einer „Kontrolle" der Vernunft und einer Herrschaft des Willens entspringt – also den Prinzipien des „actus humanus" und personaler Autonomie – und zwar (das ist zu betonen) in gegenseitiger Übereinstimmung des Wollens und der Einsicht *beider* Ehepartner. Dabei wahrt dieser Akt voll die konstitutive Eigenart menschlicher und ehelicher Liebe, sowohl, was ihre Leitung durch Vernunft und Wille betrifft, wie auch das Prinzip der Gegenseitigkeit, der Gleichheit und des „amor amicitiae", der ja jeweils das Gut des Anderen sucht. Dies gilt, auch wenn dieser Akt mit Absicht in eine unfruchtbare Periode fällt. Denn diese Absicht entspringt einer willentlichen, personalen Wahrnehmung der Verantwortung hinsichtlich der Weitergabe des menschlichen Lebens, eine Verantwortlichkeit, die *jeden einzelnen* ehelichen Akt kennzeichnen muß, will er

---

Moment gesehen wird. Inhalte zählen dann nur noch, insofern sie unmittelbar solche der Vernunft sind. Reiner Personalismus liegt dann vor, wenn als solcher Inhalt nur noch Vernunft selbst, die Person selbst oder die Freiheit selbst gilt." Natürlich handelt es sich dabei um eine Vernunft, die selbst nicht mehr als „Natur" begriffen werden kann, der man also auch keinen inhaltlich relevanten natürlichen Akt zu attestieren gewillt ist. Es ist die rein konstruierende, „schöpferische" „Vernünftigkeit", durch die sich vor allem die sogenannte „teleologische Ethik" auszeichnet.

überhaupt den Anforderungen eines *ehelichen,* d. h. prokreativ verantwortlichen Aktes gerecht werden.

Die Akte der Enthaltsamkeit – Akte willentlicher Wahrnehmung dieser Verantwortung – in deren Kontext ein solcher Ehevollzug steht, sind ebenso *personale* Akte; gerade deshalb bleibt die Transzendenz oder Offenheit auf die Weitergabe des menschlichen Lebens, die Bejahung der Berufung zur Elternschaft und damit die volle Wahrheit der ehelichen Liebe auch in einem in unfruchtbaren Perioden vollzogenen ehelichen Akt erhalten; und dies eben gerade nicht, weil eine „biologische" Offenheit bestünde; eine solche ist ja in *diesem* Akt nicht vorhanden, da man um seine Unfruchtbarkeit weiß. Aber der eheliche Akt ist ja nicht der Akt der menschlichen Zeugungspotenz allein, sondern ein personaler Akt, also vor allem und zunächst ein Willensakt. Und die Offenheit im Sinne der verantwortlichen Mitwirkung an der schöpferischen Liebe Gottes, deren Interpreten die Ehegatten ja sein müssen, bleibt hier gewahrt, weil sie nicht biologische Offenheit meint, sondern eine solche des Willens und damit des menschlichen Handelns. Die objektive Qualifizierung des menschlichen Willens ist nicht von biologischen Gegebenheiten ableitbar; nicht diese sind es, die den Willen sittlich prägen. Personale Akte der Enthaltsamkeit und in ihrem Kontext stehende Ehevollzüge in unfruchtbaren Perioden sind beide für die Weitergabe des Lebens genau deshalb offen, weil sie selbst willentliche Akte der *verantwortlichen Wahrnehmung von Elternschaft* (d. h. der Befolgung der „inclinatio naturalis ad coniuncionem maris et feminae" im „ordo rationis", gemäß dem Naturgesetz) sind und als solche tatsächlich im Dienst an der menschlichen (verantwortlichen) Weitergabe des menschlichen Lebens stehen, was soviel heißt wie: Sie sind beide *objektiv* Akte verantwortlicher Elternschaft.

Im zweiten Fall eines prokreativ folgenlos gemachten Sexualverkehrs wird jedoch die spezifische Eigenart menschlicher und ehelicher Liebe nicht gewahrt, ja sogar an ihrer Basis angegriffen. Denn bei ihm wird die für einen „actus humanus" geforderte Kontrolle der Vernunft und die Herrschaft des Willens über die prokreative Potentialität der Sexualität, und damit die personale Integrität ehelicher Liebe, vorsätzlich, willentlich ausgeschaltet bzw. überflüssig gemacht. Das Spezifikum des „actus humanus" ist nun für diese Art der Wahrnehmung von Verantwortlichkeit nicht mehr konstitutiv und, zur Wahrnehmung des Zweckes, überflüssig. Dadurch wird jedoch das angestrebte Ziel „verantwortliche Elternschaft" in einer Weise verfolgt, die das Prinzip der Verantwortlichkeit bezüglich der Mittel ausschaltet. Das heißt: Da in diesem Falle nicht mehr Vernunft und Wille die Kontrolle über die Folgen auszuüben haben, weil der Akt ja folgenlos ist, bzw. gemacht wurde, *ist in Bezug, auf ihn, als Einzelakt, ein prokreativ verantwortliches, vernünftiges und der Herrschaft des Willens unterliegendes Verhalten gar nicht mehr notwendig.* Dann aber *kann* er auch gar nicht mehr Ausdruck ehelicher Liebe, Einheit und Verbindung zu einer gemeinsamen, in Verantwortung getragenen Aufgabe sein, *denn er ist als Handlung aus dem Kontext herausgelöst worden, in dem sich die „inclinatio naturalis ad coniunctionem maris et feminae" in ihrer prokreativen Dimension als spezifisch menschliche und eheliche Liebe konstituiert.* Damit befindet er sich nicht mehr unter der Logik der Verantwortlichkeit und der verantwortlichen Offenheit für die Aufgabe der Elternschaft; denn für einen folgenlosen Akt braucht man auch keine Verantwortung zu tragen.

An dieser Stelle könnte nun folgender Einwand vorgebracht werden: Von grundsätzlicher Ausschaltung willentlicher Kontrolle durch Empfängnisverhütung könne keine Rede sein, denn bei Anwendung „mechanischer" Verhütungsmittel (Kondom, Diaphragma) oder bei der Praktizierung des Coitus interruptus bedürfe es in der Regel eines weit höheren Maßes an Selbstkontrolle und -beherrschung, als dies für periodische Akte der Enthaltsamkeit nötig sei. Hier, aber auch bei disziplinierter Einnahme oraler Verhütungsmittel, liege also ebenfalls eine rational willentliche und prokreativ verantwortliche Beherrschung der Sexualität vor. Ja, sogar eine operative Sterilisierung entspringe doch letztlich einem rationalen und willentlichen Akt prokreativer Verantwortung.

Dieser Einwand beruht darauf zu übersehen, daß hier nicht einfach von „Methoden" oder „Maßnahmen" prokreativer Verantwortung die Rede ist, sondern von prokreativer Verantwortung als sittlicher *Tugend*, bzw. als Bestandteil der Tugend der Keuschheit; der Einwand erlaubt es jedoch, die vorliegende Argumentation in einigen Punkten zu präzisieren und zu vertiefen.

Zunächst: Selbstverständlich sind auch Kontrollen „technischer" Art eine Form rationaler und willentlicher Herrschaft über die eigenen Akte. Insofern jemand solche Prozeduren auf sich selbst anwendet, implizieren sie sogar eine gewisse Art von „Selbstkontrolle". Dies ist der Fall bei der Befolgung bestimmter ärztlicher Verordnungen (regelmäßige Einnahme von Medikamente, Diäten, Therapien).

Dieses Denkmuster jedoch auf die Empfängnisverhütung anwenden impliziert, den menschlichen Sexualtrieb und seine naturgegebene prokreative Dimension als rein biologische Funktion zu betrachten, als eine Funktion ähnlich dem Verdauungsapparat oder dem System des Blutkreislaufes: bei diesen handelt es sich jedoch nicht um personal-konstitutive Strebungen, bzw. personale Güter, sondern lediglich um physiologische Funktionen, die nur indirekt – d. h. insofern sie in ihrer Gesamtheit die physische Integrität („Gesundheit") des Leibes ausmachen – Träger von personal bedeutsamen Gütern sind. Physiologische Integrität ist insofern ein menschliches Gut, als die „Leiblichkeit" selbst ein konstitutives *bonum humanum* darstellt; aber die Faktoren oder Funktionen, die diese physiologische Integrität ausmachen, sind nicht *unmittelbar* Träger personaler Güter, wie dies die Verbindung zwischen Mann und Frau und die Fruchtbarkeit ihrer Liebe hinsichtlich der Weitergabe des menschlichen Lebens sind. Die genannten „Funktionen" unterliegen auch nicht der Herrschaft des menschlichen Willens; ihre Akte werden nicht durch *Tugenden* vervollkommnet, denn sie werden weder aufgrund praktischer Vernunft noch durch den Willen auf ihr Ziel ausgerichtet, sondern sollen im Falle der Funktionsdefizienz oder -störung (Krankheit) durch Eingriffe medizinisch-technischer Art (durch „Kunst", nicht durch sittliche Regelung) gesteuert werden.

Dies gilt natürlich auch für die rein physiologisch-organischen Teilaspekte menschlicher Sexualität, nicht jedoch für die menschliche Sexualität als natürlicherweise prokreative und unitive Neigung; („Fruchtbarkeit" ist offensichtlich kein pathologischer Zustand, unregelmäßige Fruchtbarkeitszyklen hingegen sind es; es ist deshalb nicht dasselbe, mit pharmazeutischen Mitteln die Regelmäßigkeit dieser Zyklen herzustellen, also einen physiologisch pathologischen Zustand zu normalisieren, oder aber mit solchen – pharmazeutisch eventuell identischen – Mitteln die Fruchtbarkeit der ehelichen Liebe zu regeln). Menschliche Sexualität ist als natürliche Neigung keineswegs eine rein biologisch-physiologische Wirklichkeit, sondern anthropologische Grundlage fundamentaler menschlicher

Güter, konstitutiver Bestandteil menschlichen Seins *qua menschliches* Sein, sowie menschlichen Sein-Könnens. Prokreation ist weit mehr als eine organische Funktion; sie ist eine der grundlegendsten und erhabensten menschlichen Aufgabe, nicht einfach ein notwendiger physiologischer Prozeß; eine Aufgabe, die der Mensch in Freiheit und Verantwortung ausübt und deren triebhaft-sinnliche Grundlagen der Leitung durch praktische Vernunft und der Herrschaft des Willens unterliegen.

Der menschliche Sexualtrieb besitzt demnach *unmittelbar* personale Bedeutsamkeit und einen entsprechend personalen Modus seiner Verwirklichung: sittliche Tugend. Menschliche Sexualität bedarf mitsamt ihrer prokreativen Offenheit einer operativen Integration in die rational-willentliche Struktur des Suppositums und des „actus humanus". Dadurch, dies ist zu betonen, wird der Sexualtrieb sowie das Phänomen sexueller Fruchtbarkeit nicht etwa „vermenschlicht", als ob er unabhängig von solcher Integration eine nur biologische Realität wäre.[12] Vielmehr wird er dadurch gerade in seinem anthropologisch-grundlegend vollmenschlichen Sinne respektiert und *bestätigt* und in einer diesem Sinne adäquaten Weise in die Struktur personalen Handelns integriert (wobei hier *nur* von operativer, und *nicht* von ontologischer Integration die Rede ist; zum Unterschied vgl. oben, 2.5.1).

Somit gelangen wir zu einer ersten Präzisierung: Wenn wir im Zusammenhang menschlicher Sexualität von vernünftig-willentlicher Beherrschung, bzw. Selbstbeherrschung sprechen, so ist dabei nicht von Selbstbeherrschung oder -kontrolle *irgendwelcher* Art die Rede – sei diese auch noch so rational und willentlich –, sondern von jenem Typ vernünftig-willentlicher Beherrschung, Leitung oder Kontrolle, die „sittliche Tugend" heißt. Diese besteht nicht einfach darin, den entsprechenden Trieb oder seine Folgen „in den Griff zu bekommen"; vielmehr heißt sittliche Tugend, sinnliche Antriebe (nicht auf der ontologischen, sondern auf der *operativen* Ebene) rational zu *durchformen*, bzw. sie gemäß den Anforderungen personaler Akte zu *vervollkommnen*. (Akte der Selbstkontrolle, Selbstbeherrschung, Selbstdisziplin *als solche* sind weder als sittlich gut noch als sittlich schlecht zu bezeichnen. Habgierige Menschen beispielsweise, oder Verbrecher, zeigen oft ein hohes Maß an rationaler und willentlicher Kontrolle, an Selbstdisziplin und Willensstärke zum Zwecke der Verfolgung ungeordneter und in sich völlig unkontrollierter Lei-

---

[12] So argumentierte seinerzeit das Arbeitspapier der sog. „Mehrheitsgruppe" der Päpstlichen „Kommission für Geburtenkontrolle", die sich *für* Empfängnisverhütung ausgesprochen hatte. Zum Nachweis der dualistischen Argumentation dieses Dokumentes vgl. G. GRISEZ, Dualism and the New Morality, a. a. O.. Man sollte auch nicht vergessen, daß gerade jene Moraltheologen (wie z. B. J. Fuchs oder L. Janssens), die in der Folge „Humanae Vitae" als „biologistisch" ablehnen sollten, zuvor die Frage der Empfängnisverhütung als ein Problem der „Unversehrtheit" physiologischer Strukturen behandelt hatten und nicht als ein solches willentlicher menschlicher Akte. Symptomatisch dafür war, daß man die Frage der Pille, d. h. oraler, physiologische Strukturen „unversehrt" lassender Verhütungsmittel, in moralisch sinnloser Weise als eine *neue* Frage betrachtete, weil andere – ebenso falsch – das Problem der Kontrazeption als ein solches „unnatürlicher" Eingriffe in naturgegebene Strukturen behandelten. Dabei ist offenbar in der Folge nicht wenigen die ganz andere Perspektive von Humanea Vitae entgangen, bzw. sie haben Humanae Vitae in ihrer *eigenen*, durchaus biologistischen Perspektive gelesen. Siehe dazu die kurze aber prägnante Analyse bei J. FINNIS, *Humanae Vitae: Its Background and Aftermath*, in: International Review of Natural Family Planning, IV (1980), S. 141–153.

denschaften. Tugend impliziert jene Form von Selbstbeherrschung, welche die Ordnung der Vernunft *in* den natürlichen Neigungen, d. h. bezüglich des Erstrebens der fundamentalen menschlichen Güter herstellt. Sittlich lobenswerte Selbstbeherrschung ist immer Bestandteil rational-appetitiver (operativer) Vervollkommnung natürlicher Neigungen, nicht ein Akt ihrer Negierung oder Manipulation; ebenfalls ist jene keine sittliche lobenswerte Selbstbeherrschung, die sich auf Akte bezieht, die es ermöglichen, eine natürliche Neigung in personal-desintegrierter Weise zu verfolgen).

Offensichtlich gibt es also verschiedene Typen rational-willentlicher Kontrolle oder Beherrschung sinnlicher Antriebe. Empfängnisverhütung zwecks Regelung der Fruchtbarkeit sexueller Akte ist kein Akt der Tugend; vielmehr handelt es sich hier um eine technische Manipulation sexueller Akte, um deren prokreativen Folgen durch ihre Ausschaltung „in den Griff zu bekommen". Der Coitus interruptus ist zwar keine *technische* Manipulation, dennoch *ist* er eine Manipulation, die ebenfalls darin besteht, sich nur in Bezug auf die prokreativen *Folgen* sexueller Betätigung, nicht jedoch in Bezug auf den *Sexualtrieb selbst* verantwortlich zu verhalten.

Empfängnisverhütende Akte jeder Art besitzen demnach die Eigenschaft, *eine von der Beherrschung des Sexualtriebes selbst unabhängige* Art der Kontrolle über die prokreativen Folgen dieses Triebes zu sein. Vernünftig-willentliche Leitung und Selbstbeherrschung bezieht sich hier ausschließlich auf jene Akte, die die Regelung der prokreativen *Folgen* sexueller Betätigung betreffen.

Dies bedeutet, daß durch empfängnisverhütende Maßnahmen der unitive Aspekt menschlicher Sexualität („liebende Vereinigung") einerseits und die Ausübung prokreativer Verantwortung andererseits voneinander abgekoppelt werden; die Kontrolle über die Fruchtbarkeit vollzieht sich *unabhängig* von der operativen Dynamik der menschlichen Sexualität als „inclinatio naturalis ad coniunctionem maris et feminae". Der leiblich-unitive Aspekt ehelicher Liebe und die Akte der Kontrolle über die prokreativen Folgen dieser Liebe laufen damit gleichsam auf zwei verschiedenen Geleisen: Jene Akte, durch die diese prokreative Verantwortung, d. h. die Herrschaft über die prokreativen Folgen sexueller Akte, ausgeübt wird, sind vom Akt „liebende Vereinigung", bzw. sexueller Betätigung als Akt ehelicher Liebe völlig unabhängig; sie sind nicht selbst in die sexuelle Triebdynamik integriert und damit strukturell auch keine Akte der ehelich-leiblichen Liebe, sondern vielmehr Akte („Maßnahmen") der technischen Kontrolle dieser Liebe. Das heißt: Menschliche Sexualiät und Leiblichkeit, bzw. die Liebe zwischen Mann und Frau in ihrer leiblich-unitiven *consummatio* ist hier nicht *Subjekt, Träger* prokreativer Verantwortung, sondern bloßes *Objekt* einer regulativen Manipulation. Sexuelle Vereinigung und Akte der Wahrnehmung prokreativer Verantwortung fallen demnach auseinander.

Diese durch die Empfängnisverhütung bewerkstelligte Ablösung *empfängnisregelnder Akte* einerseits von den *durch den Sexualtrieb selbst hervorgerufenen Akten* andererseits, wodurch sexuelle Betätigung zu einer prokreativ folgenlosen Handlungsweise wird, ist nicht Selbst-Beherrschung im moralischen Sinne. Es handelt sich dabei vielmehr um einen Typ von *dominium*, welcher den Grunderfordernissen sittlicher Tugend zutiefst widerspricht. Denn sittliche Tugend besteht, wie gesagt, darin, die menschlichen Neigungen, Triebe usw. in ihrem vollen Sinngehalt der Vernunft gemäß zu ordnen, und zwar dadurch, daß sie (operativ) in die Struktur personaler Verantwortlichkeit integriert werden. Diese operative Integration unterscheidet sich wesentlich von jenem Typ von *dominium*, durch welches das der Vernunft Widerstreitende oder nicht mit ihr in Einklang stehende unterdrückt, ausgeschaltet, „abgekoppelt", kurz: im weitesten Sinne *manipuliert* wird.

Eine solche Manipulation ließe sich im Falle der Sexualität nur unter der Voraussetzung legitimieren, daß der unitive und prokreative Aspekt der Sexualität nicht *untrennbar* zusammengehörten und in *dieser*, ihrer untrennbaren *Zusammengehörigkeit* ein menschliches Gut bildeten. Die Negierung dieser untrennbaren Zusammengehörigkeit, bzw. die Negierung der *wesentlich* prokreativen Dimension des Sexualtriebes als eigenständig-ursprüngliches menschliches Gut würde jedoch bedeuten, die prokreative Transzendenz oder Offenheit der Liebes-Einheit von Mann und Frau als für diese Liebe *nicht*-konstitutiv zu betrachten, und das heißt: die prokreativen Folgen (die Fruchtbarkeit) sexueller Akte als ein bloß „unterpersonales", „biologisches" Phänomen zu betrachten, als rein physiologische Wirkung der Zeugungsorgane, über die der Mensch nach Zweckmäßigkeitserwägungen freie Verfügung besitzt, um das Entstehen neuen Lebens zu „bewirken", die aber nichts *Wesentliches* darüber aussagten, *was* die liebende Vereinigung von Mann und Frau im eigentlichen ist. Eine solche „Instrumentalisierung" der prokreativen Dimension menschlicher Sexualität und ehelicher Liebe könnte jedoch wiederum nur in einer dualistischen Anthropologie konsistent begründet werden und wird, konsequenterweise, auch einer Instrumentalisierung des menschlichen Lebens überhaupt Hand bieten (wie sich dies in der güterabwägenden Argumentationsstruktur der sogenannten „teleologischen Ethik" zeigt; vgl. unten, Teil II, Kap. 6).

Es muß erneut daran erinnert werden, daß menschliche Sexualität und ihre menschliche Vervollkommnung und Erfüllung in der ehelichen Liebe ohne ihre prokreative Dimension überhaupt nicht zu verstehen ist. Wir können den Menschen und seine Akte zwecks Bewältigung sittlicher Probleme nicht einfach „umdefinieren". Die prokreative Ausrichtung des Sexualtriebes, bzw. die prokreative Dimension ehelicher Liebe ist schlicht und einfach eine jener anthropologischen Basistatsachen[13], die man nicht negieren kann, ohne den Menschen selbst in seiner vollen, auch leiblichen Wahrheit zu negieren, einer Wahrheit, die zum Grundbestand jener fundamentalen intelligiblen menschlichen Güter gehört, die der Mensch in seiner natürlichen praktischen Erfahrung spontan erfaßt und die seine – für menschliches Handeln überhaupt grundlegende – humane Identität konstituieren. Es sei wiederholt: Übersehen kann dies nur ein dualistisch begründeter spiritualistischer Personalismus, der – wie bereits früher ausgeführt wurde – verkennt, daß der Mensch nicht ein „inkarniertes Geistwesen" ist, ein geistiges „Ich", das sich in einem Körper „befindet" und sich seiner „bedient", sondern vielmehr ein *leibliches* Wesen – *corpus* und *animal* –, das in einzigartiger Weise von einer geistigen Seele durchformt ist. Der Mensch ist sehr wohl aufgrund und nur aufgrund dieser geistigen Seele *Person*, – aber Person ist er nicht nur als geistiges „Ich", sondern als *ganzer* Mensch und deshalb ist auch die Fruchtbarkeit der sexuellen Verbindung zwischen Mann und Frau seinsmäßig *konstituti-*

---

[13] Zur Weitergabe des menschlichen Lebens als „Basistatsache" vgl. meine früheren Ausführungen in: Sozialphilosophie und Familie, a. a. O., S. 121 ff.; vgl. auch die Analysen des Sexualtriebes in: K. WOJTYLA, Liebe und Verantwortung, 2. deutsche Aufl., München 1981, S. 40 ff.

ver Bestandteil der menschlichen Person, die als menschliche eine „Leib-Person" ist; (mein „Ich" ist auch mein Leib; denn diesen Leib „habe" ich nicht, sondern „ich *bin* dieser Leib"; die Ich-Erfahrung ist ohne die Erfahrung „ich bin mein Leib" überhaupt nicht denkbar). Deshalb ist dem cartesianischen und post-cartesianischen Denkmuster der Moderne entgegenzutreten, die geistigen Potenzen des menschlichen Suppositums bedienten sich des Leibes „für ihre Zwecke" (die Descartes'sche, durch den methodischen Zweifel bewerkstelligte Reduktion des fundamentalen Ich-Bewußtseins und humaner Identität auf das „Ich denke" erweist sich dabei selbst als eine wissenschaftstheoretische und methodologische *Manipulation* ursprünglicher praktischer Grunderfahrung). Vielmehr formulieren auch die leiblichen Potenzen des menschlichen Suppositums fundamental menschliche Güter, d. h. sie sind Träger (Subjekt) spezifisch menschlicher, natürlicher, Handlungsziele und Möglichkeiten menschlicher Verwirklichung und menschlicher Identität. Wie bereits früher gezeigt (vgl. 2.7.3) ist das Phänomen des *amor coniugalis,* der ehelichen Liebe, nicht ein rein und ursprünglich geistiges Phänomen, sondern die spezifisch menschliche, personale Ausgestaltung einer naturhaft prokreativen Neigung „ad coniunctionem maris et feminae", die nun einmal der Mensch mit *allen* Lebewesen, deren Gattung er angehört, gemeinsam hat. Um zu verstehen, worin eheliche Liebe besteht und was sexuelle Vereinigung zwischen Mann und Frau wesentlich bedeutet, kann man deshalb von dieser ihrer prokreativen Dimension nicht absehen.

Die menschliche Sexualität gehört demnach auch nicht zur „Objekt-Welt" des Menschen, d. h. zu jenem Bestand von „Natur", in welcher der Mensch „sich befindet" und mit der er (zwar verantwortlich) „umgeht", die er „benutzt" oder sich „dienstbar macht"; *vielmehr gehört die Sexualität (als Aspekt menschlicher Leiblichkeit) zur personalen „Subjekt-Dimension" des Menschen (zu seinem „Ich"); d. h. sie ist integraler und konstitutiver Bestandteil seiner Identität als sittliches Handlungs-Subjekt.* Sie ist Teil jener Natur, die der Mensch *ist* und die deshalb den Subjekt-Charakter seines Handelns als spezifisch *menschliches* Handeln mitkonstituiert. Deshalb ist sie dazu berufen, nicht „Gegenstand", sondern Träger, Subjekt verantwortlichen Handelns zu sein.

Deshalb sei wiederholt: Da die Zeugungspotentialität menschlicher Sexualität nicht einfach eine organisch-physiologische Funktion ist, sondern wesentlicher Sinngehalt der unitiven Neigung zwischen Mann und Frau und damit eine Potentialität, die Menschsein und menschliches Sein-Können (als sittliche Vollkommenheit) in ihrer Besonderheit als eheliche Liebe *mitdefiniert* und *mitkonstituiert,* kann eine die Wirklichkeit „Mensch" in ihrer Integrität *bejahende* und damit anthropologisch und sittlich adäquate Wahrnehmung prokreativer Verantwortung niemals darin bestehen, diese Potentialität zu eliminieren, sondern nur darin, die Sexualität gerade in ihrer prokreativen Dimension in die personale Struktur vernünftiger und willentlicher personaler Handlungsautonomie (operativ) zu integrieren. Das Ergebnis dieser operativen Integration ist ein unverzichtbarer Bestandteil der sittlichen Tugend der Keuschheit.[14]

---

[14] Die Jungfräulichkeit „um des Himmelreiches willen", bzw. der apostolische Zölibat, besteht nicht im Verzicht oder gar der Negierung der eigenen Sexualität als menschliches Gut, sondern vielmehr in der freien *Hingabe* dieses Gutes, einem *obsequium rationale.* Diese Hingabe ist selbst ein spezifischer Akt der Tugend der Keuschheit, eine besondere Form des durch Liebe motivierten

Deshalb, so ist zu schließen, kann es gegenüber den prokreativen Folgen sexueller Betätigung nur *eine* sittlich adäquate Verhaltensweise geben: die Beherrschung des Sexualtriebes *selbst*, d. h. – unter der Voraussetzung einer nicht zu verantwortenden Empfängnis – Selbstbeherrschung durch Akte der Enthaltsamkeit. Dadurch wird, im Gegensatz zu empfängnisverhütenden Maßnahmen, die menschliche Sexualität und ihr unitiver Charakter nicht von der prokreativen Dimension abgekoppelt, sondern, im Gegenteil, der unitive Charakter menschlicher Sxualität – ein grundlegend menschliches Gut – wird dabei *selbst* in die Struktur prokreativer Verantwortung integriert: *die liebende Vereinigung der Ehegatten im sexuellen Akt verbleibt als solche selbst ein Akt prokreativer Verantwortung.* Die menschliche Sexualität ist damit in integraler Weise, d. h. in ihrem Doppelsinne (unitiver und prokreativer Aspekt), in ihrer personalen Integrität oder Ganzheitlichkeit bestätigt.

Damit sind wir nun zum eigentlichen Kern der Sache gelangt: Unter der Bedingung tugendhafter Beherrschung *des Triebes selbst*, ist dieser nicht einfach „Objekt" von Akten („technischen Maßnahmen") prokreativer Verantwortung, sondern wird er zum *Subjekt* oder *Träger* dieser prokreativen Verantwortung. Das ist in anthropologischer und ethischer Sicht der entscheidende Punkt. Denn nur auf diese Weise werden zwei wesentliche Grundeigenschaften ehelicher Liebe gewahrt: Erstens, daß eheliche Liebe wesentlich *prokreativ verantwortliche* Liebe ist (sonst wäre sie nicht menschliche Liebe: denn prokreative *Verantwortlichkeit* „hat die Natur nicht alle Lebewesen gelehrt"); und zweitens, daß eheliche Liebe wesentlich *leibliche* Liebe ist, d. h. eine Art von Liebe, die in der leiblichen Vereinigung ihre *consummatio* besitzt. Wenn prokreative Verantwortung ein Akt ehelicher Liebe sein will, dann muß sie notwendig auch ein Akt der leiblichen Dimension dieser Liebe sein; denn die sexuelle Vereinigung ist nicht nur ein „Ausdrucksmittel" oder „prokreatives Werkzeug" einer ansonsten „rein geistigen" Liebe, sondern eben vielmehr Wesensbestandteil und *consummatio* dieser Liebe. Prokreative Verantwortung und sexuelles Verhalten dürfen also *als Akte* gerade deshalb nicht voneinander getrennt werden, weil durch diese Trennung die Dimension prokreativer Verantwortlichkeit der ehelichen Liebe negiert und diese damit in ihrer personalen Integrität zerstört würde.

Dadurch, daß menschliche Sexualität als solche und die sexuellen Beziehungen zwischen Mann und Frau nicht nur „Objekt" von Akten prokreativer Verantwortung, sondern selbst ihr *Träger* sind, wird verantwortliche Kontrolle der Fruchtbarkeit also selbst zum Bestandteil sexueller Betätigung als liebende Vereinigung. Man kann auch sagen: Die sexuellen Akte zwischen Mann und Frau sind unter dieser Bedingung auch Träger und damit

dominium über die eigene Sexualität *und setzt deren Bestätigung als ein menschliches Gut voraus* (mehr noch aus diesem Grunde als wegen ihres Charakters als „Selbstverstümmelung", ist die Selbstkastration zum Zwecke der Jungfräulichkeit als sittlich pervers zu bezeichnen; eine solche Praktik hätte nichts mit jungfräulicher Keuschheit oder Tugend zu tun, da sie Negierung der Sexualität ist). Jungfräulichkeit ist eine besondere Weise der Selbsthingabe des ganzen Menschen an Gott. Gerade weil sie nicht in der Negierung der eigenen Leiblichkeit besteht, sondern – in anderer Weise als in der ehelichen Hingabe – in ihrer Hingabe an Gott eine Form ihrer *Bejahung* darstellt (da man nur etwas als Gut Bejahtes zum Gegenstand liebender Hingabe machen kann), ist Jungfräulichkeit erstens eine in sich höhere Form der Integration menschlicher Leiblichkeit in die Struktur der Liebe und impliziert sie, zweitens, *keine* Abwertung der *ehelichen* Hingabe des eigenen Leibes.

Ausdruck der gemeinsam getragenen Aufgabe, in verantwortlicher Weise der Weitergabe menschlichen Lebens zu dienen. Die Kontrolle der Fruchtbarkeit steht dabei in der Logik des unitiven Aspektes der Sexualität, in der Verantwortlichkeitsstruktur vollmenschlicher, also auch zur leiblichen Vereinigung gelangender Liebe. Aus elterlicher (prokreativer) Verantwortung gewählte Akte periodischer Enthaltsamkeit einerseits, sowie die in diesem Kontext stehende Akte sexueller Vereinigung in unfruchtbaren Perioden anderseits, sind *beides* Akte, deren Subjekt (Träger) der Sexualtrieb selbst ist (denn nicht nur Sexualverkehr, sondern auch Akte der Enthaltsamkeit sind Akte *des Sexualverhaltens selbst*). In beiden Aktarten wird ebenfalls die Person als Urheber prokreativer Folgen sexueller Betätigung bestätigt: Der Kausalnexus zwischen sexuellen Akten liebende Vereinigung und Fortpflanzung bleibt hier voll bestehen; durch Empfängnisverhütung hingegen wird diese Kausalität oder elterlich-verantwortliche Urheberschaft gerade *im* Sexualakt negiert.[15]

Damit zeigt sich besonders deutlich, daß periodische Enthaltsamkeit und Empfängnisverhütung intentional zwei völlig verschieden strukturierte Handlungsweisen sind: Akte der Enthaltsamkeit sind Akte, die den Sexualtrieb (mitsamt seiner prokreativen Potentialität) nicht zum *Objekt*, sondern zum *Subjekt* haben; Enthaltsamkeit ist selbst ein Akt ehelichen *Sexualverhaltens* bzw. *leiblicher Liebe*. Er ist zudem ein Akt prokreativer Verantwortung, weil das Subjekt dieses Aktes die menschliche Person, bzw. die eheliche Person-Gemeinschaft, als *Urheber* oder *Verursacher* von Prokreation ist; die Eheleute sind also im Akt der Enthaltsamkeit in der Aufgabe der verantwortlichen Weitergabe menschlichen Lebens direkt engagiert und bleiben (als Person-Gemeinschaft) Subjekt dieser Aufgabe. Im ehelichen Verkehr während unfruchtbaren Perioden verfolgen sie in ebenso prokreativ verantwortlicher Weise das ebenfalls der Sexualität eigene Gut der liebenden Vereinigung, wobei, das ist nicht zu vergessen, der Akt der Enthaltsamkeit selbst spezifischer Ausdruck, Bestätigung und Vertiefung derselben *ehelichen* Liebe ist, die auch in der sexuellen Vereinigung *auf andere Weise* ausgedrückt, bestätigt und vertieft wird.

Empfängnisverhütung jedoch ist *kein* Akt des Sexualverhaltens oder der leiblichen Liebe, sondern eine bloße „Maßnahme", welche die menschliche Sexualität zum *Objekt* hat. Der einzige Gehalt, der diesem Akt eigen ist, ist die Ausschaltung oder Negierung der prokreativen Folge sexueller Akte. In ihm werden die Eheleute als Subjekte und Urheber verantwortlicher Prokreation nicht bestätigt, sondern negiert. Kontrazeptiver Sexualverkehr ist ebenfalls kein Akt verantwortlicher leiblicher Liebe mehr, sondern vielmehr ein prokreativ folgenloser Akt, in welchem die Eheleute ebenfalls *nicht* Subjekte verantwortlicher Elternschaft sind, da in ihrem Sexualverhalten der prokreative Kausalnexus willentlich negiert wurde.

---

[15] Vgl. dazu auch J. BAJDA, Verantwortete Elternschaft und Antikonzeption. Eine moraltheologische Anaylse, in: E. WENISCH, Elternschaft und Menschenwürde, a. a. O., bes. S. 255: „Während die natürliche Empfängnisregelung durch ihr ganzes Wesen das sittlich Richtige des elterlichen Handelns zum Ausdruck bringt, negiert und verwirft die Antikonzeption genau das, was die eigentliche Basis dieses sittlich richtigen, d. h. verantwortlichen Handelns darstellt: sie schließt nämlich die Person als schöpferisch-kausales Subjekt der Elternschaft aus. Die Antikonzeption negiert ein für die Elternschaft zentral wesentliches Moment: das freie, verantwortliche Verfügen über sich selbst als potentielle Quelle der Fruchtbarkeit."

Eheleute, die periodische Enthaltsamkeit üben, suchen *durch ihr sexuelles Verhalten* eine vor ihrem Gewissen nicht verantwortbare Empfängnis zu *vermeiden*, indem sie sich jener Akte enthalten, die voraussichtlich eine solche Empfängnis verursachen würden. Eheleute hingegen, die sich kontrazeptiver Mittel bedienen, *vermeiden* nicht im eigentlichen Sinne eine Empfängnis, sondern sie *verhüten* sie, und zwar gerade *nicht* durch Akte ihres sexuellen Verhaltens; eine Empfängnis zu „vermeiden" ohne dieses Verhalten modifizieren zu müssen, ist ja gerade die Pointe dessen, was man Empfängnis*verhütung* nennt.

Empfängnisverhütung als sittliche Handlung betrachtet ist demnach, ganz anders als Akte periodischer Enthaltsamkeit, *ihrer Natur gemäß* ein anti-prokreativer Akt; *und dies genau in dem Maße, als sie dem unitiven Aspekt sexueller Betätigung die Eigenschaft, Träger prokreativer Verantwortlichkeit und Urheberschaft zu sein, entzieht.*[16] Die antiprokreative Intentionalität der Empfängnisverhütung beruht so grundlegend in der Negierung der prokreativen Verantwortungsstruktur sexueller Akte. Ebenso negiert sie die Eigenschaft sexueller Akte, Akte zweier in einem Fleisch vereinter Personen zu sein, die sich in ihrer personal-leiblichen Ganzheit gegenseitig in der Wahrnehmung der Aufgabe der Weitergabe des menschlichen Lebens vorbehaltlos schenken.[17]

Dadurch dürfte nun wohl dem anfangs erwähnten Einwand grundsätzlich begegnet sein: Prokreative Verantwortlichkeit verlangt nicht *irgend* eine Form von rationaler und willentlicher Leitung der Sexualität bzw. ihrer prokreativen Folgen, sondern eine solche, durch welche die einzelnen sexuellen Akte selbst zum *Träger* prokreativer Verantwortung werden. Dies ist ein anthropologisches und ethisches Grunderfordernis sexueller Liebe,

---

[16] Das von G. GRISEZ und J. FINNIS vertretene Argument gegen die Empfängnisverhütung beruht darauf, den *Willen* zur Ausschaltung der Empfängnismöglichkeit *selbst* bereits als Beweis für die Amoralität der Empfängnisverhütung heranzuziehen, weil er sich im kontrazeptiven Akt in direkter Weise gegen das fundamentale menschliche Gut der Prokreation richte; vgl. GRISEZ, A New Formulation of a Natural-Law Argument against Contraception, a. a. O. (die handlungstheoretischen Analysen dieses Artikels sind durch neuere Arbeiten des Autors z. T. überholt); und FINNIS, *Humanae Vitae: Its Background and Aftermath*, a. a. O.; DERS., Natural Law and Unnatural Acts, in: Heythrop Journal, 11 (1970), S. 365–387. Dasselbe Argument findet sich auch in: R. LAWLER/J. M. BOYLE/W. E. MAY, Catholic Sexual Ethics, Huntington, Indiana 1985, S. 151–170. Im Unterschied zu Grisez und Finnis bin ich jedoch der Meinung, daß unter der Voraussetzung einer in moralisch legitimer Weise geformten Intention der Eheleute, eine Schwangerschaft zu vermeiden, diese Argumentation nicht unmittelbar evident und schlüssig ist; eine vollständige Argumentation gegen die Empfängnisverhütung muß m. E. zeigen, *weshalb* hier ein kontrazeptiver Wille sittlich schlecht ist (d. h.: *weshalb* er ein im sittlichen Sinne anti-prokreativer Wille ist), andernfalls man einer zirkulären Argumentation verfallen würde oder, wie mir scheint, die Respektierung des „prokreativen Gutes" mit der Respektierung der rein *physiologischen* Zeugungsfähigkeit identifizieren müßte.

[17] Vgl. deshalb Gaudium et spes, Nr. 51: „Wo es sich um den Ausgleich zwischen ehelicher Liebe und verantwortlicher Weitergabe des Lebens handelt, hängt die sittliche Qualität der Handlungsweise nicht allein von der guten Absicht und Bewertung der Motive ab, *sondern auch von objektiven Kriterien, die sich aus dem Wesen der menschlichen Person und ihrer Akte ergeben* und die sowohl den vollen Sinn gegenseitiger Hingabe als auch den einer wirklich humanen Zeugung in wirklicher Liebe wahren. Das ist nicht möglich ohne aufrichtigen Willen zur Übung der Tugend ehelicher Keuschheit." – Siehe auch JOHANNES PAUL II, Die Erlösung des Leibes und die Sakramentalität der Ehe, Kap. III: Vertiefung zentraler Aspekte von „Humanae Vitae", S. 313 und 316 f.

insofern sie auch in ihrer prokreativen Dimension ein genuin menschliches (personales) Gut darstellt. Deshalb ist es auch ein Erfordernis menschlicher Tugend.

Wenn wir der vorliegenden Analyse den Fall eines Ehepaares unterstellt haben, das durchaus die Intention verfolgt, das Gut der Weitergabe menschlichen Lebens zu respektieren, jedoch aus schwerwiegenden, also legitimen Gründen elterlicher Verantwortung zum Schluß gekommen ist, daß eine weitere Schwangerschaft nicht zu verantworten wäre, dann handelt es sich bei der genannten Negierung – falls das Ehepaar zur Empfängnisverhütung greift – zwar zunächst nicht um eine grundsätzliche Abwendung vom prokreativen Sinn ehelicher Liebe *auf der Ebene der Zielintentionen* (denn wir setzen voraus, daß die Eheleute im Falle eines Fehlens der vorliegenden Gründe bereit wären, weitere Kinder anzunehmen); es handelt sich vielmehr um eine Negierung des prokreativen Sinnes sexueller Betätigung auf der Ebene des zum Zwecke der Ausübung prokreativer Verantwortung *gewählten Mittels*. Denn die Wahl dieses „Mittels" – oder „Weges" – der Empfängnisverhütung ist eine bewußte Entscheidung gegen die prokreative Verantwortlichkeit sexueller Akte, näherhin die *willentliche Entscheidung, sexuelle Betätigung aus dem Kontext der Wahrnehmung prokreativer Verantwortung herauszulösen*, kurz: sexuelle Akte in prokreativer Hinsicht folgenlos zu machen.

Moralisch entscheidend an dieser Wahl ist keinesweg der Eingriff in natürlich-physiologische Strukturen. Sondern der Eingriff in die personale Struktur prokreativ verantwortlicher sexueller Betätigung als *actus humanus*, d. h., um es zu wiederholen: die Entscheidung gegen das grundlegende Erfordernis sittlicher Tugend, sexuelle Betätigung, (bzw. eheliche Liebe in ihrer leiblich-sexuellen Dimension) als Akte prokreativer Verantwortung wahrzunehmen. Damit wird, gerade im „Einzelfall", die untrennbare Einheit von liebender Vereinigung und Fortpflanzung negiert.

Es ist unmittelbar einleuchtend, daß eine solche willentliche Abkoppelung prokreativer Verantwortlichkeit von sexueller Betätigung weder im Falle pathologischer noch in demjenigen altersbedingter Sterilität vorliegt. Der Wille verhält sich deshalb in diesen Fällen völlig anders zur Unfruchtbarkeit. Diese kann natürlich gleichsam in unverantwortlicher Weise „mißbraucht" werden. Aber nicht-willentliche Unfruchtbarkeit sexueller Akte entspringt nun eben durchaus nicht dem Willen, die prokreative Dimension sexueller Akte von sexueller Betätigung abzukoppeln. Das moralisch Bedeutsame liegt nicht in der Unfruchtbarkeit als ein bestimmter „Sachverhalt" oder ein „Ergebnis" empfängnisverhütender Maßnahmen. Sondern vielmehr in der *willentlichen Wahl* der Verursachung dieser Unfruchtbarkeit.

Dadurch gelangen wir zu einem weiteren Aspekt, dessen Berücksichtigung die vorhergehenden Überlegungen ergänzt: Entscheidend für die Beurteilung menschlicher Handlungen ist nicht einfach „was der Fall ist" oder „was geschieht"; sondern vielmehr, was *gewollt*, bzw. *gewählt* wird. Empfängnisverhütung wird als Mittel gewählt und ist deshalb gewollt. Etwas als Mittel wählen impliziert – sofern es sich um eine echte Wahl handelt – sich auch *gegen* mögliche Alternativen entscheiden. Die Wahl empfängnisverhütender Maßnahmen impliziert nun immer eine willentliche Entscheidung gegen die in der Praxis periodischer Enthaltsamkeit implizierten Erfordernisse. Empfängnisverhütung als Wahlakt des Willens impliziert, den zwischen sexuellen Akten und ihren möglichen prokreativen Folgen bestehenden Kausalnexus sowie die Enthaltsamkeit als verantwortliche

Beherrschung oder Kontrolle dieses Kausalnexus als ein *Übel* zu betrachten. „Übel" heißt hier: als eine zu vermeidende Handlungsweise (denn jede willentliche Wahl unterliegt ja dem ersten Prinzip der praktischen Vernunft *bonum prosequendum, malum vitandum est).* Die Wahl der Empfängnisverhütung ist also in ihrer ethischen Substanz nicht einfach nur „Anwendung" einer bestimmten Methode, sondern eine dieser „Anwendung" vorausliegende und sie leitende *Wahl einer Handlungsweise,* die die willentliche Zurückweisung der Erfordernisse menschlicher Tugend, bzw. der Tugend der Keuschheit impliziert. Insbesondere ist sie eine Entscheidung gegen die Enthaltsamkeit, denn es gibt keinen konsistenten Grund, weshalb man operative Sterilisierung, Einnahme von oralen Verhütungsmitteln, Benutzung von Kondomen, Spiralen oder ständige Unterbrechung des ehelichen Aktes sinnvollerweise wählen kann, es sei denn aus dem Grund, daß man die Notwendigkeit der (periodischen) Enthaltsamkeit als ein zu vermeidendes Übel betrachte.

Man könnte einwenden: Die Entscheidung zur Empfängnisverhütung brauche keineswegs eine Entscheidung *gegen* die Enthaltsamkeit zu involvieren, sondern sie könnte auch einzig und allein aus dem Grund getroffen werden, empfängnisverhütende Maßnahmen als den einzig völlig *sicheren* Weg zu betrachten.

Diese Beschreibung einer antikonzeptiven Wahl ist nun jedoch ganz einfach eine falsche oder zumindest unvollständige Beschreibung; und wer ihrer Logik gemäß entschiede, der gründete seine Wahl auf einer falschen Voraussetzung. Diese Voraussetzung bestünde darin, (periodische) Enthaltsamkeit und Emfpängnisverhütung als (im technischen Sinne) zwei verschiedene Methoden zu betrachten, – also gerade darin, den eigentlichen Kern der Frage zu übersehen: Empfängnisverhütung und periodische Enthaltsamkeit sind nicht einfach zwei verschiedene „Methoden, um keine Kinder zu bekommen", sondern *zwei ethisch fundamental verschiedene Handlungsweisen.* Er würde die Frage der „technischen Effizienz" (die Frage nach der „Sicherheit") *vor* der Frage nach der moralischen Bedeutsamkeit und Zulässigkeit stellen, bzw. die Beantwortung der letzteren von der ersteren abhängig machen. Wer auf dieser Grundlage entscheidet, verrät ein entsprechendes Maß an moralischer Unwissenheit, Ahnungslosigkeit oder Unreife, die in jeweils geringerem oder höherem Maße selbstverschuldet sein kann, jedoch nichts daran ändert, daß eine solche Entscheidung eine im moralischen Sinne *objektiv* falsche Entscheidung wäre – und in ebenso moralisch-objektiver Weise einer Entscheidung gegen die Erfordernisse sittlicher Tugend (bzw. gegen das Erfordernis prokreativer Verantwortlichkeit sexueller Akte) gleichkommt. Im übrigen ist die „Sicherheit" bzw. „Effizienz" eines Mittels hinsichtlich der Erreichung eines angestrebten Zieles in keinem Bereich des menschlichen Handelns ein Kriterium für dessen *moralische* Zulässigkeit.

Wer hingegen in diesem Zusammenhang vom „Risiko des ungewollten Kindes" spricht, der vergißt, daß diese Sprechweise überaus problematisch ist; denn für den Fall, daß sich die Eheleute moralisch verpflichtet fühlen, eine Schwangerschaft zu vermeiden, und deshalb periodische Enthaltsamkeit üben, setzt diese Sprechweise voraus, daß sich die Eheleute für eine – entgegen ihrer Intention, eine Schwangerschaft zu vermeiden – eventuell dennoch eintretende Empfängnis *nicht* verantwortlich fühlen. Diese Voraussetzung ist nun jedoch nur für den Fall einer antikonzeptiven Intentionalität zutreffend. Das sog. „ungewollte Kind" ist in Wirklichkeit nicht als „Risiko", also als ein Übel, zu betrachten, sondern als die prokreative Folge eines in sich prokreativ dimensionierten Aktes, das in periodischer Enthaltsamkieit engagierte Eheleute auch genau in dem Maße als ein Gut betrachten, als sie sich der Logik der periodischen Enthaltsamkeit entsprechend verhalten, d. h. als sie sich für die prokreativen Folgen ihrer sexuellen Akte verantwortlich fühlen. Das sogenannte „ungewollte Kind" bildet nur unter der Voraussetzung kontrazeptiver Einstellung ein Problem frustrierter Intention oder ein „Risiko". Fehlt diese Einstellung, so ist auch das sog. „ungewollte Kind" ein als Folge der ehelichen Liebe erfahrenes Gut und somit ein *angenommenes* Kind.

Ein weiterer Einwand könnte in dem Hinweis bestehen, es bestünden oft „Hinderungsgründe" oder erschwerende Umstände psychologischer Art, die periodische Enthaltsamkeit zu praktizieren. Entsprechende Argumentationen beruhen jeweils darauf, die grundlegende moralisch-anthropologische Dimension des Unterschiedes zwischen Empfängnisverhütung und periodischer Enthaltsamkeit zu übergehen, sowie auch die der Praxis periodischer Enthaltsamkeit spezifisch eigenen ethischen und anthropologischen Güter unbeachtet zu lassen. Denn periodische Enthaltsamkeit aus gemeinsamer elterlicher Verantwortung ist, wie jedes tugendgemäße Verhalten, zwar eine oft schwierige, mit Opfern verbundene Aufgabe; sie ist aber nicht als rein „negative" Unterlassungshandlung aufzufassen, sondern selbst ein innerlich sinnvoller Akt ehelicher und leiblicher Liebe sowie Ausdruck und Nährboden für das Reifen dieser Liebe. Diese Art von Enthaltsamkeit ist immer auch eine liebende Bejahung der anderen Person, der gemeinsamen Liebes-Einheit und der gemeinsam getragenen Aufgabe. Deshalb bilden diese in der Argumentation übergangenen Aspekte der Praxis periodischer Enthaltsamkeit gerade die *Grundlage* dafür, jene Probleme zu meistern, die zum Beweis ihrer Impraktibilität angeführt werden. Bei der Behauptung *ausnahmsloser* Schlechtigkeit empfängnisverhütender Maßnahmen geht es nicht um Festhalten an „abstrakten" Prinzipien, sondern um die Artikulierung der Einsicht in die unverzichtbaren, die „Wahrheit des Menschen" respektierenden ethischen und anthropologischen Grundlagen eines Handelns, das allein man als *richtiges und gutes Handeln* bezeichnen kann; auch wenn die Schwierigkeiten noch so groß sind, kann eine Lösung, welche die ethischen und anthropologischen Grundlagen ehelicher Liebe mißachtet, keine gute Lösung sein.

Den vorhergehenden Erwägungen lag, wie bereits betont, die Annahme zugrunde, daß ein Ehepaar die (falsche) Wahl der Empfängnisverhütung aus in sich sittlich gerechtfertigten Gründen elterlicher Verantwortung fällt. Für die Zwecke einer moraltheoretischen Analyse ist dieser Fall, meines Erachtens, von einem anderen zu unterscheiden: der Praktizierung der Empfängnisverhütung aufgrund eines sittlich nicht zu rechtfertigenden Willens, eine Schwangerschaft zu vermeiden, d. h. aufgrund des Willens, die eheliche Liebe ihrer Hinordnung auf die Aufgabe der Weitergabe menschlichen Lebens überhaupt zu entziehen; also etwa die Zahl der Kinder z. B. aus Gründen der Bequemlichkeit, aus Egoismus, aufgrund des Vorziehens anderer Güter usw. zu beschränken oder deshalb überhaupt keine Kinder haben zu wollen. Hierbei handelte es sich nicht mehr um die Frage der Wahrnehmung verantwortlicher Elternschaft, sondern wir stünden vor einer *grundsätzlich* anti-prokreativen Einstellung, d. h. einer Einstellung, die darin besteht, daß sich Eheleute von Anfang an oder in einem bestimmten Moment der Aufgabe, durch ihre Liebe menschliches Leben weiterzugeben, verschließen, und damit auch der Aufgabe entsagen wollen, mit ihrer Liebe Mitarbeiter mit der göttlichen Schöpferliebe und deren Interpreten zu sein.

Diese Einstellung liegt zumindest in den heutigen westlichen Wohlstandsgesellschaften vorherrschend der Wahl empfängnisverhütender Mittel zugrunde. Dabei besteht die Amoralität der Empfängnisverhütung nicht zunächst und grundlegend in der Wahl des inadäquaten Mittels zur Wahrnehmung prokreativer Verantwortung, sondern in der willentlichen Abwendung von prokreativer Verantwortung *überhaupt*. Hier richtet sich der Wille also nicht auf der Ebene der Mittel, sondern auf jener der Zielintentionen gegen das fundamentale Gut der Weitergabe des menschlichen Lebens und damit gegen den integralen, für menschliches Handeln anthropologisch konstitutiven prokreativen Sinngehalt ehelicher Liebe. Diese willentliche Abwendung von der Aufgabe der Weitergabe des menschlichen Lebens als fundamentales praktisches Gut und konstitutiver Sinnhorizont des menschlichen Lebens im allgemeinen und der Liebe zwischen Mann und Frau im besonderen, ist eine weit fundamentalere Desorientierung der praktischen Vernunft, da sich diese dabei in grundlegender Weise von einem natürlichen Prinzip ihrer ordinativen Funktion abwendet, ja dieses negiert und damit menschliche Sexualität und eheliche Liebe auf der Ebene der mit der menschlichen Natur selbst gegebenen Ziele verfälscht. Diese Intention kann sich natürlich ebenfalls „periodischer Enthaltsamkeit" bedienen, die dadurch allerdings – als potentiell moralisch adäquate Verhaltensweise – durch eine antiprokreative Intention durchformt und sittlich pervertiert wird. Akte der Enthaltsamkeit, die in diesem intentionalen Kontext stehen, sind dann antiprokreative Akte und, zumindest was die Intention betrifft, von Akten der Empfängnisverhütung bzw. willentlich unfruchtbar gemachten Sexualakten, nicht zu unterscheiden. Es handelte sich hier also um eine moralisch verwerfliche Enthaltsamkeit, nicht um Akte der Tugend der Keuschheit, (obwohl aufgrund der Eigenart der Enthaltsamkeit, in der der Sexualtrieb selbst Subjekt und Träger [einer hier zwar antiprokreativen Intention] bleibt, ein geringeres Maß von moralischer Verkehrung der Sexualität als bei der Benutzung von empfängnisverhütenden Mitteln vorliegt, so daß hier auch erfahrungsgemäß eine Änderung der grundsätzlichen Einstellung leichter möglich ist. Anderseits muß die Kombination einer antiprokreativen Grundeinstellung mit der Negierung prokreativer Verantwortlichkeit sexueller Betätigung durch die Praktizierung der Empfängnisverhütung zudem als unmittelbare Vorstufe einer Mentalität bezeichnet werden, gemäß der einerseits die Abtreibung als „geburtenregelnde Maßnahme" legitimierbar erscheint und anderseits homo- und heterosexuelle Praktiken onanistischer Art als „normale", nicht-perverse Möglichkeit sexueller Betätigung angesehen werden.)

Die Denaturierung der Sexualität durch empfängnisverhütende Maßnahmen besitzt aufgrund der ihr innewohnenden, von Fall zu Fall jedoch auch verschiedenen und a priori nicht festlegbaren Eigendynamik eine ganze Palette von Implikationen: die Tendenz zur Desintegration der Sinnlichkeit und zur Zerstörung ehelicher Freundschaft, Gleichheit und Gegenseitigkeit; ein zunehmender Mangel an gegenseitigem Respekt als Personen; die durch die im kontrazeptiven Akt vorgenommene „Objektivierung" der Sexualität und der Leiblichkeit grundgelegte Tendenz, Sexualität, den eigenen Leib und denjenigen des sexuellen Partners als bloßes „Objekt" oder Mittel zu gebrauchen, – alles Aspekte der Desintegration ehelicher Liebe als personaler Gemeinsamkeit wesentlich leiblicher Wesen, auf deren genauere Analyse hier verzichtet werden kann.[18] Jedenfalls handelt es sich dabei um verschiedene, durchaus vielfältige Aspekte der einen Grundtatsache, daß durch empfängnisverhütende Maßnahmen die eheliche Liebe ihrer Eigenart verlustig geht, prokreativ verantwortliche Liebe zu sein, d. h. eine Liebe, deren Akte sexueller Art Akte prokreativer Verantwortung sind. Ganz unabhängig von möglichen Folgen oder Implikationen besteht die Amoralität der Empfängnisverhütung darin, sexuelle Betätigung willentlich dieser prokreativen Verantwortung zu entziehen und sie deshalb zu *verfälschen* und zu einer „objektiv widersprüchlichen Gebärde"[19] werden zu lassen, – einer Gebärde, die als solche mit einem Akt verantwortlicher Elternschaft nichts mehr gemeinsam hat und deshalb auch nicht mehr Ausdruck und *consummatio* einer im Vollsinne menschlichen Liebe und vorbehaltsloser Hingabe der *ganzen* Person genannt werden kann.

Was gezeigt werden sollte ist, daß es sich bei der Frage um die Empfängnisverhütung nicht einfach um ein Methodenproblem handelt und daß eine direkte Sterilisierung auch nicht einfach nur ein „ontisches", „vormoralisches" Übel genannt werden kann.[20] Es geht vielmehr um die fundamentale „Denaturierung" und Desintegration eines menschlichen Aktes, die der Struktur des „peccatum contra naturam" im klassischen Sinne entspricht. Ein moralisches Übel kann jedoch nie als Mittel für einen noch so guten Zweck gerechtfertigt werden, ganz besonders wenn dabei die Würde der menschlichen Person, die Würde der Weitergabe des menschlichen Lebens und der menschlichen Liebesfähigkeit auf dem Spiele stehen.

In ganz besonderer Weise ist auf den radikalen Unterschied zwischen technischer Beherrschung der den Menschen umgebenden Natur und den Erfordernissen moralischer Beherrschung der der menschlichen Person selbst eigenen natürlichen Kräfte hinzuwei-

---

[18] Von solchen „Folgen" spricht auch HV, Nr. 17. Eine genauere Analyse hätte zu zeigen, ob es sich dabei jeweils um *mögliche* Folgen, oder aber um *notwendige Implikationen* der Empfängnisverhütung handelt. Ich neige zu der Ansicht, daß die Desintegration der Sinnlichkeit und eine entsprechende „Korrosion" ehelich-personaler Liebe durch die „Heteronomie" sinnlich-egozentrischen Genußstrebens zumindest strukturell in der Praxis der Empfängnisverhütung *notwendig* impliziert ist; dies, insofern Empfängnisverhütung bewußt als Alternative zur Enthaltsamkeit *gewählt* wird. Ebenfalls neige ich zu der Ansicht, daß zwischen zunehmenden Scheidungsziffern (als Folge zerrütteter Ehen) und kontrazeptiver Praxis ein kausaler Zusammenhang besteht.
[19] Vgl. JOHANNES PAUL II, Familiaris Consortio, Nr. 32.
[20] Dieses „Übel" besteht z. B. nach R. A. McCORMICK in der Verletzung der „Unversehrtheit der Geschlechtsorgane"; man müsse dies vermeiden wie den Krieg; aber aus entsprechenden Gründen sei in der jetzigen Welt auch der Krieg nicht immer vermeidbar. Wie es eine Theorie des „gerechten Krieges" gebe, lasse sich auch eine „Theorie der gerechtfertigten Sterilisation" verteidigen (Neuere Überlegungen zur Unveränderlichkeit sittlicher Normen, in: W. KERBER, Sittliche Normen, Düsseldorf 1982, S. 53 und 57). Das Erstaunliche an dieser Aussage ist nicht nur die Analogie zwischen „Krieg" und „Sterilisation", sondern auch, daß McCORMICK offenbar tatsächlich der Meinung ist, daß eine eventuelle Amoralität der Sterilisierung im „Unwert-Charakter" der Sterilität gründet (als „ontisches Übel"). Damit werden jedoch, was vielen zu entgehen scheint, auch die menschliche Fruchtbarkeit und mit ihr die Weitergabe des menschlichen Lebens und das menschliche Leben selbst ebenfalls nur als „ontische Güter" behauptet, die also nur insofern sittlich bedeutsam sind, als sie Gegenstände sittlicher Intentionen bilden; (vergessen wir nicht: wenn wir von menschlichem Leben sprechen, meinen wir nicht jenes Leben, das mit dem Tod zu Ende ist, sondern das Leben, das mit der Empfängnis geschaffen wird und unsterblich, unzerstörbar ist; auf dieses richtet sich menschliche Fruchtbarkeit).

sen. Des Gespürs für diese Unterscheidung verlustig zu gehen, stellt wohl eine der größten Gefahren für den heutigen Menschen dar. Wie bereits Humane Vitae, hat auch Johannes Paul II. deutlich darauf hingewiesen:

„Das Problem liegt im Erhalten des Gleichgewichts zwischen dem, was als ‚Beherrschung ... der Kräfte der Natur' (HV 2) bezeichnet wird, und der ‚Selbstbeherrschung' (HV 21), die für die menschliche Person unerläßlich ist. Der Mensch von heute neigt dazu, die dem ersten Bereich eigenen Methoden auf den zweiten zu übertragen. ‚Schließlich ist vor allem der staunenswerte Fortschritt des Menschen in der Beherrschung der Naturkräfte und deren rationaler Auswertung in Betracht zu ziehen. Diese Herrschaft sucht nun der Mensch auf sein ganzes Leben auszudehnen: auf seinen Körper, seine seelischen Kräfte, auf das soziale Leben und selbst auf die Gesetze, die die Weitergabe des Lebens regeln' (HV 2).

Diese Ausdehnung des Bereichs der Mittel zur ‚Beherrschung der Kräfte der Natur' bedroht die menschliche Person, der die Methode der ‚Selbstbeherrschung' eigen ist und bleibt. Diese Selbstbeherrschung entspricht tatsächlich der grundlegenden Konstitution der Person: sie ist eine ‚natürliche' Methode. Die Übertragung der ‚künstlichen Mittel' hingegen zerbricht die konstitutive Dimension der Person, bringt dem Menschen um die ihm eigene Subjektivität und macht ihn zum Gegenstand der Manipulation."[21]

Darin ist also die „Natürlichkeit" der periodischen Enthaltsamkeit zu suchen, und nicht in ihrer Respektierung von biologischen Naturgesetzen. Darin liegt auch die „Natur des ehelichen Aktes": in seiner personalen Dimension freier, willentlicher, liebender Hingabe zweier Personen im Dienste an der Weitergabe des menschlichen Lebens.

Auch wenn eine globale Notwendigkeit des Geburtenrückganges bestünde, was angesichts der sich abzeichnenden demographischen Katastrophe in den entwickelten Ländern immer fraglicher wird, so wäre dies für eine solche manipulative Regelung menschlicher Fruchtbarkeit noch lange kein Argument. Wer so argumentierte, traute es dem Menschen nicht zu, ein solches Problem durch seine *sittlichen* Kräfte zu lösen. Er würde dem Menschen die Fähigkeit absprechen, ein menschliches Problem mit *menschlichen* Mitteln und seiner personalen Würde entsprechend bewältigen zu können. Gerade hier läge jedoch Aufgabe und Verantwortung des Moraltheologen: Vertrauen in diese Fähigkeit zu wecken und die moralische Notwendigkeit ihrer Wahrnehmung *importune-opportune* zu verkünden.

2.8.5 Fazit: Die „Naturgesetzwidrigkeit" der Empfängnisverhütung

Damit sollte nun ersichtlich sein, weshalb die künstliche Empfängnisverhütung, bzw. die Wahrnehmung verantwortlicher Elternschaft durch Sterilisierung sexueller Akte, als „peccatum contra naturam" gegen das Naturgesetz verstößt. Ein „peccatum contra naturam" besteht nicht einfach in einem Eingriff in die Naturordnung oder in ihrer „Verletzung", sondern in einem *moralisch* unstatthaften Eingriff, bzw. in einem Eingriff in einen moralisch bedeutsamen natürlichen „ordo", was genau insofern der Fall ist, als der „ordo naturalis" ein „praesuppositum" für den „ordo rationis" und damit für die Ordnung der menschlichen Tugend ist, – in diesem Falle für die Ordnung der prokreativen Verantwortlichkeit sexueller Akte als Aspekt der Tugend der Keuschheit. Es handelt sich dann also nicht um einen Verstoß gegen irgend ein spezifisches „praeceptum" des Naturgesetzes

---

[21] JOHANNES PAUL II., Die Erlösung des Leibes..., a. a. O., S. 311.

– das zu meinen führt zu naturalistischen Fehldeutungen des Naturgesetzes – sondern um einen Verstoß gegen jenes Fundament des Naturgesetzes, aufgrund dessen dieses – es besteht ja in einer „ordinatio rationis" – überhaupt sich zu entfalten vermag, und zwar sowohl in seiner grundlegenden Orientierung durch die „ratio naturalis" wie auch in seinem präzeptiven Anspruch, das menschliche Handeln zu regeln. Es handelt sich dabei um einen viel fundamentaleren Verstoß als ein bloßes „agere contra rationem" oder „contra legem". Es handelt sich ja um die selbstverursachte Verunmöglichung eines Handelns „secundum rationem", bzw. „secundum legem", – also nicht um einen „Verstoß" gegen ein Gesetz, sondern darum, einen ganzen Bereich des menschlichen Handelns der Regelung durch das moralische Gesetz (die „ordinatio rationis" und die von dieser durchformten Willentlichkeit und Verantwortung) überhaupt zu *entziehen*.

Somit kommen wir zum Fazit, daß in der Frage der Empfängnisverhütung, aufgrund einer „ignoratio" oder „mutatio elenchi", einer Verkennung oder Verlegung des Streitpunktes, sehr oft die eigentliche Perspektive verfehlt wurde, in der das Problem zu behandeln wäre. Das heißt: Man konzentrierte sich immer wieder auf die Frage, worin denn der Unterschied zwischen natürlich verursachter (und auch genutzter) und künstlich provozierter Unfruchtbarkeit der menschlichen Zeugungsfähigkeit liege und versuchte aufgrund der Unterscheidung von „natürlich" und „künstlich" (bzw. die „Naturordnung verletzend") eine moralische Differenz abzuleiten, – oder aber die Möglichkeit einer solchen Ableitung zu bestreiten und damit das Problem auf eine rein technische Frage effizienter Methodenwahl zu reduzieren, wobei dann die sogenannte „natürliche Methode" (periodische Enthaltsamkeit) eben nur eine andere Methode der Empfängnisverhütung wäre. In Wirklichkeit geht es jedoch, wie gezeigt wurde, um eine ganz andere Frage, nämlich um den Unterschied zwischen Beherrschung, Regulierung der prokreativen Dimension der „naturalis inclinatio" und ihrer Akte durch Vernunft und Willen und die dadurch grundgelegte Wahrung ihrer personalen Integrität als ganzheitlich-menschliche, d. h.: verantwortliche Liebe einerseits, und die Herauslösung der prokreativen Dimension der „naturalis inclinatio" aus dieser Ordnung der Tugend, bzw. der „lex naturalis" durch einen technischen Eingriff, was strukturell zur Desintegration personaler Integrität der ehelichen Liebe führt. Das Kriterium für die moralische Qualifizierung natürlicher Gegebenheiten ist also der „ordo virtutis", der auf dieser Gegebenheit unlösbar aufruht, und nicht ihre bloße „Natürlichkeit". Entscheidend ist nicht die physiologische Integrität oder „Unversehrtheit" der Zeugungspotenz, sondern die *personale Integrität* sexueller *Akte* als Akte menschlicher Liebe und ehelicher Verantwortung. Denn die Ethik handelt nicht von natürlichen Gegebenheiten, sondern von *menschlichen Akten*. Dabei zeigt sich der fundamentale Unterschied zwischen (kontrazeptiver) *Verhütung* möglicher prokreativer Folgen sexueller Akte und der verantwortlichen *Vermeidung* einer Empfängnis durch Enthaltsamkeit. Auch die „Künstlichkeit" der Kontrazeption erweist sich dann letztlich nur als mehr oder weniger praktisch notwendige Beigabe des *eigentlich* moralisch problematischen Aktes: der Empfängnis*verhütung*.

Ist jedoch einmal der hier dargestellte Zusammenhang erkannt, dann kann man in einer rückblickenden und synthetischen Deutung sehr wohl sagen, daß die naturhaften Gegebenheiten, die dieser Einheit zugrundeliegen, eingeschlossen der zyklische Charakter der menschlichen Fruchtbarkeit, eine „gottgewollte Ordnung" darstellen. Denn wir erkennen den Willen Gottes aufgrund der Erkenntnis des natürlichen moralischen Gesetzes, dem das menschliche Handeln unterliegt und das ein Gesetz der praktischen Vernunft ist. Gerade durch die Erkenntnis des Zusammenhanges zwischen Naturordnung und Vernunftordnung als „praesuppositio", wird die Naturordnung in diesem konkreten Fall – rückblickend – als Bestandteil der „lex aeterna" erkannt, als Bestandteil jener passiven „impressio" des Ewigen Gesetzes im Menschen, die Grundlage und als solche Bestandteil der „lex naturalis" als Gesetz der praktischen Vernunft darstellt, – und damit auch der Ordnung der Tugend und der sittlichen Vollkommmenheit, in der das „bonum humanum" besteht.

Nachdem die natürliche Grundlage der Tugend einmal als solche erkannt ist, ist sie auch als „bonum humanum" erkannt, – und folglich als göttliches Gesetz im Sinne der „lex aeterna", und ebenso auch als Wille Gottes; gemäß der bekannten Aussage des hl. Thomas, daß das göttliche Gesetz nichts anderes anordne, als was der Vernunft entspricht, und Gott von uns nur durch das beleidigt werde, was wir gegen unser eigenes Wohl tun.[22] Und das ist gleichbedeutend mit der anderen Aussage, das göttliche Gesetz schreibe vor, alle menschlichen Handlungen der Vernunft unterzuordnen.[23] Jedes Gesetz ist deshalb auf Tugend ausgerichtet, und „die Tugend besteht darin, daß sowohl die inneren Affekte, wie auch der Gebrauch der materiellen Güter, durch die Vernunft geordnet werden."[24] Oder noch prägnanter: „Praecepta legis sunt de actibus virtutum", die alle letztlich auf die wahre Liebe zu Gott und dem Mitmenschen hingeordnet sind.

Wenn wir uns vergegenwärtigen, daß die „lex naturalis" wesentlich Teilnahme am Ewigen Gesetz ist, dem ewigen „ordo rationis" der göttlichen Vorsehung also, und daß der Mensch durch diese Teilnahme am Ewigen Gesetz selbst zum Mitarbeiter und Mitvollstrecker der göttlichen Vorsehung wird, im Falle der ehelichen Liebe: zum Interpreten und in einem gewissen Sinne Vollstrecker der göttlichen Schöpferliebe; wenn wir weiter bedenken, daß die personalen Akte des Menschen als solche, d. h. insofern sie auf einer „ordinatio rationis" und der Willentlichkeit „personaler Autonomie", der Herrschaft über die eigenen Akte und entsprechende Verantwortlichkeit beruhen, daß sie als solche also selbst *Teil* der göttlichen Weltregierung sind und damit *Teil* der Vollstreckung der göttlichen Vorsehung gerade *durch* und *aufgrund* dieser personalen Autonomie des Menschen, dann wird auch ersichtlich, daß eine Weise der Empfängnisregelung und Kontrolle über die Fruchtbarkeit der menschlichen Liebe, welche die Notwendigkeit solcher vernünftigen und willentlichen Herrschaft über die eigenen Akte *in radice* ausschließt, überflüssig macht und, in der angegebenen Weise, die menschliche Sexualität der Notwendigkeit einer solchen Regelung durch die Vernunft und Beherrschung durch den Willen entzieht, daß ein solches Handeln in keiner Weise mehr den Charakter einer Teilnahme an der göttlichen Vorsehung, einer formellen Partizipation des Ewigen Gesetzes in der vernünftigen Kreatur besitzen kann.[25] Auch wenn dies „technisch" möglich ist, so hat der Mensch den-

---

[22] „Non enim Deus a nobis offenditur nisi ex eo quod contra nostrum bonum agimus" (C. G. II, c. 122).
[23] „ut omnia quae sunt hominis, rationi subdantur" (ebd., c.121).
[24] „Virtus autem in hoc consistit quod tam interiores affectiones, quam corporalium rerum usus, ratione regulentur. Est igitur hoc lege divina statuendum" (ebd.).
[25] Und noch weniger vermag die Ehe dann auch ihrer christlichen Bedeutung eines Sakramentes zu

noch keine Befugnis, zur Wahrnehmung seiner moralischen Verantwortung in einem
bestimmten Bereich des Handelns diesen ganzen Bereich einfach der Notwendigkeit einer
moralischen Regelung (durch Vernunft und Willen: durch sittliche Tugend) zu *entziehen*
und damit seiner Berufung, Herr seiner Akte zu sein, durch technische Mittel zu entsagen.
Diesen Mangel an Berechtigung besitzt er nicht aufgrund der Unantastbarkeit biologischer Gesetze, sondern aufgrund der Unantastbarkeit der menschlichen Würde, die darin
besteht, „secundum rationem" zu leben, durch willentliche und vernünftige Herrschaft
über sein Handeln an der „ratio" der göttlichen Vorsehung teilzunehmen und entsprechend Herr, *dominus* seiner Akte zu sein. Der Mensch ist nie und nimmer berechtigt zur
Lösung moralischer Probleme darauf zu verzichten, Mensch zu sein – selbst wenn die
Wahrung menschlicher Würde Opfer, „Askese" und Verzicht bedeutet, die aber in der
wahren Liebe immer Quelle von Freude, Erfüllung und innerem Frieden sind.[26]

2.9 Zusammenfassende Bemerkungen

2.9.1 Die „lex naturalis": Das Gesetz der praktischen Vernunft

Aus den bisherigen Ausführungen ergibt sich zunächst, daß das Naturgesetz – „lex
naturalis" – wesentlich eine „ordinatio rationis ad virtutem" ist. Es handelt sich bei ihr
nicht um ein „Seinsgesetz" im Sinne des naturwissenschaftlichen Gesetzesbegriffes, sondern um ein Gesetz im eigentlichen Sinne des Wortes: ein „praeceptum" der praktischen
Vernunft. Dieses Gesetz gründet in einer im Kontext des Suppositums integrierten Vielfalt von natürlichen Neigungen, die selbst noch nicht den Charakter eines Gesetzes haben,
da sie selbst hinsichtlich ihrer „ordinatio" auf das „debitum" noch undeterminiert sind
und deshalb auch nicht die adäquate Formulierung eines „praeceptum" ermöglichen. Es
handelt sich bei diesen Neigungen um eine seinsmäßig gegebene und spontan erfahrene
passive Partizipation am Ewigen Gesetz. In ihrer ursprünglichen Indetermination bezüg-

---

entsprechen und Abbild der Beziehung Christi zu seiner Kirche zu sein. Der gesamte natürliche
„ordo rationis" ist ja seinerseits eine „praesuppositum" für den „ordo caritatis". Vgl. auch Gaudium et spes, Nr. 48: „Echte eheliche Liebe wird in die göttliche Liebe aufgenommen und durch
die erlösende Kraft Christi und die Heilsvermittlung der Kirche gelenkt und bereichert, damit die
Ehegatten wirksam zu Gott hingeführt werden und in ihrer hohen Aufgabe als Vater und Mutter
unterstützt und gefestigt werden. (...) Daher soll die christliche Familie – entsteht sie doch aus
der Ehe, die das Bild und die Teilhabe an dem Liebesbund Christi und der Kirche ist (vgl. Eph
5,32) – die lebendige Gegenwart des Erlösers in der Welt und die wahre Natur der Kirche allen
kundmachen, sowohl durch die Liebe der Gatten, in hochherziger Fruchtbarkeit, in Einheit und
Treue als auch in der bereitwilligen Zusammenarbeit aller ihrer Glieder."
[26] Vgl. Gaudium et spes, Nr. 49: „Um die Pflichten dieser christlichen Berufung beständig zu erfüllen, ist ungewöhnliche Tugend erforderlich. Von daher müssen die Gatten, durch die Gnade zu
heiligem Leben gestärkt, Festigkeit in der Liebe, Seelengröße und Opfergeist pflegen und im
Gebet erbitten."

lich des „debitum" und als integrale „Bestandteile" des Suppositums, dem ebenso die „inclinatio naturalis ad debitum actum et finem", die „ratio naturalis" zugehört, sind sie von Natur aus darauf hingeordnet, einer solchen „ordinatio rationis" durch die natürliche Vernunft, d. h. einem Gesetz zu unterliegen. Dieses Gesetz ist das Naturgesetz.

Es entspringt, wie gesagt, ebenfalls einer natürlichen Neigung, derjenigen der natürlichen Vernunft auf das „debitum", die einem Licht vergleichbar – Partizipation des Lichtes der „ratio divina" – einer Neigung zur „praktischen Wahrheit", dem „sittlich Wahren", das heißt: dem wahrhaft Guten, dem „debitum" entspricht. Die Wahrheit der natürlichen Vernunft ist eine natürliche, besteht aber gerade deshalb immer in einer fundamentalen „adaequatio" mit den „fines proprii" der natürlichen Neigungen[1], muß aber ebenfalls in ihnen das „debitum" der Tugend bestimmen. Diese Bestimmung – eine „ordinatio rationis" – ist die „lex naturalis".

Es wurde auch gezeigt, wie die Vernunft – auch die wissenschaftlich erkennende Vernunft – über ihren eigenen praktischen Akt reflektiert und resolutiv – durch eine „reditio completa" – die Integration der natürlichen Neigungen im Kontext des Suppositums erfaßt. Dies führt zu einer anthropologischen und letztlich metaphysischen Einsicht in das Gefüge der menschlichen Person, – eine Einsicht, die ihrerseits für die Ausarbeitung einer philosophischen Ethik konstitutive Bedeutung besitzt.

Das Naturgesetz als „ordinatio rationis" ist demnach ein natürliches Gesetz im Menschen, weil es zum menschlichen Sein gehörenden Prinzipien („principia indita") entspringt. Gemäß der auch in diesem Falle zutreffenden Bestimmung des Begriffes „Natur" nennt man gerade solches „natürlich". Denn: „Natura nihil aliud est quam ratio cuiusdam artis, scilicet divinae, indita rebus, qua ipsae res moventur ad finem determinatum"[2].

Diese „ratio artis divinae" im Menschen ist Partizipation des Ewigen Gesetzes aufgrund eines gröttlichen Schöpfungsaktes. „Natur" in diesem Sinne sind sämtliche natürlichen Neigungen, aber in einem ausgezeichneten Sinne ist es die „ratio naturalis", durch die der Mensch selbst, gerade aufgrund von Partizipation, in einem gewissen Sinne auf die Ebene des „artifex Divinus" gehoben wird, und er deshalb nicht nur Gegenstand oder Instrument göttlicher Vorsehung ist, sondern selbst ein „sibi ipsi et aliis providens".

„Natur" wird somit auch als eine den Dingen eingestiftete „causa ordinationis" verstanden.[3] Solche Ordnungsprinzipien sind bereits die natürlichen Neigungen; sie sind also wohl „Natur", – nicht aber sind sie „Gesetz". Im Menschen gibt es überdies eine solche „causa ordinationis", die den Charakter eines Gesetzes besitzt, – jene Akte der praktischen Vernunft, die, der „ratio naturalis" entspringend, die den natürlichen Neigungen eigenen Akte auf ihr „finis debitus", das „bonum rationis" oder sittlich Gute hinordnen.

Dabei muß man sich der Analogie des Begriffes „Natur" immer bewußt bleiben[4], um diesen nicht zu verfälschen. Selbstverständlich heißt „Natur" letztlich die Gesamtsubstanz, sowie die „forma substantialis" und das Gesamt von Form und Materie, das

---

[1] Und damit auch mit dem „finis proprius" ihres eigenen natürlichen Aktes, dem „bonum rationis", das selbst „mensura" des menschlichen Handelns ist.
[2] In II Phys., lect. 14.
[3] Vgl. In VIII Phys., lect. 3.
[4] Vgl. In V Met., lect. 5.

„Wesen", insofern man es als Seinsgrundlage aller Tätigkeit („operatio") betrachtet.[5] Identifiziert man jedoch deshalb „Naturgesetz" mit „Seins-" oder „Naturordnung", oder versucht man es aus dem Begriff einer „natura metaphysica" abzuleiten, so muß die Analogie des Begriffes aus dem Auge verloren gehen. Man befindet sich dann letztlich auf dem Boden einer rationalistisch-essentialistisch inspirierten Ontologie[6], der gerade das Charakteristikum der „lex naturalis" als „ordinatio rationis" – oder, gemäß der Definition von Leo XIII.: als „praescriptio rationis" – entgehen muß.

Bezüglich der anfangs kritisierten Unterscheidung eines „objektiven Naturgesetzes" als „Naturordnung" und seinem „subjektiven Erkenntnisgrund", der Vernunft als „Organ" der Erkenntnis dieser Naturordnung, läßt sich nun folgendes präzisieren: In diesem Schema wird das Verhältnis von „Naturgesetz" und seiner Erfassung als „objektive Gegebenheit" auf den Kopf gestellt. In Wirklichkeit verhält es sich gerade umgekehrt: Das „Ursprüngliche" ist die Konstituierung der „lex naturalis" durch die natürliche Vernunft; erst in zweiter Linie wird, in der Reflexion, der durch den präzeptiven Akt der „ratio naturalis" konstituierte „ordo rationis" als ein „objektives" Naturgesetz erkannt – und durch die „reditio" als ein aus dem menschlichen „Sein" sich ergebendes „Sollen"; aufgrund dieser Reflexion als Selbsterfahrung der praktischen Vernunft kann sich dann auch ein habituelles Wissen um dieses Gesetz herausbilden, das im Gewissensurteil jeweils auf das Handeln appliziert wird. Dabei stehen sich die beiden „Bereiche" des „objektiven Naturgesetzes" („ordo rationis") und des dieses Naturgesetz objektivierenden Subjektes nicht „gegenüber" wie Vernunft und „Naturordnung"; vielmehr sind sie deckungsgleich. Denn wenn die menschliche Vernunft das Naturgesetz als „objektives Gesetz" erkennt, so tut sie dies in der Reflexion über ihren eigenen ordinativen Akt. Der Mensch findet deshalb im Naturgesetz nicht eine ihm „gegenüberstehende" Naturordnung, die er sich „aneignen" oder die er als „aufgegebene" „nachvollziehen" müßte, sondern er erkennt vielmehr im Naturgesetz *sich selbst* wieder und dabei auch, unabhängig und vor aller Erkenntnis der „Theonomie", den verpflichtenden Charakter dieser Ordnung, die ja diejenige seiner eigenen praktischen Vernunft ist.

Um erneut eine historische Reminiszenz einzuschalten: Es ist erstaunlich, daß Josef Fuchs seinerzeit im Hauptwerk seiner „ersten Phase"[7] den Begriff „lex naturalis" kaum verwendet und ihn überhaupt nicht analysiert. Er handelt zwar von der Natur des Menschen, von Umfang, Inhalt und Erkennbarkeit des Naturgesetzes und des Naturrechtes, aber nirgends findet sich eine nähere Bestimmung dessen, was denn „Naturgesetz" eigentlich heiße. Auch Karl Rahner ist erstaunlicherweise in seiner Kritik an Fuchs damals dieser doch entscheidende Punkt entgangen; auch für ihn stellte sich als einziges Problem, wie man denn die menschliche Natur als Grundlage des Naturrechtes bestimmen könne. Dabei verfehlt man die Gelegenheit, zu erkennen, daß die Frage nach dem Naturrecht (dem „naturaliter iustem") von der „lex naturalis" und nicht von der „menschlichen

---

[5] Vgl. ebd.
[6] Zu ihrer Entwicklung und Kritik siehe E. GILSON, L'être et l'essence, 2. Aufl. Paris 1972; C. FABRO, Participation et causalité selon S. Thomas d'Aquin, Louvain/Paris 1961, bes. S. 280–315.
[7] Lex naturae. Zur Theologie des Naturrechts, Düsseldorf 1955.

Natur" her beantwortet werden muß; oder, wie man auch sagen könnte: nicht von der menschlichen Natur schlechthin, sondern von dieser Natur unter dem Gesichtspunkt ihrer operativen Entfaltung gemäß der Ordnung der „lex naturalis".

Wenn dann etwa heute J. Fuchs eine „traditionelle katholische Naturrechtslehre" kritisiert, dann scheint er sich dabei eher gegen sich selbst und seine zuvor vertretenen Auffassungen zu wenden, als gegen die „Tradition" schlechthin, die in der Tat viel reicher und differenzierter ist, als man das aufgrund der Formulierungen Fuchs' meinen könnte.[8]

Viel zu solchen ungenauen Begriffen des Naturgesetzes hat denn auch öfters die thomistische Unterscheidung zwischen „natura" und „ratio" beigetragen. Denn im Kontext dieser Unterscheidung gehört die „lex naturalis" (oder „lex naturae") ja gerade auf die Seite der „ratio" und nicht der „natura", wobei auch diese „ratio", unbeschadet der genannten Unterscheidung, selbst auch „Natur" ist, bzw. einen natürlichen Akt besitzt. Die „natura" hingegen, insofern sie von der „ratio" unterschieden wird, besitzt den Charakter eines „praesuppositum" des „ordo rationis", bzw. den einer „inchoatio" des „ordo virtutis". Und dieser „ordo rationis" (oder „virtutis") bildet den Gegenstandsbereich des Naturgesetzes, das eben – um es zu wiederholen – nicht deshalb *natürliches* Gesetz heißt, weil es „a natura" besteht oder mit naturhaften Gesetzmäßigkeiten identifiziert werden könnte, sondern weil es einer „ordinatio" der „ratio *naturalis*" entspricht und sich ordinativ auf das „proprium" der natürlichen Neigungen erstreckt und deshalb auch ein naturgemäßes Handeln, ein Handeln gemäß der menschlichen Natur, ermöglicht, das – wie Thomas ohne zu ermüden wiederholt – eine „agere secundum rationem" ist.

2.9.2 Die „lex naturalis": Das Gesetz der Tugend

Die Bezogenheit des Naturgesetzes auf die Ordnung der sittlichen Tugend offenbart den wahren Gehalt und die Tragweite dieses Gesetzes der praktischen Vernunft. Diese Beziehung zeigt auch auf, wie das Naturgesetz im Menschen zerstört werden kann: Nicht in seiner Wurzel als „lumen" der „ratio naturalis", wohl aber in seiner praktisch-kognitiven Entfaltung und Wirksamkeit[9], d. h. durch all das, was der Tugend entgegengesetzt ist.[10]

---

[8] Vgl. z. B. J. FUCHS, Der Absolutheitscharakter sittlicher Handlungsnormen a. a. O. (1971), S. 220: „Wenn schon nicht Schrift und Kirche ein System universaler sittlicher Normen hergeben, so erwartet man es vielfach wenigstens vom sittlichen Naturgesetz (natürliches Sittengesetz, natürliche Sittenordnung, Schöpfungsordnung, Naturrecht). Dieser Erwartung liegt eine ganz bestimmte Auffassung von Naturgesetz zugrunde: Naturgesetz als eine Summe von Geboten, die in der gegebenen und unveränderlichen Natur des Menschen als solchen grundgelegt sind und aus ihr deduziert werden können." Genau diese Auffassung von „Naturgesetz" hatte Fuchs tatsächlich früher vertreten, – also „Fuchs contra Fuchs".

[9] Näheres zur erkenntnistheoretischen Struktur dieser kognitiven Entfaltung des Naturgesetzes findet sich in Teil II, Kap. 4.

[10] In dieser „destitutio" des „ordo rationis" im Menschen erblickt ja Thomas – in einer theologischen Perspektive, welche die metaphysische und heilsgeschichtliche Integration der menschlichen Natur in die Ordnung der Gnade (der „Übernatur") berücksichtigt – eine poenale Folge der Erbsünde, wodurch der Mensch der Gefahr der „Heteronomie der Sinnlichkeit", dem „fomes peccati" ausgesetzt ist (vgl. I–II, q.91, a.6). Die „natura sibi relicta" (= „natura lapsa") ist nun der

Auch wenn noch gezeigt werden soll, daß der Begriff einer „theonomen Autonomie", wie er heute in der Moraltheologie verwendet wird, anthropomorphen Vorstellungen entspringt, so kann man doch, in aristotelischer Tradition, gerade im Zusammenhang der sittlichen Tugend von einer rechtverstandenen Autonomie des Menschen sprechen. Denn in der natürlichen Vernunft als Partizipation der „lex aeterna" besitzt der Mensch tatsächlich ein Prinzip zwar nicht „theonomer Autonomie", sondern vielmehr „partizipierter Autonomie" oder „partizipierter Theonomie" –, da ja „lex naturalis" und „lex aeterna" nicht zwei verschiedene Gesetze sind. Der Mensch ist fähig, sich selbst durch Erkennen und Wollen des Guten und das „dominium" über seine Akte („personale Autonomie") zum Guten hinzulenken. Er ist nicht nur ein tätiges, sondern ein *handelndes* Wesen. Die natürliche Vernunft ist jedoch nur Prinzip, Befähigung und Anlage zu solcher Autonomie im Vollsinne. Autonom im Vollsinne des Wortes ist nur der Tugendhafte, der aristotelische „*spoudaios*", der sich selbst Maßstab und Regel ist[11]; und zwar, weil ihm nämlich immer nur das als gut *erscheint*, was auch wahrhaft gut *ist*. Der Tugendhafte ist die existentielle und operative Verkörperung des Naturgesetzes und nur im Kontext der sittlichen Tugend gibt es „sittliche Objektivität" als die unumstößliche *Wahrheit der Subjektivität*. Von tugendhaften Menschen sagt Thomas bekanntlich „ipsi sibi sunt lex".[12] In dieser Autonomie und Freiheit – Selbstdeterminierung auf das Gute hin – der Tugendhaften besteht „der höchste Grad menschlicher Würde, weil solche nämlich nicht von anderen, sondern durch sich selbst zum Guten geführt werden".[13] Maß und Regel in den menschlichen Dingen ist deshalb die im „ordo rationis" ruhende sittliche Tugend[14], die ja selbst ein Werk der natürlichen Vernunft ist, wie auch jener Vernunft, die, als Klugheit, ihr entspringt.

Auf dem Boden der „ordinatio rationis" des Naturgesetzes, und deshalb auch immer im Kontext der sittlichen Tugend, gründet nun jene unübersehbare Vielfalt individueller Verwirklichungsmöglichkeiten des menschlich Guten. Das Naturgesetz ist ja nicht ein Gefüge von apersonalen „Normen" oder „Geboten", denen der Mensch gegenübersteht und die sein Handeln in vorgegebene Handlungsschemata pressen würden und dabei individueller

---

Gefährdung verfallen, daß die „lex naturalis", die ordinative Kraft der praktischen Vernunft, in ihr zerstört wird, und zwar durch all jenes, was dem „ordo virtutis" entgegengesetzt ist (jede Sünde ist ja für Thomas ein Akt gegen eine bestimmte Tugend). Deshalb begreift Thomas die Offenbarung grundlegender Forderungen des Naturgesetzes im Dekalog u. a. als eine göttliche Hilfe, damit das Naturgesetz wieder seine *ganze* Klarheit für *alle* gewinne. „Quia ergo lex naturae per legem concupiscentiae destructa erat, oportebat quod homo reduceretur ad opera virtutis, et retraheretur a vitiis: ad quae necessaria erat lex scripturae" (In duo praecepta ..., Prol.). Diese „corruptio" ist niemals vollständig; sie erreicht nicht die ersten, allgemeinsten Prinzipien des Naturgesetzes (vgl. z. B. I – II, q.94, a.6). Dieses Thema wird näher in Teil II, Kap. 5.1.9 zur Sprache kommen.

[11] Vgl. ARISTOTELES, Nikomachische Ethik III, Kap. 6, 1113a, 30 – 34: „Der Tugendhafte nämlich urteilt über alles und jedes richtig und findet in allem und jedem das wahrhaft Gute heraus. Denn für jeden Habitus gibt es ein eigenes Gutes und Lustbringendes, und das ist vielleicht des Tugendhaften unterscheidenster Vorzug, daß er in jedem Ding das Wahre sieht und gleichsam die Regel *(kanon)* und das Maß *(metron)* dafür ist."

[12] Ad Rom II, lect. 3.

[13] Ebd.

[14] Vgl. In X Ethic., lect. 8; in IX Ethic, lect. 4.

Verwirklichung des Guten keinen Raum mehr ließen oder diesen Raum ständig gefährdeten, so daß sich die menschliche Freiheit gegenüber dem „Gesetz" behaupten müßte. Eine solche Vorstellung, durch die gewisse Richtungen der Moraltheologie seit Beginn der Neuzeit beherrscht wurden, ist schon deshalb abwegig, weil das Gute ja immer *nur* individuell, singulär, konkret verwirklicht werden kann. Es gibt gar kein Handeln gemäß dem Naturgesetz, das auch den Charakter der Universalität seiner Bestimmungen trüge; es muß immer individualisiert werden, damit überhaupt ein sittlicher Akt – ein „actus humanus" – zustandekommt. Insofern bereits entspringt eine Gegenüberstellung von Naturgesetz und „Existentialethik", wie sie seinerzeit von K. Rahner[15] vorgeschlagen wurde und bis heute, in anderen Terminologien, die Vorstellungswelt vieler Moraltheologen beherrscht, einer Fehlüberlegung.

Rahner hatte dabei m. E. bereits die Ausgangsfragestellung unglücklich formuliert, und meistens provozieren falsche Fragestellungen zwar plausible, aber falsche Antworten. Rahner fragt: „Ist das sittlich Getane *nur* die Realisation der allgemeinen Norm, das Sittliche Gesollte im konkreten Fall *nur* gleichsam Schnittpunkt zwischen dem Gesetz und der vorliegenden Situation?"[16] Da natürlich Rahner die „Norm" als Deduktion aus der Natur des Menschen in ihrer Spezifität verstand, also aus der universalen „species", mußte er nun nach einem sittlichen „Individuationsprinzip" und damit nach einer Art „Individualnatur" eines jeden Menschen suchen. Dabei appliziert Rahner, wie bekannt ist, die metaphysischen Konstitutionsprinzipien der Engel (die sich selbst individuierende „forma substantialis") auf den Menschen.[17] Da Rahner sittliche Normen nicht auf ihren wahren Ursprung zurückbezieht, auf ihr Fundament der auf die Ordnung der sittlichen Tugend bezogenen „lex naturalis" als „ordinatio rationis", scheint ihm auch das eigentliche sittliche „Individuationsprinzip" zu entgehen: Das menschliche Handeln selbst, das ja als tugendhaftes oder der Tugend entgegengesetztes in einer weitläufigen Vielfalt der Kontingenzen menschlichen Lebens den Menschen moralisch individuiert, – eine Individuation, die nicht ontologisch, sondern *operativ* ist. Es handelt sich dabei überhaupt nicht um ein Problem von Normen, sondern um ein solches des der praktischen Vernunft gegenständlichen „Guten" und schließlich um das, was man „Freiheit zur Tugend" und „Freiheit in der Tugend" nennen könnte.

Zudem aber unterliegt die rahnersche Perspektive offensichtlich dem Fehler, Ursache und Wirkung, den Grund und das Gegründete zu verkehren. Letztlich werden „sittliche

---

[15] Über die Frage einer formalen Existentialethik, in: Schriften zur Theologie, Bd. II, Einsiedeln 1956, S. 227–246. Eine hellsichtige Kritik findet sich bei A. WALLACE, Existential Ethics: A Thomistic Appraisal, in: The Thomist, 27 (1963), S. 493–515. Vgl. auch D. J. DOOR, K. Rahner's Formal Existential Ethics, in: The Irish Theological Quarterly 36 (1969), S. 211–229 und: J. STALLMACH, Das Problem sittlicher Eigengesetzlichkeit des Individuums in der philosophischen Ethik, in : Theologie und Philosophie 42 (1967), S. 22–50.
[16] K. RAHNER, a. a. O., S. 233.
[17] „Wenn und insofern der Mensch als geistige Person in seinen Akten partizipiert an der Insichselberständigkeit der einen Form, die nicht aufgeht in ihrer Hinordnung auf die Materie als das Prinzip der Wiederholbarkeit, muß er auch an jener geistigen Individualität des Geistigen partizipieren, das eine positive Individualität hat, die nicht nur die Einerleiheit des wiederholten Allgemeinen ist, nicht bloß ein Fall des Gesetzes" (ebd., S. 237).

Norm" und „sittlicher Wert" identifiziert. Vielmehr jedoch *gründet* die Norm auf einem sittlichen Wert, wie er tatsächlich in einem tugendhaften Akt „realisiert" wird, und zwar als Aneignung, weil die sittliche Handlung eine „actio immanens" ist, deren Wirkung im Handelnden verbleibt. Das wäre die „Lebenswirklichkeit", die zu gestalten ist, was jedoch nur in einer Tugendethik, und nicht in einer Normenethik, mag sie auch noch so „personalistisch" oder „individualistisch" sein, einsichtig werden kann.[18]

Die „Norm" oder das Gesetz als „Gebot" ist ja vielmehr, wie anfangs ausreichend begründet wurde, nur der in der Reflexion formulierte normative Aussagemodus des von der Vernunft geordneten Handelns, des „ordo virtutis"; und als normative Formulierung ist sie wiederum über das Gewissen auf das Handeln applizierbar. Das Naturgesetz ist jedoch keinesfalls mit dem Gewissen zu identifizieren, noch ist es eine „Norm" in diesem Sinne, sondern es ist „das Licht der natürlichen Vernunft, in der sich das Ebenbild Gottes findet".[19] Die „lex naturalis" ist nicht universale Norm, unter die dann Einzelfälle subsumiert werden müßten; sie ist in ihrem Ursprung und eigentlichen Wesen nicht ein Gesetz, das man „anwendet", sondern immer die präzeptive „ordinatio" *„meiner"* praktischen Vernunft. Dies zu übersehen hieße, die Systematik reflexer „Moralsysteme" fälschlicherweise als Moralphilosophie zu interpretieren, anstatt sich auf deren Grundlage zu besinnen.

Wird das Naturgesetz nicht als allgemeine „Norm", unter die das konkrete Handeln einfach als „Einzelfall" zu subsumieren wäre, aufgefaßt, so wird es schließlich vielmehr als *Fundament* erkennbar, aufgrund dessen allein sich menschliches Handeln in seiner spezifischen Eigenart als *menschliches* vollziehen läßt. Als Fundament ist es weder Einengung noch Gefährdung von Freiheit oder Personalität, sondern deren Grundlage, sowie Ausgangspunkt und Träger einer selbst unbestimmten Vielfalt individueller Gestaltungsmöglichkeiten und Wertbereicherungen in der Ordnung des konkreten Handelns und der Intentionen des handelnden Menschen, die jedoch immer nur so viel an praktischer Wahrheit enthalten, als sie auf der Grundlage des Naturgesetzes aufruhen und insofern dieses in ihnen wirksam ist.

Dieses Handeln vollzieht sich deshalb nicht als dürres Gefüge von Subsumtionen, als das es oft in einer „legalistischen" moraltheologischen Tradition und von jenen, die diese auf ihrem eigenen Boden zu überwinden versuchten, hingestellt wurde, sondern als ein Geschehen, das eine durch die „lex naturalis" nur abgesteckte, aber selbst noch nicht „in concreto" definierte Offenheit nicht nur auf sämtliche denkbaren menschlichen Werte besitzt, sondern auch hinsichtlich der Erhebung in den Bezirk des göttlichen Lebens, durch Gnade, Partizipation an der göttlichen Natur. Durch diese neue Spezifität wird menschliches Handeln zur Verwirklichung – Aneignung – der Heiligkeit Gottes im Menschen, – eine Heiligkeit, die in Christus durch die *assumptio* der menschlichen Natur vorgestaltet ist und aufgrund der verdienstlichen Kraft des Erlösungswerkes in seiner Ver-

---

[18] Vgl. die Übernahme der rahnerschen Fragestellung bei J. FUCHS, Der Absolutheitscharakter ..., a. a. O., S. 239f.: „Noch einmal: die eigentliche sittliche Aufgabe des Menschen ist es nicht, Normen zu erfüllen, – so daß in extremem Verständnis die Lebenswirklichkeit gleichsam nur das Material für die Verwirklichung sittlicher Werte – im Sinne von Normerfüllung – wäre." Vielmehr müsse man diese „Lebenswirklichkeit" „gleichsam schöpferisch" gestalten.

[19] „... lumen rationis naturalis, in qua est imago Dei" (Ad Rom., II, lect. 3).

mittlung durch die Kirche, – die „ja in Christus gleichsam das Sakrament, das heißt Zeichen und Werkzeug für die innigste Vereinigung mit Gott wie für die Einheit der ganzen Menschheit" ist[20], – auch effektiv partizipierbar wird.

[20] Vgl. II. Vatikanisches Konzil, Dogmatische Konstitution „Lumen Gentium", Nr. 1.

II.

PERSONALE AUTONOMIE, NATURGESETZ UND DIE OBJEKTIVITÄT DES SITTLICHEN HANDELNS

Vertiefende Analysen

Vorbemerkungen zu Teil II

Eingangs wurde bemerkt, neuere „Modelle" zur Begründung sittlicher Normen beruhten auf alten Fehlinterpretationen gewisser Schulrichtungen der Neuscholastik und insbesondere das sogenannte „teleologische" Normenbegründungsmodell sowie die „autonome Moral" besäßen ihre Plausibilität und Legitimität nur auf dem Hintergrund einiger traditioneller Mißverständnisse bezüglich des Wesens und der Begründung sittlicher Normen. Dies hat sich, im Laufe der bisherigen Untersuchung, hinsichtlich des Begriffes „Naturgesetz" und eines unüberwundenen physizistisch-naturalistischen Verständnisses des Handlungsobjektes gezeigt.

Nicht nur zwecks Erhärtung dieser These, sondern vor allem, um den Begriff des Naturgesetzes als Gesetz der praktischen Vernunft selbst zu vertiefen und ihn in einigen wesentlichen Aspekten genauer zu beleuchten, wollen wir uns zunächst der Konzeption einer „autonomen Moral" zuwenden, wie sie vor allem durch Alfons Auer und Franz Böckle systematisiert wurde. Der Aufweis der inneren Unstimmigkeiten dieses ethischen Modells, sowie auch, wie gezeigt werden soll, sein nicht durchzuhaltender Anspruch, einer legitimen Thomas-Exegese zu entspringen (Kap. 1 und 2) werden uns dazu führen, die in diesem Zusammenhang aufgetretenen Fragen durch eine vertiefende Analyse der metaphysischen, anthropologischen und erkenntnistheoretischen Struktur der „lex naturalis" einer Lösung näherzubringen; insbesondere wird dabei von Interesse sein, inwiefern sich diese Lösungen bereits bei Thomas selbst finden (Kap. 3 und 4).

Eine auf den erarbeiteten Grundlagen ermöglichte nähere Klärung der normativen Funktion der Vernunft als *Maßstab* des sittlichen Handelns und des Begriffs der sittlichen Handlung (Kap. 5) wird dann zu einer ausführlichen Kritik der sogenannten „teleologischen Ethik" führen (Kap. 6) und schließlich, in einem letzten Kapitel, die bereits im ersten Teil begonnenen Ausführungen über die Objektivität des sittlichen Handelns wieder aufnehmen und vertiefen (Kap. 7).

1 DAS MODELL DER „AUTONOMEN MORAL"

Der Begriff sittlicher Autonomie ist, wie wir sahen, mit jenem des Naturgesetzes und auch dem Anliegen einer eigenständigen philosophisch-ethischen Methode und Theoriebildung eng verbunden. Die „autonome Moral" trägt das berechtigte und auch hier vertretene Anliegen einer gegenüber Glaubenseinsicht und theologischer Begründung eigenständigen Einsichtigkeit und Rationalität allgemein menschlich-sittlicher Ansprüche vor. Die Herausarbeitung einer solchen „autonomen" Rationalität des Sittlichen ist gerade eine der Hauptleistungen thomistischer Ethik und muß, gegenüber einem des öftern praktizierten Mißbrauch vorschneller und oft kurzschlüssiger theologischer Normenbegründung, wieder in ihr volles Recht gesetzt werden. Man kann also voll der hinsichtlich des Überhandnehmens einer gewissen Glaubensethik formulierten sogenannten „ethischen These" von Auer zustimmen, die, mit den Worten von A. Laun, besagt: „Es gibt in der Wirklichkeit Bereiche, die sittlich verpflichtend sind, und der Mensch ist in der Lage, diese in ihren wesentlichen Zügen kraft seiner Vernunft zu erkennen".[1]

Es läßt sich jedoch zeigen, daß das „Modell" einer autonomen Moral, wie es in den letzten Jahren in der katholischen Moraltheologie zur Verbreitung kam, der wahren Natur der sittlich-praktischen Vernunft nicht gerecht werden kann. Die bisherigen Mängel dieses Neuansatzes erweisen sich bei näherem Zusehen nicht zuletzt auch als Folgeerscheinung unüberwundener Prämissen der traditionellen „Seinsethik", auf deren Boden sich gerade Alfons Auer ausdrücklich stellt, und die er aktualisierend weiterentwickeln möchte. Mit einer gewissen inneren Logik ergeben sich dabei philosophisch und theologisch, wie mir scheint, unhaltbare Konsequenzen; unhaltbar ist dabei auch wiederum die Berufung auf Thomas von Aquin als, nach der Meinung Auers, Vertreter eines Begriffes von „theonomer Autonomie", bezüglich dessen die „autonome Moral" lediglich eine konsequente Weiterentwicklung sei. Das dies unzutreffend ist, soll im Folgenden gezeigt werden.

Es können dabei nur einige im vorliegenden Zusammenhang sich aufdrängende Einzelaspekte herausgegriffen und diskutiert werden. Dies sollte jedoch genügen, um die Fragwürdigkeit und Korrekturbedürftigkeit des Autonomie-Modells aufzuweisen. Ich beschränke mich dabei zunächst weitgehend auf die Darstellung von Alfons Auer[2], dem in dieser Frage sicherlich das führende Wort zukommt.

---

[1] Vgl. A. LAUN, Das Gewissen, a. a. O., S. 24.
[2] Dabei stütze ich mich auf: Autonome Moral und christlicher Glaube, 2. Aufl. Düsseldorf 1984 (zit.: Autonome Moral); Die Autonomie des Sittlichen nach Thomas von Aquin, in: Christlich glauben und handeln. Fragen einer fundamentalen Moraltheologie in der Diskussion (Festschrift für J. FUCHS, hsg. von K. DEMMER und B. SCHÜLLER), Düsseldorf 1977, S. 31–54 (zit.: Autonomie des Sittlichen); Hat die autonome Moral eine Chance in der Kirche?, in: G. VIRT (Hsg.), Moral begründen – Moral verkünden, Innsbruck-Wien 1985, S. 9–30 (zit.: Hat die autonome Moral ...).

Das Modell der „autonomen Moral"

1.1 Zum Begriff der moralischen Autonomie

Auer postuliert eine dreifache Autonomie der Moral: Autonomie bezüglich der Naturordnung, bezüglich der Metaphysik und bezüglich des Glaubens; letztere umfaßt Autonomie gegenüber der Offenbarung und hinsichtlich des kirchlichen Lehramtes; (was die Beziehung der menschlichen Vernunft zur Naturordnung und zur Metaphysik anbetrifft, sei auch auf Teil I, Kap. 1 verwiesen). Die Beziehung zum Glauben können wir vorerst einmal ausklammern.

Was heißt hier Autonomie? Dieser Frage wollen wir uns hier zuwenden. Sie wird als „Selbstgesetzlichkeit", und zwar als Selbstgesetzlichkeit der Vernunft[3] verstanden. Auer ist sich dabei der Fehlerhaftigkeit einer Reduktion von „Vernunftordnung" auf „Naturordnung" bewußt und versucht sie zu korrigieren: Das Naturgesetz ist nicht einfach ein „Gesetz der Natur", sondern ein Gesetz, das die Vernunft natürlicherweise formuliert. Dabei wird jedoch eine Vernunft postuliert, die „schöpferisch" und „gestaltend" in das zwar nicht frei verfügbare, aber doch zu gestaltende „Material" der natürlichen Neigungen („elementare Grundbedürfnisse") eingreift, um so sittliche Verbindlichkeit zu schaffen.[4]

Hier stellt sich zunächst die Frage, ob dies in dualistischer oder personaler Weise zu verstehen ist; worin der Unterschied besteht, wurde bereits herausgearbeitet. Tatsächlich identifiziert Auer – und hier erweist sich seine Abhängigkeit von naturalistischen Deutungen – in der Tradition Wittmanns u. a. den Begriff der natürlichen Ordnung mit jenem der „Ordnung der Dinge"; während für Wittmann Vernunftordnung = Naturordnung ist, wird nun in der „autonomen Moral" die Vernunft gänzlich von der Natur getrennt. Thomas, so interpretiert Auer, habe, im Unterschied zu den Stoikern (das ist richtig) gemerkt, „daß die Vernunft nicht bloßes Sprachrohr der in der Natur der Dinge liegenden Ordnung ist, daß die Ordnung der Vernunft vielmehr der Ordnung der Dinge vorausliegt."[5]

Diese Formulierung ist nun jedoch dualistisch denn es ergibt sich so eine „Dualität" von Natur- und Vernunftordnung. Die „Naturordnung" ist die Ordnung oder die Welt der Dinge; oder anders: „Naturordnung bezeichnet das Gesamt der physiologisch-biologischen, psychologischen und soziologischen Strukturen und Mechanismen, in die die menschliche Existenz hineingebunden ist."[6] Auer liegt es daran zu betonen, daß solche Strukturen nicht direkt in sittliche Verbindlichkeiten übersetzt werden können. Während nun allerdings, wie gesehen wurde, Thomas in diesen natürlichen Neigungen selbst menschliche Güter erblickt, die ihrerseits in die Gesamtheit des menschlichen Suppositums integriert, d. h. von der natürlichen Vernunft geordnet werden müssen, verbleibt Auer im Schema der „Dualität": um dem Naturalismus zu entgehen, stellt er dieses Schema einfach auf den Kopf: die von der Vernunft selbst unterscheidbaren natürlichen Neigungen werden nun, anstatt direkt und unvermittelt sittliches Sollen zu formulieren, zum

---

[3] Siehe zum Beispiel: Die Autonomie des Sittlichen ..., S. 52.
[4] Ebd.; siehe auch: Autonome Moral ..., S. 127 ff.
[5] Autonome Moral ..., S. 129.
[6] Die Autonomie des Sittlichen ..., S. 31.

Material des gestaltenden Eingriffs der Vernunft, die sich ihrer wie Instrumente bedient. Dabei werden – ganz im Unterschied zu Thomas – auf dualistische Weise die humanen Güter *(bona humana)* von den in der Naturordung, der Ordnung der Dinge enthaltenen „naturalen Gütern" unterschieden, „die als dynamisierende Potenzen dem Menschen mitgegeben sind und durch seine *freie Verfügung* der Entfaltung äußersten menschlichen Seinkönnens *dienstbar* gemacht werden können" (Hervorhebungen sind von mir).[7]

Das ist, auf der Grundlage einer traditionellen Reduktion der praktischen Vernunft auf ein „Ableseorgan" der Naturordnung und dem sich daraus ergebenden Dualismus von Vernunft und Natur, die zunächst plausibel erscheinende Alternative zu einer, wie Auer zu Recht kritisiert, Ableitung sittlichen Sollens aus naturalen Tendenzen. Die Verfügungsgewalt der Vernunft selbst ist es nun, die das „bonum humanum" formuliert; nicht ohne Bezug auf die naturalen Potenzen, wie betont wird; aber in „autonomer" Weise: und das heißt, daß die Vernunft selbst „entwickelt" worin das *bonum humanum*, „das geglückte Menschsein" besteht, um es in Daseinsentwürfen, die der geschichtlichen Variation unterliegen, in den naturalen, „dinglichen" Schichten des menschlichen Seins durchzusetzen. „Das bonum hominis gründet auf der Freiheit – der Mensch ist ‚causa sui', ist ‚principium suorum propriorum actuum', hat die ‚potestas suorum operum' – und wird verwirklicht durch den vernünftigen Daseinsvollzug, durch das ‚secundum rationem vivere'."[8]

Auer nennt die praktische Vernunft das „Organ der Entdeckung menschlicher Möglichkeiten und damit sittlicher Verbindlichkeiten".[9] Die Frage, die sich stellt, ist: Was ist die praktische Vernunft? Ist sie reine Freiheit oder besitzt sie selbst eine „naturalis inclinatio" auf die Ordnung des Guten hin? Diese Frage ist nicht geklärt. Ja ich glaube, sie ist nicht einmal angeschnitten. Aber sie ist die entscheidende Frage. Tatsächlich bezeichnet Alfons Auer im neuesten Nachtrag zu seiner „Autonomen Moral" ihre Beantwortung als noch ausstehendes wissenschaftliches Desiderat: „Der in der Diskussion verwendete, bzw. stillschweigend vorausgesetzte Vernunftbegriff muß weiter geklärt werden (…) Vor allem steht eine ausdrückliche Auseinandersetzung mit den philosophisch möglichen Konzeptionen von Vernunft noch aus."[10]

Es soll nun gezeigt werden, daß gerade diese Ungeklärtheit des Begriffes der praktischen Vernunft den von Auer entwickelten Autonomiebegriff kennzeichnet; die autonome Vernunft der autonomen Moral erweist sich als eine zwischen einem „Ableseorgan" von Sachstrukturen der Dingwelt und „schöpferischer Vernunft" reiner Freiheit oszillierende, höchst unscharf und in mancher Hinsicht widersprüchlich konzipierte menschliche Fähigkeit.

---

[7] Ebd.
[8] Die Autonomie des Sittlichen…, S. 52. Vgl. auch: Hat die autonome Moral…, S. 22: „Indem für Thomas das bonum hominis in der Freiheit gründet und durch vernünftigen Daseinsvollzug (durch das ‚secundum rationem agere') verwirklicht wird, ist der Begriff der Autonomie als Selbstgesetzlichkeit präzis erfüllt."
[9] Ebd., S. 37.
[10] Autonome Moral…, Nachtrag, S. 237.

1.2 Die Autonomie der Vernunft: Selbstbehauptung durch Unabhängigkeit

Der Begriff der Autonomie wird näherhin als Selbstbehauptung der Vernunft gegenüber möglicher, von außen an sie herangetragener, Heteronomie entwickelt. Es wird sich zeigen, daß in dieser Gegenüberstellung von Autonomie und Heteronomie – ein Vermächtnis Kants – die entscheidende Verfälschung eines legitimen Autonomie-Begriffs begründet liegt.

Auer schreibt: „Der Begriff Autonomie artikuliert die Vorstellung, daß der Mensch sich selbst Gesetz ist, daß sittliche Normen dem Menschen also nicht von außen im Sinne heteronomer Impflichtnahme auferlegt, sondern von ihm selbst mit der Kraft seiner Vernunft entwickelt werden."[11] Diese Autonomie, so heißt es, besteht einerseits gegenüber einer Formulierung des sittlich Gesollten durch den Glauben; andererseits, und das interessiert uns hier zunächst, gegenüber den „Ansprüchen der Wirklichkeit", d. h. der der Dingwelt eingegebenen Sachstrukturen.

Diese letztere Bestimmung von Autonomie wird nun jedoch nur durch die ihr zugrundeliegende Ausgangsposition plausibel: Der Versuch einer gewissermaßen „systemimmanenten" Überwindung der von einer bestimmten Seinsethik herkommenden Ableitung des sittlichen Sollens aus den Sachstrukturen der Wirklichkeit oder Dingwelt. Auer ist hier zunächst ganz und gar ein Schüler von Josef Pieper, den er als Kronzeugen thomistischer Seinsethik aufführt.[12]

Seine Seinsethik wird eingangs folgendermaßen resümiert: „Das wahre Sein der Wirklichkeit, die innere Wahrheit der Dinge wird zum Maß und zur Norm des Handelns"[13]; das Sein und das sittlich Gute sind konvertibel, da „das Seiende ja eben als Seinsollendes auftritt"[14]; das „Sittliche ist das Ja zur Wirklichkeit".[15] So ist schlußendlich die vom Glauben zu unterscheidende, ihm vorausliegende autonome Moral ein „Ethos der Sachlichkeit, das die Einsichten in die Wirklichkeit unter dem Aspekt ihrer Verbindlichkeit artikuliert".[16]

In dieser von Pieper am deutlichsten formulierten Auffassung der Ethik wird die Aufgabe der praktischen Vernunft nun allerdings darauf reduziert, diese der Ordnung der Dinge immanente Sachgesetzlichkeit einfach aufzugreifen und nachzuvollziehen. Mit den Worten Piepers: „Das natürliche Gesetz fordert von der geistbegabten Natur, zum ersten die Bejahung, die nachvollziehende Neusetzung, die Wahrung der wesenswirklichen Ordnung der Welt. Und, zweitens und eigentlich: es bedeutet, daß der Mensch sich selbst unter die Verpflichtung des ‚Werde, was du bist' begeben soll, jenes Satzes, in dem die innewohnende Wesensrichtung alles Wirklichen sich ausspricht."[17]

---

[11] Hat die autonome Moral..., S. 11.
[12] Vgl. Autonome Moral..., S. 16.
[13] Ebd.
[14] Ebd., S. 18.
[15] Ebd., S. 19.
[16] Ebd., S. 160.
[17] J. PIEPER, Die Wirklichkeit und das Gute, a. a. O., S. 70–71.

Die praktische Vernunft *als praktische* besitzt dieser Auffassung gemäß keine eigene, konstitutive Aufgabe in der Formulierung des sittlichen Sollens. Sie übersetzt einfach die, von vielfältigen Potentialitäten durchsetzte, erkannte Wirklichkeit in Sollensansprüche um und ist also, als praktische Vernunft, auf Erkenntnisse der theoretischen Vernunft rückführbar und insofern heteronom bestimmt.[18] Die konsequente Durchführung dieses Argumentationsmusters endet zwangsläufig, wie wir sahen, in naturalistischen Begründungen sittlicher Normen, gerade im Falle der Ehemoral.[19]

Auer möchte nun – auf der Grundlage eben dieser Seinsethik – die Vernunft aus ihrer Heteronomie befreien, *ohne jedoch den Begriff der praktischen Vernunft selbst zuvor zu klären*. Er anerkennt die ursprüngliche Rationalität der Dingwelt, hält nun aber, um die gestaltende Selbstbehauptung der Vernunft zu ermöglichen, daran fest, daß der Mensch dieser Dingwelt, die eine undeterminierte, ja amorphe[20] Gestalt besitzt, als Gestalter gegenübertritt. Die Sachstrukturen der Wirklichkeit bilden ein vorgegebenes, auf der „naturalen" Ebene immanent geordnetes, aber auf sittliche Gestaltung hin offenes und somit dem Menschen aufgegebenes Feld, auf dem die autonome Vernunft ihre Daseinsprojekte in geschichtlich immer neuer Weise entwirft. Der Mensch ist eingelassen in Ordnungszusammenhänge und naturale Gesetzlichkeiten. „Diese Grundbestimmungen personalen Menschseins liegen unabänderlich fest, aber sie können und müssen in immer neuen Daseinsentwürfen konkretisiert werden."[21] Die autonome Moral, als „Weltethos", ist demzufolge ein „Ethos der Sachlichkeit, das die Einsichten in die Wirklichkeit unter dem Aspekt ihrer Verbindlichkeit artikuliert".[22] Die „normative Artikulierung der Rationalität der Wirklichkeit"[23] oder die Aufgabe, den „Aspekt der Verbindlichkeit" der Sachordnungen zu formulieren, ist Sache der Vernunft.

---

[18] Natürlich gilt das, diesem Ansatz entsprechend, nur bezüglich *universaler* und somit allgemeingültig-grundlegender sittlicher Normen; eine Eigenleistung der praktischen Vernunft wird, wenn auch nicht immer in geglückter Weise, auf der Ebene der Klugheit hingegen durchaus anerkannt.

[19] Und dies, wie bereits gezeigt wurde, aus methodologischen Gründen; d. h. nicht durch einen in der Seinsethik an sich richtig postulierten Zusammenhang von „Natur", resp. „Seinsordnung" und sittlicher Ordnung; sondern aufgrund der wissenschaftstheoretischen Fehleinschätzung der methodologischen Beziehung zwischen philosophischer Ethik und Metaphysik einerseits und der damit zusammenhängenden Beziehung zwischen spekulativer und praktischer Vernunft andererseits.

[20] Vgl. Autonome Moral..., S. 23: „Die Welt ist nicht eine von Anfang an fertige, sie ist vielmehr in einen amorphen Ursprung hineingestiftet. Die Urgestalt der Welt ist allerdings voller Dynamismen und Intentionalitäten, die in ihr wie ein Gefälle auf Entfaltung hin wirksam sind. Es besteht also durch die ganze Geschichte hindurch eine Spannung zwischen der tatsächlichen, noch unerfüllten und vielleicht sehr ungeordneten Gestalt der Wirklichkeit und ihrer je besseren und schließlich ihrer vollendeten Gestalt." Theologisch ist diese Aussage problematisch, denn sie scheint Erlösung auf Entwicklung zu reduzieren.

[21] Autonome Moral..., S. 34.

[22] Ebd., S. 160.

[23] Vgl. ebd. S. 36.

1.3 Autonome Moral und praktische Vernunft

Die autonome Vernunft steht also der Ordnung der Wirklichkeit *gegenüber*, ist aber selbst nicht in diese Ordnung eingelassen. Vor allem ist sie unabhängig von jeglicher natürlicher Ausrichtung auf das menschlich Gute. Dieses wird, so Auer, als „sittliche Verbindlichkeit" der erkannten Ordnung der Wirklichkeit in der wissenschaftlichen Erkenntnis je wieder neu festgestellt, „in der andauernden Synopse der Erkenntnisse der Human- und Sozialwissenschaften und der Einsichten der philosophischen Anthropologie mit den in die Sprache der sittlichen Verbindlichkeit übersetzten Dringlichkeiten und Notwendigkeiten geglückten Menschseins; die Ethik ist also für ihre Wahrheitsfindung auf die ständige redliche Kooperation mit den empirischen Wissenschaften und den philosophischen Deutungen des menschlichen Daseins angewiesen".[24]

Auer spricht hier von der „wissenschaftlich-sittlichen Erkenntnis", der philosophischen Ethik also. Sobald wir uns fragen, wie es denn um die praktisch-sittliche Erkenntnis des Einzelmenschen überhaupt bestellt ist, um die unmittelbare, jedem im Handlungsvollzug zugängliche sittliche Einsicht, – „je meine" *praktische Vernunft* also –, so wird deutlich, daß in der Systematik der „autonomen Moral" dieser Aspekt praktischer Erkenntnis überhaupt nicht thematisiert wurde. Die Frage nach der praktischen Vernunft wird vielmehr stillschweigend übergangen. Die autonome Moral ist Moral im Gewand einer ethischen Wissenschaftstheorie; sie setzt an die Stelle einer aus metaphysischen Einsichten abgeleiteten sittlichen Verbindlichkeit eine aus den Erkenntnissen der Humanwissenschaften und philosophischen Anthropologien abgeleitete sittliche Verbindlichkeit.

Die Begründungsengpässe, die sich aus einer zu wenig differenzierten Analyse des Verhältnisses von Metaphysik und Ethik, von Naturordnung und sittlichem Sollen ergaben, will die „autonome Moral" überwinden, indem sie das „Sollen" vom „Sein" (der „Naturordnung") emanzipiert, letzteres also prinzipiell unter der „ethischen Schwelle" ansetzt. Damit wird nun jedoch die menschliche *ratio* vollends ihrer maßstäblichen Funktion entbunden; sie ist nun zwar nicht mehr Organ, das Normen in der Naturordnung einfach „abliest", sondern ein Organ, das Normen „entwickelt"; „Maßstab" des Sittlichen – des Guten – ist sie dabei jedoch ebensowenig, wie in einer naturalistisch argumentierenden Ethik.[25]

Die Korrektur eines fehlerhaften Naturalismus muß – in Anlehnung an Thomas von Aquin – in einer anderen Richtung gesucht werden: Indem man sich Klarheit darüber verschafft, daß zu dieser Ordnung des Seins, und damit auch zur „Naturordnung", ebenfalls die *ratio naturalis* des Menschen gehört, die gerade auch als praktische *ratio*, gewissermaßen auf natürlichen Fundamenten ruhend, die Ordnung des naturhaft Vorgegebenen übersteigt und in ihm eine regulierende, maßstäbliche Funktion ausübt und als solche die

---

[24] Hat die autonome Moral..., S. 13.
[25] Deshalb auch muß z. B. Franz BÖCKLE die „Vernunftgemäßheit" auf formale „Nicht-Widersprüchlichkeit der Vernunft" reduzieren; die Vernunft als Maßstab impliziert dabei keinerlei *inhaltliche*, also materiale Konsequenzen für die Konstituierung von Handlungsnormen.

lex naturalis konstituiert. Darin liegt ja das dem Menschen Eigene: daß er in seiner Seinswirklichkeit ein natürliches, geschaffenes Erkenntnislicht besitzt – *impressio divini luminis in nobis* –, das als solches, als *lumen intellectuale* mit einer natürlichen Neigung auf die intelligible Wahrheit im Bereich des Praktischen, sich dem sittlich Guten – den *bona humana* – öffnet. Dieses Erkenntnislicht ist in der Seinsordnung grundgelegt, also natürlich, zugleich aber auch diese Seinsordnung in praktischer Weise normierend und insofern den Begriff des menschlichen Seins erweiternd und auf das *esse morale* hin vervollkommnend.

Genau wie eine naturalistisch argumentierende Seinsethik vergißt deshalb auch die „autonome Moral" die praktische Vernunft in ihrer Spezifizität; sie vergißt, daß Ethik zunächst eine Theorie der praktischen Vernunft ist, eine Theorie des *Menschen* in seiner Dimension des Handelns, und nicht eine Theorie der sittlichen Verbindlichkeit von Sachstrukturen der Wirklichkeit und wissenschaftlicher Normenbegründungsverfahren. Ethisch relevante Vernunft wird, so scheint es, im Kontext der „autonomen Moral" überhaupt nur als wissenschaftliche Vernunft thematisiert, die damit unversehens den ihr spezifischen Gegenstand verliert: Die in der menschlichen Natur selbst begründete, natürliche Fähigkeit zur eigenständigen (und in diesem Sinne „autonomen") Einsicht in das sittlich Gute und die auf ihr beruhende „Eigengesetzlichkeit". Es fehlt damit in der „autonomen Moral" die Begründung einer im Menschen als solchem grundgelegten Kompetenz zur unmittelbaren Einsicht in die sittlichen Ansprüche der Wirklichkeit, weil diese Moral behauptet, dazu sei ein komplexes wissenschaftliches Instrumentarium notwendig.

Wenn Auer von der praktisch-sittlichen Einsicht der Einzelperson spricht, fällt er jedesmal in die der Ausgangsposition entsprechende Formel einer „Bejahung der Wirklichkeit" zurück. Ein Beispiel: „Das sittliche Moment in der Innerlichkeit und im Handeln des Menschen erstarkt in dem Maße, wie das erkannte Gute um seiner selbst willen erstrebt, wie der finis operantis mit dem finis operis, d. h. die Absicht des handelnden Menschen mit dem der Handlung immanenten Eigenwert identifiziert wird."[26] Was ist das „erkannte Gute" und der „der Handlung immanente Eigenwert"? Auer spricht von der Entfaltung der menschlichen Würde, von äußerem und innerem Wohlbefinden, der schöpferischen Entfaltung der Person u. ä. Schließlich verweist er auf das Gewissen, „in dem der Mensch sich der Verbindlichkeit der Wahrheit bewußt wird. Das Gewissen steht nicht für sich selbst, es findet sein Maß an der ‚Wahrheit der wirklichen Dinge' (J. Pieper), d. h. an ihrem jeweiligen Seinkönnen".[27]

Diese Wahrheit, an der das Gewissen sich orientiert, muß durch die Vernunft aufgewiesen werden; aber, wie gesagt, ist sie keine das Handeln der Einzelperson bestimmende und der unmittelbaren Einsicht in das menschliche Gute mächtige praktische Vernunft. Das ergibt sich aus der Auerschen Bestimmung der „Rationalität des Sittlichen", in der dessen Autonomie gründet:

[26] Autonome Moral..., S. 25.
[27] Ebd., S. 26. Vgl. auch S. 36: „Weil die Rationalität der Welt noch nicht reine Aktualität, sondern immer noch auf Verwirklichung drängende Potenz ist, darum ist sie auf das Entgegenkommen menschlicher Rationalität angewiesen. (...) Der Weg zur Menschlichkeit führt über die Sachlichkeit; menschliche Rationalität ist für ihre Selbstdarstellung auf die Entfaltung der Rationalität der Welt verwiesen."

„Das Tier wird durch seine Instinkte angeleitet, das für sein Dasein Notwendige zu tun. Der Mensch kann den Sinn seiner Existenz und die zu seiner Erfüllung erforderlichen Verhaltensweisen nur erkennen, wenn er über sich selbst nachdenkt. Dazu gehört aber wesentlich, daß er sich die gesellschaftlichen und geschichtlichen Zusammenhänge klarmacht, in die er hineingestellt ist. Die Rationalität des Sittlichen enthüllt sich weniger in der abstrakten Spekulation als in der Reflexion über die geschichtlichen Erfahrungen der Menschheit. Die Geschichte macht offenbar, auf welchen Wegen eine sinnvolle und fruchtbare menschliche Existenz gewonnen und auf welchen sie verfehlt wird..."[28]

Neben der „Synopse" der Humanwissenschaften und der philosophischen Anthropologien ist nun also auch die geschichtliche Erfahrung der Menschheit zu berücksichtigen, um überhaupt das menschlich Gute bestimmen zu können. Die „autonome Vernunft" und eine entsprechende Sittlichkeit kann damit evidenterweise dem handelnden Subjekt als solchem nicht abverlangt werden. Wiederum erweist sich die autonome Moral als ein sehr fragwürdiges, wissenschaftstheoretisches Modell, aber nicht als Begründung der moralischen Autonomie oder Eigengesetzlichkeit des handelnden Menschen.

1.4 Die Frage nach dem „Proprium des Ethischen"

Da die Perspektive der praktischen Vernunft und eine eigentliche Begründung sittlichen Handelns übergangen wird, verfremdet sich schließlich der Bereich der autonomen Moral – das „Weltethos" – zu einer Summe von wissenschaftlich ausgemachten und sozial vermittelten Verhaltensweisen „im Umgang mit den Dingen dieser Welt": „Unter Weltethos verstehen wir das Gesamt der aus der Sachordnung der einzelnen menschlichen Lebensbereiche sich ergebenden Verbindlichkeiten. Es handelt sich hier, wie ausführlich entwickelt wurde, um ein Ethos der Sachlichkeit, um ein immanentes Ethos, das dem Verstehenshorizont der jeweiligen Geschichtszeit entsprechend autonom und säkular entwickelt wird. Es gehört zur ‚Wahrheit der Welt' und steht darum in der originären Zuständigkeit des menschlichen Geistes."[29]

Es muß auffallen, wie Auer, immer wenn es um die Bestimmung des der autonomen Moral zugeordneten „Weltethos" geht, sittliches Handeln auf die Kategorie der „Sachproblemlösung" in den verschiedenen Lebensbereichen reduziert.[30] Gleichzeitig ist die Tendenz augenfällig, das eigentliche *Proprium des Sittlichen* erst als „christliches Proprium", also auf der Ebene des auf Offenbarung gründenden Heilsethos, auftreten zu lassen. Die Folge ist einerseits ein „Weltethos" „autonomer Sachgesetzlichkeit", die an die Stelle der spezifisch *moralischen* Dimension des menschlichen Handelns gesetzt wird und ein mit moralischen Ansprüchen vollbesetztes „Heilsethos", das in dieses Ethos der Sachlichkeit theologische Letztbegründungen, Motivationen und Stimulative einbringt, selbst aber nichts zur „Sache" beiträgt.

---

[28] Ebd., S. 29.
[29] Autonome Moral..., S. 185.
[30] Vgl. z. B. Autonome Moral..., S. 161–163.

Der entscheidende Punkt jedoch, der hier herausgehoben werden soll, ist, daß die „autonome Moral" als Ethos der Sachlichkeit die *Perspektive des Sittlichen* verfehlt; sie ist zwar autonom, aber keine Moral; und insofern sie zur Moral wird – durch die Integration in das Heilsethos – ist sie nicht mehr autonom. Im Konzept der autonomen Moral, wie es von Auer und anderen Autoren dargestellt wird, befindet sich ein innerer Widerspruch; es kann seinem Anspruch nicht gerecht werden, d. h. der im Begriff der Autonomie artikulierten Vorstellung, „daß der Mensch sich selbst Gesetz ist, daß sittliche Normen dem Menschen also nicht von außen im Sinne heteronomer Inpflichtnahme auferlegt, sondern von ihm selbst mit der Kraft seiner Vernunft entwickelt werden".[31]
Und dies aus folgenden Gründen:
1. Es fehlt der Begriff einer praktischen Vernunft als Vermögen des einzelnen Menschen, aufgrund dessen er seine Handlungen auf das menschlich Gute ausrichten könnte.
2. Es fehlt der Begriff einer menschlichen Vernunft, die selbst Kriterium und Maßstab für das menschliche Gute wäre; in der Folge fehlt überhaupt ein Kriterium des Sittlichen; es wird aufgelöst in die jeweiligen Ergebnisse der Humanwissenschaften, der Philosophie und den Erfahrungen und Möglichkeiten der Menschheitsgeschichte. Zielvorstellungen beschränken sich auf Formeln wie Menschenwürde, Selbstentfaltung, Mitmenschlichkeit etc.
3. Die „autonome Moral" spricht zwar von Normen, Sittlichkeit etc., besitzt jedoch keinen adäquaten Begriff der „sittlichen Handlung"; Sittlichkeit ist für sie nicht eine den Handelnden selbst vervollkommnende Qualität des menschlichen Aktes als *actio immanens*, deren Folgen also nicht primär in die Sachstruktur der den Handelnden umgebenden Welt hineinreichen, sondern im Handelnden selbst verbleiben; Sittlichkeit wird vielmehr als Eigenschaft von Verhaltensweisen begriffen, die sich sozial, kulturell, geschichtlich vermitteln und verändern und sich in immer wieder veränderbaren Normen artikulieren.
4. Der Begriff der „sittlichen Verhaltensweise" und „sittlichen Norm" auf der Ebene des „Weltethos" gerät damit in das Gravitationsfeld soziologischer statt ethischer Bestimmtheit; er reflektiert nicht die dem menschlichen Handeln innewohnende Ausrichtung auf die Vollkommenheit der Tugend, auf die die Selbstgesetzlichkeit des Menschen hingeordnet ist und in der sie sich erfüllt. Normen werden zu sozialen Regulativen menschlichen Verhaltens. Sie „sind unverzichtbar aber haben ein Gefälle zum ethischen Minimum. Der ‚christliche Kontext' drängt aber unweigerlich auf ein hochethisches Verständnis des Sittlichen".[32]
5. Damit wird das „Proprium des Sittlichen" – die Ausrichtung des menschlichen Handelns auf seine spezifische Vollkommenheit in der Tugend – mit dem „christlichen Proprium" identifiziert; das Weltethos geht dabei seiner *sittlichen* Eigenständigkeit verlustig. Es ist nicht ein Ethos *sittlicher* Eigengesetzlichkeit des Menschen, sondern wird zu einem „Ethos" der Unabhängigkeit des Weltverhaltens von den spezifischen und objektiven[33]

---

[31] Hat die Autonome Moral..., S. 11.
[32] Hat die autonome Moral..., S. 28; vgl. auch Autonome Moral, Nachtrag S. 237.
[33] Der Begriff der „Objektivität" des sittlichen Handelns wurde in Teil I, Kap. 2.6.4 bestimmt als „in die natürliche Intentionalität der *ratio naturalis* integriert und durch diese geordnet, gemessen, reguliert. Objektiv heißt auch: In den Kontext der Gesamt-Person, des Suppositums, und damit auch in die Finalitätsstruktur des menschlichen Seins integriert".

Ansprüchen der Sittlichkeit. Als solches vermag es wohl „Handlungsnormen" zu begründen; es begründet sie jedoch in ihrer „Sachgemäßheit", nicht aber in ihrer Sittlichkeit. „Sachgemäßheit" selbst löst sich damit von dem, was im eigentlichen mit „sittlicher Verantwortung" gemeint ist.

6. Die autonome Moral rezipiert demzufolge nicht einen Autonomiebegriff, der eine der menschlichen Person immanente sittliche Eigengesetzlichkeit meint, sondern den Begriff der Autonomie als *Unabhängigkeit*. Damit geht die autonome Moral über das Ziel hinaus, das sie sich setzt. Denn das berechtigte Anliegen einer „autonomen Moral" bestand im Aufweis der immanenten Rationalität der menschlich-natürlichen Sittlichkeit und damit ihrer *Begründungsunabhängigkeit* bezüglich des Glaubens, sowie der wissenschaftlich-methodologischen Eigenständigkeit der Ethik gegenüber der Metaphysik. Durch ihren Ansatz entwickelt sich die autonome Moral jedoch unversehens zu einer Ethik der Unabhängigkeit und Souveränität einer von keinerlei materialer Gesetzlichkeit bestimmten Vernunft, die zudem das Proprium des Sittlichen aus den Augen verliert und immer mehr zu einem Organ der technischen Bewältigung von Sachfragen wird. Damit bleibt die „autonome Moral" gleichzeitig hinter ihrem Anspruch zurück, eine Begründung für die immanent-menschliche Eigengesetzlichkeit des sittlichen Anspruchs zu sein.

Diese Fehlentwicklung läßt sich letztlich nur auf dem Hintergrund der überstürzten Suche nach einem neuen ethischen „Argumentationsmodell" infolge der auf moraltheologischem Unverständnis und mangelnder Geduld beruhenden Kontestation gegenüber der Enzyklika „Humanae Vitae" erklären.[34] Die adäquate Rezeption und das Verständnis für die ethischen Gehalte dieser Enzyklika sind eben erst richtig in Gang gekommen und zeigen die geradezu tragischen Mißverständnisse damaliger Kritiker, die die Frage der Antikonzeption auf ein „Methodenproblem" reduzierten und damit eben gerade die ethische Dimension, das „sittliche Proprium", verfehlten, in ihrer ganzen Tragweite auf.

Dem echten Anliegen einer in ihrer Rationalität gegenüber der christlichen Offenbarung und Theologie unabhängigen immanenten Eigengesetzlichkeit menschlicher Moral, das die traditionelle Moraltheologie tatsächlich nicht immer in genügender Weise berücksichtigte, läßt sich mit dem Begriff der „lex naturalis", wie er bei Thomas von Aquin zu finden ist, gerecht werden.

---

[34] So schreibt Alfons Auer selbst: „Was in der katholisch-theologischen Ethik rezipiert wurde, ist vielmehr eine allgemeine Vorstellung von Autonomie, wie sie sozusagen in der Luft lag und wie sie als christliche integrierbar erschien. Die Rezeption war ein Vorgang, der sich von geistesgeschichtlichen und aktuell kirchlichen Entwicklungen her so nachhaltig geltend machte, daß er sich wie von selbst durchsetzte. Es stand gar nicht zur Debatte, ob nicht zuletzt wenigstens bezüglich einer genauen geschichtlichen Anknüpfung Klarheit geschaffen werden sollte, bzw. könnte." Ein neues Argumentationsmodell habe sich angesichts „Humanae Vitae" einfach „aufgedrängt" („Hat die autonome Moral ...", S. 12).

2 ZUR KLÄRUNG DES AUTONOMIE-BEGRIFFES

2.1 Drei verschiedene Autonomiebegriffe

Zunächst ist dem Autonomie-Modell entgegenzuhalten, daß es die Bedeutungsvielfalt und Komplexität des Begriffes Autonomie wie auch seine vielschichtige historische Entwicklung und Bedingtheit[1] und sich daraus ergebende Schattierungen nicht ausreichend berücksichtigt; das Ergebnis ist begriffliche Unschärfe und Vermengung wohl zu unterscheidender Begriffe von „Autonomie". Soweit ich sehe, müssen mindestens drei Begriffe von „Autonomie" auseinandergehalten werden.

2.1.1 Personale Autonomie

Ein erster Begriff von Autonomie bezieht sich auf die Charakteristik menschlicher Handlungen als selbstbestimmter, bewußter, aufgrund von Willensentscheidung und vernünftiger Einsicht in das Gute vollzogener Akte. Autonomie bedeutet in dieser Hinsicht Herrschaft *(dominium)* über das eigene Tun, Entscheidungsfreiheit und Willentlichkeit. Diese Eigenart des menschlichen Handelns, wie sie im klassischen Begriff des *actus humanus* zum Ausdruck kommt, ist Ausdruck der Personalität des Menschen. Sie soll deshalb im Folgenden *personale Autonomie* genannt werden.[2]

Der hl. Thomas hat diese personale Autonomie folgendermaßen begrifflich gefaßt (vgl. I-II, q.1, a.2): alles Handeln bewegt sich auf ein Ziel hin; dies kann nun aber auf zweierlei Weise geschehen: Einerseits, indem man sich selbst bewegt, andererseits, indem man von einem anderen, wie der Pfeil durch den Schützen, auf das Ziel hingelenkt wird. „Diejenigen, die Vernunft besitzen, bewegen sich selbst auf das Ziel hin: denn sie besitzen aufgrund der freien Entscheidungskraft, die eine Fähigkeit des Willens und der Vernunft ist, Herrschaft über ihre Akte. Diejenigen hingegen, die der Vernunft entbehren, tendieren aufgrund von natürlicher Neigung, gewissermaßen durch einen anderen, nicht aber durch sich selbst bewegt, auf das Ziel." Dies ist deshalb so, weil vernunftlose Geschöpfe die

---

[1] Vgl. dazu den Artikel ‚Autonomie' von R. POHLMANN, in: J. RITTER, Historisches Wörterbuch der Philosophie, Bd. 1 (1971), 701–719.

[2] Den Begriff ‚personale Autonomie' entleihe ich der Soziologie, die mit diesem Begriff Individualität, Entscheidungsspontaneität, persönliche Selbstbestimmung gegen äußeren Konformitätsdruck und gegen durch gesellschaftliche Zwänge verursachtes außengeleitetes Verhalten meint (vgl. z. B. D. LEE, Individual Autonomy and Social Structure, in: Society and Self, hsg. von B. H. STOODLEY, New York/London, S. 223–231; weiter D. RIESMAN, H. P. DREITZEL u. a.). Natürlich ist der Begriff ‚personale Autonomie', wie ich ihn hier verwende, kein soziologischer Begriff; er scheint mir jedoch das philosophisch-ethische Analogon dazu zu sein.

„ratio finis", die „Zielhaftigkeit" des Zieles nicht zu erfassen vermögen, und deshalb auch nicht fähig sind, irgend einen Akt selbst auf das Ziel hinzuordnen; sie können nur auf das Ziel hingeordnet werden. Deshalb, so Thomas, verhält sich die ganze unvernünftige Kreatur zu Gott so, wie ein *instrumentum* sich zum *agens principale* verhält. Nur der vernünftigen Kreatur ist es spezifisch eigen, Ziele *quasi se agens vel ducens ad finem* anzustreben; die unvernünftigen Geschöpfe tun dies hingegen *quasi ab alio acta vel ducta*.[3]

Diese Herrschaft über sich selbst und die eigenen Akte, ein *dominium* und eine *potestas*, die auf Vernunft und freiem Willen beruht, ist das, was man mit personaler Autonomie bezeichnen kann: Thomas spricht genau an diesem Ort von *Freiheit*.[4] Aus dieser personalen Autonomie des menschlichen Handelns entsteht die Dimension der Sittlichkeit des Handelns: das Phänomen des *Sollens*. Denn ein Geschöpf, das gewissermaßen „außengeleitet" ist, also keine Herrschaft über die eigenen Akte durch Einsicht in die Ordnung zum Ziel besitzt, braucht nichts zu „sollen". Im Bereich der reinen Natur, wie bereits Kant richtig erkannt hat, gibt es kein „Sollen"; es gibt nur notwendige Gesetzmäßigkeiten. Das Sollen, ein Phänomen, das Kant zu Recht so sehr beeindruckt hat, ist eine Konsequenz von personaler Autonomie, von vernunftgebundener Herrschaft und Macht über das eigene Tun. Sollen kann man nur, wenn man nicht „muß", d. h., wenn das Handeln nicht einer operativen Determinierung unterliegt. Mit der personalen Autonomie ist damit auch bereits die „personale Autonomie des Sollens" gegeben: das heißt die dem Menschen aufgegebene Einsicht in das, was zu tun ist, in das Gute, nach dem sich das Handeln zu richten hat. Das Sollen ist in diesem personalen Sinne wesentlich autonom. Hier hat Kant richtig gesehen; die Frage ist nur, wie man diese Autonomie erklärt oder begründet.

Bei Aristoteles ist die personale Autonomie des menschlichen Handelns bereits treffend im Begriff der *prohairesis* und durch die Einsicht in die Abhängigkeit der Tugend von Klugheit *(phronêsis)* erfaßt. Aristoteles wirft die Frage auf, ob es zum sittlichen, tugendhaften Handeln denn nicht genüge, einfach das „Richtige" zu tun, also einfach material richtige Werke der Gerechtigkeit, des Starkmutes, der Mäßigkeit zu verrichten; und zweitens: ob wir zum tugendhaften Handeln wirklich *eigener* Einsicht in das Gute bedürfen; wieso es also nicht genüge, wie einer, der gesund werden möchte, das zu tun, was die Ärzte vorschreiben; denn um gesund zu sein, müssen wir ja nicht alle Medizin studieren; es reicht, den Ärzten Folge zu leisten.[5]

Aristoteles weist darauf hin, daß es nicht damit getan ist, z. B. „das Gerechte" zu tun; denn das könne man auch einfach, weil es die Gesetze vorschreiben, weil dies der einfachste Weg ist oder aus sonstigen Opportunitätsgründen. Der Gerechte ist vielmehr nicht

---

[3] Vgl. auch De Veritate, q. 22, a.4: „... animalia non habent dominium suae inclinationis; unde non agunt, sed magis aguntur, secundum Damascenum. (...) Sed natura rationalis (...) habet in potestate ipsam inclinationem, ut non sit ei necessarium inclinari ad appetibile apprehensum, sed possit inclinari vel non inclinari. Et sic ipsa inclinatio non determinatur ei ab alio, sed a seipsa."
[4] Vgl. C. G. III, cap. 112, n. 2857: „Quod dominium sui actus habet, liberum est in agendo, ,liber enim est qui sui causa est': quod autem quadam necessitate ab alio agitur ad operandum, servituti subiectum est. Omnis igitur alia creatura naturaliter servituti subiecta est: sola intellectualis natura libera est."
[5] Vgl. Nikomachische Ethik, VI. Kap. 13.

Drei verschiedene Autonomiebegriffe

derjenige, der nur „Gerechtes" tut, sondern der dies tut, weil er das Gerechte als gut erkennt, und es so, aufgrund eigener Einsicht, um des Guten willen – der Tugend willen – tut; d. h. man muß nicht nur Gerechtes tun, sondern es so tun, wie es der Gerechte tut, also gerecht *sein*.[6] Genau deshalb verhalte es sich mit der Klugheit – der praktischen Einsicht in das Gute, das zu tun ist, das konkrete »Sollen« – eben nicht wie mit der Medizin: Gesund werden ist kein sittlicher Prozeß; tugendhaft handelt man hingegen, wenn man aufgrund eigener Einsicht in das Gute handelt; und das heißt: die Klugheit muß man selbst besitzen, weil sonst das Handeln nicht seiner personalen Autonomie gerecht wird.[7]

2.1.2 Funktionale Autonomie

Wir kommen zu einer zweiten Bedeutung von Autonomie: Das menschlich-sittliche Handeln kann auch dadurch gekennzeichnet werden, daß es einer eigenen „Logik" oder Gesetzlichkeit folgt; denn es kann weder auf naturwissenschaftliche, noch soziologische oder andere Kategorien reduziert werden. Es besitzt eine ihm spezifisch entsprechende Eigenständigkeit mit eigener, immanenter Rationalität und Konsistenz. Diesen Aspekt nenne ich *funktionale Autonomie*.[8]

Alle geschaffenen Wirklichkeiten besitzen ihre funktionale Autonomie oder Eigengesetzlichkeit, die keineswegs mit dem, was soeben als personale Autonomie bezeichnet wurde, identisch ist. Auch Naturprozesse oder rein animalische Akte verlaufen mit einer immanenten Eigengesetzlichkeit. So läßt sich auch die personale Autonomie des Menschen selbst als eine Weise funktionaler Autonomie begreifen, denn schließlich entspricht diese – als Herrschaft über das Handeln aufgrund vernünftiger Einsicht und freiem Wollen – durchaus einer immanenten Eigengesetzlichkeit des menschlichen Handelns. Die Frage nach der funktionalen Autonomie ist jedoch in der logischen Ordnung grundlegender: sie besteht darin, ob ein bestimmter Bereich von eigener, immanenter Gesetzlichkeit, Ordnung oder „Logik" bestimmt wird, oder ob er lediglich ein, nicht immanentes, Gesetz befolgt. Erst im Nachhinein kann der so gewonnene Begriff einer immanenten Gesetzlich-

---

[6] Das heißt, in der Sprache Aristoteles', nicht nur „kata logon" zu handeln („vernunftgemäß" im Sinne eines äußerlichen Befolgens des Vernünftigen), sondern auch „meta logou" („mit Vernunft"), d. h. aufgrund eigener, das Streben (die „prohairesis") prägender Vernunfteinsicht; vgl. Nikomachische Ethik, a. a. O.

[7] Damit ist allerdings keinesfalls gesagt, daß ein Akt des Gehorsams gegen die personale Autonomie verstößt; der Gehorsam als Tugend entspringt gerade der Klugheit, d. h. der Einsicht, daß es gut und vernünftig ist, einer bestimmten Autorität Folge zu leisten. Nur ein Gehorsam, dem solche Vernünftigkeit und Freiheit abgeht, der also ohne Gründe vollzogen wird, wäre ‚heteronom': er käme selbst mit der im sittlichen Handeln gegebenen Herrschaft über das eigene Tun in Konflikt; er entspränge nämlich nicht mehr dieser Herrschaft, sondern der Herrschaft eines anderen. Solange ich gehorche, weil ich das so will und für gut einsehe, bewahre ich meine personale Autonomie, ja in einem gewissen Sinne steigere ich sie, weil ich dadurch die Begrenztheit meines eigenen Horizonts von Werteinsicht übersteige.

[8] Auch dieser Begriff existiert in der Soziologie und meint dort die relative Eigenständigkeit und Eigengesetzlichkeit z. B. gesellschaftlicher, ausdifferenzierter Subsysteme.

keit oder Ordnung näher bestimmt werden; beim Menschen zeigt sich personale Autonomie als wesentlich zu seiner funktionalen Autonomie gehörig.

Betrachtet man die personale Autonomie des Menschen unter dem Aspekt, Bestandteil funktionaler Autonomie zu sein, so erhält sie selbst den Charakter eines Gesetzes. Dies entspricht genau der bereits herausgearbeiteten Bestimmung des Gesetzes als *ordinatio rationis:* das Gesetz leistet eine Hinordnung von Handlungen auf ein bestimmtes Ziel; genau dies wird in der personalen Autonomie des menschlichen Handelns verwirklicht, und zwar aufgrund einer immanenten Eigengesetzlichkeit.[9] Im Falle des animalischen „Handelns" besteht diese funktionale Autonomie nicht in einer *ordinatio rationis,* sondern vielmehr in einem passiv empfangenen „ordinatum esse a ratione (divina)". Funktionale und personale Autonomie sind also nicht deckungsgleiche Begriffe. Der erste bezeichnet die immanente Eigengesetzlichkeit als solche; die zweite meint eine bestimmte, privilegierte Art von immanenter Eigengesetzlichkeit. Zu betonen ist dabei aber auch, daß personale Autonomie als funktionale Autonomie, d. h. *als solche,* selbst nicht dem *dominium* oder der *potestas* der Person unterliegt; ebensowenig wie die Ziele, auf die sich das autonome Handeln durch Einsicht in das Gute und Erfassen der Zielstruktur hinordnet. Denn sonst wäre personale Autonomie keine funktionale Autonomie, das heißt: keine immanente Eigengesetzlichkeit, sondern funktionale „Unabhängigkeit", bzw. Freiheit von immanenter Eigengesetzlichkeit. Es handelt sich also auch bei der personalen Autonomie, weil sie funktionale Autonomie ist, um eine konditionierte, bedingte – geschaffene – Autonomie, die auf einem sie selbst bestimmenden unverfügbaren Bedingungsgefüge aufruht, das wir „Natur" nennen.

Aus der Erkenntnis, daß personale Autonomie zur funktionalen Autonomie des Menschen wesentlich gehört, ergibt sich auch, daß die personale Autonomie des Sollens ebenfalls als eine funktionale Autonomie des Sollens betrachtet werden kann. Damit ist gemeint: Das Sollen – der Anspruch des Guten – besitzt selbst eine immanente Eigengesetzlichkeit und ist als solches fundamental unabhängig von tatsächlicher personaler Verwirklichung (sonst könnte es nicht als Sollen auftreten); das ist gemeint, wenn man sagt, das Gute sei in der Wirklichkeit des Seins begründet oder es ergebe sich aus der „Natur" des Menschen und ihrer Zielstruktur, es erhebe einen „objektiven" Anspruch. Die funktionale Autonomie des Sollens erweist sich also als eine gegenüber personaler Einsicht und effektivem Wollen autonome teleologische Struktur, die jeglicher personaler Autonomie und der ihr entsprechenden „deontischen" Autonomie des Sollens (die Nicht-Rückführbarkeit des „Ich soll" auf außerpersonale Instanzen) Grundlage und Richtung gibt. Allein diese funktionale, in gewissem Sinne „inhaltliche" Autonomie des Sollens begründet auch seine prinzipielle Rationalität und objektive Einsichtigkeit; es begründet näherhin die Möglichkeit, daß nicht einfach das gut ist und „gesollt werden soll", was ich will oder als gut erachte, sondern daß es im Bereich der personalen Autonomie auch ein fehlgeleitetes, schlechtes Wollen und falsche, irrtümliche Einsichten geben kann. Nur deshalb ist es des weiteren möglich, dem „Sollen" auch eine objektiv erkennbare Rationalität zuzusprechen und seine kognitive Eigenständigkeit zu wahren, – was ja ein Grundanliegen „autonomer Moral" ist.

[9] Sie wurde in Teil I in ihrem Gesetzescharakter bereits ausführlich analysiert.

Innerhalb des Begriffes „funktionale Autonomie" ließe sich auch eine weitere Möglichkeit von Autonomie einordnen: nämlich die methodologische, bzw. kognitive Eigenständigkeit oder Eigengesetzlichkeit bestimmter Wissenschaften, oder allgemeiner: Erkenntnisweisen *(kognitive* und *methodologische Autonomie).* So kann man sinnvollerweise behaupten, daß etwa die natürlich-rationale Gotteserkenntnis bezüglich offenbartem Wissen über Gott autonom, d. h. eine eigenständige und wahre, wenn auch vielleicht unvollständige Erkenntnis ist. Insofern gibt es generell eine Autonomie philosophischer gegenüber theologischer Erkenntnis, sowie auch eine kognitive oder methodologische Autonomie zwischen einzelnen Wissenschaftszweigen und auch, innerhalb der philosophischen Erkenntnis, verschiedenen Disziplinen. So haben wir im ersten Teil dieser Arbeit von einer kognitiven Autonomie der praktischen gegenüber der theoretischen Erkenntnis und einer methodologischen Autonomie der Ethik gegenüber der Metaphysik gesprochen. Wie bereits gezeigt wurde, ist solche Autonomie, weil sie funktionaler Art ist, sorgsam von „Unabhängigkeit" zu unterscheiden; dies käme einer Verwechslung mit einem dritten, verschiedenen Autonomiebegriff gleich.

2.1.3 Konstitutive Autonomie (Kompetenzautonomie)

Dieser dritte Begriff von Autonomie ist politischer und juristischer Herkunft und zugleich, historisch betrachtet, der ursprüngliche und fundamentale; die beiden ersteren sind in einer gewissen, wenn auch unvollständigen, Analogie zu ihm gebildet. Und zwar meint er *absolute oder relative Indetermination* eines Bereiches, bzw. eines Handelns, bezüglich eines anderen, ihm übergeordneten oder vorgelagerten Bereiches. Ein Begriff der Autonomie als absolute Unabhängigkeit findet sich zwar vereinzelt bereits im griechischen Kulturraum, und meint dort soviel wie politische Freiheit von Fremdherrschaft. Die Griechen begriffen jedoch schon bald die *autonomia* als relative, durch einen äußeren Rahmen bedingte *Eigenkompetenz* bezüglich bestimmter gesellschaftlicher Bereiche, wie die innere Gesetzgebung der Stadtstaaten oder die Finanzhoheit. Es handelt sich also um eine „bedingte Selbstbestimmung".[10] Während im Mittelalter der Begriff Autonomie unbekannt ist, wird er wiederum in der neuzeitlichen Jurisprudenz aufgegriffen und erhält dort seine mehr oder weniger klar umrissene definitive Prägung: Autonomie ist eine von der Staatsgewalt eingeschränkte, aber eben in gewissen Grenzen gewährte, Freiheit; oder positiv: ein von der rechtlichen Rahmenordnung gewährter Bereich, in welchem eine positive, durch die übergeordnete Instanz noch nicht determinierte Eigenkompetenz gewährt wird, für diesen Bereich verbindliche Rechtsnormen zu setzen. Ein klassischer Fall von Autonomie ist beispielsweise der rechtsgeschäftliche Verkehr auf der Basis des Privatrechts.

Autonomie im juristischen Sinne ist damit nicht nur einfach Ausgrenzung von Freiräumen, sondern Kompetenzgewährung zur Erfüllung eines übergeordneten Rechtsbereichs, und zwar innerhalb dieses normierenden Rahmens, aber gewissermaßen in „eigener

---

[10] Vgl. dazu den bereits angeführten Artikel von R. POHLMANN.

Regie". Es handelt sich also um bedingte und gewährte Eigen-Kompetenz (nicht Unabhängigkeit) zur rechtlichen Regelung eines bestimmten Bereiches. Wir könnten sie *Kompetenz-Autonomie* nennen. Sie läßt sich von der bloßen Unabhängigkeit oder Selbstbestimmung unterscheiden, da letztere nicht in einen sie bedingenden Rahmen eingespannt ist, sondern sich vielmehr gegen jegliche Bedingtheit absetzt; es handelte sich dabei um „Souveränität" oder „Emanzipation".[11] Da durch die Kompetenz-Autonomie einerseits und die bloße Unabhängigkeit oder Selbstbestimmung („Emanzipations- oder Souveränitäts-Autonomie") andererseits die Konstituierung von Eigennormierung innerhalb des autonomen Bereichs angesprochen ist, soll sie im folgenden *konstitutive Autonomie* genannt werden.

Ausgehend von diesem letzten Begriff der konstitutiven Autonomie zeigt sich, daß der Begriff der funktionalen Autonomie auf ihm aufruht: Denn ein Bereich, der in bedingter oder absoluter Unabhängigkeit geregelt ist, besitzt eine „Eigengesetzlichkeit"; eine gewissermaßen aus anderen Parallel-Bereichen und auch auf den bedingenden Rahmen nicht eindeutig ableitbare oder auf diese rückführbare Eigenkonsistenz. Autonom geregelte Bereiche *entwickeln* also eine Eigengesetzlichkeit. In Analogie dazu kann jeder Bereich „autonom" genannt werden, der eine solche Eigengesetzlichkeit einfach *besitzt*, auch wenn diese nicht auf einer konstitutiven Autonomie beruht. Ein Beispiel: Die Pastoralkonstitution „Gaudium et spes" spricht von der „Autonomie der irdischen Wirklichkeiten": „Durch ihr Geschaffensein selber nämlich haben alle Einzelwirklichkeiten ihren festen Eigenstand, ihre eigene Wahrheit, ihre eigene Gutheit sowie ihre Eigengesetzlichkeit und ihre eigenen Ordnungen, die der Mensch unter Anerkennung der den einzelnen Wissenschaften und Techniken eigenen Methode achten muß" (Nr. 36). Diese Autonomie, wie der Ausdruck „durch ihr Geschaffensein" festhält, ist jedoch nur eine funktionale, und keine konstitutive Autonomie; denn diese Bereiche haben ihre Eigengesetzlichkeit nicht durch ihnen überlassene Eigenkompetenz entwickelt; sie haben sie nicht selbst konstituiert. Diese Unterscheidung erweist sich als wichtig, wenn man den von Alfons Auer gerne angeführten, aber vom II. Vatikanum abgelehnten sogenannten „Text von Mecheln" betrachtet. Dort heißt es nämlich: „Die Welt hat ihre eigene Konsistenz und wird gelenkt durch eigene Prinzipien und Gesetze, die die Kirche gerne und aufrichtig anerkennt, *sie fallen nicht unter ihre Zuständigkeit,* sind aber doch von Gott, vom Urheber der Natur, verfügt." Hier wird deutlich der Begriff einer funktionalen Autonomie durch denjenigen einer konstitutiven Autonomie (Eigenkompetenz, Zuständigkeit) unterlaufen. *Aus der Eigengesetzlichkeit (funktionale Autonomie) sind keine Zuständigkeiten ableitbar;* dies könnte man nur, wenn sich diese Eigengesetzlichkeit durch Eigenkompetenz herausgebildet hätte. Das ist aber hier gerade nicht der Fall. Die Kompetenz- oder Zuständigkeitsfrage ist mit dem Aufweis funktionaler Autonomie noch nicht angeschnitten, geschweige denn beantwortet.

---

[11] „Emanzipation" ist ein römischer Rechtsbegriff und meint „Entlassung aus der väterlichen Gewalt", den Schritt von der Unmündigkeit zur Mündigkeit, Eigenständigkeit, Selbstbestimmung. Staatspolitisch kann man z. B. die Gewinnung der Unabhängigkeit von zuvor kolonial verwalteten Gebieten als „Emanzipation" bezeichnen, und das Ergebnis als „Souveränität". Emanzipation meint dabei nicht „Befreiung", sondern „Entlassung", also Gewährung der Unabhängigkeit; analog zur Kompetenz-Autonomie: sie ist Gewährung von Eigenkompetenz.

Drei verschiedene Autonomiebegriffe 165

Genau diese überaus wichtige Differenzierung zwischen funktionaler und konstitutiver Autonomie hat bezüglich der Struktur der Erkenntnis des sittlich Gesollten oder Guten auf hervorragende Weise T. Styczen herausgearbeitet.[12] Er unterscheidet die Frage: „Ist der Grund, auf dem das sittlich Gesollte/Gute aufbaut, im Subjekt selbst vorhanden, oder ist er außerhalb des Subjekts zu suchen?" von der zweiten Frage: „Hängt der Grund, der für das sittlich Gute konstituierend wirkt, vom Subjekt selbst ab oder nicht?"[13] Es ist möglich, gleichzeitig die erste Frage zu bejahen, und die zweite zu verneinen.[14] Genau dieser Struktur entspricht die Eigenart personaler Autonomie: Der Mensch als sittliches Subjekt entfaltet durch seine sittliche Erfahrung in (funktional) autonomer Weise eine moralische Normativität (als „lex naturalis"), deren Wahrheit zugleich (konstitutiv) nicht vom menschlichen Subjekt abhängt. Styczen drückt dies folgendermaßen aus:

„Folglich kann das Subjekt, als erkennendes und frei handelndes Ich, sein eigenes Selbst als etwas ontisch ihm Vorgegebenes und axiologisch Aufgegebenes entdecken, über das es also noetisch nicht im mindesten zu verfügen vermag. Noetisch gesehen hängt somit das eigene Selbst des (sich selbst) erkennenden Subjekts ganz und gar nicht vom Subjekt ab, obwohl dieses Selbst sein eigenes Selbst ist. Daraus folgt aber auch, daß das handelnde Subjekt der Wahrheit seiner eigenen Urteile über die Übereinstimmung seiner frei zu vollziehenden Akte mit seinem eigenen ontisch-axiologischen Selbst noetisch unterliegen muß. Es kann diese Wahrheit einsehen oder auch verfehlen, es kann aber nicht kreativ über sie verfügen, was eben heißen würde, sie einfach zu setzen. Die kreative Potenz des Subjektes bezieht sich nur auf die Findung der Wahrheit. Weil jedoch nur das Subjekt diese Übereinstimmung feststellt (feststellen kann) oder wenigstens sie festzustellen glaubt, setzt es selber sittliche Urteile, die dann notwendigerweise als *seine eigenen* gelten. In dieser Funktion ist das Subjekt nicht zu ersetzen. Insofern darf man sagen, das Subjekt setze selber sittliche Urteile, die es dann auch zu einem bestimmten Handeln (sittlich) verpflichten. So verstanden ist die Rede von der Autonomie als Eigengesetzlichkeit und sogar Selbstgesetzlichkeit völlig gerechtfertigt. Sie darf dennoch nicht darüber hinwegtäuschen, daß der Wahrheitswert oder die Geltung dieser Imperative – und folglich auch ihr verpflichtender Charakter – zunächst nicht von dieser Setzung des Subjektes, sondern lediglich von dem ontisch-axiologischen Selbst des Subjektes, als seinem Grund und Wahrheitskriterium, abhängt. Somit erweist sich das vermeintlich konträre Gegensatzpaar ‚Autonomismus' oder ‚Heteronomismus' als ein Mißverständnis.

Man täte deshalb recht daran, wenn man im Vortrag der Ethik gleicherweise betonte, daß das Subjekt nur seinen eigenen, d. h. nur den von ihm selbst gesetzten Imperativen zu gehorchen hat, als auch, daß das eigene Selbst des Subjektes, – das zwar auch den Maßstab ihrer Geltung bildet, – noetisch gesehen sich dennoch *außerhalb* des Subjektes befindet (als Objekt seiner Erkenntnis). Dadurch wäre viel Verwirrung vermieden.

Auf die obengenannte Weise kommt die Autonomie des sittlichen Subjektes zu ihrem vollen Ausdruck und zur vollständigen Garantie. Das Subjekt bleibt hier es selber: ein vollkommen freies, *weil* rationales Wesen. Es hat zwar nur dem zu gehorchen, was es selber in seinen eigenen Urteilen als verpflichtend erkennt und anerkennt: ‚Es verpflichtet mich, *indem ich es setze*', wodurch das sittlich

---

[12] Vgl. T. STYCZEN, Autonome Ethik mit einem christlichen „Proprium" als methodologisches Problem, in: D. MIETH – F. COMPAGNONI (Hsg.), Ethik im Kontext des Glaubens, Freiburg–Wien 1978, S. 75–100.
[13] Ebd., S. 79.
[14] Vgl. ebd.: „Logisch gesehen ist es möglich, daß der für das sittlich Gesollte/Gute geltende Grund ontisch (ontologisch, metaphysisch) und axiologisch mit dem Selbst des handelnden Subjekts völlig identisch ist, ohne daß der Handelnde, als erkennendes Subjekt, von sich aus dieses eigene ontisch-axiologische Selbst erkennend schöpferisch ins Dasein und Sosein (Wertvollsein) setzt, etwa im Sinne ‚percipi – esse'. Die Analyse des Gewissensurteils als Urphänomen der sittlichen Sphäre zeigt, daß diese Möglichkeit auch wirklich vorkommt."

Gesollte zu einer dem sittlichen Subjekt zutiefst *immanenten Kategorie* wird. Gleichzeitig sieht jedoch der Handelnde sich durch sein normatives Urteil für insofern sittlich beansprucht, als er es für wahr ansieht, wodurch wiederum das sittlich Gesollte/Gute, sich dem Subjekt als *transzendente* Kategorie kundtut: ‚Es verpflichtet mich, *weil es wahr ist*‘. Das ist aber auch gerade die *einzige* Weise, auf welche das Subjekt immerdar sein Recht auf seine Rationalität beibehalten kann. Es ist das Recht, nach dem ‚Warum?‘ des Sollens zu fragen. Dieses Recht gewährt weder der Heteronomismus noch der Autonomismus nach Kant oder Sartre. Ohne ein solches Recht wäre ein ‚Ich‘ nicht mehr ‚Ich‘ und seine Autonomie eine Illusion".[15]

Aufgrund eines solchen, wie mir scheint zutreffenden, Verständnisses sittlicher Autonomie, läßt sich die (funktionale) Autonomie der sittlichen Erfahrung als Entfaltung einer Theonomie verstehen, von der das „Selbst" des Subjektes geprägt ist. Es handelt sich dabei nicht um „theonome Autonomie", sondern eher – das Wortspiel sei hier erlaubt – um „autonome Theonomie" (die Worte sind hier weniger wichtig, als der gemeinte Sachverhalt). Gemeint ist: es handelt sich um eine Theonomie, die das menschliche Subjekt als *seine eigene* Selbstgesetzlichkeit besitzt, oder, wie noch gezeigt werden soll, um eine „partizipierte Theonomie". Menschliche Autonomie erweist sich somit als Geschöpflichkeit und wird dadurch gerade zum Medium der Erfassung der Theonomie dieser Eigengesetzlichkeit.[16] Die Erkenntnis des sittlich Guten/Gesollten zeigt sich dabei – wie Styczen richtig sieht – trotz seiner funktional autonomen Setzung, als eine noetisch unverfügbare Wahrheit, die in *konstitutiver* Hinsicht (bezüglich ihrer Konstitution *als* Wahrheit) eben gerade nicht von der Autonomie des Subjektes abhängt (weshalb das Subjekt auch nicht für sich beanspruchen kann, für diese Wahrheit „zuständig" zu sein).

Genau diese Struktur ist im thomistischen Begriff des Naturgesetzes als Partizipation des ewigen Gesetzes ausgesprochen (wie dies bereits das Ergebnis der Analysen von Teil I gezeigt hat) und wird in der Konzeption einer „theonomen Autonomie" verfehlt, die dann eben doch wiederum, wie auch Styczen bemerkt hat, auf einen Moralpositivismus hinausläuft: Denn zerbricht man den dem Subjekt unverfügbaren noetischen Wahrheitsgehalt des sittlich Guten/Gesollten, so begründet sich dann eben das Gute/Gesollte nicht mehr durch seine (praktische) Wahrheit, sondern durch die Faktizität seiner Setzung durch das (konstitutiv-autonom) normierende Subjekt: Die unverfügbare „Wahrheit des Guten" hätte dabei der „Eigenkompetenz" zu weichen.

2.1.4 Formen der Heteronomie

Den genannten drei Begriffen von Autonomie entsprechen drei Möglichkeiten von Heteronomie: „Personaler Autonomie" steht eine Heteronomie entgegen, die die personale Bestimmtheit des menschlichen Handelns beeinträchtigt oder ausschaltet: Unwissenheit, Zwang, Gewalt, Furcht (traditionellerweise „hostes voluntarii", „Feinde des Willentli-

---

[15] Ebd., S. 79–81.
[16] Styczen (ebd., S. 82) nennt in diesem Sinne – in einer kühnen aber richtigen Formulierung – das Selbst eine „Theophanie" und charakterisiert eine richtig verstandene „theonome Autonomie" als „Autonomie des Menschen in Gott"; das ist wahrscheinlich eine bessere Formulierung als die eben verwendete einer „autonomen Theonomie".

chen, genannt); personale Autonomie unterliegt der Heteronomie, wenn dem Menschen ein Handeln ohne innere Zustimmung abverlangt oder aufgezwungen wird.[17] Wie bereits gesagt ist Gehorsam keine Heteronomie, sondern eine Tugend, und zwar auch bei fehlender unmittelbarer Einsicht in die Vernünftigkeit des „gerade jetzt Gebotenen", vorausgesetzt, daß die Anerkennung der in Pflicht nehmenden Autorität selbst einem personalen Akt entspringt.[18] Erzwungener „Gehorsam" ist hingegen definitionsgemäß kein Gehorsam, sondern einerseits Zwang oder Gewaltanwendung, und andererseits, vom „Empfänger" her betrachtet, reine „Befolgung" oder „Unterwerfung".

Funktionaler Autonomie widerspricht eine Heteronomie, die in Abhängigkeiten oder Einflüssen bestünde, welche mit der Eigengesetzlichkeit des entsprechenden Bereiches kollidierten und diese störten: so z. B. die Interferenz der „lex fomitis" mit der „lex naturalis"; es ist jenes „andere Gesetz", von dem Paulus spricht, und das mit dem „Gesetz des Geistes" in Widerspruch steht.

Konstitutive Autonomie schließlich kann, als Emanzipations- oder Souveränitätsautonomie (Unabhängigkeit), durch jegliche Art von Fremdbestimmung oder Abhängigkeit der Heteronomie verfallen; hier, und nur hier, hieße „Heteronomie" soviel wie „Abhängigkeit" und in diesem Sinne wäre auch Gehorsam Heteronomie. Als Kompetenz-Autonomie verfällt sie der Heteronomie durch Eingriffe nicht-zuständiger (der Kompetenz ermangelnder) Entscheidungsträger (wobei im einzelnen zu fragen ist, inwiefern der bedingende, kompetenzgewährende Rahmenbereich selbst eine solche Nicht-Zuständigkeit besitzt).

Prüfen wir nun erneut eine Formulierung von Alfons Auer, nämlich seine Definition von moralischer Autonomie, so wird ersichtlich, wie in ihr die verschiedenen Begriffe von Autonomie und Heteronomie durcheinandergewürfelt werden: „Der Begriff Autonomie artikuliert die Vorstellung
— (1) daß der Mensch sich selbst Gesetz ist,
— (2) daß sittliche Normen dem Menschen also nicht von außen im Sinne heteronomer Inpflichtnahme auferlegt,
— (3) sondern von ihm selbst mit der Kraft seiner Vernunft entwickelt werden".[14]
Der Mensch ist sich selbst Gesetz: damit scheint zunächst die funktionale Autonomie angesprochen, denn sonst wäre (2) sinnlos: denn „Inpflichtnahme von außen", durch einen Dritten also, widerspricht ja nicht personaler Autonomie; die Prinzipien personalen Handelns werden durch solche Inpflichtnahme grundsätzlich nicht verletzt. „Heteronome Inpflichtnahme" könnte aber auch soviel wie „Zwang" oder „Nötigung" heißen; dann wäre jedoch mit (1) die personale Autonomie gemeint. Was heißt dann aber „der Mensch ist sich selbst Gesetz"? Die Aussage bleibt ungeklärt und unscharf. Die Verwirrung

---

[17] Auch die Unwissenheit (insofern sie nicht-willentlich ist) bewirkt ein Handeln ohne wirkliche Zustimmung; dies zeigt sich gerade darin, daß man anders handeln würde, wenn man sich nicht in Unwissenheit befände.
[18] Gerade der Glaube ist ein solcher personaler Akt; deshalb spricht man auch von „Glaubensgehorsam", der überhaupt nur aufgrund der Freiheit des Gewissensaktes verständlich wird; vgl. dazu A. LAUN, Das Gewissen..., a. a. O.
[19] Hat die autonome Moral..., S. 11.

erreicht schließlich ihren Höhepunkt mit der Aussage (3): „von ihm selbst mit der Kraft seiner Vernunft entwickelt": damit ist nämlich die konstitutive Autonomie angesprochen: der Mensch ist sich selbst Gesetz, d. h. besitzt seine Eigengesetzlichkeit, aufgrund von Normen, die er selbst entwickelt. Dann meint jedoch Heteronomie (Inpflichtnahme von außen) sowiel wie Einmischen eines kompetenzlosen Entscheidungsträgers oder Fremdbestimmung. Wird nun allerdings diese Formulierung wiederum als Explikation von (1) verwendet, wie es tatsächlich in der vorliegenden Definition der Fall ist, so wird vollends unklar, was denn bedeutet, der Mensch sei sich selbst Gesetz: damit kann nun nämlich nicht mehr funktionale Autonomie gemeint sein, sondern allein konstitutive Autonomie, und zwar als Unabhängigkeit. In dieser Logik bewegt sich ja dann auch die Auersche autonome Moral, wie bereits gezeigt wurde, auch wenn das wohl zunächst gar nicht intendiert ist: Eine anfangs sinnvoll behauptete personale und funktionale Autonomie des Menschen gerät unter die Bestimmungskriterien konstitutiver Autonomie; oder anders gesagt: Auer vermag die personale und funktionale Autonomie der praktischen Vernunft, bzw. der Ethik, nur mit der Hilfe des Begriffes konstitutiver Autonomie zu fassen; der Grund dazu besteht darin, daß Auer, wie auch z. B. Böckle, einerseits personale Autonomie und die Autonomie des Sollens in den Bahnen Kants begründet und andererseits das Verhältnis zwischen menschlicher Autonomie und ihrer Ursache, ihrem theonomen Ursprung, oder ihre Geschöpflichkeit auf *anthropomorphe* Weise begreift.

2.2 Zur Verwendung des Autonomiebegriffes: Einschränkungen seiner Brauchbarkeit

Welcher Begriff von Autonomie ist nun jeweils gemeint, wenn Auer von Autonomie des Sittlichen gegenüber der Naturordnung, der Metaphysik und dem Glauben spricht? Insbesondere wenn er sagt: „Der Begriff der Autonomie ist präzis erfüllt, wenn Prinzip und Maß des Sittlichen nicht in der Naturordnung, nicht im metaphysischen Wesen des Menschen und auch nicht in einer die Selbstgesetzlichkeit des Menschen aufhebenden Offenbarung zu suchen sind, sondern in der Vernunft".[15] Was heißt, so ist zu fragen, daß die sittliche Autonomie des Menschen in der Selbstgesetzlichkeit der (praktischen) Vernunft liegt?

2.2.1 Die „Autonomie des Sittlichen gegenüber der Naturordnung"

Wenn mit einer „Autonomie des Sittlichen gegenüber der Naturordnung" die personale Autonomie (als Aspekt und Form einer bestimmten Art von funktionaler Autonomie, Eigengesetzlichkeit) angesprochen ist, so bedeutet Autonomie des Sittlichen gegenüber

---

[20] Die Autonomie des Sittlichen..., S. 52.

der Naturordnung, daß das sittliche Handeln des Menschen gegenüber der Naturordnung (dem „Gesamt der physiologisch-biologischen, psychologischen und soziologischen Strukturen und Mechanismen, in die die menschliche Existenz hineingebunden ist"[16]) eine eigene Logik, Konsistenz und Gesetzlichkeit besitzt: jene eines (personalen) *dominium*, einer *potestas* über die eigenen Neigungen, aufgrund von Vernunft und Willentlichkeit; die Möglichkeit, sich und die eigenen Akte selbst auf das Ziel hinzuordnen, Ziele deshalb auch in ihrer Zielhaftigkeit zu erkennen, Werteinsicht, freie Bejahung und Beansprucht-Werden durch das Gute. Sittliches Handeln in personaler Autonomie hieße also, daß dieses bezüglich anderen Formen von Naturgesetzlichkeit funktionale Eigenständigkeit besitzt.

Liest man die Ausführungen Auers, so zeigt sich jedoch, daß er mit Autonomie des Sittlichen gegenüber der Naturordnung zunächst zwar dies zu meinen scheint, in der Begründung jedoch den Begriff funktionaler Autonomie verläßt. Auer verteidigt schließlich nicht eine funktionale Autonomie des „Sittlichen" gegenüber Naturbereichen, in denen das Phänomen des Sittlichen gar nicht auftritt, sondern eine Autonomie der Vernunft gegenüber der Natur, *die der Mensch selbst ist*. Gemeint ist, daß die Vernunft über die „Naturordnung" eine bestimmende, regelnde, maßstäbliche Funktion besitzt. Damit spitzt sich die Frage zu.

Denn: Ist die Autonomie der Vernunft funktionaler Art? Dann würde dies bedeuten, daß die Vernunft gegenüber der „Naturordnung", in die die menschliche Existenz eingebunden ist, eine Eigengesetzlichkeit besitzt. Vernunft und Natur sind damit dissoziiert: Der Mensch vereinigte in sich – seinem Sein – zwei funktional verschiedenen Bereichen angehörende Schichten; damit würden wir uns in den Bahnen einer radikal dualistischen Anthropologie bewegen.

Oder ist gemeint, die Vernunft und die ihr zugehörige sittliche Ordnung besäßen bezüglich der Naturordnung eine konstitutive Autonomie? Wenn es sich dabei um Kompetenz-Autonomie handelte, so führte dies zur eher absurden und sicherlich auch nicht beabsichtigten Konsequenz, daß die Naturordnung als bedingende „Rahmenordnung" der Vernunft einen Bereich der Eigenregelung und Eigenkompetenz überläßt; dann wäre die Vernunft der Natur untergeordnet; denn kompetenz-autonome Bereiche sind ja immer subordinierte Bereiche. Das ist nun aber bei Auer keineswegs gemeint. Handelt es sich aber um „Unabhängigkeit" (also Emanzipations-, bzw. Souveränitätsautonomie), so würde dies bedeuten, die praktische Vernunft sei in ihrem Geltungsanspruch von der Naturordnung unabhängig; sie entwicke ihr eigenes Gesetz, das sie gegenüber „Übergriffen" und „Invasionen" naturaler Tendenzen durchsetzen muß. Tatsächlich finden sich bei Auer Ausdrücke wie „Nicht-Unterwerfung" unter die Naturzwecke, „Durchsetzung" des Anspruchs der Vernunft usw.

Letztlich läßt sich nicht entscheiden, was eigentlich mit Autonomie des Sittlichen gegenüber der Naturordnung bei Auer gemeint ist; der Begriff der Autonomie wird zu unreflektiert und unscharf verwendet. Zudem, und das ist nicht zu leugnen, unterliegt er einer ständigen Tendenz, in die Bahnen einer konstitutiven Autonomie im Sinne von Unabhängigkeit abzugleiten.

[21] Ebd., S. 31.

Wie bereits im zweiten Teil dieser Studie gezeigt wurde, kann man die Autonomie des Sittlichen als eine funktionale, und dann auch personale Autonomie begreifen; nicht aber als Autonomie bezüglich der Naturordnung; denn gerade der Begriff „funktionale Autonomie" schließt ein, daß es sich beim sittlichen Bereich ebenfalls um einen, wenn auch, im funktionalen Sinne, autonomen Bereich von Naturordnung handelt. Auer begeht, wie mir scheint, gleich zu Beginn den Fehler, „Naturordnung" mit jenen Bereichen zu identifizieren, die sich von Vernunft unterscheiden, wodurch ihm der Zugang zu einem Begriff der natürlichen Vernunft *(ratio naturalis)* versperrt bleibt.

Wenn man also zwar von einer Autonomie des Sittlichen gegenüber *anderen*, nichtmenschlichen Bereichen von natürlichen Ordnungen sprechen kann, so ist es vollends verfehlt, eine Autonomie der Vernunft gegenüber der Natur *im* Menschen zu behaupten. *Der Begriff der Autonomie ist zur Erfassung der Beziehung von Vernunft und Natur unbrauchbar.* Die Regelungs- und Maßstabsfunktion der Vernunft gegenüber den natürlichen Neigungen ist kein Fall von Autonomie. Der Grund liegt in der Tatsache, daß die Vernunft und alle menschlichen natürlichen Neigungen integrierte Aspekte des einen, unteilbaren menschlichen Suppositums sind; sie bilden eine personale Einheit. Zur Analyse der Beziehungen zwischen diesen Innenaspekten der menschlichen Person ist das Autonomiemodell ungeeignet und unbrauchbar, weil es der Einheit der Person nicht gerecht zu werden vermag. Innerhalb einer substantiellen Einheit, wie dies das menschliche Suppositum, die Person, ist, kann es keine Beziehungen von Autonomie geben. Andernfalls wäre das Ergebnis, wie bereits gezeigt, ein dualistisches und spiritualistisches Menschenbild.

2.2.2 Die „Autonomie des Sittlichen gegenüber der Metaphysik"

Daß mit „Autonomie des Sittlichen gegenüber der Metaphysik" eine funktionale Autonomie gemeint ist, scheint zunächst klar zu sein. Es bleibt die Frage: Meint diese Autonomie, daß der Bereich des Sittlichen, die Ordnung des „guten Handelns", der Tugend also, bezüglich jener Wirklichkeit, die Gegenstand metaphysischer Erkenntnis ist, eine Eigengesetzlichkeit besitzt? Daß also menschliches *Sein* und menschliches *Handeln* je verschieden, funktional autonomen Bereichen angehören? Die Frage stellen, heißt sie beantworten: dies wäre absurd. Oder ist mit Autonomie des Sittlichen gegenüber der Metaphysik gemeint, daß Urteile (Imperative) der praktischen Vernunft nicht aus metaphyisch-spekulativen Aussagen ableitbar oder auf sie zurückführbar sind? Das behauptet Auer tatsächlich, und wir haben bereits im ersten Teil gesehen, daß es so ist und weshalb es so ist. Die praktische Vernunft besitzt tatsächlich gegenüber der theoretischen eine funktionale Autonomie. Und daraus ergibt sich ebenfalls eine dritte Möglichkeit: eine entsprechende kognitive, resp. methodologische Autonomie der philosophischen Ethik gegenüber der Metaphysik. Es handelt sich dabei, dies sei erneut betont, um funktionale und nicht konstitutive Autonomie: also weder metaphysisch bedingte und eingegrenzte (methodologische) Eigenkompetenz, noch Unabhängigkeit.

Probleme entstehen nun dadurch, daß Außer erneut die Frage ungenau formuliert. Denn es stehen ja drei Beziehungen zur Debatte. Erstens: Die Beziehung des von der

Metaphysik vergegenständlichten Bereichs des Seins mit der Ordnung des guten Handelns, der Tugend. Zweitens: Die Beziehung „Praktische Vernunft" – „Spekulative Vernunft". Drittens: Die Beziehung zwischen philosophischer Ethik und Metaphysik. Zur Benennung der ersten Beziehung ist – analog zum Verhältnis „Natur" – „Vernunft" – der Autonomiebegriff unbrauchbar; denn auch hier handelt es sich um personal integrierte Aspekte des Suppositums. Im zweiten und dritten Fall besteht, wie gesagt, funktionale, d. h. hier kognitive und methodologische Autonomie.

Auer spricht nun aber von einer „Autonomie des *Sittlichen* gegenüber der Metaphysik". Was ist hier mit dem Begriff des „Sittlichen" gemeint? Wenn damit die praktische Vernunft in ihrer spezifischen kognitiven, oder die philosophische Ethik in ihrer methodologischen Eigengesetzlichkeit angesprochen ist, kann man mit Auer einig gehen. Genau wie im Falle der Autonomie gegenüber der Naturordnung unterstellt jedoch Auer unversehens in der Begründung seiner These einen anderen Autonomiebegriff.

Zunächst heißt es: „Von Autonomie des Sittlichen gegenüber der Metaphysik muß dann gesprochen werden, wenn sittliches Handlungswissen nicht einfachhin aus der natura metaphysica des Menschen oder des menschlichen Aktes durch Ableitung, Extension oder Applikation gewonnen werden kann".[22] Dem können wir, im oben dargelegten Sinne, zustimmen. Es wurde ja auch gezeigt, daß jeder metaphysischen Deutung des Menschen bereits eine praktische Erfahrung zugrundeliegt, ja daß es ohne Reflexion über die praktische Erfahrung gar keine metaphysische Anthropologie geben kann. Auer sagt uns, in der Explikation seiner These jedoch etwas völlig anderes: „Sittliche Bestimmtheit kann deswegen nicht aus der Erkenntnis des Wesens gewonnen werden, weil der Mensch nicht eine *metaphysische Idee*, sondern *sich selbst* verwirklichen muß. Darum eben wendet sich die praktische Vernunft nicht dem metaphysisch zu bestimmenden *Allgemeinen*, sondern der *Wirklichkeit des konkreten menschlichen Lebens* zu".[23]

Damit ist nun allerdings gesagt, daß die Metaphysik des Seins einen Bereich zum Gegenstand hat, bezüglich dessen der Bereich des Handelns autonom ist. Im einen Fall handelte es sich um ein Reich der „metaphysischen Ideen" und des „Allgemeinen", im anderen Falle um den Menschen „selbst", um „die Wirklichkeit des konkreten menschlichen Lebens". Das heißt aber auch, daß der Mensch, der „sich selbst" sittlich verwirklicht, nicht die gleiche Wirklichkeit ist, welche die Metaphysik erfaßt, wenn sie vom Menschen spricht. Hier spricht Auer nicht mehr von einer kognitiven Autonomie der „Wirklichkeit des konkreten Lebens" gegenüber dem „Allgemeinen" und den „Ideen", die von der Metaphysik erfasst werden. Wenn dann die Metaphysik den Tätigkeitsbereich der praktischen Vernunft reflektiv vergegenständlicht, vermag sie keinesfalls diesen autonomen Bereich des Sittlichen metaphysisch-anthropologisch zu deuten; denn das Sittliche bleibt für Auer in der konkreten Lebenswirklichkeit gefangen und kann als solches nicht von einer Erkenntnis, die nur das Allgemeine und Ideelle zum Gegenstand hat, eingesehen werden. Das sittlich-Gute bleibt ein Konkretes, jeweils in der konkreten Lebenswirklichkeit je wieder neu zu Gestaltendes. Universale metaphysische Aussagen über das praktisch Gute, welche die konkrete Gestaltung der Lebenswirklichkeit irgendwie festlegten, sind nicht möglich.

[22] Ebd. S. 37.
[23] Ebd. Die Hervorhebungen sind von mir.

Metaphysik kann schließlich nur allgemein begründen, daß und weshalb das praktisch Gute der Autonomie der praktischen Vernunft des Menschen überlassen ist.
Damit wird die Autonomie der praktischen Vernunft zu einer konstitutiven Autonomie. Das heißt, sie begründet einen Bereich praktischer Normierung in Eigenkompetenz oder Unabhängigkeit, in dem nur sie Zuständigkeit besitzt und dessen normative Festlegung von ihr selbst verfügt wird.[24] Damit sind wir wieder an demselben Punkt angelangt: Der innere, personale Zusammenhang zwischen dem, was der Mensch ist, und der Ordnung seiner sittlichen Verwirklichung, ist zugunsten einer Autonomie der Vernunft zerrissen, und ebenso damit der Zusammenhang zwischen Ethik und Anthropologie. Sittlichkeit, menschliches Handeln und schließlich Ethik werden zu jenem Bereich, der eine anthropologische „Leerstelle" bildet. *Ethik beginnt dort, wo Anthropologie aufhört.* Die reflektive metaphysisch-anthrophologische Analyse des menschlichen Handelns vermöchte zwar noch zu begründen, daß die Konstituierung des Sittlichen genau dort beginnt, wo anthropologische Bedingtheit aufhört, daß demnach „Menschsein" bedeutet, zur Verwirklichung dieses Menschseins in die Freiheit – Autonomie – einer „schöpferischen" Vernunft entlassen zu sein; sie dürfte aber, gerade deshalb, nichts über die Konstituierung des Sittlichen in seiner konkreten Bestimmtheit aussagen, da dieser Bereich eben eine konstitutive Autonomie besitze, für welche also Metaphysik, Anthropologie etc. nicht zuständig sind.

2.2.3 Folgerungen

Ohne hier auf die Frage der Autonomie des Sittlichen gegenüber dem Glauben näher einzugehen[25], können wir uns fragen, weshalb Auer und andere, trotz der Berechtigung des

---

[24] Man erinnere sich dabei an die bestechende, aber metaphysisch fragwürdige These Auers von der nur „potentiellen Rationalität" der Welt: „Für das moderne Denken ist die Welt etwas Gestaltloses, das der menschlichen Durchformung harrt und das erst durch das menschliche Engagement seine Potenzen freigibt. Dies ist freilich nur möglich, weil in der Welt selbst und im gestaltenden Menschen potentielle Rationalität vorgegeben ist. Nur weil der Mensch selbst rational ist, vermag er die Rationalität der Welt zu entdecken und zu heben. Menschliche Rationalität impliziert Verantwortung für die Rationalität der Welt. Wer fähig ist, die Welt ihrem Sinn und ihrer Ordnung näherzubringen, ist mit dieser Fähigkeit in Pflicht genommen. Hier ist der eigentliche Ursprungsort des Sittlichen" (Autonome Moral, S. 35f.). Durch die Nichtunterscheidung der „Welt", die den Menschen umgibt, und der „Welt", die als „Natur" zum menschlichen Suppositum gehört, wird diese These als anthropologische wiederum dualistisch. Ebenfalls unterscheidet Auer nicht zwischen „seinsmäßiger Integration" (bzw. Sinnhaftigkeit) des Natürlichen und seiner kognitiven und operativen Integration durch die sittliche Tugend; vgl. dazu Teil I, Kap. 2.5.1.
[25] Insofern eine solche Autonomie eine kognitive Autonomie sittlicher Erkenntnis bezüglich geoffenbarter Ansprüche natürlich-menschlicher Sittlichkeit (z. B. der Dekalog) meint, oder natürlicher Erkenntnis der Existenz Gottes gegenüber der Offenbarung solcher Existenz, so ist mit Auer einig zu gehen und hat er auch nichts Neues gesagt. Die Behauptung solcher Autonomie gehört sogar zur feierlichen Lehrverkündigung der katholischen Kirche. Das Problem stellt sich nur bezüglich a) der Frage der faktischen Möglichkeit sicherer, vollständiger und irrtumsfreier Erkenntnis dieser Ansprüche im Zustand der gefallenen Natur; und b) der Frage nach der Beziehung zwischen menschlich-natürlicher Moral und geoffenbarter christlicher Moral.

von ihnen aufgeworfenen Problems, zu dermaßen ungenauen und fragwürdigen Ergebnissen kommen. Ein Grund liegt sicher in einem zu undifferenzierten Gebrauch des Begriffes „Autonomie" und schließlich in einer Verwendung des Autonomiemodells in Bereichen, in denen dessen Verwendung unbrauchbar und unzulässig ist (wie die Beziehungen „Vernunft" – „Natur" und „Sein" – „Handeln"). Es gibt jedoch, wie mir scheint, noch tiefere Gründe. Zunächst ein ideenpolitischer Grund: Es ging darum, in übereilter Weise zu zeigen und zu begründen, weshalb das kirchliche Lehramt mit seiner Ablehnung der Kontrazeption Unrecht hatte. Sicherlich verbunden mit dem Druck einer solchen Beweislast findet sich eine tiefere Ursache: Die Vernachlässigung, ja geradezu methodische Ausklammerung einer Analyse der sittlichen Handlung im Sinne des klassischen Traktates über den *actus humanus* und der philosophischen Anthropologie. Letztlich also – paradoxerweise – das Übergehen des Bereiches *personaler Autonomie* des Menschen; die Autonomie, die dem Menschen tatsächlich zukommt, wurde nicht in die Untersuchung einbezogen; dies gilt sowohl für die sog. „autonome Moral", wie auch für die teleologische Normenbegründung, auf die wir noch zu sprechen kommen. Der Begriff der personalen Autonomie, der nur einer metaphysischen Analyse voll zugänglich wird und aufgrund dessen es z. B. möglich ist, die fundamentale Amoralität der Konterzeption zu begründen, kann in einer „autonomen Moral" nur stiefmütterlich behandelt werden; diese zieht es vor, den Begriff der Person im Sinne von reiner Subjektivität zu deuten; wichtig ist, wie Böckle betont, das „Subjektsein des Menschen", sowie die „natürliche Neigung der Vernunft zu normsetzender Aktivität"[26] als solcher und eine damit behauptete transzendentale Bestimmung menschlicher Freiheit. Nicht so sehr wegen des Wörtchens „transzendental", sondern vielmehr aufgrund der behaupteten Autonomie der praktischen Vernunft des Sittlichen überhaupt, der Gegenüberstellung von Anthropologie und Ethik, kann gesagt werden, daß dieser Konzeption einer „autonomen Moral" die kantische Philosophie Pate gestanden hat.

2.3 Kants Autonomie-Begriff und die „autonome Moral"

Nicht ist gemeint, daß die autonome Moral einfach eine Kant-Rezeption sei, noch, daß die Vertreter der autonomen Moral das Anliegen Kants und die seiner Philosophie zugrundeliegende Problematik in ihrem eigentlichen Kern und ganzen Tiefe nachvollzogen hätten. Die geradezu tragische, in ihren historisch und methodisch bedingten Mißverständnissen dennoch gewaltige denkerische Leistung und Tiefe Kants vermag in der „autonomen Moral" nur einen indirekten Einfluß auszuüben, und zwar in der Gestalt einer Art „transzendentalphilosophischen" Thomas-Exegese, die dem Anliegen Kants selbst nicht gerecht zu werden vermag und dies auch gar nicht zu intendieren scheint.

---

[26] Vgl. Franz BÖCKLE, Fundamentalmoral, München 1977, S. 90 u. 91.

2.3.1 Die kantische Entdeckung der Autonomie des Sollens

Kant, in der Schule eines aprioristisch-rationalistischen Denkens geformt, geläutert durch den Schock des englischen Empirismus', umgeben von einem hedonistisch und utilitaristisch verfremdeten Eudämonismus und gezeichnet von einer praktisch vollständigen Unkenntnis der klassischen Texte der philosophischen Tradition, versuchte die ethische Frage von Anfang an neu zu stellen, – allerdings bereits nachdem er in seiner „Kritik der reinen Vernunft" die transzendentale Autonomie der (theoretischen) Vernunft bezüglich Natur und Erfahrung zur Bedingung der Möglichkeit ihrer Erkenntnisfähigkeit erhoben hatte.

Für Kant ist alle Vernunft, ja alle Philosophie, wesentlich autonom. Autonomie, und das heißt für ihn: Unabhängigkeit von aller naturhaften oder auch, dem reinen Sollen vorgelagerten, subjektiven Motivation, ist das (funktionale) Strukturgesetz der Vernunft schlechthin. Das Sollen wäre für Kant heteronom verfremdet, wenn es in irgendeine Abhängigkeit von Empirie, Neigung oder zweckrational-teleologischer (und damit „hypothetischer") Motivation geriete. Mit Bestimmtheit hätte Kant jeden Versuch, eine „autonome Moral" in die Motivationsstruktur des christlichen Offenbarungsglaubens zu integrieren, mit dem Vorwurf der Heteronomie zurückgewiesen; er versuchte ja vielmehr umgekehrt, diesen Glauben, als „Vernunftreligion", auf der Ebene der Ethik zu formulieren.

Kant begreift das sittliche Sollen als ein ursprüngliches Phänomen, das nur aus der reinen Selbstgesetzlichkeit der praktischen Vernunft, die den kategorischen Imperativ als reine *formale* Pflicht formuliert, erklärt werden kann. Der Autonomismus Kants ist deshalb wesentlich ein transzendentaler Formalismus der Vernunft. Kant will dabei überhaupt nichts über die Begründung materialer Normen aussagen; dieses Problem ist bei ihm kaum angeschnitten; seine praktische Philosophie ist eine Theorie der Bedingungen der Möglichkeit sittlichen Sollens.

Dabei muß für Kant dieses Sollen von jeglicher anthropologischer Bestimmung frei bleiben. Anthropologie gehört zur Empirie, und ist deshalb der praktischen Vernunft gegenüber heteronom.[27] Hier liegt die Problematik: Der kantische Autonomiebegriff besitzt eine wesentlich negative Färbung; er beinhaltet nicht eine positive Aussage, wie er zum Beispiel im Begriff personaler Autonomie enthalten ist. Sondern meint: Freiheit von Heteronomie, von allem, was nicht in der Vernunft als solcher allein seinen Ursprung hat. Damit wird die Kantsche Idee einer transzendentalen Vernünftigkeit selbst Anthropologie, und zwar eine solche dualistischer, bzw.: spiritualistischer Art.

---

[27] Das Empirische steht für Kant in einem notwendigen Gegensatz zum Universalen; der Grund des Sollens, als sittlicher Imperativ, muß aber für Kant universaler Natur sein, da sonst die Sittlichkeit sowohl subjektiver Willkür wie auch unreiner sittlicher Motivation (Interesse) ausgeliefert wäre. Nur die Vernunft kann Grund universaler Imperative sein. Demnach ist der Grund für das sittliche Sollen allein in der Vernunft zu suchen, die sich dazu als autonome, das heißt: von aller Heteronomie des empirisch oder durch Motivation bedingten Partikularen behaupten muß. A. LAUN hat die Doppeldeutigkeit des kantschen Autonomiebegriffes als Unabhängigkeit von Empirie einerseits und von unlauterer, ‚interessierter' Motivation andererseits gut dargestellt, vgl. a. a. O. S. 31–37.

Die Autonomie als Selbstgesetzgebung der Vernunft gewinnt dabei den Charakter konstitutiver Autonomie: Sie konstituiert des Sittliche als Sittliches; ihr Inhalt ist das Sollen, unabhängig von jeder Materialität, geschweige denn anthropologischer Bestimmtheit.

Die sittliche Autonomie begründet sich deshalb bei Kant in und durch einen transzendentalen Formalismus der praktischen Vernunft. Kant nennt ihn das „sittliche Gesetz" und formuliert dieses in den verschiedenen Versionen des kategorischen Imperativs. Allein dadurch ist nach Kant die Autonomie des sittlichen Wollens gewährleistet: Die Freiheit der praktischen Vernunft und des von ihr kaum unterschiedenen Willens von jeglichem „Fremdeinfluß", der das Wollen als sittliches verfälschen würde, durch zweckrationale (utilitaristische), natürlich-neigungsbedingte Einflüsse oder die, nach Kant zutiefst heteronome, Aussicht auf Belohnung oder Bestrafung.

Kant beweist damit ein außerordentliches Gespür für die notwendige Autonomie des Sollens: Nicht weil etwas „nützt" oder „lohnt", ist es zu tun, sondern einfach, weil es gesollt ist, – und das heißt doch: weil es gut ist. Diese (personale) Autonomie des Sollens, seine formelle Nicht-Rückführbarkeit auf ein dem Willen selbst Äußerliches, die Tatsache, daß die Erfahrung des Sollens und die Unterstellung unter seinen Anspruch immer nur als eine aus dem Innern der Person und seines Willens selbst entspringende Bewegung verstanden werden kann, ist das Grundanliegen Kants, wobei er diese Autonomie allein in einem Gesetz gewährleistet sieht, dessen Charakteristik der transzendentale Formalismus des kategorischen Imperativs ist.

2.3.2 Sollenserfahrung und die Erkenntnis des Guten

Was ist nun aber dieses „Sollen"? Können wir es, wie Kant dies tut, sowohl in der praktischen Erfahrung wie auch in der Reflexion vom Begriff des „Guten" ablösen? In der von Thomas gebrauchten Formulierung des ersten Prinzips der praktischen Vernunft ist das „Sollen" ja an die unmittelbare praktische Erfahrung des Guten zurückgebunden („bonum prosquendum, malum vitandum est"); gibt es überhaupt eine Erfahrung des Sollens ohne die Erfahrung, und das heißt: ohne eine praktische Erkenntnis des Guten? Existiert die rein formale Erfahrung des „Ich soll"; tritt eine solche Erfahrung nicht immer auf als: „Ich soll dieses", bzw.: „Das ist gut". Wir haben im ersten Teil analysiert, daß die Erfahrung des „Sollens" als Sollen, wie auch jene der Pflicht, der Norm etc. erst in der Reflexion über die Erfahrung der praktischen Vernunft auftritt. Das Sollen und die Pflicht sind durch unmittelbar *praktische* Einsicht in das Gute bedingt. Die personale Autonomie verwirklicht sich nicht, wie Kant denkt, weil man etwas tut, nur weil man es soll, und sonst aus keinem anderen Grund, also aus reiner Pflicht. Kant verkehrt das Ursprüngliche mit dem Bedingten. Personale Autonomie verwirklicht sich vielmehr, wenn man etwas tut, weil man es als gut erkannt hat; und deshalb „soll" man es. Thomas hat diese Verwirklichung personaler Autonomie prägnant folgendermaßen zum Ausdruck gebracht: „(...) Frei ist, wer über sich selbst verfügt *(qui est causa sui)*: der Sklave untersteht der Verfügungsgewalt seines Herrn *(est causa domini)*: wer immer also aus sich selbst heraus *(ex seipso)* handelt, der handelt frei; wer hingegen durch einen anderen bewegt *(ex alio motus)* handelt, der handelt nicht frei. Derjenige also, der das Schlechte nicht deshalb meidet, weil es schlecht ist[28], sondern weil Gott es so gebietet, der ist nicht frei; aber derjenige, der das Schlechte meidet, weil es schlecht ist, der ist frei".[29]

Sobald man den Begriff des „Guten" ins Spiel bringt, was Kant sorgsam vermeidet und was auch die methodologische Brüchigkeit seines Ansatzes erweist, stellen sich neue Fragen: Die Frage nach der praktischen Einsicht in das Gute; nach den Bedingungen der Erkenntnis des wahrhaft Guten im Unterschied zum nur scheinbar Guten (das aristotelische *phainomenon agathon*). Das Gute kann nicht mehr durch einen transzendentalen Formalismus kantischer Prägung rekonstruiert werden; auch nicht durch eine Ideen- oder Wertlehre platonischer Prägung. Man muß nur die aristotelischen Ausführungen über die Unbrauchbarkeit solcher Formalismen für die philosophische Ethik einmal nachlesen, um sich bewußt zu werden, daß Kant in seinem ethischen Ansatz – in bestimmter Hinsicht – in eine vor-aristotelische Position zurückfällt.

2.3.3 Das gemeinsame Defizit: Die Anthropologie der sittlichen Handlung

Dieser „Archaismus" Kants zeichnet sich durch eine Ablösung der Fundierung des sittlich Guten von der Analyse des menschlichen Handelns aus. Die aristotelische „Wende" bestand darin, Ethik als Lehre vom „guten Handeln" *(eupraxia)* zu verstehen: als eine Untersuchung nicht über das Gute als Gegenstand der Erkenntnis, sondern als Gegenstand und insofern auch Inhalt des Handelns; seine Ethik ist deshalb weitgehend eine Theorie des sittlichen *Handelns*, oder des menschlichen Handelns, insofern es menschlich ist, und schließlich eine Lehre von der Tugend. Ethik als Lehre vom guten Handeln, die sich auf die Analyse der Struktur und Eigenheiten des *actus humanus* und seiner Struktur personaler Autonomie gründet, findet bei Thomas mit Sicherheit ihren Höhepunkt. Spätere nominalistische („legalistische"), und dann empiristische, utilitaristische und hedonistische Verfremdungen der Lehre vom guten Handeln haben Kant, der zum klassischen Erbe keinen unmittelbaren Zugang mehr hatte, dazu verführt, Ethik wieder von der Handlungslehre abzutrennen, – und damit auch von der Anthropologie, die mit einer Theorie der menschlichen, der sittlichen Handlung untrennbar verbunden ist.

Der Versuch, Ethik unabhängig von einer Anthropologie der menschlichen (sittlichen) Handlung und damit auch nicht als handlungstheoretisch fundierte Tugendlehre zu begründen, ist das charakteristische Erbe Kants, von dem viele Versuche, Ethik zu begründen, bis heute geprägt sind; der Versuch, Sollen als transzendentalen Formalismus auszuweisen, ist dabei nur eine mögliche Variante. Auch die Wertphilosophie Max Schelers zeichnet sich, trotz ihrer reichhaltigen und treffenden phänomenologischen Analysen, durch das Fehlen eines Begriffes des Guten als axiologische Dimension des menschlichen Handelns *als* Handeln aus. Alle Formen von Utilitarismus sind wesentlich durch die Ausklammerung dieser Frage konstituiert: Würden sie, wie Sokrates das schon tat, das Nützliche mit dem Guten identifizieren und damit eine Beziehung zwischen Nutzen und

---

[28] Bzw. das Gute verfolgt, weil es gut ist.
[29] Ad II Cor., c. III, lect. 3, n. 112.

Wahrheit aufrechterhalten[30], so hätte es keinen Sinn mehr von Utilitarismus zu sprechen. Auch in der analytischen Ethik fehlt eine Theorie der operativen Wahrheit oder des guten Handelns; dies aufgrund der methodologischen Beschränkung dieser Ethik auf die Analyse der sprachlich-kommunikativen Erscheinungsformen des Sollens.[31] Die sog. „teleologische Ethik" ist vollends geprägt von der Ausklammerung der Analyse der menschlichen Handlung; sie erschöpft sich, worauf noch zurückgekommen werden soll, in einer Theorie von „richtigen Handlungsweisen" und entsprechenden Normenbegründungsverfahren und verdankt ihre Plausibilität schließlich der Unterstellung, das „Gute" sei schließlich nichts anderes, als ein aus der transzendentalen Analyse des „Sollens" gewonnener Formalismus. Im weiteren Verlauf unserer Untersuchung des Begriffs „autonome Moral" wird sich zeigen, wie sehr dieses „Modell" unter dem Einfluß der kantischen Wendung steht und wie sehr es deshalb eine über zweitausendjährige Tradition der Ethik als Lehre vom guten Handeln und der Tugend unversehens verläßt und beiseite schiebt.[32]

Die kantische Autonomie der Vernunft muß, begreiflicherweise, jegliche „Abhängigkeit" von sich weisen; sie muß demnach auch Theonomie als Heteronomie begreifen. Sie kann die Wirklichkeit Gottes nur als Postulat der praktischen Vernunft, als regulative Idee akzeptieren, nicht aber als ihre normierende Ursache. Hier versuchen nun katholische Moraltheologen einzugreifen: Autonomie und Theonomie seien doch zu vereinbaren. Der Versuch die Theonomie einer, im kantischen Sinne, gegenüber Naturneigung, ja aller anthropologischer Bestimmtheit autonomen Vernunft, zu begründen, führt zur Konzeption einer „theonomen Autonomie", – eine Konzeption, die sich bei näherer Analyse als fragwürdiger Anthropomorphismus erweist; denn ebenso wenig wie für die Beziehung Natur–Vernunft und Sein–Handeln, ist der Autonomiebegriff für das Verständnis der Abhängigkeit des Menschen und seiner praktischen Vernunft von Gott und seiner schöpferischen Vernunft brauchbar.

---

[30] Wie das im aristotelischen Begriff der ‚praktischen Wahrheit' gerade getan wird; vgl. F. INCIARTE, Theoretische und praktische Wahrheit, in: M. RIEDEL (Hsg.), Rehabilitierung der praktischen Philosophie, Bd. II, Freiburg i. B. 1974, S. 155–170. Dabei zeigt sich gerade in der aristotelischen *phronêsis* der Bezug zu einer Wahrheit der Praxis, einer *operativen Wahrheit*: sie ist das (sittlich) Gute, das im Handeln gerade bewirkt und realisiert wird und in ihm seinen Sitz hat.
[31] Wobei allerdings die zum Teil sehr fruchtbaren Arbeiten von KENNY, ANSCOMBE, FINNIS u. a. hervorzuheben sind, die allerdings von den meisten katholischen Moraltheologen, die die analytische Ethik rezipieren, offenbar nicht berücksichtigt werden.
[32] Die Studie von K.-W. MERKS, Theologische Grundlegung der sittlichen Autonomie, Düsseldorf 1978, versucht, aufgrund ihrer breit angelegten Thomas-Interpretation, ohne Zweifel, diesen handlungstheoretisch-anthropologischen Gesichtspunkt nicht zu übergehen. Merks gelingt es allerdings nicht, diesem Aspekt auch nur annähernd gerecht zu werden. Das zeigt sich vor allem in seinem Unverständnis gegenüber der Secunda Pars als Traktat über die Tugend.

2.4 „Theonome Autonomie": Ein Anthropomorphismus

Das Problem, das mit dem Begriff „theonome Autonomie" zunächst einmal angesprochen ist, besteht in der Charakterisierung der Beziehung zwischen dem Bereich menschlichen Handelns, menschlicher Sittlichkeit und göttlicher Normierung. Mit dem Begriff „theonome Autonomie", wie er heute verwendet wird, ist gemeint, daß menschliche Sittlichkeit, moralisches Handeln und entsprechende Normen zwar einer theonomen Normierung unterliegen und durch sie begründet sind, daß sich dieses sittliche Handeln des Menschen aber dennoch in einem autonomen „Freiraum" bewege, in dem der menschlichen Vernunft eine „schöpferische" Aufgabe zukomme.

Gemeint ist damit jedoch nicht die funktionale (bzw. personale) Autonomie des Menschen. Sondern die Autonomie des Menschen in der Konstituierung sittlicher Normativität. Gemeint ist, daß der Raum des sittlichen Handelns ein theonom, durch Schöpfung gegründeter Freiraum zur Gestaltung des sittlich Guten darstellt. Die praktische Vernunft ist also durch Schöpfung konstituierte selbst bezüglich der Konstituierung sittlicher Verbindlichkeit „schöpferische Vernunft" und in diesem Sinne autonom.

2.4.1 Theonome Autonomie des „Weltethos" (A. Auer)

Während diese Autonomie einer schöpferischen Vernunft in der Regel als eine durch die *lex aeterna*, bzw. die *lex naturalis* – die dabei auf die obersten, allgemeinsten und nur formalen Aspekte reduziert wird – begründete Autonomie gesehen wird, so ist bei Alfons Auer diese Thematik als „Autonomie des Sittlichen gegenüber dem Glauben" formuliert – und zwar weil er der Meinung ist, daß die geschöpfliche Abhängigkeit des Menschen von Gott überhaupt nur ein Thema der Offenbarung sei und als solche nur dem Glaubenden einsichtig werden könne.[33] Diese Position, daß „Theonomie", „Gott", „Schöpfung" als solche immer bereits Themen des Glaubens und der Theologie (als *scientia fidei*) sind, halte ich, nicht zuletzt auch aufgrund der gesamten philosophischen Tradition, für unhaltbar: Gott, Schöpfung, Abhängigkeit der Welt von einer ersten Ursache usw. sind auch philosophische Themen und Gegenstand eines rationalen, menschlichen Diskurses. Es gibt auch eine natürliche, philosophische Theologie[34]; die Gottesfrage, und damit auch die Frage der Theonomie, gehört sowohl zur Metaphysik wie auch zur Ethik und zum „Normalbereich" menschlichen Handelns, unabhängig von aller Offenbarung und vom Glauben.[35] Ja, der Begriff der sittlichen Handlung selbst sowie die sittliche Erfahrung öffnen

---

[33] Siehe Autonome Moral ..., S. 172.
[34] So bezeichnete ja auch Aristoteles seine „Erste Wissenschaft", die erst nachträglich, mehr zufällig, „Metaphysik" genannt wurde, als *Theologia*, Wissenschaft von Gott, da Wissenschaft von der ersten Ursache. Und die griechische Antike benannte seine Pioniere der Metaphysik, die ‚Vorsokratiker', als *Theologoi*.
[35] Inwiefern der Mensch dabei immer auch unter dem Einfluß der Gnade Gottes steht, dessen Heilswirksamkeit sich ja auf alle Menschen erstreckt, ist dabei eine ganz andere Frage. Ihre positive

sich auf die Gottesfrage hin. Zudem ist „Religion" – die Tugend der *religio* – Teil einer menschlich-natürlichen Kardinaltugend: der Tugend der Gerechtigkeit.

Man kann also nicht behaupten, die Frage nach Gott und der theonomen Gründung des Sittlichen sei eine Frage, die erst durch den Glauben angeschnitten würde, um damit die Geschöpflichkeit des funktional autonomen Bereiches der irdischen Wirklichkeiten auszuklammern. Insbesondere, scheint es mir verfehlt, den Bereich des Sittlichen in ein autonomes „Weltethos" einerseits, und in ein Heilsethos andererseits aufzutrennen, wobei erst im „Heilsethos" die Frage der Theonomie überhaupt auftauchen würde. Die Frage der Theonomie, der Bezug der irdischen Wirklichkeit, des Menschen und seines Handelns zu Gott, gehört wesentlich auch zum Weltethos.[36]

Die Frage der theonomen Begründung einer autonomen Moral stellt sich somit jedenfalls bei Auer als die Frage nach der Beziehung zwischen autonomer, menschlicher Sittlichkeit und christlichem Glauben und ist als solche nicht als eigentlich philosophisches Problem thematisiert. Dabei ist der Ausgangspunkt zunächst der Begriff der funktionalen Autonomie: „Die in den einzelnen Bereichen der Welt aufzuspürenden Gesetzlichkeiten – wir nennen sie ihre Autonomie – sind durch den Logos vermittelte, aber selbstwirksame Stiftungen Gottes".[37] Die Begründung verläßt jedoch erneut diesen Begriff funktionaler Autonomie: Gott lasse „den Menschen in seiner Freiheit walten und tut nichts, um ihn zur Marionette zu erniedrigen (...). Die transzendentale Ursächlichkeit des Schöpfers und die damit gegebene totale Abhängigkeit der Welt von seiner Schöpferkraft gefährden also in keiner Weise die Autonomie der Welt, sie begründen vielmehr ihre Möglichkeit. Gott ist nicht der Rivale des Menschen, er will ihn nicht aus seiner Herrschaftsstellung in der Welt verdrängen, im Gegenteil: er will, daß er sie maximal wahrnehme. Freilich ist dies alles nur dem Gläubigen einsichtig und kann einem Nicht-Glaubenden nicht andemonstriert werden".[38]

Sofort wird ersichtlich, wie hier der Autonomiebegriff wiederum in eine konstitutive Autonomie abgleitet. Ganz abgesehen davon, daß Auer hier leider nicht zwischen der

---

Beantwortung impliziert jedenfalls in keiner Weise, daß, wer sich auf Gott hin öffnet, bereits *glaubt*; denn die Realität Gottes als Grund aller Wirklichkeit gehört mit zur konstitutiven Wahrheit der Welt in ihrer natürlichen Dimension. Wer kein Atheist oder Agnostiker ist, ist deshalb noch lange nicht ein Christ, auch kein ‚impliziter' oder ‚anonymer'.

[36] Das kommt gerade auch in den Texten des II. Vatikanischen Konzils (Gaudium et spes, Nr. 36) deutlich zum Ausdruck; dort heißt es nämlich, daß es ein falsches Verständnis von Autonomie der irdischen Wirklichkeiten gebe, das außer Acht läßt, daß die geschaffenen Dinge von Gott abhängen und auch nicht ohne Bezug auf den Schöpfer gebraucht werden können; das Geschöpf werde selbst, als solches, ohne das Begreifen seiner Abhängigkeit von Gott „unverständlich". Das bedeutet, daß ein autonomes Weltethos, das die Dimension der Geschöpflichkeit und der Theonomie nicht selbst einschließt, einen die Wirklichkeit des Geschöpfes verfälschenden Begriff von Autonomie impliziert. Ein solcher falscher Begriff von Autonomie rückt in die Nähe dessen, was vom Konzil als „systematischer Atheismus" bezeichnet wird (ebd. 20); natürlich ist Auer kein Atheist; seine Auffassung von Weltethos und einem Gott, der erst durch Offenbarung und Glauben sichtbar wird, ist jedoch diejenige eines ‚methodischen Atheismus'. Dieser Vorwurf kann ihm nicht erspart bleiben.

[37] A. a. O., S. 172.

[38] Ebd.

(funktionalen) Autonomie von irdischen Sachgesetzlichkeiten und der (personalen) Autonomie menschlichen Handelns unterscheidet, so daß man nicht weiß, ob hier eigentlich von der Eigenständigkeit und Eigengesetzlichkeit der Welt, oder aber von der Eigenständigkeit des menschlichen Handelns die Rede ist, so wird hier der Begriff einer menschlichen, theonom begründeten Autonomie in Kontrast zu einer, zwar als falsche Auffassung bezeichneten, Konkurrenzsituation zwischen Mensch und Gott konzipiert: Menschliche Autonomie sei vielmehr die von Gott gewährte Herrschaftsstellung des Menschen in der Welt. Die Autonomiekonzeption, wie sie hier gezeichnet wird, ist ebenso anthropomorph, wie der Kontrasthintergrund, von dem sie sich abheben möchte. Menschliche Autonomie als von Gott gewährte „Eigenkompetenz", „Partnerschaft" oder „Unabhängigkeit" zu betrachten, ist, schöpfungsmetapyhsisch gesehen, unsinnig; sie projiziiert nur im zwischenmenschlichen Bereich vorkommende Rechtsbeziehungen auf das Verhältnis Geschöpf–Schöpfer, wenn sie nicht gar dem Interpretament des deistischen Baumeister-Gottes sehr nahe kommt.

2.4.2 „Autonomie"–„Partizipation": Begriffliche Klärungen

Das hier von Auer benutzte Autonomie-Modell besagt zugleich zu viel und zu wenig: Zu viel, weil dem Menschen bezüglich Gott diese Unabhängigkeit nicht zukommen kann; die Auffassung, die Kausalität des Schöpfers konstituiere nur eine Rahmenordnung, innerhalb deren sich der Kompetenz-Freiraum „autonome Welt" befinde, läßt sich metaphysisch nicht halten: Die kausale Abhängigkeit des Geschöpfes vom Schöpfer ist eine totale, sowohl im Sein, wie auch in allen seinen Akten. Durch die Eigenart göttlicher Schöpfungskausalität existiert eine tatsächliche operative Immanenz Gottes in allem, was ein Geschöpf ist und tut.

Andererseits gibt jedoch die anthropomorphe Sicht Auers der menschlichen Autonomie auch viel zu wenig: Die tatsächlich bestehende, personale Autonomie des Menschen ist nämlich, gerade *durch* ihre schöpfungsbedingte Abhängigkeit von Gott, viel mehr als ein gewährter Freiraum oder „autonome" Herrschaftsstellung. Die personale Autonomie des Menschen ist *ad imaginem Dei* geschaffen; sie ist – um die folgenden Ausführungen vorwegzunehmen – nicht von Gott gewährte Eigenkompetenz, sondern *Teilnahme an Gottes eigener „Kompetenz"*; aber nicht im Sinne gewährter „Kompetenzautonomie", sondern durch die im Schöpfungsakt der Kreatur vermittelte Teilhabe (Partizipation) an Gottes eigener Vollkommenheit.[40] Die Begründung personaler Autonomie des Menschen kann nicht mit den Mitteln anthropomorpher Beziehungsmodelle, wie demjenigen der

---

[39] Und schon gar nicht biblisch: „Denn in ihm leben wir, bewegen wir uns und sind wir" (Apg 17, 28). Wenn es in Gaudium et spes heißt: „Denn das Geschöpf sinkt ohne den Schöpfer ins Nichts" (Nr. 36), so ist damit nicht nur das ‚Getragensein' durch eine ‚transzendentale' Ursächlichkeit gemeint; das Geschöpf verdankt sich nicht nur in seinem Sein, sondern auch in seinen Akten immer vollständig dem Schöpfer.
[40] Vgl. dazu auch die ausgezeichneten Ausführungen bei J. DE FINANCE, Autonomie et Théonomie, in: L'agire morale, a. a. O., S. 239–260.

Kompetenzgewährung oder Herrschaftsüberlassung, gedeutet werden. Der Mensch ist nicht „Partner" Gottes, sondern sein Geschöpf und Ebenbild.

Die Beziehung des Geschöpfes zum Schöpfer, ausgedrückt im Begriff der Partizipation, läßt sich nicht in der menschlicher, innergeschöpflicher Erfahrung entnommenen Kategorie der Autonomie ausdrücken. In einem gewissen Sinne bezeichnen „Autonomie" und „Partizipation" sogar sich gegenseitig ausschließende Verhältnisse: Denn Partizipation bedeutet, „von oben her" gesehen, Kommunikation eigener Vollkommenheit an ein Anderes, sodaß die mitgeteilte Vollkommenheit zum Eigenbesitz dessen wird, der sie empfängt; Partizipation konstituiert somit eine Immanenz des Gebenden im „Empfänger". Insofern begründet Partizipation funktionale Autonomie als partizipierte Vollkommenheit, aber nicht konstitutive Autonomie. Denn diese letztere bedeutete gerade, im Unterschied zur Partizipation, nur eine „umgreifende" oder „tragende" Rahmenordnung, innerhalb derer jegliche Kommunikation oder Teilhabe ausgespart bleibt; sie bedeutet Gewährung eines partizipationsfreien Raumes, innerhalb dessen es keine Immanenz des „Gebenden" gibt, sondern Unabhängigkeit zur Schaffung von „Neuem".

Das Verhältnis der (konstitutiven) Autonomie kennzeichnet eine typisch zwischenmenschliche Beziehung; dasjenige der Partizipation zeichnet die Art und Weise, wie sich Geschöpf und Schöpfer zueinander verhalten. Autonomie konstituiert, unter den Bedingungen menschlicher Herrschafts- oder Rechtsverhältnisse, Freiheitsräume unter und durch Menschen; Partizipation konstituiert geschöpfliche Freiheit durch den Schöpfer, eine Freiheit, die ohne die durch die Partizipation ermöglichte Immanenz Gottes im Geschöpf, ohne den *imago*-Charakter der menschlichen Freiheit, ins Nichts zurücksinken würde.

Das mag zunächst alles reichlich abstrakt klingen. Wir werden darauf, im Zusammenhang mit der Analyse des *imago*-Charakters der *lex naturalis* zurückkommen. Wir gelangen jedoch bereits zum Schluß, daß der Begriff der Autonomie zur Fassung des Verhältnisses zwischen Geschöpf und Schöpfer ebenfalls unbrauchbar ist, weil er sich hier als Anthorpomorphismus erweist.

Derselbe Anthropomorphismus zeigt sich, in etwas differenzierterer From, bei den Versuchen von Böckle und seinem Schüler K. W. Merks, durch ihre Interpretation der *lex naturalis* und der *lex aeterna* den Begriff einer theonom begründeteten Autonomie der menschlichen Sittlichkeit zu erarbeiten.

2.4.3 Theonome Autonomie der „schöpferischen Vernunft" (F. Böckle, K.-W. Merks)

Franz Böckle[41] geht ebenfalls vom Begriff der Schöpfung aus; dieser „stellt Gott und Mensch nicht als Konkurrenten dar, die auf demselben Gebiet miteinander wetteifern. Gottes Schöpfertum umgreift transzendental die kategoriale Entwicklung der Welt".[42] Richtig betont Böckle, daß aufgrund des Geschaffenseins, der Schöpfer „die Welt und den

---

[41] Ich stütze mich hier auf die Darstellung in seiner Fundamentalmoral, München 1977, S. 80–92.
[42] Ebd., S. 80.

Menschen in ihrem Selbstsein und ihrer Eigentätigkeit begründet. Darin findet der Mensch als autonomes sittliches Vernunftwesen seine volle Bestätigung".[43]
Damit ist also die durch Schöpfung begründete funktionale Autonomie der Welt im allgemeinen, und die personale Autonomie des Menschen im besonderen angesprochen. Was bedeutet nun aber diese schöpfungsmäßig begründete Autonomie? Böckle operiert mit den Begriffen „transzendentale Ursächlichkeit Gottes" und „kategoriale" (Eigen-)Entwicklung der Menschen, resp. sittliche Selbstentfaltung des Menschen. Gemeint ist: Gottes Schöpfertum umgreift „transzendental" die kategoriale Autonomie der Welt. Man wüßte eigentlich nicht, was damit genau gemeint ist, wenn Böckle nicht selbst zeigen würde, daß er damit ähnliche Vorstellungen wie Auer verbindet.

Eines ist zunächst klar: Um Partizipation geht es dabei nicht; denn durch Partizipation konstituiert sich keine Autonomie des Kategorialen bezüglich des Transzendentalen. Sondern vielmehr eine (partizipierte) Immanenz des Transzendentalen in der kategorialen Struktur der geschaffenen Wirklichkeit. Das heißt: Letztere ist gerade in ihrer Eigenwirklichkeit Teilhabe an der sie gründenden Wirklichkeit, und zwar durch eine mitgeteilte *(communicatio perfectionis)* Immanenz der gründenden Wirklichkeit im Gegründeten.

Die Schwierigkeit, die Position Böckles zu fassen, liegt ebenfalls darin, daß er ständig die Begriffe funktionaler (bzw. personaler) und konstitutiver Autonomie durcheinandermischt. Sätzen wie: „Erst der Mensch, der in Übereinstimmung steht mit den Maximen des Handelns, *die er sich selbst gegeben* hat, ist der autonome Mensch"[44] oder die autonome Vernunft sei „die Vernunft als gesetzgeberische Anlage"[45] ist im Sinne personaler Autonomie verstanden durchaus zuzustimmen. Böckle bleibt jedoch dabei nicht stehen. Er begreift, die Partizipation „in ebenbildlich-abbildhafter Weise an der göttlichen ratio" als eine *„aktiv schöpferische Tätigkeit der Vernunft"*. Damit ist gemeint, daß der Mensch durch die Partizipation am ewigen Gesetz nicht an der *ordinatio* der göttlichen Vernunft teilhat, so daß sich diese göttliche *ordinatio* dem Menschen mitteilte, ihm immanent wäre und er sie selbst – in personaler Autonomie – mitvollzöge. Böckle meint vielmehr, daß durch die *imago* Gottes im Menschen dieser selbst, durch eine „natürliche Neigung der praktischen Vernunft zu normsetzender Aktivität im Hinblick auf seine aufgegebene Vollendung und Erfüllung"[46] – worin, für Böckle, das Naturgesetz allein besteht – in eine eigene normsetzende Kompetenz entlassen sei.

Freilich bemüht sich Böckle, seiner Konzeption jeglichen anthropomorphen Anschein zu nehmen. Er verweist darauf, daß Gott als „causa prima", das Geschöpf als „causa secunda" wirkt: beide sind nicht „Teilursachen" eines gemeinsamen Effektes, sondern, je

---

[43] Ebd.
[44] Ebd., S. 86.
[45] Ebd., S. 89. Die Kritik von LAUN (vgl. Das Gewissen ..., a. a. O., z. B. S. 19) am Begriff der „gesetzgeberischen Vernunft" ist meines Erachtens zu undifferenziert; denn, wie wir im zweiten Teil sahen, entspringt das Naturgesetz tatsächlich einem ‚gesetzgeberischen' Akt der praktischen Vernunft; es ist „aliquid a ratione constitutum", und, wie jedes Gesetz, eine „ordinatio rationis". Das Problem liegt nicht im Begriff der gesetzgeberischen Vernunft, sondern in der Behauptung, diese gesetzgeberische Funktion sei autonom, und nicht partizipiert.
[46] Ebd., S. 91.

in ihrer Ordnung, auf ihrer Ebene, ganze Ursache des ganzen Effekts.[47] Die Immanenz der Erstursache im Wirken der Zweitursache würde nun aber, wäre Böckle metaphysisch konsequent, zu ganz anderen Ergebnissen führen: Nämlich erstens dazu, daß die gesetzgeberische Tätigkeit der praktischen Vernunft nicht als schöpferisch betrachtet werden könnte, sonden gemäß den Eigenheiten kreatürlichen Erkennens zu bestimmen wäre; und zweitens, daß, will man den Menschen nicht spiritualistisch verstehen, man die Präsenz des ewigen Gesetzes, die Immanenz der Erstursache, nicht auf die Vernunft beschränken dürfte, sondern ebenfalls die anderen Schichten der natürlichen Neigungen, das heißt: *den ganzen Menschen* mitzuberücksichtigen hätte. Metaphysisch ist dieser Aspekt natürlich von grundlegender Wichtigkeit. Denn: Wirkt der Mensch tatsächlich als Zweitursache, so ist die operative Immanenz der „causa prima" auf die ganze jeweils geschaffene Wirklichkeit, also auf den *ganzen* Menschen auszudehnen; und interpretiert man dann die „lex naturalis" in den Kategorien der Zweitursächlichkeit, so bedeutet das nach allen Regeln metaphysischer Methodik, daß auch die nicht-vernünftigen natürlichen Neigungen zum Naturgesetz gehören[48], daß man dieses also nicht auf die „natürliche Neigung der Vernunft zur normsetzenden Aktivität" einschränken darf.

Die von Böckle benutzte abschließende Formulierung der sittlichen Autonomie der Vernunft entspricht demnach auch gar nicht der metaphysischen Bestimmung des Verhältnisses zwischen Erst- und Zweitursache: „Der Sollensanspruch wird als totale Abhängigkeit (Geschöpflichkeit) in der Unabhängigkeit der Selbstbestimmung (Personalität) verstanden. Die Freiheit besagt *einerseits* totale *Abhängigkeit,* insoferne der Mensch die Möglichkeit zur Freiheitsentscheidung als Geschenk empfängt (Schöpfung als Gnade), *andererseits* aber auch *totale Unabhängigkeit,* insofern er sich der einzigen Möglichkeit der Freiheit gegenüber in der Wahl befindet".[49]

Was hier Böckle offenbar zum Ausdruck bringt, ist Folgendes: Total abhängig von Gott ist der Mensch *insofern* er von ihm die „Möglichkeit der Freiheitsentscheidung als Geschenk empfängt." Gleichzeitig ist er aber auch total unabhängig von Gott *insofern* er diese Freiheit ausübt, das heißt in der normsetzenden Aktivität der Vernunft. Es gibt somit also keine partizipative Immanenz der göttlichen ratio und ihrer *ordinatio,* keine Immanz der *lex aeterna* im Akt der menschlichen ratio. Die normsetzende Aktivität des Menschen ist nicht auch ganz Wirkung Gottes (wie das der Erstursache zustehen würde), sondern, wie Böckle sagt, „total unabhängig". Aber dann ist doch gesagt, daß die sittliche Autonomie des Menschen in einer von Gott verfügten, durch Schöpfung begründeten, „Unabhängigkeit" oder „Eigenkompetenz" besteht, die dann einfach durch Gott selbst, aufgrund der von ihm gewährten Autonomie, jeweils „ratifiziert" wird. Das heißt dann auch, daß es für den Menschen nichts natürlicherweise Gutes gibt, außer sein Handeln ganz der normsetzenden und schöpferischen Aktivität der Vernunft zu überantworten. Die theonome Begründung solcher Autonomie bedeutet damit nichts anderes, als daß der Mensch die von Gott ihm gewährte Möglichkeit und von ihm ebenfalls auferlegte Pflicht

---

[47] Vgl. dazu F. BÖCKLE, Natürliches Gesetz als göttliches Gesetz in der Moraltheologie, in: F. BÖCKLE u. E.-W. BÖCKENFÖRDE (HSG.), Naturrecht in der Kritik, Mainz 1973, S. 177.
[48] Inwiefern und wie sie dazu gehören, wurde bereits in Teil I gezeigt.
[49] Ebd., S. 91f.

besitzt, sein Leben aufgrund normsetzender Aktivität der Vernunft in Unabhängigkeit zu gestalten. Böckle nennt dies „geschöpfliche Freiheit": „Im Verständnis des Schöpfungsglaubens ist ja der unbedingte Sollensanspruch nichts anderes als die Abhängigkeit eines personal-freien Selbst, das in dieser seiner Freiheit total beansprucht ist, über sich in Freiheit zu verfügen".[50]

Hier verschwindet der Partizipationsgedanke vollends und er wird ersetzt durch jenen einer anthropomorph verstandenen konstitutiven Autonomie: Denn was hier Böckle als ein auf dem Schöpfungsglauben beruhendes Freiheitsverständnis ausgibt, entspricht in Wirklichkeit den Kategorien, in denen sich innergesellschaftliche Rechtsbeziehungen formulieren. Stellen wir uns vor, daß aufgrund einer zentralen staatlichen Entscheidung einer bestimmten Region oder Gemeinde der gesetzliche Auftrag erteilt würde, in eigener Kompetenz das Schulwesen zu ordnen. Eine solche Kompetenzübertragung begründet eine für den Kompetenzempfänger nicht-verfügbare Verpflichtung, diese Kompetenz wahrzunehmen; stellt ihn also in die Abhängigkeit eines unbedingten Sollens, das ihm jedoch gleichzeitig bezüglich der konkreten Gestaltung innerhalb des im gewährten Kompetenzbereiches und innerhalb der rechtlichen Rahmenordnung zugleich Unabhängigkeit gewährt. Würde die entsprechende Region das Schulwesen überhaupt nicht ordnen, so verstieße sie gegen den ihr erteilten Auftrag und könnte entsprechend zur Rechenschaft gezogen werden: denn sie besitzt keine Kompetenz bezüglich des Grundes ihrer eigenen Autonomie. Die „autonome" Region ist also durch eine übergeordnete Instanz beansprucht, „über sich in Freiheit zu verfügen".

Solchen Vorstellungsschemata kann man die Autonomie-Konzeption Böckels durchaus zuordnen. Gerade die Gegenüberstellung von totaler Abhängigkeit und totaler Unabhängigkeit zerstört den Partizipationsgedanken. Denn Partizipation begründet nicht Unabhängigkeit, sondern Eigenbesitz oder „Aneignung" des Partizipierten – eine Relation, die als solche mit Autonomie überhaupt nichts zu tun hat, die aber ihrerseits Autonomie im Sinne funktionaler Autonomie begründet.

Bei dem Böckle-Schüler K. W. Merks wird die anthropomorphe Fehldeutung des Partizipationsgedankens noch um einiges deutlicher. So zum Beispiel in der, nicht eben sehr klaren, Formulierung: „Gottes Vorsehung und Weltregierung verlangt nicht sein *unmittelbares* Eingreifen in jegliches Geschehen, vielmehr ist sie das Umgreifend-Ordnungsgebende in einer Weise, in der sie zugleich allumfassend wirksam, wie das geschöpfliche Eigenwirken freigebend gedacht werden kann, ohne daß sie solchermaßen ihre Universalität verlöre; und so ist von ihr alles bis ins Kleinste geregelt, aber eben in der Weise der von der executio zu unterscheidenden ratio, die sich vermittels der Konstituierung wirkmächtiger Seiender sowie durch die Selbsttätigkeit realisiert, ja gerade hierin ihre Größe erweist".[51] Merks bezeichnet Gott dann auch bezüglich der vom Menschen etablierten

---

[50] Ebd., S. 84.
[51] MERKS, Theologische Grundlegung der sittlichen Autonomie, a. a. O. S. 193. Merks zitiert als Beleg seiner Interpretation I, q.22, 3: „... inferiora gubernat per superiora; non propter defectum suae virtutis, sed propter abundantiam suae bonitatis, ut dignitatem causalitis etiam creaturae communicet." Merks ist hier die Pointe des Partizipationsgedankens offenbar entgangen: es handelt sich um eine *communicatio* eigener göttlicher Vollkommenheit, die Teilhabe an der göttlichen

Autonomie oder Partizipation? 185

sittlichen Ordnung als ein „rahmengebendes bonum"[52], sodaß schließlich, ganz im Sinne seines Lehrers Böckle, Merks die Präsenz oder Immanenz der lex aeterna in der menschlichen Vernunft reduziert auf die „Grundlegung des Verpflichtungscharakters unabhängig von der unmittelbaren Vermittlung verpflichtender Inhalte, und als solche zugleich Grundlegung für die praktische Vermittlung des Verpflichtungscharakters durch die ratio".[53] Letztlich heißt also theonome Begründung der Autonomie, wie auch bei Böckle, daß der Mensch durch Gott verpflichtet wird, seiner eigenen ratio in Unabhängigkeit und „Freiheit" zu folgen.

2.5 Autonomie oder Partizipation?

Das Problem ist mit dieser Kritik jedoch keinesfalls erschöpft. Denn die Schwierigkeiten, mit denen Auer, Böckle, Merks usw. sich auseinandersetzen, beruhen ja auf einem echten Problem, das im thomistischen Begriff der „lex naturalis" als Partizipation des ewigen Gesetzes enthalten ist: Denn das ewige Gesetz, wie Thomas immer wieder betont, ist ja, als solches, dem Menschen selbst gar nicht unmittelbar zugänglich; es wird nur vermittelt erkannt, sei es durch (übernatürliche) Offenbarung einerseits (was hier einmal ausgeklammert werden kann) oder durch (natürliche) Offenbarung vermittels der menschlichen Vernunft andererseits. Der Mensch trägt ja durch das Naturgesetz das ewige Gesetz in sich; es ist sein Eigenbesitz, und er erkennt es genau in dem Maße, wie das Naturgesetz sich durch die Akte seiner praktischen Vernunft entfaltet.

Man darf sich deshalb mit Recht fragen: Was „bringt" es überhaupt, wenn man weiß, daß das Naturgesetz eine Partizipation des ewigen Gesetzes ist? Was hilft das, um zu wissen, was ich tun soll? Ist es nicht vielmehr so, daß wir jetzt gerade – durch die Einsicht, daß das sittlich Gute zwar im ewigen Gesetz grundgelegt ist, wir das ewige Gesetz aber nur durch die eigene (d. h. personal-autonome) Erkenntnis des sittlich Guten überhaupt erkennen – allein an unsere Vernunft zurückverwiesen sind? Ist es dann nicht richtig, wenn Merks die Position des ewigen Gesetzes als praktisch geradezu irrelevant betrachtet? Denn: „Die lex aeterna regelt alles in jedem Fall. Ob etwas und was hier als sittliche Handlungsregelung richtig „läuft", kann nicht direkt im Rückgriff auf eine lex aeterna beurteilt werden, insofern diese selbst *nicht erschließende, sondern erschlossene Größe*, ist, über deren ethische Relevanz wir nur insofern etwas aussagen können, als sie je schon anderswoher, nämlich aus einer ethischen Position, daraufhin ausgelegt und vorgedeutet ist."[54]

In dieser Formulierung wird jedoch eine wichtige Differenzierung übergangen: Es

---

Urheberschaft bewirkt, nicht jedoch Freisetzung zu eigener, unabhängiger Ursächlichkeit. Die *communicatio* ist nicht als Wirkmächtigkeits-‚Verleihung' und Kompetenz-Delegation zu denken, sondern als ein Teilhaben-Lassen an der eigenen Wirkmächtigkeit und ‚Kompetenz' Gottes.
[52] Ebd., S. 194.
[53] Ebd. 210.
[54] MERKS, a. a. O., S. 216.

stimmt zwar, daß die „lex aeterna" schlechthin *alles* regelt, bis ins Einzelne. Die „ordinatio" der göttlichen Vernunft richtet sich nicht nur auf das „Universale", sondern betrifft auch das Singuläre. Wenn wir jedoch von der „lex naturalis" als Partizipation des Ewigen Gesetzes sprechen, so betrifft dies nur den universalen Gehalt dieser „ordinatio"; das Singuläre wird durch eine andere Art von menschlicher „providentia" geregelt: durch die „ordinatio" der Klugheit. Gerade weil sich jedoch in der (partizipierten) Struktur menschlicher „providentia" diese Differenzierung von universaler und singulärer „ordinatio" findet, muß sie auch in der „lex aeterna" vorgebildet sein. Der Satz: „Die lex aeterna regelt alles in jedem Fall" unterschlägt, daß wir gerade in ihr als „erschlossene Größe" erkennen können, daß sie nicht alles *auf dieselbe Weise* regelt; das eine nämlich „in universali", und anderes „in particulari".

Wenn man die Frage so stellt, wie Merks, dann muß man allerdings zum Schluß kommen, daß die Erkenntnis, das Naturgesetz und die praktische, personal-autonome sittliche Erkenntnis des Menschen gründe in der lex aeterna, letztlich keine weiteren Aufschlüsse bringt und den Menschen nur auf sich zurückwirft. Die „lex aeterna" selbst und der Partizipationscharakter der „lex naturalis" können dann schließlich nur noch die Bedeutung einer metaphysischen, reduktiven Deutung besitzen[55], die allein besage, daß das Sich-Selbst-Überlassensein des Menschen schließlich von Gott verfügt, also theonom ist.

Dazu ist zu sagen: Die Frage, ob ein Rekurs auf die lex aeterna für die Bestimmung sittlicher Handlungsnormierung etwas beitrage ist insofern verfehlt, weil sie unterstellt, daß die lex naturalis – und das von ihr normierte praktisch Gute – selbst ein anderes Gesetz – oder ein anderer Gesetzesbereich – sei als die „lex aeterna". Das ist nun aber gerade nicht der Fall. Auf einen Einwand, der hier sachlich gesehen nicht interessiert, jedenfalls aber eine solche Verschiedenheit unterstellt, antwortet Thomas: „ratio illa procederet, si lex naturalis esset aliquid diversum a lege aeterna. Non autem est nisi quaedam participatio eius": Das natürliche Gesetz ist nicht ein von der lex aeterna verschiedenes Gesetz, sondern die im Menschen partizipierte „lex aeterna" selbst.[56] Das bedeutet: Das Ewige Gesetz ist uns gar nicht unbekannt, denn wir erkennen es, insofern es uns betrifft, im natürlichen Gesetz.

Wir sehen uns also wieder mit dem Partizipationsbegriff konfrontiert: Wenn das Naturgesetz tatsächlich *dasselbe* Gesetz ist, wie die lex aeterna, aber in der Kreatur auf partizipa-

---

[55] Dazu wird jeweils auf KLUXEN verwiesen, der gezeigt hat, „daß die Position des Ewigen Gesetzes überhaupt keine praktische mehr ist, sondern eine spekulative" (Philosophische Ethik ..., a. a. O. S. 234). Damit ist aber doch nur gemeint, daß der Begriff des Ewigen Gesetzes als solcher nicht in der Erfahrung der praktischen Vernunft auftritt, sondern erst in der spekulativ-reflektiven Durchdringung dieser Erfahrung. Das bedeutet nun aber keinesfalls, daß die Position des Ewigen Gesetzes letztlich außerhalb des methodologischen Horizontes einer philosophischen Ethik zu stehen kommt; dies ebensowenig, wie metaphysische und auch anthropologische Deutung aus der philosophischen Ethik ausgeschlossen wären. Sie gehören vielmehr zu ihr und durchleuchten erst in vollkommener Weise die in ihr thematisierte Erfahrung der praktischen Vernunft. (Vgl. dazu Teil I dieser Studie). Das Ergebnis der Studie Kluxens rechtfertigt auch nicht einen ‚methodischen Atheismus' der philosophischen Ethik; sie begründet lediglich die Eigenständigkeit praktischer Erfahrung und deren Priorität bezüglich ihrer metaphysischen Deutung.
[56] I–II, q.91, a.2, ad.1.

tive Weise zum Eigenbesitz geworden, dann bedeutet dies auch, daß es dieselben Eigenheiten aufweist, wie alle durch Partizipation konstituierten geschaffenen Wirklichkeiten: es offenbart eine ihm vorgeordnete, in Gott (in diesem Fall: in der lex aeterna) grundgelegte Ordnung, und zwar auf Grund eigener, ihm immanenter (d. h. funktional autonomer) Befähigung. Der Partizipationscharakter der lex naturalis besagt demnach viel mehr, als nur die Tatsache, daß die lex naturalis in Gott gründet. *Er besagt, daß in der lex naturalis eine von Ewigkeit her in der göttlichen Weisheit bestehende „ordinatio" des menschlichen Handelns auf sein Ziel hin zum Ausdruck und zur Wirksamkeit kommt.*

Damit wird der Gedanke, das Naturgesetz stelle einen Bereich spezifisch menschlich-„schöpferischer" Normativität frei, mehr als fragwürdig. Er kann auf dieser Grundlage metaphysisch nicht mehr durchgehalten werden. Denn wenn das Naturgesetz Partizipation des ewigen Gesetzes ist, und demnach zwischen Naturgesetz und lex aeterna eine Identität durch Teilhabe besteht (eine Immanenz der lex aeterna in der lex naturalis), dann kann sich das Naturgesetz nicht darauf beschränken, eine „natürliche Neigung der praktischen Vernunft zu normsetzender Aktivität" zu sein, wie Böckle dies annimmt. Denn dann wäre die lex aeterna, zumindest in Bezug auf den Menschen, ebenfalls nur eine solche Neigung oder „potentielle Rationalität" (der göttlichen Vernunft) zu normsetzender Aktivität (deren Aktualisierung er dann offenbar dem in die Autonomie entlassenen Geschöpf überläßt) und keine bereits von Ewigkeit her bestehende, aktuelle, universale und vollkommene *ordinatio* der göttlichen Weisheit, was Thomas aber ausdrücklich behauptet. Die Konzeption Böckles impliziert, daß das ewige Gesetz keine *ordinatio* der menschlichen Handlungen auf ihr Ziel hin beinhalte, sondern daß diese *ordinatio* vielmehr der Autonomie der Geschöpfe überlassen sei. Diese Vorstellung ist, wie bereits gezeigt, anthropomorph, sowie metaphysisch und zugleich auch textmäßig von Thomas her offensichtlich unhaltbar. Sie würde des näheren behaupten: In Gott gibt es eine Freiheit, die nicht auch bereits eine Ordnung des Guten darstellt. Sie würde also in der göttlichen Weisheit, deren „ratio" ja die „lex aeterna" ist, eine „Offenheit" als Indetermination annehmen. Nur dann wäre es ja sinnvoll, eine im Sinne Böckles verstandene „lex naturalis" überhaupt noch als Partizipation des Ewigen Gesetzes zu begreifen.

Bliebe die Möglichkeit zu behaupten, die *ordinatio* der lex naturalis (oder der menschlichen Vernunft) sei gegenüber jener der lex aeterna (in konstitutivem Sinne) autonom: Dann könnte man aber nicht mehr sagen, die lex naturalis sei eine Partizipation des ewigen Gesetzes und sie sei *dasselbe* Gesetz: sie wäre dann vielmehr ein durch die lex aeterna zwar ermöglichtes, aber von ihr verschiedenes Gesetz, das nur insofern unter die ordinatio der lex aeterna fallen würde, als es in einem von dieser gewährten und vorgesehenen Freiraum entwickelt wird. Diese Ansicht wäre nun wiederum anthropomorph und widerspräche natürlich der Grundaussage des hl. Thomas, daß das natürliche Gesetz eine Partizipation des ewigen Gesetzes ist.

Aufgrund der Partizipationsstruktur der lex naturalis gibt es demnach nur eine Möglichkeit: Im Naturgesetz offenbart sich die ewige und universal geltende *ordinatio* der menschlichen Handlungen durch die Weisheit der göttlichen Vernunft auf ihr Ziel hin. Natürlich hilft uns das keinen Schritt weiter zur Beantwortung der Frage, was das für eine konkrete Handlungsnormierung bedeutet. Aber diese Frage hier zu stellen, bedeutet, sie *zu früh* zu stellen. Die nächste Frage, die sich aufdrängt, lautet ganz anders, nämlich: Wie – auf welche Weise – kommt die *ordinatio* des ewigen Gesetzes im Naturgesetz zum Durchbruch? Damit ist gemeint: wir müssen nicht die Frage nach der Art und Weise stellen, wie die Vernunft „Normen" begründet. Sondern: Worin die partizipierte Immanenz des ewigen Gesetzes im Menschen zum Ausdruck kommt; oder: Wie partizipiert der Mensch das Ewige Gesetz? Dies wurde bereits in Teil I im Grundriß gezeigt. Es gilt nun aber, noch genauer zu untersuchen, worin die personale Autonomie des Menschen als partizipierte Autonomie gründet. Der Schlüssel zur Antwort liegt dabei einmal mehr im Begriff der praktischen Vernunft als „ratio naturalis".

3 PARTIZIPIERTE AUTONOMIE: ZUR METAPHYSIK UND ANTHROPOLOGIE DES NATURGESETZES

3.1 Das „Ewige Gesetz" als philosophische Position

Im ersten Teil wurde bereits erläutert, weshalb und inwiefern die philosophische Ethik aufgrund ihrer Fragestellung und ihres Gegenstandes, die Tätigkeit der praktischen Vernunft, eine anthropologische und metaphysische Erhellung ihrer Analysen verlangt. Dies gilt insbesondere für den Begriff des Naturgesetzes: Abschluß der Analyse bildet eine Anthropologie und Metaphysik der „lex naturalis", wie sie bereits in Teil I in ihren Grundzügen ausgeführt wurde; sie bleibt jedoch hinsichtlich der Auseinandersetzung mit dem Begriff der „theonomen Autonomie" in einigen Aspekten noch zu ergänzen.

Das Thema, das im Begriff der „theonomen Autonomie" und dem Versuch, das Naturgesetz auf eine rein formale, material undeterminierte, „natürliche Neigung der Vernunft zu normsetzender Aktivität" (Böckle) zu reduzieren, angesprochen wird, ist jenes der Beziehung der menschlichen *ratio,* die ja das Naturgesetz formell konstituiert, zum Ewigen Gesetz, der *lex aeterna,* d. h. der *ratio* der göttlichen Vorsehung und Weisheit, nach der alle Geschöpfe auf ihr Ziel hin geleitet werden.

Wie bereits angemerkt wurde, besteht unter heutigen Thomas-Interpreten eine weitverbreitete Tendenz, die Lehre vom Ewigen Gesetz, mindestens im philosophischen Zusammenhang, lediglich als eine abschließende metaphysische Rückführung des Bereiches menschlicher Sittlichkeit auf den sie gründenden, eben theonomen, Ursprung zu erklären: Alles, was die philosophische Analyse bezüglich der Ordnung des menschlichen Handelns zu erkennen fähig ist, gründe ja schließlich auf dem göttlichen Schöpferwillen, der sich im Begriff des Ewigen Gesetzes metaphysisch-resolutiv bestimmen läßt. Das metaphysische Interpretament des Ewigen Gesetzes − so Alfons Auer −- verankere die Tätigkeit der praktischen Vernunft in einem „letzten Begründungszusammenhang" und in einem „umgreifenden Sinnhorizont"[1]; dies, so sahen wir, erkläre die Autonomie oder Freiheit der Normentwicklung als unbedingte sittliche Beanspruchung des Menschen durch Gott, belasse aber den Menschen bezüglich der inhaltlichen Gestaltung seines Handelns seiner „schöpferischen Vernunft" (Böckle). Die Lehre von der *lex aeterna* würde damit nur einen Begründungszusammenhang aufzeigen, nämlich jenen zwischen Theonomie und menschlicher Autonomie. Jede weitere Analyse der Beziehung zwischen Ewigem und natürlichem Gesetz gehörte dann allerdings bereits zur Theologie, als *scientia fidei,* und wäre zur Erhellung des eigenen Gegenstandes der philosophischen Ethik nicht weiter von Belang.

Man hat sich für diese Minimalisierung der Bedeutung des Ewigen Gesetzes hinsichtlich des Begriffs „Naturgesetz" immer wieder auf Wolfgang Kluxen berufen. Wenn ich Klu-

---

[1] AUER, Die Autonomie des Sittlichen..., a. a. O. S. 40 u. 42.

xens Ansicht, die Position des Ewigen Gesetzes sei keine praktische, sondern eine spekulative, richtig verstanden habe, meint sie lediglich, daß die Erkenntnis des Ewigen Gesetzes nicht einem Akt der praktischen Vernunft, sondern der spekulativen – metaphysischen – Reflexion über diesen Akt entspringt. Die „Position des Ewigen Gesetzes" gehörte also zu einer Integrierung der philosophischen Ethik in die Metaphysik der Handlung.[2]

Die Erkenntnis, daß das Naturgesetz eine Partizipation des Ewigen Gesetzes sei, wird aber damit für die praktische Wissenschaft unmittelbar bedeutsam. Zunächst in der bereits in Teil I angeführten Weise, daß der *ordo rationis*, den die praktische Vernunft im menschlichen Handeln erstellt, im Ewigen Gesetz bereits praefiguriert ist und deshalb auch nicht als „Wiederspiegelung" eines *ordo naturae* aufgefaßt zu werden braucht. Wird dann noch zudem der Partizipationszusammenhang zwischen Naturgesetz und Ewigem Gesetz im eigentlichen Sinne metaphysisch reflektiert, so geschieht das gemäß den Prinzipien, die die Partizipation des endlichen Seins am *esse per essentiam* im allgemeinen kennzeichnen. In einer solchen Analyse wird aber erst die Bedeutung der partizipativen Struktur des Naturgesetzes im allgemeinen und der menschlichen *ratio* im besonderen deutlich.

Dabei soll ein zweites Mal darauf hingewiesen werden, daß die Rede von Gott bzw. der Abhängigkeit der Geschöpfe vom Schöpfer, nicht ein Thema ist, das an sich schon immer und *nur* zur Theologie gehört. Es gibt – und gab dies immer – auch ein philosophisches Sprechen von Gott. Während allerdings der Theologe über Gott *sub ratione Dei* spricht[3], tut dies der Philosoph, indem er Gott als erste Ursache des erfahrbaren und endlichen Seins zum Gegenstand seiner Untersuchungen macht, also insofern die Abhängigkeit des Seienden von der ersten Ursache selbst zur Konstitution der Endlichkeit dieses Seins gehört. Die Philosophie als Metaphysik sucht in ihrer Frage nach der *causa prima* nicht nur einen Begründungszusammenhang, sondern, aufgrund dieses Zusammenhangs, die Struktur des endlichen Seins als partizipiertes Sein zu ergründen. Denn die Erkenntnis Gottes als erste Ursache und partizipiertes wesenhaftes Sein, gehört mit zur Erkenntnis der Wahrheit des endlichen Seins, das sonst in seiner endlichen Struktur metaphysisch gar nicht adäquat erfaßt werden könnte. Dasselbe gilt für die Ethik: In der Vollendung der philosophischen Ethik durch ihre Integrierung in die Metaphysik der Handlung gehört auch die Erkenntnis der partizipierten Struktur der praktischen Vernunft und damit der

---

[2] Vgl. KLUXEN, Philosophische Ethik..., a. a. O. S. 234: „Die Position des Ewigen Gesetzes ist deshalb keine primäre und unmittelbare; sie muß aufgefaßt werden als das Ergebnis einer Reflexion auf die Gründung dessen, was sich in der praktischen Erfahrung zeigt, und so kann sie denn auch nicht den Charakter eines praktisch handlungsleitenden Erkennens haben. Sie ist, wie die Metaphysik des Handelns überhaupt, nachfolgende Interpretation des praktisch-Erfahrenen."
[3] Vgl. dazu die Bestimmung des Gegenstandes der Theologie als *sacra doctrina* in I, q.1, a. 7: Gegenstand *(subiectum)* der Theologie ist Gott. „Omnia autem pertractantur in sacra doctrina sub ratione Dei vel quia sunt ipse Deus; vel quia habent ordinem ad Deum, ut ad principium et finem. Unde sequitur quod Deus vere sit subiectum huius scientiae." Die (philosophische) Metaphysik handelt ebenfalls von Gott, aber er ist nicht ihr *subiectum;* Gegenstand der Metaphysik ist das *ens qua ens,* das Seiende insofern es seiend ist; Gott, die erste Ursache des Seins, wird in der Metaphysik *sub ratione entis,* und näherhin als *causa essendi, esse subsistens, esse per essentiam* usw. betrachtet, wie auch hinsichtlich der durch Analogie von ihm prädizierbaren Attribute, vornehmlich: das *esse, vivere* und *intelligere.*

ebenso partizipierten Struktur der „lex naturalis". Wenn auch, innerhalb der Systematik der Summa Theologiae, die ein theologisches Werk ist, die Position des Ewigen Gesetzes eine „theologische" ist[4], so heißt dies nicht, daß es nicht auch eine *Philosophie* des Ewigen Gesetzes gäbe; ja mehr noch: Hätte Thomas nicht einen solchen philosophischen Begriff des Ewigen Gesetzes erarbeitet und seiner theologischen Betrachtungsweise zugrundegelegt, so hätte auch das Ewige Gesetz als theologische Position gar nicht in die der Summa Theologiae eigene Betrachtungsweise eingeführt werden können. Daß also bei Thomas, systematisch gesehen, ein durchaus theologischer Gebrauch dieses Begriffes vorherrscht[5], bedeutet noch lange nicht, daß es sich um eine genuin oder ausschließlich theologische – nur durch Offenbarung zugängliche – Position handelt.

Diese methodologischen Bemerkungen sind selbstverständlich äußerst unvollständig. Aber auf die Streitfrage des Verhältnisses von Philosophie und Theologie innerhalb der Systematik der Summa Theologiae und anderer Werke soll hier aus Gründen der Beschränkung bewußt verzichtet werden.

Festzuhalten ist Folgendes: Der Aussage, das Naturgesetz sei eine Partizipation des Ewigen Gesetzes im vernünftigen Geschöpf, muß innerhalb der thomistischen Ethik eine Schlüsselposition zum Verständnis des Begriffes des Naturgesetzes zugesprochen werden. Die Kennzeichnung der *lex naturalis* als *ordinatio rationis* und als *aliquid a ratione constitutum*, die Lehre von den natürlichen Neigungen und – allgemeiner – der *ratio* als Maßstab und Regel des Sittlichen muß mit dem Hinweis auf die Partizipation am Ewigen Gesetz seine abschließende Interpretation erfahren.

3.2 Der imago-Charakter der personalen Autonomie

Menschliches Handeln ist willentliches Handeln, d. h. es vollzieht sich durch eigene Einsicht in das Ziel und in das, was zu diesem Ziel hinführt; es ist ein Handeln aus eigenem Antrieb – dem Antrieb der Einsicht in das Gute – mit der Herrschaft über die eigenen Neigungen und Potenzen. Diese *personale Autonomie* ist also nicht nur Eigengesetzlichkeit (funktionale Autonomie im allgemeinen), die allem Geschaffenen zukommt, sondern

---

[4] Wie dies Kluxen ausführt, a. a. O. S. 234.
[5] Dies hat neuerdings sehr gut G. ABBA, Lex et virtus. Studi sull'evoluzione della dottrina morale di san Tommaso d'Aquino, Rom 1983 gezeigt. Auch die „lex gratiae" und das auf ihr ruhende Leben der Gotteskindschaft und der Heiligkeit, gekennzeichnet vor allem durch die drei theologischen Tugenden Glaube, Hoffnung und Liebe, ist ja eine höhere Form der Partizipation am Ewigen Gesetz. In der „ordinatio" des Ewigen Gesetzes findet sich auch die, der Intention des Schöpfers entsprechende, Einheit von natürlicher und übernatürlicher Ordnung, eine Einheit, die im Menschen mit der übernatürlichen Partizipation des Ewigen Gesetzes durch das neue Leben in Christus wieder hergestellt wird, der göttlichen Intention (der Berufung) nach jedoch sich auf *alle* Menschen ohne Ausnahme erstreckt.

das *dominium* oder die *potestas* über das eigene Tun – Freiheit – eine Herrschaft, die, vermittels des Willens als „Träger" dieser Freiheit, in der Vernunft gründet.[6]

In seinem vielzitierten Prolog zur Prima Secundae bezeichnet Thomas, einem Text von Johannes Damaszenus folgend, diese personale Autonomie als *imago*, Ebenbild der göttlichen *potestas*. „Da (...) der Mensch insofern als Abbild Gottes geschaffen betrachtet wird, als mit ‚Abbild' das bezeichnet wird, was *intellektiv und in seiner Willensentscheidung frei und durch sich selbst Herrschaft besitzend ist*, so muß, nachdem vom Urbild *(exemplar)* die Rede war, d. h. von Gott, und dem, was, seinem Willen gemäß aus der göttlichen Macht hervorgegangen ist, nun noch von seinem Abbild gesprochen werden, das heißt: vom Menschen, insofern auch er selbst Prinzip seiner Handlungen ist, also freien Willen und Herrschaft über seine Handlungen besitzt."[7] Bereits hier ist das Thema der Partizipation angesprochen: Denn die *imago* ist eine Partizipation am *exemplar*, dem göttlichen Urbild.

Nun wurde innerhalb der Summa Theologiae vom Menschen als *imago Dei* bereits in der Prima Pars gesprochen, und unter Berücksichtigung der dortigen Ausführungen zeigt sich, daß der im Prolog zur Secunda Pars verwendete *imago*-Begriff nicht der eigentliche und grundlegende ist. Das ist wichtig, um aus seiner Verwendung im Zusammenhang der Moral nicht falsche Schlüsse zu ziehen.[8]

Bezeichnenderweise steht die Quaestio 93 der Prima Pars, in welcher die *imago Dei* im Menschen zur Sprache kommt, unter dem Titel: „Über das Ziel der Erschaffung des Menschen" *(De fine sive termino productionis hominis):* Die Gottebenbildlichkeit des Menschen gibt nicht nur Aufschluß über den personal-autonomen Charakter menschlichen Handelns, sondern auch und *zuerst* über Sinn und Ziel des menschlichen Daseins, – und des-

---

[6] Vgl. I-II, q.17, a.1 ad 2: „Radix libertatis est voluntas sicut subiectum; sed sicut causa, est ratio. Ex hoc enim voluntas libere potest ad diversa feri, quia ratio potest habere diversas conceptiones boni. Et ideo philosophi definiunt liberum arbitrium quod est 'liberum de ratione iudicium' (Boethius), quasi ratio sit causa libertatis." Neben dieser Offenheit „ad multa" der Vernunft besitzt sie, als geistiges Vermögen, auch die Fähigkeit über sich selbst zu reflektieren, die Fähigkeit also, ihre erkennende Tätigkeit selbst beurteilen zu können und damit die Herrschaft über ihr eigenes Urteil; vgl. De Verit., q.24, a.2: „Iudicium autem est in potestate iudicantis secundum quod potest de suo iudicio iudicare: de eo enim quod est in nostra potestate, possumus iudicare. Iudicare autem de iudicio suo est solius rationis, quae super actum suum reflectitur, et cognoscit habitudines rerum de quibus iudicat, et per quas iudicat: unde totius libertatis radix est in ratione constituta."
[7] „Quia, sicut Damascenus dicit, homo factus ad imaginem Dei dicitur, secundum quod per imaginem significatur *intellectuale et arbitrio liberum et per se potestativum;* postquam praedictum est de exemplari, scilicet de Deo, et de his quae processerunt ex divina potestate secundum eius voluntatem; restat ut consideremus de eius imagine, idest de homine, secundum quod et ipse est suorum operum principium, quasi liberum arbitrium habens et suorum operum potestatem" (I-II, Prologus).
[8] Wie das m. E. bei MERKS, a. a. O. 76 der Fall ist, der in der Formulierung des Prologs einen „Positionswechsel", eine „anthropologische Wende" zur Perspektive der „Anthroponzentrik" erblicken möchte. Merks scheint vor allem die partizipative Struktur der Gottebenbildlichkeit zu übersehen, sodaß er sie als eine Art „Gottebenbürtigkeit" interpretiert: „Der Mensch ist Gegenstand der Secunda Pars, insofern *auch* er (...) *nämlich wie Gott*, selbst Prinzip und Herr seiner Handlungen ist...". Thomas sagt tatsächlich, daß *auch* der Mensch Herr seiner Handlungen ist, und sieht dies als ein Kennzeichen der *imago;* nicht aber, daß er dies *wie* Gott, in derselben Art oder Weise ist. Merks berücksichtigt jedenfalls den *imago*-Traktat aus der Prima Pars nicht.

halb dann auch über Sinn und Ziel der dieser *imago* zugehörigen Herrschaft oder Freiheit. Dabei betont Thomas, daß der Mensch nicht ein vollkommenes Abbild Gottes ist; die Gleichheit gehört nicht zum Begriff der „imago" als solcher[9]; ein vollkommenes Abbild wäre Gott selbst: das *Verbum Divinum*.[10] Der Mensch besitzt die *imago* in einer vom Urbild abgeleiteten, und deshalb unvollkommenen Weise. Deshalb *ist* der Mensch nicht Ebenbild Gottes, sondern ist er *nach* dem Ebenbild Gottes geschaffen.[11]

Nun ist aber nicht jede Ähnlichkeit bereits Ebenbildlichkeit, sondern nur jene, die eine der Spezies, oder zumindest eine der Spezies eigentümlichen Eigenschaft folgende Ähnlichkeit aufweist. Deshalb sind nur die geistigen Geschöpfe *(creaturae intellectuales)* dem Bilde Gottes gemäß, *inquantum sapiunt vel intelligunt*.[12] Wenn nun also die Gottebenbildlichkeit des Menschen bestimmt ist durch die *intellectualis natura*[13], so bleibt noch zu fragen, was dies nun des näheren über den Menschen aussagt. Heißt dies einfach, daß also auch dem Menschen, wie Gott, aber auf seiner Ebene, die Prärogativen der aus der Intellektualität folgenden *potestas* und Freiheit zukomme? Gewiß heißt es dies, aber *zuvor* heißt die Ebenbildlichkeit des Menschen, weil sie unvollkommen, d. h. partizipiert ist, noch etwas anderes.

Denn was beinhaltet zunächst das „Intelligere" in Gott? Es ist in ihm nicht ein Akt, der von seinem Sein zu unterscheiden wäre. Wie auch das göttliche intellektive Erkennen nicht von seinem Sein getrennt werden kann, so kann auch der im Menschen partizipierte Intellekt nicht von diesem inneren Bezug auf Gott hin abgelöst betrachtet werden; denn es handelt sich um eine Partizipation, Teilhabe am göttlichen Intellekt, und als solche auch um eine Partizipation am göttlichen Sein; und da diese Partizipation *ad imaginem* ist, heißt dies: eine abbildhafte Partizipation am göttlichen Sein. Deshalb sagt Thomas, daß der Mensch, insofern er gottebenbildlich ist, nicht einfach nur „auch" Intellekt besitzt; sondern daß das intelligente Geschöpf Gott vor allem hinsichtlich des Sich-selbst-Erkennens und -Liebens Gottes nachahmt.[14] Deshalb betrachte man die *imago Dei* im Menschen hinsichtlich seiner natürlichen Fähigkeit, Gott zu erkennen und zu lieben.[15] Die *imago Dei* im Menschen begründet demnach eine *natürliche Neigung (inclinatio naturalis)* an der göttlichen „bonitas" auf intellektive Weise teilzuhaben. Wir können deshalb im Zusammenhang mit der *imago* ohne weiteres von einer *inclinatio naturalis ad cognoscendum et amandum Deum* sprechen.

---

[9] „Aequalitas non est de ratione imaginis" (I, q.93, a.1).

[10] Und deshalb nennt auch die Heilige Schrift Christus „Abbild des unsichtbaren Gottes" („qui est imago Dei invisibilis"), Kol 1,15. Vgl. auch I, q.35, a.2.

[11] „Manifestum est autem quod in homine invenitur aliqua Dei similitudo, quae deducitur a Deo sicut ab exemplari: non tamen est similitudo secundum aequalitatem, quia in infinitum excedit exemplar hoc tale exemplatum. Et ideo in homine dicitur esse imago Dei, non tamen perfecta, sed imperfecta. Et hoc significat Scriptura, cum dicit hominem factum *ad imaginem Dei*: praepositio enim *ad* accessum quendam significat, qui competit rei distanti" (ebd.). Vgl. I, q.35, a.2, ad 3.

[12] Ebd., a.2.

[13] Ebd., a.3.

[14] „Imitatur autem intellectualis natura maxime Deum quantum ad hoc, quod Deus seipsum intelligit et amat" (ebd. a.4).

[15] Thomas spricht hier (ebd. a.4) von einem *triplex modus*, nach dem die *imago* ausgesagt wird; der erste ist „secundum quod homo habet aptitudinem naturalem ad intelligendum et amandum

Ohne auf weitere Einzelheiten von I, q.93 einzugehen, läßt sich festhalten, daß die *imago Dei* im Menschen, gerade aufgrund ihres partizipierten Charakters, diesen nicht auf sich selbst zurückwirft, *sondern ihn auf Gott verweist*. Wenn die Intellektualität Gottes bedeutet, daß dieser sich selbst erkennt und liebt, so heißt die partizipierte Intellektualität des Menschen nicht, daß der Mensch ebenfalls, wie Gott, auf sich selbst bezogen ist, sondern daß er dazu geschaffen ist, auf Gott bezogen zu sein, und zwar in Akten, die gottebenbildlichen Charakter besitzen, d. h. durch intellektive Erkenntnis und Liebe. Darin liegt fundamental die *imago*, denn der Mensch ist kein „Duplikat" der göttlichen Vollkommenheit, sondern, wie jedes Geschöpf, eine, allerdings einmalige und ausgezeichnete, Partizipation an ihr. Deshalb ist der *imago*-Charakter der personalen Autonomie, ihr potestativer Charakter und die Freiheit, nicht eigentlich theonom begründete Autonomie, sondern eher „partizipierte Theonomie". Teilhabe an der göttlichen Selbst-Bezogenheit ist nicht menschliche Selbst-Bezogenheit, sondern menschliches „auf-Gott-Bezogensein".

Der *imago*-Charakter der personalen Autonomie besagt also ein Doppeltes: Fundamental zunächst Teilnahme an der Geistigkeit Gottes durch das *intelligere* und dem auf ihm beruhenden *amare*, zwei Akte, die in ihrer partizipativen Struktur den Menschen auf Gott verweisen. Der Mensch ist also gottebenbildlich, weil er, wie Gott selbst, Gott zu erkennen und zu lieben vermag. Dadurch begründet – oder impliziert – die Gottebenbildlichkeit ein Zweites: Der Mensch ist, wie jedes Geschöpf, auf das *bonum commune* der Schöpfung, Gott selbst, hingeordnet, dies jedoch der Besonderheit der ihn ihm bestehenden Gottebenbildlichkeit gemäß: Denn die Teilnahme am *intelligere* und *amare Deum* begründet nicht nur die Hinordnung des Menschen auf Gott hin, sondern auch die *Art und Weise* seines Hingeordnetseins: In Freiheit, durch die Herrschaft über seine eigenen Akte, in personaler Autonomie. Denn diese ist eine Eigenschaft des *intelligere* und *amare* selbst: Die erkennende und liebende Hinwendung zu Gott kann, aus ihrem Wesen heraus, nur in Freiheit und durch die Herrschaft über die eigenen Akte vollziehen, ansonsten handelte es sich nicht mehr um geistiges Erkennen und um liebende Zuwendung, wie sie der *imago* zusteht. Das heißt, die potestative, personale Autonomie des Menschen beinhaltet *zugleich* das Ziel dieser Freiheit und die Art und Weise ihrer Verwirklichung.

Das bedeutet nun jedoch, daß die im Prolog der Prima Secundae angekündigte Perspektive nicht eine „anthropozentrische Wende" beinhaltet; dies würde dem Begriff der *imago* selbst widersprechen. Gemeint ist nicht, daß sich der Mensch in einer bezüglich Gottes univoken Freiheit verwirklicht, und daß, nachdem von Gott und den Werken seiner „potestas" die Rede war, nun einfach vom Menschen und den Werken der ihm eigenen, ihm von Gott verliehenen potestas im Sinne einer durch göttliche Schöpfung begründeten

Deum"; der zweite und dritte Modus bezieht sich auf das aktuelle und habituelle, aber unvollkommene Erkennen und Lieben Gottes durch die *conformitas gratiae;* der dritte auf die Vollkommenheit dieses Aktes *secundum similitudinem gloriae*. Die *imago* als *conformitas* und *similitudo* entwickelt sich als durch die übernatürliche Partizipation der göttlichen Natur durch die Gnade und derjenigen der Glorie auf einer bezüglich der Natur unendlich höheren Stufe; was im philosophischen Zusammenhang interessiert ist lediglich der erste Modus: die menschliche, intellektive Natur des Menschen als solche ist bereits durch die *imago* auf das Erkennen und Lieben Gottes hingeordnet.

Autonomie gehandelt würde. Vielmehr meint die programmatische Eröffnung der Prima Secundae, daß nun vom Menschen als *imago Dei* die Rede sein soll, und zwar nicht unter dem Aspekt seines aufgrund göttlicher Schöpfung Hervorgebracht-Seins (der *processio ex divina potestate),* sondern der im *imago*-Charakter seines *motus ad Deum* (der Bewegung auf Gott hin) grundgelegten eigenen „potestas". Tatsächlich handelt es sich somit um eine neue Perspektive, aber nicht eine „anthropozentrische", sondern um die Perspektive der *moralis consideratio.* Die Analyse der menschlichen Handlungen, durch die der die *imago* in sich tragende Mensch zu seinem Ziel gelangt, wie es im Prolog zur Queastio 6 der Prima Secundae heißt.[16]

Dies entspricht nun genau der in I, q.2 angekündigten Dreiteilung der Summa Theologiae; es handelt sich dabei um den Schlüssel zum Verständnis des Prologes zur I-II: Dort heißt es nämlich, es gehe nicht nur darum, von Gott zu handeln, wie er in sich selbst und insofern er Prinzip der Dinge ist, sondern auch insofern er ihr Ziel – besonders jenes der *rationalis creatura* – ist. „Zuerst handeln wir von Gott; zweitens von der Bewegung *(motus)* des vernünftigen Geschöpfes auf Gott hin (...)." Gemeint ist also im Prolog zur I-II: Sie handelt vom *motus* des Menschen auf Gott hin, aber aufgrund einer Analyse der diesem *motus* und seinem *imago*-Charakter eigenen potestativen, personal-autonomen, Struktur.[17] Keine Anthropozentrik, wohl aber methodologische Hinwendung zu einer Analyse des menschlichen Handelns, und deshalb auch die volle Ausnutzung des gesamten, für Thomas vor allem: aristotelischen Instrumentariums philosophischer Analyse. Aber nie darf dabei vergessen werden, daß der Sinn dieser Analyse in der Entfaltung der Finalitätsstruktur der *imago* liegt: dem intellektiven *cognoscere* und *amare Deum;* und daß die *imago* eine natürliche Neigung zur intellektiven und liebenden Teilhabe an der göttlichen *bonitas* begründet und beinhaltet. Zweitens darf nicht übersehen werden, daß, aufgrund des partizipierten Charakters der *imago* im Menschen, die in der Secunda Pars thematisierte personale Autonomie des Menschen selbst immer auch als Partizipation der göttlichen Vollkommenheit und *bonitas* betrachtet wird, wenn auch *insofern* sie, gerade durch die Teilhabe, abbildhaft zum menschlichen Eigenbesitz geworden ist.

Aufgrund dieser Ausführungen wird es möglich, die im Gesetzestraktat angeführten metaphysischen Bestimmungen des Naturgesetzes richtig einzuordnen und zu verstehen. Es wird durchsichtig, wie der Mensch nicht „autonomer" und selbstmächtiger Herrscher im Reich seines eigenen Elendes ist, sondern, aufgrund seiner *natura intellectualis,* in seiner

---

[16] Wobei nicht zufällig für die Systematik der Summa Theologiae als theologisches Werk, die Prima Secundae, dieser Analyse des menschlichen Aktes vorgeordnet also, selbst durch fünf Quästionen über das letzte Ziel und die *beatitudo* eröffnet wird, eine Methodik, die mit einer behaupteten anthropozentrischen Wende in krassem Widerspruch steht.

[17] Sehr gut ist dies, wie auch die gegenüber dem Sentenzenkommentar, der Summa contra Gentiles und De Veritate gegenüber neue Perspektive, in der bereits erwähnten Studie von G. ABBA (vor allem Teil 2, Kap. 5) herausgearbeitet. Abba zeigt, wie sich in der Secunda Pars die ständig durchgehaltene theologische Intention – Theologie, die Gott zum *subiectum,* zum eigentlichen Gegenstand hat – mit einer authentischen *moralis consideratio* verbindet. Dies verleiht der Summa Theologiae den ihr eigentümlichen Charakter, zwar ein durch und durch theologisches Werk zu sein, gleichzeitig jedoch, vornehmlich in der Secunda Pars, das gesamte Potential der philosophischen Ethik und Anthropologie auszuschöpfen.

personalen Autonomie abbildhaft teilhat an der göttlichen Vollkommenheit, eine Teilhabe, die er durch sein Handeln – das sittliches, d. h. personales Handeln ist –, zur menschlich möglichen Vollkommenheit bringt – oder zu bringen hätte, wenn er, was allerdings außerhalb der Betrachtungsweise der philosophischen Ethik liegt, nicht durch die Gnade zu einer noch viel höheren Teilnahme an der göttlichen Vollkommenheit, nämlich zur Teilhabe an Gottes Heiligkeit selbst, d. h. der göttlichen Natur als göttlicher, und damit zu einem nicht *nur* menschlichen, sondern zugleich auch göttlichen Leben gerufen wäre.

3.3 Die Partizipation der providentia

Die Abhängigkeit der Geschöpfe von Gott ist nicht nur eine Abhängigkeit in ihrer seinsmäßigen Konstituiertheit, zu der auch die Erhaltung *(conservatio)* im Sein gehört; denn zudem ordnet Gott alle Geschöpfe auf ihr Ziel hin. Die ratio, der „Plan", dieser Hinordnung ist die Vorsehung oder *providentia*.[18] Das Unterworfensein unter dieser Ordnung der göttlichen Vorsehung ist selbst ein *bonum*, denn es bedeutet, über die seinsmäßige Teilhabe hinaus, auch eine operative Partizipation an der *divina bonitas*, welcher die Geschöpfe durch ihre Tätigkeit im Vollsinne teilhaftig werden.

Es ist ohne weiteres einsichtig, daß der *imago*-Charakter der personalen Autonomie des Menschen selbst eine besondere Weise der Teilhabe an dieser *ratio ordinis in finem* begründen muß. Deshalb kann es nicht erstaunen, daß Thomas aus der „imago Dei" im Menschen gerade auch auf eine besondere, menschliche Art des Unterworfenseins unter die „providentia" schließt: Der Mensch ist als geistiges Geschöpf der göttlichen Vorsehung nicht als „provisus" unterworfen, sondern er ist selbst ein „providens", er hat also an ihr aktiv teil.[19] Thomas sagt nicht: Der Mensch ist nur in einer bestimmten Hinsicht der Vorsehung unterworfen, und in anderer Hinsicht autonom. Das eigene, personal-autonome *providere* des Menschen ist selbst ein bestimmter Modus des Unterworfenseins unter die göttliche Vorsehung; indem der Mensch elektive Freiheit besitzt[20] und so seine Handlungen selbst regiert und leitet, ist dies „Selbstregierung", insofern sie personale Akte betrifft, selbst *Bestandteil* der *göttlichen* Vorsehung.[21] Thomas meint nicht: Die Selbstleitung der menschlichen Akte als personale Akte gehört zu einem Bereich theonom abgesteckter Autonomie oder „nur" menschlicher Vorsehung. Unbeschadet der Tatsache, daß

---

[18] Siehe I, q.22, a.1: „necesse est, quod ratio ordinis rerum in finem in mente divina praeexistat. Ratio autem ordinandorum in finem, proprie providentia est."
[19] Vgl. De Verit. q.5, a.5: „Inter omnia vero alia spirituales substantiae magis primo principio appropinquant; unde et eius imagine insignitae dicuntur; et ideo a divina providentia non solum consequuntur quod sint provisa, sed etiam quod provideant."
[20] Ebd.: „Et haec est causa quare praedictae substantiae habent suorum actuum electionem, non autem ceterae creaturae, quae sunt provisae tantum, et non sunt providentes."
[21] Vgl. C. G. III, 113, Nr. 2873: „Gubernatio igitur actuum rationalis creaturae inquantum sunt actus personales, ad divinam providentiam pertinet."

diese Akte auch Akte der menschlichen *providentia* sind, ist vielmehr gesagt, daß sie, als solche, gerade auch immer Akte der *göttlichen* Vorsehung sind – eine Aussage, die mit der Autonomievorstellung nicht mehr zu vereinbaren ist.

Tatsächlich liegt hier ja das entscheidende Verständnisproblem; Thomas denkt eben nicht anthropomorph. Er wahrt voll und ganz die radikale Verschiedenheit der göttlichen von der menschlichen Kausalität, so weit diese Verschiedenheit menschlichem Sprechen überhaupt zugänglich ist. Die „causa secunda" ist nicht als autonomes Ausführungsorgan eines als Rahmenordnung gedachten Regierungsplanes gedacht; Gott konzipiert den Plan seiner Vorsehung vielmehr aufgrund seiner Allmacht selbst. Dessen Ausführung („executio") überläßt er zwar nicht einfach den vernünftigen Geschöpfen, aber er läßt diese an der Ausführung dieses Planes dadurch teilhaben, daß er ihnen die Fähigkeit der Teilhabe an der *providentia* vermittelt; die *ordinatio divina* erstreckt sich dabei jedoch weiterhin auf *alle* Akte des Geschöpfes. Die menschliche Vorsehung, seine personale Autonomie, verhält sich zur göttlichen Vorsehung wie eine partikulare Ursache zur Universalursache.[22] Mit diesem Verhältnis ist gemeint: Die Kausalität der menschlichen Vorsehung ist in der Kausalität der göttlichen Vorsehung selbst enthalten; die Partikularursache bezieht sich dabei auf einen Teil, während die Universalursache nicht einen anderen, wenn auch übergeordneten Teil zum Gegenstand hätte, sondern die *ganze* Wirkung. Die universale Ursache ist also in jeder partikularen Ursächlichkeit anwesend, wirksam, ja ermöglicht diese zweite erst. Die zweite ist ebenfalls wirkliche Ursächlichkeit, aufgrund eingestifteter Fähigkeit, aber nicht in unabhängiger Weise, sondern partizipativ, begründet und getragen von der Erstursache, deren Wirksamkeit zugleich im Innersten der Zweitursache präsent ist.[23]

Damit ist vorderhand noch nicht mehr gewonnen, als die Verhinderung falscher, weil anthropomorpher, Vorstellungen. Ich kenne nur eine Stelle, in der Thomas explizit gegen ein anthropomorphes Mißverständnis Stellung bezieht, und zwar in seinem „Compendium Theologiae ad fratrem Reginaldum". Dort heißt es: „Obwohl die göttliche Leitung der Dinge bezüglich der Ausführung der Vorsehung vermittels Zweitursachen geschieht, ist aufgrund des Gesagten klar, daß dennoch die Disposition oder *ordinatio* der göttlichen Vorsehung sich unmittelbar auf alles bezieht. Denn er ordnet das Erste und Letzte nicht, indem er andere mit der Ordnung des Konkreten (ultima) und Einzelnen beauftragt; so geschieht es unter Menschen, wegen der Schwachheit ihrer Erkenntniskraft (…)."[24] Und

---

[22] „Providentia hominis continetur sub providentia Dei, sicut causa particularis sub causa universalis" (I, q.22, a.2 ad 4).

[23] Vgl. z. B. In II Sent. d.1, q.1, a.4: „Solus Deus immediate omnia operatur et res singulae proprias operationes habent, per quas causae proximae rerum sunt. (…) Unde operatio Creatoris magis pertingit ad intima rei, quam operatio causarum secundarum; et ideo hoc quod creatum est causa alii creaturae non excludit quin Deus immediate in rebus omnibus operatur, in quantum virtus sua est sicut medium coniungens virtutem cuiuslibet causae secundae cum suo effectu. Non enim virtus alicuius creaturae posset in suum effectum, nisi per virtutem Creatoris, a quo est omnis virtus et virtutis conservatio, et ordo ad effectum; quia, ut in libro de Causis dicitur, causalitas causae secundae finaliter est per causalitatem causae primae." – De Pot., 3.3, a.7: „(…) sequitur quod ipse (d. h.: Deus) in quolibet operante, immediate operetur, non exclusa operatione voluntatis et naturae."

[24] Comp. Theol., cap. 131, n.263.

deshalb kann Thomas sagen: „Oportet quod ordinatio providentiae ipsius se extendat usque ad minimos effectus"[25]; Gott, betont der hl. Thomas, kennt und ordnet auch die Wirkungen der die *ordinatio* seiner Vorsehung vermittelnden Zweitursachen, denn „andernfalls würden sie aus der Ordnung seiner Vorsehung herausfallen".[26]

Die *ordinatio* der göttlichen Vorsehung erstreckt sich also auch auf die in personaler Autonomie vollzogenen Handlungen des Menschen; sie sind in der göttlichen Vorsehung enthalten, unterliegen ihr und sind Bestandteil der göttlichen Hinordnung des Menschen auf sein Ziel.

Selbstverständlich lassen sich aus dieser Erkenntnis keine Schlüsse zur Beantwortung der Frage gwinnen: „Was soll ich tun?". Wie schon gesagt, wäre diese Frage zu früh gestellt. Jedenfalls sollte klar geworden sein, daß der Bereich der personalen Autonomie des Menschen und ihre sich aus ihrem *imago*-Charakter ergebende potestative Eigenart nicht als „theonome Autonomie" in dem Sinne begreifen läßt, daß die göttliche Vorsehung nur eine „transzendental" umgreifende Rahmenordnung wäre, innerhalb derer der Mensch in „schöpferischer" Weise die Ordnung des guten Handelns selbst gestaltet – gewissermaßen also innerhalb eines „kategorialen" Freiraums, in den Gott selbst nicht eingreift und den er zur inhaltlichen Determination dem Menschen überlassen hätte. Diese Ansicht ist angesichts des partizipativen Charakters der *imago* sinnlos. Sie erweist sich als eine Art „Linsengericht"; als Abtausch der wirklichen, in der wahren Gottebenbildlichkeit bestehenden Größe und Würde des Menschen mit einer „schöpferischen" Autonomie, die den Menschen auf sich selbst und seine Endlichkeit zurückwirft.

Wenn wir berücksichtigen, daß der göttlichen „Weltregierung" ein Plan (ein *ratio*) unterliegt, und daß diese *ratio gubernationis* Ewiges Gesetz genannt wird, dann können wir verstehen, was es unter Voraussetzung des bisher Gesagten, bedeutet, daß das Naturgesetz eine Partizipation des Ewigen Gesetzes im vernünftigen Geschöpf ist. Es wird vor allem einsichtig, daß die *lex naturalis* nicht einfach einen normativen Freiraum schöpferisch-vernünftiger Regelung durch den Menschen begründen kann – eine solche Auffassung wäre im metaphysischen Kontext uneinsichtig und, wie gesagt, anthropomorph –; das Naturgesetz ist im Menschen vielmehr Teilnahme an der *ordinatio* der göttlichen Vernunft, eine Teilnahme *per modum cognitionis* (durch Erkenntnis) und eine solche *per modum principii motivi* (durch ein bewegendes Prinzip, d. h. natürliche Neigung).[27]

3.4 Die Partizipation der lex aeterna im Menschen

Fassen wir zunächst kurz die früheren Ergebnisse von Teil I, Kap. 2.3 zusammen: Das Naturgesetz ist die Partizipation des Ewigen Gesetzes im Menschen. Am Maßstab oder

---

[25] Ebd., cap. 130, Nr. 262.
[26] „...necesse est, quod effectus illarum mediarum causarum cognoscat et ordinet, alioquin extra ordinem suae providentiae caderent" (Ebd.).
[27] Vgl. I-II, q.93, a.6.

der Regel der *ordinatio rationis* der göttlichen Vorsehung hat der Mensch in doppelter Weise teil: Einmal durch eine seinsmäßige *impressio* verschiedener natürlicher Neigungen, die alle auf ihnen eigene Akte und Ziele *(actus et finis proprius)* hintendieren; zweitens durch eine *impressio* des Lichtes der natürlichen Vernunft – eine *impressio divini luminis in nobis* –, auf Grund derer wir unterscheiden, was gut und schlecht ist. Die *ratio naturalis* ist eine natürliche Neigung zum *actus debitus*; aufgrund derer die menschliche Vernunft in den übrigen Neigungen der Natur, indem sie diese ordnet, das Naturgesetz, d. h. die der „lex aeterna" entsprechende *ordinatio* zu konstituieren vermag. Beides, sowohl die *inclinatio naturalis* wie auch die *ratio* gehören jedoch zur *lex naturalis*; die ratio ist dabei aber das ordnungsstiftende Element; durch sie wird formell und eigentlich das Naturgesetz konstituiert. Diese ratio ist selbst eine *mensura*, aber eine *mensura mensurata*: Sie enthält in sich natürlicherweise eine Regel, die sie sich nicht selbst gegeben, sondern die sie empfangen hat.

Folgendes ist nun näher auszuführen: Erstens, was bedeutet in einem Geschöpf näherhin „Partizipation des Ewigen Gesetzes"? Zweitens, was besagt der doppelte Modus der Partizipation *per modum cognitionis* und *per modum principii motivi*? Und drittens: Was heißt, das Licht der natürlichen Vernunft sei eine *impressio divini luminis in nobis*? Zunächst sollen die beiden ersten Fragen angegangen werden. Die dritte behandeln wir im nächsten Kapitel.

3.4.1 Partizipation des Ewigen Gesetzes

Um den Begriff des Ewigen Gesetzes einzuführen, verweist Thomas auf die Lehre von der *providentia*; vorausgesetzt, daß eine solche göttliche Vorsehung existiert, gemäß der Gott die geschaffenen Dinge leitet – sie ist die *ratio gubernationis* –, kann man auch sagen, daß diese *ratio* den Charakter eines Gesetzes besitzt; dieses *conceptum divinum* ist ewig, da Gott alles von Ewigkeit her ordnet, und erstreckt sich, wie die Vorsehung selbst, bis auf die einzelnen Tätigkeiten jedes Geschöpfes.

Das Ewige Gesetz wird somit bestimmt als *ratio divinae sapientiae, secundum quod est directiva omnium actuum et motionum* – als „‚Plan' der göttlichen Weisheit, gemäß dem sie alle Akte und Bewegungen leitet".[28]

Das Ewige Gesetz ist demnach eine *ratio directiva*. Ihr gemäß sind alle Dinge geschaffen und besitzen sie eine Ordnung auf ihr Ziel hin; das Ewige Gesetz besitzt in Gott den Charakter des Urbildes *(exemplar)* oder der *idea*[29]; im Geschöpf ist das Ewige Gesetz eine *exemplatum, ideatum* oder *participatum*. Thomas betont, daß der göttliche Intellekt das Maß der geschaffenen Dinge ist; die Dinge „sind" genau in dem Maße, wie sie den göttlichen Intellekt „nachahmen"[30]: Mit dieser *imitatio* ist nichts anderes als Partizipation gemeint.[31] Das heißt: Die Partizipation am Ewigen Gesetz konstituiert das Sein und die

---

[28] I-II, q.93, a.1.
[29] Ebd.
[30] Ebd., ad 3.
[31] Wie der Begriff der „participatio" („metexis") so geht auch jener der „imitatio" („mimesis") auf Platon zurück, bei dem sie als Synonyme auftreten.

Akte des Geschöpfes. Jede Partizipation am Ewigen Gesetzes ist eine seinsmäßige und eine operative Teilnahme an den Dispositionen der göttlichen Weisheit.

Damit ist gesagt: Wir dürfen die Partizipation am ewigen Gesetz nicht auf den operativen Gesichtspunkt beschränken. In Gott ist alles Erkennen, das sich auf die Geschöpfe bezieht, praktisches und damit auch schöpferisches und „maßgebendes" Erkennen. Wenn also das Ewige Gesetz als die *ratio divinae sapientiae moventis omnia ad debitum finem* verstanden wird, so ist damit nicht gemeint, daß sie gewissermaßen eine vorgegebene Schöpfungsordnung nun noch zusätzlich durch ein Gesetz ordnet. Die *ordinatio* des Ewigen Gesetzes konstituiert die Geschöpfe nicht nur in der Ordnung des Handelns, sondern auch in ihrem Sein; dieses selbst ist eine Partizipation am Ewigen Gesetz.

Wenn also dieses Ewige Gesetz in Gott einen wesentlich praktischen und damit schöpferischen Charakter besitzt, so heißt das nicht, daß die Partizipation des Ewigen Gesetzes im Menschen ebenfalls nur einen solchen praktischen Charakter hätte. Da das Geschöpf in seinem Sinn ein *ordinatum* darstellt, gehört zur Partizipation des Ewigen Gesetzes im Geschöpf immer auch das *ordinatum esse*.

Man kann deshalb den Unterschied der Partizipation des Ewigen Gesetzes in der unvernünftigen Kreatur und im Menschen nicht dadurch benennen, indem man sagt, erstere enthielten das Ewige Gesetz auf empfangene-passive Weise (als ein *ordinatum*), der Mensch hingegen auf praktisch-aktive Weise (als *ordinans* und *ipse providens*). Vielmehr muß man sagen: Der Mensch partizipiert am Ewigen Gesetz *zudem* auch auf praktische Weise, durch praktische Erkenntnis.

3.4.2 Der doppelte Modus der Partizipation im Menschen

Er ergibt sich aus der Tatsache, daß zur „ordinatio" des Ewigen Gesetzes auch die Seinsverfassung der Geschöpfe gehört. Auch hier besteht die Gefahr des anthropomorphen Verständnisses der Art und Weise, wie durch das Ewige Gesetz die Natur geordnet wird; nicht durch äußerlich an diese Natur herangetragene „Vorschriften"; durch eine solche „denuntiatio" vermag ein Mensch einem anderen ein Gesetz aufzuerlegen. Gott tut dies jedoch bezüglich der geschaffenen Natur, indem er „der ganzen Natur die Prinzipien der ihr eigenen Akte einprägt (...). Und aus diesem Grund unterliegen alle Bewegungen und Akte der ganzen Natur dem Ewigen Gesetz."[32]

Die *vis directiva* des Ewigen Gesetzes berührt also auch die seinsmäßige Konstitution der Geschöpfe; sie bezieht sich beim Menschen nicht nur auf die ihm eigene, durch die *ratio* begründete *ordinatio* seiner Akte; sondern auch auf die in seinem Sein grundgelegten natürlichen Neigungen; diese *inclinationes naturales ad actus proprios* gehört mit zur Parti-

---

[32] I-II, q.93, a.5: „Sicut autem homo imprimit, denuntiando, quoddam interius principium actuum homini sibi subiectum, ita etiam Deus imprimit toti naturae principia propriorum actuum. (...) Et per hanc etiam rationem omnes motus et actiones totius naturae legi aeternae subduntur." Thomas möchte hier den verschiedenen Modus der *impressio* hervorheben: beim Menschen durch eine *impressio per modum denuntiationis;* bei Gott durch eine solche *per modum creationis* oder *participationis*.

zipation am Ewigen Gesetz, das heißt: sie gehören mit auch zum Naturgesetz; man kann dieses nicht einfach, wie Böckle und Merks dies tun, auf eine „natürliche Neigung der Vernunft zur normsetzenden Aktivität", ja überhaupt nicht auf die Vernunft reduzieren; das hieße, die Wirklichkeit des Menschen spiritualistisch zu verkürzen und zu übersehen, daß auch das Gefüge all seiner natürlichen Tendenzen mit zur Teilhabe am Ewigen Gesetz und damit zum Plan der göttlichen Vorsehung gehören.

Nur, wie gezeigt, besitzen diese natürlichen Neigungen in sich betrachtet noch nicht den Charakter eines natürlichen *Gesetzes*. Sie sind zwar Partizipation am Ewigen Gesetz, aber nicht *per modum legis*, sondern *per modum principii motivi*.

Denn, wie bereits ausgeführt, nicht alles, was in Gott den Charakter des Gesetzes – praktischen Charakter – besitzt, hat auch im Menschen praktischen oder gesetzlichen Charakter. Anders gesagt: Nicht alles, was in Gott, in der *lex aeterna* eine *ordinatio rationis* ist, ist auch in seiner partizipierten Gestalt eine *ordinatio rationis*; es ist zunächst und generell – bezüglich *aller* Geschöpfe – ein *ordinatum a ratione*. Und in diesem Sinne partizipieren alle Geschöpfe am Ewigen Gesetz, und zwar *per modum principii motivi*, nur daß eben nur in der vernünftigen Kreatur das Ewige Gesetz auch zudem noch formell und eigentlich, wenn auch partizipativ, *als* Gesetz wirksam ist, d. h. *per modum cognitionis* oder auf intellektuelle Weise.

Man darf sich dieses „zudem noch" allerdings nicht als Parallelismus von Erkenntnis und natürlicher Neigung vorstellen. Damit ist gemeint: Die (praktische) *cognitio* und menschliche *ordinatio rationis* ist nicht einfach ein Duplikat dessen, was in den natürlichen Neigungen ebenfalls bereits vorhanden ist; das würde bedeuten, die menschliche Vernunft auf ein „Ableseorgan" zu beschränken, und daß dies falsch wäre, darin ist Böckle, Auer, Merks etc. zuzustimmen. Die menschliche Vernunft besitzt bezüglich der natürlichen Neigungen in der Formulierung der *lex naturalis* eine konstitutive Funktion.[33]
Worauf im Augenblick jedoch hingewiesen werden soll ist, daß die Partizipation des Ewigen Gesetzes sich im Menschen *auch* in seinen natürlichen Neigungen ausdrückt. Diese sind weit mehr als ein „abgestecktes Terrain", auf welchem die Vernunft gestaltend und gesetzgeberisch wirksam werden kann; sie gehören vielmehr selbst zur Partizipation des Ewigen Gesetzes und sind somit in ihrer Hinordnung auf einen *actus proprius* im Menschen seinsmäßiger Ausdruck der in der *lex aeterna* grundgelegten Ordnung der göttlichen Vorsehung.

Die Schwierigkeit, die es hier zu bewältigen gilt, besteht darin, auch in dieser Frage die radikale ontologische Differenz, die zwischen Schöpfer und Geschöpf besteht zu wahren, ohne die Analogie zwischen beiden, die durch die Partizipation begründet wird, aufzuheben. Das ist, so scheint mir, Thomas gelungen, nicht immer jedoch seinen Interpreten.

Denn die *lex aeterna* existiert in Gott in der größten Einfachheit, wie sie Gott allein zukommt. Ja, sie ist realidentisch mit seinem Wesen, d. h. mit seinem Sein. Gott *ist* das Ewige Gesetz, so wie er auch seine Weisheit, sein Intellekt, sein Wille wesenhaft *ist*. Deshalb existiert auch in Gott das ewige Gesetz wesentlich *per modum cognitionis;* das göttliche Erkennen, das, insofern es sich mit seinem Willen verbindet und schöpferisch wird, praktisch genannt werden kann, ist selbst Prinzip aller Bewegung. Die göttliche Erkennt-

---

[33] Vgl. dazu Teil II., 4.

nis, und damit das ewige Gesetz als göttliche *cognitio,* ist also zugleich auch bewegendes Prinzip; denn in der göttlichen Erkenntnis, und damit auch in der „lex aeterna", fallen „cognitio" und „motio" nicht auseinander. Die Erkenntnis Gottes ist unmittelbar bewegend, „produktiv", d. h.: schöpferisch.

Alles, was im Geschöpf jedoch *per participationem* des göttlichen Seins besteht, besitzt nicht die Beschaffenheit dieser absoluten Einfachheit, sondern ist immer ein *compositum* aus Akt und Potenz, resp. Form und Materie (wobei mit „Materie" hier die Potentialität gegenüber formeller Bestimmtheit gemeint ist). Diese *diremptio* („Scheidung") im *esse per participationem* drückt sich beim Menschen nun genau in der doppelten Weise aus, am Ewigen Gesetz zu partizipieren. Würde sich diese Partizipation nur *per modum cognitionis* realisieren, so hieße das, daß auch dem menschlichen Intellekt aus sich heraus die bewegende Kraft zukommt, die der *lex aeterna* eigen ist. Nun bewegt aber der menschliche Intellekt aus sich heraus gar nichts. Er ist nicht durch sich praktisch, sondern nur indem er in die inklinative Struktur des Strebens eingebettet ist. Die menschliche Vernunft vermag eine *ordinatio motiva,* ein *imperium* oder *praeceptum* nur durch ein von ihr unterschiedenes *principium motivum,* ein Bewegungsprinzip zu leisten. Nun gibt es aber, aufgrund der Ausführungen Thomas' keinen Grund, dieses Bewegungsprinzip allein auf den Willen zu beschränken; denn das würde bedeuten, daß die übrigen Schichten des menschlichen Seins keine Partizipation an der *lex aeterna* sind, und man befände sich nicht nur in einer dualistischen Anthropologie, sondern zudem in einer dualistischen Metaphysik: die nichtgeistigen Schichten des Menschen könnten nicht mehr auf eine *ordinatio rationis divinae sapientiae* zurückgeführt werden. Eine solche Vorstellung vermag in der gesamten thomistischen, ja der nacharistotelischen Metaphysik überhaupt keinen Rückhalt zu finden; sie müßte vielmehr bei Plato anknüpfen, dem es noch nicht gelungen war, die Einheit des Menschen als leibseelisches Suppositum zu fassen.

3.4.3 Schlußfolgerungen

Es ist also festzuhalten, daß der Mensch den „motiven" (bewegenden) Charakter der *lex aeterna* in den natürlichen Neigungen, den kognitiven Aspekt dieses Gesetzes jedoch durch seine Vernunft partizipiert. Stellt man sich auf den Standpunkt des Ewigen Gesetzes – schaut man also diese Partizipation gewissermaßen „von oben" an – so muß man sagen: Das Ewige Gesetz befindet sich im Menschen sowohl in den natürlichen Neigungen *(per modum principii motivi)* wie auch in der Vernunft *(per modum cognitionis).* Insofern die natürlichen Neigungen zum Ewigen Gesetz gehören – also „von oben her" und in Verbindung mit der göttlichen *ordinatio* – sind sie tatsächlich Gesetz; insofern man sie jedoch als *Partizipation* am Ewigen Gesetz – d. h. als etwas in der Natur Bestehendes, Geschaffenes – betrachtet, sind sie nicht Gesetz (d. h.: sie sind nicht *lex naturalis),* sondern nur, der *divina ordinatio* entsprechendes, *praesuppositum* für das Gesetz. Sie enthalten nicht in sich die *ordinatio ad debitum.* Um dieser „ordinatio" einsichtig werden zu können, müßte man die „lex aeterna" in Gott schauen; aber eine solche Schau besitzen wir nicht. Dies wird, als Mangel, in der unvernünftigen Kreatur dadurch ausgeglichen, indem diese *ordinatio* durch eine operative Determination geschieht; diese Geschöpfe und Naturdinge *non agunt sed magis aguntur;* sie sind deshalb wie Instrumente der *ordinatio* des Ewigen Gesetzes untergeordnet.

Da jedoch der Mensch als *imago* Gottes – aufgrund seiner Geistigkeit – das Ewige Gesetz auch auf kognitive Weise partizipiert und damit die „ratio ordinationis" in sich enthält (personale Autonomie), handelt es sich hierbei nicht eigentlich um einen „Mangel", denn er bedarf weder einer Determination seiner natürlichen Neigungen auf das *debitum,* noch muß er durch die göttliche „ratio" wie ein Instrument auf sein Ziel hingelenkt werden; er vermag dies selbst, indem er kraft seiner Vernunft die natürlichen Neigungen – das empfangene Bewegungsprinzip – ordnet; die *ordinatio rationis* ist deshalb eine vollkommenere Teilnahme am Ewigen Gesetz und besitzt selbst den Charakter eines Gesetzes: sie ist *lex naturalis,* natürliches Gesetz.

Soll allerdings dabei der ordnende und gesetzgebende Akt der praktischen Vernunft als kognitive Partizipation am Ewigen Gesetz nicht verfälscht werden, so kann die menschliche Vernunft sich niemals von ihrem *principium motivum,* dem *actus proprius* der natürlichen Neigungen „emanzipieren". Die „ordinatio rationis" des Naturgesetzes ist eine „ordinatio", die nicht über diese natürlichen Neigungen verfügt, sondern sie ist eine „ordinatio" *in* den natürlichen Neigungen, denn diese selbst sind ja auf der Ebene der Seinsstruktur Ausdruck des Planes der göttlichen Vorsehung, partizipieren also an der *vis directiva* des Ewigen Gesetzes.

Was also im Menschen eigentlich *a natura* besteht – die *praesupposita* –, ist somit nicht nur ebenfalls Partizipation am Ewigen Gesetz, sondern gehört auch unverfügbar zum Naturgesetz, wenn es auch *als solches* selbst noch nicht *Gesetz* ist.

Deshalb betont Thomas, daß zur Ordnung der göttlichen *gubernatio* auch die natürlichen Neigungen gehören, „denn jede sowohl naturhafte wie auch willentliche *inclinatio* irgendeines Dinges, ist nichts anderes als eine *impressio* des Ersten Bewegers. (...) Deshalb gelangt alles, was entweder naturhaft oder willentlich handelt, gewissermaßen auf spontane Weise dazu, worauf es von Gott her hingeordnet ist."[34] Zu dieser Spontaneität gehört allerdings beim Menschen, der willentlich handelt, die *ordinatio rationis,* die ja selbst einer natürlichen Neigung *ad debitum actum et finem* entspricht.[35]

Ebenfalls begründet die Partizipation des Ewigen Gesetzes durch die natürlichen Neigungen den *ordo virtutis;* denn diese Neigungen sind ja die „Samen" der Tugenden; sie begründen eine „aptitudo ad virtutem", die „a natura" ist.[36] Wenn auch die Tugend – wie das „bonum morale" überhaupt – einen „ordo rationis" darstellt, sie also, wie das auf die Tugend hingeordnete Naturgesetz, formell durch die Vernunft konstituiert wird, so handelt es sich dabei immer um einen ordo, der *innerhalb,* und nicht nur „anläßlich" der natürlichen Neigungen geschaffen wird. Deshalb heißt es bei Thomas, „einer jeden

---

[34] I, q.103, a.8: „...omnis inclinatio aliciuius rei vel naturalis vel voluntaria, nihil est aliud quam quaedam impressio a primo movente. (...) Unde omnia quae agunt vel naturaliter vel voluntarie, quasi propria sponte perveniunt in id ad quod divinitus ordinantur."
[35] Vgl. I-II, q.91, a.2.
[36] II-II, q.108, a.2.

bestimmten natürlichen Neigung wird eine spezielle Tugend zugeordnet"[37], denn „die Tugenden vervollkommnen uns darin, auf angebrachte Weise *(debito modo)* den natürlichen Neigungen zu folgen, die zum Naturrecht gehören."[38]

Der Mensch ist ein komplexes, fundamental neigungsmäßig konstituiertes Körperwesen; Neigungen, die er vernünftig – in angemessener Weise – zu verfolgen hat, was, zum Habitus geworden, die sittliche Tugend ausmacht. Die natürliche Neigung als Ausdruck des ewigen Gesetzes und Grundlage der „ordinatio rationis" verleiht dem Naturgesetz, der Tugend, dem die göttliche *bonitas* und Weisheit wiederspiegelnden sittlichen Handeln des Menschen jene fundamentale Konnaturalität, Spontaneität, die durch die Tugend potenziert, durch das Laster jedoch zerstört wird.

Diese durch die Partizipation am Ewigen Gesetz konstituierte innere Zuordnung von natürlicher Neigung, Vernunft, Tugend und Sittlichkeit, diese komplexe Struktur, die durch die ordnende Funktion der praktischen Vernunft auf ihr Ziel ausgerichtet wird, zeigt die große Würde der menschlichen Freiheit, der nichts weniger anvertraut ist, als den Plan der göttlichen Vorsehung teilhabend zu verwirklichen.

An diesem Punkt angelangt zeigt sich erneut, wie wenig Thomas mit der Interpretation, für ihn bedeute das Naturgesetz lediglich eine natürliche Neigung der Vernunft zur normsetzenden Aktivität, erfaßt wird; oder: das Naturgesetz beinhalte lediglich die rein formale Bedeutung, „vernünftig zu handeln", ohne jegliche inhaltliche Bestimmtheit. Ich glaube es sollte einsichtig sein, daß auf der Grundlage einer solchen Interpretation kaum mehr verständlich sein kann, worin der Zusammenhang von Naturgesetz und Tugend besteht, ja was überhaupt eine sittliche Tugend ist. Vor allem aber erscheint die Natur der menschlichen Vernunft als Teilnahme an der *ratio divina* und ihr *imago*-Charakter verkannt.

Was ist diese Vernunft, die das Naturgesetz konstituiert? Ja, was heißt überhaupt, der Mensch müsse der Vernunft gemäß handeln, das sittliche Gute sei das *bonum rationis*, und schließlich: die Vernunft sei Maßstab und Regel der Sittlichkeit? Diesen Fragen müssen wir uns nun zuwenden, um zum vollen Verständnis des Naturgesetzes als Partizipation am ewigen Gesetz zu gelangen.

---

[37] „...ad quamlibet inclinationem naturalem determinatam ordinatur aliqua specialis virtus" (ebd.).
[38] „Unde patet quod virtutes perficiunt nos ad prosequendum debito modo inclinationes naturales, quae pertinent ad ius naturale" (ebd.).

4 DIE NATÜRLICHE DYNAMIK DER VERNUNFT: ZUR ERKENNTNISTHEORETISCHEN STRUKTUR DES NATURGESETZES

4.1 Das „Licht der natürlichen Vernunft"

4.1.1 Zur Bedeutung der Lichtmetapher

Es lohnt sich, an dieser Stelle den entscheidenden Passus von I–II, q.91, a.2 im Wortlaut anzuführen:

„Inter cetera autem rationalis creatura excellentiori quodam modo divinae providentiae subiacet, inquantum *et ipsa fit providentiae particeps*, sibi ipsi et aliis providens. Unde et in ipsa *participatur ratio aeterna*, per quam habet naturalem inclinationem ad debitum actum et finem. Et talis *participatio legis aeternae* in rationali creatura lex naturalis dicitur, unde cum Psalmista dixisset [Ps 4,6] ‚Sacrificate sacrificium iustitiae', quasi quibusdam quaerentibus quae sunt iustitiae opera, subiungit: ‚Multi dicunt: Quis ostendit nobis bona? cui quaestioni respondens, dicit: ‚Signatum est super nos lumen vultus tui, Domine': quasi *lumen rationis naturalis*, quo discernimus quid sit bonum et malum, quod pertinet ad naturalem legem, *nihil aliud sit quam impressio divini luminis in nobis*."

Das ganze Gewicht der Partizipation des Ewigen Gesetzes *per modum cognitionis* liegt auf der *ratio naturalis*, ein „Licht"[1], das nichts anderes ist, als eine „impressio" (seinsmäßige Partizipation[2]) des göttlichen Lichtes, d. h.: des göttlichen Seins unter dem Aspekt seiner Intellektualität, des Sichtbarmachens der Wahrheit. Die gleiche Argumentation – unter Zitierung von Psalm 4, 6–7, der in diesem Zusammenhang das Standardzitat bildet – findet sich an einer anderen bekannten Stelle, I–II, q.19, a.4: Die menschliche Vernunft erhält ihre Eigenschaft, Regel für das Gutsein des menschlichen Willens zu sein, aus dem mit der göttlichen Vernunft identischen Ewigen Gesetz. Deshalb heiße es im vierten Psalm „Wer zeigt uns, was gut ist? Das Licht deines Antlitzes, Herr, ist uns eingeprägt", und Thomas paraphrasiert: „Das Licht der Vernunft, das in uns ist, kann uns das Gute zeigen und unseren Willen regeln *insofern, als es das Licht Deines Antlitzes ist, das heißt: von Deinem Antlitz herrührt*."[3]

---

[1] Zur Übersicht über die Begriffsgeschichte der Lichtmetapher vgl. die Artikel „Lumen naturale" und „Licht" im Historischen Wörterbuch der Philosophie (hsg. von J. RITTER und K. GRÜNDER), Bd. 5, Basel 1980.

[2] Ich betone *seinsmäßige* Partizipation, um den thomistischen Begriff der „Illumination" von dem augustinischen abzuheben; der Partizipationsgedanke ist derselbe. Für Augustinus ist es jedoch Gott selbst, der die menschliche Erkenntniskraft jeweils *aktuell* erleuchtet. Für Thomas realisiert sich die Teilnahme am Licht der göttlichen Intelligenz, bzw. die „Erleuchtung", durch eine „impressio" im Sein des Menschen, eine, als causa secunda wirkende, Potenz, die der Mensch, als *lumen intellectuale* selbst besitzt. Es handelt sich dabei fundamental um den *intellectus agens*.

[3] „Quod autem ratio humana sit regula voluntatis humanae, ex qua eius bonitas mensuretur, habet ex lege aeterna, quae est ratio divina. Unde in Psalmo 4, 6–7 dicitur ..." etc. (...) „... quasi diceret

Die Pointe des Artikels besteht in der Aussage, daß unser Wille, bzw. das Gute und Schlechte in unserem willentlichen Handeln, tatsächlich durch die *lex aeterna* geregelt wird: Das Ewige Gesetz konstituiert nicht nur die menschliche ratio als Regel; sondern es *regelt* auch wirklich das „Gut und Böse" in unserem Handeln, ist also tatsächlich seine *mensura,* jedoch nicht in unmittelbarer und „homogener" Weise[4], sondern *vermittels* einer Partizipation dieses göttlichen Erkenntnislichtes im Menschen. Dieses partizipierte Erkenntnislicht wirkt als Zweitursache, und gerade deshalb muß man die Wirkung – die *regulatio* oder *mensuratio* des Willens und der Handlungen – vor allem der Erstursache zuschreiben, „da ja die Zweitursache überhaupt nur kraft der Erstursache zu wirken vermag".[5]

Derselbe Gedanke wird deshalb gegenüber dem Einwand, das Ewige Gesetz sei uns ja nicht bekannt, könne deshalb auch nicht Maßstab für unser Handeln sein, nochmals unterstrichen: die *lex aeterna* ist uns nur insoweit sie im göttlichen Geist selbst existiert, nicht zugänglich; „sie wird uns aber bis zu einem gewissen Grade bekannt entweder durch die ratio naturalis, die sich von ihr wie das ihr eigene Abbild *(propria eius imago)* herleitet; oder aber durch irgend eine zusätzliche Offenbarung".[6]

4.1.2 Einige Gründe für die Unhaltbarkeit des Begriffes „schöpferische Vernunft" in der Thomas-Exegese

Diese Ausführungen, wie auch ihr Zusammenhang mit der Lichtmetapher und dem Begriff der *imago* lassen es ausgeschlossen erscheinen, daß hier Thomas mit dem Begriff der natürlichen Vernunft lediglich die „Natur der Vernunft" als natürliche Neigung zur eigenen, vernünftigen und „schöpferischen" normsetzenden Aktivität im Auge hat. Mit der natürlichen Vernunft als kognitive Partizipation des Ewigen Gesetzes kann, bei näherem Hinsehen, unmöglich, wie Merks im Anschluß an Böckle nachzuweisen sucht, einfach das „Prinzip der Rationalität als solches"[7] gemeint sein, also die bezüglich Handlungsinhalten völlig indifferente Tatsache, daß der Mensch eben, um sittlich zu handeln, aus Vernunftgründen handeln müsse, was letztlich soviel heißt wie: Gutes, weil vernünftiges Handeln, sei argumentativ begründetes Handeln. Die Vernünftigkeit des Handelns würde

‚Lumen rationis quod in nobis est, intantum potest nobis ostendere bona, et nostram voluntatem regulare, inquantum est lumen vultus tui, idest a vultu tuo derivatum'."

[4] In ad 1 bezeichnet Thomas die menschliche Vernunft als „mensura proxima", die göttliche als mensura remota. Nur die erstere ist eine „mensura homogenea mensurato" (ebd. ad 2). Cfr. auch I–II, q.71, a.6: „Regula autem voluntatis humanae est duplex: una propinqua et homogenea, scilicet ipsa humana ratio; alia vero est prima regula, scilicet lex aeterna, quae est quasi ratio Dei." Für Parallelstellen siehe L. LEHU, a. a. O., S. 5f., Fußnote 2.

[5] „... in omnibus causis ordinatis, effectus plus dependet a causa prima quam a causa secunda: quia causa secunda non agit nisi in virtute primae causae" (ebd., corpus articuli).

[6] „Licet lex aeterna sit nobis ignota secundum quod est in mente divina; innotescit tamen nobis aliqualiter vel per rationem naturalem, quae ab ea derivatur ut propria eius imago: vel per aliqualem revelationem supperadditam" (ebd., ad 3).

[7] MERKS, a. a. O., S. 304.

dabei zu einer „schöpferisch"-konstruktiven Leistung der Vernunft, die diese im Bereich ihrer autonomen Eigenkompetenz erbringt. Sittliche Normen – die Unterscheidung zwischen Gut und Böse im Willen und in den Handlungen – ergäben sich dann aus einem *Verfahren* der rationalen Begründung, meist in der Form der sog. teleologischen Güterabwägung, die ja ein solches Verfahren argumentativer Normenbegründung darstellt.

Daß dies bei Thomas nicht gemeint sein kann und auch mit seinen Äußerungen über den Zusammenhang zwischen Ewigem Gesetz und natürlicher Vernunft unvereinbar wäre, erweist sich beispielsweise auch dadurch, daß er der Kenntnisnahme des Ewigen Gesetzes durch die menschliche Vernunft als weitere Möglichkeit jene der *relevatio superaddita*, der Offenbarung also, beigesellt.[8] Beschränkt man nun jedoch die Teilnahme am Ewigen Gesetz in der natürlichen Vernunft auf das „Prinzip der Rationalität" oder die „natürliche Neigung zur normsetzenden Aktivität der Vernunft", dann müßte man sich füglich fragen, was denn der Inhalt einer solchen Offenbarung überhaupt sein könnte. Wenn die Partizipation der *lex aeterna* durch die natürliche Vernunft nicht mehr ist, als nur das formale Prinzip der Vernünftigkeit, dann entbehrt jedenfalls der Hinweis Thomas' auf die Möglichkeit einer zusätzlichen Offenbarung des Ewigen Gesetzes jeglichen Sinnes.

In De Malo (q.2, a.4) wird neben der Offenbarung (in der *lex divina*) als Quelle der Kenntnis des Ewigen Gesetzes weiter noch die Unterweisung und die „Eingießung" solcher Kenntnis genannt: „(...) „gut" und „böse" betrachtet man in den menschlichen Akten gemäß seiner Übereinstimmung mit der – durch göttliches Gesetz, oder *natürlicherweise*, oder durch Unterweisung oder durch Eingießung informierten – Vernunft".[9] Der Text ist wichtig, um zu verstehen, daß Thomas nicht einfach die *ratio* als solche zum Maßstab des Sittlichen erklärt, sondern eine „informierte" ratio, also eine ratio, die nicht nur Potenz für rationale Begründungsverfahren ist, sondern eine „Information" in sich trägt. Diese Informiertheit kann von außen an die Vernunft herangetragen werden; dies ist der Fall der Offenbarung, und damit der *lex divina*, oder der Unterweisung und Erziehung. Oder sie kann der ratio von innen her zukommen: dies entweder durch „Infusion", wobei es sich um einen die Prinzipien der Natur übersteigenden Modus handelte; oder aber eben auf natürliche Weise: Aufgrund des natürlichen Erkenntnislichtes, das die Vernunft durch Partizipation in sich trägt.

Ebenso unverständlich wäre unter der Voraussetzung der autonomistischen Interpretation ein Text wie I–II, q.71, a.6 ad 4, wo gesagt wird, daß das *ius naturale*, aufgrund dessen die menschlichen Handlungen unabhängig von jeglicher positiver Gesetzgebung als gut oder schlecht beurteilt werden können, zunächst in der *lex aeterna* enthalten sei, sekundär (d. h. partizipativ) jedoch im natürlichen Urteilsvermögen der menschlichen Vernunft.[10] Wäre die natürliche Vernunft lediglich eine natürliche Neigung zur normsetzenden Aktivität ohne jeglichen „Inhalt", dann müßte diese Aussage Thomas', daß das

---

[8] I–II, q.19, a.4, ad 3.
[9] „(...) bonum et malum in actibus humanis consideratur secundum quod actus concordat rationi informatae lege divina, *vel naturaliter*, vel per doctrinam, vel per infusionem (...)."
[10] „(...) ius naturale, quod continetur primo quidem in lege aeterna, scundario vero in in naturali iudicatorio rationis humanae (...)."

natürliche Kriterium für die Beurteilung menschlicher Handlungen bereits in der *lex aeterna* vorhanden sei und von der menschlichen Vernunft partizipiert würde, als sinnlos qualifiziert werden.

Neben unzähligen anderen Verständigungsschwierigkeiten, die sich aus einer solchen autonomistischen Interpretation ergeben, kann noch ein letzter Text angeführt werden – er wird uns noch beschäftigen –, in dem Thomas sogar von einem „dreifachen Grad" der Gewißheit und Evidenz von *praecepta moralia*[11] spricht, die alle der Wirksamkeit des präzeptiven Aktes der *natürlichen* Vernunft entspringen: Diese Grade verlaufen von den allerklarsten Geboten, wie die Gottes- und Nächstenliebe, die Ziel aller anderen Gebote sind, über die Gebote des Dekalogs bis hin zu einigen, nur den „Weisen" einsichtigen, über den Dekalog hinausführenden Geboten. Alle diese Präzepte, so Thomas, besitzen ihre Wirksamkeit *(efficacia)* „*ex ipso dictamine naturalis rationis*".[12]

4.1.3 „Ratio naturalis"

Die Lehre von der natürlichen Vernunft als Erkenntnislicht, als Partizipation des Lichtes der göttlichen *ratio aeterna*, als *imago Dei* in der menschlichen Seele, scheint also ernster genommen werden zu müssen und mehr zu beinhalten, als das die autonomistische Thomasexegese zu berücksichtigen pflegte.[13] In der Tat ist der Begriff der *ratio naturalis* in diesem Zusammenhang viel zu wenig beachtet worden.[14] In etwa finden sich auch Umdeu-

---

[11] Diese Terminologie meint die moralischen Gebote des mosaischen Gesetzes, in deren Mittelpunkt der Dekalog steht, und die mit dem Naturgesetz inhaltlich identisch sind.

[12] I–II, q.100, a.11: „Sed praecepta moralia ex ipso dictamine naturalis rationis efficaciam habent, etiam si numquam in lege statuantur. Horum autem triplex est gradus. Nam quaedam sunt certissima, et adeo manifesta, quod editione non indigent; sicut mandata de dilectione Dei et proximi, et alia huiusmodi, ut supra dictum est, quae sunt quasi fines praeceptorum: unde in eis nullus potest errare secundum iudicium rationis. Quaedam vero sunt magis determinata, quorum rationem statim quilibet, etiam popularis, potest de facili videre; et tamen quia in paucioribus circa huiusmodi contingit iudicium humanum perverti, huiusmodi editione indigent: et haec sunt praecepta decalogi. Quaedam vero sunt quorum ratio non est adeo cuilibet manifesta, sed solum sapientibus: et ista sunt praecepta moralia superaddita decalogo, tradita a Deo populo per Moysen et Aaron."

[13] Die weitausgreifende, aber nicht in die Tiefe gehende Behandlung des Themas „intellectus und ratio" bei Merks, a. a. O., S. 240ff. besitzt eine deutliche Tendenz, das *lumen* des menschlichen Intellektes letztlich wiederum nur als reine „Erkenntnisfähigkeit" zu deuten (S. 269), als die Fähigkeit, einer rational-diskursiven „collatio" aus dem Material der Sinneserfahrung. Wenn auch Merks offenbar der thomistischen erkenntnistheoretischen Grundposition, daß alle Erkenntnis bei den Sinnen anhebt, treu bleiben möchte, so erhält seine Interpretation durch die mangelnde Berücksichtigung der Lichtmetaphorik und der Lehre des menschlichen Intellektes als Partizipation am göttlichen Intellekt, eine eher sensualistisch-empiristische Färbung. Merks begreift dabei den Intellekt als „Produkt" der diskursiven ratio, anstatt in der ratio, wie Thomas, einen „intellectus imperfectus" zu erblicken (dieser Fehler wird sichtbar vor allem auf S. 249, 2. Abschnitt). – Merks verkennt die Natur der „ratiocinatio" als Akt des *Intellektes*, ein Akt, der, wie wir sehen werden, „terminativ" selbst ein „intelligere" ist.

[14] Vgl. A. SCOLA, La fondazione della legge naturale nello Scpriptum super Sententiis di San Tommaso d'Aquino, Freiburg/Schweiz 1982, vor allem S. 179ff., der hier unter den neueren Interpreten eine glückliche Ausnahme bildet. „Ciò che sorprende invece, esaminando l'abbondantissima

tungen, die den Begriff verfälschen.¹⁵ Thomas scheint die Bedeutung des Begriffes „natürliche Vernunft" – im Sentenzenkommentar heißt es meistens *naturalis conceptio*¹⁶ – ziemlich selbstverständlich als bekannt vorauszusetzen. Vergegenwärtigt man sich, daß für Thomas die menschliche *ratio* ein *intellectus imperfectus* ist, der *intellectus* als *intellectus agens* jedoch ein *lumen naturale,* dann wird auch verständlich, daß der Begriff der *ratio naturalis* sich offenbar auf den intellektiven Aspekt menschlicher Vernünftigkeit bezieht, den allerdings Thomas nun an den verschiedensten Orten und immer wieder hervorhebt und erläutert. Eine endgültige Bestätigung erfährt diese Vermutung durch Formulierungen wie die folgende: „Cum autem homo per naturalem rationem assentit secundum intellectum alicui veritati (...)"¹⁷: Der Mensch stimmt einer Wahrheit durch die natürliche Vernunft aufgrund einer intellektiven Einsicht zu.

Wir finden im Sentenzkommentar auch Formulierungen wie „Gesetze, die der Ver-

---

letteratura in proposito, è il fatto che pochi commentatori cerchino di approfondire da un punto di vista di psicologia filosofica, che in questo caso è essenziale, il significato die questa ‚ratio naturalis' o di questa iscrizione naturale nella ‚ratio'di una legge che per questo si chiama naturale" (S. 180). Auch bei L. LEHU, a. a. O., fehlte eine solche psychologisch-metaphysische Analyse, wenngleich er der *ratio naturalis* die nötige Beachtung geschenkt hatte und sich zu Recht gegen die Interpretation von LOTTIN stellte, der jeweils den Terminus „ratio naturalis" mit „nature raisonnable" übersetzte. LEHU weist völlig richtig darauf hin, daß die Partizipation der *ratio regulae* (oder *legis),* also die formelle Partizipation der *lex aeterna* in der menschlichen *ratio,* und nicht in der *natura rationalis* besteht. „La loi éternelle étant la raison divine, la participation formelle de la raison divine dans l'homme sera la raison de l'homme, non la nature humaine" (a. a. O. S. 159).

¹⁵ So wird die *ratio naturalis* bei BÖCKLE schließlich als *natura rationis* begriffen; und diese ist dann für Böckle die „Struktur der menschlichen Erkenntnis": „... es gibt im menschlichen Erkennen Einsichten a priori, denen der Mensch sich nicht verschließen kann, Einsichten, die sich ihm mit Notwendigkeit als evident erweisen. Sie ergeben sich wesensnotwendig aus der Natur der menschlichen Vernunft und sie gelten darum als ‚naturaliter cognitum'" (vgl. Natur als Norm in der Moraltheologie, in: F. Henrich [Hsg.], Naturgesetz und christliche Ethik, München 1970, S. 78f.); es handelt sich dabei, wie wir bereits früher sahen, nur um die rein formale Idee, daß man das Gute tun, und das Böse meiden müsse. Es findet sich hier bei Böckle tatsächlich ein subtiles, aber konsequenzenreiches „physizistisches" Mißverständnis: er reduziert das „naturaliter cognitum" der natürlichen Vernunft auf Strukturen der „Natur der Vernunft", – und damit das „natürliche Licht" dieser Vernunft auf Natur. Um dann die Vernunft als Regel freier und personal autonomer Handlungen zu retten, muß er den Bereich der „ratio naturalis" und der „lex naturalis" überhaupt auf rein formale, inhaltlich indifferente evidente Prinzipien einschränken.

¹⁶ Siehe vor allem in IV Sent., d.33, q.1, a.1: „... oportet quod in vi cognoscitiva sit naturalis conceptio, et in vi appetitiva naturalis inclinatio ...". Ebd., d.26, q.1, a.1 findet sich aber auch der Terminus *naturalis ratio:* „... naturalis ratio dictat ut homines simul cohabitent ..."; übrigens wiederum ein Beispiel, daß die natürliche Vernunft nicht nur rein formale Imperative formuliert. Hier begründet sie z. B. das eheliche und gesellschaftliche Zusammenleben der Menschen.

¹⁷ II–II, q.9, a.1. Mit ‚naturalis ratio' ist hier zwar, an dieser wie auch an einigen anderen Stellen, die natürliche im Gegensatz zur (übernatürlich) durch die Gnade, oder den Glauben, erleuchteten Vernunft angesprochen. Wenn auch dieser verschiedene Wortsinn von „natürlich" jeweils auseinandergehalten werden muß, so gibt es im Falle der ratio jedoch gerade eine sachliche Übereinstimmung der beiden Aspekte: die ratio naturalis ist gerade deshalb eine natürliche (im Unterschied zur übernatürlich erleuchteten), weil sich in ihr eine seinsmäßige Partizipation des *lumen intellectuale* findet. Jedenfalls, und das ist hier das Entscheidende, gehört zum Akt der menschlichen ratio jeweils ein *intellectus,* der ihr eine *natürliche* Fähigkeit der *assensio veritati* verleiht.

nunft selbst eingeschrieben sind"[18]; in der Summe contra Gentiles spricht Thomas von einem *naturale iudicatorium rationis,* das die Menschen aufgrund göttlicher Vorsehung besitzen.[19] Der berühmte Artikel 2 von I–II, q.94 legt das ganze Gewicht der Argumentation auf den Begriff einer *naturalis apprehensio* der *bona humana,* der, wenn man ihn nicht auf eine intellektuelle Einsicht zurückführt, letztlich unverständlich bleiben muß. Die Interpretation dieses Artikels, der ja gewissermaßen der Prüfstein für jede Exegese der thomistischen Lehre vom Naturgesetz ist, hängt auch entscheidend davon ab, wie man diesen Terminus versteht.

Dem menschlichen Intellekt scheint demnach tatsächlich jene Bedeutung zuzukommen, die in der Lichtmetapher anschaulich zum Ausdruck kommt: Er ist ein Licht, und als solches eine Fähigkeit des Menschen – wie es die Metapher ausdrückt – etwas sichtbar zu machen, was ohne dieses Licht verborgen bleibt. Das Licht schafft nicht die Gegenstände seiner Leuchtkraft, sondern hebt sie aus ihrer Verborgenheit heraus. Der griechische Begriff der Wahrheit als *a-lêtheia,* Unverborgenheit, bringt diesen Aspekt der Erkenntnis, die nicht konstruiert oder „leistet", sondern „findet", zum Ausdruck.[20]

4.1.4 „Lumen intellectuale"

Während schon Platon die Quelle aller Erkenntnis von Wahrheit – für ihn die substistierende Idee des Guten – mit der Sonne verglichen hatte, war es ja vor allem Aristoteles, der seinen *nous poiêtikos,* den thomistischen *intellectus agens,* mit dem Licht verglich. Thomas schöpft in diesem Zusammenhang die Metapher des *lumen intellectuale* voll aus.

Diese Lichtfunktion des Intellektes war für einen Philosophen wie Aristoteles zunächst eine metaphysisch interpretierte Erfahrungstatsache: Anders schien ihm die Leistungskraft und Eigenart menschlicher Erkenntnis nicht erklärbar. Aber auch Aristoteles war sich, wohl nicht zuletzt aufgrund seiner platonischen Herkunft, dabei bewußt, der Intellekt im Menschen müße etwas Göttliches sein; er nennt ihn den „Gott in uns".[21] Nicht

---

[18] In III Sent., d.37, q.1, a.3: „quaedam enim sunt leges quae ipsi rationi sunt inditae, quae sunt prima mensura et regula omnium humanorum actuum ..."
[19] C. G. III, c.129, Nr. 3011: „Homines ex divina providentia sortiuntur naturale iudicatorium rationis ut prinicipium propriarum operationum."
[20] Vgl. auch In III De Anima, lect 10, Nr. 730: „Unde dicit quod est habitus, ut lumen, quod quodammodo facit colores existentes in potentia, esse actu colores. Et dicit ‚quodammodo', quia supra ostensum est, quod color secundum seipsum est visibilis. Hoc autem solummodo facit lumen, ipsum esse actu colorem, inquantum facit diaphanum esse in actu, ut moveri possit a colore, ut sic color videatur. Intellectus autem agens facit ipsa intelligibilia esse in actu, quae prius erant in potentia, per hoc quod abstrahit ea a materia; sic enim sunt intelligibilia in actu, ut dictum est."
[21] So zunächst in seiner ganz platonisch inspirierten Jugendschrift „Protreptikos": „So gibt es also für den Menschen nichts Göttliches oder Seliges außer jenem Einen, das allein der Mühe wert ist, nämlich das, was in uns an Verstand und Geisteskraft vorhanden ist. Von dem, was unser ist, scheint dies allein unvergänglich, dies allein göttlich zu sein. Kraft unseres Vermögens, an dieser Fähigkeit teilzuhaben, ist unser Leben, obwohl von Natur armselig und mühsam, so herrlich eingerichtet, daß der Mensch im Vergleich zu den anderen Lebewesen ein Gott zu sein scheint. Denn mit Recht sagen die Dichter: ‚Der nous ist der Gott in uns' und ‚Menschliches Leben birgt einen Teil eines Gottes in sich'" (Übers. I. DÜHRING, B 108–110).

nur in der Eudemischen, auch in der Nikomachischen Ethik bleibt dieses Thema, allerdings ohne frühere dualistische Anklänge, präsent: Verstand *(nous)* und Vernunft *(logos)* sind etwas „Göttliches in uns", „unser wahres Selbst", „unser vornehmster und bester Teil".[22] Die intellektuelle Schau ist die den Göttern eigentümliche Tätigkeit, und wer das Leben des Geistes, den „Gott in sich" pflegt, den verbinden besondere Freundschaftsbande mit den Göttern und er darf auch ihrer besonderen Belohnung sicher sein.[23]

Diese vorchristlichen Anklänge an den *imago*-Charakter des Intellektes finden bei Thomas, wie es kaum verwundern kann, ihre volle Entfaltung, potenziert durch seine Rezeption und gleichzeitige Korrektur der platonisch-augustinischen Illuminationslehre: Was bei Augustinus noch aktuelle Erleuchtung durch den göttlichen Intellekt war, wird bei Thomas zu einer am göttlichen Intellekt als *imago* partizipierenden, im Menschen als *causa secunda* seinsmäßig verankerten Erkenntnispotenz. Nichts fehlt allerdings dieser Potenz, was nicht auch nach augustinischer Lehre der Kraft göttlicher Illumination zugesprochen werden könnte. Der menschliche Intellekt ist tatsächlich eine Teilhabe am göttlichen Erkenntnislicht, sodaß Thomas, mit Augustinus, sogar sagen kann, „daß die Seele alles in den ewigen Erkenntnisgründen *(in rationibus aeternis)* erkennt; denn durch die Partizipation an ihnen erkennen wir alles. *Das intellektuelle Licht selbst, das sich in uns befindet, ist nichts anderes als eine bestimmte partizipierte Ähnlichkeit"* – d. h. die *imago* – „*des ungeschaffenen Lichtes, in welchem die ewigen Erkenntnisgründe enthalten sind*".[24] Nicht zufällig folgt wiederum das Zitat aus Psalm 4, das Thomas hier mit den Worten paraphrasiert: „Quasi dicat: Per ipsam sigillationem divini luminis in nobis, omnia demonstrantur", „Durch die Einprägung selbst des göttlichen Lichtes in uns wird alle Wahrheit aufgewiesen".[25]

Es zeigt sich bereits hier, daß der menschliche Intellekt als *lumen naturale* nicht einfach nur eine Befähigung zum Denken ist, sondern daß er in einem gewissen Sinne „Wahrheit enthält"; dies nicht im Sinne angeborener Ideen, sondern weil er Partizipation an jenem göttlichen Licht ist, in dem alle Wahrheit enthalten und nach dem alle Dinge geschaffen sind und ihre Wahrheit, das heißt Übereinstimmung mit dem göttlichen Intellekt, besitzen. Der menschliche Intellekt ist also in seiner wahrheitsaufweisenden Lichtfunktion gerade nur aufgrund seines partizipierten Charakters verständlich, besitzt aber deshalb, als *imago*, eine eindeutige inhaltliche Relevanz. Deshalb finden wir auch die Formulierung, das *lumen intellectus nostri* sei eine „impressio veritatis primae", *vermittels derer* wir erkennen.[26]

Die wohl eindrücklichste Formulierung findet sich in den „Quaestiones Quodlibetales", wo Thomas, wiederum in Auseinandersetzung mit der augustinischen Position, daß wir

---

[22] NE X, Kap. 7, 1177a 20; 1178a 2.
[23] Ebd., Kap. 9, 1179a, 23 ff.
[24] I–II, q.84, a.6: „Et sic necesse est dicere quod anima humana omnia cognoscat in rationibus aeternis, per quarum participationem omnia cognoscimus. Ipsum enim lumen intellectuale quod est in nobis, nihil est aliud quam quaedam participata similitudo luminis increati, *in quo continentur rationes aeternae.*"
[25] Ebd.
[26] I–II, q.88, a.3, ad 1.

alle Wahrheit in der Ersten Wahrheit erkennen, die Partizipation des göttlichen Intellektes eine *resultatio* der göttlichen Wahrheit in uns nennt, sodaß „ab una prima veritate multae veritates in mentibus hominum resultant." Diese *resultatio* zeigt sich in doppelter Weise: Im *lumen intellectuale* selbst (es fehlt auch hier nicht das Zitat aus Psalm 4) und, zweitens, „quantum ad prima principia naturaliter notae". Aus diesen könne ausschließlich deshalb Wahrheit hervorgehen, weil sie eine „similitudo illius primae veritatis" sind; aufgrund dieser Tatsache haben sie auch Unveränderlichkeit und Unfehlbarkeit. Und Thomas schließt: Wir erkennen also alle Wahrheit in Gott, aber nicht, weil wir sie unmittelbar in ihm selbst sehen; sondern „in der *ratio* selbst seiner *imago*" („in ipsa ratione suae imaginis"), d. h., fügt der Text bei, „der von ihm vorgebildeten Wahrheit" („veritatis ab ea exemplatae") „erkennen wir alle Wahrheit".[27] Somit ist die natürliche Erkenntnis der Vernunft – sie geht auf das *lumen intellectuale* zurück – „eine Aehnlichkeit der göttlichen Wahrheit, die unserem Geist *(mens)* eingeprägt ist", – wobei auch hier die Referenz zu Psalm 4 nicht fehlt.[28]

Im Kommentar zur „Elementatio Theologica" (Liber de Causis) von Proclus wird die *causa prima* selbst als *lumen* bezeichnet[29], ganz in Übereinstimmung mit jener anderen von Thomas kommentierten und überaus häufig zitierten Schrift „De Divinis Nominibus" von Dionysius (Pseudo-)Areopagita. Die Ursächlichkeit des Lichtes *(causalitas luminis)* vertreibt aus den Seelen alle Unwissenheit und jeden Irrtum[30]; Gott, das *supersubstantiale Bonum*, ist *lumen intelligibile inquantum est quidam* „radius" *et fons omnis intellectualis luminis*.[31] Als solches besitzt es einen doppelten Effekt: Es erleuchtet den Geist von Anbeginn an, d. h.: verleiht ihm seine *natürliche Erkenntnis (naturalis cognitio);* zweitens gibt er ihm, über das Natürliche hinaus, das *lumen gratiae* und das *lumen gloriae,* gemäß der bereits besprochenen Dreistufung der Entwicklung der *imago*.[32] Ziel und Wirkung der Ursächlichkeit des Lichtes besteht darin, alle intellektuellen und rationalen Wesen in der Wahrheit zu vereinen.[33]

---

[27] Quaestio Quodlibet X, q.4, a.1.
[28] Ebd., VIII, q.2, a.2: „... naturalis cognitio est quaedam similitudo divinae veritatis menti nostrae impressa, secundum illud Psalm. IV, 7: ‚Signatum est super nos lumen vultus tui, Domine'."
[29] In De Causis, Prop. XVI., Nr. 329. In diesem Kommentar wird die Lichtmetaphysik im Rahmen der Lehre des geschaffenen Seins als *esse per participationem* konsequent durchgeführt. Die Dinge selbst sind überhaupt nur erkennbar, weil „ipsa actualitas rei est quoddam lumen ipsius." Die Causa prima ist „lumen purum a quo omnia alia illuminantur et cognoscibilia redduntur" (Prop. VI., Nr. 168); das partizipierte Licht des Intellektes kommt zunächst den „intelligentiae", den reinen Intelligenzen, d. h. für Thomas: den Engeln zu; in zweiter, unvollkommener und an dieser partizipierter Weise den „animae", den Seelen; diese Partizipation des *intellectus* ist eine Teilnahme an der göttlichen *bonitas* und auch seiner *causalitas universalis* (vgl. dazu Prop. XIX., Nr. 353).
[30] In IV De Div. Nom., lect. 4, n. 327: „Duorum autem quod facit divinum lumen in animabus, primum est: quod ‚ab omnibus animabus quibus' innascitur, ‚expellit omnen ignorantiam et errorem (...)'."
[31] Ebd., Nr. 331.
[32] Ebd., Nr. 331. Interessant ist auch, wie hier Thomas von der „potestas illuminativae virtutis" in Gott spricht, aufgrund deren Gott „omnis dominatio" zusteht. Die *gubernatio* aufgrund der *lex aeterna* kann also selbst als *illuminatio* begriffen werden.
[33] Ebd., Nr. 332: „... ita ‚praesentia intellectualis luminis', per quod cognoscitur veritas, congregat eos ‚qui illuminantur', ad invicem et unit eos in una veritate cognita."

4.1.5 Die Wahrheitsmächtigkeit der natürlichen Vernunft

Das natürliche Licht des Intellektes erweist sich damit für Thomas als eine „Kraft" der Wahrheitserfassung. Der menschliche Intellekt besitzt auf partizipierte Weise die Unfehlbarkeit und Untrüglichkeit seines Ursprunges.

Am deutlichsten kommt dies, erwartungsgemäß, im Kommentar zum Johannesevangelium, hier in einer christologischen Perspektive, zum Ausdruck. Dabei wird, für uns interessant, mit der Partizipation des *lumen intellectuale* auch das Thema der personalen Autonomie verbunden.[34] Das *Verbum Divinum* – es ist *vita perfecta* – das, wie im Prolog zum Johannesevangelium gesagt, in Christus zu den Menschen gekommen ist, wird hier als *lux hominum* bezeichnet. Das *Verbum* kann Licht im Sinne des Objektes sein; insofern vermag es nur von den Menschen, und zwar aufgrund des Lichtes der Gnade, erkannt zu werden; denn allein der Mensch besitzt die Fähigkeit zur *visio divina*. Das Verbum kann aber auch *partizipiertes* Licht der Menschen genannt werden: Thomas – das ist für die Theologie von Bedeutung – unterscheidet dabei auch im christologischen Kontext strikte eine natürliche und eine übernatürliche Partizipation am Verbum divinum.[35] Natürlicherweise wird der Mensch dieses Lichtes durch das Licht des Intellektes, das im Menschen selbst, im höheren Teil unserer Seele ist, teilhaft. Es folgt das obligate Zitat aus Psalm 4, wobei nun das Licht des göttlichen Antlitzes der „Sohn" ist, die vollkommene *imago* Gottes.[36]

Nur wenig später wird diese Partizipation oder Illumination durch das Verbum mit dem *lumen naturalis rationis* identifiziert: was auch immer von dieser erkannt wird, stammt aus der Partizipation an dem wahren Licht des Verbum.[37] Die Worte des Johannesevangeliums „Erat lux vera, qui illuminat omnem hominem *venientem in hunc mun-*

---

[34] Super Ioannem, I, lect. 3, Nr. 99. Zum Aufweis der „perfectio et dignitas huius vitae, quia est intellectualis seu rationalis" folgt zunächst, wie immer, der Vergleich mit den Tieren, die „ex necessitate moventur, et non libere. Mota igitur a tali principio, magis aguntur quam agunt. Homo vero, cum sit dominus sui actus, libere se movet ad omnia quae vult; et ideo homo habet vitam perfectam, et similiter quaelibet intellectualis natura."

[35] Vgl. ebd., Nr. 104: „Alio modo (...) exponitur secundum fluxum gratiae, quia irradiamur per Christum". Diese zweite irradiatio setzt natürlich die erste voraus, schließt sie aber, in ihrem Gehalt auch in sich ein. Die Lichtmetaphysik läßt sich also auch, christologisch, zu einer Lichttheologie ausweiten, innerhalb derer die Kontinuität von *ordo naturalis* und *ordo supernaturalis* aufgewiesen wird: und zwar im Sinne einer Kontinuität, die bezüglich des *modus participationis*", vom Menschen her gesehen also, die Unterscheidung von „natürlich" und „übernatürlich" ins volle Recht setzt, zugleich aber auch bezüglich des *participatum*, des Ursprunges oder Urbildes, Christus, beide Aspekte – wie die zwei Naturen in Christus – unvermischt und unterscheidbar aber ebenso untrennbar verbindet. Die Unterscheidung findet sich auch ebd., lect. 4, Nr. 129/30: einerseits „ratione suae creationis", andererseits kann das „illuminari" auch „pro lumine gratiae" stehen.

[36] Ebd., Nr. 101: „Potest etiam dici lux hominum participata. Numquam enim ipsum Verbum et ipsam lucem conspicere possemus nisi per participationem eius, quae in ipso homine est, quae est superior pars animae nostrae, scilicet lux intellectiva, de qua dicitur in Ps. IV, 7: ,Signatum est super nos lumen vultus tui', idest Filii tui, qui est facies, qua manifestaris."

[37] Ebd., lect. 5, Nr. 129 spricht vom „illuminare secundum quod accipitur pro lumine naturalis rationis." „Quia homines (...) illuminantur lumine naturalis cognitionis ex participatione huius verae lucis, a qua derivatur quicquid de lumine naturalis cognitionis participatur ab hominibus."

dum", veranlassen Thomas zu sagen, daß der Mensch, aufgrund seines Intellektes, der göttlich ist, gewissermaßen „in diese Welt kommt" und nicht „aus ihr ist". Obwohl der Mensch aufgrund seiner Leiblichkeit, die ebenso zu seiner Natur gehört, ganz in diese Welt eingelassen ist, Teil von ihr ist, so besitzt er aufgrund seiner Spiritualität ein Seinsprinzip, das die Körperlichkeit des *mundus sensibilis* transzendiert; während die Körperwelt nur ein *vestigium* des Schöpfers zu sein vermag, ist der *intellectus* seine *imago*. Die Pointe besteht in der Aussage, der Mensch werde von Gott gerade durch den Intellekt erleuchtet, der zwar *im* Menschen, gleichzeitig aber nicht von dieser Welt ist.[38]

Der Intellekt oder die *ratio naturalis* besitzt deshalb jene Eigenschaften untrüglicher Unfehlbarkeit und Wahrheitsbezogenheit, die jedem Intellekt aufgrund seiner partizipativen Natur zukommt. Dieses Licht bestrahlt immer alle[39]; ohne es ist nur Finsternis. Daß einige in der Finsternis bleiben – in der Unwissenheit oder im Irrtum – ist nicht auf die Unvollkommenheit des Lichtes[40], sondern auf einen *amor inordinatus* im Menschen zurückzuführen.[41] Wenn auch einige *mentes* finster sind, so gibt es keinen, der nicht in irgend einer Weise am göttlichen Licht teilhat. Denn was auch immer man an Wahrheit erkennt, alles erfolgt aufgrund der Partizipation an diesem Licht.[42]

Wenn auch Thomas daran festhält, daß alle Erkenntnis bei den Sinnen anhebt, ja daß überhaupt nichts erkannt werden könne, ohne daß es zuvor über die sinnliche Perzeption dem Intellekt vergegenständlicht worden wäre, und daß auch bei jedem Erkenntnisakt eine „conversio ad phantasmata" stattfinde, so reduziert jedoch Thomas nie und in keiner Weise in empiristischer oder sensualistischer Weise, die Leistung des Intellektes auf eine rein rationale „Verarbeitung" von Sinnesdaten; die spezifische Eigenleistung des Sichtbarmachens intelligibler Wahrheit durch das Licht des *intellectus agens*, „durch welches wir auf feststehende Weise die Wahrheit in den veränderlichen Dingen erkennen"[43], wird dabei in keiner Weise geschmälert. Wenn man deshalb sagt, die intellektive Erkenntnis werde durch die sinnliche Perzeption verursacht, so heißt dies nicht, letztere sei etwa eine vollständige oder vollkommene Ursache, sondern eher die Materie der Ursache[44]; die

---

[38] „Dicit ergo ‚Venientem in hunc mundum', ut ostendat, quod homines illuminantur a Deo, secundum hoc scilicet quod veniunt in mundum, idest secundum intellectum qui est ab extrinseco. (…) Cum ergo homo, secundum naturam corporalem non veniat in hunc mundum, sed sit ex mundo, sed secundum intellectualem naturam, quae est ab extrinseco, ut dictum est, sit a Deo per creationem (…): ostendit Evangelista quod haec illuminatio est secundum illud quod est ab extrinseco, scilicet secundum intellectum, cum dicit ‚Venientem in hunc mundum'" (denn, wie bereits früher bemerkt, die Zweitursächlichkeit der körperlichen Kreatur vermag keinen Intellekt hervorzubringen; jede menschliche Seele entspringt einem unmittelbaren göttlichen Schöpfungsakt).

[39] Ebd., lect. 3, Nr. 102: „irradiando semper omnes".

[40] Ebd., Nr. 103: „Quod ergo quidam tenebrosi sint, non est ex defectu istius lucis: quia inquantum est de se, in tenebris lucet et omnes irradiat."

[41] Vgl. ebd. lect. 5, Nr. 138.

[42] „Licet autem aliquae mentes sint tenebrosae, idest sapida et lucida sapientia privatae, nulla tamen adeo tenebrosa est quin aliquid lucis divinae participet. Quia quidquid veritatis a quocumque cognoscitur, totum est ex participatione istius lucis, quae in tenebris lucet (…)" (ebd., lect. 3, Nr. 103).

[43] Vgl. I, q.84, a.6, ad 1: „Requiritur enim lumen intellectus agentis, per quod immutabiliter veritatem in rebus mutabilibus cognoscamus (…)."

[44] „(…) non potest dici quod sensibilis cognitio sit totalis et perfecta causa intellectualis cognitionis,

Ursache in formeller Hinsicht ist jedoch vielmehr der Intellekt[45]; und das heißt: er verhält sich zur sinnlichen Erfahrung nicht nur wie ein „Empfänger"; aber auch nicht wie einer, der etwas „hinzu gibt", und schon gar nicht „schöpferisch", sondern eben wie das Licht, das sichtbar macht, was – in verborgener Weise und der sinnlichen Perzeption selbst nicht gegenständlichh – bereits „vorhanden" ist. Wir haben früher im Sinne dieses Verhältnisses zwischen intellectus agens und sinnlicher Materie der Erkenntnis auch die Beziehung der *ratio naturalis* zu den *inclinationes naturales* gedeutet, was sich nun erneut als sinnvoll erweist; es ist auch daran zu erinnern, daß dabei der Begriff der „Materie" – die *materia circa quam* als das *obiectum*, aber hinsichtlich seiner Materialität – analog zur *materia* der Kausalität des intellectus agens zu verstehen ist; hatte doch Thomas die Beziehung zwischen formeller und materieller Bestimmtheit des Objektes gerade mit der Metapher der Beziehung zwischen Farbe und Körper erläutert: die Farbe ist die „ratio visibilitatis" des Körpers; zugleich aber nicht etwas vom Körper Verschiedenes, sondern der ganze Körper „in tantum visibile est".[46]

4.1.6 Der doppelte Erkenntnismodus der natürlichen Vernunft

Es bleibt nun allerdings die gewichtige, wenn nicht entscheidende Frage, welche Erkenntnisse dieses Lichtes der natürlichen Vernunft – der Intellekt – dem Menschen zu erschließen vermag. Handelt es sich dabei wirklich nur um die allerersten Prinzipien, wie die autonomistische Thomasexegese behauptet? Und heißt das dann auch, daß das Naturgesetz wirklich nur ein rein formaler Imperativ ist, das Gute zu tun, und zwar aufgrund vernünftiger Einsicht, eine Vernünftigkeit, die allerdings mit dem „naturaliter cognitum" keinen inhaltlichen Zusammenhang besitzt, sondern der „Freiheit des vernünftigen ‚Erfindens'"[47] überlassen bleibt?

Daß Thomas das nicht gemeint hat, wird sofort deutlich, wenn man den Zweiten Teil der Secunda Pars liest, die spezielle Moral oder Tugendlehre. Böckle behauptet zwar – im Zusammenhang mit der Behandlung der Lüge –, daß Thomas hier offenbar neothomistisch-essentialistisch argumentiert, seinen eigenen Ansatz also offenbar selbst nicht verstanden oder ihn nicht durchgehalten hat; es lasse sich aber „aus der Gesamtlehre des Aquinaten" doch zeigen, „daß der Rückgriff auf die Natur im Rahmen der Vernunftord-

---

sed magis quodammodo est materia causae" (ebd., co.).
[45] Was bei MERKS, a. a. O. überhaupt nicht klar wird. Dieser nennt den Intellekt jenen „Erfahrungs- und Reflexionskern", der nicht die „Instabilität des Diskurses an sich trägt" (S. 254); die „Bindung an die Sinneserfassung" (...) „konstituiert dann auch das spezifisch anthropologische Verständnis von intellectus" (S. 257). Der Intellekt scheint hier letztlich doch zu einer, perzeptiv bedingten, Leistung der ratio zu werden, die bei einem intellectus einiger weniger, nur formale Bedeutung besitzender, erster Prinzipien anhebt, um dann gewissermaßen diesen inhaltslosen Intellekt mit den Ergebnissen ihres bei den Sinnen anhebenden Diskurses „aufzufüllen".
[46] Vgl. die in Teil I (Kap. 2.6.2, Anm. 10) zitierte Stelle aus De Caritate, a.4.
[47] Vgl. O. H. PESCH, Das Gesetz, S. 53: „Denn ein Naturgesetz, das nur einen ‚Handlungsumriß' gibt, entläßt den Menschen offenbar in die Freiheit des vernünftigen ‚Erfindens'." Auch L. OEING-HANHOFF übersetzt den Terminus „inventio" mit „Erfindung" der Vernunft (Der Mensch: Natur oder Geschichte?, a. a. O., S. 29).

nung verstanden werden muß".⁴⁸ Diese Schwierigkeiten und scheinbaren Fehlargumentationen von Thomas beruhen aber vermutlich doch eher auf Fehlinterpretationen der Thomasexegeten, als auf Schwierigkeiten des hl. Thomas, seinen eigenen Ansatz durchzuhalten.

Die Frage, was denn nun eigentlich das Naturgesetz beinhalte oder: welche inhaltliche Extension dem *dictamen* der *ratio naturalis* zukomme, hat die Interpreten wiederholt intensiv beschäftigt.⁴⁹ In der Tat scheinen die Äußerungen von Thomas darüber, was denn nun eigentlich zum Naturgesetz gehöre, nicht immer alle wünschenswerte Klarheit zu besitzen. Die Schwierigkeiten beruhen darauf, daß Thomas, wie so oft, gerade im Gesetzestraktat, einiges voraussetzt, was innerhalb dieses Traktates nicht mehr besonders expliziert wird: Es handelt sich dabei um die Lehre der Entfaltung der intellektiven Erkenntnis durch den Prozeß der *inquisitio* oder *inventio* der *ratio naturalis*. Übergeht man die diesbezügliche Lehre Thomas', so übersieht man auch die wichtige Tatsache, daß die *ratio naturalis* – weil sie ein *intellectus imperfectus* ist –, einen zweifachen Erkenntnismodus besitzt: einen strikt natürlichen (bezogen auf das *naturaliter cognitum*) und einen diskursiv-inventiven. Wenn Thomas deshalb oft von einem *invenire* spricht, so meint er damit nicht ein „Erfinden" schöpferischer Art, sondern ein durch das Licht der natürlichen Vernunft ermöglichtes „Finden", ein „Entdecken" oder Erfassen von Wahrheit; und dies sowohl in der spekulativen wie auch in der praktischen Vernunft.⁵⁰ Die Berücksichtigung der *via inventionis* als diskursiver Prozeß der *ratio naturalis* ist entscheidend für das Verständnis der Extension des Naturgesetzes; denn, wie gezeigt werden soll, unterscheidet dort Thomas einen doppelten Akt der *ratio naturalis:* einen natürlichen und einen diskursiv-inventiven. Der zweite ist eine Entfaltung des *lumen naturale* selbst. Und entsprechend erklärt sich nach Thomas auch die Entfaltung der *lex naturalis:* Diese ist zunächst – und darin liegt ihre ganze Kraft als *natürliches* Gesetz der praktischen Vernunft – eine *naturalis conceptio* oder ein *naturaliter cognitum*, entfaltet sich jedoch diskursiv-inventiv in den sogenannten sekundären Präzepten.

4.2 Der Prozeß der „inventio" der natürlichen Vernunft

Die These, daß der Bereich der *ratio naturalis* nicht identisch ist mit jenem des *naturaliter cognitum*, sondern daß zur ersteren, und damit zur *lex naturalis*, auch die diskursive *inventio* und abschließend des wiederum intellektive *iudicium de veritate* gehört, ist für Thomas

---

[48] Vgl. F. BÖCKLE, Fundamentalmoral, a. a. O., S. 317.
[49] Das Standardwerk für dieses Thema ist immer noch R. A. ARMSTRONG, Primary and Secondary Precepts in Thomistic Natural Teaching, Den Haag 1966. Diese sehr umsichtige und vollständige Untersuchung hat leider von vielen Thomas-Exegeten nicht die nötige Berücksichtigung gefunden.
[50] Vgl. I–II, q.68, a. 4: „Ratio autem est speculativa et practica: et in utraque consideratur *apprehensio veritatis quae pertinet ad inventionem;* et iudicium de veritate."

dermaßen zentral, daß ihr Verschweigen in der autonomistischen Thomasexegese eigentlich unverständlich erscheinen muß. Es gehöit allerdings zur Tradition einer bestimmten Thomasinterpretation, den Begriff des Naturgesetzes als *ordinatio* der *ratio naturalis* übersehen und demzufolge auch diesen Gesichtspunkt im Zusammenhang mit der Lehre vom Naturgesetz übergangen zu haben. Die autonomistische Interpretation steht nun eben einmal voll auf dem Boden dieser Tradition, insofern sie deren Versäumnisse nicht korrigiert, sondern sie in einer Art „Flucht nach vorn" bestätigt und weiterführt. Die autonomistische Lehre vom Naturgesetz kann deshalb nur als Phänomen einer in „Krise" geratenen brüchigen Position, nicht aber als Neubeginn verstanden werden.

4.2.1 Die fundamentale Einheit von „intellectus" und „ratio"

Der inventive Akt der ratio naturalis erklärt sich, wie gesagt, als Entfaltung der Wahrheitserfassung eines *intellectus imperfecuts*, wie er dem Menschen eigen ist. Wenn wir sagten, der menschliche Akt als partizipiertes *lumen naturale* sei eine Fähigkeit der Wahrheitserfassung, so muß nun gezeigt werden, daß, nach Thomas, zu dieser Fähigkeit ebenfalls ein diskursiver Akt dieses Intellektes gehört. Dazu genügt es, die wichtigsten der diesen Zusammenhang erörternden Texte darzulegen.

Thomas begreift den rationalen Diskurs generell als einen Prozeß, der eine Explikation dessen ist, was im *naturaliter cognitum* der Prinzipien bereits implizit enthalten ist, aber aufgrund der Schwäche des menschlichen Intellektes nicht auf spontan-natürliche Weise erkannt werden kann, sondern nur vermittels einer diskursiven *inventio* des Intellektes. Dieser diskurse Akt ist ebenfalls ein Akt des Intellektes, also derselben Potenz[51], die – beim Menschen – durch den diskursiven Prozeß erst zur Entfaltung oder Aktualisierung ihrer ganzen Potentialität gelangt.

Der rationale Diskurs geht dabei jeweils von *simpliciter intellecta* aus; es sind die ersten Prinzipien: Auf ihnen beruht der Weg der *inquisitio* oder – ein Synonym – der *inventio*. Der Diskurs endet mit einer *resolutio* oder *reditio* zu den ersten Prinzipien, in denen das Gefundene durch ein *iudicium* geprüft wird.[52]

Entscheidend ist hier: Der rationale Diskurs ist terminativ, d. h. *in via iudicii*, ebenfalls ein Akt des *intellectus*. Die rationale *inventio* kommt nur durch und im *intellectus* zu einem abschließenden Urteil, das wiederum eine intellektive Wahrheitserkenntnis ist; die *inventio* selbst ist ein Durchgangsstadium der Erkenntnis; sie ist nicht die Erkenntnis

---

[51] I, q.79, a.8: Während das einfache, natürliche *intelligere* bedeutet, „simpliciter veritatem intelligibilem apprehendere", so bedeutet das *ratiocinari* „procedere de uno intellecto ad aliud, ad veritatem intelligibilem cognoscendam." Der rationale Diskurs verhält sich also zum *intellectus* (als Akt der simplex apprehensio) wie die Bewegung zum Ruhepunkt, der zugleich Ausgangspunkt und Terminus dieser Bewegung ist; oder wie das „Erwerben" zum „Haben". Deshalb gehören die beiden Akte auch notwendig zur gleichen Potenz.

[52] Ebd.: „... ratiocinatio humana, secundum viam inquisitionis vel inventionis, procedit a quibusdam simpliciter intellectis, quae sunt prima principia; et rursus, in via iudicii, resolvendo redit ad prima principia, ad quae inventa examinat."

selbst: Denn diese ist immer ein Akt der *apprehensio* des Intellektes, ein *intellectus*, im Wortsinne eines Aktes und nicht einer Potenz.

Thomas betont in diesem Zusammenhang, daß die Konklusionen im Grunde genommen bereits in den Prinzipien potentiell enthalten sind, durch den rationalen Prozeß also lediglich expliziert werden. Der rationale Diskurs zeichnet sich zwar dadurch aus, daß von einem Bekannten zu einem Unbekannten fortgeschritten wird; und das ist deshalb so, weil wir das noch Unbekannte nicht *in* den Prinzipien selbst zu erfassen vermögen, sondern wir es durch die Explikation des Diskurses *aus* den Prinzipien erkennen müssen.[53]

Nun ist aber, wie eben noch gesagt werden wird, der rationale Diskurs selbst nicht die Erkenntnis, sondern Bewegung auf Erkenntnis hin. Die Erkenntnis, in die der Diskurs mündet, ist selbst nicht mehr *inventio*, sondern ein *iudicium* des Intellektes, das heißt sie kommt genau dann zustande, wenn die Konklusionen *in* den Prinzipien erfaßt werden; dann endet der Diskurs in einer abschließenden intellektiven „apprehensio" der Wahrheit, die nun wiederum ein, allerdings verfeinerter und expliziter, *intellectus* ist.[54] Das heißt: Auch beim Menschen ist jede Erkenntnis intellektive „apprehensio" der Konklusionen *in* den Prinzipien; aber damit es dazu kommt, genügt nicht der natürliche Akt der Prinzipienerfassung; es bedarf der Vermittlung durch die diskursive Bewegung des Intellektes, des *ratiocinari*.

Weil auch beim Menschen jede Erkenntnis in der Einheit der intellektiven apprehensio endet, besteht zwischen dem Intellekt der reinen Intelligenzen (Engel) und demjenigen des Menschen nicht ein Unterschied bezüglich wesentlicher Eigenschaften und Fähigkeiten[55]; der menschliche Intellekt gehört zum gleichen Genus, wie derjenige der reinen Intelligenzen; er ist nur unvollkommen[56]: Denn der vollkommene Intellekt besteht in reiner *uniformitas;* der menschliche Intellekt hingegen „multa ad unum convolvit"; während die Sinneserkenntnis sich gewissermaßen über Vieles ausbreitet, ohne es wieder zur Einheit der Prinzipien zurückbringen zu können.[57]

4.2.2 Aktualisierung (Explikation) des „intellectus" durch die „ratio"

Die menschliche *rationalitas* ist somit also tatsächlich ein Derivat der göttlichen Weisheit[58], und zwar *ad imaginem Dei*. Und zwar deshalb, weil sie ihren Erfüllungspunkt oder Terminus in der „simplex intelligentia veritatis" besitzt, von der sie ausgeht, um kreisför-

---

[53] Vgl. I, q.14, a.7: „... quia discursus talis est procedentis de noto ad ignotum. Unde manifestum est quod, quando cognoscitur primum, adhuc ignoratur secundum. Et sic secundum non cognoscitur in primo, sed ex primo."
[54] Ebd.: „Terminus vero discursus est, quando secundum videtur in primo, resolutis effectibus in causas: et tunc cessat discursus."
[55] In De Div. Nom., VII, lect. 2, Nr. 713: „(...) homines habeant intellectus quodammodo Angelis aequales, scilicet secundum proprietatem et possibilitatem animarum."
[56] I, q.79, a.8, ad 3: „Et ideo vis cognoscitiva angelorum non est alterius generis a vi cognoscitiva rationis, sed comparatur ad ipsam ut perfectum ad imperfectum." Deshalb nennt Thomas den menschlichen Intellekt eine Partizipation am Intellekt der reinen Intelligenzen.
[57] De Div. Nom., a. a. O., Nr. 714.
[58] Ebd., Nr. 713.

mig zu ihr, vertieft und expliziter zurückzukehren.[59] Durch seine Rationalität kompensiert somit der menschliche Intellekt, was ihm *als* Intellekt an sich naturgemäß zusteht, was er aber ebenfalls naturgemäß – als Intellekt einer menschlichen Seele, die substantielle Form eines Körpers ist – nur vermittels einer diskursiven Bewegung zu erreichen vermag, die übrigens, was hier nur erwähnt sei, der ständigen „Gefährdung" durch täuschende Einflüsse aus dem Bereich der sinnlichen Perzeption (Imagination, Täuschungen des Gemeinsinnes etc.) ausgesetzt ist; im praktischen Bereich: der Gefährdung einer „interceptio" oder „ligatio" der Vernunft durch die ungeordneten Leidenschaften.[60]

So wird auch verständlich, daß mit diesem potentiellen Enthaltensein nicht einfach die bloße Tatsache gemeint ist, aufgrund der Prinzipien könne neue Wahrheit rational erschlossen werden; denn die Prinzipien, als Gegenstand des intellectus, sind bereits Erfassung der ganzen Wahrheit. Das ist gerade, was einen „intellectus imperfectus", von einem „intellectus perfectus" unterscheidet: Dieser würde quasi intuitiv, d. h. ohne Diskurs, sämtliche möglichen „conclusiones" in den, auf natürliche Weise erkannten, Prinzipien erfassen.[61]

Deshalb nennt Thomas das *intelligere* im strengen Sinn die *apprehensio naturalis* der ersten Prinzipien; aufgrund der Schwäche des *lumen naturale* im Menschen hat dieser natürliche Erkenntnisakt nicht die Kraft, die nötig wäre, um durch dieses *intelligere* der Prinzipien auch zugleich die *conclusiones* zu erfassen.[62] Mit dieser Auffassung vom menschlichen Intellekt zeigt Thomas, daß er den rationalen Diskurs keinesfalls als eine schöpferische Tätigkeit begreift, sondern eben als *inventio* oder, wie es an anderer Stelle heißt: *explicatio* dessen, was implizit in den Prinzipien bereits enthalten ist.[63]

---

[59] Ebd.: „Inquisitio [= inventio] enim rationis ad simplicem intelligentiam veritatis terminatur, sicut incipit a simplici intelligentia veritatis quae consideratur in primis principiis; et ideo, in processu rationis est quaedam convolutio ut circulus, dum ratio, ab uno incipiens, per multa procedens, ad unum terminatur."

[60] In diesen Zusammenhang gehört dann das Thema der sittlichen Tugend, die eben die Konformität der Sinnlichkeit mit der ratio herstellt, und zwar nicht nur negativ (im Sinne eines „Nicht-Störens"), sondern auch positiv: denn die Tugend ist vollendet, wenn sie die ratio in ihrem praktischen Diskurs unterstützt und sogar intentional leitet.

[61] Vgl. bezügl. des göttlichen Intellektes I, q.14, a.14; bezügl. der Engel, die reine Intelligenzen sind, ebd. q.58, a.3: „Sic igitur et inferiores intellectus, scilicet hominum, per quendam motum et discursum intellectualis operationes perfectionem in cognitione veritatis adipiscuntur; dum scilicet ex uno cognito in aliud cognitum procedunt. Si autem statim in ipsa cognitione principii noti, inspicerent quasi notas omnes conclusiones consequentes, in eis discursus locum non haberet. Et hoc est in angelis: quia statim in illis, quae primo naturaliter cognoscunt, inspiciunt omnia quaecumque in eis cognosci possunt."

[62] Ebd.: „Et ideo [angeli] dicuntur intellectuales: quia etiam apud nos, ea quae statim naturaliter apprehenduntur, intelligi dicuntur; unde intellectus dicitur habitus primorum principiorum. Animae vero humanae, quae veritatis notitiam per quendam discursum acquirunt, rationales vocantur. – Quod quidem contingit ex debilitate intellectualis luminis in eis. Si enim haberent plenitudinem intellectualis luminis, sicut angeli, statim in primo aspectu principiorum totam virtutem eorum comprehenderent, intuendo quidquid ex eis syllogizari posset."

[63] Vgl. De Verit. q.11, a.1, ad 12: „Sed potentia intellectiva, cum sit collativa, ex quibusdam in alia devenit; unde non se habet aequaliter ad omnia intelligibilia consideranda; sed statim quaedam videt, ut quae sunt per se nota, in quibus *implicite* continentur quaedam alia quae intelligere non

Das Verhältnis zwischen intelligere und ratiocinari ist deshalb dasjenige zwischen Ruhen und Bewegung; die Bewegung ist der Akt einer Potenz insofern sie Potenz ist. Der rationale Diskurs ist also eine bestimmte, prozeßhafte Form der Aktualisierung des intelligere selbst und endet deshalb wiederum, durch das *iudicium*, in einem *intellectus*. Thomas betont nun jedoch, daß die *scientia conclusionum* in der intellektiven Potenz nicht passiv bestehe; letztere ist also nicht einfach ein Empfangen, sondern aktive Erschließung: denn sonst könnte der Mensch gar nicht durch sich selbst, d. h. durch „inventio", zum Wissen gelangen.[64] Oder noch genauer: Die natürliche Erkenntnis der Prinzipien verhält sich zu den conclusiones nicht nur in *potentia accidentali,* sondern auch in *potentia essentiali*[65]: es besteht zwischen ihnen ein innerlich-„sachlicher" Zusammenhang, eben derjenige zwischen *implicatum* und *explicatum*.

Deshalb bedarf der menschliche Intellekt des „Motors" des rationalen Diskurses, einer inventio. Prinzipien und Konklusionen verhalten sich dabei, und das ist entscheidend, wie Ursache und Wirkung.[66] Die Kausalität des „intellectus imperfectus" entfaltet sich dabei jedoch nicht nur durch den natürlichen Akt des *intelligere* selbst, sondern sie bedarf des Motors des *ratiocinari*, das einen diskursiven Prozeß darstellt, der *aus* den Prinzipien *per inventionem* fortschreitet, um schließlich durch das abschließende *iudicium* die Konklusionen in einem Akt verfeinerter und expliziterer apprehensio intellectualis, wie sie ohne Diskurs nicht möglich war, die Konklusionen *in* den Prinzipien zu erfassen.[67]

potest nisi per officium rationis *ea quae in principiis implicite continentur, explicando (...)."*
[64] De Verit., ebd., c.
[65] Ebd., ad 12.
[66] Vgl. I, q.58, 3 ad 2 (wiederum in einem Vergleich mit den reinen Intelligenzen): „angeli syllogizari possunt, tanquam syllogismum cognoscentes; et in causis effectus vident, et in effectibus causas: non tamen ita [d. h. wie bei den Menschen] quod cognitionem veritatis ignotae acquirant syllogizando ex causis in causata, et ex causatis in causas." Ebenso I, q.108, a.7, ad 2: „Inveniuntur autem in nobis multae intelligibiles actiones, quae sunt ordinatae secundum ordinem causae et causati; sicut cum per multa media gradatim in unam conclusionem devenimus." – Zum tieferen Verständnis der Behauptung eines solchen Kausalitätsverhältnisses müßte, was hier unmöglich ist, die Lehre von der Kausalität dargelegt werden. Es sei hervorgehoben: Zwischen Wirkung und Ursache besteht ein „Wesenszusammenhang". Die Wirkung ist immer bereits in der Ursache enthalten, und gewissermaßen eine Explikation der Virtualität dieser Ursache; zwischen Ursache und Wirkung besteht, wenn es sich nicht nur um eine *causa per accidens* handelt, immer auch ein innerlicher, formeller Zusammenhang. Und das intelligere ist eben keine causa per accidens (siehe oben, De Verit., q.11, ad 12); es entläßt also nicht einfach die ratio in die schöpferische Freiheit ihres Diskurses; die *ratio* vermag nur zu explizieren, was im *intelligere* bereits implizit oder virtuell enthalten ist. Deshalb ist die hier gemeinte Ursächlichkeit nicht einfach eine *successio,* ein Nacheinander von Erkenntnissen. Thomas unterscheidet deutlich den „discursus secundum causalitatem" vom „discursus secundum successionem tantum"; der erstere zeichnet den Zusammenhang zwischen Prinzipien und Konklusionen aus, der es eben einem vollkommenen Intellekt auch ermöglicht, die Konklusionen ohne Diskurs *in* den Prinzipien zu erfassen (vgl. I., q.14, a.7).
[67] Vgl. auch De Verit., q.15, a.1. Zu berücksichtigen wäre auch die Lehre über die „konfuse" Erkenntnisweise der „cognitio communis" (I, q.85, a.1), der präzis die kognitive Struktur der „praecepta communia" entspricht. „Manifestum est autem quod cognoscere aliquid in quo plura continentur, sine hoc quod habeatur propria notitia uniuscuiusque eorum quae continentur in illo, est cognoscere aliquid sub confusione quadam. Sic autem potest cognosci tam totum universale, in quo partes continentur in potentia, quam etiam totum integrale: utrumque enim totum potest cognosci in quadam confusione, sine hoc quod partes distincte cognoscantur. Cognoscere

4.2.3 Die „inventio", – ein Akt der „ratio naturalis"

In diesem eben erläuterten Prozeß existiert nun also ein *naturaliter cognitum* (durch eine intelligere), sowie ein im abschließenden *iudicium* erfaßtes *cognitum per inventionem*, durch den rationalen Diskurs.[68] Eine andere Möglichkeit, diese Bewegung der Kausalität im Menschen hervorzurufen, ist die *doctrina*, das heißt: das Lehren: Thomas stellt dem *naturaliter cognitum* jeweils ein Erkennen durch *inventio vel doctrina* gegenüber, gerade auch im Zusammenhang mit den Präzepten des Naturgesetzes.[69]

Nun gibt es bei Thomas keine systematische Abhandlung über die *inventio*, wohl aber über die *doctrina:* nämlich den ersten Artikel der Quaestio 117 der Prima Pars („Utrum unus homo possit alium docere") sowie die bereits angeführte Queastio 11 von De Veritate („De Magistro")[70]; hier ist das Wesentliche über die *inventio* gesagt, vor allem auch, daß es sich bei ihr zwar nicht um eine *cognitio naturalis* handelt, wohl aber um einen Akt oder Prozeß der *ratio naturalis*.

Da Thomas die Lehr- (bzw. Lern-)tätigkeit nicht als reine Vermittlung von Wissensbeständen an ein passiv aufnehmendes Subjekt, aber auch nicht als reine Maieutik, im platonischen Sinn als Bewußtmachung eines immer schon latent Gewußten, begreift, sondern als die Aktualisierung eines zur „scientia conclusionum" in aktiver Potenz stehenden Intellektes, so daß auch im Lernprozeß die Kausalität der ersten Prinzipien bezüglich der Konklusionen und ihr implizites Enthaltensein in den Prinzipien gewahrt bleibt, so kann der Prozeß des Lehrens und Lernens, der ebenfalls inventiv ist, aber durch die *motio* eines äußeren Bewegers, des Lehrers, veranlaßt wird, am besten auf dem Hintergrund des Begriffes der *inventio* selbst erklärt werden.[71]

Thomas betont also, daß Wissenschaft – auch im Falle der lehrenden Unterweisung – durch ein inneres Prinzip verursacht wird, was man am besten bei dem sieht, der sie durch

---

autem distincte id quod continetur in toto universali, est habere cognitionem de re minus communi." Hier wird also der Prozeß der Explikation als Übergang einer „cognitio confusa" zu einer „cognitio distincta" beschrieben.

[68] Siehe I, q.60, a.2: „Intellectus enim cognoscit principia naturaliter: et ex hac cognitione causatur in homine scientia conclusionum, quae non cognoscuntur naturaliter ab homine, sed per inventionem vel doctrinam."

[69] Wobei dann meistens noch die Offenbarung hinzukommt, die allerdings auch eine Art von Unterweisung ist; siehe den bereits zitierten Text Quaestio Quodlibet VIII, q.2, a.2: „Insunt enim nobis naturaliter quaedam principia prima complexa omnibus nota, ex quibus ratio procedit ad cognoscendum in actu conclusiones quae in praedictis principiis potentialiter continentur, sive per inventionem propriam, sive per doctrinam alienam, sive per revelationem divinam." Dieser Text synthetisiert sämtliche, den rationalen Diskurs kennzeichnenden Elemente, die wir bisher aufgezeigt haben.

[70] Vgl. auch In II De Anima, lect.11, Nr. 372.

[71] Die Folgerungen, die sich dabei übrigens für den Begriff der Erkenntnis *per doctrinam* und *per revelationem* ergeben, sind außerordentlich fruchtbar, können hier aber nicht des näheren aufgezeigt werden; fruchtbar im Kontext der Fragestellung der Beziehung der menschlichen Vernunft zur Offenbarung, zum Glauben also, und auch zum Lehramt. Die diesbezüglichen Autonomiethesen von Alfons Auer dürften wohl unter Berücksichtigung dieses thomistischen Lehrstückes gründlich zu revidieren sein.

eine *inventio propria* erwirbt. Thomas sagt nun zunächst, daß die Invention das ergänzt, was der natürliche Akt des intellektiven Lichtes durch sich selbst nicht zu erfassen vermag; und zwar dadurch, daß die Prinzipien auf Partikulares appliziert oder projiziert werden, deren Kenntnis ihm die Sinne, durch *memoria* und *experimentum* verleihen. Dadurch kann der Intellekt vom Bekannten zum Unbekannten fortschreiten, unter Entfaltung der ganzen virtuellen Kraft oder aktiven Potentialität des *lumen intellectuale*.[72]

Die Queastio 11 von De Veritate expliziert diesen Gedanken folgendermaßen: In uns praeexistieren – gleich wie der Habitus der Tugenden in ihrer *inchoatio* in den *inclinationes naturales* praeformiert ist[73] – aufgrund erster, spontaner Erkenntnisse durch die Kraft des Lichtes des intellectus agens, „Samen" *(semina)* der Wissenschaft, d. h. jener Konklusionen, die mit Notwendigkeit aus den Prinzipien folgen, also implizit in ihnen enthalten sind. Aus diesen universalen Prinzipien ergeben sich, wie aus *rationes seminales*, alle partikularen Prinzipien, (die natürlich immer auch eine gewisse Universalität besitzen, da sie Gegenstand der „scientia" sind; sie sind aber bereits „principia propria"); der menschliche Geist wird durch diesen Prozeß in Akt übergeführt bezüglich dessen, was er vorher nur in Potenz, d. h. *quasi in universali* erkannt hatte.[74]

Nachdem Thomas gezeigt hat, daß diese Potentialität des Intellektes nicht eine rein passive, sondern eine aktive ist, bemerkt er anhand einer hier sehr aufschlußreichen Metapher, daß man auf zwei Arten zu Wissen kommen könne: Denn so wie einer entweder ausschließlich durch die *operatio naturae* selbst oder aber, auf andere Weise, zwar durch die Natur, aber mit äußerer Beihilfe einer Arznei, geheilt werden könne, so gebe es auch einen doppelten Modus des Wissenserwerbes: die *inventio propria* – in der Metapher die *operatio naturae tantum* – und die disciplina. Thomas behauptet also, die inventio sei, trotz ihrer Unterschiedenheit vom *naturaliter cognitum* der Prinzipien, ein *natürlicher*

---

[72] I, q.117, a.1: „Scientia autem acquiritur in homine ab interiori principio, ut patet in eo qui per inventionem propriam scientiam acquirit; et a principio exteriori, ut patet in eo qui addiscit. Inest enim unicuique homini quoddam principium scientiae, scilicet lumen intellectus agentis, per quod cognoscuntur statim a principio naturaliter quaedam universalia principia omnium scientiarum. Cum autem aliquis huiusmodi universalia principia applicat ad aliqua particularia, quorum memoria et experimentum per sensum accipit; per inventionem propriam acquirit scientiam eorum quae nesciebat, ex notis ad ignotis procedens." Vgl. auch In II De Anima, a. a. O.
[73] „Similiter etiam secundum ipsius sententiam in VI Ethicorum, virtutum habitus ante earum consummationem praeexistunt in nobis in quibusdam naturalibus inclinationibus, quae sunt quaedam virtutum inchoationes, sed postea per exercitium operum adducuntur in debitam consummationem" (De Verit., q.11, a.1.).
[74] De Verit., q.11, a.1: „Similiter etiam dicendum est de scientiae acquisitione; quod praeexistunt in nobis quaedam scientiarum semina, scilicet primae conceptiones intellectus, quae statim lumine intellectus agentis cognoscuntur per species a sensibilibus abstractas, sive sint complexa, ut dignitates" [d. h. die „propositiones per se notae", wie sie auch in I–II, q.94, 2 die Grundlage des Prozesses der praktischen Vernunft bilden; das erste ist das Prinzip „bonum est prosequendum ... etc."], sive incomplexa, sicut ratio entis, et unius, et huiusmodi" [im praktischen Bereich, vgl. I–II, q.94, a.2: die ratio boni: bonum est quod omnia appetunt], quae statim intellectus apprehendit. Ex istis autem principiis universalibus omnia principia sequuntur, sicut ex quibusdam rationibus seminalibus. Quando ergo ex istis universalibus cognitionibus mens educitur ut actu cognoscat particularia, quae prius in potentia, et quasi in universali cognoscebantur, tunc aliquis dicitur scientiam acquirere."

Prozeß. Und tatsächlich nennt hier Thomas den inventiven Modus des Wissenserwerbes auch einem Akt der *ratio naturalis:* „ita etiam est duplex modus acquirendi scientiam: unus, quando naturalis ratio per seipsam devenit in cognitionem ignotorum; et hic modus dicitur inventio; alius, quando rationi naturali aliquis exterius adminiculatur, et hic modus dicitur disciplina".

Also nicht nur die „inventio propria", sondern auch das „Lernen" – immer im Bereich der „scientia", d. h. der notwendigen und auch universalen Konklusionen – ist ein Prozeß der ratio naturalis. Thomas sagt es ohne Unterbruch: Der rationale Diskurs ist ein Akt der „ratio naturalis", in dem die ganze Potentialität des „lumen intelligibile" zur Entfaltung gelangt, explizit wird, und zwar dadurch, daß die ersten Prinzipien auf bestimmte, partikularere Materien appliziert werden.[75] Die ganze erkenntnistheoretische Substruktur von I – II, q.94, a.2 wird hier nun transparent.

So erklärt sich dann auch das Phänomen jeder Art der Vermittlung von Wissen, die zu wahrhaftem, auf Einsicht und „Verstehen" („intellectus") gründendem Wissensbesitz, also zum *Habitus* der „scientia" führen kann: durch die, im Lehren, explikative Nachvollziehung (durch Worte, Bilder oder andere *signa)* dieses Diskurses der natürlichen Vernunft.[76]

4.2.4 Partizipative Binnenstruktur der „ratio naturalis"

Damit finden wir also innerhalb des menschlichen Intellektes, aufgrund seiner Imperfektion, ein erneutes Partizipationsverhältnis: Der menschliche Intellekt partizipiert nicht nur am göttlichen Intellekt als seiner schöpferischen Ursache, sondern zudem partizipiert der rationale Diskurs auch am natürlichen Akt des *intelligere.* Thomas kann deshalb ebenfalls von einem Licht der natürlichen *Vernunft* sprechen; denn der Intellekt ist nicht nur in seinem „intelligere", sondern auch in seinem „ratiocinari" *lumen naturale,* wenn auch diskursiv-prozeßhaft und nicht spontan-naturhaft. Deshalb führt Thomas auch die ratio naturalis schließlich auf den *imago*-Charakter des Intellektes überhaupt zurück: Das heißt, auch die ratio naturalis, als Diskurs des Intellektes, ist selbst, wie der Intellekt überhaupt,

---

[75] Ebd.: „Processus autem rationis pervenientis ad cognitionem ignoti in inveniendo est ut principia communia per se nota applicet ad determinatas materias, et inde procedat in aliquas particulares conclusiones, et ex his in alias."
[76] Ebd.: „unde et secundum hoc unus alium docere dicitur, quod istum discursum rationis, quem in se facit ratione naturali, alteri exponit per signa et sic ratio naturalis discipuli, per huiusmodi sibi proposita, sicut per quaedam instrumenta, pervenit in cognitionem ignotorum. Sicut ergo medicus dicitur causare sanitatem in infirmo natura operante, ita etiam homo dicitur causare scientiam in alio operatione rationis naturalis illius: et hoc est docere." Thomas hält also auch im Prozeß der disciplina die funktionale (personale) Autonomie des Lernenden voll durch: Ohne diese durch die ratio naturalis ermöglichte Autonomie, die allerdings keine konstitutive oder schöpferische ist, wäre der Prozeß des Lernens und der Wissensvermittlung im eigentlichen Sinne gar nicht möglich; es gäbe sonst nur das Phänomen der Konditionierung des Denkens, als eine Art von Denkprozessen und kognitivem Verhalten; oder aber, dem Lernenden glauben zu machen, daß es so ist, wie expliziert wird. Beides erklärt das Phänomen des Lernens nicht.

eine Partizipation der ungeschaffenen Wahrheit.[77] Die Partizipation des göttlichen *lumen intellecutale* erstreckt sich, durch die Partizipation der ratio naturalis am *intelligere*, auch auf die Ergebnisse der inventio der ratio naturalis. „Sicheres Wissen haben wir aufgrund des Lichtes der natürlichen Vernunft, das uns von Gott im Innern eingegeben ist und durch das Gott zu uns spricht."[78] Und das heißt auch: Die *lex naturalis*, als Partizipation des Ewigen Gesetzes durch das *lumen rationis naturalis* (I – II, q.91, a.2) erstreckt sich nicht nur auf die ersten und obersten Prinzipien, sondern auch auf die durch die natürliche Vernunft *aus* diesen Prinzipien erschlossenen und schließlich *in* diesen Prinzipien intellektiv erfaßten Konklusionen.

Damit ist nun nicht gemeint, – um einem möglichen Mißverständnis gleich zu begegnen –, daß der ganze Prozeß der praktischen Vernunft sich in diesem Sinne mit der Notwendigkeit von in den Prinzipien enthaltenen Konklusionen entfaltet; es gilt dies nur für die universalen Prinzipien des Handelns, d. h. für jene die Gesetzescharakter besitzen, und damit für das Naturgesetz. Denn jede Gesetzesnorm ist für eine *multitudo* bestimmt und hat deshalb universalen Charakter. Während nun aber die Erkenntnisse der spekulativen Wissenschaften immer universaler Natur sind und sich auf Notwendiges erstrecken, so sind die menschlichen Handlungen partikularer Art und beziehen sich auf Kontingentes. Sie „unterbieten" also und übersteigen zugleich in ihrem Gehalt und ihrer Ausgestaltung die Universalität der Gesetzesnorm; diese letztere ist ungenügend, um das menschliche Handeln *in particulari* zu normieren. Für menschliche Handlungen bedarf es zusätzlich eines partikularen Maßstabes, der *recta ratio agibilium* oder der Klugheit und eines Wahrheitstypus', der *praktisch* ist – der praktischen Wahrheit – und das heißt: der die Partikularität und Kontingenz des menschlichen Handelns berücksichtigt; und zudem bedarf es eines Modus der habituellen Aneignung dieser Wahrheit, der über die natürliche „Habitualität" der *inclinationes naturales* hinausgeht, und sittliche Tugend heißt. Davon ist hier noch nicht die Rede; sondern wir sprechen jetzt von den universalen und notwendigen Bedingungen der Wahrheit der praktischen Vernunft; das heißt: von der *lex naturalis*.

4.3 Die Extension der „lex naturalis" aufgrund ihrer diskursiven Entfaltung durch die „ratio naturalis" (sekundäre Präzepte)

Aufgrund der bisherigen Analyse der gnoseologischen „Substruktur", auf der der Gesetzestraktat des hl. Thomas aufruht, kann eine autonomistische Interpretation des Naturgesetzes nicht mehr als haltbar erscheinen; es erweist sich, daß diese Interpretation einfach nicht den *ganzen* Thomas berücksichtigt, sondern die Texte durch einen interpretatori-

---

[77] Vgl. De Verit., q.11, a.1: „Huiusmodi autem rationis lumen, quo principia huiusmodi sunt nobis nota" [damit sind nun nicht nur die ersten, sondern auch die durch Invention erschlossenen, partikulareren *principia propria* gemeint], „est nobis a Deo inditum, quasi quaedam similitudo increatae veritatis in nobis resultantis."
[78] Ebd., ad 13: „... quod aliquid per certitudinem sciatur, est ex lumine rationis divinitus interius indito, quo in nobis loquitur Deus."

schen Raster hindurch auswählt. Es geht nun jedoch darum zu zeigen, wie die eben dargelegte erkenntnistheoretische Konzeption im Gesetzestraktat ihren Niederschlag findet.

4.3.1 „Schlußfolgerungen" und „Konkretisierungen"

Dabei sei zunächst von jenem Artikel der Summa Theologiae die Rede, in dem das Verhältnis zwischen natürlichem und positiv-menschlichem Gesetz zur Sprache kommt. Die Ausgangsfrage lautet, ob alles positive Gesetz aus dem natürlichen Gesetz abgeleitet sei; Thomas möchte zeigen, daß es, neben Gesetzen, die allein aus der Kraft des menschlichen Gesetzgebers Gesetzeskraft besitzen, tatsächlich auch positive Gesetze der Art gibt, die unabhängig von aller positiven Satzung bereits verpflichtende Inhalte des Naturgesetzes zusätzlich noch durch die Autorität des menschlichen Gesetzgebers sanktionieren; wie zum Beispiel das Verbot des Mordes.

Genau auf dieser Differenzierung beruht nun die Unterscheidung zwischen Konklusionen, wie sie die „ratio naturalis" aus ihren Prinzipien hervorbringt, und, einem anderen Modus der *derivatio* aus dem Naturgesetz, die „Determination" oder Konkretisierung des Allgemeinen *(commune)*.[79] Alles was im Modus einer *conclusio* aus dem Naturgesetz sich ableitet, ist selbst Bestandteil des Naturgesetzes; was zum Modus einer *determinatio* gehört, ist hingegen nicht Naturgesetz; d. h. es besitzt seine präzeptive Kraft ausschließlich aufgrund des menschlich-positiven Gesetzes.[80]

Wichtig ist nun die Erklärung, worin die „derivatio per modum conclusionis" besteht; Thomas sagt nämlich, sie verlaufe analog zu jenem eben analysierten diskursiven Prozeß der natürlichen Vernunft, „durch den in den Wissenschaften aus den Prinzipien beweisende Konklusionen erschlossen werden."[81]

Ebenso bestimmt Thomas den Unterschied zwischen Zivilrecht und dem sogenannten *ius gentium*: letzteres ist Teil des Naturrechtes und als solcher ein derivatio durch Konklusion aus dem Naturrecht und gehört also auch zum Naturgesetz[82]; was das *ius gentium*, als

---

[79] I-II, q.95, a.2: „Sed sciendum est quod a lege naturali dupliciter potest aliquid derivari: uno modo sicut conclusiones ex principiis; alio modo, sicut determinationes quaedam aliquorum communium."

[80] I-II, q.95, a.3: „Utraque igitur inveniuntur in lege humana posita. Sed ea quae sunt primi modi, continentur lege humana non tanquam sint solum lege posita, sed habent etiam aliquid vigoris ex lege naturali. Sed ea quae sunt secundi modi, ex sola lege humana vigorem habent." Gesagt ist dabei über den zweiten Modus, daß die präzeptive Kraft nur auf der menschlichen positio beruht; inhaltlich gesehen bleibt der Zusammenhang mit dem Naturgesetz bestehen; denn auch die determinatio ist ein „modus derivationis"; andernfalls kann auch menschliches Gesetz kein gerechtes Gesetz sein; es wäre eher Gewaltanwendung, denn würde seine inhaltliche Kraft nicht einer derivatio aus dem Naturgesetz entspringen, so würde es mit diesem im Widerspruch stehen (vgl. dazu ebd., q.96, a.4).

[81] Ebd.: „Primus quidem modus est similis ei quo in scientiis ex principiis conclusiones demonstrativae producuntur."

[82] Vgl. ebd., q.95, a.4: „Nam ad ius gentium pertinent ea quae derivantur ex lege naturae sicut conclusiones ex principiis: ut iustae emptiones, venditiones, et alia huiusmodi, sine quibus homines ad invicem convivere non possent; *quod est de lege naturali*, quia homo est naturaliter animal sociale,

Konklusion aus dem Naturgesetz, beinhaltet „*est naturale homini secundum rationem naturalem, quae hoc dictat*".[83] Wenn Thomas dabei von „conclusiones" spricht, so denkt er an eine *notwendige* Ableitung im Sinne der „demonstratio", zu der ja auch die „inventio" gehört.[84] Selbstverständlich sind auch die „Determinationen" eine Art von Schlußfolgerungen („conclusiones"), aber nicht solche aus einem inventiv-demonstrativen rationalen Diskurs, sondern Schlußfolgerungen aus jenem unmittelbar praktischen und auf das Konkrete bezogenen Diskurs der (gesetzgebenden) Klugheit; immer im Kontext der Tugend stehend, entspringen sie nicht unmittelbar einer „inventio", sondern dem, was Thomas hin und wieder die „*adinventio*" nennt; es sind jene konkreten Bestimmungen, „ad quae natura non primo inclinat; sed per rationis inquisitionem ea homines adinvenerunt, quasi utilia ad bene vivendum".[85]

4.3.2 Einheit und Komplexität des Naturgesetzes

Was bei all diesen Texten auffallen muß, ist die zunächst etwas paradox erscheinende Behauptung Thomas', was aus dem Naturgesetz folge, sei ebenfalls Naturgesetz. Aufgrund dieser scheinbaren Schwierigkeit haben einige Thomasinterpreten in der Vergangenheit die Meinung vertreten, zum Naturgesetz gehörten nach Thomas ausschließlich die ersten, unmittelbar evidenten, allgemeinsten und ersten Prinzipien; andere, die sich ebenfalls auf Texte Thomas' stützen konnten, vertraten die Ansicht, daß ebenfalls die sogenannten sekundären und „entfernteren" Schlußfolgerungen zur *lex naturalis* gehören.[86]

---

ut probatur in I Polit ..." In ad 1 betont Thomas allerdings, daß der Begriff *ius gentium* und *lex naturalis* nicht deckungsgleich sind; wenn man mit II–II, q.57, a.3 konfrontiert, sieht man auch weshalb: das *ius gentium* erstreckt sich nämlich nur auf einen Teilbereich des Naturgesetzes; und zudem schöpft es, als „Recht der Völker", seine Geltung nicht schon aus der natürlichen Erkenntnis, sondern aus dem „consensus hominum" (vgl. I–II, q.95, a.4, ad 1).

[83] II–II, q.57, a.3 Thomas betont wiederholt, daß dieses *ius gentium* als Konklusion aus der *lex naturalis* ein Werk der „ratio naturalis" sei; vgl. ebd., ad 3: „ea quae sunt iuris gentium naturalis ratio dictat, puta ex propinquo habentia aequitatem; inde est quod non indigent aliqua speciali institutione, sed ipsa naturalis ratio ea instituit." In seinem jeweiligen geschichtlichen Umfang abgesteckt ist es jedoch durch den „consensus hominum", und damit auch durch eine geschichtlich und kulturell variierende Einsicht in das Naturgesetz. Man kann sagen: Eine historische Entwicklung des „ius gentium" entspringt nicht einer Entwicklung des Naturgesetzes, sondern einer solchen der *Einsicht* in dieses und einer Entwicklung seines Geltungsumfanges.

[84] Es ist das Verdienst von ARMSTRONG (a. a. O., S. 95; S. 136) erneut auf die Wichtigkeit und den Sinn des Begriffes der „demonstratio" in diesem Zusammenhang hingewiesen zu haben.

[85] I–II, q.94, a.3.

[86] Zur weiteren Information siehe ARMSTRONG, a. a. O. – Daß zum Naturgesetz nur die obersten und allgemeinsten Prinzipien der Synderesis gehörten, wurde zu Beginn dieses Jahrhunderts interessanterweise u. a. gerade von V. CATHREIN vertreten, der nun allerdings gerade zu jenen gehört, die nicht die Vernunft, sondern die Natur als Maßstab der Sittlichkeit behaupteten. Mir scheint dies nicht zufällig: Denn es besteht eben ein Zusammenhang zwischen der Einschränkung der Lex naturalis auf oberste und allgemeinste Prinzipien und der Verkennung der maßstäblichen

Diskursive Entfaltung des Naturgesetzes

In Wirklichkeit handelt es sich dabei jedoch um ein Scheinproblem, das dann entsteht, wenn nicht berücksichtigt wird, daß das Naturgesetz eine ordinatio der ratio naturalis ist und ihm deshalb dieselbe Komplexität und „inventive Dynamik" innewohnt, welche der ratio als Entfaltung des menschlichen Intellektes selbst zukommt.

Nur wenn man nämlich das Naturgesetz primär und fundamental in reflexer Weise oder aber als eine Art „Gesetzlichkeit" einer durch das bloße Sein der Dinge bereits abgesteckten Naturordnung, d. h. material, als eine Art „Kodex" von Geboten betrachten würde, dann müßte man zum Schluß gelangen, daß, was aus diesem „Kodex" folgt, selbst nicht Bestandteil dieses Kodex' sein könnte. Eine aus dem Kodex des zivilen Rechtes abgeleitete Rechtsnorm (z. B. die vertraglichen Normen eines privaten Rechtsgeschäftes) ist eben nicht selbst Bestandteil des Zivilrechts, sondern eine Anwendung desselben innerhalb eines Bereiches konstitutiver Autonomie.

Betrachtet man hingegen das Naturgesetz in formeller Weise, d. h. als *ordinatio rationis*, als ordnenden Akt der praktischen Vernunft, als ein durch die praktische Vernunft formuliertes und konstituiertes Gesetz, und in *diesem* Sinne die praktische Vernunft selbst als einen Gesetzgeber, dann kann es keinen Widerspruch mehr bedeuten, in diesem Gesetz eine innere Dynamik der Selbstentfaltung zu finden, die nun eben charakterisiert ist durch die Struktur der inventiven Explikation von implizit in den Prinzipien enthaltenen partikularen Prinzipien.

Berücksichtigt man also in konsequenter Weise erstens, daß das Naturgesetz eine ordinatio rationis ist, und, zweitens, daß sich diese nach dem Strukturprinzip der inventiven Explikationen des „intellectus" durch den Prozeß der ratio naturalis entfaltet, so zeigt sich, daß das Naturgesetz *primo et per se (per essentiam)* in den obersten, allgemeinsten und universalen Prinzipien der praktischen Vernunft besteht, gründend auf einem *intellectus principiorum*, dessen Habitus Thomas, mit der scholastischen Tradition, „Synderesis" nennt; und zweitens, d. h. *secundario et per participationem*, in den *conclusiones propriae* auf Grund der *inquisitio*, *inventio* oder *demonstratio* durch den explizierenden Prozeß der natürlichen Vernunft. Zwischen den ersten Prinzipien und den Schlußfolgerungen besteht also, genau wie zwischen Intellekt und ratio, ein Partizipations- und damit ein Kausalitätsverhältnis; semantisch sind damit die Konklusionen aus den ersten Prinzipien im (attributiv) analogen Sinn Naturgesetz zu nennen.[87]

Damit ist aber nicht gemeint, daß die inventiv explizierten, also sekundären Prinzipien, nicht im eigentlichen und strengen Sinne zum Naturgesetz gehören. Dazu ist, wie oben ausgeführt, zu beachten, daß der inventive Prozeß der Vernunft jeweils wiederum in einem intellectus endet; die obersten, universalsten Prinzipien des Naturgesetzes, vor allem jenes erste „bonum est prosequendum, malum vitandum" bleiben als die fundamentale ordinatio und als *principia naturaliter cognita* in jedem diskursiven Akt der natürli-

---

und normativen Funktion der praktischen Vernunft als „ratio naturalis". Auf Grund dieses Mißverständnisses kann man nun eben, wie Cathrein, zur Meinung gelangen, die „Natur" sei dieser Maßstab, oder aber zur Auffassung fortschreiten, die praktische Vernunft sei normativ „schöpferisch". Beide Mißverständnisse haben jedoch die gleiche Wurzel.

[87] Zum Thema Semantik der Partizipation und attributive Analogie siehe C. FABRO, Participation et Causalité selon S. Thomas d'Aquin, Louvain und Paris 1961, S. 509ff. und S. 634ff.

chen Vernunft ordinativ präsent; denn der Diskurs endet ja jeweils *in* den ersten Prinzipien: in ihnen werden die Konklusionen als Explikation des zunächst nur implizit Erfaßten *als* deren Explikation erfaßt. So daß jeder Akt der „ratio naturalis", und d. h. jedes Präzept des Naturgesetzes, ein solcher immer nur aufgrund der ordnenden Kraft der obersten Prinzipien, näherhin der sogenannten „Synderesis" ist. In diesem Habitus der ersten Prinzipien liegt die ganze ordnende und bewegende Kraft, das „Wesen" des Naturgesetzes begründet; zugleich explizieren und verfeinern sich jedoch diese Prinzipien, d. h. die Erfassung des in ihnen implizit Enthaltenen, durch die diskursive Tätigkeit der natürlichen Vernunft in der Erkenntnis der Konklusionen, so daß diese Konklusionen selbst, aufgrund ihrer *resolutio* in den ersten Prinzipien und deren Explikation, im eigentlichen Sinne zum Naturgesetz gehören. Nur bezüglich ihrer kognitiven Entfaltung gehören sie lediglich partizipativ und analog zum Naturgesetz; als Entfaltete jedoch – d. h. als „Explikate" der ersten Prinzipien – und *in* den ersten Prinzipien Bestätigte sind sie dann aber im eigentlichen Sinne „lex naturalis".

Damit wird auch verständlich, weshalb Thomas wenig Mühe darauf verwendet, irgendwie eindeutig festzulegen, welche nun genau sekundäre, welche entferntere Konklusionen sind; manchmal teilt er auf in *conclusiones secundaria* und *conclusiones remota*[88]; oft nennt er einfach alle Konklusionen *secundaria*.[89] Thomas interessiert sich an vielen Stellen nur oder vorwiegend für den formellen Aspekt des präzeptiven Erkenntnisprozesses. Auch die Frage, ob nun das allererste Prinzip („bonum prosequendum ...") alleine das oberste Prinzip darstellt, oder auch noch andere hinzukommen und man zwischen „principia communissima" und „communia" unterscheiden müsse, ist in Anbetracht des fundamentalen partizipativen Zusammenhanges zwischen Prinzip und Konklusion nebensächlich.[90] Thomas bemüht sich jedenfalls nicht um eine einheitliche Terminologie. Irritieren kann das nur, wer übersieht, daß das Naturgesetz eine „ordinatio" der „ratio naturalis" ist und es damit auch die innere Dynamik der menschlichen Erkenntnisweise sowie die Flexibilität und Plastizität dieser Dynamik wiederspiegelt.

---

[88] Ein Beispiel: I–II, q.100, a.11.
[89] Z. B. in I–II, q.94, a.6.
[90] Das zeigt sich auf in I–II, 91, 3, wo Thomas die Entstehung der lex humana auf folgende Weise erklärt: „ita etiam ex praeceptis legis naturalis, quasi ex quibusdam principiis communibus et indemonstrabilibus, necesse est quod ratio humana procedat ad aliqua magis particulariter disponenda." MERKS, a. a. O. S. 244 hat aus dieser Aussage geschlossen, daß sich für Thomas das Naturgesetz auf die allgemeinsten und unbeweisbaren Prinzipien reduziere, aus denen, ohne Vermittlung anderer, zum Naturgesetz gehörender, „inhaltlicher" Prinzipien direkt das menschliche Gesetz autonom den Bereich des Inhaltlichen bestimmt. Diese Fehlinterpretation beruht darauf zu übersehen, daß Thomas, wie immer, formell (oder strukturell) argumentiert: Die Prinzipien des Naturgesetzes verhalten sich für den menschlichen Gesetzgeber gleichsam wie unbeweisbare allgemeine Prinzipien; sie haben also, im Sinne der aristotelischen Wissenschaftstheorie, „hypothetischen" Charakter, d. h.: sie werden im Prozeß der menschlichen Gesetzgebung vorausgesetzt, erfahren nicht in und durch ihn ihre Bestätigung, sondern liegen ihm als Grundlage und Ausgangspunkt voraus.

4.3.3 Primäre und sekundäre Prinzipien

Wir halten also fest: Das Naturgesetz ist zunächst, fundamental und wesentlich, das Ensemble jener allgemeinsten Prinzipien, welche die praktische Vernunft aufgrund des *intellectus principiorum* auf natürliche, schlagartig-intituitive Weise erkennt, und zwar durch das Licht des intellectus agens; diese Prinzipien als ein *naturaliter cognitum* bilden einen sogenannten „natürlichen Habitus der ersten Prinzipien", die Synderesis.[91] Sie ist die spontan (quasi „natürliche"), ohne Diskurs angeeignete, zur Vernunft als praktischer gehörende und deshalb auch bewegende, „Lichtquelle", die den „Samen" aller nachfolgenden Erkenntnis bildet[92] – diese also potentiell und implizit in sich enthält –, sodaß Thomas sie auch den Habitus der „natürlichen Prinzipien des Naturrechtes"[93] nennen kann, eine Formulierung, in der zum Ausdruck kommt, daß das Naturrecht oder Naturge-

---

[91] Vgl. I – II, q.94, a.5: „ad legem naturalem pertinent *primo* quidem quaedam praecepta communissima, quae sunt omnibus nota..." – Ebd., q.100, a.3: „... prima et communia, quorum non oportet aliam editionem esse nisi quod sunt scripta in ratione naturali quasi per se nota..."; – II – II, q.47, a.15: „(...) prima principia universalia sunt naturaliter nota." – I, q.79, a.12: „Unde et principia operabilium nobis naturaliter indita, non pertinent ad specialem potentiam; sed ad specialem habitum naturalem, quem dicmus synderesim." – I – II, q.94, a.1, ad 2: „Synderesis dicitur lex intellectus nostri, inquantum est habitus continens praecepta legis naturalis, quae sunt prima principia operum humanorum." (Die Synderesis wird also aufgrund ihrer praktischen Natur selbst *lex* genannt). – Der Zusammenhang mit der Erkenntnismetaphysik wird besonders deutlich im Sentenzenkommentar: „oportet quod omnis ratio ab aliqua cognitione procedat, quae uniformitatem et quietem quamdam habeat; quod non fit per discursum investigationis, sed subito intellectui offertur: sicut enim ratio in speculativis (...) ita etiam oportet quod ratio practica ab aliquibus principiis per se notis deducatur, ut sciat quid sit malum non esse faciendum, praeceptis Dei obediendum fore, et sic de aliis: et horum quidem habitus est synderesis (...) qui est quodammodo innatus menti nostrae ex ipso lumine intellectus agentis."

[92] De Verit., q.16, a.1: „Unde et in natura humana, inquantum attingit angelicam, oportet esse cognitionem veritatis sine inquisitione et in speculativis et in practicis; et hanc quidem cognitionem oportet esse principium totius cognitionis sequentis, sive speculativae sive practiacae, cum principia oportet esse stabiliora et certiora. Und et hanc cognitionem oportet homini naturaliter inesse, cum hoc quidem cognoscat quasi quoddam seminarium totius cognitionis sequentis; sicut et in omnibus naturis sequentium operationum et effectuum quaedam naturalia semina praeexistunt. Oportet etiam hanc habitualem esse, ut in promptu existat ea uti cum fuerit necesse."

[93] Ebd.: „Sicut autem animae humanae est quidam habitus naturalis quo principia speculativarum scientiarum cognoscit, quem vocamus intellectum principiorum; ita in ipsa est quidam habitus naturalis primorum principiorum operabilium, quae sunt *naturalia principia iuris naturalis*." – Es zeigt sich auch, daß sich bei Thomas das Thema der Synderesis praktisch auf jenes des *intellectus principiorum* reduziert. Da für Thomas die Synderesis eben nur noch der Habitus dieser Prinzipien darstellt, und nicht mehr eine eigene Potenz, als die sie vor Thomas betrachtet wurde und was jeweils zu breitangelegten Quaestionen über sie geführt hatte, deshalb findet sie sich bei Thomas seit der I Pars (q.79, a.12), nur noch beiläufig erwähnt. Entscheidend ist für ihn, der aristotelischen Wissenschaftstheorie gemäß, der Ableitungszusammenhang zwischen intellektiv erfaßten ersten Prinzipien und Konklusionen geworden. Dies bereitet sich jedoch schon im Sentenzenkommentar vor (In III Sent., d.33, q.2, a.4, sol.4: „(...) ita in ratione practica sunt innati fines connaturales homini; unde circa illa non est habitus acquisitus auf infusus, sed naturalis, sicut synderesis, loco cuius Philosophius in VI Ethic. ponit intellectum in operativis"). Ich gehe in dieser Frage einig mit M. B. CROWE, The Changing Profile of the Natural Law, Den Haag 1977, S. 136 ff.

setz[94] selbst jenen Doppelaspekt eines *naturaliter cognitum* einerseits und eines *cognitum per inquisitionem* andererseits enthält, die – wiederum beide – Akte der *ratio naturalis* sind.

In der Synderesis als einem ordnenden, operativen und bewegenden – also praktischen – Habitus liegt schließlich das Naturgesetz wesentlich und mit seiner ganzen Kraft begründet; alles ist in diesen Prinzipien implizit enthalten: denn diese Prinzipien sind die obersten praktischen Urteile einer menschlichen Person, die einer bestimmten Natur gemäß konstituiert ist. Sie besitzen also bereits eine personale Bedeutung, d. h. eine inhaltliche Implikation durch ihre Einordnung in das *suppositum humanum*. Es handelt sich nicht um „abstrakte" Prinzipien oder unausweichliche logische Denkstrukturen; denn der Intellekt, der sie erkannt hat, ist eine Potenz der menschlichen Seele, die ihrerseits substantielle Form eines menschlichen Leibes ist. Die Implikationen dieser Prinzipien als oberste personale Prinzipien – d. h. praktische Prinzipien eines *Menschen* – entfalten sich gerade in ihrer konkreteren anthropologischen Bedeutsamkeit erst durch einen inventiven Diskurs der natürlichen Vernunft.

Die Konklusionen dieses inventiven Prozesses enthalten die *principia magis propria*, die als Konklusionen eines natürlich-diskursiven Erkenntnisprozesses tatsächlich, jedoch partizipativ und damit in „zweitrangiger", abgeleiteter Weise zum Naturgesetz gehören. „Zweitrangigkeit" meint hier jedoch nicht geringere Bedeutsamkeit, sondern vielmehr ihr in der Ordnung der kognitiven Explikation nachfolgender Charakter[95]: sie werden erst als Zweites, Impliziertes erkannt. In der Ordnung des Handelns sind sie jedoch, als *principia propria*[96], bedeutsamer als die ersten Prinzipien, und zwar durch ihre größere „Nähe" zum Objekt des Handelns. Sie sind ja auch gar nicht *andere* Prinzipien, als die ersten und allgemeinen; sie enthalten diese ja in sich, oder besser: sind diese Prinzipien in einer Stufe vertiefter Explikation und sagen uns als solche auch mehr über das, was wir tun sollen; deshalb sind sie in ihrer handlungsbestimmenden, „legislativen" Funktion auch bedeutsamer. Sie sind das jedoch nur, *insofern* sie eine Explikation der ersten und allgemeinsten Prinzipien sind und mit diesen in einem unmittelbaren, inventiven Zusammenhang stehen[97]; denn nur *als solche* gehören sie überhaupt zum Naturgesetz. Thomas wird dann jedoch in seiner Lehre über das *iudicium electionis*, das konkrete Handlungsurteil, darauf hinweisen, daß erst die Klugheit als *recta ratio agibilium* die *regula proxima* des Handelns ist, d. h. jene Regel, welche das Handeln hic et nunc, das konkrete „operabile" zum Gegenstand hat und auf das Ziel hin zu ordnen vermag[98], wobei auch auf dieser Ebene der konstitutive Bezug

---

[94] Es ist nicht nötig, in *diesem* Zusammenhang „Naturrecht" und „Naturgesetz" zu unterscheiden; denn hier geht es ja um den Ableitungszusammenhang, der bezüglich „ius" und „lex" parallel läuft.
[95] Das hat ARMSTRONG, a. a. O. sehr gut herausgearbeitet. Leider ist es ihm entgangen, den kognitiven Prozeß der „ratio naturalis" selbst dabei in gebührender Weise zu berücksichtigen.
[96] Thomas gebraucht diese Bezeichnung für die Konklusionen z. B. in I-II, q.94, a.4 und 5. Zur Herkunft dieses Begriffes aus der aristotelischen Wissenschaftstheorie siehe In I Post. Anal., lect. 18.
[97] Thomas nennt sie auch *principia propinquiora*, den ersten Prinzipien „näherstehende Prinzipien"; vgl. zum Terminus „propinquus" in diesem Zusammenhang ARMSTRONG, a. a. O., S. 92ff.
[98] Besonders deutlich kommt dieser Zusammenhang von ratio naturalis als allgemeiner, aber ungenügender Regel, und Klugheit in De Virt. in comm., q.un., a.6 zur Darstellung. – Die richtige Einordnung der Klugheit in den Prozeß der praktischen Vernunft und ihre Bedeutung als regula

Diskursive Entfaltung des Naturgesetzes

zu den allgemeinen sekundären Prinzipien des Naturgesetzes und zu den allerersten der Synderesis nie verlorengeht.[99]

Während die ersten Prinzipien der praktischen Vernunft oder des Naturgesetzes (etwa: man soll das Gute tun; keinem Menschen ein Unrecht zufügen; nach der Wahrheit streben; Gott verehren usw.) noch keine spezifischen Handlungsarten (species) abstecken, so findet sich in den sogenannten sekundären Präzepten bereits jene Nähe zum konkreten Handeln, welche die Identifizierung solcher „species" ermöglicht. Diese abgeleiteten, „gefundenen" Prinzipien identifizieren sich inhaltlich, wie Thomas ausführt, mit dem Dekalog[100], mit den Zielen der sittlichen Tugenden[101] oder mit der Ordnung der Gerechtigkeit.[102]

4.3.4 Der inventive Ursprung der sekundären Prinzipien

Die Ableitungsbeziehung dieser sekundären Präzepte zu den ersten Prinzipien begreift nun Thomas jeweils im Sinne der oben dargelegten inventiven Struktur der natürlichen Vernunft, wobei dann zumeist neben der *inventio* auch die andere Möglichkeit der Unterweisung (disciplina oder doctrina) und der Offenbarung erwähnt wird, die ja ebenfalls

---

proxima des Handelns ist in den traditionellen Handbüchern der katholischen Moraltheologie in der Regel stark vernachlässigt worden. Im Zusammenhang einer moraltheologischen Tradition der Neuzeit, die den Stoff der Moral in den Antithesen von Gesetz–Freiheit–Gewissen formulierte, findet sich dann anstelle der Lehre von der Klugheit ein dementsprechend weitausgebauter Traktat über das Gewissen als sogenannte „subjektive Norm" des Handelns. Ganz abgesehen davon, daß das Gewissen ja zur Ebene der Reflexion gehört, ergab sich daraus die in die Irre führende, aber auch die heutige Moraltheologie noch weithin herrschende Antithese von „objektiv-allgemeinen Normen" einerseits und „subjektiv-konkreten Normen" andererseits. Das sittliche Handeln wird dann entweder als bloße Anwendung von universalen Normen auf Einzelfälle verstanden, obwohl diese Normen noch nicht der konkreten Handlung adäquat sind; oder aber als „Anpassung" allgemeiner Normen an den Einzelfall, wodurch man zu einer Situationsethik gelangt. Übersehen wird dabei, daß das Urteil der Klugheit, weil es von der intentionalen rectitudo der sittlichen Tugenden, deren kognitiver Gehalt die Präzepte der „lex naturalis" bilden, abhängt und durchformt ist, daß dieses Urteil der Klugheit eine zugleich objektive *und* konkrete Handlungsregel darstellt.

[99] Vgl. II–II, q.47, a.6, ad 3: „... sed synderesis movet prudentiam, sicut intellectus principiorum scientiam."
[100] Vgl. I–II, q.100, a.3.
[101] Vgl. ebd., a.2; II–II, q.47, a.6. In diesem letzteren Artikel, der von den der Klugheit vorgegebenen Zielen handelt, bezieht sich, anders als bei der Behandlung des Naturgesetzes, der Ausdruck „principia naturaliter nota" auf all jenes, was der Klugheit vorausliegt; das, was zum Ziel hinführt und Gegenstand der Klugheit ist, wird als „conclusio" bezeichnet. Es handelt sich dabei nur um ein Beispiel mehr für die terminologische Flexibilität bei Thomas, den die formellen Zusammenhänge interessieren und dessen Vokabular, unter Berücksichtigung der Analogie, auch eine entsprechende funktionale Plastizität besitzt. – Über die These von ARNTZ, die Ziele der Tugenden, die er *prima principia propria* nennt, bildeten eine „Zwischenschicht" zwischen den ersten und den sekundären Präzepten, wird noch zu sprechen sein.
[102] Vgl. I–II, q.100, a.8; II–II, q.122, a.1.

Erkenntnistheoretische Struktur des Naturgesetzes

Formen der diskursiven Aktualisierung der *ratio naturalis* sind, allerdings mit Unterstützung durch eine von außen kommende Hilfe.

Wenden wir uns einigen Texten zu: Im Artikel über die Synderesis sagt uns Thomas bezeichnenderweise nicht, daß dieser Habitus der ersten Prinzipien dadurch zum Guten an- und vom Bösen abhält, indem er gewissermaßen direkt, in einem Gewissensurteil auf das Handeln appliziert würde. Das ist auch einleuchtend; denn dieser natürliche Habitus enthält noch keine, dem Handeln „nahe" *principia propria*. Vielmehr sagt Thomas: „... synderesis dicitur instigare ad bonum, et murmurare de malo, *inquantum* per prima principia procedimus ad inveniendum, et iudicamus inventa".[103] Die Funktion der Synderesis als dem Habitus der ersten Prinzipien besteht also darin, daß er Ausgangspunkt für eine „inventio" ist, deren Ergebnis dann, in *via iudicii, in* den ersten Prinzipien beurteilt wird. Die praktisch-ordinative Funktion der Synderesis verläuft also über den inventiven Prozeß der natürlichen Vernunft.[104]

Die gleiche Sprache spricht Thomas dort, wo er ex professo den Bereich der sekundären Präzepte absteckt. Er tut dies, wie bestens bekannt ist, in der Quaestio über die Sittengebote des Alten Bundes (I – II, q.100), die ja als inhaltlich mit dem Naturgesetz in Übereinstimmung erklärt werden.[105]

So gebe es natürlicherweise erkannte (erste) Prinzipien, aus denen jedes Urteil der praktischen Vernunft hervorgehe.[106] Aufgrund dieser Prinzipien schreitet die Vernunft „in

---

[103] I., q.19, a.12.

[104] Und dann auch, in der Ordnung der Klugheit, über diese letztere; vgl. II – II, q.47, a.6, ad 3: „synderesis movet prudentiam, sicut intellectus principiorum scientiam", wobei es jedoch der Klugheit überlassen bleibt, der sittlichen Tugend den Weg zu jenen Zielen zu weisen („quae eis viam parat"), welche die sittlichen Tugenden durch die natürliche Vernunft „vorgesetzt bekommen" („virtutes morales (…) tendunt in finem a ratione naturali praestitutum" (ebd.)).

[105] Allerdings werden die Sittengebote des Alten Bundes wie auch der Dekalog, in diesem Zusammenhang als Bestandteile der *lex divina* thematisiert, d. h. also als Gebote im Kontext eines Gesetzes, das den Menschen auf sein tatsächliches, über-natürliches Ziel hinordnet. Die Interpretation von PESCH (Das Gesetz, a. a. O., S. 618), daß das Naturgesetz den Glauben (!) zur Voraussetzung habe und sein erstes Gebot die (übernatürliche) Gottesliebe sei, daß es bei Thomas gar keinen Unterschied zwischen natürlicher und übernatürlicher Ordnung gebe, obwohl sich Thomas „nicht bewußt (war), fundamental Neues, einen neuen Denkansatz zu formulieren" (S. 624), diese Interpretation hält sich nur aufgrund eines wohl nur durch die Logik einer ideenpolitisch motivierten Hermeneutik erklärbaren Zurechtbiegens und auch Unterschlagens einzelner Texte; so zum Beispiel bezüglich der Behauptung von Pesch, das erste Gebot der Gottesliebe setze bereits den Glauben voraus I – II, q.100, a.3, ad 1: „illa duo praecepta sunt prima et communia praecepta legis naturae, quae sunt per se notae rationi humanae, *vel per naturam vel per fidem*". Hier ist ja nur wieder einmal mehr die doppelte Möglichkeit der natürlichen Eigen-Erkenntnis oder der Offenbarung genannt. Oder aber II – II, q.122, a.1: „tria prima praecepta sunt de actibus religionis, quae est potissima pars *iustitiae*." Die Tugend der *religio* als Teil der Gerechtigkeit (sie kommt dann auch entsprechend im Traktat über die Gerechtigkeit zur Sprache) ist aber nach Thomas eine menschlich-natürliche und keine theologische Tugend (vgl. II – II, q.81, a.5); deshalb ist sie auch von der *caritas* unterschieden und setzt nicht den Glauben voraus. Pesch begeht den fundamentalen Fehler, vom bloßen *Kontext,* in dem vom Naturgesetz als Bestandteil der *lex vetus* die Rede ist, auf eine theologische, übernatürliche *Struktur* dieses Naturgesetzes zu schließen.

[106] I – II, q.100, a.1: „Sicut autem omne iudicium rationis speculativae procedit a naturali cognitione primorum principiorum, ita etiam omne iudicium rationis practicae procedit ex quibusdam principiis naturaliter cognitis, ut supra dictum est." Thomas behauptet also auch hier, bezüglich der

Diskursive Entfaltung des Naturgesetzes 233

verschiedener Weise" fort, um zu einem Urteil über „Verschiedenes" zu gelangen.[107] Dieses Urteil ist eine (inventive) Explikation der Prinzipien; so jedenfalls legt es die Ausdrucksweise Thomas' nahe; denn „einiges ist in den menschlichen Akten dermaßen ‚explizit' (d. h.: expliziert sich dermaßen leicht), daß ihm sofort, mit wenig Erwägung, aufgrund jener allgemeinen und ersten Prinzipien zugestimmt oder es abgelehnt werden kann".[108] Andere, weiter von den Prinzipien entferntere Schlußfolgerungen wiederum bedürfen eingehender und sorgfältiger Untersuchung und sind nur den Weisen offensichtlich, so wie wissenschaftliche Einzelerkenntnisse nur den Fachleuten zugänglich sind.[109] Dabei sind im moralischen Bereich mit den „sapientes" nicht „Fachleute" gemeint, sondern die „sittlich Weisen", d. h. die Guten, Tugendhaften, die aristotelischen „spoudaioi" oder „phronimoi": die Klugen; denn „prudentia est sapientia in rebus humanis".[110]

Die Unterscheidung zwischen Konklusionen, die leicht und von allen und anderen, die nur durch längere und eingehende Erwägung erschlossen werden können, hat zur terminologischen Unterscheidung in „sekundäre" und „entferntere" Gebote („principia secundaria" und „remota") des Naturgesetzes geführt. Diese Unterscheidung ist insofern verwirrend, als zunächst, in einem gewissen Sinn, alle aus den ersten Prinzipien explizierten Gebote „sekundäre" Gebote sind.[111] Unter diesen sekundären Geboten, also den Konklusionen, finden sich dann wiederum solche, die „nächstliegende" *(proxima)* und deshalb leicht erkennbare, und andere, die „entferntere" *(remota)* und entsprechend schwieriger erkennbare Gebote sind.[112] Diese Abstufung der Erkennbarkeit des Naturgesetzes hat für Thomas auch Konsequenzen bezüglich der Vermittlung seines Inhaltes. Während der Mensch die Kenntnis der nächstliegenden Präzepte *„per seipsum* a Deo" besitzt, d. h. aufgrund seiner natürlichen Partizipation am Ewigen Gesetz, so gelangen die entfernteren

---

 Beziehung „Prinzipien" – „Konklusionen", einen grundsätzlichen funktionalen Parallelismus zwischen spekulativer und praktischer Erkenntnis. Es muß allerdings an die, in Teil I analysierte, durch die Einbettung der letzteren in die Struktur des Strebens erklärbare, zugleich fundamentale Verschiedenheit von theoretischer und praktischer Vernunft erinnert werden.

[107] Ebd.: „Ex quibus diversimode procedi potest ad iudicandum de diversis."
[108] Ebd.: „Quaedam enim sunt in humanis actibus adeo explicita quod statim, cum modica consideratione, possunt approbari vel reprobari per illa communia et prima principia."
[109] Ebd.: „Quaedam vero sunt ad quorum iudicium requiritur multa consideratio diversarum circumstantiarum, quas considerare diligenter non est cuiuslibet, sed sapientum: sicut considerare particulares conclusiones scientiarum non pertinet ad omnes, sed ad solos philosophos." Schließlich spricht Thomas auch noch von den *credenda,* jenen Handlungsprinzipien, die sich nur dem Glaubenden erschließen; dazu bedarf der Mensch der *instructio divina.* Wobei Thomas, gerade im vorliegenden Zusammenhang, damit nicht ausschließt, daß auch das natürlicherweise Erkennbare Gegenstand einer solchen göttlichen Unterweisung (also Gebot der *lex divina)* sein kann; das ist gerade im Dekalog, insofern man ihn in seiner geschichtlichen Faktizität als das dem Moses von Gott übergebene Zweitafelgesetz begreift, der Fall.
[110] II–II, q.47, a.2.
[111] Diese nur zweistufige Einteilung findet sich z. B. in I–II, q. 94, a.6.
[112] So erklärt Thomas in I–II, q.100, a.3, daß die ersten Prinzipien (sie sind „scripta in ratione naturali quasi per se nota") in den Geboten des Dekalogs („quorum notitiam homo habet per seipsum a Deo") *enthalten* sind, und zwar wie die Prinzipien sich in den nächstliegenden Konklusionen finden („Nam illa quae sunt prima et communia, continentur in eis sicut principia in conclusionibus proximis"). Diejenigen Gebote jedoch, die von den Weisen erkannt werden („illa

Gebote zum Volk *(ad populum),* also zur Gesamtheit der Menschen, durch die Belehrung der Weisen („proveniunt a Deo ad populum *mediante disciplina* sapientum").[113] Gerade aufgrund der bereits geleisteten Analyse des Prozesses der natürlichen Vernunft wissen wir nun aber, daß für Thomas die eigene *inventio* (d. h. die „notitia per seipsum" und die *disciplina* oder *doctrina*) zwei alternative Möglichkeiten der diskursiven Aktualisierung der natürlichen Vernunft darstellen; gerade in de Quastio „De Magistro" hatte Thomas ja darauf hingewiesen, daß auch die Vermittlung eines Wissens durch die *disciplina* jeweils nur eine Aktualisierung der ratio naturalis im Menschen bedeutet, auf Grund derer überhaupt erst verständlich ist, warum der Mensch einer solchen Unterweisung überhaupt *einsichtig* werden und ihr zustimmen kann.[114] Auch in diesem Falle wird also die Struktur einer Partizipation der lex aeterna durch die natürliche Vernunft nicht verletzt; nur bedarf es in gewissen Fällen – sei es wegen der Komplexität der Materie selbst oder aber dem Mangel an Erfahrung, den habituellen sittlichen Dispositionen des einzelnen, dem gesellschaftlich-kulturellen Kontext und entsprechender Verdunklungen des Urteils aufgrund von Sitten und Gewohnheiten – der kognitiven Vermittlung und Hilfe durch die Unterweisung, durch die also die personale Autonomie des Menschen nicht angetastet wird und die auch dem Begriff des Naturgesetzes nicht widerspricht. Denn so wie die *inventio per seipsum,* führt schließlich auch die Unterweisung zu einer sicheren Erkenntnis von Wahrheit und einer Explikation der ersten Prinzipien; nur die kognitive Genese ist unterschiedlich. Es handelt sich, nicht genug kann dies hervorgehoben werden, auch bei der Aneignung durch Lehre um einen authentischen *Erkenntnisprozeß.*[115]

quae per diligentem inquisitionem sapientium inveniuntur rationi convenire") sind, umgekehrt, in den Geboten des Dekalogs enthalten, wie Schlußfolgerungen in den Prinzipien („continentur in eis, e converso, sicut conclusiones in principiis"); sie sind also sekundäre Prinzipien „zweiter Ordnung". – Hier zeigt sich übrigens, daß Thomas im strengen Sinne nur die nächstliegenden Prinzipien zum Dekalog zählt; aber, ebenso wie die nächstliegenden Konklusionen zum Naturgesetz gehören, insofern sie Konklusionen aus den ersten Prinzipien sind, kann man die entfernteren Gebote zum Dekalog rechnen, insofern sie ihrerseits Konklusionen aus den nächstliegenden Konklusionen sind; sie sind selbst eine Explikation derselben.
[113] Ebd.
[114] Vgl. erneut De Verit., q.11, a.1, z. B.: „(...) eodem modo docens alium in scientiam ignotorum deducit, *sicuti aliquis inveniendo deducit seipsum* in cognitionem ignoti. (...) secundum hoc unus alium docere dicitur, quod istum discursum rationis, quam in se facit ratione naturali, alteri exponit per signa *et sic ratio naturalis discipuli,* per huiusmodi sibi proposita, sicut per quaedam instrumenta, pervenit in cognitionem ignotorum. Sicut ergo medicus dicitur causare sanitatem in infirmo *natura operante,* ita etiam homo dicitur causare scientiam in alio *operatione rationis naturalis illius:* et hoc est docere." Diesen Prozeß bezieht Thomas dann auch analog auf die bloße Meinung *(opinio)* und den Glauben. Immer ist es das Licht der natürlichen Vernunft, das ermöglicht, einer Wahrheit entweder aufgrund eigener inventio oder aufgrund Unterweisung durch andere zuzustimmen. – Vgl. auch Quaest. Quodlibet. VIII, q.2, a.2: Sowohl bei der „inventio propria", wie der „doctrina" oder der „revelatio" erfolgt eine Aktualisierung des in den ersten Prinzipien potentiell Enthaltenen aufgrund der „principia naturaliter cognita".
[115] Das ist immer zu berücksichtigen – wird aber nicht immer berücksichtigt – bei der Frage des Verhältnisses zwischen personaler Autonomie, Gewissen, Freiheit und kirchlichem Lehramt. Dieses appelliert nicht nur an das *lumen rationis naturalis* sondern auch an das *lumen fidei,* die durch den Glauben erleuchtete und unterstützte Vernunft. Das Lehramt ist also in erster Linie eine Instanz, die *lehrt,* das heißt *Erkenntnis* und *Einsichten* vermittelt. Wenn es beim Glaubenden

Abschließend und zusammenfassend findet sich die Lehre der Entfaltung des Naturgesetzes durch die „ratio naturalis" im bereits zitierten Artikel 11 derselben Quaestio 100. Aufgrund des präzeptiven Aktes der natürlichen Vernunft selbst („ex ipso dictamine naturalis rationis") haben die Sittengebote des Alten Bundes ihre Kraft („efficaciam habent"). Sie sind „Naturgesetz" in dreifacher Abstufung: Erste Prinzipien (man solle Gott und den Nächsten lieben), nächstliegende, determiniertere („magis determinata") aber von allen sofort einsichtige Konklusionen daraus (die Gebote des Dekalogs); sowie „entferntere" und schwierigere, nur durch die „Weisen" erkennbare Präzepte.[116] Wobei jeweils das Offensichtlichere Erkenntnisprinzip dessen ist, was nicht offensichtlich ist[117], so daß die fundamentale Einheit der praktischen Vernunft gewahrt bleibt.

4.3.5 Nochmals: I–II, q.94, a.2

Wie nun allerdings dieser Erkenntnisprozeß anhebt und sich vollzieht, das wissen wir aus dem vielinterpretierten Artikel 2 von I–II, q.94. Es wurde bereits früher darauf hingewiesen, daß es für das richtige Verständnis dieses Artikels überaus wichtig ist zu verstehen, *was* er überhaupt darlegen möchte: Es geht in I–II, q.94, a.2 nämlich lediglich darum zu beweisen, daß das Naturgesetz nicht nur aus *einem*, sondern aus *mehreren* Geboten

---

in dieser Funktion „versagt", so beruht dies auf einem Mangel an Glauben – und in gewissen Fällen auch an Vernunft. Dasselbe wäre vom Gewissen zu sagen, denn die Autorität des Lehramtes beruht gerade auf dem durch den Glauben erleuchteten und „motivierten" Gewissen. Sehr schön hat dies A. LAUN, Das Gewissen – Oberste Norm sittlichen Handelns, a. a. O. ausgeführt.

[116] Thomas gibt hier eine Menge von Beispielen solcher „entfernterer" Konklusionen; zu ihnen gehören z. B. Verbot der Blasphemie; das Gebot, niemanden zu hassen und den Nächsten nicht zu schädigen; das Verbot von Unzucht, von Wucher und Täuschungen in Geschäftsbeziehungen; das Gebot wahrheitsgemäßen Urteilsfällens etc. Man muß wohl sagen, daß je nach kulturellem, zivilisatorischem und moralischem Entwicklungsstand einer Gesellschaft, gewisse Handlungsnormen dermaßen zu moralischen Standards werden können, daß man erst dann wieder ihrer Begründungsbedürftigkeit sich bewußt wird und auch die Begründungsschwierigkeiten entdeckt, wenn sich gewisse Selbstverständlichkeiten – nicht selten durch den moralischen Zerfall einer Zivilisation – auflösen. Daraus darf man jedoch keinesfalls schließen, es handle sich bei solchen Selbstverständlichkeiten um bloße angewöhnte Verhaltensmuster oder kognitive Gewohnheiten. Sie sind vielmehr Ausdruck eines moralischen und damit immer auch kognitiven Niveaus, das eine wahrhafte, erkenntnismäßige, aber auch gesellschaftlich gelebte und insofern auch vermittelte Einsicht in die Struktur des sittlichen Handelns bedeutet. Wir sind uns heute oft gar nicht mehr bewußt, welche moralische „Höhe" die göttliche Pädagogik mit dem mosaischen Gesetz der Menschheitsgeschichte vermittelt hat und welche Bedeutung die Bestätigung der moralischen Inhalte dieses Gesetzes und ihrer gleichzeitigen Vollendung durch das Gesetz Christi für die Grundlagen der heutigen Zivilisation besitzen. Die Tatsache, daß wir heute erneut und vertieft Begründungen für moralische „Standards" brauchen, mag zwar einerseits notwendiges und positives Zeichen wissenschaftlichen Fortschritts sein; als gesellschaftliches Phänomen ist es jedoch eher Zeichen einer tiefen Krise, des Zerfalls eines gelebten Ethos und seiner entsprechenden *kognitiven* und nicht nur verhaltensmäßigen Selbstverständlichkeiten. Es scheint mir deshalb töricht zu sein, der sog. „Tradition" ständig ein defizitäres Verhalten bezüglich der Begründung sittlicher Normen vorzuwerfen. Sie brauchte solche Begründungen teils gar nicht, weil das Gelebte selbst Begründungsfunktion besitzt.

[117] Ebd.: „ea quae sunt manifesta sunt principia cognoscendi eorum quae non sunt manifesta."

besteht. Zu diesem Zweck zeigt Thomas, wie sich das allererste Prinzip der praktischen Vernunft („bonum est prosequendum ...") aufgrund der natürlichen Erfassung der „bona humana" in den natürlichen Neigungen auffächert. Da Thomas hier allein das zu zeigen sich vorsetzt, so bleibt dieser Artikel beim Aufweis einer spontanen Auffächerung des ersten Prinzips in mehreren, den natürlichen Neigungen folgenden, auf natürliche – und nicht diskursive – Weise erfaßten allgemeinen Prinzipien stehen. Daraus, wie es die „autonomistische" Interpretation tut, zu folgern, nur diese Prinzipien gehörten also für Thomas zum Naturgesetz, entspringt einer mindestens fahrlässigen Mißachtung der expliziten Intention dieses Artikels.[118]

Für die Analyse dieses Artikels kann auf das bereits in Teil I Dargelegte verwiesen werden. Wir können, die Ergebnisse dieser Analyse zusammenfassend und sie in den Kontext des vorliegenden Kapitels einordnend, festhalten: Auf der Ebene der „apprehensio naturalis" der praktischen Vernunft – jener *natürlichen*, nicht diskursiven, sondern spontanintuitiven Erkenntnis der ersten und allgemeinsten Prinzipien, die im Habitus der Synderesis festgehalten bleiben – erfolgt jene in 94,2 beschriebene Auffächerung des Prinzips „bonum prosequendum ..." in den Bereichen der verschiedenen natürlichen Neigungen. Damit eröffnet sich grundsätzlich der Bereich der *ordinatio rationis*, des Naturgesetzes also. Er wird durch die natürlichen Neigungen abgesteckt. Denn „alles wozu der Mensch eine natürliche Neigung besitzt, erfaßt die Vernunft auf natürliche Weise als Gutes, und in der Folge als etwas im Handeln zu Verfolgendes, und ihr Gegenteil als zu vermeidende Übel. Die Ordnung der Präzepte des Naturgesetzes entspricht also der Ordnung der natürlichen Neigungen".[119]

Da die ersten Prinzipien sowohl der spekulativen wie auch der praktischen Erkenntnis in keiner Weise irgendwelche eingeborene Ideen sind, so zeigt sich erneut, von welch fundamentaler Bedeutung diese natürlichen Neigungen für die Bildung der ersten Prinzipien der praktischen Vernunft sind. Ohne sie gäbe es gar keine praktische Erkenntnis. Die menschliche Vernunft ist auch in ihren allerersten, natürlichen Akten auf eine erkennbare „Materie" angewiesen. Das Licht der natürlichen Vernunft ist, wie es die Metapher besagt, ein Licht, das erhellt, sichtbar macht, aber nicht eine „Quelle", die aus sich heraus gewisse erste Erkenntnisse zu liefern vermöchte. Die praktische Vernunft gelangt zu ihren obersten (praktischen) Urteilen aufgrund der intellektiven Erfassung jener Neigungen, die dem Menschen naturhaft eigen sind; diese *intellectio* umschließt die spontane Anerkennung dieser Neigungen als *bona humana*, eine Anerkennung allerdings, die aufgrund ihres intellektiven Charakters, zugleich eine Einordnung dieser natürlichen Neigungen in die Ordnung der Vernunft nach sich zieht, sodaß die natürlichen Neigungen insofern zum Natur-

---

[118] MERKS, der ja die ganze Beweislast seiner sich an Böckle anlehnenden Interpretation auf diesen Artikel schiebt, stellt sich weitläufig die Frage, was Thomas wohl mit diesem Artikel gemeint haben könne, obwohl dazu ein Blick auf seine Überschrift genügt hätte; diese wird jedoch nicht erwähnt. Merks möchte dann beweisen, daß es hier, wie bei der „lex naturalis" allgemein, überhaupt nicht um Inhaltliches gehe, sondern um eine „Aussage über die Struktureinheit der lex naturalis – anhand möglicher Inhalte – unter dem Aspekt ihrer Vernunftgegründetheit" (S. 281); diese Reduktion von „Naturgesetz" auf „Vernünftigkeit" beweise gerade seine „Lösung von jedem Inhalt" (S. 283).
[119] I-II, q.94, a.2.

Diskursive Entfaltung des Naturgesetzes

gesetz gehören, als sie erstens *im* obersten Prinzip der praktischen Vernunft „bonum est prosequendum ...", das intellektiver Art ist und der naturhaften Hinneigung des Willens auf das Gute entspricht, erfaßt werden und in ihm ihre Wurzel besitzen; und zweitens insofern sie durch die Vernunft geordnet sind.[120] Man darf also die natürlichen Neigungen keinesfalls nur als eine Materie betrachten, die nur und allein „Gegenstand" eines ordnenden Aktes der Vernunft wäre, durch die also, wie Böckle dies ausdrückt, das „Terrain abgesteckt (wird), in dem der Mensch zur Selbstgestaltung schreiten muß" oder durch die „die Grundbedürfnisse aufgezeigt (werden), die Gegenstand vernünftiger Regelung sein müssen".[121] Die natürlichen Neigungen sind nicht in dieser Weise „Materie" der praktischen Vernunft; sie sind vielmehr Strebungen eines Suppositums rationaler Art, d. h. einer Person, und Ausdruck der personalen Einheit des Menschen. Sie sind deshalb, *bevor* sie Gegenstand eines ordnenden Aktes der Vernunft werden, Gegenstand einer *naturalis apprehensio* der natürlichen Vernunft, einer intellektiven Intuition, durch welche sie als menschliche Güter in praktischer Weise erkannt und anerkannt werden, ein Akt, durch den der Bereich der menschlichen Güter bereits abgesteckt und inhaltlich formuliert ist, und aufgrund dessen sich die ersten, evidenten und allgemeinsten Prinzipien der praktischen Vernunft, bzw. Präzepte des Naturgesetzes bilden. Der ordnende, regulierende Akt der praktischen Vernunft besitzt keine „Verfügungsgewalt" über diese Neigungen; es handelt sich immer um eine ordinatio, der die Anerkennung der Neigungen als bona humana vorangeht; es ist, wie wir bereits zeigten, eine ordinatio nicht *der,* sondern *in den* natürlichen Neigungen. Thomas bringt dies übrigens zum Ausdruck mit der Bemerkung, die natürliche Vernunft sei zwar Maßstab und Regel, nicht aber Maßstab bezüglich dessen, was *a natura* besteht.[122]

Es sei dabei daran erinnert, daß der Intellekt in einer „reditio completa" über seine eigenen Akte, wie auch diejenigen der Affekte, bzw. der sinnlichen Neigungen, schließlich bis zur Erfassung seines eigenen Wesens und des Wesens der Seele fortschreitet[123] und

---

[120] Ebd., ad 2: „omnes inclinationes quarumcumque partium humanae naturae, puta concupiscibilis et irascibilis, secundum quod regulantur ratione, pertinent ad legem naturalem et reducuntur ad unum primum praeceptum, ut dictum est. Et secundum hoc, sunt multa praecepta legis naturae in seipsis, quae tamen communicant in una radice."

[121] F. BÖCKLE, Natürliches Gesetz als göttliches Gesetz, a. a. O. S. 181.

[122] Vgl. I-II, q.91, a.3, ad 2: „ratio humana secundum se non est regula rerum: sed principia ei naturaliter indita, sunt quaedam regulae generales et mensurae omnium eorum quae sunt per hominem agenda, quorum ratio naturalis est regula et mensura, licet non sit mensura eorum quae sunt a natura." Mit „res" sind nicht nur die „Dinge" im engeren Sinne gemeint – wie bereits früher erklärt wurde – sondern die von jedem menschlichen Erkennen und Streben unabhängige Wirklichkeit; eine inclinatio naturalis kann deshalb, gemäß der Terminologie Thomas', durchaus eine „res" genannt werden. Siehe auch I-II, q.64, a.3.

[123] Vgl. oben Teil I; vor allem De Verit. q.10, a.9: „Unde actio intellectus nostri primo tendit in ea, quae per phantasmata apprehenduntur, et deinde redit ad actum suum cognoscendum; et ulterius in species et habitus et potentias et essentiam ipsius mentis." Das abschließende „iudicium" erfolgt dabei, im Falle der sittlichen Tugenden, deren Grundlage die natürlichen Neigungen sind, aufgrund einer „cognitio naturalis"; „quarum fines (die Ziele der Tugenden) naturalis ratio dictat" (ebd.). Thomas betont die Einheit des Suppositums, die zu dieser Integration der *apprehensio* der natürlichen Neigungen in das gesamtmenschliche Gute führt: „Nec istae duae partes, scilicet intellectus et affectus, sunt cogitandae in anima ut situaliter distinctae, sicut visus et auditus, qui

dadurch eine spontane und zugleich intellektive Integration der natürlichen Neigungen in das menschliche Suppositum – eine personale Integration also – leistet: Er erfaßt nicht einfach nur das naturhafte Ziel der Neigungen, ihren „finis proprius", sondern erfaßt dieses Ziel als *bonum humanum.*

Daß mit dieser natürlichen Erfassung der menschlichen Güter als erste und allgemeinste Prinzipien die Konstitution des Naturgesetzes noch nicht abgeschlossen ist, dürfte nun aufgrund der vorhergehenden Analysen hinreichend klar geworden sein. Dieser „apprehensio" folgt der diskursive, inventive Prozeß der natürlichen Vernunft, durch den das in diesen Prinzipien potentiell Enthaltene kognitiv entfaltet, expliziert wird; und dies, um es zu wiederholen, entweder durch eigene Findung, oder mit Hilfe von Unterweisung oder Offenbarung.[124] Für diesen diskursiven Prozeß ist der Mensch, wie in all seiner Erkenntnis, auf die Erfahrung angewiesen, zunächst immer auf die Sinneserfahrung, die er allerdings mit dem Licht der natürlichen Vernunft in ihrem intelligiblen Gehalt erfaßt. Thomas nennt diesen Prozeß der „inventio" auch eine *via experimenti*[125]; er bedarf also der Sinneserfahrung und der Überlegung, die dann schließlich – *in via iudicii* – durch die *resolutio* in den ersten Prinzipien ihren Abschluß erfahren.

Wir kommen zum Schluß, daß aufgrund einer vollständigen Analyse der thomistischen Konzeption des Naturgesetzes die autonomistische Interpretation desselben nicht haltbar ist. Naturgesetz heißt nicht Autonomie der natürlichen Vernunft zur „eigenen" normsetzenden Aktivität. Der Prozeß der Konstituierung des Naturgesetzes durch die natürliche Vernunft ist nicht ein „schöpferischer" Prozeß, sondern eine Entfaltung der Partizipation des Ewigen Gesetzes im Menschen, eine Partizipation, die doppelt ist: Sie besteht einerseits in den natürlichen Neigungen, andererseits im Licht der natürlichen Vernunft, durch das diese natürlichen Neigungen in den Kontext der „bona humana" kognitiv integriert werden. Durch diese Entfaltung wird nicht etwas „geschaffen", sondern *erkannt:* nämlich die „ordinatio" der „lex aeterna", der auch der Mensch als Geschöpf unterworfen ist. Da aber diese Erkenntnis einer dem Menschen innewohnenden *imago* Gottes folgt, so können wir von einer personalen Autonomie sprechen; denn diese Entfaltung des Naturgesetzes – der Erkenntnis des ewigen Gesetzes – vollzieht sich gemäß einer dem Menschen als *causa secunda* innewohnenden Eigengesetzlichkeit. Die Entfaltung der „lex naturalis" erweist sich damit als Ausdruck des ewigen Gesetzes selbst: In der Konstituierung des Naturgesetzes, durch seine eigene, von der natürlichen Vernunft geleitete sittliche Erfah-

---

sunt actus organorum; et ideo illud quod est in affectu, est etiam praesens animae intelligenti. Unde anima per intellectum non solum redit ad cognoscendum actum intellectus, sed etiam actum affectus; sicut etiam per affectum redit ad appetendum et diligendum non solum actum affectus, sed etiam actum intellectus" (ebd., ad 3 in contr.).

[124] Quaest. Quodlibet. VIII, q.2, a.2: „Insunt enim nobis naturaliter quaedam principia prima complexa omnibus nota, ex quibus ratio procedit ad cognoscendum in actu conclusiones quae in praedictis principiis potentialiter continentur, sive per inventionem propriam, sive per doctrinam alienam, sive per revelationem divinam."

[125] Vgl. II-II, q.47, a.15. Zunächst ist von der „universalis cognitio" der „prima principia universalia" die Rede, die „naturaliter nota" sind; sie sind auch die allgemeinen Prinzipien der Klugheit. „Sed alia principia universalia posteriora, sive sint rationis speculativae sive practicae, non habentur per naturam, *sed per inventionem secundum viam experimenti, vel per doctrinam.*"

rung bringt die menschliche Person als sittliches Subjekt in autonomer Weise eine Theonomie zum Durchbruch, die er in seinem Sein partizipiert und deren normativer Wahrheit er noetisch ebenso verpflichtet ist, wie sie auch zugleich seine *eigene*, in personaler Autonomie von ihm gesetzte normative Wahrheit ist. Gerade diese Wahrheit seiner sittlichen Erfahrung – seine personale sittliche Autonomie also – eröffnet dem Subjekt in der reflektiven Bewußtwerdung ihres *imago*-Charakters, den Zugang zur expliziten Erfassung der dieser Autonomie zugrundeliegenden Theonomie, den Zugang also zum Verständnis Gottes als moralischem Gesetzgeber. Sie zeigt auch, in welchem Sinne „Natur" das Fundament sittlicher Normativität genannt zu werden hat.

Auf dieser Grundlage wird es deshalb möglich, genauer zu bestimmen, weshalb die Vernunft Maßstab der Sittlichkeit ist, und in welcher Weise sie dies ist. Zudem besteht das Problem, wie die universalen Prinzipien des Naturgesetzes der Kontingenz und Partikularität des konkreten Handelns gerecht werden können. Bilden die Prinzipien des Naturgesetzes absolute, universale sittliche Normen? Was ist überhaupt eine sittliche Norm? Wir kommen damit zu einigen besonders akuellen Fragen, wie sie auch im Zusammenhang mit dem Versuch, eine sogenannte „teleologische Ethik" zu begründen, verbunden sind. Ihre Behandlung wird uns dazu führen, uns auch mit einigen vertiefenden Bemerkungen dem Begriff der sittlichen Handlung zuzuwenden und dabei zu fragen, worin denn eigentlich das „Proprium des Ethischen" bestehe. Es wurde ja bereits angemerkt, daß die „autonome Moral" diesem ethischen Proprium nicht gerecht werden konnte; dasselbe ist für die teleologische Ethik zu sagen: denn diese ist eine neue Variante des Physizismus und der „naturalistic fallacy", die sie eben zu überwinden beansprucht.

5 DIE NORMATIVE FUNKTION DER VERNUNFT UND IHRE VOLLENDUNG IN DER SITTLICHEN TUGEND

5.1 Die Vernunft: Maßstab der Sittlichkeit

Es wurde im Laufe der vorliegenden Untersuchung wiederholt betont, daß die thomistische Lehre von der normativen Funktion der Vernunft nicht besagt, die Vernunft sei lediglich normierende „Instanz" der Sittlichkeit, also gewissermaßen ein „Organ" oder maß-anlegende „subjektive" Norm; sondern vielmehr: Die Vernunft, letztlich der *intellectus* in seiner rational-diskursiven Entfaltung, sei selbst *Maßstab, Regel, Norm* der Sittlichkeit.

Zweck dieses Kapitels ist es, Bedeutung und Tragweite dieser Aussage in ihren grundlegenden Zügen aufzuzeigen. Es handelt sich hier nämlich, wie mir scheint, um die entscheidende Achse, um die sich die philosophische Ethik des hl. Thomas in ihrer Eigenschaft als *normative* Ethik dreht. Wir bewegen uns bei dieser Frage auf den Grenzlinien zwischen Ethik und Metaethik, denn es geht darum zu bestimmen: Was meint Thomas eigentlich, wenn er von „Vernünftigkeit" spricht, und näherhin: Was besagen Ausdrücke wie: *secundum rationem agere, vivere secundum rationem, ordo rationis, bonum rationis, proportio ad rationem* usw.?

5.1.1 Traditionelle und traditionskritische Mißverständnisse

Gerade dieser Fragenkreis ist ja sowohl in der autonomen wie auch der sogenannten „teleologischen" Ethik vernachlässigt, wenn nicht gänzlich übergangen worden. Denn diese Formen der Begründung sittlicher Normen stehen in mancherlei Hinsicht auf dem gleichen Boden wie einige der von ihnen kritisierten Vertreter der sogenannten „Tradition", und zwar insofern sich diese der Bedeutung der praktischen Vernunft als „ethischer Vernunft" oder „werterfassender Vernunft" oft unzulänglich bewußt war.

Die vor allem von teleologischer Seite erhobene Kritik an traditionellen Begründungs- und Argumentationstypen übernimmt nun erstaunlicherweise gerade das naturalistische Fundament derselben, um auf seiner Grundlage neue Argumentationstypen zu erarbeiten[1]; allerdings nicht aus dem vorwiegenden Interesse, Begründungsdefizite zu überwinden, sondern eher demjenigen, zu neuen Inhalten zu gelangen, dies vor allem bezüglich der Frage nach einer intrinsischen Moralität von Handlungen (das sog. *intrinsece malum* oder *malitia ex objecto* unabhängig von Umständen oder Folgen) und derjenigen der indi-

---

[1] Es sei nochmal verwiesen auf T. G. BELMANS, Le sens objectif de l'agir humain, Città del Vaticano 1980, der ausreichend das Weiterleben physizistisch-naturalistischer Argumentation in der heutigen Moraltheologie nachweist.

rekten Willentlichkeit. Man kann allerdings nicht übersehen, daß diese Kritik, die in einigen Punkten gerechtfertigt wäre und fruchtbar sein könnte, nicht gerade selten die „traditionelle" Lehre in einer undifferenzierten Weise darstellt, die eher einer Verzerrung als einer sachlichen Analyse gleicht.

In vielen Fällen werden traditionelle Arugmentationstypen als normative Begründungsversuche hingestellt, die in Wirklichkeit gar nie als diskursive Begründungsargumentationen gemeint waren; so z. B. die Formulierungen von Moralsystemen, die ja in ihrer probabilistischen, probalioristischen etc. Form gar nicht dem Kontext der Normbegründung entspringen, sondern praktische Entscheidungsgrundlagen und -kriterien für die pastorale Praxis ausarbeiten wollten, um zu beurteilen, ob nun ein konkretes Verhalten unter diese oder jene Norm falle oder nicht, bzw., welcher Grade von Eindeutigkeit bezüglich solcher „Subsumtion" für ein sittlich verantwortbares Handeln erforderlich sei.[2] Ein anderes Beispiel für die Kritik von Argumentationstypen als normativ-diskursive, die aber in Wirklichkeit gar keine solche sein wollen, ist die Behandlung der theologischen Figur des „Willens Gottes" als (unzulässige oder unzureichende) normative Begründung[3]: Auch in dieser Beziehung kann nicht allgemein von der „Tradition" gesagt werden, sie hätte diese Argumentation an Stelle diskursiver Normenbegründung verwendet, auch wenn sich eine solche Verwendung bei einigen Autoren finden lassen mag.

---

[2] Diese sehr eingeschränkte Funktion der „Moralsysteme" scheint oft völlig verkannt zu werden; vgl. z. B. F. FURGER, Was Ethik begründet. Deontologie oder Teleologie – Hintergrund und Tragweite einer moraltheologischen Auseinandersetzung, Einsiedeln 1984, S. 19. Man muß allerdings einräumen, daß die oft spitzfindigen Auseinandersetzungen um diese Moralsysteme in der Vergangenheit eher zu einer Vernachlässigung der grundlegenden Fragen einer normativen Begründung der Moral geführt haben und daß eben viele heutige Moraltheologen in diesem Klima herangebildet worden sind und deshalb auch durch eine entsprechende Verkürzung der moraltheologischen Perspektive und ein Defizit an philosophisch-diskursiver Schulung für die diskursive Begründung von Normen geprägt wurden. – Vgl. dazu auch R. SPAEMANN, Wovon handelt die Moraltheologie? In: Internationale Katholische Zeitschrift (1977), S. 289–311. Treffend heißt es dort über die sog. „reflexen Moralsysteme": „Der Sinn dieser Systeme war es, Entscheidungsregeln an die Hand zu geben für den Fall, daß die ‚objektive' Beurteilung einer Handlungsweise strittig war. Dem lag die einfache Erfahrung zugrunde, daß man oft handeln muß, ehe die Sache ausdiskutiert ist (...). Die Moralphilosophie hat es mit dem Problem der diskursiven Rechtfertigung von Handlungen zu tun. Die Theologen aber hatten einmal Handbücher für Beichtväter zu schreiben, das heißt, sie hatten es mit der Notwendigkeit zu tun, hier und jetzt zu raten und zu urteilen" (S. 298).
[3] So B. SCHÜLLER, Die Begründung sittlicher Urteile, Düsseldorf 2. Aufl. 1980; DERS., Neuere Beiträge zum Thema ‚Begründung sittlicher Normen', in: Theologische Berichte, IV (1974), S. 109–181. Natürlich ist Schüller Recht zu geben, wenn er auf mißbräuchliche oder leerformelhafte Berufung auf den „Willen Gottes" oder die „Weisheit Gottes" hinweist. Man kann aber keinesfalls, wie Schüller, sagen, ein solcher Mißbrauch sei generell die Methode der Normenbegründung der „Tradition" gewesen. Dabei macht er sich die Kritik wirklich zu einfach. Auch der Unterscheidung von Paränese und wissenschaftlicher Theologie ist im Prinzip zuzustimmen. Schüller übersieht jedoch, daß es theologische Aussagen gibt, die einerseits eine philosophisch-diskursive Normenbegründung zwar nicht ersetzen, andererseits jedoch eigentlich theologische Formulierungen und nicht Paränese sind. So z. B. die klassische augustinische Definition der Sünde als Übertretung des Ewigen Gesetzes; diese Definition bringt natürlich nichts, um zu bestimmen, was denn nun in concreto eine solche Übertetung sei; Thomas fügt deshalb hinzu, man müsse dies aufgrund der Ver-

Gerade die Behauptung von Schüller – im Kontext seiner Argumentation ist sie entscheidend – die „klassische Moraltheologie" oder die „Tradition" habe die Grundfrage der normativen Ethik, die diskursiv-philosophische Frage nach der Unterscheidung von „Gut und Böse", übergangen und durch Paränese ersetzt, ist deshalb fragwürdig.[4] Nicht nur wegen der unzulänglichen Methoden der Kritik, sondern auch weil man sich des Eindruckes nicht zu erwehren vermag, daß die „traditionskritischen" Moraltheologen selbst oft nur eine verkürzte, selektive und zum Teil auch schulbuchhafte Kenntnis eben dieser Tradition vermitteln.[5] Aber moraltheologische Handbücher sind nicht die Quelle der Moraltheologie; sie reproduzieren auch nicht den ganzen Reichtum, den Stand und das Entfaltungspotential der wissenschaftlichen Reflexion einer Zeit bzw. ihrer Tradition; sie wollen ja nur grundsätzlich immer überholbare und verbesserbare, vor allem aber für alle verständliche Kompendien für die Ausbildung von Seelsorgern sein, in denen ungelöste oder strittige Fragen oft ausgeklammert bleiben müssen. Die diskursive Begründung der normativen Grundlage der Ethik fällt des weiteren auch gar nicht spezifisch und ursprünglich der Disziplin „Moraltheologie" zu; sie gehört zunächst einmal zur philosophischen Ethik, deren Ergebnisse von der Moraltheologie vorausgesetzt und integriert werden. Man muß zugestehen, daß der Aufweis solcher Voraussetzungen und ihre Integration nicht immer genügend explizit war, und auch, daß nicht alle Moraltheologen über die gleiche philosophische Schulung und ein entsprechendes Problembewußtsein verfügen, was man aber eigentlich von ihnen verlangen zu können meint. Das hat auch dazu geführt, normative Aussagen, die nur der glaubenden Vernunft evident erscheinen, als Selbstverständlichkeiten vorauszusetzen, wobei sie jedoch in Wirklichkeit, d. h. vor dem Forum der philosophisch-reflektierenden Vernunft, gar nicht selbstverständlich sind, sondern vielmehr einer diskursiven Begründung bedürfen.

Man darf also nicht die oft bestehende Unzulänglichkeit dieser Handbücher bezüglich diskursiver Begründung der normativen Grundlage der Ethik zum Anlaß nehmen, um zu behaupten, der bisherigen Moraltheologie liege eine solche nicht zugrunde. Ebenfalls ist es nicht statthaft, fehlerhafte Versuche solcher Begründungen oder philosophische Defizite einzelner Autoren, Schulrichtungen oder auch einer Epoche einfach der „Tradition" anzulasten, umso mehr, als fehlerhafte oder provisorische Begründungen in jeder Wissenschaft vorzukommen pflegen und zumeist die Bedingung dafür bilden, Probleme tiefer zu unter-

---

nunft erkennen oder aber durch Offenbarung. Das ändert jedoch nichts an der Tatsache, daß dann eine diskursiv qualifizierte Handlungsweise eben theologisch auch noch als Verstoß gegen den Willen oder die Weisheit Gottes qualifiziert werden kann. Das hat *nicht nur* eine pärenetische Bedeutung, sondern stellt die entsprechende Handlungsweise theologisch in eine neue und tiefere Perspektive.

[4] Vgl. B. SCHÜLLER, Die Begründung sittlicher Urteile, a. a. O. S. 272: „Es hat den Anschein, daß die Tradition, obschon sie eine umfangreiche und detaillierte angewandte normative Ethik erarbeitet, die Grundfrage einer normativen Ethik trotzdem nicht eigens stellt und erörtert."

[5] So fehlt bei Schüller praktisch vollständig eine Auseinandersetzung mit Untersuchungen, die nicht dem Lehrbuch-Kontext zugehören, oder gar mit Thomas von Aquin. – F. BÖCKLE stützt sich in seiner Kritik der „Tradition" gar nur auf einen Autor, dem vielleicht in einem begrenzten Kontext eine tatsächlich, wie Böckle sagt, „entscheidende Stellung" und großer Einfluß zuzusprechen ist, nämlich A. Vermeersch (vgl. F. BÖCKLE, Natürliches Gesetz als göttliches Gesetz ..., a. a. O. S. 188).

suchen. In der Tat finden sich in unseren klassischen moraltheologischen Handbüchern Verstellungen und Lücken; wie jemand einmal gesagt haben soll, sind sie wie barocke Kirchen, deren ursprüngliche, schlichte und kraftvolle Struktur in mancher Hinsicht durch allerlei Stuckwerk und Verzierungen, im Laufe der Jahrhunderte beigefügt, überdeckt wurde.

Denn mit Bestimmtheit läßt sich heute sagen – und insofern ist Bruno Schüller Recht zu geben – daß im Laufe der Jahrhunderte die philosophische Reflektierung der normativen Grundlagen im Rahmen einer vorwiegend praxisbezogenen Moraltheologie zum Teil vernachlässigt und auch durch allerlei heterogene Einflüsse nicht immer glücklich beeinflußt wurde. Zu denken ist hier an so bekannte Einwirkungen wie diejenigen des Nominalismus mit seiner Tendenz zu einer legalistischen Betrachtung der Moral, des rationalistischen Jusnaturalismus der frühen Neuzeit, eine übertriebene, die normativen Grundlagenfragen überlagernde Kasuistik, usw.[6]

In den weitverbreiteten traditionellen Kompendien der Moraltheologie stößt man immer wieder auf das erstaunliche Phänomen von normativen Begründungen, die weit unter dem Niveau dessen liegen, was eigentlich – angesichts der dieser Moraltheologie zugrundeliegenden philosophischen Ursprünge – deren Möglichkeiten entsprechen würde. Das Interesse an solchen Begründungen und deren Notwendigkeit war eben, vor allem im pastoralen Kontext, dem diese Handbücher entstammen, relativ beschränkt. Diese Situation hat sich jedoch unterdessen grundlegend verändert: Es ist heute nicht nur ein wissenschaftliches, sondern, unter den Bedingungen neuer, durch den wissenschaftlich-technischen Fortschritt geschaffener Möglichkeiten und damit auch neuer moralischer Probleme in einer pluralistischen Zivilisation der Massenkommunikation gerade auch ein pastorales Anliegen, die normativen Grundlagen von Ethos und Moral transparent zu halten, nicht zuletzt auch deshalb, weil sich sittliche Selbstverständlichkeiten, Lebenszusammenhänge und entsprechende Evidenzen auflösen, sodaß sich die Auseinandersetzung zunehmend auf das Feld der grundlegenden normativen Begründungen jeglichen sittlichen Anspruchs erstreckt. Dieser Notwendigkeit kann sich, wie jeder weiß, die Moraltheologie nicht entziehen; und deshalb bedarf sie auch mehr denn je einer philosophischen Grundlegung ihrer spezifisch theologischen Aussagen, will sie vermeiden, daß sich diese letzteren selbst in einen zweifelhaften, nur philosophischen Diskurs auflösen.

Die katholische Moraltheologie war, so scheint mir, auf diese Aufgabe ungenügend vorbereitet, was sich gerade in der Frage der Empfängnisverhütung zeigte. Die argumentative Machtlosigkeit hat viele unter den begabtesten Moraltheologen den überstürzten Schluß ziehen lassen, die Kluft zwischen den von der Kirche gehaltenen sittlichen Ansprüchen und den zur Verfügung stehenden diskursiven Begründungsmöglichkeiten mache es notwendig, diese sittlichen Ansprüche selbst aufzugeben. Dieses Phänomen gleicht einer Kapitulation, die umso bedauerlicher ist, weil man dabei an fehlerhaften Deutungen, wie z. B.

---

[6] Die Kasuistik besitzt zweifellos, auch in anderen Bereichen, einen hohen heuristischen und didaktischen Wert; man muß deshalb sorgsam unterscheiden zwischen der legitimen, ja notwendigen Verwendung der Kasuistik in der Moraltheologie und einer abzulehnenden *kaususistischen Moral*. Im übrigen sei auf die immer noch gültigen Ausführungen von S. PINCKAERS, verwiesen: La nature de la moralité: morale casuistique et morale thomiste, in: S. Thomas d'Aquin, Somme Théologique, Les actes humains, 2, Renseignements techniques, Paris-Tournai 1966, s. 215–273.

Die Vernunft: Maßstab der Sittlichkeit 245

der naturalistischen Interpretation des Begriffes des Handlungsobjektes oder *finis operis* u. ä. festhielt, um auf ihnen eine neue normative Ethik aufzubauen. Die Aufgabe der philosophischen Ethik besteht jedoch heute m. E. darin, die vernachlässigten normativen Grundlagen der Moraltheologie neu aus ihren Quellen zu erarbeiten, denn es gibt keinen Grund, dafür einzustehen, daß, nachdem sich einige normative Begründungen als unzureichend oder noch gar nicht erarbeitet erwiesen haben, sich nun deshalb plötzlich das Selbstverständnis und die – gewiß hohen – Ansprüche der christlichen Moral ändern sollten.

Insbesondere gilt dies von der für das normative Fundament der Ethik entscheidenden Lehre über die maßstäbliche Funktion der Vernunft, die leider durch die heutige Kritik an der „Tradition" mehr verdeckt und in Vergessenheit geraten ist, als dies je zuvor der Fall war. Es handelt sich dabei um eine normative Funktion der Vernunft, die eben nicht nur einfach in der „Vernünftigkeit" besteht, dem, was im angeläschsischen Bereich als „reasonableness" bezeichnet wird, als ein „acting for the sake of reasons", ein vernünftig begründetes Handeln.[7] Die menschliche Vernunft, beruhend auf einem Intellekt, ist sowohl als anthropologische Größe, wie auch, im präzeptiven Urteil der praktischen Vernunft, als Akt die grundlegende Norm der Sittlichkeit; sie ist es, die den Unterschied von Gut und Böse konstituiert; nicht in „schöpferischer" Weise, sondern in einem partizipativen kognitiven Nachvollzug der „ordinatio" des Ewigen Gesetzes.

Es soll im Folgenden versucht werden, die maßstäbliche Funktion der Vernunft in ihren Grundzügen aufzuzeigen, ohne dabei auf eine detailliertere, auch historische Analyse einzugehen; sowie einige Konsequenzen für Grundprobleme normativer Ethik und die Begründung sittlicher Normen zu ziehen. Ich möchte mich dabei auf jene Aspekte beschränken, die dermaßen grundlegend sind, daß ihre praktische Bedeutsamkeit vielleicht nicht unmittelbar einsichtig wird. Dies vor allem, wenn von einer normativen Ethik sogleich die Begründung konkreter Handlungsnormen und Antworten auf aktuelle Probleme erwartet wird. Zudem impliziert die Lehre von der maßstäblichen Funktion der Vernunft, wie sie sich bei Thomas findet, auch ein Bild des Menschen, seiner Würde und des Sinnes seines Daseins, das vielleicht heute einige als praktisch wenig relevant betrachten mögen. Dennoch besitzt es diese Relevanz, und zwar in einer Weise, die dieses menschliche Leben in einem Sinnzusammenhang sieht, wie er in vielen zeitgenössischen ethischen Ansätzen verloren gegangen ist. Aber auch hier gilt der vielleicht auf ähnliche Einwände bezogene Satz von Aristoteles: „Sind erst die Grundlinien einer Sache vorhanden, so kann jeder daran weiter arbeiten und das einzelne nachtragen ..."[8]

---

[7] Vgl. z. B. die entsprechende Banalisierung der aristotelischen Lehre des „kata logon prattein" bei F. SIEGLER, Reason, Happiness, and Goodness, in: J. J. WALSH u. H. L. SHAPIRO (Hsg.), Aristotle's Ethics: Issues and Interpretations, Belmont, California 1967, S. 30–46. Dagegen hat gerade die angelsächsische Aristotelesinterpretation viel zur Wiederentdeckung der Lehre von der sittlich-konstitutiven Bedeutung des logos beigetragen.

[8] ARISTOTELES, Nikomachische Ethik, I, 7, 1098a 22–24. – Ein nicht weniger origineller als auch beachtenswerter Versuch, die Lehre von der Vernunftbestimmtheit des menschlichen Handelns (der „recta ratio") systematisch weiterzuentwickeln und zu formulieren, ist die Theorie des „first principle of morality" und seiner Auffächerung in acht verschiedene „modes of responsibility" bei G. GRISEZ, The Way of the Lord Jesus, Vol I: Christian Moral Principles, Chicago 1983, bes. S. 184 ff. und 205 ff.; siehe auch die noch weniger systematisierte Theorie der „Basic require-

5.1.2 Der Telos-Charakter der Vernunft

Beginnen wir damit, auf die grundlegende anthropologische Bedeutsamkeit der Vernunft als inventive Explikation des Intellektes hinzuweisen; wir sind zur Erfassung dieser Bedeutsamkeit durch eine Reflexion über Akt und Erfahrung der praktischen Vernunft und deren nachträgliche Integration in eine schöpfungs- und handlungsmetaphysische sowie anthropologische Interpretation gelangt. Dabei haben wir uns an die ursprüngliche Eigenständigkeit der praktischen Erfahrung gegenüber der Metaphysik gehalten; ebenso sind wir aber der Tatsache gerecht geworden, daß diese Erfahrung schlußendlich nur in einer metaphysischen und anthropologischen Interpretation vollständig erhellt zu werden vermag.

Im menschlichen Geist, und näherhin im Intellekt als „natürliches Licht", der seinsmäßigen Partizipation an der Intelligibilität des göttlichen Seins, finden sich, aufgrund eben dieser partizipativen Struktur und der Partizipation der göttlichen intellectualitas *als* intellectualitas, nicht nur die Spuren *(vestigia)* des Schöpfers, sondern seine *imago*. Der Intellekt als solcher besagt also bereits etwas über den Menschen, ja er besagt gewissermaßen das Fundamentale über ihn: Denn auch wenn dieser Intellekt oder genauer: die intellektive Seele, zugleich Form eines Leibes ist, so begründet er gerade durch seine Geistigkeit – seinen *imago*-Charakter – eine Rangordnung oder „Hierarchie" in der anthropologischen Struktur des menschlichen Suppositums. Der Intellekt ist seiner Natur nach auf die Erkenntnis von Wahrheit gerichtet, und das heißt: auf Gott hin, in dem alle Wahrheit gründet. Wir haben bereits gesehen, wie sehr Thomas in der *imago* die fundamentale Gottbezogenheit, das Auf-Gott-Verwiesensein des Menschen erblickt. Diese gründet, anthropologisch gesprochen, in der *intellectualitas* der menschlichen Seele; denn in ihr findet sich, wie gezeigt, eine formelle, d. h. nicht nur gleichnis- oder spurenhafte, Teilnahme an eben der göttlichen Seinsfülle in ihrer Intelligibilität.

Der menschliche Intellekt – und mit ihm die Vernunft als Entfaltung dieses Intellektes – und seine fundamentale Bezogenheit auf Wahrheit hin ist also nicht nur ein Erkenntnisorgan; sein eigentlicher Akt, die Erfassung und Schau der Wahrheit, besitzt selbst den Charakter eines *Telos* für das Tun und die Affekte des Menschen. Es konstituiert auch die letztliche Hinordnung der Menschheit als Gemeinschaft auf das ihr entsprechende *Bonum commune*.

Es handelt sich dabei nicht schon um theologische Aussagen oder gar um christliche Moraltheologie. Die Erkenntnis dieses *Telos*-Charakters der Vernunft ist eine philosophische Erkenntnis; insbesondere ist sie ein Erbe Platons und liegt sie der aristotelischen

ments of practical reasonableness" von J. FINNIS, Natural Law and Natural Rights, a. a. O., Part Two, V, S. 100 ff. Sowohl bei Grisez wie auch bei Finnis (siehe auch seine „Fundamentals of Ethics") fehlt jedoch eine, m.E. notwendige, Berücksichtigung dessen, was ich in der Folge „Telos-Charakter" der Vernunft nennen werde; an ihre Stelle tritt die Kategorie des „integral human fulfillment". Mir scheinen jedoch beide Kategorien vereinbar zu sein; denn letztere bezieht sich darauf, daß menschliches „fulfillment" *alle* Seinsschichten des Suppositums zum Gegenstand hat; erstere bezieht sich hingegen auf die Bestimmung der Vernunft als des *normativen Ordnungsprinzips* dieses „integral human fulfillment". Mir scheint, daß der Bedeutung dieser zweiten Frage bei Grisez und Finnis ungenügend Rechnung getragen wird und ihre Behandlung deshalb zu kurz kommt.

Ethik zugrunde; sie wurde auch von Thomas rezipiert, integriert in die neuplatonische Lichtmetaphysik und erst in ihrer Vollendung kann sie dann die Grundlage für die christliche Theologie einer die menschliche Natur erhebenden Teilnahme an der göttlichen Heiligkeit werden.[9]

Aristoteles bestimmt das Glück als das vollendete Gut des Menschen; dies müsse in der Tugend liegen, und diese besteht in der vollkommenen Tätigkeit gemäß dem vollkommensten „Seelenteil" des Menschen.[10] Diese Tätigkeit ist das intellektive Schauen der höchsten Wahrheit. Tugend ist demnach ein Leben gemäß der Vernunft, d. h. ein Leben, in dem alle Potenzen und Affekte des Menschen in dem Maße und in der Weise entfaltet werden, daß das „Werk" des Intellektes, die Schau der Wahrheit, nicht nur nicht behindert, sondern gefördet wird.

Während Platon, aufgrund einer dualistischen Anthropologie, aus diesem Grund noch von einem wünschenswerten „Tod des Philosophen" als die eigentliche Befreiung des Geistes aus den den Blick für die Wahrheit trübenden Fesseln der Sinnlichkeit sprach[11], so erblickt Aristoteles in der Erstellung einer vernunftgemäßen Ordnung in den ihrem Wesen nach nicht selbst vernünftigen Potenzen und Seelenkräften die fundamentale sittliche Aufgabe des Menschen.[12] Diese vernunftnormierte Ordnung in der Seele des Menschen als *hexis*, Habitus ist die sittliche Tugend. Thomas wird diese Lehre sich zu eigen machen: „Das Gut des Menschen, insofern er Mensch ist, besteht darin, daß die Vernunft zur vollkommenen Erkenntnis der Wahrheit gelange, und daß die untergeordneten Strebungen gemäß der Regel der Vernunft geordnet sind".[13] Thomas wird dann diese Tatsache

---

[9] Eine ausführlichere Untersuchung dieses Rezeptionsvorganges soll an anderer Stelle vorgelegt werden.
[10] Vgl. NE I, Kap. 5–6.
[11] Vgl. Phaidon 63e–69e. Die ehtische Grundfrage, die sich Platon stellt, lautet: „Aber wann erfaßt die Seele die Wahrheit?" (65b). Die Antwort lautet: „Ist es folglich nicht, wenn überhaupt irgendwo, im Akt des vernünftigen Denkens *(en tô logizesthai),* in dem ihr die Wahrheit der Dinge offenbar werden? Und sie denkt doch ohne Zweifel dann auf vollkomme Weise, wenn sie durch nichts gestört ist, weder durch das Gehör noch durch die Sehkraft, weder durch Schmerz noch durch Lust, sondern wenn sie sich vielmehr so sehr als möglich ganz auf sich zurückgezogen hat, sich vom Körper verabschiedet und, so sehr als möglich, sich seiner Begleitung und dem Kontakt mit ihm entzieht, um so sich auf das Seiende auszurichten" (66a). Platon denkt nicht nur dualistisch, sondern er macht ja auch bekanntlich keinen Unterschied zwischen spekulativer und praktischer Erkenntnis.
[12] Das ist die Grundlehre der Nikomachischen Ethik. Besonders deutlich sind einige Formulierungen in der heute, zumindest in ihrem Lehrgehalt, als aristotelisch anerkannten Großen Ethik (Magna Moralia): „In der Seele gibt es einen niederen und einen höherwertigen Teil; das Niedere ist jedoch immer um des Höheren willen da; so wie auch bei Körper und Seele der Körper um der Seele willen da ist. Und wir nennen den Körper genau dann ‚gut verfaßt', wenn er die Seele nicht daran hindert, sie vielmehr darin unterstützt und ermuntert, das ihr eigene Werk zu vollbringen; denn das Niedere ist auf das Höhere hingeordnet, um mit dem Höheren zusammenzuarbeiten. Wenn nun also die Leidenschaften den Verstand *(nous)* nicht daran hindern, das ihm eigene Werk zu vollziehen, dann wird dies das der rechten Vernunft *(orthos logos)* Gemäße sein" (Magna Moralia II, 10, 1208a, 13–21). Aristoteles denkt nicht mehr dualistisch; es geht nicht um die Loslösung von den leiblichen Bedingungen, sondern um deren gute Verfassung, um ihre Harmonie mit dem vernünftigen Teil. Diese gute Verfassung wird durch die sittliche Tugend bewirkt.
[13] De Virt. in comm., a.9: „Nam bonum hominis in quantum est homo, est ut ratio sit perfecta in

anthropologisch begründen: das Spezifische des Menschen ist seine *rationalitas*[14]; die vernunftbegabte Seele ist seine substantielle Form. Die Lehre von der maßstäblichen Funktion der Vernunft weitet sich damit zu einer anthropologischen These aus, wobei Thomas die aristotelische Lehre von der Hierarchie der Seelenteile[15] und der naturgemäßen Hinordnung der nichtvernünftigen Potenzen auf die Vernunft[16] übernimmt.

5.1.3 „Telos" und „imago", oder: Die Anforderungen des Menschseins

Wir ersehen, daß der Begriff der „Sittlichkeit" zurückbezogen werden muß auf den fundamentaleren Begriff des „bonum hominis in quantum est homo": Er ergibt sich aus der Frage, worin das Gute für den Menschen bestehe, das Gute, das ja das ist, wonach alles strebt, wobei wir die sich selbst genügende Erfüllung dieses Strebens „Glück" nennen. Daß wir alle in unserem Tun und Wollen auf ein „Gutes" streben und die auf dieser Grundlage reflex formulierbare „ratio boni" („bonum est quod omnia appetunt") ist ja gerade jene Tatsache, bei der die praktische Erfahrung anhebt und die Ethik ihren Ausgangspunkt besitzt. Und da das Gute immer ein gut-Scheinendes ist – alles was man erstrebt, erstrebt man unter dem Gesichtspunkt des Guten – so gilt es nun auszumachen, worin sich das *nur* gut Erscheinende vom wahrhaften Gut des Menschen unterscheidet; oder: unter welchen Bedingungen das in Wahrheit Gute auch als Gutes *erscheint*, oder umgekehrt: das als gut Erscheinende auch wahrhaft gut ist.

Der Begriff der Sittlichkeit, und dann auch der sittlichen Norm, ist also konstitutiv zurückbezogen auf den in der elementaren praktischen Erfahrung des Strebens aufscheinenden Begriff des Guten. Und zwar noch konkreter: auf den Begriff des „bonum hominis inquantum est homo", auf den Begriff des spezifisch menschlichen Guten und *für* den Menschen Guten. Weiter zurückfragen können wir nicht: denn es ist unmöglich für die Begründung einer Wissenschaft hinter die elementaren Erfahrungsbestände zurückzugehen oder diese begründen zu wollen. Ausgangspunkt auch der Ethik als Analyse des „in Wahrheit guten Strebens" (Sittlichkeit) ist die *Tatsache*, daß wir alle nach dem Guten, und näherhin dem wahrhaft Guten, dem Glück streben.[17] Wer dies bestreitet, versucht, gegen Evidenzen anzudenken.

---

cognitione veritatis, et inferiores appetitus regulentur secundum regulam rationis."
[14] Ebd.: „nam homo habet quod sit homo per hoc quod sit rationalis."
[15] Vgl. z. B. C. G. III, 129, Nr. 3015: „Secundum naturalem ordinem corpus hominis est propter animam, et inferiores vires animae propter rationem (...). Ex eo autem quod est ad aliud ordinatum, debet ei auxilium provenire, non autem aliquod impedimentum. Est igitur naturaliter rectum quod sic procuretur ab homine corpus, et etiam inferiores vires animae, quod ex hoc actus rationis et bonum ipsius minime impediatur, magis autem iuvetur: si autem secus acciderit, erit naturaliter peccatum."
[16] Vgl. z. B. I, q.81, a.3; I–II, q.56, a.4.
[17] Vgl. ARISTOTELES, NE I, 1098a 34–b4: „Man darf auch nicht unterschiedslos überall nach der Ursache fragen. Bei einigem genügt es vielmehr, das ‚Daß' gehörig nachzuweisen, wie auch bei den Prinzipien; das ‚Daß' ist ja Erstes und Prinzip. Die Prinzipien selbst aber werden teils durch Induktion erkannt, teils durch Wahrnehmung, teils durch eine Art Gewöhnung, teils auf noch andere Weise" (es handelt sich in allen Fällen um Formen diskursiv unableitbarer, also unmittelbarer Erfahrung).

Die Vernunft: Maßstab der Sittlichkeit

Die Vernunft ist also sowohl *Telos* als auch *regula;* d. h.: sie ist Regel, Norm, gerade und nur aufgrund der Tatsache, daß sie Telos ist. Das Ziel liefert den Maßstab, ist der Maßstab, und dieser vermittelt sich durch die Entfaltung der praktischen Vernunft dem menschlichen Handeln sowohl in seiner operativ-äußeren, wie auch in seiner inneren Form als Akte der Affekte (Sinnlichkeit) und des Willens.

Mit dem Aufweis des Telos-Charakters der Vernunft wird nicht eine Ethik begründet, die einziges Ziel oder sittlichen Inhalt des menschlichen Lebens in der Erkenntnis von Wahrheit erblickt. Der anthropologische und ethische Gehalt dieser Lehre ist viel tiefer und umfassender. Denn der Mensch ist ja fundamental ein *strebendes* Wesen: Er besitzt in seinem Willen eine naturhafte Hinneigung auf ein dieses Streben erfüllendes und sättigendes Gut. Zudem ist er in seiner Leiblichkeit von Neigungen erfüllt, die ihrerseits ihre Erfüllung suchen und als „Leidenschaften" die Seele affizieren. Der Mensch ist damit fundamental ein Wesen, das einen „pondus animae" auf das Gute hin in allen seinen möglichen Spielarten besitzt; er besitzt in seinen intellektiven und sinnlichen Neigungen einen „amor naturalis", der jedem Geschöpf in seiner Art zukommt. Der Mensch ist nun aber im strengsten Sinne ein Wesen, das auf *Lieben* hin angelegt ist. Nur handelt es sich dabei um eine Form von Liebe, die *ad imaginem Dei* geschaffen ist; sie ist geistiger Natur und geprägt von jenen Anforderungen der Partizipation am göttlichen Intellekt, durch die die *imago* konstituiert wird.

Der Aufweis des Telos-Charakters der Vernunft besagt also nicht einfach, daß „Sittlichkeit" in Erkenntnis von Wahrheit bestehe; sondern vielmehr, daß sie darin bestehe, in den Strebungen des Menschen, in seinem „Lieben", die Ansprüche seiner *imago* zu erfüllen, d. h. aufgrund seiner Geistigkeit und ihr gemäß zu streben.[18]

Der Intellekt mit seiner, im Sinne der Lichtmetapher, naturhaften Bezogenheit auf „Wahrheit", „Wirklichkeit", und das heißt auch letztlich: auf Gott als Grund aller Wahrheit und Intelligibilität, ermöglicht es dem Menschen, in seinem Streben den Ansprüchen und Erfordernissen des Menschseins – seiner Gottebenbildlichkeit – gerecht zu werden.

Es ist nun aber die natürliche Vernunft des Menschen, in der sich jene formelle Partizipation des Ewigen Gesetzes realisiert, die dem Menschen diese Selbstverwirklichung seines Menschseins ermöglicht. Der Mensch muß in seinem Tun und Wollen – Lieben – das Licht der Vernunft zum Leuchten bringen; denn dieses selbst und allein erhellt ihm die Ansprüche des Menschseins: Sein Ziel – Erkenntnis und Liebe Gottes – sowie die richtige Ordnung in seiner Seele, bzw. in den Potenzen seiner Seele oder zwischen Leiblichkeit und Seele. Zudem ist es nur dieses Licht der Vernunft, das den Menschen angemessen auf den „anderen" als ein in gleicher Würde und Bestimmung konstituiertes „Du" hinzuordnen vermag, eine Hinordnung, die Grundlage aller Gerechtigkeit und natürlicher Nächstenliebe ist.[19]

---

[18] Vgl. die frühere Bestimmung des „ordo rationis" in den menschlichen Strebungen oder Handlungen als Gegenstand der Ethik (Teil I., 1.5.8).
[19] Mit Absicht soll zwischen natürlicher Nächstenliebe und christlicher Nächstenliebe unterschieden werden; erstere gehört zum Felde der klassischen menschlichen *amicitia*, wie sie auch in der Nikomachischen Ethik des Aristoteles beschrieben wird, und ist Teil der Tugend der Gerechtigkeit, Grundlage und Band allen menschlichen Zusammenlebens. Die christliche Nächstenliebe (die biblische Gerechtigkeit) übersteigt bei weitem die Gerechtigkeitsforderungen rein men-

Der Aufweis des Telos-Charakters der Vernunft – oder der *imago* – macht also deutlich, daß der grundlegende Anspruch der Sittlichkeit, d. h. der sekundären, über die Natur hinausgehenden und sie vervollkommnenden *bonitas* des Menschen, darin besteht, alle Strebepotenzen im Menschen, Willen und Sinnlichkeit, so zu ordnen, daß sie demjenigen Guten folgen, das ihm durch die kognitive Kraft der natürlichen Vernunft allein zugänglich wird. Denn nur so überhaupt kann der Mensch, der nicht wie die unvernünftigen Geschöpfe durch Instinkte geführt ist, seiner personalen Autonomie gerecht werden: sich also in eigener *providentia* auf das Ziel hinführen, worin ja das sittliche Handeln besteht und weshalb die praktischen Urteile der natürlichen Vernunft auch *lex naturalis* genannt werden.

Diese Ordnung der Vernunft *(ordo rationis)*, die immer fundamental und zunächst eine *Hin*-Ordnung des Willens und der sinnlichen Potenzen auf die Vernunft bedeuten, damit diese ihre „herrschende", das heißt praktisch-imperative oder präzeptive, auf das Gute hinleitende Funktion auszuüben vermag, diese Ordnung muß der Mensch in seinen Strebungen selbst verwirklichen; das ist das Werk der sittlichen Tugenden, die Aristoteles deshalb einmal in prägnanter Weise als „Werkzeug des Verstandes" *(organon tou nou)* bezeichnet.[20]

5.1.4 Die Konstituierung des „sittlich-Guten" durch die Vernunft

Es liegt der gesamten, letztlich auf die tiefsten Erkenntnisse der griechischen Philosophie zurückgehenden, thomistischen Anthropologie und Ethik die Überzeugung zugrunde, daß der Mensch in seiner intellektiven Potenz ein untrügliches, natürlicherweise auf Wahrheit hingeordnetes und diese offenlegendes Licht besitzt, das, wenn es an dem ihm eigenen Akt nicht durch den Willen oder die Unordnung der sinnlichen Strebungen gehindert wird, dem Menschen das Gute in unfehlbarer Weise aufzeigt.

Einerseits und vor allem ist es der Wille, der den natürlichen Erkenntnisprozeß des menschlichen Intellektes an seiner Entfaltung oder praktischen Wirksamkeit hindern kann; denn der Wille besitzt auch über die Vernunft ein Imperium („Ich erkenne, weil ich will"[21]), sowie über sich selbst: er kann selbst das Wollen eines durch die Vernunft erkannten Guten nicht wollen. Da der Wille von Natur aus nur auf das eigene Gut ausgerichtet ist, bedarf er zu seiner Ausrichtung auf das „bonum divinum" und das „bonum proximi" (das Gut des Nächsten) einer habituellen Vervollkommnung, der Tugend der Gerechtig-

---

schlich-natürlicher Liebe; sie ist über die Gerechtigkeit hinaus Barmherzigkeit und damit nicht nur menschliche Liebe, sondern Abbild der göttlichen Liebe zu den Menschen, die sich in Jesus Christus offenbart und weit über das nach menschlichen Gesichtspunkten Forderbare hinausgeht. Die Unterscheidung ist meines Erachtens unverzichtbar, auch um die Kategorie der „Heiligkeit" in der christlichen Moral nicht durch Banalisierung zu zerstören, wie das leider in der heutigen Moraltheologie nicht selten der Fall ist.

[20] Vgl. Eudemische Ethik VIII, 2, 1248a, 40: „hê gar aretê tou nou organon."
[21] „Intelligo enim quia volo" (De Malo, q.6, a. un.).

Die Vernunft: Maßstab der Sittlichkeit

keit²²; und zwar der eigentlichen Gerechtigkeit, wie sie unter Menschen, aufgrund ihrer fundamentalen Gleichheit, möglich ist, sowie einer nur uneigentlichen, wie sie die „ungleiche" Beziehung des Menschen zu Gott auszeichnet, d. h. der Tugend der *religio,* die Gott das an Dankbarkeit, Verehrung und Liebe entgegenbringt, was ihm als Schöpfer zusteht, aber so, wie es der Mensch aufgrund seiner inferioren Stellung als Geschöpf vermag.²³ Fehlt diese habituelle Vervollkommnung des Willens, so wird der Mensch nur gegen das naturhafte Wollen und Vorziehen des eigenen Gutes den von der Vernunft erkannten Forderungen der Gerechtigkeit folgen und sich früher oder später eine habituelle Unordnung in seinem Willen aneignen: Die Bosheit – *malitia* – des Willens oder das Laster der Ungerechtigkeit.²⁴

Äußerungen der Ungerechtigkeit und selbst wieder deren induzierende Faktoren sind beispielsweise Phänomene wie diejenigen der Habsucht, des Neides, der Eifersucht, des Stolzes oder „Hoffart", die alle in irgend einer Weise das Gut des Nächsten, so wie es der Vernunft gemäß erkannt und geliebt werden müßte, als eigenes Übel erfahren lassen und insofern das Urteil der Vernunft selbst verkehren und zerstören; das Licht der Vernunft kann sich durch diese Unordnung des menschlichen Willens verdunkeln und seiner Kraft weitgehend verlustig gehen, und zwar nie ohne eigenes Verschulden.

Andererseits und weniger subtil, also offenkundiger, aber nicht weniger wirksam vermag die Vernunft durch die Unordnung der Sinnlichkeit oder der Leidenschaften im Vollzug ihres Erkenntnisaktes gestört und gehindert werden. Und dies, weil die Vernunft nie ohne Hilfe der sinnlichen Potenzen zu erkennen vermag, und diese deshalb durch ungeordnete Neigungen den Akt der Vernunft zu beeinflussen vermögen. Die sittliche Tugend bezüglich der sinnlichen Antriebe des Menschen besteht gerade darin, diese nicht zu unterdrücken oder auszuschalten, sondern sie in der Weise zu ordnen, daß sie die Vernunft in ihrem Akt nicht behindern, sondern unterstützen, also gerade *als* sinnliche Antriebe den Menschen zum Guten leiten. Erst in dieser Vollkommenheit besteht die Vollkommenheit der Tugend, gemäß den Worten des Psalms 83: „Mein Herz und mein

---

²² Vgl. I–II, q.56, a.6.
²³ Erst die übernatürliche Gerechtigkeit, die auf der Gnade beruht und formell in der Tugend der *caritas* besteht, besitzt auch den Charakter vollkommener Gerechtigkeit, weil sie auf der durch die Gnade (eine übernatürliche Partizipation der göttlichen Natur) geschaffenen gewissen Gleichheit oder Freundschaft des Menschen mit Gott beruht.
²⁴ Während der philosophisch-ethische Begriff der „malitia" einem Habitus des Willens, also einem Laster oder habituellen Hinneigung zum Bösen, entspricht, so meint der theologische Terminus der „malitia" als eine der vier als Folge der Erbsünde im Menschen bestehenden *vulnus naturae* den Zustand der auf sich selbst zurückgefallenen oder sich selbst überlassenen Natur *(natura sibi relicta)*. Diese malitia, insofern sie als „Wunde der Natur" infolge der Erbsünde betrachtet wird, meint nicht die habituelle Bosheit des Willens aufgrund eines Lasters, sondern vielmehr gerade das, philosophisch analysierbare, ursprüngliche und natürliche Fehlen einer habituellen Hinordnung des Willens auf das Gut des Nächsten und das Gut Gottes, wodurch der Mensch eine natürliche Bereitschaft und Leichtigkeit zur Bevorzugung des eigenen Gutes besitzt; diese Bereitschaft ist, was wir die grundlegende Tendenz des Menschen zu Hochmut und schlechter Eigenliebe nennen. Sie kann aber nur theologisch als „Wunde" der Natur bezeichnet werden, das heißt, hinsichtlich des historisch ursprünglichen Zustandes einer durch außernatürliche Gaben vervollkommneten *natura integra,* die sich durch den als Gabe verliehenen Besitz aller Tugenden kennzeichnet. Die Hilfskonstruktion einer *natura pura* ist dabei überflüssig und verwirrend (vgl. auch unten, 5.1.9).

Fleisch lobpreisen den lebendigen Gott", wobei man das „Herz" als den Willen und das „Fleisch" als die Leidenschaften oder die Sinnlichkeit verstehen kann.[25]

Somit besteht also das Kriterium für das sittlich Gute bezüglich den Akten des Willens und denjenigen der sinnlichen Antriebe, die, insofern sie menschliche Akte sind, immer einem Imperium des Willens unterliegen, darin, daß diese Akte der Vernunft entsprechen, und das heißt: Den Akt der Vernunft nicht behindern oder zerstören, ja ihn unterstützen, und dem, was die Vernunft als das von ihr erkannte Gute vorlegt, folgen.[26] Das *secundum rationem vivere* impliziert also eine ganze Anthropologie und Erkenntnismetaphysik und kann überhaupt nur auf deren Hintergrund verstanden werden.

Es handelt sich dabei näherhin um eine Anthropologie, die den Menschen in seiner unvergleichlichen Würde als intellektives Wesen *ad imaginem Dei* sieht, und versteht, was das in allen Konsequenzen bedeutet. Die personale Autonomie des Menschen ist gebunden, steht und fällt, mit der Freiheit, in der die Vernunft ihre Funktion als intellektives Licht auszuüben und ihre Ansprüche in allen Handlungen und Affekten des Menschen geltend zu machen vermag. Durch dieses Licht der Vernunft, eine formelle Teilhabe am Ewigen Gesetz, vermag der Mensch in allen seinen Handlungen und Strebungen, und letztlich also in allen Formen der von ihm vollzogenen Liebe, der Wahrheit seines eigenen personalen Seins zu entsprechen und sich damit selbst als Mensch und in seiner Menschlichkeit zu verwirklichen.

5.1.5 Drei Aspekte der maßstäblichen Funktion der Vernunft

Ist einmal die wahre Natur des menschlichen Intellektes und seiner Stellung im Gesamtgefüge des menschlichen Suppositums erkannt, so wird auch einsehbar, daß die Vernunft in fundamentaler Weise *Maßstab* für das sittlich Gute ist. Sie ist es, aufgrund des bisher Gesagten, in dreierlei Weise: *Erstens* als Telos, d. h. als Ziel des menschlichen Lebens überhaupt, das in der allein durch die intellektiven Potenzen des Menschen (Intellekt und Willen) ermöglichten Erkenntnis und Liebe der Wahrheit (bzw. Gottes, die Wahrheit per essentiam) besteht; wobei der Intellekt das „Licht" des Willens ist, da dieser nur zu erstreben vermag, was ihm vom ersteren vergegenständlicht wird. *Zweitens*, und beruhend darauf, ist der Intellekt oder die Vernunft Maßstab, weil der freie, ungehindert und unverfälschte Vollzug seines Aktes das Kriterium für die Ordnung der übrigen Seelenpotenzen

---

[25] Vgl. I–II, q.24, a.3: „... ad perfectionem boni moralis pertinet quod homo ad bonum moveatur non solum secundum voluntatem, sed etiam secundum appetitum sensitivum; secundum illud quod in Psalmo 83, 3 dicitur: ‚Cor meum et caro mea exultaverunt in Deum vivum', ut ‚cor' accipiamus pro appetitu intellectivo, ‚carnem' autem pro appetitu sensitivo."

[26] Vgl. z. B. die oben zitierte Stelle aus C. G. III, 129, Nr. 3015: „Est igitur naturaliter rectum quod sic procuretur ab homine corpus, et etiam inferiores vires animae, quod ex hoc actus rationis et bonum ipsius minime impediatur, magis autem iuvetur; si autem secus acciderit, erit naturaliter peccatum. Vinolentiae igitur et commessationes; et inordinatus venereorum usus, per quem actus rationis impediatur; et subdi passionibus, *quae liberum iudicium rationis esse non sinunt*, sunt naturaliter mala." Man könnte eine Fülle von Beispielen, auch aus der II–II. anführen, in denen dieses Argument ausschlaggebend ist.

Die Vernunft: Maßstab der Sittlichkeit

liefert; in dieser Ordnung, durch die den sinnlichen Potenzen gewissermaßen das „Siegel" der Vernunft eingeprägt wird, besteht die sittliche Tugend.[27] Die Vernunft ist demnach auch innerhalb des Gefüges des Suppositums selbst Telos: Telos nämlich jener nichtvernünftigen Strebepotenzen, die jedoch, durch die Tugend, partizipativ an dieser Vernünftigkeit teilhaben können. *Drittens* schließlich ist die Vernunft – aufgrund ihres Telos-Charakters – Maßstab, weil sie allein, jedoch eingebettet in die vernunftgeordneten Strebungen, durch sie unterstützt oder zumindest nicht behindert, in ihren praktischen Urteilen, handlungsregulative präzeptive *dictamina* zu formulieren vermag, die der Wahrheit des menschlichen Seins als praktische Wahrheit entsprechen und ihn auf sein Ziel hinordnen.[28]

In prägnanter Weise hat J. de Finance diese konstitutive und maßstäbliche Funktion der Vernunft auf den Begriff gebracht[29]: Die Vernunft besitzt nicht einfach eine deklarative Aufgabe; sie beschränkt sich nicht darauf, dem Wollen eine vorgegebene sittliche Ordnung zu präsentieren. Vielmehr ist die Vernunft selbst eine Voraussetzung für die Konstituierung der sittlichen Ordnung; d. h. die von der Vernunft geschaffene Ordnung ist nicht einfach „Nachvollzug" einer gegenständlichen Seinsordnung, sondern diese Ordnung selbst ist durchformt und gebildet aufgrund eines konstitutiven Bezugs zur Vernunft selbst.[30] Dies ist Ausdruck einer Autonomie, die wir *personale Autonomie* genannt haben. Diese *konstitutive* Bedeutung der Vernunft wird in ihrer ethisch-anthropologischen und damit auch normativen Tragweite in der autonomen und der teleologischen Ethik völlig verkannt und auf reine „reasonableness" reduziert.

Wie bereits in Teil I (1.4 und 1.5) gezeigt wurde, präsentiert die praktische Vernunft weder eine vorgegebene notwendige Seinsordnung, noch ist sie ein Reflexionsakt über ein

---

[27] Vgl. De Virt. in comm., a. 9: „... virtus appetitivae partis [= virtus moralis], nihil est aliud quam quaedam dispositio, sive forma, sigillata et impressa in vi appetitiva a ratione." Andere Formulierungen: C. G. III, 121, Nr. 2944: „Virtus autem in hoc consistit, quod tam interiores affectiones, quam corporalium rerum usus, ratione regulentur." I–II, q.59, a.4: „Virtus moralis perficit appetitivam partem animae ordinando ipsam in bonum rationis. Est autem bonum rationis id quod est secundum rationem moderatum seu ordinatum."

[28] Daß es hier zunächst den Anschein macht, als konstituiere sich ein Zirkel, ist natürlich auch Thomas nicht entgangen (vgl. In VI Ethic., lect. 6, Nr. 1131). Der Zirkel wird jedoch aufgelöst durch die Tatsache, daß die Ziele des Menschen von Natur vorgegeben sind, d. h. im Akt der Erfassung der ersten Prinzipien ein *naturaliter cognitum* darstellen. Der Prozeß der Bildung der sittlichen Tugenden ist allerdings komplex und *nicht* spontan; erfahrungsgemäß bedarf er der Unterstützung durch erzieherische Hilfen, Vorbilder, Unterweisung und vor allem der liebenden und verständnisvollen, aber auch führenden Hinleitung zur Tugend. Das ist übrigens der Grund, weshalb Thomas die menschliche Fortpflanzung gerade nur in der Ehe als der menschlichen Würde entsprechend garantiert erblickt und die Ehe als Grundlage der Fortpflanzung deshalb zu den Präzepten des Naturgesetzes zählt. Siehe dazu M. RHONHEIMER, Sozialphilosophie und Familie. Gedanken zur humanen Grundfunktion der Familie, in: B. SCHNYDER (Hsg.), Familie – Herausforderung der Zukunft, Freiburg/Schweiz 1982, S. 113–140.

[29] J. DE FINANCE, Autonomie et Théonomie, in: L'Agire morale, a. a. O., S. 239–260.

[30] Ebd., S. 244: „En parlant d'un ordre constitué par la raison, nous entendons que celle-ci ne joue pas seulement un rôle *déclaratif*, que sa fonction de règle prochaine ne se borne pas à proposer au vouloir un ordre moral déjà donné comme tel. Son rôle va beaucoup plus loin (...) Au contraire, la raison est le présupposé de l'ordre moral (...)."

solches spekulatives Urteil, im Sinne eines Urteils: „Was ich (spekulativ) als wahr erkannt habe, soll nun verwirklicht werden." Die von der praktischen Vernunft, in einem präzeptiven Urteil, erkannte – ich betone *präzeptiv* erkannte, d. h. „vorgeschriebene", im Sinne einer ordinatio rationis konstituierte – Ordnung ist selbst von dieser praktischen Vernunft durchformt und besitzt ohne Bezug auf sie gar keine moralische Konsistenz[31], sondern verbliebe im „genus naturae" (so etwa die Erfassung der Akte und Ziele der natürlichen Neigungen durch die ratio naturalis: in dieser „apprehensio" ist der Bezug zur Vernunft für ihre Erfassung als bona humana bereits konstituierend); diese Konstituierung des praktischen (moralischen) Objektes oder des Objektes der praktischen Vernunft ist dabei selbst eine „objektive" Größe[32], d. h. sie hängt konstitutiv ab von der Natur der menschlichen Vernunft, oder von der „inclinatio ad bonum secundum naturam rationis".[33] Nie darf das vergessen werden, wenn man vom „Objekt" einer Handlung, bzw. davon spricht, was man geläufigerweise „finis operis" nennt.

De Finance weist weiter auf den Grund hin, weshalb die menschliche Vernunft überhaupt diese Kraft und Autorität besitzt: weil sie Partizipation der göttlichen Vernunft ist, und demzufolge auch unsere Autonomie *partizipierte* Autonomie ist. Deshalb kann man sagen: Nicht weil die Vernunft eine menschliche Vernunft ist, ist sittlich gut, was ihr entspricht; sondern weil der Mensch vernünftig ist – also eine Partizipation der göttlichen Vernunft in sich trägt – deshalb ist die Konformität mit der Vernunft auch ein menschliches Gut, d. h. definiert sie das menschlich Gute schlechthin.[34] Das menschliche Gute ist also nicht einfach das durch die Vernunft eruierte jeweilige Gute aufgrund irgendwelcher argumentativer Verfahren (z. B. Güterabwägung); sondern das menschlich Gute ist das *bonum rationis,* das in der Vernunft liegende, ihrer Natur und Finalität entsprechende und durch sie natürlicherweise erkannte Gut.

An dieser Stelle kann bereits, spätere Ausführungen vorwegnehmend, Folgendes angemerkt werden: Der thomistischen Tugendethik liegt, vor allen anderen praktischen Urteilen, bereits eine für den Begriff des sittlich Guten konstituierende „Güterabwägung" und

---

[31] Ebd., S. 244: Die spekulative Erkenntnis ist die Erfassung eines „Vorgegebenen". „Tandis que l'ordre posé par la raison pratique n'a de sens et de consistance que par rapport à elle et c'est en cela que son rôle est ici constituant. Elle entre dans la formalité de son objet."
[32] Ebd., S. 245: Das praktische Urteil „a un contenu objectif, c'est-à-dire différent de cet acte *(bonum et malum sunt in rebus),* mais ce contenu contient lui-même une relation à ma raison par elle, à travers elle, au delà d'elle, à l'horizon sur lequel elle s'ouvre et auqel elle se rapporte en tant que raison", d. h. auf die universale, intelligible Wahrheit, und damit letztlich auf Gott sowie in besonderer Weise auf das „Du", in dem sich ebenfalls die *imago* Gottes befindet, eine imago, die sich fundamental in der Erfahrung sprachlicher Kommunikation offenbart, durch die wir Zugang zur Innerlichkeit, zur *mens* des Mitmenschen haben. – Die treffenden Formulierungen von De France zeigen, wie sehr bei Thomas zugleich die Ansprüche der Eigenheit der praktischen Vernunft als konstitutiver und der Begründung aller moralischer Objektivität in der Seinswirklichkeit gewahrt bleiben: Aber die Seinswirklichkeit ist nicht einfach eine der erkennenden Vernunft „gegenständliche" Ordnung; zu ihr gehört die praktisch erkennende Vernunft selbst. Sie ist letztlich die Gesamtheit der Wirklichkeit des menschlichen Suppositums, das sich als moralische Größe erst durch den Akt der praktischen Vernunft konstituiert.
[33] I–II, q.94, a.2.
[34] De Finance, a. a. O. S. 246.

"Teleologie" zugrunde, die den Begriff einer unantastbaren menschlichen Würde begründet: Das menschliche Gute liegt im *bonum rationis*, im Leben gemäß und aufgrund der Vernunft, und damit in der Verwirklichung seiner *personalen* Autonomie. Keine „Folgen" seines Handelns können gegenüber der Folge, die eigene Würde zu verlieren, ins Gewicht fallen. Die Behauptung der teleologischen Ethiker, die thomistische Tradition denke deontologisch, sie behaupte also, es gebe Handlungen, die ohne Berücksichtigung ihrer Folgen als immer schlecht bezeichnet werden können, erweist sich als falsch. Das einzige, was aufgrund der Prinzipien Thomas gilt, ist, daß die eine Folge, daß der Mensch nämlich seine ihm eigene und der *imago* entsprechenden Würde verliere, aller *nachfolgenden* Güterabwägung entzogen und zur unantastbaren Grundbedingung für die Sittlichkeit der Handlung überhaupt erklärt wird. Eine Handlung ist eben genau dann *intrinsece mala*, das heißt *immer* schlecht, wenn sie zur *Folge* hätte, daß der Mensch seine unverzichtbare und grundlegende Würde durch ihren Vollzug verlieren würde. Die Behauptung teleologischer Ethiker, die sogenannte deontologische Ethik – die es ja in der definierten Form gar nicht gibt – qualifiziere einzelne Handlungen unter Absehung ihrer Folgen, kann nur durchgehalten werden, wenn der Begriff der Folge selbst in ungebührlicher Weise eingeschränkt und nur noch abstrakt über „Güter" und „Werte" gesprochen wird, der Mensch in seiner anthropologischen Konstitution jedoch dem Gesichtsfeld der ethischen Analyse entschwindet.

5.1.6 „Autonomie" und „Theonomie" der Vernunft

Die Vernunft besitzt also in ihrer Eigenart als Partizipation der göttlichen Intellektualität selbst eine „axiologische Consistenz".[35] Die ganze Kraft der menschlichen Vernunft liegt in der Tatsache, daß sie keine „autonome" Regel oder Norm ist, sondern ihre regulierende Kraft „von außen" empfangen hat, diese aber, als partizipierte und empfangene Normativität, gerade *in sich* trägt. So ist sie eine *norma normata*, eine abgeleitete – partizipierte – Vernunft. Die personale Autonomie des Menschen beruht also auf der Tatsache, daß der Mensch Geschöpf ist, daß er also im konstitutiven Sinn gerade *nicht* autonom ist, weil das Gesetz, das seine personale Autonomie begründet, das – partizipierte – ewige Gesetz selbst ist.

Diese Partizipation ist, um es nochmals zu sagen, eine seinsmäßige Teilhabe am göttlichen Erkenntnislicht oder dem Ewigen Gesetz. Es handelt sich als um eine „raison dans l'Etre"; als solche vermag sie die Anforderungen des menschlichen Seins selbst zu formulieren, denn sie ist selbst seinsmäßiger Bestandteil und zwar normativer, um mit Aristoteles zu sprechen: *herrschender* Teil des menschlichen Suppositums, und deshalb selbst vor allem jener „Natur" zugehörig, die das dem Menschen „Naturgemäße" definiert.

Deshalb ist die menschliche Vernunft, als natürliches Erkenntnislicht, in die göttliche Vernunft „eingelassen"; und sie ist auch, in ihrer Intentionalität, von der Intentionalität der göttlichen Vernunft oder des Ewigen Gesetzes geprägt. Gerade *als* solche, und nicht als aus dem Bereich der göttlichen Vernunft „freigelassene" oder unabhängige, besitzt sie

[35] Ebd., S. 247.

ihre Autonomie. Sie drückt, wenn sie ungehindert als Vernunft wirksam wird, die tiefsten Ansprüche des menschlichen Seins aus und partizipiert somit in effektiver und formeller Weise an der nomothetischen Funktion der göttlichen Vernunft: „Unsere Autonomie ist in uns Ausdruck einer Ontonomie, welche in der metaphysischen Reflexion als Theonomie erkannt wird".[36] Deshalb kann man nun mit vollem Recht, ohne in einen Anthropomorphismus zu verfallen oder ihm auf ebenso anthropomorphe Weise entgehen zu wollen, sagen: „Gott gibt uns sein Gesetz nicht nach der Weise eines äußeren Gesetzgebers, dessen Anordnungen, um uns wirklich zu binden, bereits eine konstituierte Ordnung des Sollens zur Voraussetzung hätte: er gibt uns sein Gesetz, indem er uns die Vernunft gibt".[37] Die menschliche Autonomie ist deshalb eine „Vermittlung der Theonomie" („médiation de la théonomie")[38]; daraus wird auch deutlich erkennbar, daß die Theonomie als solche nicht einfach nur als „Begründung" menschlicher Autonomie angesehen werden kann; die menschliche Autonomie *ist* vielmehr Theonomie, und in der Theonomie muß auch ihre Vollkommenheit gesehen werden. Andere Formen der Vermittlung der Theonomie, wie die Offenbarung oder die, als solche Vermittlung autorisierte, Unterweisung durch das kirchliche Lehramt, sind demnach keine Einschränkungen menschlicher Autonomie, sondern deren Potenzierung und Vervollkommnung.

Wird also gesagt, die Vernunft sei Maßstab des Sittlichen, so stehen wir vor einer Aussage voller metaphysischer und anthropologischer Implikationen. Eine Ablösung der Lehre über die maßstäbliche Funktion der Vernunft von ihrem metaphysischen und anthropologischen Fundament würde sie schließlich unverständlich und zu einer bloß formalen Strukturaussage, für die normative Ethik also letztlich zu einer Leerformel werden lassen.[39] Die Lehre von der maßstäblichen Funktion der Vernunft beruht auf einer Metaphysik und Anthropologie, die allerdings selbst, wie im ersten Teil gezeigt wurde, eine reflektive, nachträgliche Interpretation der ursprünglichen Erfahrung der praktischen

---

[36] Ebd., S. 251.
[37] Ebd., S. 252. De Finance betont übrigens richtig (S. 258), daß deshalb das sittliche Sollen *nicht* die explizite Erkenntnis Gottes zur Voraussetzung habe. Anderseits ergibt sich aus dieser Position auch, daß jede Sünde eine intrinsische Beziehung zu Gott besitzt, also eine Beleidigung Gottes ist, weil sie eine Nicht-Anerkennung seiner imago bedeutet und die von Gott gestiftete Partizipation am Ewigen Gesetz mißachtet (es gibt demnach kein „peccatum philosophicum"). Darin liegt letztlich die Wahrheit der Würde des Gewissens begründet, und auch, daß man nie gegen das Gewissen, aber auch nicht mit einem zweifelnden oder nicht genügend sorgfältig gebildeten, also schuldhaft irrenden, Gewissen handeln darf.
[38] Ebd.
[39] Dies wird deutlich bei MERKS, a. a. O.; z. B. S. 295: Nicht mehr die *ratio* wird zum Maßstab erklärt, sondern die „Rationalität", d. h. die bloße Tatsache der vernünftig-diskursiven Begründung von Normen, was, nach Merks, in inhaltlicher Hinsicht nur das menschliche Gesetz zu leisten vermag. Vgl. ebenfalls S. 297: „Das ‚bonum secundum rationis' ist grundlegend zunächst die Rationalität selbst (...). Der Mensch strebt natürlicherweise nach vernünftiger Existenz, und so ist denn die Vernunftregelung des Handelns als solche das grundlegende ‚bonum' dem die ratio spontan zustimmt und das sie spontan ratifiziert als die Bejahung ihrer selbst." Ebenso problematisch scheint mir die Interpretation von Bruno SCHÜLLER zu sein, der den Begriff der *recta ratio* in den Bereich der Metaethik (metaethischer „Kognitivismus") verlegen möchte. Auf den Bereich normativer Ethik angewandt würde dann der Verweis auf die ratio einer Leerformel gleichen, die selbst nichts über das „Vernunftgemäße" aussagt; vgl. Die Begründung sittlicher Urteile, a. a. O. S. 161f.

5.1.7 Die Notwendigkeit einer operativen Konkretisierung der praktischen Vernunft

Es soll nicht gesagt sein, daß damit die Lehre von der normativen, maßstäblichen Funktion der Vernunft abgeschlossen sei. Im Gegenteil: Entscheidend ist ja nun, wie sich diese bis hin auf das konkrete Handeln zu erstrecken vermag; d. h., wie das auf der Ebene der Präzepte der „lex naturalis" universal erfaßte Gute bis hin auf das Gute „hic et nunc" vermittelt und in der Kontingenz des konkreten Handelns bestimmt zu werden vermag.

Das ist die Aufgabe der *recta ratio agibilium* oder der Klugheit, deren Wahrheit eine praktische Wahrheit ist; d. h. sie konstituiert sich als die Übereinstimmung des im Handeln Gewollten, oder des dieses (elektive) Wollen prägenden letzten praktischen Urteils, mit der Richtigkeit des Zielstrebens. Die Richtigkeit dieses Zielstrebens ist ein Werk der lex naturalis; das Handeln selbst ist durch dieses Zielstreben niemals eindeutig festgelegt, denn die Materie des Handelns ist kontingent. Verschiedene, *aber nicht beliebige*, Handlungsmöglichkeiten können unter die gleiche „Zielrichtigkeit" fallen.

In der Vermittlung des universalen praktischen Urteils der Vernunft auf die Ebene konkreter, handlungsauslösender Urteile, in der operativen Konkretisierung des in universali als gut (oder schlecht) Erkannten also, kommt die maßstäbliche Funktion der Vernunft zu ihrer Vollendung und wird sie auch unmittelbar handlungsrelevant und wirksam. Darauf soll nur hingewiesen werden. Die Lehre von der Klugheit darzustellen, würde den Rahmen dieser Untersuchung sprengen, in der es ja um den Begriff des Naturgesetzes geht, d. h. des universalen Gesetzes der praktischen Vernunft. Einige Fragen, die die Problematik der operativen Konkretisierung durch die sogenannten „Mittel" („ea quae sunt ad finem") betreffen, werden jedoch noch zur Sprache kommen (Kap. 7.2). Es handelt sich dabei um die Frage, ob durch die Kontingenz des Handelns die Geltung universaler Präzepte des Naturgesetzes in irgend einer Weise eingeschränkt wird oder ob nicht in allen Fällen, auch unter den Bedingungen der „nur" praktischen Wahrheit, das Naturgesetz seine uneingeschränkte Gültigkeit beibehält. Dies ist wichtig für die Beantwortung der Frage, ob es aufgrund des Naturgesetzes Handlungsweisen gibt, die man objektiv, und d. h. auch universal oder in allen Fällen, als in sich sittlich gut oder in sich schlecht bezeichnen kann.

---

[40] Das ist ja auch der Hauptgrund dafür, weshalb in einer solchen Methodik der naturalistische Fehlschluß ausgeschlossen bleibt. Das anerkennt im Prinzip auch völlig richtig B. Schüller (a. a. O. S. 160, Anmerkung 11); ich würde allerdings nicht, wie Schüller, formulieren, die Anthropologie gründe in der Ethik bzw. die Moraltheologie in der Dogmatik; sondern: die anthropologische und metaphysische Vertiefung oder Ausweitung der Ethik beruht auf der reflektiven Interpretation einer ursprünglich praktischen Selbst-Erfahrung. Metaphysik (und Dogmatik) konstituieren sich jedoch unabhängig von dieser praktischen Erfahrung; nicht jedoch die philosophische Anthropologie.

5.1.8 „Verdunkelung", bzw. „Zerstörung" des Naturgesetzes

Die Einordnung der Lehre vom Naturgesetz in die allgemeinere Bestimmung des sittlichen Handelns als vernunftgemäßes Handeln verschafft auch Klärung darüber, was Thomas meint, wenn er von einer „Zerstörung" des Naturgesetzes oder seiner Verdunkelung spricht.

Allgemein läßt sich sagen, daß die lex naturalis in dem Maße im Menschen zum Tragen kommt, und d. h. auch ihre ganz präzeptive, handlungsleitende Kraft zur Entfaltung zu bringen vermag, in dem sich in einem Menschen die Tugenden entwickeln, d. h. das Streben der Vernunft gemäß geordnet ist. Im Falle des Tugendhaften nehmen ja die sinnlichen Strebepotenzen und der Wille an der ordinatio rationis teil, unterstützen diese und lassen die natürliche Vernunft ihre ganze praktisch-kognitive Wirksamkeit entwickeln. In umgekehrter Weise ist es das Laster, die habituelle Unordnung und Verkehrung der Strebungen also, welches die „lex naturalis" im Menschen zum Verdunkeln bringt.

Thomas behandelt diese Frage bekanntlich im Artikel 6 der Quaestio 94 von I–II: Die ersten und allgemeinsten „principia communia" können, in ihrer universalen Geltung, niemals aus dem „Herzen" des Menschen ausgelöscht werden; wohl sei es aber möglich, daß ihre Anwendung im konkreten Fall durch appetitive Einflüsse oder eine Leidenschaft gehindert werde. Was die übrigen, die aufgrund von „inventio" gefundenen sekundären Prinzipien betrifft, so können sie, d. h. ihre kognitive Präsenz, tatsächlich aus dem Herzen des Menschen ausgelöscht werden. Sei es durch falsche, aber rein intellektuelle Überzeugungen, also kognitive Fehlhaltungen, wie sie auch in der spekulativen Erkenntnis vorkommen können; oder aber durch schlechte Sitten, Gewohnheiten oder Laster.[41]

Damit erweist sich, daß es sich bei der Verdunkelung oder Zerstörung der lex naturalis im Menschen um dasselbe Geschehen handelt, das sich in der habituellen Zerstörung des „ordo rationis" durch das Laster vollzieht. Beide Themenkreise behandeln denselben Gegenstand aus einem je anderen Blickwinkel; es zeigt sich einmal mehr, daß die Themen „Naturgesetz", „sittliche Tugend" und „recta ratio" bei Thomas eine sachliche Einheit bilden.

Ebenfalls kann das Naturgesetz im verschiedenen kulturellen Kontext in verschiedenem Grade wirksam sein. Das gesellschaftliche Umfeld, historisch gewachsene Sitten, Bräuche und Gewohnheiten können einen solchen Einfluß ausüben. Gerade wenn man verstanden hat, worin die lex naturalis besteht, wird man auch das Phänomen seiner teilweisen Verdunkelung in ganzen Kulturen verstehen können. Partielle Nichtübereinstimmung moralischer Normen in verschiedenen Kulturen ist jedenfalls kein Argument gegen die Existenz und die Einheit des Naturgesetzes; sie ist nur ein Argument für die Existenz der menschlichen Freiheit und ihre Gefährdetheit. Ebenso ist eine mögliche, und tatsächlich vorhandende, Entwicklung bzw. Dekadenz des moralischen Bewußtseins ganzer Kulturen auf diese Weise zu verstehen.[42]

---

[41] I–II, q.94, 6.
[42] Vgl. dazu auch ARMSTRONG, a. a. O., S. 151–156. „It is clear from our reading of S. Thomas that he was perfectly aware of the possibilitiy of man's rational development giving rise to an apparant change in natural law" (S. 152).

5.1.9 Philosophische Ethik und Anthropologie vor dem Problem der „gefallenen Natur" und des „fomes peccati"

Dasselbe läßt sich, wie hier nur kurz aufgezeigt werden soll, bezüglich des Begriffes „fomes peccati" sagen: Für Thomas ist dieses Gesetz der Sinnlichkeit, dem die Menschheit als Strafe für die Ursünde anheimgefallen ist, eine Folge des Verlustes der ursprünglichen Vollkommenheit des Urzustandes, der, was die Naturvollkommenheit des Menschen, also unter Absehung der „gratia elevans", betrifft, gerade in der außernatürlichen Urstandsgabe der „integritas" bestand; diese Integrität war, wie Thomas erklärt, nichts anderes als der geschenkhaft verliehene Besitz der Tugend, d. h. die Unterordnung der Vernunft unter Gott (Gerechtigkeit) – diejenige des Willens unter die Vernunft nach sich ziehend – sowie die Unterordnung der sinnlichen Strebungen unter die Vernunft.[43] Dieser Zustand der „natura integra" als Vollbesitz der sittlichen Tugend, ist zugleich jener Zustand, in dem die lex naturalis als Gesetz der praktischen Vernunft ihre volle Wirksamkeit und ungetrübte Gültigkeit besaß.

Der Verlust dieser Integrität zerstört diese Vollkommenheit, aber nicht durch eine Zerstörung der Natur, sondern durch den Verlust der Gabe der „integritas", d. h. der die Natur vervollkommnenden Tugend, die dem Menschen ja wohl der Natur gemäß zukommt, die er aber nicht von Natur aus besitzt, sondern durch seine Akte erwirbt; gerade darin liegt ihr Charakter als „außernatürliche" („praeternaturale"), aber nicht „übernatürliche" Gabe begründet. Durch ihren Verlust fällt die Natur auf sich selbst und die ihr als *leib-seelische* Natur zukommenden „defectus naturae" zurück. Der Begriff „fomes peccati" reflektiert diese „natura sibi relicta"[44] in der theologisch-heilsgeschichtlichen Perspektive einer „privatio" und damit eines „malum poenae", eines Strafübels.[45] Die Rebellion des Willens und

---

[43] Vgl. I, q.95, a.3: „talis erat rectitudo primi status, quod ratio erat Deo subiecta, inferiores autem vires rationi. Virtutes autem nihil aliud sunt quam perfectiones quaedam, quibus ratio ordinatur in Deum, et inferiores vires disponuntur secundum regulam rationis; ut magis patebit cum de virtutibus agetur. Unde rectitudo primi status exigebat ut homo aliqualiter omnes virtutes haberet."

[44] Zu diesem Begriff vgl. I–II, q.87, a.8.: „Principaliter quidem poena originalis peccati est quod natura humana sibi relinquitur, destituta auxilio originalis iustitiae: sed ad hoc consequuntur omnes poenalitates *quae ex defectu naturae* in hominibus contingunt."

[45] Am ausführlichsten hat Thomas diese Differenzierung von philosophischer und theologischer Betrachtungsweise im Sentenzenkommentar ausgeführt; siehe vor allem in II Sent., d.30, q.1, a.1: „Et quia ultimo fini (d. h. der übernatürlichen Schau Gottes) amore inhaerere non poterat, nec ad ipsum tenendum pervenire nisi per supremam partem suam, quae est mens et intellectus, seu ratio, in qua imago Dei insignita est; ideo ut illa pars libere in Deum tenderet, subiectae sunt sibi vires inferiores, ut nihil in eis accidere posset quod mentem retineret et impediret ab itinere in Deum; pari ratione corpus hoc modo dispositum est ut nulla passio in eo accidere posset per quam mentis contemplatio impediretur. Et quia haec omnia ex ordine ad finem, ut dictum est, homini inerant; ideo facta deordinatione a fine per peccatum, haec omnia in natura humana esse desiere, *et relictus est homo in illis tantum bonis quae eum ex naturalibus principiis consequuntur.* (...) Secundum hoc ergo dico quod isti defectus possunt ad naturam humanam dupliciter considerari: vel ad eam, *secundum quod in principiis naturalibus suis tantum consideratur,* et sic proculdubio non sunt poenae eius, sed naturales defectus, sicut etiam ex nihilo, vel indigere conservatione, est defectus quidem naturalis omnem creaturam consequens et nulli est poena; *vel ad eam, prout instituta est,* et

insbesondere der Sinnlichkeit gegen die Vernunft ist demnach einerseits, philosophisch-anthropologisch betrachtet, ganz einfach Bestandteil der conditio humana: denn der Wille ist, wie wir sahen, nicht von Natur aus *habituell* auf das Gut des anderen, bzw. auf das Gut Gottes bezogen; und ebensowenig sind es die sinnlichen Strebungen bezüglich des *bonum rationis;* die Sinnlichkeit zielt von Natur aus auf ein bonum sensibile. Wille und sinnliche Strebungen sind aber von Natur aus dazu angelegt, der Vernunft gemäß zu streben; darin liegt ihre Vollkommenheit bzw. die sittliche Tugend.[46]

Dieser anthropologische Tatbestand, der ganz einfach zur conditio humana gehört, wird jedoch in theologischer, und d. h. heilsgeschichtlicher Perspektive als der Zustand einer gefallenen Natur betrachtet, und zwar nur und ausschließlich deshalb, weil es „am Anfang", aufgrund einer von Gott verliehenen, die Kräfte der bloßen Natur übersteigenden Gabe, nicht so war.[47] Die platonische Philosophie hat aus der anthropologischen Erfahrung einer inneren Widersprüchlichkeit in der menschlichen Natur, des Widerstreites zwischen Leib und Geist, dualistische Konsequenzen gezogen und sie, schöpfungstheologisch, mit Hilfe des Mythos vom Demiurgen gedeutet. Beim jungen Aristoteles finden sich noch Anklänge an jenen „Spruch der Alten", der besage, „daß die Seele Buße zu zahlen habe und daß wir zur Strafe für irgendwelche großen Verfehlungen leben".[48] Später wird Aristoteles, nach Aufgabe der dualistischen Anthropologie, nur noch konstatieren, daß „unserer Natur eine Art Schlechtigkeit anklebt"[49]; historische Erklärungen in der Art des platonischen Mythos sind hier nicht mehr möglich, wohl aber ergibt sich daraus ein gewisser Pessimismus bezüglich der sittlichen Möglichkeiten „der Vielen"; das wahre Glück scheint nur auf einige Wenige, die Elite der Philosophen und „Spoudaioi" beschränkt zu sein. Die Stoa wird das Problem durch ein kosmologisches Harmonisie-

---

sic proculdubio poena sunt sibi: quia etiam ex privatione eius quod gratis alicui conceditur postquam concessum est, puniri dicitur aliquis."

[46] Diese Doppelperspektive einer jeweils philosophischen oder aber theologischen Betrachtungsweise findet sich in den verschiedensten Entwicklungsstadien von Thomas; vgl. neben anderen Texten des Sentenzenkommentars (a. a. O., d.31, q.1, a.2 ad3; d.32, q.1, a.2; q.2, a.1; d.33, q.2, a.1) auch De Anim., q.un., a.8; De Malo q.4, a.2, ad 4 in contr.; ad 7 in contr.; C.G. IV, 52; I–II, q.17, a.9 ad 3: diese Stelle ist sehr aufschlußreich für den ganzen Traktat über die Erbsünde der Summa Theologiae; denn hier wird, nachdem ein Defekt als Strafe der Erbsünde bezeichnet wird, sogleich gesagt: „Sed quia per peccatum primi parentis, ut infra dicetur, natura est sibi relicta, subtracto supernaturali dono quod homini divinitus erat collatum; ideo consideranda est ratio naturalis quare motus huiusmodi membrorum specialiter rationi non obedit. Cuius causam assignat Aristoteles ... etc." Diese Perspektive ist voll vereinbar mit anderen Stellen, wo Thomas nur noch als Theologe spricht und ganz einfach, in heilsgeschichtlicher Perspektive, der „natura integra" die, nach dem Sündenfall zurückbleibende, „natura corrupta" entgegenstellt (so in I–II, q.109, a.2: dieser Artikel könnte deshalb den Anschein erwecken, daß hier Thomas doch meine, die „natura corrupta" sei eine Natur „unter dem Niveau" der menschlichen Natur schlechthin).

[47] Vgl. I–II, q.92, a.2: „Est ergo hominis lex, quam sortitur es ordinatione divina secundum propriam conditionem, ut secundum rationem operetur. Quae quidem lex fuit tam valida in primo statu, ut nihil vel praeter rationem vel contra rationem posset subrepere homini. Sed dum homo a Deo recessit, incurrit in hoc quod feratur secundum impetum sensualitatis: et unicuique etiam particulariter hoc contingit, quanto magis a ratione recesserit: ut sic quodammodo bestiis assimiletur, quae sensualitatis impetu feruntur."

[48] Protreptikos, a. a.O., B. 106.

[49] Nikomachische Ethik, VII, 15, 1154b 29.

rungsmodell lösen, die Neuzeit durch ein geschichtsphilosophisches Evolutionsmodell, das seinerseits aus den mißglückten Versuchen einer neuzeitlichen Theodizee hervorgegangen ist, dem Versuch die Güte und Weisheit des Schöpfergottes angesichts der offenbaren Unzulänglichkeit der menschlichen Natur zu rechtfertigen. Die aristotelische Anthropologie und Ethik bleibt das einzige Paradigma einer realistischen rein *philosophischen* Anthropologie der „gefallenen Natur", die *zugleich* das *Geheimnis* des Ursprungs dieses Zustandes als *Mysterium* intakt läßt. Sie beschreibt die menschliche Natur so, wie sie ist; aber sie vermag nicht zu deuten, weshalb sie so ist; d. h.: daß sie eine „gefallene Natur" ist. Keine menschliche Wissenschaft jedoch vermöchte das je zu erklären. Der antike Mythos besaß die Weisheit der Intuition, daß nur eine *historische* Erklärung möglich sei. Aber dieser Mythos war nicht die *wahre* Geschichte. Die wahre Geschichte ist von dem, der weiß, warum und wie er den Menschen erschaffen hat, offenbart worden, um dem Menschen seine Erlösungsbedürftigkeit vor Augen zu stellen.

Spricht man deshalb vom Naturgesetz in dieser theologisch-heilsgeschichtlichen Perspektive, so kann man den jetzigen Zustand als seine „Zerstörung" reflektieren, d. h. als die Zerstörung seiner unter den Bedingungen der ursprünglichen Integrität, der Tugend, einstmals bestehenden Vollkommenheit, wie sie jetzt vom Menschen nur mit Mühe und Anfechtung wiedergewonnen werden kann.[50] Insofern dieser Zustand der auf sich selbst zurückgeworfenen Natur als „Strafübel" betrachtet wird, kann man es auch als „Gesetz" betrachten; d. h. als ordinatio der ratio der göttlichen Vorsehung, die über die Menschheit eine Strafe verhängt.[51]

Die Präzisierung und der Aufweis des philosophisch-anthropologischen Äquivalentes des theologischen Begriffs einer „gefallenen Natur" scheint mir für die Integration der Lehre vom Naturgesetz in die Moraltheologie von allergrößter Wichtigkeit. Ich bin der Überzeugung, daß die Zusammenhänge in der Vergangenheit nur ungenügend reflektiert wurden und daß dies mit ein Grund für die Schwierigkeiten ist, die die heutige heilsge-

---

[50] So findet sich bei Thomas eine vollkommene Synthese von philosophisch-anthropologischer und theologisch-heilsgeschichtlicher Betrachtungsweise; vgl. z. B. In duo praecepta Caritatis ..., Prol, I, Nr. 1129 ff.: „Prima dicitur lex naturae; et haec nihil aliud est nisi lumen intellectus insitum nobis a Deo, per quod cognoscimus quid agendum et quid vitandum. Hoc lumen et hanc legem dedit Deus homini in creatione. (...) Sed licet Deus in creatione dederit homini hanc legem, scilicet naturae, diabolus tamen in homine superseminavit aliam legem, scilicet concupiscentiae (...) Et inde est quod frequenter lex concupiscentiae legem naturae et ordinem rationis corrumpit. (...) Quia ergo lex naturae per legem concupiscentiae destructa erat, oportebat quod homo reduceretur ad opera virtutis, et retraheretur a vitiis: ad quae necessaria erat lex scripta." Hier wird also der Grund für die moralische, heilsgeschichtlich-faktische Notwendigkeit der Offenbarung der Präzepte des Naturgesetzes begründet. – Vgl. auch In VII Ad Rom., lect. 1, Nr. 520: „Quae quidem (lex) vivit, quamdiu ratio naturalis efficaciter in homine viget. Moritur autem lex naturalis in homine, quamdiu ratio naturalis passionibus succumbit." Dieses „efficaciter vigere" gilt in vollkommener Weise anthropologisch-ethisch gesehen: unter der Bedingung der sittlichen Tugend; und in heilsgeschichtlicher Perspektive: im Urzustand der „integritas" (bzw. der „natura redempta" und „sanata").
[51] I–II, q.91, a.6: „Sed inquantum per divinam iustitiam homo destituitur originali iustitia et vigore rationis, ipse impetus sensualitatis qui eum ducit, habet rationem legis, inquantum est poenalis et ex lege divina consequens, homine destituente propria dignitate."

schichtlich orientierte Moraltheologie mit dem Begriff „Naturgesetz" und „menschliche Natur" überhaupt hat.

Viele Moraltheologen, und auch Dogmatiker, haben lange Zeit, wie mir scheint „gegen" den hl. Thomas, mit einer künstlichen Unterscheidung zwischen einer „reinen Natur" („natura pura") und einer, bezüglich der ersteren *in sich selbst* weniger vollkommenen „gefallenen Natur" gearbeitet, ohne zu bemerken, daß die „gefallene Natur" *in sich selbst* betrachtet und damit als Gegenstand der philosophisch-anthropologischen und auch ethischen Analyse nichts anderes als die menschliche Natur schlechthin ist, und daß ihr „Gefallensein" lediglich eine heilsgeschichtliche, nicht aber eine metaphysisch-anthropologische Aussage über sie darstellt.[52] Die Tragweite dieser Unterscheidung zeigt sich darin, daß mit ihrer Leugnung schon implizit gesagt ist, was viele heute auch explizit behaupten: Daß nämlich eine Analyse der menschlichen Natur überhaupt *nur* als theologischheilsgeschichtliche möglich sei. Karl Rahner hat dieser Auffassung vorgearbeitet, mit seiner, wie mir scheint, unzutreffenden Meinung, philosophische Anthropologie (d. h. die Kenntnis der menschlichen Natur) beruhe auf einer Verallgemeinerung empirischer Daten; in der Empirie finde sich aber nur der heilsgeschichtlich situierte Mensch, so daß man gar nicht ausmachen könne, was eigentlich zur menschlichen Natur *unabhängig* vom Einwirken der heilsgeschichtlich bedeutsamen Gnade bzw. der „Übernatur" gehöre. „Menschliche Natur" sei deshalb ein „Restbegriff" und was nun zur „Natur" des Menschen als Natur gehöre, sei gar nicht auszumachen. Deshalb wollte Rahner auch zwischen einer „reinen", von den Philosophen vergegenständlichten, aber de facto gar nicht existierenden, Natur und einem „faktischen Wesen" unterscheiden; Rahner erhebt also, in der Tradition von Baius, die heilsgeschichtliche Situation des Menschen zu einer (metaphysisch-anthropologischen) Aussage über die menschliche Natur.[53]

---

[52] Am wirksamsten hat dieses Mißverständnis wohl Jacques MARITAIN verbreitet: Von der christlichen Philosophie (Übers. von Balduin SCHWARZ), Salzburg–Leipzig 1935. „Der Mensch befindet sich nicht im Zustand der reinen Natur (in statu naturae purae), sondern er ist gefallen und ist dann erlöst und wieder losgekauft worden. Deshalb ist die Ethik keine rein philosophische Disziplin (...)" (S. 98). Nach Maritain ist die philosophisch analysierte Natur eine in Wirklichkeit gar nicht existierende „Abstraktion".

[53] Vgl. dazu Karl RAHNER, Bemerkungen über das Naturgesetz und seine Erkennbarkeit, in: Orientierung 22 (1955), S. 239–243; Über das Verhältnis des Naturgesetzes zur übernatürlichen Gnadenordnung, in: Orientierung 1 (1956), S. 8–11; Über das Verhältnis von Natur und Gnade, in: Schriften zur Theologie, I, Einsiedeln 1956, S. 323–345. Es scheint mir, daß Rahner, wie auch viele seiner Schüler, zumindest den thomistischen Begriff von „Natur" und „Naturgesetz" nicht verstanden hat; so schreibt er z. B.: „Man geht zu unbeschwert von der Meinung aus, daß dasjenige, was man empirisch ‚immer und überall' am Menschen beobachte, eo ipso auch zu jenem unveränderlichen Wesensbestand der ‚Natur' des Menschen gehöre, die dann die Grundlage der ‚lex naturae' abgibt. (...) Es wäre zu fragen, ob nicht der scholastische ‚Natur'-Begriff in seiner Anwendung auf die ‚Natur' des Menschen noch zu sehr (im Gefolge der antiken an der ‚Physik' orientierten Philosophie) am Modell der untermenschlichen abgelesen wird." (Über das Verhältnis von Natur und Gnade, S. 344). Die zahlreichen Mißverständnisse und terminologischen Unklarheiten, die sich bei Rahner finden, sind leider von vielen meist unkritisch übernommen worden. Man übersieht dabei immer wieder, daß die Kenntnis der menschlichen Natur durch eine spezische philosophisch-anthropologische Analyse, und nicht durch Verallgemeinerung empirischer Daten gewonnen wird.

Es muß hier darauf verzichtet werden, die, wie mir scheint, enorme Tragweite aber auch Fehlerhaftigkeit der Rahnerschen Position näher darzulegen. Ihr Entstehen war jedoch Ausdruck einer weitverbreiteten Verlegenheit und auch Unfähigkeit, das Dogma von der Erbsünde mit der Lehre einer auch im Zustand der „gefallenen Natur" gültigen „natürlichen" moralischen Ordnung in Harmonie zu setzen.[54]

Die von Rahner eingeleitete Entwicklung führte schließlich zu einem völligen Zusammenbruch des Verständnisses des Natur-Begriffes, wie dies zum Beispiel in vielen heilsgeschichtlich orientierten moraltheologischen Ansätzen greifbar wird.[55] Dies hat auch entsprechende Auswirkungen auf den Begriff der sittlichen Handlung und des ethischen Propriums: Dieses wird immer mehr mit jener „christlichen Moralität" überhaupt identifiziert, letztere geht dabei ihres Spezifikums verlustig und wird schlußendlich zu einer in theologische Begrifflichkeit gekleideten, rein menschlichen Moral. Die angebliche Christozentrik dieser Moral wird dann dazu verwandt, um überhaupt nur noch über den Menschen *als* Menschen zu sprechen.[56]

5.2 Der Begriff der sittlichen Handlung und das „ethische Proprium"

Es wurde eingangs aufgezeigt, daß auch die sogenannte „autonome Moral" keinen adäquaten Begriff der sittlichen Handlung kennt und daß sie demzufolge das Proprium des Ethischen überhaupt aus den Augen verliert; sie muß dieses Proprium, durch Integration der

---

[54] Dieser Vorwurf ist auch Josef FUCHS und seinem klassischen Buch Lex Naturae, Zur Theologie des Naturrechts, Düsseldorf 1955 zu machen. Die Verlegenheit von Fuchs, der offenbar immer mit einem „abstrakten" Begriff einer „natura metaphysica" als hypothetischer „natura pura" zu arbeiten pflegte, wird explizit in seinem späteren Buch: Moral und Moraltheologie nach dem Konzil, Freiburg 1967, bes. S 94–98; dort heißt es nun plötzlich, daß es eine „rein" natürliche, also auf die „natura pura" bezogene Sittenordnung gar nicht gebe, sondern nur eine solche, die schon immer, d. h. nicht nur durch die Faktizität der Heilsgeschichte, sondern auch *metaphysisch* auf ihre „assumptio" in Christus bezogen sei. Fuchs gelangte, wie alle, zu dieser Fehlüberlegung, weil er offenbar meinte, es könne grundsätzlich eine von der in sich betrachteten „gefallenen Natur" *verschiedene* „reine Natur" gedacht werden.

[55] So zum Beispiel m. E. bei H. ROTTER, Zwölf Thesen zur heilsgeschichtlichen Begründung der Moral, in: H. ROTTER (Hsg.), Heilsgeschichte und ethische Normen, (Vorwort von K. RAHNER), Quaestiones Disputatae 99, Freiburg 1984, S. 99–127.

[56] D. h. die christologische „Kenosis" ersetzt die Wirklichkeit der in Christus realisierten „assumptio" der menschlichen Natur in die göttliche Natur; vgl. z. B. bei F. FURGER, ‚Kenosis' und das Christliche einer christlichen Ethik. Eine christologische Rückfrage, in: K. DEMMER und B. SCHÜLLER (Hsg.), Christlich glauben und handeln, a. a. O. S. 96–111. Daß die Inkarnation, gemäß dem sog. athanasischen Glaubensbekenntnis, nicht eine „conversio Divinitatis in carnem", sondern eine „assumptio humanitatis in Deum" bedeutet, wird von Furger zwar nicht geleugnet, aber auch nicht berücksichtigt. Die Folge ist eine Reduktion des Christlichen auf das Menschliche. Als spezifisch christlich verbliebe nur noch das explizite Bewußtsein, daß diese reine Menschlichkeit sich in Jesus Christus geoffenbart habe. – In ihrer ganzen Radikalität offenbaren sich die Konsequenzen dieses christologisch mangelhaften Ansatzes dann in gewissen Formen von Befreiungstheologie.

autonomen Moral in eine christliche, theologische Ethik, aus dem theologischen Kontext zu sich herabholen und gefährdet damit nicht nur die Eigenständigkeit und Eigengesetzlichkeit – funktionale Autonomie – einer menschlichen Moral (was ja das ursprüngliche Anliegen der autonomen Moral zu sein scheint), sondern auch die radikale Neuheit und aus den menschlichen Ansprüchen der Sittlichkeit nicht einforderbare Spezifizität des christlichen Ethos.

5.2.1 „Sittlichkeit" – eine Eigenschaft von Handlungen

Sittlichkeit ist eine Eigenschaft des menschlichen *Handelns* und das heißt letztlich: des menschlichen Willens, der sich, je nach dem, in einer äußeren Handlung „inkarniert" oder aber, als innerer Akt, sich nicht nach außen hin manifestiert. Das sittliche Handeln ist eine „actio immanens", das heißt ein Tun, dessen Wirkung und Folgen im Handelnden verbleiben, also nicht etwas „produzieren", was vom Handelnden selbst unabhängig bestünde.[57] Wenn jemand einen Unschuldigen ermordet, dann besteht das *sittliche* Übel nicht im Tod des Unschuldigen, sondern in der Ungerechtigkeit des Willens des Mörders, in der Verformung seines Willens. Man kann auch sagen: Das sittliche Übel besteht im ungerechterweise hervorgerufenen Tod eines Menschen. Das eigentliche „malum morale" ist dabei jedoch nicht der Tod, sondern das „Töten des Unschuldigen", ein *Akt* der Ungerechtigkeit, also eine verformte, von der Regel der Vernunft abweichende willentliche Handlung.[58]

Was hier zunächst gesagt sein soll ist folgendes: Eine sittlich (gute) Handlung ist eine solche Handlung, die *im Handelnden selbst* die Ordnung der Vernunft erstellt, d. h. seine Potenzen, insofern sie dem Imperium des Willens unterliegen, und den Willen selbst auf das „bonum rationis", das der Vernunft entsprechende Gut ausrichten, den Menschen, durch sein Handeln, auf das Gute und damit auch auf die Transzendenz des „Guten" schlechthin, die Wahrheit und Vollkommenheit Gottes, und schließlich auf das Gut des Mitmenschen hinordnen. Entscheidend ist also nicht einfach nur „Gutes tun", sondern *aufgrund des Tuns* (bzw. „Wählens": „eligere") des Guten, „gut zu sein".

Man könnte nun einwenden, und Bruno Schüller würde dies bestimmt an dieser Stelle tun, daß eine solche Differenzierung hier gar nicht von Belang sei. Selbstverständlich gehe es nur darum, „gut zu sein"; aber um zu wissen, wie man gut sein könne, müsse man eben analysieren, welche Handlungen gut seien. Deshalb könne sich die Ethik darauf beschränken, zu analysieren, welche *Handlungsweisen* richtig bzw. falsch seien, weil ja sowieso unterstellt ist, daß nur, wer aus „freier Entschlossenheit" und im Bemühen, „richtig" und „gut" zu handeln, etwas tut, überhaupt sittlich handelt.[59]

---

[57] Vgl. C. G. III, 10, Nr. 1944: „Vitium morale in sola actione consideratur, non autem in aliquo effectu producto: nam virtutes morales non sunt factivae, sed activae".

[58] Vgl. De Malo, q.2, a.2: „Peccatum non est deformitas, sed actus deformis. Deformitas autem actus est per hoc quod discordat a debita regula rationis vel legis Dei".

[59] Vgl. B. SCHÜLLER, a. a. O., s. 299 ff. Erstaunlicherweise berücksichtigt Schüller bei dieser Definition der Tugend seine sonst so als wichtig erachtete Unterscheidung von „sittlich gut" und „sittlich richtig" nicht mehr, wenn er als die der Tugend zugrundeliegende Struktur „das Phänomen einer freien Entschlossenheit des Menschen zu einem sittlich guten oder schlechten, sittlich richti-

Sittliche Handlung und „ethisches Proprium"

Der Einwand ist subtil und suggestiv. Schüller ist es damit gelungen, die Perspektive der Tugend im klasssichen Sinn aus der Ethik zu eliminieren und diese auf die Analyse von „richtigen" und „falschen" Handlungsweisen zu reduzieren. Ich möchte gegenüber Schüller jedoch zeigen, daß der Bezug zur Tugend, insofern sie immanente, habituelle Vervollkommnung des Handelnden ist, *konstitutiv* zum Begriff der „richtigen Handlungsweise" gehört.

5.2.2 „Sittlichkeit", „richtige Handlungsweise", „Tugend"

Der Fehler, der der Argumentation Schüllers zugrunde liegt, beruht sachlich gesehen auf einer fehlerhaften Definition der sittlichen Tugend, ein Mangel, der angesichts der Ansprüche an definitorischer Klarheit, die Schüller selbst seinen Analysen zugrundelegt, eigentlich erstaunlich ist.

Die Behauptung, der Begriff der Tugend sei vom Begriff der richtigen Handlungsweise abgeleitet, vermag Schüller nur durch die Verwendung eines unzureichenden, weil lediglich generischen Begriffs der Tugend als „habitus operativus bonus" plausibel zu machen; eines Gattungs-Begriffes, der nun für die *sittliche* Tugend gar nicht spezifisch ist, sondern auch die intellektuellen, sowie weiter noch sogar die eingegossenen, auch die theologischen Tugenden umfaßt.[60] Schüller definiert dann die Tugend als die habituelle, freie Entschlossenheit, das den einzelnen Handlungsweisen entsprechende Gute um dieses Guten willen zu tun. Sittliche Tugend ist also „richtige Handlungsweise" und habituelle freie Entschlossenheit dazu. Das „Tugendhafte" der Tugend scheint damit dem Begriff der richtigen Handlungsweise äußerlich zu verbleiben.[61]

Sobald man jedoch den Begriff der Tugend, wie er sich in Anschluß an Aristoteles bei Thomas findet, genauer analysiert, so muß auffallen, daß es sich genau umgekehrt verhält: Der Begriff der „richtigen Handlungsweise" ist vom Begriff der „sittlichen Tugend" abgeleitet. Ersterer ist eine Abstraktion, die nur dann ihren Sinn nicht verliert, wenn sie konstitutiv auf den Begriff der sittlichen Tugend zurückbezogen bleibt. Allerdings genügt dazu die generische „Rumpfdefinition" der Tugend, wie sie Schüller verwendet, nicht, da in ihr das Spezifische der *sittlichen* Tugend nicht zum Ausdruck kommt. So kann es nicht verwundern, daß durch diesen Ansatz schließlich auch die Differenzierung zwischen

---

gen oder falschen Verhalten" bezeichnet (S. 300). Bezieht sich nun die freie Entschlossenheit der Tugend auf das sittlich *Gute* oder aber das sittlich *Richtige*? Es scheint, daß Schüller in der Folge den Begriff der sittlichen Tugend „zersplittert" in „sittlich gute Grundhaltung" einerseits und „richtige Handlungsweise" andererseits.

[60] Bezüglich der generischen Definition der menschlichen Tugenden, die auch die intellektuellen Tugenden einschließt, siehe I–II, q.55, a.2.

[61] Zusätzlich ist noch auf die in der Konzeption Schüllers, von ihm anscheinend unbemerkt, implizierte, auf Duns Scotus zurückgehende, voluntaristische und – in der Konsequenz – rigoristische These hinzuweisen, daß nur der Wille Sitz von sittlichen Tugenden sei. Dieser Auffassung gemäß vervollkommnet die Tugend in habitueller Weise nur den Willen, nicht aber die sinnlichen Strebungen. Diese erhalten dann in der sittlichen Tugend nicht selbst eine Vervollkommnung als Partizipation an der Vernünftigkeit des „politisch herrschenden" Seelenteils (Aristoteles), sondern sie sind, als immer immanent unvernünftige, seiner „despotischen" Herrschaft unterworfen.

"richtigem Erkennen" und "richtigem Handeln" verwischt und das Problem der normativen Begründung der Sittlichkeit auf ein solches der diskursiven Begründung von Normen reduziert werden muß, also letztlich auf eine Frage des "richtigen Denkens".

Abgesehen von der augustinischen Definition der Tugend, der ein Artikel der Summa Theologiae gewidmet ist, die dann aber im Zusammenhang der Behandlung der "virtus moralis" nicht mehr verwendet wird, da auch sie unspezifisch und generisch bleibt[62], hat Thomas sich die aristotelischen Bestimmungen der sittlichen Tugend angeeignet. Die Definition "habitus operativus bonus" vermag dabei nicht mehr zu leisten, als das sowohl intellektuellen wie auch sittlichen Tugenden grundlegend Gemeinsame zu bestimmen: Ihre Eigenschaft, die *operatio* einer Potenz auf die ihr entsprechende Vollkommenheit auszurichten; ein "habitus operativus bonus" unterscheidet sich damit vom sog. "habitus entitativus" (z. B. die Gnade), sowie von jeder Form von "habitus malus". *Beiden* Arten von Tugenden, sowohl den intellektuellen wie auch den moralischen, liegen weiterhin folgende, das ihnen Gemeinsame betreffende Definitionen zugrunde: "Virtus est quae bonum facit habentem et opus eius bonum reddit"[63]: Damit wird die Tugend als operativer Habitus allgemein als Vervollkommnung des sie Besitzenden und seines Tuns bzw. einer Potenz bestimmt. Dasselbe gilt für die Bestimmungen der Tugend als "dispositio perfecti ad optimum"[64] oder als "ultimum potentiae.[65]

Wenn dann die sittliche Tugend spezifischer von der intellektuellen abgegrenzt wird, dann darf zwar der Bezug auf die grundlegend-allgemeine Bestimmung des "genus" als "habitus operativus bonus" nicht verloren gehen. Die Bestimmung der Tugend muß aber ergänzt werden hinsichtlich des Spezifikums der *sittlichen* Tugend als jenes operativen Habitus, der das menschliche Handeln oder den *actus humanus* vervollkommnet. Thomas gelangt dadurch, die Formulierung von Aristoteles aus der Nikomachischen Ethik übernehmend, zur vollständen, das *"ethische Proprium"* berücksichtigenden Definition der sittlichen Tugend: "Virtus est habitus electivus existens in medietate quoad nos determinata ratione ut utique sapiens determinabit" ("Die [sittliche] Tugend ist ein elektiver Habitus, der in der von der Vernunft bestimmten Mitte in bezug auf uns besteht, so wie der Kluge sie zu bestimmen pflegt").[66] Von I-II, q.58 an, wo die Behandlung der sittlichen Tugend beginnt, zeigt Thomas, daß das "recte operari" ein "recte eligere" bedeutet; das Verständnis der sittlichen Tugend als *habitus electivus* (habitus des richtigen "Wählens" und damit des richtigen Handelns) wird dabei bestimmend.

---

[62] Vgl. I-II, q.55, a.4: "Virtus est bona qualitas mentis, qua recte vivitur et nullus male utitur, quam Deus in nobis sine nobis operatur", wobei der letzte Teil nur auf die eingegossenen Tugenden zutrifft. Den allgemein verwendbaren ersten Teil hatte Thomas bereits im Sentenzenkommentar auf die aristotelische Bestimmung der sittlichen Tugend zurückgeführt, welche für ihn bestimmend bleibt (Vgl. In II Sent., d.27, q.1, a.2).

[63] Z. B. I-II, q.20, a.3, arg.2, übernommen aus NE II, 5, 1106a 15-17 und 23-24; I-II, q. 56, a.3: Hier bereits weist jedoch Thomas darauf hin, daß diese Bestimmung der Tugend im eigentlichen Sinn nur auf die sittliche Tugend zutrifft, denn sie macht den Menschen im eigentlichen, moralischen Sinne *(simpliciter)* gut.

[64] In Anlehnung an Phys. VIII, 3, 246a, 10; vgl. I-II, q.62, a.1, arg.1.

[65] Im Anschluß an De Caelo, I., 2, 281a 14-19.

[66] Vgl. NE, II, 6, 1106b 36-1107a 2; In II Ethic., lect.7, Nr. 322.

Die sittliche Tugend verursacht also die „rectitudo" der *electio,* jenes wählenden Willensaktes, der unmittelbar handlungsauslösend und als solcher nicht den Gehalt einer *Gesinnung,* sondern den Gehalt einer *Handlung* formt.[67] Diese „electio" ist gemäß einer von der Vernunft bestimmten Mitte „in bezug auf den Handelnden" geprägt; diese Mitte ist jene, wie sie der Klugheit entspricht; sie ist die *recta ratio.*

Es würde hier viel zu weit führen, alle Implikationen dieser überaus reichen Definition darzulegen. Im vorliegenden Zusammenhang ist nur folgendes von Bedeutung: Der Begriff der sittlichen Tugend bezieht sich bereits schon auf eine wohlausgearbeitete Psychologie des menschlichen Handelns; auf seine elektive Struktur, was heißt: auf die Tatsache, daß das Handeln in einem wählenden Streben liegt, das von einer durch die Vernunft bestimmten Richtigkeit geprägt ist und schließlich, daß wir sittlich „gut" oder „schlecht" sind, entsprechend den Handlungen, die wir, aufgrund der Disposition unserer Strebepotenzen, im Akt des Wählens wollen. Das entscheidend Neue am Begriff der Tugend als *sittlicher* Tugend, im Unterschied zur „reinen" „recta ratio", ist die vernunftkonforme Disposition der Strebungen, eine Disposition die habituell ist genau deshalb, weil sie eine den Strebungen eingeprägte stabile Disposition bedeutet, *vernunftgemäß,* d. h. gemäß der Regel der Vernunft zu streben. Das heißt: die „ratio virtutis", was die sittliche Tugend zur Tugend macht, ist nicht nur die „Habitualität", wie etwa Schüller unterstellt; diese ist jeder Tugend eigen, auch der intellektuellen; und auch nicht die „freie Entschlossenheit", denn diese prägt überhaupt jedes sittliche Handeln als *actus humanus.* Spezifisch für die sittliche Tugend ist vielmehr die Übereinstimmung des Strebens mit der Vernunft.[68] Der Begriff der sittlichen Tugend bezieht sich also wesentlich und konstitutiv auf die Lehre von der maßstäblichen Telos-Funktion der Vernunft, und nicht einfach auf die „habituelle freie Entschlossenheit" zur richtigen Handlungsweise. Der Begriff der „richtigen Handlungsweise" als Handlung, die einer Tugend zugehört, impliziert, weil an den Begriff der Tugend zurückgebunden, bereits die normative Grundlage dieser Richtigkeit der richtigen Handlungsweise: Die Vernunftgemäßheit, so wie sie im Begriff der sittlichen Tugend bestimmt wurde.[69]

Nur durch die Unterstellung einer für das Verständnis des Phänomens „Sittlichkeit" analytisch ungenügenden und deshalb praktisch inhaltslosen Definition der sittlichen

---

[67] Nur *in der Folge* prägt die „electio"dann auch die Gesinnung, die sich eben aufgrund eines Habitus des Wählens von Handlungen formiert, bzw. dieser Habitus selbst ist.

[68] Vgl. I–II, q.58, a.2: „sicut appetitus est principium humani actus secundum quod participat aliqualiter rationem, ita habitus moralis habet rationem virtutis humanae, inquantum rationi conformatur."

[69] Vgl., neben den bereits angeführten Stellen, etwa I–II, q.59, a.4: „virtus moralis perficit appetitivam partem animae ordinando ipsam in bonum rationis. Est autem rationis bonum id quod est secundum rationem moderatum seu ordinatum. Unde circa omne id quod contingit ratione ordinari et moderari, contingit esse virtutem moralem. Ratio autem ordinat non solum passiones appetitus sensitivi; sed etiam ordinat operationes appetitus intellectivi, qui est voluntas, quae non est subiectum passionis, ut supra dictum est." Ebd., q.60, a.5: „perfectio virtutis a ratione dependet."; q.61, a.2: „Principium enim formale virtutis de qua nunc loquimur est rationis bonum"; II–II, q.58, a.3 (zur Bestimmung des „Tugendcharakters" der Gerechtigkeit): „Actus enim hominis bonus redditur ex hoc quod attingit regulam rationis, secundum quam humani actus rectificantur"; auch ebd. a.8; usw.

Tugend, gelingt es also Schüller, seine Behauptung plausibel zu machen, zur Bestimmung der tugendhaften Handlung genüge es, „Handlungsweisen" auf ihre Richtigkeit oder Falschheit hin zu analysieren. Durch die Verkehrung von Gegründetem und Gründendem verliert er dabei, wie alle teleologischen Ethiker, das normative Fundament des menschlichen Handelns, so wie es im Begriff der sittlichen Tugend als Tugend erfaßt ist, aus den Augen. Was zurückbleibt ist eine Abstraktion, die irrtümlicherweise als Ausgangspunkt der diskursiven Begründung von Normen angesehen wird. Die Normativität muß aufgrund dieses „Kadavers" der sittlichen Handlung, aufgeteilt in „Güter" und „Werte", rekonstruiert werden. Das Instrument dieser Rekonstruktion ist die Vernunft als diskursive Vernünftigkeit: eine Technik der Normenbegründung, die man Güterabwägung nennt. Die Vernunft als *Maßstab* geht dabei jedoch verloren.

5.2.3 Das „ethische Proprium"

Es muß demnach betont werden, daß der Begriff der „richtigen Handlungsweise", zurückbezogen auf den Begriff der sittlichen Tugend, dem er ursprünglich entstammt, eine anthropologische Fundierung in der Lehre vom Telos-Charakter der Vernunft besitzen muß[70]; deshalb ist auch die von Schüller behauptete Unterscheidung von richtig/falsch und gut/schlecht für die ethische Normierung unzutreffend. Ein „unrichtiges" Handeln ist ein Handeln, das nicht der Ordnung der Tugend, also nicht der Vernunft entspricht; und deshalb ist es, wenn es willentlich ist, d. h. nicht auf unverschuldeter Unwissenheit oder Gewalt etc. beruht, auch sittlich schlecht oder aber „böse".[71]

Der Begriff der sittlichen Handlung (bzw. der „richtigen Handlungsweise") wird also gerade durch die Analyse des Begriffes der sittlichen Tugend überhaupt erst durchsichtig. Es geht bei einer sittlichen Handlung immer darum, die an der Vernunft als Telos gemes-

---

[70] Dieser Rückbezug gilt sogar bereits für die allerfundamentalste Unterscheidung der Habitus in „bonus" und „malus"; vgl. I–II, q.54, a.3: „habitus bonus dicitur qui disponit ad actum convenientem naturae agentis; habitus autem malus dicitur qui disponit ad actum non convenientem naturae. Sicut actus virtutum naturae humanae conveniunt, eo quod sunt secundum rationem; actus vero vitiorum, cum sint contra rationem, a natura humana discordant. Et sic manifestum est quod secundum differentiam boni et mali, habitus specie distinguuntur."
[71] Es scheint mir sinnvoll zwischen nur sittlich „schlechten" Handlungen und *überdies* „bösen" Handlungen zu unterscheiden. Beide sind im moralischen Sinn – sofern sie willentlich sind – als schuldhafte Handlungen und sittliche Verfehlung zu bezeichnen. Die nur schlechte Handlung (= willentlich unrichtig aufgrund einer Zustimmung) kann gleichgesetzt werden mit dem „peccatum ex debilitate"; die böse Handlung (willentlich unrichtig aufgrund vorsätzlicher Wahl) mit dem „peccatum ex electione" oder „ex malitia". Ein Gelegenheitsdiebstahl aus Schwäche etc. besitzt nicht die gleiche Schlechtigkeit oder Bosheit, wie diejenige eines Berufseinbrechers. Der erstere handelt zwar sittlich schlecht und schuldhaft, aber er besitzt nicht das Laster der Ungerechtigkeit; der zweite ist jedoch habituell und im eigentlichen Sinn ein Ungerechter. Vgl. z. B. II–II, q.59, a.2. Die Unterscheidung von Schüller hingegen ließe diese Differenzierung nicht mehr zu und führte schließlich zu einem unerträglichen moralischen Rigorismus, dem man nur dadurch entgehen könnte, indem man, ebenso falsch, behaupten würde, wer nicht aus „freier Entschlossenheit", also vorsätzlich und aus böser Absicht handelt, der handelt überhaupt nie sittlich schlecht oder schuldhaft.

Sittliche Handlung und „ethisches Proprium"

sene Ordnung der Seele zu wahren bzw. zu schaffen. Eine sittliche Handlung ist also eine solche, durch die die menschlichen Strebungen und äußeren Handlungen, insofern sie diesen Strebungen entspringen, auf das „Gut" der Vernunft ausgerichtet werden, jenes Gut also, das ja im Prozeß der natürlichen Vernunft auf praktische, d. h. präzeptive Weise erkannt wird. Zugleich ist die sittliche Tugend selbst wiederum Bedingung dafür, daß dieses sittliche Gute – das „bonum rationis" – wirklich auch im konkreten Streben und Handeln zum Tragen kommt. Deshalb gerade besteht die sittliche Vollkommenheit – die Vollkommenheit der personalen Autonomie – in der Tugend, durch die die natürliche Vernunft in ihrer gesetzgeberischen Aufgabe voll zum Durchbruch gelangt und die Strebepotenzen des Menschen, Wille und Sinnlichkeit, das „Siegel der Vernunft" in sich tragen, sodaß sie habituell nach dem Guten streben, das der Vernunft, der *imago Dei* im Menschen, entspricht. Der Tugendhafte ist eben derjenige, der sein Wollen und auch mit seinen sinnlichen Strebungen das vernunftgemäß-Gute erstrebt; dem also dieses Gute jeweils „attraktiv", angenehm, lustvoll erscheint und es deshalb mit Leichtigkeit und Freude vollbringt. Der Tugendhafte ist auch derjenige, dem das wahrhaft Gute, das Vernunftgemäße, jeweils auch als das Gute *erscheint,* und der deshalb auf quasi spontane Weise gut handelt, ohne große Überlegung und vor allem ohne dabei gegen sich selbst ankämpfen zu müssen. Er ist der Kluge oder der *spoudaios,* von dem Aristoteles spricht und den er als Maß und Regel des sittlich Guten bezeichnet[72]; der Tugendhafte ist schließlich derjenige, den Thomas mit Paulus jenen nennt, der „sich selbst Gesetz ist[73]".

Dies klingt zunächst reichlich abstrakt und wenig „lebensnah". Man braucht jedoch nur die „Secunda Secundae", die spezielle Moral also, zu Hand zu nehmen, um die Lebensnähe und zugleich die große Tragweite und Tiefe dieser Bestimmung der sittlichen Handlung zu erfassen. Entscheidend dafür ist aber immer, daß man sich der Natur, Bedeutung und des Ursprungs der menschlichen Vernunft als *imago Dei* und natürliches Licht, sowie ihrer darauf beruhenden Telos-Funktion und Maßstäblichkeit bewußt bleibt.

Der „Bezug zum Leben" ist relativ einfach zu erfassen, solange es um die Ordnung der Vernunft in den sinnlichen Strebungen geht. Die Tugenden also, die das begehrende und „iraszible" Streben des Menschen ordnen. Komplexer ist es im Falle der Tugend der

---

[72] Vgl. NE, III, 6, 1113a, 30–34: „Der Tugendhafte nämlich urteilt über alles und jedes richtig und findet in allem und jedem das wahrhaft Gute heraus. Denn für jeden Habitus gibt es ein eigenes Gutes und Lustbringendes, und das ist vielleicht des Tugendhaften unterscheidendster Vorzug, daß er in jedem Ding das Wahre sieht und gleichsam die Regel und das Maß dafür ist." Wer nicht diese Ordnung der Seele besitzt, in dem also der „logos", die Vernunft, nicht herrscht, der „wird durch die Lust betrogen, die ein Gut scheint, ohne es zu sein." Denn jedem erscheint das als gut, was der Beschaffenheit seiner Seele entspricht. Und man will ja jeweils das, was als das Gute *erscheint.* Die Tugend bewirkt, daß das gut Scheinende auch das wahrhaft Gute ist. Der Tugendhafte partizipiert also in seinen Strebungen die kognitive Unfehlbarkeit der Vernunft; er urteilt aus Neigung richtig und ist deshalb selbst Maß und Regel für das Gute; er tut immer das Gute, freut sich am Guten und lebt in der vollkommenen Harmonie und im Frieden mit sich selbst, während der Lasterhafte zwar ebenfalls immer tut, was ihm gut erscheint, jedoch im Zwist mit seiner Vernunft lebt, vom „Gewissensbiß" geplagt ist, was ihn, verbleibt er in seiner Haltung, in der Regel darin *bestärkt,* das Licht seiner Vernunft zu mißachten. Dies führt im Extremfall dazu, was die Theologen mit der Hl. Schrift die „Sünde gegen den Heiligen Geist" nennen.

[73] Vgl. In II Rom., lect. 3, Nr. 217. Dies wird (Nr. 216) auf die lex naturalis zurückgeführt, „quod est lumen rationis naturalis, in qua est imago Dei".

Gerechtigkeit, die den Bezug zum „anderen", sowie auch das Verhältnis zu äußeren Gütern betrifft. Gerade die Selbstverständlichkeit, mit der Thomas gewisse Argumentationen im Bereich der Gerechtigkeit vorträgt, beruht auf seiner tiefen Einsicht in die Struktur der *imago* im Menschen und der Tatsache, daß wir sie im „Du" genau gleich achten und lieben müssen, wie in uns selbst. Dieses Verhältnis der *aequalitas*, der Gleichheit, in den Strebungen des Willens, den äußeren Handlungen, gerade auch insofern sie auf äußere Güter bezogen sind, von Mensch zu Mensch herzustellen oder zu wahren, ist die eigentliche „ratio iustitiae". Sie wird, als erstes Prinzip des Naturgesetzes, durch die Erfahrung des anderen als, insofern er Mensch ist, mir *Gleicher*, schlagartig, intuitiv einsichtig, weil ich in ihm, aufgrund von vitaler, vor allem sprachlicher Kommunikation, dieselbe *imago* entdecke.[74]

Nur die Vernunft vermag die „proportio unius ad alterum", in der die Gerechtigkeit besteht, zu erfassen: „Ratio ordinat in alterum", sodaß die Gerechtigkeit in der Konformität des Willens mit dieser „ordinatio rationis" besteht.[75]

Ungerechtes Handeln ist deshalb, gerade *weil* sich dadurch der Wille des Ungerechten von der Vernunft entfernt und also schlecht wird, der Grund für die Zerstörung der menschlichen Gemeinschaft und Kommunikation. Das sittliche Übel der Tötung Unschuldiger, wie z. B. bei der Abtreibung, oder der Lüge, liegt, insofern die ungerechte Handlung betrachtet wird, nicht primär im Tod des Unschuldigen oder der „Falschaussage" als solcher. Sondern in der Ungerechtigkeit oder der Verkehrung des Willens dessen, der so handelt. Denn insofern dieser die Ordnung der Vernunft in seinem Streben und Handeln verläßt, zerstört er die Grundlage der zwischenmenschlichen Ordnung und aller Gerechtigkeit, nämlich die Anerkennung und Liebe zur *imago* oder zur Herrschaft der Vernunft in sich selbst, *was allein dem Menschen auch ermöglicht, diese imago im anderen zu entdecken, zu achten und zu lieben, und d. h.: der „ratio iustitiae" und der „proportio ad alterum" einsichtig zu werden und gerecht zu handeln.*

Hier zeigt sich auch, daß die sogenannte „goldene Regel" („Tue niemandem, was du nicht willst, daß man dir tue"), sowie die Definition der Gerechtigkeit, als „festen und beharrlichen Willen, jedem das Seine zu geben", keinesfalls „Leerformeln" sind. Auf dem Hintergrund der Lehre vom Telos-Charakter der Vernunft und der ihr eingeschriebenen „imago", erhalten diese Formulierungen einen klaren normativen Sinn, da sie in einer in jedem Menschen unmittelbar wirksamen „ordinatio rationis" gründen, die allerdings zusätzlich einer operativen Konkretisierung bedarf.

Da die Offenheit des Menschen auf die sie transzendierende, seine Existenz aber zugleich begründende und als Ziel sinnhaft konstituierende *bonitas divina* in der *imago* grundgelegt ist, bedeutet die Entfaltung der Potentialität dieser *imago* auch zugleich die letztlich personale Selbsttranszendenz des Menschen. Sittliches Handeln als ein Leben gemäß der Vernunft und entsprechendes „gut sein" ist Bedingung und Weg zur Fülle menschlicher Entfaltung: die erkennende und liebende Zuwendung zu Gott[76], eine

---

[74] In diesem Zusammenhang erweist sich die Eigenart der Tugend der „Wahrhaftigkeit" („veracitas") und die fundamentale Schlechtigkeit der ihr entgegengesetzten Handlungsweise: der Lüge.
[75] Vgl. II–II, q.58, a.5 c und ad 2 und 3.
[76] Sie erfüllt sich in der intellektuellen Tugend der *sapientia*; bezüglich ihrer ist die *prudentia*, abhän-

Zuwendung, die zugleich das stabile Fundament für alle zwischenmenschliche Gerechtigkeit bildet. Die Gerechtigkeit bildet dabei die höchste Tugend; denn, wie Thomas argumentiert, in ihr kommt im höchsten Grade das „Gut der Vernunft" zum leuchten, da sie selbst der Vernunft am nächsten ist: denn sie hat ihren Sitz im intellektiven Strebevermögen, dem Willen, und vermag den Menschen nicht nur in sich selbst zu ordnen, sondern ihn auch auf den anderen, d. h. den Mitmenschen und vor allem auf Gott, hinzuordnen.[77]

In dieser Potentialität der *imago* ist schließlich auch jene Fähigkeit grundgelegt, welche die Theologen die *potentia oboedientialis* nennen: Die „Eignung" der menschlichen Natur, ohne dabei mit sich selbst in Widerspruch zu geraten, sich einer, gerade in ihrem *imago*-Charakter begründeten, und deshalb sie selbst vervollkommnenden, „Erhebung" durch Gott zu fügen und damit eine über-natürliche Vollkommenheit in sich aufzunehmen: Gewissermaßen, durch die erhebende Gnade, ins Innere Gottes selbst vorzustoßen, *attingere Deum*, der Intimität seiner göttlichen Natur teilhaft zu werden, d. h. dem göttlichen Anruf zur *Heiligkeit* zu entsprechen.[78]

Es geht also im menschlichen Handeln nicht primär darum, bestimmte Handlungsweisen zu vollziehen; und auch nicht nur darum, sie habituell aus freier Entschlossenheit zu realisieren. Sondern darum, „gut zu sein", was bedeutet: alles Streben und Wollen der Vernunft gemäß auszurichten; erst aufgrund dieser Bestimmung des guten Handelns im Kontext der sittlichen Tugend läßt sich dann in einer analytischen Abstraktion von „richtigen Handlungsweisen" sprechen, ohne dabei den Bezug zum normativen Fundament solcher Richtigkeit zu verlieren.

Die eingangs erwähnte Behauptung von B. Schüller, die „Tradition" habe die Grundfrage einer normativen Ethik – die Frage nach der Unterscheidung von „gut" und „böse" – übersehen und gar nicht gestellt, erweist sich damit nicht nur als unhaltbar, sondern sie kehrt sich gegen sich selbst, insofern sich bei näherem Zusehen zeigt, daß die „Tradition"

---

gig von der Existenz der sittlichen Tugend, eine „ministra": „introducit enim ad eam, praeparans ei viam, sicut ostiarius ad regem" (I–II, q.66, a.5, ad 1). Vgl. auch De Virt. Card., q.un., a.1: „(...) actio moralis est ostium, per quod ad contemplationem sapientiae intratur."

[77] Vgl. I–II, q.66, a.4: „Simpliciter quidem virtus dicitur maior, secundum quod in ea maius bonum rationis relucet, ut supra dictum est. Et secundum hoc, iustitia inter omnes virtutes morales praecellit, tamquam propinquior rationi. Quod patet et ex subiecto et ex obiecto. Ex subiecto quidem, quia est in voluntate sicut in subiecto: voluntas autem est appetitus rationalis, ut ex dictis patet. Secundum autem obiectum sive materiam, quia est circa operationes, quibus homo ordinatur non solum in seipso, sed etiam ad alterum."

[78] Die Frage, die Karl Rahner 1955 (Das Verhältnis von Natur und Gnade, a. a. O. S. 344) vorlegte: „Man muß sich nur einmal fragen, warum dem Menschen ein übernatürliches Ziel gesetzt werden könne, ohne dadurch seine Natur aufzuheben, und warum dies Gott bei einer untermenschlichen Natur nicht könne", diese Frage, sowie die von Rahner angebotene Lösung eines übernatürlichen „Existentials", welches die personale Zuwendung zu Gott überhaupt erst begründe, zeigen schlagartig, daß Rahner nicht darüber hinwegkommt, den Begriff der Natur *schlechthin* mit dem zu identifizieren, was er „untermenschliche Natur" nennt. Seine, bereits allgemein verbreitete, irrtümliche und in der Folge auch spiritualistische Gegenüberstellung von „Natur" und „Personalität" des Menschen erweist sich als Unverständnis gegenüber dem Begriff der menschlichen Natur, in der sich, mit der Vernunft, auf konstitutive Weise die *imago* findet. Die „menschliche Natur" begründet damit gerade eine funktionale Eigengesetzlichkeit des Menschen, die *personale Autonomie* genannt werden kann.

bis zurück auf ihre Wurzeln in der griechisch-hellenistischen Philosophie diese Frage in viel tieferer und umfassenderer Weise gestellt und beantwortet hat, als das beispielsweise in der von Schüller vertretenen „teleologischen Ethik" der Fall ist. Diese – wie auch die „autonome Moral" – hat nämlich die Perspektive der sittlichen Tugend, und das heißt: die Perspektive einer anthropologisch fundierten Tugendethik und damit auch das „ethische Proprium" aus den Augen verloren. Sie ist vielmehr der Tradition einer „Normenethik" verpflichtet, in der man zuerst von „sittlichen Normen", „richtigen Handlungsweisen", „Geboten", „Pflichten", „Gesetz" und dergleichen spricht, um dann erst zu schließen: Wer „aus freier Entschlossenheit" tut, was „richtig" ist, was seine „Pflicht" ist, was „hier und jetzt geboten" ist, der handelt tugendhaft. Der Begriff der sittlichen Tugend besitzt dabei keine eigene Konsistenz oder Aussagekraft mehr; er wird zu einem Epiphänomen oder bloßen *Namen* für das „Richtige". Aber Tugenden werden nicht durch Normen begründet, sondern umgekehrt: Normen formulieren sich aufgrund der einzelnen sittlichen Tugenden. „Totam materiam moralem ad considerationem virtutum reducere" (II–II, Prolog) – das war die in aristotelischer Tradition stehende Methode des hl. Thomas; hier findet sich das eigentliche Fundament und die Rechtfertigung für eine „normative Ethik", die nicht nur von Normen, sondern letztlich vom *Menschen* spricht.

Dieser Verlust des „ethischen Propriums" kennzeichnet also nicht nur die Konzeption der „autonomen Moral" – wie bereits in Kap. 1 gezeigt –, sondern auch die sogenannte „teleologische Ethik", die allerdings als „Modell" der Normenbegründung zumeist auch von den Verfechtern einer „autonomen Moral" vertreten wird. Eine genauere Analyse und Kritik dieses „teleologischen Modells" soll dies im folgenden aufzeigen.

6 „TELEOLOGISCHE ETHIK":
DIE UTILITARISTISCHE VERSION „PHYSIZISTISCHER" NORMENBEGRÜNDUNG

6.1 „Utilitarismus": Ein scheinbarer Ausweg aus der Vernunftvergessenheit

Die entscheidenden Gesichtspunkte für eine umfassende Kritik der sogenannten „teleologischen Ethik" ergeben sich aus einer normativen Ethik, die, als Tugendethik, fundamental den *Menschen,* und nicht abstrakt analysierte und gegeneinander aufgewogene „Werte" und „Güter" zum Gegenstand hat.[1]

Im Laufe dieser Untersuchungen sind wir zu einem solchen Begriff von Ethik *nicht* durch die Behauptung gelangt, der Mensch müsse das in einer metaphysischen Analyse theoretisch erkannte „Wesen" verwirklichen. Vielmehr wurde gezeigt, wie der Anfang der Ethik in der Selbsterfahrung der praktischen Vernunft liegt, eine Erfahrung, die reflektiv gedeutet und sich schließlich in einer metaphysischen Analyse zu einer umfassenden Anthropologie ausweitet, die ihrerseits einen Begriff von Ethik als Lehre der sittlichen Tugend ermöglicht. Die Achse, um die sich die gesamte philosophisch-ethische Arbeit dreht, ist die praktische Vernunft, die dabei in ihrem Charakter von Gesetz und Maßstab erkannt wird.

Die Plausibilität der sogenannten „teleologischen Ethik" als Alternative zu einer „traditionellen" Form normativer Ethik gründet letztlich darin, daß dieser Teleologismus auf einem in ihr unüberwundenen und ebenso „traditionellen" Physizismus aufbaut und aus ihm lediglich die letzten Konsequenzen zieht. Wenn nun gezeigt werden soll, weshalb die sogenannte „teleologische Ethik" nur die utilitaristische Variante traditioneller „Vernunftvergessenheit" (Physizismus) und der „naturalistic fallacy" darstellt, so muß eingangs noch kurz angeführt werden, weshalb hier eigentlich von Utilitarismus die Rede ist.

Mit diesem Prädikat ist nämlich nicht gemeint, daß es sich bei der teleologischen Ethik um jene besonders verwerfliche Einstellung handle, der Zweck heilige die Mittel, „gut ist, was nützlich ist". Bruno Schüller hat sich zu Recht dagegen verwehrt, diesen Vulgär-Begriff von Utilitarismus dem „teleologischen" Utilitarismus zu unterstellen. Was man umgangssprachlich als „utilitaristisch" bezeichnet, entspricht ja denn auch nicht exakt der ursprünglichen philosophischen Bedeutung dieses Begriffs.

---

[1] Im Folgenden beschränke ich mich auf die im deutschen Sprachraum vorherrschende sogenannte „teleologische Ethik", die weitgehend identisch ist mit dem, was im angelsächsischen Raum „Consequentialism" und „Proportionalism" genannt wird; vgl. dazu J. FINNIS, Fundamentals of Ethics, a. a. O., S. 80ff. Eine wichtige Auseinandersetzung mit der teleologischen Ethik, die ich hier nicht mehr berücksichtigen konnte, ist: J. SEIFERT, Absolute Moral Obligations towards Finite Goods as Foundation of intrinsically Right and Wrong Actions. A critique of Consequentialist „Teleological Ethics": Destruction of Ethics through Moral Theology?, in: Anthropos 1 (1985), S. 57–94.

6.2 Der klassische Utilitarismus

6.2.1 „Utilitarismus": Ein irreführender Name

Nach John Stuart Mill kommt „Nützlichkeit" *(utility)* jenen Handlungen zu, die dem Glück förderlich sind.[2] Handlungen sind also moralisch gut oder schlecht, je nach dem ob sie zur Folge haben, das Glück zu fördern oder ihm entgegenzustehen. Man sieht sofort, und Kritiker des Utilitarismus haben das auch immer gesehen, daß das Problem einer solchen Aussage weder im Begriff der „Nützlichkeit", noch in jenem der „Folge" liegt, sondern vielmehr darin, nach welchem Kriterium man bestimmen könne, was „Glück" ist. Der Name Utilitarismus ist tatsächlich in einem gewissen Sinne verwirrend, denn er lenkt von der Grundthese dieser Art von Ethik ab. Als „utilitaristisch" wollte sich die utilitaristische Ethik im Gegensatz zu einer rein intuitionistischen oder sentimentalistischen Ethik verstehen, die behauptete, die Erfassung dessen, was man tun müsse, sei Sache des Gefühles, eines untrüglichen „moral sense". Die Utilitaristen hingegen wollten darauf hinweisen, daß man, um zu erkennen, welche Handlungen moralisch gut seien, *Überlegungen* anstellen, d. h. das zwischen Handlung und Ziel („Glück") bestehende Ursache-Wirkungs-Verhältnis bedenken müsse, also die „utility" eine Handlung zur Erreichung des Endzieles: des Glücks.

Insofern ist das „Nützliche" zunächst einmal nichts anderes, als was bei Aristoteles „to sympheron" heißt, und bei Thomas etwa „actio debita", „conveniens" oder „proportionata fini" etc.: Die Angebrachtheit der Mittel (Handlungen) zur Erreichung des Zieles.[3] „Nützlichkeit" als sittliches Kriterium ist insofern keine Eigenheit des Utilitarismus.

Das Problem des „utilitaristischen" Begriffs der Nützlichkeit – und das scheint heutigen „teleologischen Ethikern" generell entgangen zu sein – besteht vielmehr darin, daß die utilitaristische Ethik eine eudämonistische Ethik ist, aber als solche gerade *keine* Theorie des Glücks erarbeitet hat, d. h. kein Kriterium dafür kennt, worin denn nun das Glück des Menschen bestehe. Dieser Mangel besitzt historisch gesehen seinen Ursprung im soge-

---

[2] J. St. MILL, Utilitarianism, Ch. II: „The creed which accepts as the foundation of morals, Utility, or the Greatest Happiness Principle, holds, that actions are right in proportion as they tend to promote happiness, wrong, as they tend to produce the reverse of happiness." Das Prinzip geht bekanntlich auf J. BENTHAM zurück, der es folgendermaßen formuliert: „By utility is meant the property in any object, whereby it tends to produce benefit, advantage, pleasure, good or happiness, (all this in the present case comes to the same thing) or (what comes again to the same thing) to prevent the happening of mischief, pain, evil or unhappiness to the party whose interest is considered" (An Introduction to the Principles of Morals and Legislation, Ch. I, 3).

[3] Vgl. z. B. I-II, q.7, a.2, ad 3: „bonum ordinatum ad finem dicitur utile, quod importat relationem quandam (…). Et ideo, *cum bonitas actuum sit inquantum sunt utiles ad finem*, nihil prohibet eos bonos vel malos dici secundum proportionem ad aliqua quae exterius adiacent." Vgl. auch CICERO, De officiis III, 30: „Nie ist etwas nützlich, wenn es nicht gleichzeitig auch sittlich gut ist. Und nicht aufgrund seiner Nützlichkeit ist es sittlich gut, sondern weil es sittlich gut ist, deshalb ist es auch nützlich."

nannten „Benthamismus" und wirkt sich vor allem auf die Frage nach dem Zusammenhang von „Nutzen" und „praktischer Wahrheit" aus. Für die Erläuterung dieses Mangels ist nun gerade J. St. Mill selbst der beste Zeuge; und zwar nicht, weil sich der britische Philosoph dieser Problematik etwa nicht bewußt gewesen wäre; sondern gerade weil seine Versuche einer Verteidigung des Utilitätsprinzips von der Bemühung getragen sind, eine solche Beziehung zwischen Nutzen und Wahrheit herzustellen, also den Begriff des Nutzens als „objektives" Moralprinzip zu begründen, und zwar ohne dabei dem ursprünglichen utilitaristischen Ansatz seines Lehrers Bentham dabei untreu werden zu wollen. Es lohnt sich, mit einigen Pinselstrichen diese Problematik von Nutzen und praktischer Wahrheit in der utilitaristischen Ethik darzustellen, weil auf ihrem Hintergrund die Mängel heutiger teleologischer Moralbegründung einerseits, und die Stärke der aristotelischen Ethik andererseits ins volle Licht gerückt werden können.

6.2.2 J. Bentham: Sozialeudämonismus

J. Bentham beginnt seine „Introduction to the Principles of Morals and Legislation" mit der lapidaren Feststellung, daß der Mensch unter der Herrschaft zweier Souveräne stehe: Schmerz (pain) und Lust (pleasure). Diese beiden empirisch unleugbaren Prinzipien bestimmen, was wir tun sollen.[4] Da jeder Mensch nach Lust, d. h. nach Glück strebt und dem Schmerz flieht, so gibt es nur eine vernünftige Haltung: Die naturale Bedingtheit oder Unterordnung unter dieses Gesetz anzuerkennen und es mit den Mitteln der Vernunft und des Gesetzes zum Wohl des Menschen zu befolgen.[5] So ergibt sich als „gut", was dem Glück (der Lust) förderlich ist, als schlecht, was ihm entgegensteht. Das „Gute" ist also, angesichts des empirischen Lustprinzipes, das „Vernünftige", da es das „Nützliche", d. h. dem Glück Förderliche ist. Die Vernunft ist hier ein bloßes Mittel oder Instrument, zur Bestimmung des für das Glück Nützlichen. Das eigentliche Kriterium für die Sittlichkeit einer Handlung ist die Nutzenrelation zwischen Handlung und Glück.

Bentham geht also von einem „naturalen" Faktum, einer empirischen Feststellung aus: Der Mensch steht unter der Herrschaft einer naturalen Tendenz zur Lustbefriedigung (wobei damit natürlich keineswegs nur „sinnliche" Lust, sondern auch jene, die geistige Güter hervorzubringen vermögen, gemeint ist). Der Utilitarismus sucht nun also nach dem Kriterium für die Richtigkeit des Handelns unter der Bedingung der Lust-Unbefriedigtheit. Dieses Kriterium ist das Utilitätsprinzip: gut ist, was nützt, um das Wohlergehen

---

[4] Ch.I, 1: „Nature has placed mankind under the governance of two sovereign masters, *pain* and *pleasure*. It is for them alone to point out what we ought to do, as well as to determine what we shall do. On the one hand the standard of right and wrong, on the other the chain of causes and effects, are fastened to their throne. They govern us in all we do, in all we say, in alle we think: every effort we can make to throw off our subjection, will serve but to demonstrate and confirm it."
[5] Ebd.: „The *principle of utility* recognises this subjection, and assumes it for the foundation of that system, the object of which is to rear the fabric of felicity by the hands of reason and of law." Bentham erklärt in einer Anmerkung, daß „principle of utility" ein aus Gründen der Kürze vorgezogenes Synonym ist für „greatest happiness" or „greatest felicity principle".

(Lustbefriedigung) zu fördern. Eine Handlung ist also gut, wenn ihre *Folge* das Wohlergehen ist, aber, wie Bentham betont, nicht das Wohlergehen des Individuums, sondern dasjenige der größtmöglichen Zahl von Menschen in einer Gesellschaft. Es finden sich also im Benthamismus vier Prinzipien: Das Lustprinzip, das Nutzenprinzip, das Folgeprinzip und das Sozialprinzip.[6]

Die Frage stellt sich nun: Wie kann ich aufgrund dieser Prinzipien unterscheiden zwischen „das *will* ich tun" (bzw. „das gefällt mir", „das ist mir nützlich") und „das *soll* ich tun"? Ist es möglich, auf dieser Grundlage den Begriff einer Nützlichkeit zu gewinnen, unabhängig von der Befangenheit meiner Subjektivität? Ist jeweils, was mir als lustvoll *erscheint*, auch das, was dem Glück förderlich ist, d. h. das „wahrhaft Lustvolle?". Oder kommt es darauf gar nicht an? Genügt es, das empirische Luststreben einfach zu befriedigen, um glücklich zu sein?

Tatsache ist, daß sich Bentham solche Fragen gar nicht stellte. Denn es sind Fragen, die in einer Ethik aufgeworfen werden, in der es darum geht zu bestimmen, worin das Glück des Menschen, die Verwirklichung des Menschseins als solchem besteht. Bentham beschäftigte sich jedoch damit, moralische Kriterien für die Gesetzgebung, vor allem im Sozialbereich, zu finden. Der Benthamisms, und damit der Utilitarismus generell, ist in seiner ursprünglichen Form wesentlich eine *Sozialethik*, bzw. eine Ethik der Sozialreform und Gesetzgebungspraxis und formuliert sich als sogenannter „Sozialeudämonismus".

Genau aus diesem Grunde wird im ursprünglichen Utilitarismus die Frage nach dem grundlegenden Moralprinzip, dem „Maßstab" des Sittlichen, noch gar nicht gestellt, bzw. ausgeklammert. Tatsächlich besitzt ja bei Bentham die Vernunft nur instrumentellen Charakter; aber sie kann in dieser Instrumentalität niemals „Maßstab" des Sittlichen sein: Sie bleibt, als reine „Vernünftigkeit" ein bloßes Organ, der es obliegt, Handlungen bezüglich ihrer Folgen hinsichtlich des Telos (Glück) zu beurteilen. Nur dem Telos selbst kann im Handlungsbereich auch maßstäbliche Bedeutung zukommen. Dieses Telos ist jedoch in diesem Falle ein solches (die Lust und deren Befriedigung), das in dieser Aufgabe notwendigerweise versagen muß: Denn jede Lust, sowie das Streben nach ihr bzw. ihrer Befriedigung ist ein subjektives Empfinden; jede Moral, auch die utilitaristische, sucht jedoch nach einem Prinzip, das unabhängig von „je meinem Empfinden" ist, bzw. das „mein Empfinden" mit dem wahrhaft Guten oder Nützlichen in Übereinstimmung bringt; sonst bräuchte man nämlich gar keine Ethik, sondern nur wirksame Gesetze, um die nach dem „Glück" strebenden Menschen voreinander zu schützen.

Es ist jedoch einleuchtend, daß bei Bentham weder die Vernunft noch das Telos (Befriedigung des Lustverlangens) maßstäbliche Funktion auszuüben vermögen. Die Lust ist eine relational-subjektive Größe; objektiv ist sie nur in ihrer natural-empirischen Faktizität, nicht jedoch in ihrem axiologischen Charakter; und die Nützlichkeit ist ebenfalls eine relationale Größe: der Nutzen konstituiert sich vom Telos her. Damit haben wir aber eine Gleichung mit zwei Unbekannten und nur einer einzigen faßbaren Konstante: dem

---

[6] Mit dieser Einteilung folge ich O. HÖFFE, Sittlich-politische Diskurse, Frankfurt/M. 1981, S. 55. Höffe faßt dann die vier Prinzipien in einem einzigen „Prinzip der Nützlichkeit" zusammen: „Die Handlung bzw. Handlungsregel ist im sittlichen Sinn gut bzw. richtig, deren Folgen für das Wohlergehen aller Betroffenen optimal sind."

naturalen Faktum des Luststrebens. Deshalb ist der Utilitarismus in seinem Ursprung zunächst einmal naturalistisch und vermag aber auch keine Gründe dafür anzugeben, weshalb von einem „dazu habe ich Lust" auf ein „das soll ich tun" geschlossen werden kann. Nun will aber auch die benthamistische Ethik eine „objektive" Ethik sein; das heißt; sie beansprucht objektive Kriterien für gutes und schlechtes Handeln zu liefern. Dies vermag sie einzig und allein aufgrund des Sozialprinzips: das Kriterium, der Maßstab ist das Wohlergehen oder (subjektive) Lustempfinden der größten Zahl, der Allgemeinheit. Die Objektivität der benthamistischen Moral ist also eine Objektivität der „Mehrheit", und somit auch immer eine nur „soziologische" und „geschichtliche" Objektivität; die Frage nach dem Glück, worin denn das Glück „in Wahrheit" bestehe, wird dabei überflüssig; glücklich sein heißt sich glücklich fühlen; und zu erreichen, daß dies für die größtmögliche Zahl der Fall ist, ist das Kriterium für die „Nützlichkeit", d. h. sittliche Richtigkeit einer Verhaltensweise, bzw. eines Gesetzes.

Es scheint ziemlich offensichtlich, daß in einer solchen Begründung der Objektivität des Guten die eigentliche Grundfrage der Ethik umgangen wird: nämlich die Frage nach dem Zusammenhang von Nutzen (einer Handlung) und Wahrheit; oder genauer: worauf beruht das Gut-Sein des Nützlichen? Daß das Gute, in einem *ethischen* Sinne, „nützlich" ist, bestreitet niemand; ja das ist gerade der klassische Sinn der „utilitas". Aber damit das Nützliche auch gut sei, und eben deshalb wahrhaft nützlich, dazu muß zunächst das Telos in seinem Charakter als „Gutes" ausgemacht werden; erst dann ist es möglich, einen Begriff des „Nützlichen" auszumachen, der jeweils auf das „Gute" bezogen ist, also in Übereinstimmung mit dem *richtigen* Telos-Streben besteht, d. h. *praktisch* wahr ist.

Der Rekurs auf das Sozialprinzip ermöglicht eine Umgehung dieser Fragen. Er verlangt aber auch für die Bestimmung der Sittlichkeit einer Handlung, daß jeweils alle ihre Folgen bezüglich des Gesellschaftsganzen in Betracht gezogen werden; es verlangt vom handelnden Menschen einen Überblick über gesellschaftliche Zusammenhänge, die er natürlich gar nicht haben kann. Und dies führt zu der Erkenntnis, daß eine Ethik, die nicht nur Maßstäbe für den Gesetzgeber, sondern für das Handeln des einzelnen erbringen möchte, ein Kriterium für das sittliche Gutsein von Handlungen unabhängig von ihren gesamtgesellschaftlichen Folgen angeben können muß.

6.2.3 J. St. Mill: Das Problem der Beziehung zwischen Nutzen und Wahrheit

Das Problem der Beziehung zwischen Nutzen und Wahrheit wurde genau dann virulent, als J. St. Mill versuchte, auf utilitaristischer Grundlage eine wirkliche Ethik zu begründen. Gegenüber dem Vorwurf, es sei ja unmöglich, immer im Hinblick auf die allgemeinen Interessen der Gesellschaft zu handeln, erklärt nun Mill, die benthamistische Moralbegründung aus den Angeln hebend, daß dieses „Sozialprinzip" für das Handeln nur ein Motiv, aber nicht die „Regel" (rule) oder der Maßstab sei. Die Ethik müsse lehren, welches unsere Pflichten seien und wie wir sie erkennen können.[7] In seinem Bemühen aufgrund

---

[7] MILL, Utilitarianism, Ch. II.: „They say (d. h. die Kritiker des Utilitarismus) it is exacting too much to require that people shall always act from the inducement of promoting the general inter-

der benthamistischen Prinzipien eine Ethik zu begründen, erklärt Mill, daß das Motiv (der Nutzen der größten Zahl) nichts mit der Moralität einer Handlung zu tun habe, sondern nur über den Wert des Handelnden etwas besage.[8] In der Tat: Mill sucht nach einem Kriterium für die sittliche Qualität von menschlichen Handlungen *unabhängig* von den gesamtgesellschaftlichen Folgen, und *unabhängig* von den Motiven und Intentionen des Handelnden. Es scheint jedoch, daß sich Mill der Tragweite dieser Fragestellung überhaupt nicht bewußt war.

Die Aufgabe, die Mill sich stellte, war nämlich jene, für den Begriff des Nutzens ein Wahrheitskriterium zu erarbeiten. D. h. das Feld jener „Nützlichkeiten" abzustecken, die eine Handlung unabhängig von *anderen* möglichen Folgen als „gut" definieren lassen. Zu diesem Zweck muß er auch das von Bentham in seiner rein empirisch-naturalen Faktizität als Prinzip behauptete Lustprinzip teilweise beiseite schieben. Mill beginnt von natürlichen Gefühlen und Neigungen des Menschen zu sprechen, ja überhaupt davon, was der Natur des Menschen entspreche.[9] Wir finden bei ihm eine ganze Pallette natürlicher Neigungen aufgezählt, von denen gesagt wird, sie müßten schließlich alle den höheren Instinkten oder Neigungen der menschlichen Intelligenz untergeordnet werden.[10] Mill begründet die Ausformung dieser Neigungen bis hin zum Begriff der Tugend mit seiner assoziativen Psychologie.

So mündet das Lustprinzip in den Begriff der Tugend, die zum Inbegriff von „Glück" wird. Das Glück, keine abstrakte Idee, sondern ein „konkretes Ganzes"[11], ist das formale Prinzip, aufgrund dessen alles gewünscht wird; was man will, will man nicht nur als Mittel zum Glück, sondern auch als dessen Bestandteil. Darin sieht nun Mill den letzten Beweis für das Nützlichkeitsprinzip: Die Tatsache, daß alle Menschen notwendigerweise nach einem Ziel streben, und daß dieses Ziel das Glück ist.[12] Das sei eine Erfahrungstatsache, die sich auf Evidenz gründe und nur durch Reflexion, Selbstbeobachtung und die Beobachtung von anderen zu erfassen sei.

Was also für Aristoteles nur Ausgangspunkt für die Suche nach dem sittlichen Maßstab

---

ests of society. But this is to mistake the very meaning of a standard of morals an confound the rule of action whith the motive of it. It is the business of ethics to tell us what are our duties, or by what test we may know them."

[8] Ebd.: „utilitarian moralists have gone beyond almost all others in affirming that the motive has nothing to do with the morality of the action, though much with the worth of the agent."

[9] Vgl. z. B. Ch. II: „It is natural to man to speak, to reason, to build cities, to cultivate the ground (...)"; als „natural sentiment" bezeichnet Mill etwa „the desire to be in unity with our fellow-creatures". „The social state is at once so natural, so necessary, and so habitual to man ... etc."; „there is at least a temporary feeling that the interests of others are their own interests"; „The good of others becomes to him a thing naturally and necessarily to be attended to"; Mill spricht von „intellectual instincts" und sagt: „we have natural feelings of justice" (Ch.V.) etc.

[10] Ch. V.

[11] Ch. IV: „Happiness is not an abstract idea, but a concrete whole."

[12] Ebd.: „If the opinion which I have now stated is psychollogically true – if human nature is so constituted as to desire nothing which is not either a part of happiness, we can have no other proof, and we require no other that these are the only things desirable. If so, happiness is the sole end of human action, and the promotion of it the test by which to judge of all human conduct; from whence it necessarily follows that it must be the criterion of morality, since a part is included in the whole."

war – die Tatsache, daß alle nach dem Glück streben – wird für Mill selbst zum Maßstab. Dieses Glücksstreben zeigt sich empirisch als Luststreben; über diese Bestimmung kommt Mill nicht hinaus, wobei er jedoch, um dem reinen subjektiven Schein dieses Strebens zu entrinnen, nach objektiven Kriterien für die „Natürlichkeit" und damit Angemessenheit dieses Strebens sucht. Dabei rekurriert er auf eine empiristische, assoziativ-psychologische Anthropologie.

Hätte Mill etwas von Metaphysik und auf ihr begründeter philosophischer Anthropologie verstanden, so hätte er vielleicht den benthamistischen Utilitarismus überwinden und auf einen aristotelischen Weg gelangen können. Vieles, was der britische Philosoph sagt, ist gesunder Menschenverstand, – und vieles tönt nicht nur aristotelisch, sondern ist zweifellos auch aristotelisch inspiriert. Denn im Gegensatz zu Bentham, (der geschrieben hat: „It is not necessary to consult Plato, nor Aristotle"), hat Mill Aristoteles gelesen und ist seine Form der utilitaristischen Ethik voller aristotelischer Anleihen. Aber die Beibehaltung einiger benthamistischer Prinzipien verunmöglichen eine Korrektur. So bleibt die Ethik Mills zweigleisig und inkonsistent.

Mill ist es insbesondere nicht gelungen, den Begriff des Guten als den Aspekt, unter dem alles erstrebt wird, von jenem der „Lust" zu differenzieren: das „Gute", als formeller Gegenstand (Ziel) jeden Strebens, bleibt, in der Tradition des Hedonismus, identifiziert mit jenem des „Lustbringenden".[13] Daß das „Gute", als Gegenstand der Vernunft (bonum rationis), sich empirisch und psychologisch auch *nicht* unter dem Gesichtspunkt des „Lustbringenden" zeigen kann, fällt hierbei außer Betracht; und auch, daß das Lustbringende („delectabile"), obwohl dem Guten zugehörig, nicht notwendigerweise intentionaler Gegenstand, sondern oft gerade nur ein Folgephänomen ist. Mill bleibt letztlich in der Idee befangen, daß die Vernunft ein reines Instrument ist und er übersieht ihren Telos-Charakter. Damit erhält das „praktisch Gute" und die sittliche Handlung selbst einen nur instrumentellen Charakter. Es kann Mill nicht gelingen, die sittliche Handlung als konstitutiven Bestandteil des Glücks zu begründen, obwohl er das versucht.

Damit das hätte gelingen können, hätte der Utilitarismus den Begriff des sittlich Guten aufgrund einer anthropologischen Analyse des Telos definieren müssen; es wäre also darum gegangen, das wahrhaft Lustvolle vom nur scheinbar Lustvollen abzugrenzen. Dadurch wäre man auf einen anthropologisch fundierten Begriff des Glücks und der Tugend gekommen, und es wäre auch möglich geworden, Handlungen und ihren „Nutzen" anthropologisch, d. h. in ihrer konstitutiven Funktion bezüglich des Zieles, zu deuten. Dadurch wäre es gelungen zu erkennen, daß nicht das empirische Faktum „pleasure is what every man desires" das erste Prinzip ist, sondern „bonum est quod omnia appetunt". Dabei hätte sich der Begriff des wahrhaft Guten, von jenem des nur scheinbar Guten abgegrenzt, als spezifischer und praktischer Gegenstand der Vernunft, als „bonum rationis" gezeigt. Dann wäre der Utilitarismus allerdings nicht mehr „Utilitarismus"; denn er ist dies ja nicht aufgrund des Prinzips der „utility", sondern wegen seines Begriffs des Glückes und der Identifizierung des Guten schlechthin mit dem „Lustvollen".

Aristoteles war sich durchaus bewußt, daß das Phänomen der Lust *(hêdonê)* für die Ethik

---

[13] Ebd., Ch. IV: „... to think of an object as desirable (unless for the sake of its consequences), and to think of it as pleasant, are one and the same thing."

von entscheidender Bedeutung ist. Er erkannte mit aller Deutlichkeit, daß er das gute Handeln, und die Tugend insbesondere, mit Lust und Unlust zu tun hat. Das Gute, das immer auch ein „gut Scheinendes" ist, erscheint eben gerade auch als „Lustbringendes", „Angenehmes" oder „Nützliches", wobei dabei allerdings nur der Tugendhafte richtig urteilt.[14] Die beiden Gefühle der Lust und Unlust „sind darum notwendig die Angelpunkte unserer ganzen Theorie. Denn es ist für das Handeln von größter Wichtigkeit, ob man in der rechten oder in der verkehrten Weise Lust und Unlust empfindet."[15]

Die Frage nach der *Richtigkeit* des Lustempfindens ist genau jene, die im klassichen Utilitarismus unbeachtet bleibt. Dieser verbleibt in einem naturalistisch-empiristischen Phänomenismus stecken; das Gleiche gilt für die Begriffe der „Folge" und des „Nützlichen": Was ist das wahrhaft Nützliche, weil wahrhaft Gute? Und welches sind die für das Glück konstitutiven Folgen einer Handlung im Unterschied zu anderen Folgen? Was ist überhaupt eine „sittliche", bzw. „menschliche Handlung"? Diese Fragen hat eine utilitaristische Ethik noch nie zu beantworten vermocht, und dies vermag auch die heutige „teleologische Ethik" nicht, die eben genau deshalb utilitaristisch ist.

Als entscheidend kennzeichnend für jede Form von Utilitarismus erweist sich dabei das Fehlen eines metaphysisch und anthropologisch begründeten und aller „Nützlichkeit" selbst ein Kriterium anlegenden Begriffes des *bonum humanum* als das durch die sittliche Handlung im Menschen selbst erwirkten Guten. Deshalb ist die sogenannte „teleologische Ethik", wie sie von vielen katholischen Moraltheologen heute vertreten wird, eine „utilitaristische" Ethik. Man kann das leicht durch eine detaillierte Analyse verifizieren.

6.3 „Deontologie" – „Teleologie": Eine falsche Disjunktion

Es hat sich unterdessen eingebürgert, ethische Theorien in „deontologische" und „teleologische" einzuteilen. Ein deontologischer Typ von Ethik, so heißt es, beurteile die sittliche Qualität von Handlungen *unabhängig* von ihren Folgen; teleologische Ethik hingegen aufgrund ihrer Folgen, weshalb man im angelsächsischen Raum auch von „Consequentialism" spricht.

Es gibt wohl niemanden, der behaupten wollte, es gebe eine teleologische Ethik in „Reinkultur", d. h. ohne deontologische Elemente. Wenn wir uns auf die Teologen unter den katholischen Moraltheologen beschränken, so vertreten sie allgemein die Meinung, daß das letzte Ziel allen menschlichen Handelns selbst nicht teleologisch begründet

---

[14] NE, II, Kap. 2 1104b 30 – 1105a 1: „Da drei Dinge Gegenstand des Strebens und drei Gegenstand des Fliehens sind: das sittlich Gute *(to kalon)*, das Nützliche *(to sympheron)* und das Angenehme oder Lusterregende *(to hêdys)*, und deren Gegenteil: das Böse, das Schädliche und das Unangenehme oder Unlusterregende, so gilt zwar für alles dieses, daß der Tugendhafte darin das Rechte trifft und der Schlechte es verfehlt, am meisten aber gilt es für die Lust. Denn sie ist allen Sinnenwesen gemeinsam und mit allem, was unter die menschliche Wahl fällt, verbunden. Auch das sittlich Gute und Nützliche erscheint ja als lustbringend."
[15] Ebd., 1105a 5–6.

werden kann und daß, zweitens, auch teleologische Begründungen schließlich deontologisch (als „Pflicht") formuliert werden können.

Ebenso wird jedoch behauptet, es gebe neben einer „milderen" Form von Deontologie, die auch beschränkt den Folgegesichtspunkt berücksichtige, eine „strengere" Form, die zumindest eine Zahl von Handlungen vollständig unabhängig von ihren Folgen sittlich qualifiziere; eine solche Theorie liege der traditionellen katholischen Moraltheologie, mit ihren absoluten Verboten, z. B. der Empfängnisverhütung, der Abtreibung, der Lüge u. a. m. zugrunde.

Die Unterscheidung von „teleologisch" und „deontologisch" scheint mir jedoch eine falsche Unterscheidung zu sein; und zwar nicht nur, wenn sie als vollständige Disjunktion gemeint ist, was ja nun wiederum eigentlich auch kein teleologischer Ehtiker unterstellen will. Sondern sie ist falsch *als Unterscheidung* zweier Typen der Normenbegründung. Denn „teleologisch" und „deontologisch" begründet nicht zwei Typen der *Begründung* von normativen Aussagen, sondern es handelt sich dabei um zwei verschiedene Ebenen des Umgangs mit solchen Aussagen, die sich sehr wohl auf ein und denselben Begründungstyp beziehen können. Zugespitzt formuliert: Jede Ethik, insofern sie überhaupt mit diskursiven Begründungen arbeitet, ist notwendig „teleologisch"; und sie ist zugleich deontologisch, insofern sie die Ergebnisse ihres Begründungs-Diskurses in normativen Aussagen als „das, was nun zu tun ist", festhält und dann auch in vielen Fällen für die Unbedingtheit dieses Sollens noch *weitere* Gründe anführt.

Ein „teleologischer" Ethiker würde sagen: Die Handlungsweise x ist gut, d. h. „soll getan werden", „ist meine Pflicht" (deontologische Formulierung), weil ... etc. (teleologische Begründung). Wie könnte man sich, im Unterschied dazu, einen sogenannten „deontologischen" Ethiker vorstellen, der sagt: „Handlung x ist immer, unter allen Umständen schlecht", ohne hinzuzufügen: „weil etc. ..."?

Jene die behaupten, es gebe einen deontologischen Typ der Normenbegründung, unterstellen jedoch, der Deontologe spreche nur in Tautologien; er sage also: „x ist immer schlecht, weil man x nicht darf"; oder „weil x verboten ist"; oder „weil x dem Willen Gottes widerspricht", oder „weil ich zu x nicht berechtigt bin" usw. Zu behaupten, es gebe einen deontologischen Typ von Normenbegründung, bedeutet also, es gebe einen Typ der Normenbegründung, der lautet: „man darf x nie, weil x immer verboten ist"; das wäre jedoch, wie sicher klar ist, gar keine *Begründung* des Verbotes, sondern nur seine *Darlegung* in der Formulierung einer normativen Aussage. Auf dieser Ebene wäre dann aber auch eine „teleologische" Ethik deontologisch, denn teleologisch kann man ja Sätze bilden wie: „x ist immer schlecht, wenn x für alle Betroffenen immer schlechte Folgen hat".

Genau letzteres ist nämlich mit einem „deontologischen" absoluten Verbotssatz gemeint: Wenn gilt: „x ist immer schlecht", so ist gemeint: „mit x ist eine Folge verbunden, die immer schlecht ist", oder: „Handlung x definiert sich geradezu durch eine (ihr immanente) Folge, die immer schlecht ist." Die sogenannten „Deontologen" unterscheiden sich von den sogenannten Teleologen nicht darin, daß sie die Folgen einer Handlung nicht berücksichtigen, sondern erstens darin, was sie überhaupt zu den „Folgen" einer Handlung rechnen, und zweitens in den Kriterien, gemäß denen sie die Folgen einer Handlung beurteilen. Genauer gesagt: Ein „Deontologe" argumentiert genau gleich teleologisch, aber er besitzt ein Kriterium für die Unterscheidung von Folgen, die für den sittlichen Wert einer Handlung konstitutiv sind und deshalb *immer* eintreten, und jenen anderen Folgen, für die dies nicht zutrifft. Und er besitzt dieses Kriterium deshalb, weil sein Begriff der Handlungsfolge einen anthropologischen Rückbezug besitzt. Der sogenannte Deontologe vermag, im Unterschied zum sogenannten Teleologen jene Folgen auszumachen, die für die sittlichen Qualifizierung, die „Definition" oder „Spezifizierung" einer Handlung konstitutiv sind. Er gelangt dadurch zum Aufweis von objektiv-sittlichen, d. h. den menschlichen Sinngehalt einzelner Akte überhaupt konstituierenden Folgezusammenhängen, die er von nicht-konstitutiven Folgen unterscheidet, in deren Gefüge solche Akte eingebettet sein können, sie aber nicht in ihrem fundamental *menschlichen* Sinngehalt konstituieren.

Wenn also behauptet wird, die Formulierung „x ist immer sittlich schlecht" sei spezifisch deontologisch, so unterstellt man dabei, wer das behaupte, meine damit, „x-Tun" sei folgenlos, – denn der „Deontologe" beurteile ja Handlungen unabhängig von ihren Folgen. Eine solche Behauptung ist jedoch absurd. Wer behauptet, „x ist immer schlecht" meint in Wirklichkeit nicht, „x-Tun" sei folgenlos, aber dennoch schlecht, und zwar aufgrund anderer Kriterien, sondern: x-Tun hat zur Folge, was durch die Berücksichtigung keiner anderen Folge in Kauf genommen werden kann: Nämlich die Zerstörung der konstitutiven Bedingungen für den fundamental menschlichen, bzw. sittlichen Sinngehalt des entsprechenden menschlichen Aktes.

6.4 Anthropologische Differenzierung von „Folgen"

Die sogenannte „deontologische" Normenbegründung existiert folglich zumindest dort, wo man sie vermutet, überhaupt nicht; jenen ethischen Theorien, die als „deontologisch" qualifiziert werden, liegt vielmehr eine differenziertere, weil anthropologisch fundierte, Teleologie zugrunde, während die sogenannte „teleologische Ethik" mit einem anthropologisch undifferenzierten Begriff der „Folge" arbeitet.[16] Oder noch genauer gesagt: Die sogenannt „deontologischen" Theorien besitzen selbst ein Kriterium für die sittliche Qualifizierung oder Einstufung von „Folgen", während teleologische Theorien, in der Tradition des Utilitarismus, jede Folge ausschließlich im Kontext *aller* möglichen Folgen zu beurteilen vermögen. Für den sogenannten Deontologen gibt es Folgen, die eine Hand-

---

[16] Nicht einmal die kantische Ethik ist deontologisch. Ihre Teleologie ist aber eine „transzendentale Teleologie" oder ein „teleologischer Formalismus". – Für Kant ist eine Handlung dann sittlich schlecht, wenn sie zur Folge hätte, daß ihre Befolgung nicht allgemeines Gesetz sein könnte, oder daß damit ein Mensch nur als Mittel gebraucht würde. Gewiß soll man, nach Kant, immer nur aufgrund von Pflicht handeln. Aber was „Pflicht" ist, begründet sich durch eine transzendentale Teleologie. Aber bei Kant ist die Vernunft, und näherhin ihre praktischen (kategorischen) Imperative, Telos, das die Pflicht definiert. Da es sich dabei aber nur um einen transzendentalen Formalismus handelt, vermag die Vernunft keine (materiale) Maßstäblichkeit bezüglich des Handelns zu entwickeln. Kant kommt also gerade deshalb zu deontologischen Formulierungen, weil er einen differenzierten Begriff der Folge kennt: es gibt für ihn Folgen, die sittlich konstitutiv sind, nämlich jene, die den transzendentalen Formalismus der Vernunft betreffen.

lung unabhängig von anderen Folgen sittlich qualifizieren; während für den „teleologischen" Ethiker prinzipiell jede Folge eine „vorsittliche" Größe ist. Der sogenannte Deontologe bringt in den Begriff der Folge das Kriterium der „moralischen Differenz" ein, während der sogenannte Teleologe physizistisch argumentiert.[17]

Gerade an der Enzyklika Humanae Vitae, immer wieder fälschlicherweise als Paradebeispiel einer deontologischen Argumentation zitiert, kann dies nachgewiesen werden: Ihre Argumentation ist ausgesprochen teleologisch, aber es handelt sich um eine Teleologie, die einen Rückbezug auf die Anthropologie der ehelichen Liebe besitzt, näherhin die anthropologische Verknüpfung von „liebender Vereinigung" und „Fortpflanzung". Wie bereits ausgeführt (vgl. oben Teil I, 2.8), besteht das Hauptargument von HV darin, daß die Kontrazeption deshalb schlecht ist, weil sie zur Folge hat, daß diese Verknüpfung und damit der ganze Sinngehalt der ehelichen Liebe zerstört wird.[18] Kann gegenüber der grundlegenden Zerstörung des Sinnes ehelicher Liebe eine andere Folge ins Gewicht fallen? Erhalten sie nicht selbst, durch jene grundlegende Qualifizierung der Folge kontrazeptiven Verhaltens jene Qualität als „Nebenfolgen", die bewirkt, daß sie selbst wiederum, durch die Erhaltung des grundlegenden Sinnes von ehelicher Liebe, ganz anders beurteilt werden müssen, als wenn man diese Unterscheidung von handlungs-konstitutiven bzw. -spezifizierenden und anderen Folgen nicht trifft?

Es ist offensichtlich: Jede aristotelische Ethik ist ausgesprochen teleologisch; das wird allgemein zugegeben. Dennoch spricht Aristoteles von Handlungen, die in sich schlecht *(auta phaula)* und immer gefehlt sind. „Demnach gibt es hier nie ein richtiges Verhalten, sondern immer und lediglich ein verkehrtes, und das Gute und Schlechte, liegt bei solchen Dingen nicht in den Umständen, wie wenn man sich z. B. beim Ehebruch darum fragte, mit wem und wann und wie er erlaubt sei, sondern es ist überhaupt gefehlt, irgend etwas derartiges zu tun."[19]

Thomas argumentiert ebenfalls teleologisch, wenn er behauptet, die Ehe sei unauflöslich, weil ihre Auflösbarkeit zur Folge hätte, daß die Frau keine gleichwertige Gefährtin, sondern nur eine Sklavin des Mannes wäre; die Lüge sei schlecht, weil sonst die menschliche Kommunikation, das Zusammenleben usw. verunmöglicht würde. Die Trunkenheit sei sittlich verwerflich, weil durch sie der Mensch seine Würde als ein Wesen verliert, das aufgrund der Vernunft handelt; Fortpflanzung sei nur innerhalb der Ehe erlaubt, weil alles andere eine Ungerechtigkeit gegenüber dem Kind wäre, denn ein anderer Modus

---

[17] B. SCHÜLLER, Die Begründung sittlicher Urteile, a. a. O. S. 173 betont ausdrücklich diese Reduktion von Folgen auf „nicht-sittliche Übel". Damit ist eine fundamentale Vorentscheidung bereits getroffen: Denn wenn, wie das bei Schüller der Fall ist, alle relevanten Handlungsfolgen prinzipiell auf der nicht-sittlichen Ebene liegen, diese Folgen es aber sind, die über die „Richtigkeit" oder „Falschheit" von Handlungen entscheiden, dann entscheidet sich für ihn die Frage nach dem richtigen oder falschen Handeln prinzipiell auf der vor-sittlichen Ebene. Dieser physizistische Ansatz führt dann zu einer Ethik der „guten Gesinnung" und zu den Inkonsistenzen, die wir im folgenden herausarbeiten werden.
[18] Nr. 12. Der anthropologische Zusammenhang selbst wird, in Nr. 17, wiederum teleologisch erläutert: „Verständige Menschen können sich noch besser von der Wahrheit der kirchlichen Lehre überzeugen, *wenn sie das Augenmerk auf die Folgen der Methoden der künstlichen Geburtenregelung richten.*"
[19] NE, II, 6, 1107a–18; vgl. auch EE, II, 3, 1221b, 19ff.

menschlicher Prokreation hätte zur Folge, daß das Kind der menschlich-spezifischen Grundlage seiner Entfaltung entbehren würde; usw. All diesen „Folgen" ist jedoch eigen, daß sie nicht irgendwelche, kontingente, Folgen sind, sondern jene Folgen, die für die betreffende Handlungsweise *als spezifisch menschlicher* selbst konstitutiv sind, d. h. ihren objektiven Gehalt aufzeigen. Den Zusammenhang von Handlungen mit dieser Art von Folgen nicht zu beachten, bedeutet, den menschlichen Sinn dieser Handlungsweisen (Fortpflanzung, Sprechen etc.) selbst nicht mehr zu beachten.[20] Alle andern möglichen Folgen müssen hingegen aufgrund des genuin menschlich-sittlichen Sinnes von Handlungen gewichtet werden. Ihr effektives Eintreten kann gerade aufgrund der konstitutiven, „objektiven" Folgeeigenschaften von Handlungen neue Typen sittlichen Verhaltens begründen, z. B. Verzicht und Opfer. Sie können gerade auch in ihrem Charakter als „unangenehme" Folgen zu einer Vertiefung des objektiven, konstitutiven Sinnes menschlicher Handlungen führen. So wird z. B. die Tugend der Wahrhaftigkeit, durch den Verzicht auf Lüge in einer Notsituation vertieft und bestärkt; und das gereicht nicht nur zum vollmenschlichen Wohl des Handelnden, sondern auch zum Wohl der Gesellschaft (das Erleiden von Ungerechtigkeit kann selbst zum sittlichen Wert werden; was wäre aus der abendländischen Philosophie geworden, wenn Sokrates die „Folgen" seiner Liebe zur Wahrheit in die Waagschale geworfen hätte?). Ein anderes Beispiel: Das sogenannte „unerwünschte Kind" wird auf dem Hintergrund einer unverfälschten ehelichen Liebe gerade zu einem Prüfstein dieser Liebe und zu einer Chance für ihre Vertiefung. All dies kann selbst „teleologisch" begründet werden, aber nur aufgrund der Festlegung einer anthropologisch verankerten *Hierarchie* von Folgen.

Eine „teleologische" Ethik, die eine qualitative, sittliche Differenzierung von im sittlichen Sinne handlungskonstitutiven (bzw. Handlungen als menschliche, sittliche Handlungen spezifizierenden) und solchen Handlungen nur zufallenden, „umstehenden", kontingent situationsbedingten, sie eventuell erschwerenden oder belastenden Folgen nicht kennt, muß das „Handlungsobjekt" deshalb notwendigerweise auf einer nur naturalen, physizistischen Ebene definieren. Die möglichen Inhalte von menschlichen Handlungen sind dann sämtliche nur „vorsittliche Güter", deren moralische Qualifizierung einzig und allein durch das in einer Güterabwägung gewichtete Ensemble der Folgen bestimmt wird.

Obwohl die handlungskonstitutiven Folgen wirkliche Folgen sind, bezeichnet man sie jedoch für gewöhnlich nicht mit diesem Namen. Diese Tatsache führt zu einem scheinbaren Deontologismus. Sowohl in der Umgangssprache, der die moralwissenschaftliche

---

[20] Genau dieser Aspekt der *anthropologischen* Struktur menschlicher Akte wird beispielsweise von Schüller bei seiner Behandlung der Unauflöslichkeit der Ehe übergangen (vgl. a. a. O., S. 252ff.). Schüller argumentiert in der Tat aufgrund der Tatsache, daß nach kirchlicher Rechtspraxis eine mit dem Vorbehalt der Unauflöslichkeit eingegangene Ehe ungültig wäre. Das stimmt natürlich, aber diese Ungültigkeit beruht selbst auf einem anthropologischen und ethischen Sachverhalt: Daß nämlich die Unauflöslichkeit eines der wesentlichsten Elemente ist, welche die eheliche Liebe überhaupt zur ehelichen Liebe machen, und daß deshalb eine Ehe „mit Vorbehalt" nicht deshalb keine Ehe wäre, weil sie (rechtlich) nicht gültig ist, sondern daß sie vielmehr nicht gültig wäre, weil sie gar keine Ehe ist. Wird das berücksichtigt, dann bricht die vorliegende Argumentation Schüllers zusammen, weil nämlich genau das berücksichtigt wäre, was er selbst als gültiges Schlußverfahren verlangt: „Aus der Einsicht in den sittlichen Charakter einer Handlungsweise ergibt sich unmittelbar, ob Gott sie gebietet, erlaubt oder verbietet" (S. 263).

Terminologie folgt, meint man mit Folgen die kontingenten, situationsbedingten Auswirkungen einer Handlung. Das Gefüge der konstitutiven, den objektiv-menschlichen oder sittlichen Gehalt einer Handlung spezifizerenden Folgen oder Wirkungszusammenhänge werden eher mit Begriffen wie „die Natur einer Handlung" usw. ausgedrückt. Die „Natur" der Sprache wird in diesem Sinne im Ensemble jener durch die auf menschliche Geistigkeit bezogenen menschliche Sprachfähigkeit und durch die Soziabilität des Menschen bestehenden Wirkungszusammenhänge oder Folgen bestimmt, die bestimmte Sprechakte als Lüge qualifizieren lassen; die „Natur des ehelichen Aktes" ist das Ensemble jener im Kontext des menschlichen Suppositums stehenden Wirkungszusammenhänge und Folgen, die ausmachen, daß es sich um einen Akt ehelicher und vollmenschlicher Liebe handelt usw.

Deshalb erweist sich die sogenannte „teleologische Ethik" als eine Theorie, die prinzipiell alle Folgen nur als kontingente, umstandsbedingte, und demnach sittlich nicht-konstitutive Folgen betrachtet. Sie geht aus von der radikalen sittlichen Gehaltlosigkeit oder „Indifferenz" menschlicher Handlungen um diesen sittlichen Gehalt durch die Abwägung der von diesen Folgen betroffenen Güter zu rekonstruieren.

Dabei drängen sich folgende Fragen auf: Welches ist das Kriterium, gemäß dem diese Güterabwägung vorgenommen wird? Muß es nicht selbst wiederum ein in sich selbst „vorsittliches" Gut sein? Und wenn nicht, wenn es sich also um Wertkriterien handelt: Woher stammen diese Werte? Sie können ja nicht selbst teleologisch begründet sein. Und drittens: Wie kann man aus einer abwägenden Kombination von „vorsittlichen Gütern" einen sittlichen Wert rekonstruieren? Der Verdacht erhärtet sich, daß in der teleologischen Ethik ein versteckter naturalistischer Fehlschluß enthalten ist, bzw., um diesem Fehlschluß zu entgehen, ein ebenso verborgener wie radikaler Deontologismus bzw. Wertidealismus.

6.5 Deontologische Formulierungen und teleologische Begründungen

Schüller nennt jede Ethik, die dem Begriff des Guten eine Priorität gegenüber dem Begriff des Sollens zuschreibt „teleologisch".[21] Diese Charakterisierung halte ich für zutreffend: Denn das Gute hat Zielcharakter, und wird das Sollen im Guten begründet, so bedeutet das, jegliches Sollen als den imperativen Anspruch dessen zu betrachten, was dieses Gut bewirkt. Je nach dem, ob die das Gute bewirkende Handlungsweise (bzw. deren Unterlassung) mit dem betreffenden Gut in einem notwendigen oder aber nur in einem kontingenten Bedinungs- oder Folgezusammenhang steht, formuliert sich ein solcher Imperativ im Modus „Ich soll" (bzw. „ich darf nicht") oder „Ich darf" (bzw. „ich muß nicht"). Es handelt sich dann also um deontologische *Formulierungen* (normative Aussagen) teleologisch begründeter praktischer Urteile.

---

[21] A. a. O., S. 289.

6.5.1 Zwei Ebenen des Umgangs mit normativen Aussagen

Ein „strenger Deontologismus", wie ihn, nach Schüller, die katholische Moraltheologie vertreten haben soll, würde also behaupten, das „Gutsein" einer Handlungsweise begründe sich, umgekehrt, auf dem „Gesolltsein" derselben. Daß dieser Vorwurf inkonsistent ist, wurde bereits gezeigt. Am Ende würde man sich in einem Streit um Worte verlieren: Denn auch im Rahmen einer teleologischen Ethik, die also das Sollen auf dem Guten gründet, gilt natürlich: Die Handlung x ist gut, weil sie gesollt ist, d. h., weil sie dem entspricht, was man hier und jetzt tun soll. Denn man soll hier und jetzt x tun, weil x dazu führt, ein bestimmtes Gut zu erwirken, weil also x gut ist. Kurz: x-Tun ist genau deshalb gut, weil man x tun soll; und man soll x tun, weil x-Tun gut ist.

Das ist kein Zirkel, denn das Wort „gut" ist hier zweimal in verschiedenem Sinne gebraucht; zuerst deontologisch, d. h. zur *Formulierung* und *Darlegung* (nicht Begründung) einer normativen Aussage. Das heißt, um zu sagen: Genau das ist gut, was man tun soll. Wenn man nicht das tut, was man tun soll, dann handelt man schlecht; d. h. man handelt entgegen dem, was man als „Sollen" erkannt hat. Man kann auch sagen: Man handelt gegen das Gewissen.

Im zweiten Fall ist „gut" zur teleologischen *Begründung* des Sollens gebraucht: Was man tun soll, soll man tun, weil es gut ist, d. h., weil es das ist, was das Gute bewirkt. „Gut handeln", heißt also zweierlei: Tun, was man soll (sonst handelte man gegen das Gewissen); und: was man tun soll, soll man tun, weil es gut ist (sonst würde man sittlich falsch handeln).

Man kann das auch anders formulieren, und zwar vorausgesetzt, daß, was man „soll", weil es gut ist, jeweils auch, im sittlichen Sinne, der Natur des Menschen entspricht; bzw. dem Willen Gottes. Oder weil man nicht berechtigt ist, das, was man soll, weil es gut ist, nicht zu tun, denn alles was man soll, weil es gut ist, entspricht dem Willen Gottes, usw.

Wenn man deshalb deontologisch *formuliert* (nicht begründet), daß man etwas soll, weil es dem Willen Gottes oder der Natur entspricht, oder weil man nicht berechtigt ist, anders zu handeln, und daß ein solches Verhalten also sittlich „gut" ist, so setzt man die teleologische *Begründung* voraus: Man soll es, es entspricht dem Willen Gottes oder der Natur, oder man ist nicht berechtigt, anders zu handeln, weil es so, teleologisch begründet, gut ist.

Teleologie und Deontologie sind also nicht zwei verschiedene Formen der *Begründung* von Normen, sondern sie entsprechen zwei unterschiedlichen Ebenen oder Aspekten des Umgangs mit normativen Aussagen. Deontologisch ist die Formulierung einer normativen Aussage als ein Sollen; z. B.: man darf nicht tun, was man nicht soll, d. h., was nicht gut ist. Sonst würde man gegen das Gewissen handeln; bzw. gegen den Willen Gottes, den man ja gerade aufgrund dessen erkennt, was gut ist; oder, aus dem gleichen Grund, gegen die Natur; oder aber unberechtigt. Der Rekurs auf die Natur, auf den Willen Gottes oder die mangelnde Berechtigung ist also nur eine Intensivierung und Einordnung der deontologischen Formulierung, aber *keine Begründung* des Sollens. Nur in einer anderen Hinsicht haben solche deontologischen Formulierungen auch eine Begründungsfunktion: Nämlich, was ja im Prinzip auch Schüller richtig sieht, zur Ermahnung, d. h. zur Begründung, weshalb man das, „was man tun soll", d. h., was man in einem Gewissensurteil als Tun-Sollen *erkannt* hat, auch tatsächlich tun soll; oder wieso das Sollen einen unbedingten Anspruch besitzt, und zwar unabhängig von Folgen oder anderen Umständen. D. h.: der deontologische „Umgang" mit normativen Aussagen dient zur Begründung, weshalb nur ein solches Handeln sittlich „gut" (im ersten Sinne) ist, das dem entspricht, was man als Tun-Sollen erkannt hat. Solche deontologische Formulierungen sind deshalb gerade in Texten, die der Unterweisung, der Ermahnung und, wie im Falle des kirchlichen Lehramtes, der autoritativen Exposition von sittlichen Normen dienen, besonders häufig. Etwa in der Figur: Niemand solle meinen, daß man das, was man soll, weil es gut ist, nicht auch etwa im immer tun soll; man würde damit der menschlichen Natur oder dem Willen Gottes entgegen oder aber unberechtigterweise handeln. Ein solches Tun könnte niemals sittlich gut sein.[22]

Zusammengefaßt: Die Argumentation von Schüller und jenen, die ihm folgen, spielt mit der Zweideutigkeit von „gut": es wird nicht berücksichtigt, daß es deontologische Formulierungen bezüglich sittlicher Normen gibt, die zeigen wollen, daß nur ein Handeln gut ist, welches das „Sollen" respektiert, weil sich in diesem Sollen letztlich die Ansprüche der menschlichen Natur, des Willens Gottes usw. ausdrücken. Und daß solche deontologische Formulierungen unbeschadet der Tatsache bestehen können, daß das in ihnen enthaltene Sollen selbst teleologisch begründet ist. D. h.: Daß unabhängig von der deontologischen Formulierung begründet ist, weshalb eine Handlung x ein Sollen darstellt, bzw. weshalb sie der „Natur" oder dem „Willen Gottes" entspricht.

Es mag sein, daß es Autoren gegeben hat, die sich oft mit deontologischen Formulierungen begnügten, wo hingegen eine Begründung gefragt gewesen wäre. Sicherlich falsch jedoch ist die Unterstellung von Schüller, deontologische Formulierungen der „Tradition" seien generell als normative *Begründungen* „deontologischer" Art gemeint gewesen und so aufzufassen. Tatsächlich braucht man nur einige Beispiele heranzuziehen, um zu zeigen, daß Schüller diese Unterstellung gar nie bewiesen hat. Die „Beweise" sind vielmehr, erstens, einfache Zitate von deontologischen Formulierungen, denen lediglich unterstellt wird, sie seien „Begründungen"; oder aber, zweitens, eine selbst vorgenommene „Rekonstruktion" der Argumentation, so wie man sich diese vorstellt; und, drittens, finden sich als Beleg hin und wieder auch Zitate, die wohl etwas begründen wollen, jedoch nicht das, wofür sie als Beleg ausgegeben werden.

6.5.2 Zur Kritik an der Schlußfigur „unerlaubt, weil naturwidrig"

Ein Beispiel für den ersten Fall, in dem Schüller den Fehlschluß „unerlaubt, weil naturwidrig" belegen möchte, ist eine in diesem Zusammenhang aufgeführte Stellungnahme von Pius XII zur Unerlaubtheit der künstlichen Insemination: „Man vergesse nicht: nur die Zeugung eines neuen Lebens nach dem Willen und Plan des Schöpfers bringt in einem erstaunlichen Grad der Vollkommenheit die Verwirklichung der angestrebten Ziele mit

---

[22] Vgl. auch die früheren Bemerkunngen über die „abgekürzte Redeweise" in Teil I, 1.3.1.

sich. Sie ist zugleich angepaßt der körperlichen und geistigen Natur und der Würde der Gatten sowie der normalen und glücklichen Entwicklung des Kindes."[23]

Mit dieser Aussage sei, nach Schüller, gemeint: Die physiologische Tatsache der Sterilität in einem bestimmten Fall ist ebenso Zeichen des Willens Gottes, wie die Fruchtbarkeit im Normalfalle. Das heißt, die Naturgegebenheiten „Sterilität" bzw. „Fruchtbarkeit" sind Ausdruck des Willens und des Planes des Schöpfers. Die Gegebenheiten der „Natur" spiegeln die Absichten Gottes wieder. Und Schüller folgert: „Also müssen Eheleute, die nur durch künstliche Insemination ein Kind haben könnten, begreifen, daß Gott ihnen Kinderlosigkeit als Los zugedacht hat. Und so schmerzlich sie das ankommen mag, so haben sie sich doch selbst einzugestehen: Gott weiß besser als wir, ob es gut ist oder nicht, daß wir ein Kind haben."[24]

Es geht nicht um eine Diskussion der Frage, ob künstliche Insemination gut oder schlecht sei; sondern allein darum, wie dies in dem eben angeführten Zitat begründet wird. Schüller möchte sagen, daß der Rekurs auf den Willen und den Plan des Schöpfers die Funktion einer (deontologischen) Normenbegründung habe: In der physiologischen Naturgegebenheit, so sei es gemeint, drücke sich der Wille Gottes aus; „naturwidrig" handeln wäre also deshalb unerlaubt.

Daß eine solche Interpretation mehr als fragwürdig ist, wird sofort ersichtlich, wenn man den Unterschied zwischen deontologisch-paränetischen Formulierungen und teleologischer Begründung berücksichtigt. Der Sinn des angeführten Textes ist nämlich folgender: Es gibt eine bestimmte, „der körperlichen und geistigen Natur und der Würde der Gatten sowie der normalen und glücklichen Entwicklung des Kindes" entsprechende Ordnung der menschlichen Fortpflanzung. Dieser Ordnung entspricht („ist angepaßt") der natürliche Modus menschlicher Fortpflanzung. Würde man ihn durch künstliche Techniken ersetzen, so ginge der vollmenschliche Sinn ehelicher Liebe und der Weitergabe des menschlichen Lebens verloren. Es geht also nicht, wie Schüller unterstellt, um die Frage: Kinderlosigkeit: Ja oder nein? Sondern darum: Welchen Preis müßte man dafür bezahlen, die Kinderlosigkeit in diesem Falle zu überwinden? Der Preis wäre, die Zerstörung des vollmenschlichen Sinnes der Weitergabe des Lebens; Schüller hingegen erblickt das Problem einzig und allein in der Frage: „Wie kann man trotz des Versagens der physiologischen Funktionen ein Kind bekommen?" D. h.: Er stellt die Frage gar nicht unter dem ethischen Gesichtspunkt, sondern allein als physiologisch-technisches Problem. Das physizistische Vorurteil ist hier ganz auf der Seite Schüllers, und nicht des kirchlichen Lehramtes.

Nur aufgrund dieses teleologischen Zusammenhanges von menschlicher Liebe, ehelicher Vereinigung und Fortpflanzung ist der Wille und der Plan des Schöpfers erkennbar. Und so erklärt sich die deontologische Formulierung oder Paränese: Nur wenn man den Willen und den Plan der Weisheit des Schöpfers beachtet, wird man auf einer der menschlichen Würde entsprechenden Weise das angestrebte Ziel (die menschliche Fortpflanzung) erreichen können. Dahinter steht jedoch eine ganze Anthropologie der ehelichen Liebe;

---

[23] B. SCHÜLLER, Die Begründung sittlicher Urteile, a. a. O., S. 227.
[24] Ebd.

sie, und nicht der unmittelbare Rekurs auf den Schöpfer oder die Natur, besitzt hier Begründungsfunktion.

6.5.3 Zur Kritik am Argument der „Vereitelung von Naturzwecken"

Ein zweites Beispiel, diesmal für die „Rekonstruktion" unschlüssiger Argumentationen, bezieht sich auf sogenannte „Naturwidrigkeiten" durch Vereitelung von Naturzwecken. Schüller fragt sich: „Wie kommt die Tradition dazu, *jede* vorsätzliche Vereitelung dieser Zwecke für unerlaubt zu halten? (...) Weder seine Sprache noch seine Sexualität hat der Mensch sich selbst geschaffen; beides scheint ihm von Gott (von der Natur) gegeben zu sein. Nach der Ansicht der Tradition muß der Mensch es sich verboten sein lassen, im Interesse von Werten, die ihm als wichtiger vorkommen mögen, gottgesetzte Zweckbestimmungen zu vereiteln. Warum? Die einzige wenigstens auf den ersten Blick plausible Antwort scheint die zu sein: Gott (die Natur) weiß besser als der Mensch selbst, was ihm (dem Menschen), auf die Dauer zum besten gereicht; Gott (die Natur) hat die schlechthin überlegene Weisheit und Einsicht." Und Schüller fügt hinzu: „Ich bin nicht in der Lage, stringent zu beweisen, daß das Argument in seiner eigentlichen Form genau so rekonstruiert werden muß."[25]

Muß es das wirklich? Die schüllersche Rekonstruktion ist tatsächlich plausibel, aber nur unter der Voraussetzung einer wiederum physizistischen Interpretation des Begriffes „Naturzweck", und das heißt: einer auch ebenso physizistischen Betrachtung von „Sprache" und „Sexualität". Denn Schüller argumentiert: „Auch eine Uhr oder ein Buch haben ihr Wesen in ihrer Zweckbestimmung. Trotzdem denkt niemand daran, jeden zweckwidrigen Gebrauch einer Uhr oder eines Buches für unerlaubt zu halten. Warum nicht? Wahrscheinlich deswegen nicht, weil der Mensch es sich selbstverständlich zutraut zu beurteilen, ob ein von ihm selbst geschaffener Wert unter Umständen einem anderen dringlicheren oder höheren Wert geopfert werden soll."

Aber „weder seine Sprache noch seine Sexualität hat der Mensch sich selbst geschaffen; beides scheint ihm von Gott (von der Natur) gegeben zu sein". Also ist der Mensch nicht berechtigt, sie zweckwidrig zu „gebrauchen".

Der Unterschied zwischen einer Uhr oder einem Buch und der menschlichen Sprache oder Sexualität beruht also, gemäß dieser Rekonstruktion, nur auf der Tatsache, daß erstere vom Menschen selbst geschaffen, die zweiten jedoch dem Menschen „vorgegeben" sind. Die Zwecke dessen, was der Mensch nicht selbst geschaffen hat, darf er auch nicht verändern usw. Die Rekonstruktion von Schüller unterstellt also, daß es sich bei der Sprache und der Sexualität um dingliche Güter wie eine Uhr oder ein Buch handelt, die man „gebraucht"; allerdings um Naturgegebenheiten, die wegen ihrer „Naturalität" sittliche Verbindlichkeit konstituieren. Schüller unterstellt also eine physizistische Interpretation des Begriffes „natürliche Zwecke". Und was heraus kommt ist natürlich die „Rekonstruktion" eines physizistischen Argumentes.

Schüller scheint unfähig zu sein, die naturalistischen Voraussetzungen seiner eigenen

---

[25] SCHÜLLER, Neuere Beiträge..., a. a. O., S. 141.

Argumentation zu durchschauen, und zwar deshalb, weil er im Schema einer dualistischen Anthropologie arbeitet. Das wird in folgender Bemerkung deutlich: In einem ersten und richtigen Sinne heiße „naturgemäß" (1) „Der Zweckbestimmung eines personalen Wesens gemäß', = ,sittlich gut (richtig)'. Mögliche Synonyma dafür sind ,menschlich' und ,human'. Sagt man von der wahrhaftigen Rede, sie sei naturgemäß, von der Falschaussage, sie sei naturwidrig, so ist das Objekt dieser Prädikation nicht der Mensch, sondern seine Sprache. ,Naturgemäß' (2) heißt dann ,sprachgemäß', ,naturwidrig''(2) ,sprachwidrig'. Entsprechendes gilt, wenn die Adjektive ,naturgemäß' und ,naturwidrig' von einer bestimmten Vollzugsweise des Sexualaktes oder von einem bestimmten Gebrauch der Körperorgane des Menschen ausgesagt werden. Insofern man nun den Menschen als ein personales Wesen nicht einfach mit seiner Sprache, mit dem Sexualakt oder mit einem seiner Körperorgane gleichsetzen kann, darf man zweifellos auch nicht annehmen, eine Handlungsweise sei, weil sprach- und sexualwidrig, eben deshalb auch der Bestimmung des Menschen als eines personalen Wesens zuwider oder sittlich falsch."[26]

Diese „Annahme" entspricht nun ebenfalls widerum einer nur physizistischen Interpretation der menschlichen Sprache und Sexualität. Sie werden beide als prinzipiell „unter" der personalen Ebene angesiedelte „exterior events", bzw. lediglich als Funktionen von Körperorganen betrachtet, und nicht in ihrem menschlichen Sinn, ihrer personalen Integration in das Gefüge des Suppositums. Die Anthropologie Schüllers ist dualistisch oder spiritualistisch: Der „eigentliche" Mensch wäre demnach die Person als die Subjektivität des Geistes; diese Personalität bestimmt das sittlich Gute, Menschliche, Humane. Was an die Funktion eines Körperorgans gebunden ist, sind naturale Gegebenheiten unterhalb der Schwelle des Personalen, die vom Menschen für seine Verwirklichung „personaler" Existenz (wie ein Buch oder ein Uhr) „gebraucht" werden und entsprechend verfügbar sind.

Deshalb entgeht es Schüller erstens, daß, wer von der Lüge oder von bestimmten Vollzugsweisen des Sexualaktes, als „naturwidrig" spricht, als Objekt dieser Prädikation eben *nicht* die Sprache oder die Sexualität in ihrer physiologischen Naturalität meint, sondern vom *Menschen* spricht. Und zweitens: Daß wer sich in diesem Zusammenhang auf die „schlechthin überlegene Weisheit" Gottes oder der Natur beruft, dies nur deshalb tut, weil er vorgängig im Rahmen einer Ethik und Anthropologie teleologisch begründet hat, welches der *menschliche* Sinngehalt von Sprache und Sexualität ist. Physizismus ist hier einmal mehr Schüller vorzuwerfen, der in dieser Optik die sogenannte „Tradition" rekonstruiert.

6.5.4 Zur Kritik an der Berufung auf die „überlegene Weisheit Gottes"

Ein Beispiel für den dritten Fall – Belege durch Zitate, denen man eine Begründungsabsicht unterstellt, die sie in ihrem ursprünglichen Kontext gar nicht besitzen – findet sich ebenfalls bei Schüller. Es handelt sich um den von den verschiedensten Autoren immer wieder herangezogenen Satz aus Humanae Vitae, der angeblich die naturalistische Argumentation dieser Enzyklika veranschaulicht, daß nämlich die natürlich-physiologischen

---

[26] Ebd., S. 147.

Gesetzmäßigkeiten menschlicher Fruchtbarkeit begründen, weshalb es unerlaubt sei, sie nicht zu beachten. Der Satz aus HV (Nr. 11) lautet: „Gott hat in seiner Weisheit natürliche Gesetze und Gesetzmäßigkeiten für die Fruchtbarkeit grundgelegt, die schon aus sich heraus Abstände in der Aufeinanderfolge der Geburten schaffen." Und Schüller kommentiert: „Dieser Satz, so kommt es einem vor, hat die Funktion einer Antwort auf den Einwand: Wenn der eheliche Akt einerseits irgendwie notwendiger Ausdruck der Gattenliebe ist, andererseits aber auch stets den Zweck haben sollte, neues Leben zu wecken, dann führt das, wie man aus Erfahrung weiß, zu einer Überbevölkerung; kann das die Absicht des allweisen Schöpfers sein? Nein, durchaus nicht. Gott in seiner Weisheit hat schon Vorsorge getroffen, daß eine Überbevölkerung nicht einzutreten braucht."[27]

Tatsache ist, daß der zitierte Satz von HV in seinem Zusammenhang *nicht* diese Funktion hat, die Schüller ihm lediglich unterstellt. Dazu muß man nur den Text im Zusammenhang lesen: Das Argument dient vielmehr dazu, zu zeigen, daß auch ein Akt, von dem man weiß, daß er voraussichtlich unfruchtbar bleiben wird, dennoch „auf die Erzeugung menschlichen Lebens hingeordnet" bleibt (HV ebd.); es soll also niemand denken, der eheliche Akt sei nur dann sittlich gut, wenn er tatsächlich menschliches Leben hervorbringe; er sei also einzig und allein ein Mittel der Fortpflanzung. Vielmehr besitze er auch die Bestimmung, „die Verbundenheit der Gatten zum Ausdruck zu bringen und zu bestärken" (ebd.). Die entscheidende Perspektive von HV offenbart sich in folgender Aussage: „Jene Akte, die eine intime und keusche Vereinigung der Gatten darstellen und die das menschliche Leben weitertragen, sind, wie das letzte Konzil betont hat, „zu achten und zu ehren"; sie bleiben auch sittlich erlaubt bei vorauszusehender Unfruchtbarkeit, *wenn deren Ursache keineswegs im Willen der Gatten liegt.*"

Dieser Aussage liegt nun eben die für HV zentrale Anthropologie der ehelichen Liebe zugrunde. Sie wird, als Begründung des in Nr. 11 Gesagten, gerade im nächstfolgenden Abschnitt aufgeführt: „Diese vom kirchlichen Lehramt oft dargelegte Lehre gründet in einer von Gott bestimmten unlösbaren Verknüpfung der beiden Sinngehalte – liebende Vereinigung und Fortpflanzung –, die beide dem ehlichen Akt innewohnen. Diese Verknüpfung darf der Mensch nicht eigenmächtig auflösen."[28] Der von Schüller zitierte Satz besitzt also allein die Funktion zu zeigen, daß auch ein voraussichtlich unfruchtbarer ehelicher Akt dennoch dem vollen Sinngehalt der ehelichen Liebe gerecht wird, weil die Ursache der Unfruchtbarkeit nicht im Willen der Gatten liegt, und damit den Sinngehalt

---

[27] Ebd., S. 142.
[28] Daß diese Verknüpfung der beiden Sinngehalte dem „Willen Gottes" entspricht, muß natürlich selbst wiederum durch eine anthropologisch-ethische Analyse begründet werden. Diese Analyse findet sich in Humanae Vitae selbst nicht, denn diese ist eine Enzyklika und kein moraltheologischer Traktat. Man hat überhaupt in HV zu viele Begründungen gesucht. Eine Enzyklika hat jedoch die Aufgabe, die Lehre der Kirche darzustellen und als solche Quelle für die theologische Arbeit zu sein, ohne diese Arbeit selbst zu leisten; ihre Beweiskraft beruht nicht auf Argumenten, sondern auf der apostolischen Autorität des Lehramtes. Mehr als Begründungen finden sich in HV Hinweise darauf, wo und in welcher Perspektive solche Begründungen, unter Achtung der legitimen Freiheit der theologischen Forschung, gesucht werden müssen. Leider fehlte bei vielen Moraltheologen von Anfang an die Bereitschaft, die Lehre von HV zu akzeptieren und damit auf die durch sie eröffneten Perspektiven überhaupt sich einzulassen.

der ehelichen Vereinigung, die ein „actus humanus", ein willentlicher, personaler Akt ist, unangetastet läßt.

Das Zitat hat also gar nichts mit der Frage der sogenannten „Geburtenregelung" wegen Überbevölkerung zu tun, wie ihm unterstellt wird. Diese Frage würde zum Thema verantwortliche Elternschaft gehören. In dieser Frage der Ausübung verantwortlicher Elternschaft appelliert HV jedoch *gerade nicht* an die „natürlichen Gesetze" der Fruchtbarkeit, sondern wiederum an die Struktur des ehelichen Aktes als „actus humanus", d. h. eines vollmenschlichen, willentlichen Aktes. Das heißt: Verantwortliche Elternschaft vollzieht sich entweder durch den großzügigen Entschluß zu einem größeren Kinderreichtum, oder aber durch Verzicht (Enthaltsamkeit): In beiden Fällen handelt es sich um menschliche Akte, die der Vernunft und dem Willen entspringen; d. h. es handelt sich formell (wesentlich) um Akte der ehelichen Liebe selbst, und nicht um einen „technischen" Eingriff, um diesen Akt folgenlos zu machen und ihn damit in seiner menschlich-personalen Sinnstruktur zu verändern.[29]

Die Differenziertheit der Argumentation von HV ist leider von vielen Moraltheologen nicht bemerkt worden. Und so gilt es auch für anderes. Meistens sind es wohl physizistische Vorurteile und ein oft unbemerktes Operieren mit einer dualistisch-spiritualistischen Anthropologie, die den Blick für diese Differenzierungen verstellen. Die sogenannte „teleologische Ethik" scheint hier aus der Not eine Tugend gemacht und bislang dazu geführt zu haben, der physizistischen Interpretation des Objektes menschlicher Handlungen gewissermaßen durch die Hintertür wieder Einlaß in die Moraltheologie zu gewähren und ihr darin ein definitives Heimatrecht zu verleihen.

6.6 Die naturalistische (physizistische) Basis der teleologischen Ethik

Wie bereits angeführt, bemerkt Schüller richtig, daß eine Ethik dann teleologisch ist, wenn sie dem Begriff des Guten gegenüber dem Begriff des Sollens Priorität einräumt. Gerade darin liegt nun jedoch die große Schwäche der sogenannten „teleologischen Ethik": Sie kennt nämlich gar keinen dem Begriff des Sollens vorausliegenden Begriff des „sittlich Guten". Dies soll mit einigen Hinweisen gezeigt werden.

6.6.1 Zur Unterscheidung von „sittlich richtig" und „sittlich gut"

Wir lesen bei Schüller: „Mit ‚den Folgen einer Handlung' ist das Gute und Üble gemeint, das sie für alle Betroffenen bewirkt. Mithin denkt teleologisch, wer der Auffassung ist, von zwei zur Wahl stehenden Handlungsweisen sei jeweils diejenige die sittlich richtige, die vergleichsweise mehr Gutes bewirkt als ihre Alternative."[30] Wir finden hier zwei wer-

---

[29] Vgl. die ausführlichen Darlegungen in Teil I, 2.8.
[30] SCHÜLLER, Die Begründung sittlicher Urteile, a. a. O., S. 284.

tende Begriffe: „sittlich richtig" und „gut". Es ist offensichtlich, daß das „sittlich Richtige" das bestimmt, was man tun soll. Es existiert also eine Priorität des „Richtigen" bezüglich des Sollens. Zunächst könnte man meinen, das „Richtige" sei einfach ein anderer Name für „das sittlich Gute"; das ist aber, wie Schüller ausführt, nicht der Fall:
„Man ist sich tatsächlich im allgemeinen darüber einig, daß Gesinnung und Absicht des Handelnden entscheiden, ob er sittlich gut oder sittlich schlecht, moralisch oder unmoralisch handelt. Aber gerade wegen dieses Einverständnisses hält man es für angebracht, sein Augenmerk ganz auf die Frage zu lenken, wie die sittliche *Richtigkeit* einer Handlungsweise bestimmt werden müsse. Demnach behauptet eine teleologische Theorie nur, ob eine Handlungsweise sittlich *richtig* sei, das bemesse sich ausschließlich an ihren Folgen."[31]

Diese Aussage ist erstaunlich. Und zwar nicht deshalb, weil behauptet wird, daß es unmoralisch sei, etwas „Richtiges" zu tun, aber mit einer verwerflichen Absicht. Darüber ist man sich tatsächlich einig: Eine schlechte Absicht oder Intention kann eine auch noch so „richtige" Handlung sittlich schlecht machen; und vorausgesetzt, daß das, was man tut, richtig ist, so entscheidet letztlich nur noch die Intention, ob die konkret vollzogene Handlung wirklich sittlich gut ist.

Erstaunlich ist die Aussage vielmehr, weil der Begriff des „sittlich Guten" von jenem des „richtigen Handelns" überhaupt getrennt wird. Vielmehr müßte man doch sagen: Es gibt eine doppelte Quelle des sittlichen Gut-Seins einer Handlung: Die Richtigkeit dessen, was man tut (das Objekt) und die Richtigkeit dessen, was man darüber hinaus mit diesem Tun intendiert (die Intention); in jedem Fall ist „richtig" auch „sittlich gut"; aber die eigentliche, abschließende sittliche Güte einer Handlung ergibt sich aus dem Zusammenfließen beider „Richtigkeiten".

Die Scheidung von „richtig" und „gut" bewirkt zunächst einmal, daß die obige Aussage: „Gesinnung und Absicht des Handelnden entscheiden, ob er sittlich gut oder sittlich schlecht, moralisch oder unmoralisch handelt" tatsächlich meint, die Absicht sei nicht nur eine abschließende Entscheidung, sondern auf der Ebene der Gesinnung entscheide sich *überhaupt* erst, ob jemand moralisch oder unmoralisch handle.[32] Das hat zur Folge, daß

---

[31] Ebd., S. 283. Vgl. auch S. 133ff., wo die Einführung der Unterscheidung „richtig/gut" und „falsch/schlecht" begründet wird. Ich vermute, daß Schüller diese Unterscheidung deshalb plausibel findet, weil er den Begriff des „Objektiven" nur im Gegensatz zum „Subjektiven" versteht. Dazu sei auf Kapitel 7 verwiesen.

[32] Es scheint sogar, daß Schüller das sittliche Gutsein prinzipiell von der „richtigen Einsicht" abheben möchte; vgl. ebd., S. 141: „Die Moralität eines Menschen steht ganz auf seiner freien Selbstbestimmung, nicht auf seiner besseren oder schlechteren Einsicht. (...) Niemand handelt deswegen sittlich gut, weil er im Vergleich zu einem anderen, der sittlich schlecht handelt, die bessere Einsicht hätte. Gewiß kann man sich nicht zum sittlich Guten entschließen, ohne in eins damit aus zu sein auf die bessere Einsicht und das sittlich Richtige. Aber ob man das sittlich Richtige, auf das man aus ist, auch tatsächlich erreicht, das hat man nicht so in seiner Macht, wie den freien Entschluß zum sittlich Guten." Dieser Gedankengang ist, wie leicht zu ersehen ist, unschlüssig: Zuerst heißt es, die Moralität hänge nicht von der Einsicht in das Richtige ab; zweitens wird festgehalten, daß es aber zur Moralität gehöre, sich um die richtige sittliche Einsicht nach Kräften zu bemühen. Nun müßte man Kriterien für das moralische Genügen dieses Bemühens angeben, um einen unsittlichen (selbstverschuldeten) Mangel an richtiger Einsicht (im Sinne des „Was ich nicht weiß, macht mir nicht heiß") von einem unverschuldeten Mangel zu unterscheiden. Diese Unter-

sittlich gut derjenige handelt, der dem im „sittlich Richtigen" erkannten Sollen auch tatsächlich Folge leistet; der also tut, was richtig ist, wie er es soll. Man handelt also sittlich gut genau in dem Maße, wie man das als Sollen erkannte Richtige intendiert. Es scheint also, daß das Fundament des sittlichen Gut-Seins (nicht des Richtig-Seins) einer Handlung deontologisch bestimmt ist, und zwar als eine Ableitung des sittlich Guten aus dem Sollen.

Gemäß der treffenden Charakterisierung einer teleologischen Ethik als einer Ethik, die das sittliche Sollen im sittlich Guten gründet, ließe sich die sogenannte teleologische Ethik nur noch unter der Voraussetzung „teleologisch" nennen, daß es ihr gelingen würde, von einem sittlichen Gut-Sein des sittlich Richtigen zu sprechen. Das kann ihr jedoch nicht gelingen, denn in ihrer physizistischen Deutung der „richtigen Handlungsweise" hat sie einen unüberwindbaren Hiatus zwischen dem „Richtigen" („Sachgemäßen") und dem sittlich Guten aufgerissen, den sie nur noch durch einen naturalistischen Fehlschluß zu überwinden vermag.

6.6.2 Der Begriff des „vor-sittlichen Guten" und das Problem einer Rekonstruktion der „sittlichen Forderung"

Dieser Hiatus zeigt sich gerade in der Formulierung, „von zwei zur Wahl stehenden Handlungsweisen sei diejenige die sittlich richtige, die vergleichsweise mehr Gutes bewirkt als ihre Alternative". Die Richtigkeit bestimmt sich also durch eine Güterabwägung. Was ist nun aber hier mit „Gut" gemeint? Bestimmt sich die Richtigkeit einer Handlung durch die Abwägung sittlicher Güter oder Werte? Schüller, Böckle usw. antworten darauf: Nein. Jene Güter, auf die sich die abzuwägenden Handlungsfolgen beziehen, sind keine sittlichen, sondern nicht-sittliche, vorsittliche, physische Güter, bzw. Übel. „Möglicher Gegenstand der Wertprädikate „sittlich gut" und „sittlich schlecht" ist nur ein Vernunftwesen, nur eine Person, insofern sie frei zur sittlichen Forderung Stellung nimmt, durch Anerkennung oder Ablehnung; im einzelnen: der Akt freier Selbstbestimmung der Person, sowie ihre daraus resultierende freie Befindlichkeit (Gesinnung, Haltung) und alle daraus frei hervorgehenden Handlungen und Unterlassungen."[33]

Damit bestätigt sich zunächst, daß die schüllersche Ethik, *insofern sie Ethik, und nicht „Handlungstechnologie" ist*, gemäß der oben angeführten Bestimmung radikal deontologisch ist: denn in ihr setzt das sittlich Gute die sittliche Forderung, also das Sollen voraus.

---

scheidung würde aber implizieren, daß der Satz, die „Moralität eines Menschen steht nicht auf seiner besseren oder schlechteren Einsicht" gerade durch die Notwendigkeit dieser Unterscheidung sich als falsch erweisen würde. Deshalb führt Schüller die Unterscheidung nicht ein, sondern fügt – in einem Gedankensprung – bei, daß *überhaupt* der Mensch es nur beschränkt in seiner Macht habe, die Einsicht in das sittlich Richtige zu erreichen. An die Stelle der Unterscheidung zwischen schuldhafter (unsittlicher) und unverschuldeter Unwissenheit tritt damit die Behauptung, daß Mangel an richtiger Einsicht auf *Unfähigkeit* zu solcher Einsicht beruhe und deshalb prinzipiell unverschuldet sei. Das wiederum wird nun aber nirgends begründet.
[33] SCHÜLLER, Neuere Beiträge, a. a. O., S. 154.

Sittlich gut ist, wer zum Sollen positiv und frei Stellung nimmt; sittlich schlecht, wer sich dagegen stellt.

Wenn sich nun jedoch das „sittlich Gute" aus dem „Stellungnehmen" der Person ergibt: Wieso kann dann von einer dieser Stellungnahme gegenständlichen, ihr also vorausliegenden, „sittlichen Forderung" gesprochen werden? Was ist dann das „Sittliche" (und also sittlich Gute) in dieser Forderung? Denn das „sittlich Richtige" kann es nicht sein: Dieses ist ja nur die Optimierung von „vorsittlichen", „physischen" Gütern. Um aus dieser Sackgasse zu entkommen, gibt es, wie mir scheint, nur drei Wege, die auch tatsächlich allesamt von teleologischen Ethikern begangen wurden:

1. Weg: Man spricht den Charakter von „sittlicher Forderung" prinzipiell überhaupt nur noch Personen zu, nicht mehr aber bestimmten Handlungsweisen. Sittliche Forderung wäre nur noch das „Du" einer anderen Person (und meiner eigenen). Diese Lösung wäre, wenn auch auf „sympathische" Weise, radikal deontologisch, da ja die Person des anderen als unmittelbarer, weiter teleologisch unbegründbarer Sollensanspruch oder sittliche Forderung angenommen wird. Sie widerspräche jedoch der schüllerschen Bestimmung der Ethik als Analyse der „Richtigkeit von Handlungsweisen", es sei denn, Schüller wollte behaupten, daß es die Ethik gar nicht mit dem sittlich Guten zu tun habe, was jedoch kaum angenommen werden kann. Da nun jedoch Schüller beides behauptet, nämlich die Ethik habe es mit der Analyse der Richtigkeit von Handlungsweisen zu tun, und, zweitens, einzige sittliche Forderung könne eine Person sein, so darf man vermuten, daß seine Theorie, wie jede physizistische Theorie des sittlichen Handelns, inkonsistent ist.

2. Weg: Man stellt (sittliche) Wertkriterien, sogenannte „ethische Prinzipien", für die Güterabwägung auf (Gerechtigkeit, Nächstenliebe, Großzügigkeit, Fairness), um durch die Hintertür das verlorene sittlich Gute einzubringen. Ich sage durch die „Hintertüre", weil man diese Wertkriterien gar nicht begründen kann. Sie müssen rein deontologisch festgesetzt werden.

3. Weg: Man operiert mit einem einfachen naturalistischen Fehlschluß der Art: Die Optimierung von vorsittlichen (physischen) Gütern ergibt ein sittliches Gut, bzw. „Wert"; wobei dem entgegenzuhalten wäre: *Ex nihilo nihil fit*.

Wir werden zuerst den dritten Weg (naturalistischer Fehlschluß) betrachten, und dann Weg 1 und 2 mit ihrem versteckten Deontologismus, der schließlich wegen dieser Unzulänglichkeit nicht umhin kann, um konkrete Handlungsweisen sittlich zu rechtfertigen, zum Prinzip „Die Optimierung von vorsittlichen Gütern ergibt ein sittliches Gut" (3. Weg) Zuflucht zu nehmen.

6.7 Physizismus und naturalistischer Fehlschluß in der Methode der Güterabwägung

6.7.1 „Werte" und „Güter"

Zu diesem Thema findet sich bei Schüller wenig Konkretes. Expliziter hat sich dazu, im Grundansatz Schüller folgend, Franz Böckle geäußert. Böckle nennt das „konkrete Handeln" den „praktischen Umgang mit vorgegebenen Gütern und Werten".[34] Werte sind für Böckle axiologische Gegebenheiten wie „Gerechtigkeit", „Treue", „Wahrhaftigkeit" usw., so daß man sagen kann: Es ist nie sittlich erlaubt, ungerecht, treulos, unwahrhaftig etc. zu handeln. Werte besitzen also unmittelbar sittlichen Charakter und dürfen nie direkt verletzt werden.[35] Sittliche Gebote bezüglich Werten sind deshalb, wie Böckle ausführt, immer apodiktische Sätze, und als solche analytische Urteile oder Tautologien. So haben etwa das fünfte und sechste Gebot des Dekalogs nicht die Funktion, bestimmte Handlungsweisen, sondern die Verletzung von Werten zu verbieten. Sie besagen: „Ungerecht töten ist ungerecht", oder „Ungerechterweise die Frau entlassen ist treulos".[36]

Die Werte sagen uns jedoch, laut Böckle, nichts darüber aus, was wir *tun* sollen. Denn Objekte eines Tuns seien nicht Werte sondern „Güter". Güter sind z. B. das Leben, die Gesundheit, die Fortpflanzung, die Ehe; ihr Gegenteil, Übel, sind Tod, Krankheit, Falschaussage usw., – wobei „und so weiter" leichter gesagt als getan ist, denn viele Beispiele findet man auch bei Böckle nicht.

Werte und Güter sind „vorgegeben". Die Werte, so scheint es, können nur transzendental bestimmt werden. Mir ist jedenfalls kein teleologischer Ethiker bekannt, der Werte teleologisch begründet hätte. Sie brechen plötzlich, so wie Sonnenstrahlen, aus dem „Werte-Himmel" hervor. Wahrscheinlich sind sie Anleihen aus der Wertphänomenologie, wobei allerdings jegliche phänomenologische Analyse fehlt.

Die „Güter", die uns hier mehr interessieren, werden wie dem Handeln vorgegebene Naturgegebenheiten oder Dinge betrachtet. Im Falle des Gutes „Leben" kann das einigermaßen plausibel sein, allerdings muß man dafür den Preis bezahlen, menschliches Leben auf seine naturale (physische) Gegebenheitsstruktur (physische Integrität), in etwa wohl auch auf seine soziologisch erfaßbaren Äußerungsweisen zu reduzieren. Aber man wird wohl kaum „menschliches Leben" in seiner ganzen Tiefendimension, seinem Sinnhori-

---

[34] F. BÖCKLE, Fundamentalmoral, a. a. O., S. 303.
[35] Ebd., S. 311.
[36] Ebd., S. 303. Wobei sich Böckle überhaupt nicht die hochinteressante Frage stellt, wieso denn „Treulosigkeit" ungerecht ist; wie also die Zuordnung von „Treue" und „Gerechtigkeit" zustande kommt. Ich glaube, das könnte Böckle auch gar nicht begründen. Er müßte wohl sagen: Auch das Urteil „Ungerechterweise die Frau entlassen ist treulos" kann auf das Urteil „Ungerechterweise die Frau entlassen ist ungerecht" zurückgeführt werden, wobei man einfach „ungerecht" in diesem Zusammenhang „treulos" nennt. Dann könnte man aber alle Gebote des Dekaloges auf das eine Gebot: „Du sollst nie ungerecht handeln" reduzieren. Damit hätten aber diese Gebote nicht mehr die Funktion, „die wichtigsten Güter und Werte in ständige Erinnerung zu bringen", sondern nur noch, daran zu erinnern, wie wir in verschiedenen Zusammenhängen über den einen Wert der „Gerechtigkeit" *sprechen*.

zont, seiner Entfaltungsmöglichkeiten wie auch der Eigenheiten der *imago* und der durch sie grundgelegten Bestimmung des Menschen als eine dem menschlichen Handeln „vorgegebene Realität" bezeichnen wollen, die „im Handeln respektiert" werden muß, aus der selbst die Verpflichtung zum Respekt jedoch nicht abgeleitet werden kann, wie Böckle sagt.

6.7.2 Ableitung sittlicher Forderungen aus dem vor-sittlich Guten

Wie kommt Böckle zu dieser Auffassung von „Gütern" als dem Handeln „vorgegebener Realitäten"? Als Gegebenheiten, „Naturtatsachen", die man in einem einfachen „Feststellungsurteil" als bedeutsam erkennt? Böckle selbst gibt darüber Auskunft: Was er als ein „Gut" bezeichnet, sei nichts anderes, als was in der traditionellen Moraltheologie mit „Objekt (das objektive Wirkziel)" gemeint gewesen sei. Böckle gehört also zu jenen Moraltheologen, die den Begriff des Handlungsobjektes in physizistischer Weise als eine vorgegebene, oft dinglich verstandene, Naturgegebenheit auffassen. Als Objekt oder „Wirkziel" *(finis operis)* werden jene Naturgegebenheiten und die ihnen eingeschriebenen Finalitäten betrachtet, in deren „Umkreis" sich menschliches Handeln vollzieht. Diese Auffassung entspricht tatsächlich einer weitverbreiteten Handbuch-Tradition, auf die noch zurückzukommen ist.

Was nun allerdings erstaunt, ist die Selbstverständlichkeit, mit der Böckle meint, ein „Feststellungsurteil" bezüglich vorgegebener Realitäten (Güter), „beispielsweise das Leben sei beachtenswert" könne „natürlich leicht in ein Handlungsurteil, d. h. ein sittliches Urteil, umgeformt werden". Ich meine, es kann das mit der Leichtigkeit eines naturalistischen Fehlschlußes, denn Böckle sagt selbst, daß „beachtenswert" nichts anderes heiße, als „im Handeln zu respektieren". Was heißt aber „im Handeln zu respektieren"? Wenn ich einen Bankraub inszenieren will, muß ich bei der Vorbereitung dieser Tat auch „respektieren", daß es vielleicht im betreffenden Gebäude eine Alarmanlage gibt. Man muß überhaupt beim Handeln viel „berücksichtigen". Wenn aber mit „respektieren" ein positiv wertendes Urteil gemeint sein sollte, was naheliegt, weil Böckle auch von „achten" spricht, dann muß man ihm entgegenhalten, daß eine solche Achtung nur deshalb möglich ist, weil der Gegenstand der Achtung ein sittlicher Wert ist. Aber Güter sind ja vorsittliche Werte. Und Böckle betont sogleich, daß die Verpflichtung zum Respekt sich letztlich nicht aus diesen Gütern ergebe – nicht einmal aus der „Würde des Menschen", „sondern aus einer umfassend verstandenen Verantwortung des Menschen. Als sittliches Subjekt ist er transzendental gefordert, sich der Realität zu stellen. Das Feststellungsurteil bringt zum Ausdruck, ein bestimmtes Gut, in unserem Beispiel das Gut des Lebens, sei unverkennbares Objekt sittlicher Verantwortung. Das Objekt im Tun zu beachten ist sittlich richtig, es nicht zu beachten ist sittlich falsch".[37]

Abgesehen davon, daß diese Aussage ziemlich unklar ist, stellt sich die Frage, wieso man denn ein Feststellungsurteil „mit Leichtigkeit" in ein sittliches Urteil umformen könne, wenn sich die Verpflichtung zur Respektierung dieser Güter letztlich gar nicht aus diesen

---

[37] Ebd., S. 302 f.

Gütern ergibt? Und wieso es „sittlich richtig" ist, diese Güter zu beachten? Denn sie sind ja keine sittlichen Werte.

In der Tat finden sich hier gleichzeitig zwei Fehlschlüsse: Zunächst wird aus der Erfahrung eines vorsittlichen Gutes abgeleitet, es sei „beachtenswert", also „im Handeln zu respektieren" (ein Handlungsurteil); und zweitens wird geschlossen, ein vorsittliches Gut im Handeln zu respektieren sei „sittlich richtig". Aus einer vorsittlichen Größe wird also zweimal oder in zwei Schritten die Prädikation „sittlich" erschlossen. Zugleich aber liegen sowohl das „Beachtenswerte" wie auch das „sittlich Richtige" dem sittlich Guten voraus, das ja nur den Werten zukommt. Wie kann diese Inkongruenz gelöst werden? Durch die Optimierung von vorsittlichen Gütern, bzw. die Negativ-Optimierung vorsittlicher Übel: durch sie wird jeweils ein sittlicher Wert realisiert und handelt man also sittlich gut.

Anders ist dieses Dilemma gar nicht zu lösen, denn da Wert-Urteile ja immer analytisch und tautologisch sind, so gibt es auch kein anderes Kriterium für die Zuordnung von Werten (etwa „Gerechtigkeit") zu konkreten Handlungen, außer durch die abwägende Optimierung von vorsittlichen Gütern.

Denn es ist unmöglich, aufgrund des rein analytischen, ohne Bezug zu konkreten Handlungstypen geltenden Wertmaßstabes: „Man soll immer gerecht handeln" nun zu begründen, welche vorsittlichen Güter wie, wann und in welchem Maße zu respektieren sind. Vielmehr verhält es sich so, daß behauptet wird, Werte (Gerechtigkeit) *ergeben* sich aus der güterabwägenden Optimierung von vorsittlichen Gütern. Aus der Position Böckles resultiert demnach, daß Werte reine *Benennungen* von Güteroptimierungen sind; sie sind Leerformeln, haben aber die Funktion, einem Kalkül über vorsittliche Güter ein sittliches Prädikat oder einen sittlich qualifizierenden „Namen" zu geben. Deutlicher läßt sich wohl nicht mehr zeigen, daß es sich hier ganz einfach um eine Version der „naturalistic fallacy" handelt.

Das Problem, das hiermit aufgeworfen wird, läßt sich nun in der Frage formulieren, welches der Maßstab für die güterabwägende Optimierung, bzw. die Optimierung von Handlungsfolgen sei. Nach welchem Kriterium wird die Güterabwägung jeweils selbst vollzogen? Böckle gibt dafür keine Lösung. Dazu, wie bereits genannt, bieten sich für „Teleologen" prinzipiell zwei Wege an: Der Rekurs auf deontologisch formulierte „ethische Prinzipien"; oder der Weg über eine sogenannte Liebesethik, die dann oft auch dahin führt, konkretes Handeln nur noch als „Ausdruckshandlungen" oder „Zeichen" einer christlichen Gesinnung bzw. des christlichen Glaubens aufzufassen. Beide Wege laufen schließlich auf einen versteckten Deontologismus hinaus und müssen schließlich, wollen sie etwas Konkretes über das menschliche gute Handeln sagen, auf die bei Böckle aufgezeigte Formel von sittlichen Werten als optimierte vorsittliche Güter zurückgreifen. Es sei denn, man argumentiere regelutiliaristisch, ein Verfahren, das sich bei Schüller, der jedoch grundsätzlich eine „Liebesethik" vertritt, etwa auch finden läßt.

6.8 Der versteckte Deontologismus der teleologischen Ethik (Prinzipienethik und Liebesethik)

Aus den bisherigen Ausführungen ergibt sich: Die sogenannte teleologische Ethik beruht auf einer Unterscheidung von zwei prinzipiell verschiedenen Ebenen: Der Ebene des „sittlich Guten", bzw. der sittlichen Werte, zu der die gute Gesinnung, die Intention etc. gehört. Und eine zweite, ihr vorausliegende Ebene: Jene der vor-sittlichen „Güter", konkreter Handlungen, der „richtigen Handlungsweise" etc. Sittlich „richtig" handelt derjenige, der unter Berücksichtigung der Folgen seiner Handlungen für alle Betroffenen ein Optimum an (vor-sittlich) „Gutem" bewirkt. Sittlich gut handelt eine Person, die aufgrund einer Entscheidung für das sittlich Gute, also mit lauterer Absicht und Gesinnung handelt.

6.8.1 Der Hiatus zwischen „Gütern" und „Werten", bzw. zwischen „richtig" und „gut"

Es besteht, wie bereits angetönt, bei diesem Ansatz eine Kluft zwischen dem „sittlich Richtigen" und dem „sittlich Guten". es ist auch gar nicht klar, woher der Begriff der „richtigen Handlungsweise" das Prädikat „sittlich" bekommt. Es liegt nahe, daß sich dieses Prädikat „sittlich" („moralisch gut") einzig und allein aus der güterabwägenden Optimierung, bzw. der Optimierung der Folgen ergibt. Dabei handelte es sich jedoch erneut um eine „naturalistic fallacy": Denn Folgen aus vor-sittlichen Gütern sind wiederum „vor-sittliche Folgen". Wie kann ihre Optimierung den Anspruch sittlicher Bedeutsamkeit erheben? Etwa dadurch, daß die Optimierung selbst, also der Akt der Güterabwägung als solcher, „Sittlichkeit" konstituiert?

Dann müßte man aber begründen, worin sich diese Sittlichkeit-schaffende Kraft der Güterabwägung gründet. D. h.: weshalb „Güterabwägung" selbst den grundlegenden sittlichen Wert darstellt. Weshalb also sittliches Handeln als vernunftgemäßes Handeln ein Handeln aufgrund der Abwägung von vor-sittlichen Gütern ist. Das zu begründen ist, zumindest auf teleologische Weise, unmöglich. Man befände sich in einem unlösbaren Zirkel.

Das Problem besteht dabei nicht zuletzt auch darin, daß man überhaupt den Begriff „Sittlichkeit" nicht geklärt hat. Man verläßt sich hierbei offenbar auf eine einfache Intuition. Offensichtlich kann man sich dabei auf einen allgemeinen Konsens darüber stützen, was „Sittlichkeit", „sittlich gut" usw. bedeutet. Dieser Konsens beruht auf der Vorstellung, daß „sittlich gut" derjenige handelt, der durch sein Handeln sein Menschsein und das Menschsein anderer fördert, verwirklicht usw. Das wäre eine richtige Vorstellung von Sittlichkeit, würde aber, unter obiger Voraussetzung zur Behauptung führen, der Mensch verwirkliche sein und der anderen Menschsein durch Güterabwägung. Aber weshalb? Und man würde in denselben Zirkel zurückfallen.

Deshalb gäbe es nur einen Ausweg: Man muß selbst sittliche Kriterien angeben, aufgrund derer eine Güterabwägung vollzogen wird. Man muß also zur Schließung des Hiatus zwischen (vor-sittlichen) Gütern und (sittlichen) Werten eine Güterabwägung aufgrund von sittlichen Wertkriterien vornehmen. Tatsächlich wird dies auch etwa von B. Schüller einer, wie er meint, unsachgemäßen „Kritik an teleologischer Ethik" entgegengehalten, denn diese Kritik „scheint zu unterstellen, ein Teleologe wolle bestimmen, welche Handlung mehr Gutes bewirke, ohne dabei solche Maßstäbe wie Gerechtigkeit und Fairneß anzulegen".[38] Es ist offensichtlich, daß diese Kriterien oder „Maßstäbe" selbst nicht Ergebnis einer Güterabwägung sein können, denn sonst käme es zu einem unendlichen Regreß. Gewissermaßen als „Zielgebote" jeglicher Güterabwägung müssen sie deontologisch formuliert werden. Und das wird von teleologischen Ethikern auch gerne zugegeben, denn dies ist der einzige Weg, um zumindest einen *offensichtlichen* naturalistischen Fehlschluß zu vermeiden.[39]

6.8.2 Das Problem der Rekonstruktion einer Zuordnung von Handlungen und sittlichen Werten

Damit sind wir am entscheidenden Punkt unserer Analyse angelangt, nämlich bei der alten Frage philosophischer Ethik: Was ist Gerechtigkeit, Liebe, Wohlwollen (Freundschaft), Starkmut, Mäßigkeit, Keuschheit usw., also: was ist das sittlich Gute? Die Teleologen behaupten, es handle sich dabei um Wertmaßstäbe, anhand derer die Güterabwägung, also die Beurteilung von Handlungsfolgen vorgenommen werden müße. Damit vertreten sie eine platonische Position: Denn diese besagt, daß jedes Handeln *in sich* betrachtet bedeutungs-los ist; nur dadurch, daß es ein Gut intendiere, erhalte es seinen Sinngehalt. Die Ethik handle also vom Guten, sei also wesentlich eine „Wertmetaphysik", konkret: eine Metaphysik des Guten.

Aristoteles hat diese Bestimmung der Ethik verworfen: Die Metaphysik des Guten sei für die Ethik irrelevant. Nicht weil die Metaphysik des Guten irrelevant sei. Sondern weil die Ethik nicht das Gute an sich, sondern die „Herstellung" oder „Bewirkung" des Guten durch das Handeln (das, im aristotelischen Sinne, „Nützliche") untersuche. Die Ethik handelt nicht von der „Gerechtigkeit", sondern vom „gerechten Menschen", bzw. vom „gerechten Handeln". Ja, mit Gerechtigkeit ist überhaupt eine Eigenschaft von menschlichen *Handlungen* gemeint, und nicht ein „Gut" oder „Wert", der *vor* allem Handeln und unabhängig von ihm bestehen würde. Die Ethik hat es vielmehr mit dem „praktisch Guten" zu tun, d. h. jenem Guten, das der Mensch *in* seinem Handeln und – in diesem Sinne – auch *durch* das Handeln erwirkt. Das gesuchte praktische (sittliche) Gute ist nicht eine Idee, aufgrund derer man beurteilen könnte, welche Handlungen nun „gut" seien, „wie ein Muster, mit dessen Hilfe wir auch das für uns Gute besser erkennen und, wenn

---

[38] Die Begründung sittlicher Urteile, a. a. O., S. 285.
[39] Vgl. z. B. F. FURGER, Was Ethik begründet, a. a. O., S. 49 ff.: Als Teleologe zeigt er, wie jede teleologische Güterabwägung auf dem „Telos" einer deontologischen Wertsetzung beruhen müsse, welche das Kriterium für teleologische Begründungen liefert. Vgl. auch O. HÖFFE, Die Frage nach dem Moralprinzip, in: Sittlich-politische Diskurse, Frankfurt/M. 1981, S. 65: „Deontologisch ist die Ethik in der Begründung der höchsten sittlichen Grundsätze; teleologisch ist sie in bezug auf die Anwendung der Grundsätze auf bestimmte Lebensbereiche und konkrete Situationen."

wir es erkannt, erlangen könnten". Dies werde, wie Aristoteles mit einem Vergleich ausführt, bereits durch das herstellende Schaffen widerlegt: Denn wenn auch jeder Künstler oder Handwerker ein Gut zu erzielen beabsichtige, so würde es ihm nichts nützen, die „Idee" des Guten zu schauen. „Auch wäre es sonderbar, was es einem Weber oder Zimmermann für sein Gewerbe nützten sollte, das Gute an sich zu kennen, oder wie einer ein besserer Arzt oder Stratege werden sollte, wenn er die Idee des Guten geschaut hat. Auch der Arzt faßt offenbar nicht die Gesundheit an sich in's Auge, sondern die des Menschen, oder vielmehr die dieses konkreten Menschen. Denn er heilt immer nur den und den."[40]

Aristoteles meint damit: Das praktisch Gute ist eine Eigenschaft von Handlungen; sittliche Werte ergeben sich aus der Analyse der dem Menschen gemäßen Handlungsweise, bzw.: aus der, in einer Anthropologie gegründeten, Analyse jener Handlungsweisen, die der Tugend entsprechen und sie hervorbringen. Denn die sittliche Tugend ist das im Menschen als „hexis prohairetikê" („habitus electivus", Habitus der Handlungswahl) erwirkte sittlich Gute.

Jede in der aristotelischen Tradition stehende Ethik betrachtet sittliche Werte als eine Eigenschaft von menschlichen Handlungen. Werte sind nicht intuierte Ideen oder gesellschaftlich, durch „Sozialisation" vermittelte Handlungsmaßstäbe. Sie können als ideale Gebilde aufgrund einer Abstraktion vergegenständlicht werden; sie können auch sozial vermittelt und angeeignet werden. Aber so erklärt sich nicht ihr Ursprung. Dieser findet sich vielmehr im menschlichen Handeln als *menschlichem*. Werterkenntnis ist demnach auch nur im Rahmen einer philosophischen Anthropologie möglich.

Die sogenannte „teleologische Ethik" gehört zum platonischen Typ der Ethik. Somit zeigt sich nun in aller Klarheit, worin der eigentliche Unterschied zwischen der sogenannten traditionellen „streng-deontologischen" und der sogenannten „teleologischen Ethik" besteht: Darin, daß die sogenannte „deontologische Ethik" sittliche Werte als Eigenschaften von Handlungen betrachtet, und demnach, als Tugendethik, eine Analyse von Handlungsweisen vornehmen kann, die *zugleich* eine Analyse sittlicher Werte ist. Sie kann damit auch konkreten Handlungsweisen sittliche Wertprädikate zusprechen; und da man nie ungerecht handeln darf, was alle zugeben, aber bestimmte Handlungsweisen sich als „ungerecht" beschreiben lassen, so gibt es eben gewisse Handlungen, die immer sittlich schlecht sind. Unbeschadet der Tatsache, daß die Qualifizierung solcher Handlungen teleologisch vorgenommen wird, aber in einer Teleologie, die eine, anthropologisch begründete, fundamentale Verknüpfung von Handlungsanalyse und Wertanalyse behauptet, d. h.: letztere in der ersteren begründet. Diese Verknüpfung vollzieht sich in der Lehre von der Vernunft als Telos und Maßstab menschlichen Handelns, wie sie bereits dargestellt wurde.

Die sogenannte teleologische Ethik ist weder „teleologischer" noch weniger „deontologisch" als die sogenannte „deontologische Ethik". Ja, die sogenannte „teleologische Ethik" ist in einem gewissen Sinne, auf der Ebene der Begründung sittlicher Werte, sogar *ausschließlich* deontologisch; teleologisch argumentiert sie nur auf der Ebene der Handlungsanalyse („Richtigkeit von Handlungen"), die aber keine Analyse menschlicher Sittlichkeit ist, sondern eine Analyse der Folgen menschlichen Handelns auf der Ebene vor-sittlicher

---

[40] NE, I, Kap. 4, 1097a, 1–13.

Güter. Durch die Trennung, das Auseinanderreißen von Handlungsanalyse und Wertanalyse, fällt der Begriff der menschlichen Handlung auf die Ebene einer vor-sittlichen, physizistischen Bestimmung zurück (Bereich der vor-sittlichen Güter); die Sittlichkeit von Handlungen muß im Nachhinein rekonstruiert werden, und zwar durch Wertmaßstäbe, die der Güterabwägung angelegt werden. Diese Wertmaßstäbe können dann nur noch ausschließlich deontologisch begründet werden.

Daß dies der Fall ist, soll kurz gezeigt werden. Gezeigt werden soll aber auch, daß diese Rekonstruktion des Begriffes der sittlichen Handlung durch die an deontologisch begründeten Wertmaßstäben bemessene Güterabwägung ein Ding der Unmöglichkeit ist und daß deshalb einem teleologischen Ethiker, will er eine konkrete Handlungsweise als die nun sittlich geforderte, also sittlich richtige, ausweisen, allein übrig bleibt entweder 1. mit einem naturalistischen Fehlschluß zu operieren, oder 2. utilitaristisch zu argumentieren, oder 3. das sittlich Gute überhaupt nur noch in die „gute Gesinnung" zu verlegen, und zwar einer Gesinnung, die unabhängig davon gut ist, „was" man nun tut, wenn man nur verantwortlich, d. h. güterabwägend, zu seiner Entscheidung gekommen ist. Handlungen haben dann nur noch Ausdrucks- oder Zeichenfunktion für die sittliche Gesinnung, eine Lösung, die sich natürlich vor allem bei jenen findet, die eine teleologische Ethik mit einer christlichen Glaubens-, Liebes- und Hoffnungsmoral oder mit einem sogenannten „Ethos der Nachfolge" verbinden. In allen Fällen kann man eine, offenbar für alle diese Varianten wesentliche Aussage aufrechterhalten: Es gibt keine menschlichen Handlungen, denen eine *malitia intrinseca* zukommt, d. h.: es kann von keiner Handlungsweise gesagt werden, sie sei in sich und immer sittlich schlecht. Wenn auch nicht jedes Handeln prinzipiell indifferent oder gut ist, so ist doch prinzipiell jedes Handeln sittlich möglich und vertretbar, unter der Bedingung, daß man glaubt, liebt, hofft und zudem die vom Handeln tangierten „Güter" einer Abwägung unterzieht.

Die Rekonstruktion des Begriffes der sittlichen Handlung aufgrund deontologisch begründeter, und teleologischer Güterabwägung als Maßstab und Kriterium angelegter Wertmaßstäbe könne nicht geleistet werden: So lautet die zu erläuternde These, die identisch ist mit der Aussage: Es gibt zwischen der physizistischen Betrachtung von Handlungen (in ihrem *genus naturae*) und ihrer sittlichen Betrachtung (im *genus moris*) keine unmittelbare Ableitbarkeit. Sittliche Werte und „vorsittliche" Güter sind zwei gegenseitig nicht aufeinander zurückführbare Größen. „Fines autem morales accidunt rei naturali; et e converso ratio naturalis finis accidit morali."[41] Will man einer Handlungsweise das Prädikat „sittlich" zusprechen, so muß man über eine Theorie verfügen, die es erlaubt, den axiologischen, sittlichen Wert-Gehalt von *Handlungsweisen* als *menschliche (personale) Handlungen* zu erfaßen; d. h.: man muß wie Thomas von Aquin, in aristotelischer Tradition, einen moralischen Begriff des Handlungsobjektes *(obiectum morale)* kennen, im Gegensatz zu den nur natural-„physischen" Gegenstandsbezügen des menschlichen Handelns. Die These ist also: Die Rekonstruktion des Begriffes der sittlichen Handlung im Rahmen der sogenannten „teleologischen Ethik" kann nicht gelingen, weil diese Ethik auf einer physizistischen Theorie des Handlungsobjektes gründet.

---

[41] I–II, q.1, a.3, ad 3. Vgl. auch T. G. BELMANS, a. a. O., S. 84f.

6.8.3 „Liebe" als Grundprinzip

Die Begründung dieser These beruht darauf, daß unter der eben angegebenen Bedingung einer Trennung von Handlungs- und Wertanalyse die gegenseitige Zuordnung von Werten und Handlungen unmöglich wird, also z. B. die Zuordnung des Wertes „Gerechtigkeit" zur „Handlung x", so daß gilt: „Handlung x ist eine gerechte Handlung", oder: „Handlung x ist ein Akt der Gerechtigkeit".
Diese Unmöglichkeit soll wiederum anhand der Darlegungen von B. Schüller aufgezeigt werden, der dieses Problem folgendermaßen zu lösen versucht[42]: Teleologische Ethik besitzt drei „Kennzeichnungen", die sich gegenseitig „erläutern und ergänzen". Fundamentaler Maßstab für alle sittliche Güte ist das Liebesgebot (im Sinne von Röm 13, 8–10): Der „Apell zur Liebe als Wohl-wollen und Wohl-tat." Sie bezieht sich immer auf eine *Person* und ist die Grundlage und Wurzel aller übrigen denkbaren Prinzipien (Werte) wie Gerechtigkeit, Fairneß, Redlichkeit, Treue, Dankbarkeit, Selbstvervollkommnung usw.[43]
Das vom systematischen Gesichtspunkt aus betrachtet grundlegende Kennzeichen teleologischer Ethik sei deshalb: „Die Liebe des Menschen hat ihren verbindlichen Maßstab an der Gutheit oder am Wert dessen, worauf sie sich jeweils bezieht." Da ja, wie bereits gesehen, für Schüller sittliche Gutheit nur die Eigenschaft einer Person sein kann, so ist also verbindlicher Maßstab letztlich immer eine Person, wobei hier wohl kaum die „menschliche Person" *an sich* gemeint ist (im Sinne der „Natur des Menschen"), sondern das faktische und immer auch situationsgebundene „Du", auf das sich eine Handlung bezieht.
Dieser fundamentale Maßstab „gibt nicht nur an, wie das sittlich Richtige zu verstehen sei, nämlich als Taten, die die Liebe fordert. Sie erklärt auch, sittliche Güte bestehe in der Liebe als Gesinnung." Es ist offensichtlich, daß also dieses Prinzip noch nichts Eindeutiges über die Zuordnung von sittlichen Werten und Handlungen auszusagen vermag: Es besagt lediglich, daß sittliche Güte in der Gesinnung (der Liebe zu einer Person) besteht und daß, zweitens, die Liebe sich in Taten äußern müße. Das Grundprinzip „Liebe" fordert also *grundsätzlich* die Zuordnung von sittlichen Werten – „Liebe" – und Handlungen, ohne etwas darüber aussagen zu können, *welche* Handlungen Verwirklichung von „Liebe" sei. Ebenso fordert es eine Zuordnung von „Gesinnung" und „Tat", ohne zu begründen, in welchem Sinne diese Zuordnung für die Gesinnung selbst bestimmend ist, d. h. ob eine Gesinnung X sich grundsätzlich in jeder beliebigen Tat äußern oder verwirklichen könne.

---

[42] Vgl. a. a. O., S. 285 ff.
[43] Diese Aufzählung folgt den in der angelsächsischen „milden" Form deontologischer Ethik sogenannten „prima face duties" oder „präsumptiven Pflichten"; man nennt sie auch Prinzipien, und Schüller ist, wohl zu Recht, der Meinung, daß sich eine solche mildere Form der Deontologie, die ja nicht zu bestimmten Handlungsweisen verpflichten möchte, sondern für diese „Pflichten" ja nur eine präsumptive und also provisorische Geltung beansprucht, daß sich eine solche Deontologie in der Praxis gar nicht von einer teleologischen Ethik unterscheide. Tatsächlich ist ja diese Form angelsächsischer Deontologie selbst wiederum nur in einer utiliaristischen Tradition verständlich: Sie versucht, unter den Bedingungen des Utilitätsprinzips, bestimmte Handlungsmuster als mindestens präsumptive, prinzipiell jedoch „elastische" und in ihrer Geltung überholbare Pflichten festzulegen.

"Teleologische Ethik"

6.8.4 "Partikuläre Prinzipien"

Deshalb braucht es noch andere Prinzipien. Ein zweites Kennzeichen der teleologischen Ethik lautet demnach: „Die Liebe (im Sinne von Röm 13, 8–10) ist letzter Bestimmungsgrund für die sittliche Richtigkeit aller Handlungen; alle sonstigen ethischen Prinzipien müssen als partikuläre Ausformungen dieser Liebe angesehen werden." Das Grundprinzip Liebe fächert sich also auf in andere, wie Schüller sagt: „partikuläre Prinzipien", wie eben „Gerechtigkeit", „Fairneß", „Treue" usw.

Eben hier beginnt ein erstes und ernsthaftes Problem: Wenn Schüller schreibt, daß alle partikulären Prinzipien oder Werte, wir können auch sagen: die einzelnen Tugenden, nur Auffächerungen, Konkretisierungen von „Liebe" sind, dann scheint er beim ersten Zusehen etwas sehr Traditionelles zu sagen. Schüller selbst ist dieser Meinung, wenn er anführt: „Es ist kaum zu sehen, welchen Grund ein katholischer Theologe haben könnte, sich in diesem Punkt von seiner eigenen Tradition zu distanzieren." Und als Kronzeuge führt er eine schöne, „traditionelle" Formulierung dieses Sachverhaltes durch R. Carpentier aus dem Jahre 1953 auf: „die Aufgabe, Moraltheologie zu lehren, bestehe hauptsächlich ,dans la formulation, concrétisée, spécifiée de mille manières, de la charité, mère et racine des vertus'!"

Die Auffassung Schüllers ist jedoch ganz und gar nicht traditionell, und zwar aus dem einfachen Grund, weil die „Tradition" richtigerweise die Tugend der Liebe *(caritas)*, um die es in diesem Zitat und auch in Röm 13 geht, nicht in der philosophischen Ethik behandelte, sondern, als *„theologische Tugend"* im Rahmen einer Moraltheologie, die von der zum Leben der Gnade erhobenen menschlichen Natur handelt und deshalb die Lehre vom sittlichen Handeln, der sittlichen Tugend (Klugheit, Gerechtigkeit, Mäßigkeit, Starkmut) bereits *voraussetzt*. Nie hat die „Tradition" den theologischen Traktat über die Tugend der Caritas herangezogen, um die „natürliche" Sittlichkeit des menschlichen Handelns zu begründen. In Röm 13, 8–10 wird die „Caritas" ja auch gar nicht als Begründung der sittlichen Gebote aufgeführt, sondern als deren Erfüllung und Zusammenfassung. Die Begründung der Sittlichkeit im Sinne einer Tugendethik voraussetzend, betrachtet die „Tradition" die theologale Liebe als *forma virtutum* und als „Mutter" und „Wurzel" der Tugenden bezüglich ihrer effektiven Hervorbringung und vollkommenen Betätigung[44], *jedoch nicht hinsichtlich ihrer axiologischen Konstituierung oder Spezifizierung*. Die Caritas setzt vielmehr die Eigenständigkeit und Eigengesetzlichkeit des durch die Tugend der Klugheit formell geprägten, geeinten und axiologisch spezifizierten Gefüges der menschlich-sittlichen Tugend *voraus*[45], ein Gefüge, das sich zur „Liebe" wie die Materie zur Form oder

---

[44] Das heißt dafür, daß die Akte der Tugenden auch ihr letztes, übernatürliches Ziel, das heißt Gott, erreichen, was nur durch die Tugend der Liebe möglich ist (weil eben faktisch, aufgrund des Heilsplanes Gottes, der Mensch *nur* ein übernatürliches Ziel besitzt und deshalb auch *nur* durch die Caritas effektiv, und d. h.: in verdienstlicher Weise auf Gott hingeordnet wird). Jene Akte, die sich auf das letzte Ziel beziehen und „verdienstvoll" sind, bestimmen jedoch nicht die axiologische Qualifizierung von Handlungen auf der natürlich-menschlichen Ebene; vgl. In II Sent, d. 28, q.1, a.1: „Opus meritorium non determinat genus actus, sed efficaciam."
[45] Vgl. De Caritate, q.un., a.3, ad 9: „A proprio fine et a proprio obiecto quaelibet virtus habet for-

wie der Leib zur Seele verhält.[46] Für Thomas, und mit ihm für die „Tradition", ist es völlig klar, daß „sich die sittlichen Handlungen nicht aufgrund des letzten Zieles (also weder durch die Person Gottes noch durch die Caritas) spezifizieren, sondern aufgrund der nächstliegenden Ziele (die „fines proximi" der einzelnen Tugenden); dieser sind viele und sie beziehen sich auf verschiedene Handlungen, so wie auch die natürlichen Ziele vielfach sind".[47] Das „menschliche Gute" *(bonum humanum)* formuliert sich nicht durch das letzte Ziel und die Tugend der Caritas, die den Menschen darauf hinordnet, sondern aufgrund der *recta ratio*.[48] Dazu gehört die richtige Erfassung der Ziele, die dem Menschen natürlicherweise zukommen und deren Ansprüche er, als „lex naturalis", durch die natürliche Vernunft erkennt, sowie, in Abhängigkeit davon, im Urteil der Klugheit praktisch werden läßt, ein Urteil, das seinerseits vom Besitz der sittlichen Tugend abhängt.[49]

Schüller sagt also deshalb etwas Neues, weil er eine theologische Position zur Lösung eines philosophischen Problems heranzieht. Was der zitierte Satz von Carpentier besagt, ist ja nun gerade, daß die einzelnen Tugenden, von denen die Moraltheologen handeln, *spezifizierte* Formen von Liebe sind; d. h., sie besitzen bereits unabhängig von der „caritas" eine „moralische Spezies", die von dieser (göttlichen) Liebe nicht konstituiert, sondern von ihr durchformt wird. „Spezifizierte Formen von Liebe" heißt also gewissermaßen konkrete Inkarnation der christlichen Liebe in den verschiedenen menschlichen Tugenden, die dadurch selbst auf eine über-natürliche Ebene erhoben und, immer als *menschliche* Tugenden, zu integralen Bestandteilen christlicher Moralität werden. Die übernatürliche, die göttliche Person selbst zum Gegenstand habende und formell göttliche *Caritas*, ist im Menschen immer in seinem menschlichen Dasein inkarniert; sie ist die Form oder Seele eines Handelns, das, wenn auch der göttlichen Liebe nachgebildet, immer auch und zunächst *menschliches* Handeln ist. Denn die Gnade setzt die Natur voraus, erhebt und vervollkommnet sie; sie definiert sie jedoch weder neu, noch bewirkt sie, daß von ihr her zu bestimmen wäre, was ein Mensch und was eine sittlich gute, *menschlich* gerechte usw., Handlung sei.[50]

mam specialem, per quam est haec virtus; sed a caritate habet quamdam formam communem, secundum quam est meritoria vitae aeternae."

[46] „Natura comparatur ad caritatem, quae est merendi principium, sicut materia ad formam" (II–II, q.2, a.9, ad 1).

[47] In II Sent., d. 38, q.1, a.1, ad 3: „actus morales non specificantur a fine ultimo, sed a finibus proximis; hic autem plures diversorum sunt, sicut et fines naturales sunt plures."

[48] Vgl. dazu De Virt. Card., q.un., a.2: Nach den natürlichen Neigungen, insofern sie noch nicht vernunftgeprägt, sondern lediglich die „semina virtutum" darstellen, gibt es einen zweiten und dritten Grad der Tugend, die klar unterschieden werden: „Secundus autem gradus virtutum est illarum quae attingunt rationem rectam, non tamen attingunt ad ipsum Deum per caritatem. Hae quidem aliqualiter sunt perfectae per comparationem ad bonum humanum, non tamen sunt simpliciter perfectae, quia non attingunt ad primam regulam, quae es ultimus finis. (…) Tertius gradus est virtutum simpliciter perfectarum, quae sunt simul cum caritate; hae enim virtutes faciunt actum hominis simpliciter bonum, quasi attingentem ad ultimum finem."

[49] Ebd. „Ad ipsam autem rectam rationem in quolibet genere requiritur quod aliquis habeat aestimationem et iudicium de principiis, ex quibus ratio recta procedit. (…) Principia autem agibilium sunt fines; ex his enim sumitur ratio agendorum." Diese „fines" sind die „fines proximi", d. h. die Ziele der Tugenden, die konstitutiv sind für die Objekte jener Handlungen, die den einzelnen Tugenden zugehören.

[50] Die hier angeschnittene Thematik müßte selbstverständlich, in einer theologischen Arbeit, viel

Die Behauptung Schüllers, die partikulären Prinzipien oder die den einzelnen menschlichen Tugenden zuzuordnenden sittlichen Werte, seien nur Ausformungen und Auffächerungen der paulinischen Caritas, ist demnach weder traditionell noch löst sie das Problem der Zuordnung von Werten und Handlungen. Die „partikulären Prinzipien" vermögen nicht mehr, als das Grundprinzip Liebe selbst. Sie definieren eine Gesinnung, ohne diese bestimmten Handlungsweisen zuzuordnen; sie verlangen die Tat, ohne zu sagen, welche Taten ihnen entsprechen. „Die zweite Kennzeichnung nimmt die partikulären Ausgestaltungen des sittlich Richtigen für gegeben und verweist auf deren gemeinsamen Grund in der Liebe. Durch diesen Verweis stellt sie teleologische Ethik in einen Gegensatz zu der Auffassung, ethische Prinzipien wie Gerechtigkeit und Treue könnten aus völlig eigenem Recht Anspruch auf Geltung erheben." Wie sind nun aber diese „Ausgestaltungen" gegeben? Durch eine Wertintuition? Durch soziale Konvention? Durch eine Handlungsanalyse? Wie kann man überhaupt die „sittliche Richtigkeit", welche diese Prinzipien kategorial zusammenfaßt, handlungsspezifisch bestimmen?

6.8.5 Das Prinzip der Optimierung vor-sittlicher Güter

Dazu bedarf es folgerichtig eines dritten „Kennzeichens" teleologischer Ethik, auf dem nun wohl oder übel das ganze Gewicht zu liegen kommt. Dieses dritte Kennzeichen heißt: „Die sittliche Richtigkeit aller Handlungen bestimmt sich ausschließlich von ihren Folgen für das Wohl und Wehe aller Betroffenen."

Es scheint nun also hier die Güterabwägung als Kriterium dafür eingeführt, in welcher Handlung jeweils ein entsprechender sittlicher Wert verwirklicht wird. Dazu wäre es nun nötig, daß die „partikulären" Prinzipien den Maßstab für die Güterabwägung bilden. Können sie das? Nein, denn die Güterabwägung, die hier zur Bestimmung des sittlich Richtigen eingeführt wurde, dient ja gerade dazu zu bestimmen, was „Gerechtigkeit", „Treue" etc. handlungsspezifisch bedeuten. Da Schüller von „oben" her, also von der Liebe ausgehend, sittliches Handeln bestimmen wollte, muß er nun wohl oder übel die durch Güterabwägung erfolgte Optimierung vorsittlicher Güter zum Maßstab für „Gerechtigkeit", „Treue" etc. erheben. Dies ist in Röm 13, 8–10 eben gerade nicht gemeint. Die Liebe als „Erfüllung des Gesetzes" setzt gerade *voraus*, welche Handlungen gut sind und *deshalb* auch auf die Liebe zielen und in ihr ihre Erfüllung oder Zusammenfassung finden können. Nicht die „Liebe" konstituiert das Gebot; das Gebot zeigt vielmehr, worin überhaupt (fundamental-handlungsspezifisch) die Liebe zu Gott und zum Nächsten besteht.

ausführlicher behandelt werden. Denn die Position von Schüller und vielen heutigen Moraltheologen beruht ja darauf, die Unterscheidung von Natur und Gnade, natürlicher und übernatürlicher Moral fallen zu lassen. Die daraus resultierende, einen Philosophen zumindest oft peinlich anmutende Vermischung von Philosophie und Theologie, philosophischer Analyse, Bibelzitaten und Theologoumena, scheint mir weder für die Philosophie noch für die Theologie von Nutzen. Es erweist sich dann dabei auch, daß sowohl eine direkt aus dem Glauben abgeleitete Ethik wie auch eine durch den Wegfall des ethischen Proprium verkürzte „autonome Moral" letztlich beide in dieser Grundlage übereinstimmen, und deshalb auch bezüglich der Begründung sittlicher Normen im menschlichen Bereich zu analogen Schlüssen kommen.

Im ersten Augenblick ist die Zirkularität der schüllerschen Argumentation nicht durchsichtig, denn in seiner Aufzählung der „Kennzeichen" kommt das letzte und eigentlich begründungsbedürftige Kennzeichen (die Güterabwägung) an erster Stelle, so daß es scheinen könnte, es selbst werde durch die partikulären Prinzipien und die Liebe begründet, in den letzteren liege also der Maßstab für jede Güterabwägung. In Wirklichkeit jedoch ist die Liebe das fundamentale Prinzip, die partikulären Prinzipien sind daraus abgeleitet und auf die Güterabwägung kommt schlußendlich das ganze Gewicht dafür zu liegen, die Zuordnung von Werten und Handlungsweisen nun herzustellen.

Damit besitzen wir nun also doch wiederum eine Güterabwägung ohne Maßstab. Die Verlegenheit Schüllers wird ja offensichtlich, wenn er als Kriterium der Beurteilung der Folgen „das Wohl und Wehe aller Betroffenen" nennt. Hätte er gesagt: die sittliche Richtigkeit von Handlungen bestimmt sich ausschließlich von ihren gerechten oder ungerechten Folgen, ihren Folgen für die Treue, etc., dann hätte er tatsächlich etwas Richtiges gesagt, zugleich aber auch zugeben müssen, daß seine Argumentation zirkulär und tautologisch ist. Denn gerade der Güterabwägung wird ja die Beweislast dafür aufgebürdet, was gerecht usw. ist. Der Ausdruck „Wohl und Wehe aller Betroffenen" scheint eine Verlegenheitslösung zu sein. Dieses Wohl und Wehe wird nun notwendigerweise zum eigentlichen und letzten Beurteilungskriterium jeder Güterabwägung. Aber dieses Kriterium kann ebensowenig den partikularen Prinzipien zugeordnet werden, wie eine Zuordnung von Werten und Handlungen hier auch überhaupt möglich wäre. Der Maßstab „Wohl und Wehe" *kann* sich somit überhaupt sinnvollerweise nur noch auf der Ebene der vorsittlichen Güter definieren.[51]

Das ist denn wohl auch in einer Aussage wie der folgenden gesagt: „Mithin denkt teleologisch, wer der Auffassung ist, von zwei zur Wahl stehenden Handlungsweisen sei jeweils diejenige die sittlich richtige, die vergleichsweise mehr Gutes bewirkt als ihre Alternative." Als „Gutes" kann hier nur mehr die Optimierung vorsittlicher Güter in Betracht kommen, eine Optimierung, die nur aufgrund eines ebenfalls vor-sittlichenn Urteils bezüglich der Priorität von bestimmten Gütern vorgenommen werden kann, denn ein Kriterium für die Zuordnung von Optimierungen und sittlichen Werten fehlt ja gerade. Dennoch behauptet Schüller, aus dieser Optimierung müßte sich dann die Zuordnung von Handlungen zu sittlichen Werten – den partikularen Prinzipien und der Liebe – ergeben. Das ist wiederum, so meine ich, ein einfacher naturalistischer Fehlschluß.

---

[51] Worin dieses „Wohl und Wehe" bestehe, darüber gibt Schüller an anderer Stelle Auskunft (Die Bedeutung des natürlichen Sittengesetzes für den Christen, in: G. TEICHTWEIER UND W. DREIER, Hsg.: Herausforderung und Kritik der Moraltheologie, Würzburg 1971, S. 125): Zunächst einmal im „einzigen unbedingt Notwendigen", „nämlich von Gott in Christus geliebt zu werden und dadurch in sein Heil versetzt zu sein." Zweitens: im „eigenen sittlichen Gutsein" (aber worin dieses besteht, das müßte nun eben die Ethik angeben können; das kann ja nicht selbst Maßstab sein, sondern dafür müßte man einen Maßstab aufweisen können). Und drittens werden genannt: „Gesundheit und Krankheit, Reichtum und Armut, Ehre und Ehrlosigkeit." Es ist klar: Das „Heil" und das „eigene sittliche Gutsein" stehen in einer Güterabwägung niemals zur Disposition. Was sagen uns aber diese „Maßstäbe" für das menschliche Handeln? Als solche doch gar nichts. Und *alles übrige* „was sonst noch das Wohl oder Wehe des Menschen ausmacht (...) kann geradezu als ‚indifferent', als gleichgültig beurteilt werden." Der Maßstab „Wohl und Wehe" erweist sich also damit als eine sittliche Leerformel.

An diesem Punkt befindet sich nun Schüller offensichtlich in „Sprachnot". Der Begriff „Wohl und Wehe" scheint dafür ebensosehr ein Indiz zu sein, wie die Kennzeichnung von (negativen) Folgen als „verheerend" oder „katastrophal".[52] Ebensowenig wie der Begriff des menschlichen Wohles können auch Bezeichnungen wie „katastrophal" und „verheerend" die Zuordnung von Handlungen, bzw. Handlungsfolgen, und sittlichen Werten leisten. Deshalb muß Schüller mit einem Vokabular arbeiten, das offensichtlich mehr an Emotionen, als an die Vernunft appelliert.

Ebenso offenkundig wird die Fragwürdigkeit und mangelnde Tragfähigkeit in einem von Schüller angeführten Beispiel: Ein Sheriff einer Stadt im Süden der USA steht vor dem Fall der Vergewaltigung einer weißen Frau. Ein Schwarzer, dessen Unschuld für den Sheriff feststeht, wird von der Öffentlichkeit verdächtigt. Würde der Sheriff diesen Unschuldigen zum Tode verurteilen, so könnte er das Ausbrechen von Unruhen, die vielen anderen Unschuldigen das Leben kosten könnten, verhindern. Darf er also zum Wohl der Allgemeinheit den Unschuldigen verurteilen? Schüller meint: Zunächst sei es gar nicht evident, daß er das nicht dürfe. „Es müßte geprüft werden, ob man das Erhängen des einen Unschuldigen zur Rettung anderer Unschuldiger deswegen für ein schweres Unrecht hält, weil es einer Tötung wäre, während die Unterlassung dieser Handlungsmöglichkeit die Entscheidung dafür ist, andere Unschuldige sterben zu lassen." Dennoch müßte – in diesem Falle – „der Sheriff in der Tat es sich verboten sein lassen (...), den einen Unschuldigen hinrichten zu lassen, um so das Leben vieler Unschuldiger zu retten." Und zwar aus folgendem Grund: Würde er den Unschuldigen verurteilen dürfen, so müßte die Institution Strafrecht mit einer Ausnahmeklausel folgender Art versehen sein: „Der Richter soll einen erwiesenermaßen Unschuldigen gleichwohl schuldig sprechen und verurteilen, wenn er dadurch schlimmeres Unheil von anderen fernhalten kann; er muß jedoch zugleich die moralische Gewißheit haben, daß alle außer ihm den Verurteilten irrigerweise für erwiesenermaßen schuldig halten. Da es mehr als zweifelhaft ist, daß die Institution „Strafrecht", wäre sie mit dieser Ausnahmebestimmung versehen, noch wirksam ihre Aufgaben zum Wohl der Gesellschaft erfüllen kann, muß die Ausnahmebestimmung als gemeinwohlwidrig und ungerecht abgelehnt werden."[53]

---

[52] Vgl. Die Begründung sittlicher Urteile, a. a. O., S. 283: „Denn die beiden Schlußfiguren: sittlich falsch, weil naturwidrig, und: sittlich falsch, weil unberechtigt, führen zur Verurteilung bestimmter Handlungsweisen, gleichviel welche verheerende Folgen ihre Unterlassung haben sollte." „Eine bestimmte Handlungsweise (etwa eine Falschaussage) soll sittlich verwerflich sein, gleichgültig, welche katastrophalen Folgen ihre Unterlassung haben mag."

[53] Vgl. SCHÜLLER, a. a. O., S. 291. Die ebenfalls an dieser Stelle aufgeführte Argumentation von J. de Lugo für die ausnahmslose Geltung des Beichtgeheimnisses ist keine Bestätigung dafür, daß solche regelutilitaristische Argumentationen zur Begründung von sittlichen Normen auch der Tradition bekannt waren. Denn diese Argumentation dient ja nicht dazu, die Geltung des Beichtgeheimnisses als natürliches oder Amtsgeheimnis zu begründen. Sondern zu begründen, weshalb dieses, was für ein Amtsgeheimnis nicht unbedingt gilt, nie verletzt werden darf. Die Argumentation bezweckt also nicht eine *Ausnahme* eines an sich ausnahmslos geltenden Gebotes, sondern umgekehrt: die *Verschärfung* bis zur Ausnahmslosigkeit einer an sich Ausnahmen zulassenden Norm zu begründen. D. h. zu begründen, weshalb im Falle des Beichtgeheimnisses der Zweck des Amtsgeheimnisses nur bei einer ausnahmslosen Gültigkeit gewahrt bleiben kann. Es handelt sich also, verglichen mit dem von Schüller angeführten Beispiel, um genau den umgekehrten Fall.

Das ist eine regelutilitaristische Begründung, ein Beweis dafür, daß die teleologische Güterabwägung, wie Schüller sie versteht, nicht eine Zuordnung von Handlungsweisen und sittlichen Werten zu leisten vermag, sondern vielmehr sittliche Werte utilitaristisch auf der Ebene der vorsittlichen Güter bestimmt. Zudem ist das „Wohl aller Betroffenen" hier nur noch das „Wohl der Gesellschaft". Nun könnten aber Bedingungen angegeben werden, unter denen, auch wenn Unrecht getan wird und Unschuldige verurteilt werden, die staatlichen Institutionen dennoch weiterfunktionieren würden. Wäre es dann nicht ein sittliches Gebot, solche gesellschaftlichen Bedingungen zu schaffen, in denen jeweils, „zum Wohle aller Betroffenen", solche Ausnahmeklauseln möglich wären, ohne daß die Institutionen dadurch in ihrer Funktionstüchtigkeit gefährdet wären?[54]

Weitaus am bedenklichsten scheint mir jedoch folgendes zu sein: Gemäß der inneren Logik der schüllerschen Argumentation gebührt dem Leben des Unschuldigen nicht eine unbedingte Achtung um seiner selbst willen. Die Achtung der menschlichen Person ist hier kein unantastbarer Wert mehr; sie wird vielmehr zu einem Mittel um gleichsam „höhere" Ziele zu erreichen. In der Tat gilt ja gemäß der hier verwendeten regelutilitaristischen Begründung als absolut zu achtender Wert nicht die einzelne menschliche Person, sondern die „Institution Strafrecht", die „öffentliche Ordnung" also, oder auch: die Gesellschaft, die *Gesamtheit* der Menschen (hier scheint ein (falscher) Begriff des „Gemeinwohls" impliziert zu sein, der in gefährlicher Weise gegen das Wohl der Einzelperson ausgespielt werden kann). Die Achtung des Lebens des Unschuldigen wird damit zu einem bloßen *Mittel*, um die „Institution Strafrecht", bzw. die öffentliche Ordnung aufrechtzuerhalten. Deshalb halte ich die Begründung Schüllers für eine strukturell *unmenschliche* Begründung; die Tatsache, daß er (durch die Logik seines Ansatzes gezwungenermaßen) zu ihr Zuflucht nehmen muß, beweist wohl ebenfalls, daß dieser Ansatz zumindest inkonsistent ist. Denn wie könnte eine der Absicht nach menschliche Ethik – diese Absicht soll Schüller keinesfalls abgesprochen werden – konsistent sein, wenn sie Begründungen zulassen kann, welche die *unbedingte* Achtung der Person durch deren Instrumentalisierung aufheben?

6.8.6 Auswege und Notlösungen

Um solchen Möglichkeiten einen Riegel zu schieben, kann eine teleologische Ethik dann nur noch deontologisch argumentieren. Sie muß dann sittliche Werte und die Zuordnung bestimmter Handlungsweisen (bzw. das Verbot bestimmter Handlungsweisen) einfach festsetzen oder als unmittelbar einsichtig behaupten. Man appelliert dann in etwa, wie F. Furger, an die geschichtliche Erfahrung, die zeige, daß etwa die Folter, der Verrat, die Gotteslästerung, die Unzucht, *faktisch* in keinem Fall der Würde des Menschen entsprechen, „d. h. solche Verbote erhalten als Normen den Stand einer unbedingten Verpflichtung, die keine denkbaren Ausnahmen mehr kennt. Für die ethische Praxis ist ein solches

---

[54] Dieses Beispiel wird auch bei J. FINNIS, Fundamentals of Ethics, a. a. O. S. 95 ff. diskutiert; Finnis weist dabei noch auf andere Gründe für die Fragwürdigkeit der schüllerschen Argumentation hin.

Verhalten dann absolut ausgeschlossen, als keinesfalls in eine Güterabwägung einbeziehbare Größe, weil aller Erfahrung nach die (vor allem auch längerfristigen) Folgen einer solchen Tat bestimmt schlechter sind als das je durch sie erreichte Gut".[55] Hier kann man nur fragen: Ist das ein sittliches Wertkriterium? Und: Was geschieht, wenn jemand über die Kenntnis dieser „längerfristigen Folgen" nicht verfügt oder sie ihm nicht einsichtig sind? Ergäbe sich daraus nicht die Konsequenz, daß es nur staatlichen Gesetzen zusteht, sittliche Normen festzusetzen? Braucht es da zum sittlich richtigen Verhalten nicht eine Kompetenz (Einsicht in die gesellschaftlichen Zusammenhänge, in die geschichtlichen, längerfristigen Folgen), die der einzelne gar nicht besitzen kann? Und was verpflichtet mich überhaupt, solche Gesichtspunkte in Betracht zu ziehen? Und: Einverstanden, aber „Verrat", „Folter", „Gotteslästerung", „Unzucht": das sind ja wiederum nur sittliche Werte (oder Unwerte) und Aussagen darüber sind analytisch oder tautologisch; wie weiß ich nun, daß *diese* Handlung *diesem* Wert zuzuordnen ist?

Was Furger als „sekundäre Deontologie" bezeichnet, erscheint vielmehr als ein versteckter Deontologismus zur Überwindung der mangelnden Relevanz der Methode der Güterabwägung für die Zuordnung von Handlungen und sittlichen Werten.

Dieser versteckte Deontologismus wird noch deutlicher, wenn Furger von der Notwendigkeit einer deontologischen Setzung des Telos spricht. Jeder Güterabwägung liege die freie Setzung eines Telos als End-Ziel allen Handelns zugrunde. Diese Setzung könne selbst nicht teleologisch begründet werden; sie entspringe immer einem durch eine „Freiheitsoption" getätigten Glaubensakt. „Dabei macht es formal keinen prinzipiellen Unterschied, ob diese Wertsetzung dem Telos auf einem „philosophischen", d. h. säkularen oder auf einem religiösen Glauben aufruht."[56] Da die Werte im Rahmen der sogenannten teleologischen Ethik nicht aus einer Analyse des menschlichen Handelns erschlossen werden können, muß man also ihre Setzung durch einen Glaubensakt festlegen. Furger nennt das eine „deontologische Teleologie". „Alle weiteren ethischen Urteile müssen sich dann teleologisch von diesem Telos her ergeben, aus der Referenz der verschiedenen in einer konkreten Situation im Einzelentscheid zu regelnden Umstände, Werte, Güter und Pflichten auf dieses Telos hin."[57] Genau die Herstellung dieser „Referenz" auf dieses Telos hin ist jedoch nicht möglich. Es ist unmöglich, in einem rationalen Diskurs die Zuordnung von Handlungen zu diesem Telos zu leisten, weil die „transzendentale" Ebene der Werte (oder des Telos) mit der „kategorialen" Ebene der Handlungen, wie gezeigt wurde, inkommensurabel ist. Man bedürfte einer Theorie der Zuordnung von transzendentalen „Werten" (Telos) und kategorialen, im Handeln verfügbaren „Gütern". Eine solche Zuordnung wäre nur möglich, wenn diese „Güter" nicht als vorsittlich bestimmt würden, sondern selbst in ihrem praktischen Wertcharakter erfaßt werden könnten. Dazu bedürfte es jedoch einer anthropologischen Analyse des menschlichen Handelns und seiner axiologischen Struktur, eine Analyse, die eben gerade in der sogenannten teleologischen Ethik fehlt.

Die Verwechslung des objektiven Wertcharakters, der menschlichem Handeln imma-

---

[55] FURGER, Was Ethik begründet, a.a.O., S. 46.
[56] Ebd., S. 53.
[57] Ebd.

nent ist, mit den sogenannten vor-sittlichen Gütern (Physizismus) ist hier notorisch. So meint z. B. F. Böckle, daß prinzipiell jedes Handeln einer Güterabwägung offensteht. „Das gilt für alle kontingenten Güter und gilt auch für das Gut der Zeugung. Auch von ihm kann nicht gesagt werden, es könne nie und nirgendwo gegen ein größeres Gut stehen und binde darum auf jene – in der Normierung der Empfängnisregelung implizierte – absolute Weise."[58] Böckle entgeht es völlig, daß es bei der Frage der Empfängnisverhütung gar nicht um das „Gut der Zeugung" geht, sondern um den *Akt* der Zeugung als menschlicher, personaler Handlung im Kontext ehelicher Liebe, d. h. um diese eheliche Liebe selbst und ihren Sinngehalt. Das „Objekt" dieses Aktes ist nicht einfach das „Gut der Zeugung"; das wäre eine rein physizistische Betrachtungsweise. Der „objektive" Sinn dieses Aktes definiert sich durch den Sinngehalt ehelicher Liebe in ihren anthropologischen Dimensionen und in der Dimension als Mitwirken an einem göttlichen Schöpfungsakt, der sich auf eine auf Ewigkeit hin und die *imago* in sich tragende menschliche Seele bezieht. Daß in der Wahrnehmung einer verantwortlichen Elternschaft das „Gut der Zeugung" eventuell anderen Gütern hintangestellt werden muß, das bestreitet ja niemand. Humanae Vitae geht es ja gerade darum zu lehren, wie dies zu geschehen habe, *ohne* daß der Sinngehalt der ehelichen Liebe zerstört wird.

Durch eine Integrierung dieser physizistischen Interpretation des menschlichen Handelns in eine „heilsgeschichtliche" christliche Ethik, wird dann völlig offenkundig, wie das sittliche Handeln, als menschliches Handeln in seinem axiologischen Gehalt undefinierbar wird. Menschliches Handeln in seiner „konkreten empirischen Gestalt" besitze keinen eindeutigen sittlichen Sinn, bilde nur die „Außenseite der Moral". Eigentlich sittlich sei nur der Vollzug von Glaube, Hoffnung und Liebe, „der sich allerdings in der konkreten äußeren Handlung symbolhaft ausdrückt".[59] Das menschliche Handeln wird zum bloßen Ausdruckshandeln, zum Zeichen oder Symbol, das, als solches durch Güterabwägung verfügbar, „Träger" der christlichen Gesinnung wird. Damit, so meine ich, wird auch philosophische Ethik letztlich irrelevant. Denn nur aufgrund einer „inneren Bereitschaft und einer entsprechenden Glaubenshaltung" könne man des tieferen sittlichen Sinnes konkreten Handelns einsichtig werden. „Wo diese Bedingungen nicht gegeben sind, läßt sich argumentativ vielleicht eine Übereinkunft hinsichtlich der sachlichen oder sozialen Zweckmäßigkeit einer Norm erreichen, aber nicht hinsichtlich des tieferen sittlichen Sinnes."[60] Heißt das nicht soviel wie: Nicht-Glaubende können leider nur Utilitaristen sein; nur Gläubige vermögen darüber hinaus auch den eigentlich *sittlichen* Sinn ihres Handelns zu verstehen? Einmal mehr würde dann jedoch die Bestimmung des „ethische Proprium" einem „theologischen Absolutismus" anheimfallen, mit dem Doppeleffekt die philosophische Ethik – bzw. die menschliche Moral – ihrer Eigenständigkeit und zugleich die christliche Moral des ihr eigenen Propriums zu berauben.

---

[58] F. BÖCKLE, Fundamentalmoral, a. a. O., S. 309.
[59] Vgl. H. ROTTER, Christliches Handeln. Seine Begründung und Eigenart, Graz–Wien–Köln 1977, S. 143.
[60] Ebd., S. 145.

6.9 Zusammenfassende Bemerkungen: Die Verkennung des objektiv-werthaften Charakters des menschlichen Handelns in der teleologischen Ethik

Die sogenannte „teleologische Ethik" beruht auf physizistischer Grundlage. Deshalb zerstückelt sie das ganze Feld des sittlichen Handelns in „Güter", die wechselseitig in Konkurrenz stehen. Es fehlt jedoch eine Theorie darüber, welche Güter in einem solchen Konflikt „absolut", d. h. unantastbar sind, *unbedingt* berücksichtigt werden müssen, damit der *menschlich-personale* Sinn des Handelns überhaupt gewahrt bleibt. Dieser Sinn des menschlichen Handelns wird in der sogenannten teleologischen Ethik nirgends mit den Methoden einer philosophischen Ethik begründet. Begründungsfunktion übernimmt eine Theologie des „christlichen Propriums", theologische Positionen also, die – wie mir scheint: in illegitimer Weise – zur Lösung philosophischer Probleme herangezogen werden.

Die Ethik ist jedoch eine eigenständige, von der Theologie und vom Glauben unabhängige philosophische Disziplin. Ihr Gegenstand ist der handelnde *Mensch*, seine innere Würde und operative Verwirklichung; es geht dabei nicht um die Realisierung von „Gütern", sondern um die Erwirkung des Gut-Seins des Menschen, um das gerecht-, starkmütig-, maßvoll-, treu-Sein usw. des Menschen. Es geht nicht darum, „Güter" zu bewirken, sondern zu bewirken, daß man im Vollsinne Mensch ist.

Die sogenannte „teleologische Ethik" mißachtet diesen Primat des Menschen, denn es fehlt ihr der dazu nötige Rückbezug ihrer ethischen Methoden, Analysen und Aussagen auf eine Anthropologie. Aus diesem Rückbezug ergäbe sich die Zuordnung von menschlichen Handlungen und sittlichen Werten, und nur unter der Bedingung einer solchen anthropologisch fundierten Zuordnung, wie sie in der Ethik als Lehre von der sittlichen Tugend geleistet wird, existiert auch ein Begriff der menschlichen Handlung nicht als „natural event", sondern als *sittliche Handlung*.

Im Begriff der sittlichen Handlung ist die wechselseitige Interdependenz und gegenseitige Durchdringung von „richtiger Handlungsweise" und „gutem Willen" (Gesinnung) eingeschlossen. Dies ist Ausdruck der Tatsache, daß sittliches Handeln eine *actio immanens* darstellt, ein Tun also, dem es spezifisch ist, daß seine Wirkung im Handelnden verbleibt. Handlungen sind immer auch Äußerungen innerer Gesinnung; sie sind aber nicht nur, im Sinne Schelers, „Träger" von sittlichen Werten, sondern sie sind selbst sittlicher Wert und damit auch gesinnungsprägend: Die Gesinnung wird von den Handlungsweisen mitgeprägt, hat aber selbst wiederum auf die Wahrung des genuinen sittlichen Sinnes menschlicher Handlungen prägende Kraft. Es besteht damit ein wechselseitig konstituierendes Verhältnis von innerem Willensakt und äußerem Handeln.[61]

Gerade in dieser Perspektive zeigt sich, daß es beim menschlichen Handeln um das Gut-Sein des Menschen geht. Es geht bei der Moral um das Innere, das Herz des Menschen. Dieses Innere, der gute Wille oder die gute Gesinnung, wird gerade in erster Linie, fundamental und „objektiv" durch das geprägt, was der Mensch *tut*. Gerade die Heilige Schrift erinnert an dieses grundlegende Proprium des sittlichen Handelns: Aus dem Herzen kom-

---

[61] Bei Thomas ist dies vor allem dargestellt in I–II, q. 19–20; De Malo, q.2.

men nicht die „Werte", sondern ganz bestimmte *Handlungen:* „Aus dem Herzen kommen die schlechten Eingebungen: Mord, Ehebruch, Unzucht, Diebstahl, falsches Zeugnis, Lästerung. Das ist es, was den Menschen unrein macht" (Mt 15,19). Und es ist ja ebenfalls Matthäus, der uns in der sechsten Seligpreisung die tiefste, gerade teleologische Perspektive des solchermaßen verstandenen sittlichen Handelns aufzeigt: „Selig, die reinen Herzens sind, denn sie werden Gott schauen" (Mt 5.8).[62]

Der Zusammenhang zwischen Handeln und „Gesinnung" läßt sich nur verstehen, wenn berücksichtigt wird, daß jede sittliche Handlung formell ein Willensakt ist, in dem das, *was* man tut, sich wie die Materie zur Form (dem Willen) verhält; eine Materie allerdings, die dem menschlichen Willen ein angemessenes Objekt ist, was nun wiederum nur die Vernunft zu leisten vermag. Nicht „Dinge" zerstören die Gesinnung und verunreinigen das Herz; sondern *Handlungen,* die das Licht der Vernunft mißachten.[63]

Menschliches Handeln ist wesentlich elektives, oder aristotelisch gesagt: prohairetisches Handeln. Jedes Handeln ist wesentlich ein Wollen, und auch Handlungsobjekte sind immer Gegenstände eines Wollens, sei dies nun auf der Ebene der konkreten Handlungs-

---

[62] In diesem Zusammenhang ist die Reduktion aller praktischen Güter auf vorsittliche Güter die ausschlaggebende Vor- (und Fehl-)Entscheidung; denn alle diese Güter werden damit als „kontingent" und damit sittlich „relativ" betrachtet. Darin sieht F. BÖCKLE (Fundamentalmoral, a. a. O. S. 307) geradezu das „Hauptargument" für eine „teleologische Begründung" sittlicher Normen: „Ihr Hauptargument liegt im Hinweis, daß die unserem Handeln aufgegebenen Güter und Werte ausschließlich *bedingte, geschaffene* und damit *begrenzte* Güter oder Werte sind. Dann aber kann die sittliche Beurteilung des Handelns nur unter Berücksichtigung dieser Bedingtheit sowie unter Abwägung der eventuell konkurrierenden Güter erfolgen. Zwar ist der Mensch vom absoluten Grund des Sittlichen unbedingt gefordert, doch als kontingentes Wesen in einer kontingenten Welt kann er das ihn absolut anfordernde ‚bonum' immer nur an und in den ‚bona' verwirklichen, die als kontingente Güter oder Werte eben ‚relative' Werte sind und als solche niemals a priori als der je größte Wert, der überhaupt nicht mit einem höheren konkurrieren könnte, ausgewiesen sind. Im Hinblick auf die bona bleibt daher je nur die Frage nach dem vorzugswürdigeren bonum möglich, und das heißt, jede konkrete kategoriale Entscheidung *muß* – um nichts fälschlich Kontingentes zu verabsolutieren – letztlich auf einer Vorzugswahl beruhen, in der nach Güter- und Wertprioritäten entschieden werden muß." In dieser Aussage wird die ganze Problematik, Schwäche und Inkonsistenz der sogenannten „teleologischen Ethik" deutlich; Inkonsistenz, weil jetzt plötzlich Güter *und* Werte (letztere sind ja auch für Teleologen nicht vor-sittlich) auf dieselbe Stufe des Kontingenten und Relativen gestellt werden. Die Schwäche des Arguments liegt darin, daß in *jeder* sittlichen Handlung das sittliche Gutsein der Person auf dem Spiele steht, und daß dieses Gutsein immer auch davon abhängt, *was* ich tue. Praktische Güter, die in einer sittlichen Handlung gewählt und verfolgt werden, sind nicht einfach „Dinge", mit denen man hantiert und kalkuliert. Die Sittlichkeit einer Handlung, in der die ganze Person involviert ist, ist jedoch immer ein *absolutes* und *unbedingtes* Gut, auch wenn es sich bei der Person um ein nichtabsolutes, sondern geschöpfliches Wesen handelt. Das ist deshalb so, weil der Mensch gerade im sittlichen Gutsein seine Beziehung zum Unbedingten und absoluten Grund jeder sittlichen Forderung – Gott – herstellt. In Bezug auf das im konkreten Handeln involvierte Gut-Sein kann es niemals ein eventuell „höheres" oder „konkurrierendes" Gut geben. Wer jedoch die Vorannahme akzeptiert, in unserem Handeln gehe es nur um vor-sittliche Güter, dem wird dieses Argument kaum plausibel erscheinen, weil er von Anfang an die Perspektive des Sittlichen, das „ethische Proprium", aus den Augen verloren hat.

[63] „Anima non inquinatur ex rebus inferioribus virtute earum, quasi agentibus eis in animam: sed magis e converso *anima sua actione se inquinat, inordinate eis inhaerendo, contra lumen rationis et divinae legis*" (I–II, q.86, a.1, ad 1).

wahl oder auf jener der diese Wahl *(electio)* mitprägenden Intention, die ja selbst sich immer auf Handlungsobjekte bezieht, aber solche, die nicht unmittelbar, sondern nur über anderes *(ea quae sunt ad finem,* die sog. „Mittel") erreichen läßt. Die Intention ist nicht die zum objektiven Element des Tuns hinzutretende „subjektive" Gesinnung, sondern sie besitzt ebenfalls immer einen objektiven, vernunftgeprägten Charakter; und als Willensakt ist die Intention ebenso wie die konkrete Handlungswahl Bestandteil meines Innern, meiner Subjektivität: Sowohl, was ich tue, wie auch, was ich mit diesem Tun intendiere, formt die Gesinnung. Gleichzeitig kommt auch beiden eine objektive Bedeutung zu: Sowohl, was ich tue, als auch was ich intendiere, besitzt einen objektiven Gehalt, der von der Vernunft in einem praktischen Urteil (präzeptiv) ausgesprochen und geprägt ist. Das in der sogenannten „teleologischen Ethik" supponierte „Nebeneinander", „Übereinander" bzw. „Nacheinander" von ‚guter Gesinnung' und ‚richtiger Handlungsweise' ist handlungstheoretisch verfehlt und verpaßt die Eigenheit des sittlichen Handelns: Die untrennbare Verschmelzung von Tun und Gesinnung, von Vernunft und Wille, von objektivem Handlungssinn und Subjektivität.

Es verpaßt auch die Möglichkeit, jene Akte, die nur im Inneren des Menschen vollzogen werden, als sittliche Handlungen aufzufassen, und letztlich also gerade die „Gesinnung des Herzens" in die ethische Analyse einzubeziehen.[64] Denn wie könnte man „teleologisch" ein Urteil bilden: Die Folge der Tötung eines Unschuldigen (auch nur schon des Willens zu einer solchen Tötung) ist die „Verunreinigung des Herzens", die Bosheit der Gesinnung? Ein „Teleologe" kann aufgrund seines Ansatzes sich nur auf die äußeren, letztlich inter-personalen, Folgen seines Handelns beschränken, muß allerdings die „inner-personalen" unberücksichtigt lassen.[65] Mir ist kein teleologisches Kalkül bekannt, das die „gute Gesinnung" oder die „Reinheit des Herzens" selbst in die Güterabwägung einbezogen hätte. Das wäre auch aus dem Blickwinkel dieser Ethik bedeutungslos, denn sie behauptet ja, die durch Güterabwägung festgestellte „Richtigkeit" von Handlungsweisen konstituiere sich unabhängig und von und vor aller Gesinnung; denn die Gesinnung ist ein sittliches Gut, die abzuwägenden Güter jedoch sind vor-sittliche Güter.

Im Rahmen einer Ethik hingegen, die den objektiv-werthaften Charakter des menschlichen Handelns zu bestimmen und zu analysieren vermag, können dann auch deontologische *Formulierungen* jener Handlungsbedingungen vorgenommen werden, die unabhän-

---

[64] Vgl. dazu Mt 5, 27–28: „Ihr habt gehört, daß gesagt wurde, ‚du sollst nicht ehebrechen'. Ich aber sage euch: jeder, der eine Frau auch nur ansieht, im Sinn der Begierde, hat schon in seinem Herzen Ehebruch mit ihr begangen." Ein solcher „Ehebruch im Herzen" ist als solcher ja ‚folgenlos', es sei denn, man berücksichtigt die Folge im Herzen des Menschen. Und es handelt sich dabei nicht um irgend eine Folge, sondern um Ehebruch. Im Sinne einer Ethik, die alles auf die „Richtigkeit von Handlungsweisen" aufgrund der Abwägung vorsittlicher Güter abstellt, ist der genannte innere Akt als sittliche Handlung gar nicht zu erfassen.
[65] Dies wird deutlich bei F. BÖCKLE, Fundamentalmoral, a. a. O., S. 306, Fußnote 7: „Wir sprechen hier nur vom zwischenmenschlichen Bereich (…)". Böckle übersieht vollständig, daß auch „zwischenmenschliches" Handeln (im Bereich der Tugend der Gerechtigkeit) immer wesentlich auch eine *inner*-personale Dimension besitzt. Gerade sie ist schließlich für die zwischenmenschliche Beziehung von höchster Bedeutung. Es geht ja hier nicht einfach um äußere Güter, sondern, wie immer, um menschliche Handlungen und Willensakte, die sich auf das Gut des anderen erstrecken.

gig von allen Umständen oder Folgen immer gewahrt sein müssen, damit Wert und Sinngehalt des Handelns als *menschliches* Handeln überhaupt gewahrt bleiben. Solchen deontologischen Formulierungen liegen immer anthropologisch fundierte teleologische Begründungen zugrunde, auch wenn diese in bestimmten Zusammenhängen (z. B. Lehramtsäußerungen) nicht unbedingt aufgeführt zu werden brauchen. Sie fallen spezifisch in die Kompetenz der philosophischen Ethik.

Damit vermag die Ethik über den „objektiven Sinn" des menschlichen Handelns zu sprechen, womit mit „objektiv" nicht die Zielhaftigkeit einzelner Akte auf der naturalen Ebene *(genus naturae)* gemeint ist, sondern der menschlich-personale und damit auch sittliche Gehalt bestimmter Handlungsweisen; dieser objektive Gehalt (das sogenannte „moralische Objekt") entspricht jeweils einer spezifischen sittlichen Tugend.

In der sogenannten teleologischen Ethik fehlt die Möglichkeit zu einer solchen Analyse der objektiven Struktur (Wertstruktur) des menschlichen Handelns als spezifisch *menschliches*. Handlungen werden auf der Ebene vorsittlicher Güter spezifiziert, Werte unabhängig davon auf einer „transzendentalen" Ebene, die durch einen versteckten Deontologismus begründet wird. Damit wird es unmöglich, konkrete Handlungsweisen sittlichen Werten zuzuordnen. Letztlich wird versucht, den sittlichen Sinn des Handelns durch Güterabwägung zu rekonstruieren, ein Verfahren, das allerdings der Struktur des naturalistischen Fehlschlußes entspricht. Durch den Hiatus von sittlichen Werten und Handlungen wird dem Menschen eine praktisch unbeschränkte Verfügungsgewalt über sein eigenes Sein zugesprochen.

Die natürliche Vernunft, die *ad imaginem Dei* geschaffen ist, fällt dabei in ihrer Telosfunktion und maßstäblichen Aufgabe völlig außer Betracht. Es ist jedoch gerade die Vernunft, die in ihrer Stellung im menschlichen Suppositum, ihrer personalen Bedeutung also, überhaupt menschliche Handlungen in ihrem *genus moris* konstituiert. Ihre Akte als praktische Vernunft bilden ein natürliches Gesetz, das Gesetz der praktischen Vernunft, das das menschliche Handeln normativ prägt und es als sittliches konstituiert.

Daß über dies hinaus, ist einmal der menschliche Gehalt des menschlichen Handelns gewahrt, eine Fülle anderer Gesichtspunkte für die Setzung einer sittlich richtigen Handlung hinzutreten, dabei auch Umstände, Folgen usw. berücksichtigt werden müssen, steht hierbei gar nicht zur Diskussion. Das ist immer schon klar gewesen. Was hingegen in der teleologischen Ethik nicht mehr klar zu sein scheint, ist, daß der spezifisch menschliche Sinngehalt des Handelns, sein sittlicher Gehalt also, nicht von der Situationsbezogenheit des Handelns abhängt und nur insofern von den Folgen, als zu diesen Folgen auch jene gezählt werden, die sich in einem anthropologischen Rückbezug für menschliches Handeln *als menschliches* eben als konstitutiv erweisen.

Deshalb kann man bei der sogenannten „teleologischen Ethik" auch von „Utilitarismus" sprechen. Diese Ethik ist utilitaristisch, weil sie behauptet, daß grundsätzlich jede Handlungsweise gut, bzw. keine Handlungsweise *grundsätzlich* sittlich schlecht sein kann. Denn unter „Utilitarismus" versteht man ja genau das: Daß sich prinzipiell jede Handlung erst innerhalb eines Nutzenkalküls in ihrem sittlichen Wert formuliert und entsprechend auch jeweils neu bewertet werden kann; daß ihre sittliche Bewertung also grundsätzlich zur Disposition des Handelnden steht.

Wer behauptet, es gebe Handlungen, die *in sich* und *immer* sittlich schlecht seien, der negiert eben dies. Er behauptet, es gebe Handlungen, die *immer* gegen das dem Menschen „Nützliche" verstoßen; die also Folgen haben, die nie zur Disposition stehen können, weil dabei der Sinn des menschlichen Handelns *als menschliches* selbst zur Disposition gestellt würde.

Deshalb stellt sich eine solche, die Existenz „sittlicher Objektivität" annehmende Ethik auch die Frage nach der Identifizierbarkeit solcher Handlungen. Wie kann man von einer Handlung sagen, sie sei *objektiv* ungerecht? Was ist überhaupt sittliche Objektivität oder das sittliche Objekt einer Handlung? Dieser Frage wird nun noch, in einer zugleich die vorhergehenden Analysen abschließenden Weise, nachgegangen werden müssen.

7 DER OBJEKTIVE SINN DES MENSCHLICHEN HANDELNS UND SEINE REGELUNG DURCH DAS NATÜRLICHE GESETZ DER PRAKTISCHEN VERNUNFT

Die ausführliche Auseinandersetzung mit der „teleologischen Ethik" sollte nicht zuletzt die Notwendigkeit einer die früheren Ausführungen von I. 2.6 ergänzenden und vertiefenden Analyse des „objektiven Sinnes" menschlichen Handelns aufgezeigt haben. Was meinen wir, wenn wir mit Thomas vom „Objekt" einer Handlung sprechen, das dieser seine sittliche Qualität einer „guten" oder „bösen", bzw. einer dieser oder jener Tugend/Laster zugehörigen Handlung verleiht? Und was für ein Zusammenhang besteht zwischen dem objektiven Sinn menschlichen Handelns und dem Naturgesetz?

Das Thema des moralisch spezifizierenden und qualifizierenden Handlungsobjektes ist in vielen traditionsreichen Handbüchern oft unbefriedigend, wenn nicht gar in einzelnen Fällen, zumindest an Thomas gemessen, schlicht falsch behandelt worden. Und entsprechende Vorstellungen leben unter unseren Moraltheologen weiter, wenn sie auf dem Hintergrund solcher Deutungen nicht mehr verstehen, weshalb nicht nur „sittliche Haltungen" oder „Wertungen", sondern auch *Handlungen* unabhängig von den konkreten Intentionen des Handelnden bereits sittlich qualifiziert werden können.

Der sehr präzise, aber etwas trockene technische Terminus „Objekt" läßt leicht vergessen, daß damit eigentlich die einzelnen Handlungen zukommende *sittliche Finalität*, die zugleich den sittlichen *Gehalt* oder *Sinn* solcher Handlungen ausmacht, gemeint ist.[1] Gerade der Begriff des Objektes, und der mit diesem sachlich identische des „finis operis", ist immer wieder naturalistisch fehlgedeutet worden. Und man hat wohl auch nicht mit genügender Klarheit den Zusammenhang zwischen diesem „objektiven Sinn" des menschlichen Handelns und dem Naturgesetz als Gesetz der praktischen Vernunft durchscheinen lassen. Im folgenden sollen diese Zusammenhänge – ohne Anspruch auf eine vollständige und erschöpfende Darstellung – im Sinne einer abschließenden Synthese der bisherigen Analysen im Grundriß aufgezeigt werden.

---

[1] In den entscheidenden Grundlinien geht die folgende Darstellung einig mit S. PINCKAERS, Le rôle de la fin dans l'action morale selon Saint Thomas, in: Le renouveau de la morale, Tournai 1964, S. 114–143. Pinckaers hat jedoch in seinen Analysen die Rolle der Vernunft zu wenig herausgearbeitet. Dies ist der Vorzug der Analysen von T. G. BELMANS, Le sens objectif de l'agir humain, a. a. O., der allerdings, wie mir scheint, die Position von Pinckaers zwar differenziert, aber nicht immer ganz ausgewogen kritisiert.

7.1 Das „Objekt" des Handelns und die praktische Vernunft

7.1.1 Zur begrifflichen Beziehung zwischen „Handlungsobjekt" und „actus humanus"

Beim „Tun", dessen objektiver Sinngehalt hier zur Debatte steht, geht es nicht um irgend ein Tun, sondern um jenes, das der hl. Thomas „actus humanus" nennt. Als „menschliche Handlungen" – ein Synonym für „sittliche Handlung"[2] – werden Akte bezeichnet, über die der Mensch ein „dominium" besitzt, bzw. insofern er über sie ein solches besitzt. Es sind also Akte, die der Mensch in personaler Autonomie, aus Freiheit, willentlich und mit vernünftiger Überlegung vollzieht: Denn durch die Vernunft und den Willen ist der Mensch Herr seines Tuns.[3]

Deshalb gibt es Tätigkeiten, die der Mensch vollzieht, die *als solche* noch nicht eine „menschliche (bzw. sittliche) Handlung" genannt werden können: Beispielsweise reine Erkenntnisakte (als solche) oder Akte des Herstellens (Technik, Kunst). „Menschliche Handlungen" gehören immer dem Bereich einer sittlichen Tugend an, bzw. stellen sich einer solchen, als Laster, entgegen. Die Herstellung eines Schuhs oder eines Gebäudes, der Vollzug einer wissenschaftlichen Erkenntnis oder das Malen eines Gemäldes können jedoch *als solche* keiner (sittlichen) Tugend zugeordnet werden. Wenn wir also sagen würden, das „Objekt" der Schuhfabrikation ist der Schuh, das der Bautätigkeit das Haus, dasjenige der wissenschaftlichen Erkenntnis z. B. das Gehirn einer weißen Maus und jenes des Malens eine bestimmte Landschaft, so sprechen wir nicht von „Objekten" als Gehalten von sittlichen Handlungen. Auch wenn wir diese Objekte als Ziele der entsprechenden Tätigkeiten betrachten (Ziel der Schuhfabrikation ist der Schuh, das der Bautätigkeit das Haus, jenes der wissenschaftlichen Forschung die Erkenntnis der Gehirnfunktionen der weißen Maus und das des Malens das Abbild der betreffenden Landschaft), auch dann handelt es sich nicht um Ziele sittlicher Handlungen, sondern um Ziele von Akten, die durch ihre natürliche und auch, seitens des Handelnden, erworbene Eigenart zur Hervorbringung entsprechender Wirkungen, die deshalb als Ziele verfolgt werden können, geeignet sind.

Das mag zunächst banal klingen. Es wird sich jedoch zeigen, daß gerade dies nicht selten übersehen wurde und viele Moraltheologen den Begriff des Objektes von sittlichen Handlungen auf dem begrifflichen Hintergrund von solchen eben aufgeführten Tätigkeitsweisen zu verstehen suchen.

Damit will nun nicht gesagt sein, daß diese Art von Handlungen (menschliches Schaffen, Herstellen, Forschen, künstlerische Tätigkeit) nicht auch „sittliche Handlungen" sein können; ja es muß sogar gesagt werden, daß sie dies notwendigerweise *de facto* immer sind. Wer Schuhe fabriziert, Häuser baut, Gehirnfunktionen von weißen Mäusen untersucht oder Bilder malt, tut dies immer auch, weil er darin ein bestimmtes *praktisches* Gut verfolgt; Häuser baut man nicht, um der Häuser willen, sondern damit Menschen in diesen

---
[2] Vgl. I–II, q.1, a.3: „nam idem sunt actus morales et actus humani."
[3] Vgl. I–II, q.1, a.1.

Häusern wohnen können; und Häuser zum Wohnen braucht der Mensch ja aus Gründen des Schutzes, der Selbsterhaltung und auch seiner Soziabilität. Der Architekt *als* Architekt verfolgt zwar mit seinem Tun zunächst einmal das „Bauen des Hauses", aber *als Mensch* verfolgt er darin ein menschliches Gut, das mehr ist, als nur die rein faktisch-technische Konstruktion eines „Gebäudes"; und zwar tut er dies aufgrund eigener, vorüberlegter Willensentscheidung. Der Forscher will mit seinem Tun *zumindest* „Wahrheit" erkennen, auch wenn seine Tätigkeit sonst keinen anderen Zweck verfolgen würde. Aber auch die „Erkenntnis von Wahrheit", und wenn es nur diejenige bezüglich der Gehirnfunktionen einer weißen Maus ist, ist ein menschliches Gut und ein auf dieses Gut ausgerichtetes Tun vollzieht er als Mensch, der sein Handeln mit Vernunft und willentlich ordnet; sonst würde er sich kaum mit weißen Mäusen beschäftigen. Und deshalb ist sein Tun ein „menschliches Handeln" und sittlich qualifizierbar.[4]

So gelangen wir, auf einer anderen Ebene, zu einem zweiten Begriff von „Objekt" des Handelns: Auch wenn der Architekt „Häuser" baut (der materiale Aspekt seines Tuns) so ist das, was er tut *formell* und im sittlichen Sinne wesentlich ein Akt, der über das faktische „Gebäude-Errichten" hinausweist (etwa ein Akt der Gerechtigkeit, sofern die Häuser tatsächlich dazu taugen, um darin wohnen zu können). Denn er verfolgt ein menschliches Gut, und zwar in der Regel für andere. Würde er das nicht, so wäre er zwar vielleicht kein schlechter Architekt, aber sein Tun wäre im sittlichen Sinne objektiv verschieden; etwa wenn er, anstatt im Hinblick auf das gemeine Wohl menschliche Wohn-, Arbeits- und Kulturstätten, allgemein: menschlich „Nützliches" zu schaffen, sein Können dafür verwenden würde, andere Menschen „gekonnt" zu hintergehen und sich dabei zu bereichern.[5]

---

[4] Dies müßte ausgehend von I–II, q.56, a.3 in genauerer Weise ausgeführt werden; vgl. dort zum Unterschied zwischen sittlicher Tugend einerseits und „ars", bzw. „scientia" andererseits: „Et quia virtus est quae bonum facit habentem, et opus eius bonum reddit, huiusmodi habitus (d. h. die sittlichen Tugenden) simpliciter dicuntur virtutes: *quia reddunt bonum opus in actu, et simpliciter faciunt bonum habentem.* – Primi vero habitus (die „scientia" und die „ars") non simpliciter dicuntur virtutes; *quia non reddunt bonum opus nisi in quadam facultate, nec simpliciter faciunt bonum habentem.* Non enim dicitur simpliciter aliquis homo bonus, ex hoc quod est sciens vel artifex: sed dicitur bonus solum secundum quid, puta bonus grammaticus, aut bonus faber." Da die sittliche Tugend „habitus electivus" und als solcher Vervollkommnung des „actus humanus" ist, so liegt ihre Eigenart nicht im „Können" irgend einer Fähigkeit, sondern in der Vollkommenheit des *Strebens,* letztlich dem „usus bonus" jeglichen Könnens („aliquis habitus non solum facit facultatem agendi, sed etiam facit, quod aliquis recte facultate utatur", ebd.).

[5] Von Aristoteles stammt die bei Thomas wiederzufindende Bemerkung, daß der Unterschied zwischen sittlichem- und Kunsthandeln an folgendem erkannt werden könne: Ein Künstler, der *absichtlich* einen Fehler begeht, ist deshalb kein schlechter Künstler; ja, er zeigt darin gerade die Beherrschung seines Metiers; begeht er hingegen unabsichtlich Fehler, so bezeichnet man ihn als inkompetent. Im moralischen Bereich ist es gerade umgekehrt: Wer absichtlich sich verfehlt, ist ein schlechter Mensch; wer dies unabsichtlich (unwillentlich) tut, ist kein schlechter Mensch. Da man nun den Künstler (Ingenieur, Architekt, usw.) *als Künstler* oder aber *als Menschen* beurteilen kann, so ist bei jedem Kunsthandeln ein „duplex peccatum" möglich: „Uno modo, per deviationem a fine particulari intento ab artifice; et hoc peccatum erit proprium arti; puta si artifex, intendens facere bonum opus, facit malum, vel intendens facere malum, faciat bonum. Alio modo, per deviationem a fine communi humanae vitae: et hoc modo dicetur peccare, si intendat facere malum opus, et faciat, per quod alius decipiatur. *Sed hoc peccatum non est proprium artificis inquantum*

Es scheint mir wichtig darauf hinzuweisen, daß dabei noch nicht die Frage der „Intention" angeschnitten ist.[6] Dies wäre der Fall, wenn wir, über das Gesagte hinaus, noch die Möglichkeit in Betracht ziehen würden, daß der Architekt seine Tätigkeit vollzieht, um sich den Lebensunterhalt zu verdienen, einen Wettbewerbspreis zu gewinnen oder berühmt und bestaunt zu werden; solche über den objektiven Sinn des Tuns hinausweisende Intentionen liegen in der Regel vor und sie sind sittlich höchst bedeutsam, ja *letztlich* sogar ausschlaggebend. Das Objekt jedoch, von dem hier die Rede ist, ist jenes Ziel, das mit einem Tun in sich, also „objektiv" verfolgt wird und das diesem Tun zuallererst überhaupt einmal Charakter und Spezifität einer „menschlichen" bzw. „sittlichen Handlung", also seine „moralische Differenz" verleiht.[7]

Die genannten Beispiele beziehen sich auf Handlungen, die ja nun zunächst einmal nicht die typischsten und elementarsten für „sittliche Handlungen" sind, weil sie ursprünglich auch gar nicht aus dem Bereich des sittlichen Handelns stammen. Analogien aus dem nicht-sittlichen Bereich sind jedoch, wenn man sie nicht mißbraucht, äußerst hilfreich, weil man gerade an ihnen mit besonderer Klarheit jene spezifischen Bedingungen auszumachen vermag, die zu einer sittlichen Handlung gehören. In anderen Handlungsbereichen ist dies oft schwieriger. Akte wie „essen" („sich ernähren"), „ein Kind zeugen", „sprechen" (wenn wir einmal von der rhetorischen „Kunst des Überzeugens" absehen), „einen Menschen töten" usw. besitzen die Eigenart, daß sie *ursprünglich* dem Bereich des sittlichen Handelns zugehören; d. h., sie können überhaupt *nur* als *sittliche* Handlungen, als *actus humanus* als Gegenstand eines Tuns betrachtet werden. Es ist sinnvoll, den Architekten *als* Architekten vom Architekten *als* Menschen zu unterscheiden; es wäre aber nicht sinnvoll, denjenigen, der sich ernährt als *solchen*, von einem, der sich ernährt, *als Mensch* zu unterscheiden; und so auch in den anderen Fällen. Natürlich können wir den Prozeß

---

artifex: sed ex secundo culpatur homo inquantum homo" (I–II, q.21, a.2 ad 2). Der „finis particularis" der „ars" und der „finis communis humanae vitae" begründen zwei unterschiedliche Sphären des Handelns und der „Objektivität", die nicht aufeinander reduziert und auch nicht auseinander deduziert werden können.

[6] Und es handelt sich bei den angegebenen Handlungstypen auch nicht eigentlich um sogenannte „indifferente Handlungen". Denn mit diesen letzteren sind ja solche Handlungen gemeint, die weder ein Kunsthandeln noch eine Erkenntnistätigkeit sind, sondern tatsächlich dem Bereich des „agere" zugehören, jedoch in sich (ex obiecto) betrachtet sittlich noch nicht spezifiziert werden können; z. B. „ein Stück Holz von der Erde aufheben"; diese Handlung besitzt weder als ein „facere" noch als ein „agere" in sich einen sittlich objektiven Sinn; sie verhält sich neutral oder indifferent bezüglich möglicher Intentionen, die allein sie dann spezifizieren. Vom Tun des Architekten kann man das nicht sagen: Es besitzt bereits *als* „facere" den immanenten Sinn eines Kunsthandelns; wie Thomas betont, ist es immer bereits auf ein „bonum" ausgerichtet, wenn es sich damit auch nicht um das sittlich Gute handelt, das erst durch den „bonus *usus*", also die Integration des Kunsthandelns in einen „actus humanus" zustandekommt; vgl. I–II, q.57, a.3, ad 1: „Unde sicut scientia se habet semper ad bonum, ut dictum est, ita et ars: et secundum hoc dicitur virtus. In hoc tamen deficit a perfecta ratione virtutis, quia non facit ipsum bonum usum, sed ad hoc aliud requiritur: quamvis bonus usus sine arte esse non possit." Als „agere" verhält sich das Kunsthandeln oder die Wissenschaft deshalb nicht neutral oder indifferent zu irgendwelchen objektiven sittlichen Sinngehalten.

[7] Zum Begriff der „moralischen Differenz" vgl. W. KLUXEN, Menschliche Natur und Ethos, in: Münchener Theologische Zeitschrift, 1 (1972), S. 1–17.

der Ernährung, des Metabolismus usw. gesondert in seinen physiologischen Eigenheiten studieren. Ebenso den Akt bzw. den Prozeß der Zeugung menschlichen Lebens, die Struktur menschlicher Sprache, bzw. die physiologischen Sprechfunktionen oder die Technik der Abtreibung. Aber auf dieser Ebene allein sind solche Akte nicht vollziehbar. Sie gehören nicht zunächst – wie das Bauen von Häusern, das Fabrizieren von Schuhen, die Erforschung des Gehirns von weißen Mäusen, usw. – einer anderen Sphäre von Akten an, denen *zusätzlich* der Charakter sittlicher Handlungen zugesprochen werden muß; sie sind weder „Kunsthandeln" („Herstellen") noch „Erkenntnisakte"; wenn wir sie in ihrer rein naturalen (z. B. physiologischen) Bestimmtheit betrachten (insofern also z. B. der Zeugungsakt durch die Verschmelzung von Keimzellen etc. ein Lebewesen hervorbringt), so nehmen wir eine Abstraktion vor; wir können jedoch sinnvollerweise nicht sagen, diese Akte gehören als solche einer anderen Sphäre des *Tuns* eines Menschen an und würden dann „zusätzlich" noch eine sittliche Dimension erhalten. Es hat dann auch keinen Sinn, einen „Erzeuger menschlichen Lebens" *als solchen* von einem, der dasselbe tut, *als Mensch* zu unterscheiden.

Oder anders gesagt: Ein Architekt, der ein guter, d. h. kompetenter Architekt ist, handelt als guter und kompetenter Architekt auch unter Absehung der sittlichen Komponente seines Handelns als menschliches Handeln. Jemanden uns den Akt der Zeugung unter Absehung seiner Qualität als *actus humanus* vorzustellen zu versuchen, dürfte uns kaum gelingen; wir betrachten ja als einen schlechten („inkompetenten") „Erzeuger" oder „Vermittler" menschlichen Lebens gerade denjenigen, der die moralische Dimension seines Handelns nicht oder falsch berücksichtigt.

Im Bereich des menschlichen Handelns sind in den meisten Fällen die Sphären des „Kunsthandels" und jene des genuin sittlichen Handelns vermengt. Verschiedenste Arten von Fertigkeiten, technisches Können und Hilfsmittel geraten in den Bereich menschlichen Handelns. Das macht es uns vielleicht heute gerade schwer, besonders zwei menschliche Handlungssphären, die genuin sittlicher Art sind, als solche zu erkennen und sie in ihrer Eigenart vom bloßen Kunsthandeln, der Fertigkeit, dem „Können" usw. zu unterscheiden: die menschliche Sprache und die menschliche Sexualität. Das zeigt sich nicht zuletzt in der so gängigen Reduktion sittlicher Handlungsobjekte auf vor-sittliche Güter.[8]

Wenn im Folgenden also der Begriff des Objektes menschlicher (sittlicher) Handlungen zur Sprache kommen soll, muß jeweils klar sein, was mit diesem „Objekt" gemeint ist: Weder das Objekt eines Kunsthandelns (Technik, Herstellen etc.), wie etwa ein „Gebäude", noch dasjenige von Erkenntnistätigkeiten (z. B. wissenschaftliche Forschung), wie etwa „das Gehirn einer weißen Maus", noch das Objekt naturaler, physiologischer usw.

---

[8] Vgl. die wirklich unverständliche, rein werkzeugliche Auffassung der Sexualität bei J. Fuchs: „Sittlich *richtiges* Handeln wird begrifflich offensichtlich als die Verwirklichung von *vor-sittlichen* Gütern/Werten (für den Menschen) verstanden. Welcher Umgang mit der Sexualität, den Massenmedien, der Atomkraft usw. dient dem Menschen zum Wohl – innerweltlich-zwischenmenschlich gesehen?" (J. FUCHS, „Intrinsece malum". Überlegungen zu einem umstrittenen Begriff, in: W. KERBER (Hsg.), Sittliche Normen. Zum Problem ihrer allgemeinen und unwandelbaren Geltung, Düsseldorf 1982, S. 84). Kann man die menschliche Sexualität wirklich mit den Massenmedien und der Atomkraft in einem Zug nennen?

Akte oder Prozesse, z. B. die Tätigkeit des Verdauungsapparates oder der Akt der „potentia generativa". Das Objekt, von dem hier die Rede ist, ist, wie bereits gesagt wurde, vielmehr jenes Ziel oder praktisches Gut, das mit einem Tun verfolgt wird und das zugleich diesem Tun zuallererst überhaupt einmal den Charakter einer „menschlichen" bzw. „sittlichen Handlung" verleiht.

Die Bestimmung des Begriffes des „actus humanus" steht bei Thomas in einem Artikel, der die Überschrift trägt „Ob es dem Menschen eigen ist, wegen eines Zieles zu handeln". Die Lösung der Frage verläuft über die Bestimmung der „actus humani" als jene Art von Tätigkeiten, „quae ex voluntate deliberata procedunt". Was aber willentlichen Ursprung besitzt, wird um eines Zieles oder Guten willen verfolgt; denn das Objekt des Willens ist das Ziel oder das Gute. Und gerade deshalb handelt der Mensch, wenn er *als* Mensch, und d. h. „sittlich" handelt, immer um eines Zieles oder eines Guten willen. Es ist also das Ziel oder das Gute, das der Wille verfolgt, welches dem menschlichen Handeln seinen *objektiven* Gehalt verleiht, es also zunächst einmal sittlich qualifiziert und spezifiziert.[9]

Die Bestimmung des Handlungsobjektes als „Ziel" des Willens ist bei Thomas fundamental. Die neoscholastische „Normalsprache" einer disjunktiven Unterscheidung zwischen Objekten und Zielen, sowie zwischen „finis operis" und „finis operantis", hat diesen Tatbestand oft in Vergessenheit geraten lassen, obwohl diese Sprechweise aus praktischen Gründen als zweckmäßig bezeichnet werden muß und sich auch der hl. Thomas ihrer durchaus bedient; ihr gegenüber ist nur in dem Maße Vorsicht geboten, als sie übersehen lassen könnte, daß natürlich auch das „Objekt" immer ein Ziel (ein Gut) für den Willen, und das Ziel der Intention jeweils ebenfalls ein „Objekt" darstellt.[10] Es ist unsinnig, das „Objektive" dem „Subjektiven" gegenüberzustellen. Eine solche Gegenüberstellung besitzt meist physizistische Implikationen. Im Zusammenspiel von Handeln und Intention gibt es ein Objekt erster und ein Objekt zweiter Ordnung. „Subjektiv" ist vielfach lediglich die *Zuordnung* von konkreten Handlungen und Intentionen. Wer, um das bereits von Aristoteles angeführte Beispiel zu verwenden, stiehlt, mit der Intention einen Ehebruch zu verüben, der tut *und* intendiert etwas objektiv Schlechtes. Die Intention ist nur insofern subjektiv, und also ein „finis *operantis*", als eben die Ausrichtung des Diebstahls auf den Ehebruch keineswegs bereits zum objektiven Sinngehalt eines Diebstahls gehört[11]; die intentionale Zuordnung ist eine solche des handelnden Subjekts, aber dies unbeschadet der Tatsache, daß die Sittlichkeit einer solchen Intention genau gleich nach objektiven Maßstäben beurteilt werden muß.

---

[9] Vgl. I–II, q.1, a.3: „actus dicuntur humani, inquantum procedunt a voluntate deliberata. Obiectum autem voluntatis est bonum et finis. Et ideo manifestum est quod principium humanorum actuum, inquantum sunt humani, est finis (…) actus morales proprie speciem sortiuntur ex fine: nam idem sunt actus morales et actus humani."
[10] Vgl. dazu S. PINCKAERS, a. a. O., S. 131 ff.; immer noch aktuell ist auch seine Kritik an Billuart, ebd. S. 128 ff.
[11] Thomas unterscheidet deshalb eine Zuordnung „per se" und eine solche „per accidens" zwischen Objekten: „Kämpfen" sei „per se" auf das „Siegen" gerichtet, „Stehlen" jedoch nur „per accidens" auf „Almosen geben". In der zweiten Beziehung, die „per accidens" ist, vollzieht sich eine durch den Handelnden frei erwirkte, über den objektiven Sinn des unmittelbaren Handelns selbst hinausgehende (und in diesem Sinne „subjektive") „intentionale Organisation" des Handelns. Vgl. I–II, q.18, a.7.

Festgehalten werden soll hier zunächst dies: Der Begriff des Handlungsobjektes im sittlichen Sinn beruht auf dem Begriff der „menschlichen Handlung". Objekt einer sittlichen Handlung ist demnach keinesfalls der Gegenstand irgendeiner Potenz oder menschlichen Kunstfertigkeit: sondern nur und ausschließlich ein Objekt des Willens, und d. h. ein „Ziel" oder ein vom Willen verfolgtes „Gut". Natürlich können in diese sittlichen Objekte des Willens objektive Elemente anderer Potenzen und Fertigkeiten integriert sein; das ist auch in der Regel der Fall. Sie bilden dann, als materiale Bestandteile des sittlichen Objektes, die sogenannte „materia circa quam", aber sie sind diese bereits *als* Bestandteile des sittlichen Objektes: Um nämlich als solche überhaupt dem Willen als ein Gut (oder Objekt) erscheinen zu können, müssen sie von der praktischen Vernunft geordnet und geprägt sein.[12]

Ein Beispiel: Das „Gut der Zeugung", das nach F. Böckle das Objekt des menschlichen Zeugungsaktes ist, ist, als solches, gar nicht das (sittliche) Objekt dieses Aktes; das „Gut der Zeugung" ist vielmehr das Gut (oder Objekt oder „finis naturalis") der menschlichen Zeugungspotenz, d. h. seine natürlich-biologische Zielhaftigkeit. Wenn wir jedoch das „Objekt" des menschlichen Zeugungsaktes als „sittliches Objekt" betrachten, d. h. als Objekt eines „actus humanus", was er ja in Wirklichkeit ist, und nicht eines „actus potentiae generativae", dann ist dieses Objekt nicht einfach das „Gut der Zeugung"; dieses wird zwar dieses Objekt material bestimmen, letzteres erschöpft sich jedoch keineswegs darin. Das Objekt des menschlichen Zeugungsaktes (als „actus humanus", personaler Akt) ist das menschliche Gut der Weitergabe menschlichen Lebens. Denn daß das (naturale) Objekt des rein physisch betrachteten Zeugungsaktes ein *menschliches* Wesen ist, darum „kümmert" sich die *naturale* Intentionalität der Zeugungspotenz überhaupt nicht; dieses Gut ist nur für den Menschen intendierbar, insofern er *als Mensch* handelt. Und er kann dieses Gut in all seinen Dimensionen erfassen, insofern er sich darüber im Klaren ist, was ein Mensch ist und worin die Würde und Sinnhaftigkeit menschlichen Lebens besteht; daß er eine direkt von Gott erschaffene unsterbliche Seele besitzt; daß der menschliche Zeugungsakt Mitwirkung an einem göttlichen Schöpfungsakt ist und daß Weitergabe des menschlichen Lebens Weitergabe des Ebenbildes Gottes, Aufbau der menschlichen Gemeinschaft und – in christlicher Perspektive – der Kirche als mystischer Leib Christi und Volk Gottes bedeutet. All diese objektiven Gehalte sind keineswegs im „Gut der Zeugung" als „finis maturalis" der „potentia generativa" enthalten. Sie werden vielmehr dadurch konstituiert, daß dieser generative Akt der Akt eines Menschen ist, daß er im Rahmen des menschlichen Suppositums (und dann auch in der übernatürlichen Ordnung der Gnade) einen umfassenderen, als den nur naturalen Sinngehalt besitzt und daß er, wird er vollzogen, ein „actus humanus" ist. Diese objektiv-sittlichen Gehalte sind nur dem Menschen als *menschlich* handelndem Wesen gegenständlich und werden so zum Objekt seines Tuns („*menschliche* Zeugung").

Damit wird zweierlei berücksichtigt: Der materiale Gehalt des Objektes sowie dessen Integration in den sittlichen Kontext des „actus humanus": „Materialiter" ist der Zeugungsakt Akt der Zeugungspotenz. Aber er ist dies immer im Kontext eines menschlichen Suppositums; und deshalb ist er zugleich mehr als nur ein biologisches Geschehen. Er ist

---

[12] Vgl. auch die früheren Ausführungen über die „materia circa quam".

ein spezifisch humaner Vollzug und deshalb kein „biologischer Akt", sondern wesentlich ein personaler Akt.[13]

Eine Formulierung des hl. Thomas vermag dies zu verdeutlichen: „Finis usus genitalium membrorum est generatio et educatio prolis".[14] Zunächst könnte es scheinen, Thomas spreche hier von einem „finis naturalis" des Aktes der menschlichen Zeugungsorgane; genau das ist jedoch nicht der Fall und es zu meinen, hieße Thomas „physizistisch" interpretieren. Thomas spricht hier nämlich nicht vom „finis" des menschlichen Zeugungsaktes in seiner physiologisch-biologischen Dimension, sondern vom „finis" des *usus* genitalium membrorumm"; der „usus" ist die letzte, unmittelbar praktische Ebene der Entfaltung des „actus humanus": „usus" ist das aus einem deliberativen Prozeß resultierende und dem Imperium von Vernunft und Wille unterliegende effektive Handeln. „uti primo et principaliter est voluntatis, tanquam primi moventis; rationis autem tanquam dirigentis; sed aliarum potentiarum tanquam exequentium. (...) uti proprie est actus voluntatis."[15]

Der obige Satz spricht also nicht von einem (physiologischen) „finis naturalis" der Zeugungsorgane, sondern von einem menschlichen, willentlichen Akt, der nur „materialiter" ein Akt jener Organe ist, formell jedoch ein Akt der „voluntas deliberata", und damit in seiner Substanz ein „actus humanus". Die „generatio et educatio prolis" wird hier also als das Ziel („finis operis") – und wir können gleich auch sagen: als das Objekt – eines *solchen* Aktes, behauptet.

Die Formulierung selbst weist ja darauf hin: Wie ist es zu denken, daß das natürlich-physiologische Ziel der Zeugungsfunktion auch in der „Erziehung" der Nachkommenschaft bestehen könnte?[16] Gerade dies zeigt, daß die Perspektive des hl. Thomas immer eine sittliche ist. Er spricht von menschlichen, sittlichen Handlungen und nicht von natürlich-physiologischen Akten und Abläufen.

---

[13] Vgl. das früher angeführte Zitat von Pius XII. (Teil I, 2.7.3, Anm. 16).
[14] De Malo, q.15, a.1.
[15] I–II, q.16, a.1.
[16] Vgl. auch In IV Sent., d.33, q.1, a.3, qIa.1: „Finis autem quem natura ex concubitu intendit, est proles procreanda et educanda." Mit „natura" ist hier natürlich nicht einfach die „Natur des Zeugungsaktes", sondern die menschliche Natur gemeint; oder die Natur des Zeugungsaktes, insofern er ein menschlicher Akt ist. Das wird auch deutlich an der folgenden Formulierung (ebd., q.2, a.1): „matrimonium ex intentione naturae ordinatur ad educationem prolis." Denn die Ehe, von deren Natur hier die Rede ist, ist ja bereits Folge eines menschlichen Aktes und kein naturales Geschehen. Sie gehört zu jenem Bereich des „Natürlichen", „ad quod natura inclinat, sed mediante libero arbitrio completur, sicut actus virtutum dicuntur naturales: et hoc modo etiam matrimonium est naturale, quia ratio naturalis ad ipsum inclinat dupliciter. Primo quantum ad principalem eius finem, qui est bonum prolis: non enim intendit natura solum generationem eius, sed traductionem, et promotionem usque ad perfectum statum hominis, inquantum homo est, qui est virtutis status. (...) Secundo quantum ad secundarium finem matrimonii, qui est mutuum obsequium sibi a coniugibus in rebus domesticis impensum. Sicut enim naturalis ratio dictat ut homines simul cohabitent, quia unus homo non sufficit sibi in omnibus quae ad vitam pertinent (...); unde natura movet ut sit quaedam associatio viri ad mulierem, in qua est matrimonium" (In IV Sent., d.26, q.1, a.1).

7.1.2 Handlungsobjekte: Gegenstände von Vernunft und Willen

Abgesehen von jenen menschlichen Handlungen, die vom Willen allein vollzogen werden (ein innerer Akt der Gottesliebe, ein bloßer „Wunsch"), zeigt ein actus humanus eine „zusammengesetzte" Struktur auf: Er ist, als vom Willen bewegter und „befohlener" Akt ein Kompositum aus einem *inneren* Akt des Willens *(actus interior* oder *elicitus)* und einem *äußeren* Akt *(actus exterior* oder *imperatus).* Die überwiegende Mehrzahl menschlicher Handlungen vollziehen sich ja vermittels (durch den *usus)* einer anderen Seelenpotenz oder/und eines oder mehrerer Körperorgane. Der Wille beherrscht oder „regiert" diese Akte anderer Potenzen bzw. Organe durch sein Imperium. Der innere Willensakt und der äußere *actus imperatus* verhalten sich zueinander wie Form und Materie und bilden einen einzigen actus humanus.[17]

Menschliche Akte sind also immer personale Akte; d. h., sie werden nicht von einer Potenz oder einem Organ vollzogen, sondern vom erkennenden und wollenden Menschen, vermittels anderer Potenzen. Es ist der Mensch, der einen anderen Menschen zeugt, und nicht die menschliche Zeugungspotenz.[18] Die Einheit zwischen innerem und äußerem Akt, von Imperium und actus imperatus drückt also letztlich diese personale Struktur menschlichen Akte aus: Es vollzieht sich im menschlichen Handeln eine personale Integration aller Ebenen des menschlichen Seins.

Zur terminologischen Klarheit: Wenn von einem „inneren" und von einem „äußeren" Akt die Rede ist, so ist mit „äußerem" Akt nicht primär das „äußere", d. h. sich nach außen hin manifestierende und sichtbare Tun gemeint; sondern ein jeder Akt einer Seelenpotenz, *insofern* er dem Imperium des Willens unterliegt. So ist beispielsweise in einem willentlichen Akt des sinnlichen Begehrens der „äußere Akt" (actus exterior) der Akt der sinnlichen „vis concupiscibilis", insofern er einem Imperium des Willens unterliegt, auch wenn dieser Akt sich in keiner Weise „nach außen hin" manifestiert und man nichts „tut"; der „innere Akt" ist der Akt des Willens, der diesen äußeren Akt zum Gegenstand oder zum Ziel hat, der also dieses Begehren „will".[19]

Der sogenannte „äußere Akt" ist also ebenfalls ein Willensakt, aber nicht ein solcher, den der Wille „aus sich selbst" hervorbringt (dies wäre ein „actus elicitus"), sondern ein

---

[17] Vgl. I–II, q.17, a.4: „(…) imperium et actus imperatus sunt unus actus humanus, sicut quoddam totum est unum, sed est secundum partes multa."
[18] Vgl. das Beispiel in De Malo q.2, a.2, ad 6: Die Hand eines Mörders sündigt nur insofern ihre todbringende Bewegung vom Willen desselben Menschen herrührt. Würde ich das Geschoß in der Hand eines anderen abfeuern, so würde dessen Hand nicht „sündigen"; sie wäre ein bloßes Werkzeug. Die menschliche Zeugungspotenz ist nun eben kein Werkzeug, sondern Teil des Suppositums und als solcher ist ihr Akt immer ein Akt des Menschen, also ein personaler Akt. Auch der andere (der Mann, die Frau) ist in diesem Akt kein Werkzeug; denn beide sind, durch den Ehebund, zu einem Fleisch geworden; ihr gemeinsamer ehelicher Akt besitzt eine einzige personale Bedeutung, in der die Vereinigung zweier Willen ausschlaggebend ist.
[19] Der innere Akt des Willens kann sich auch zusätzlich noch auf andere Gegenstände richten, um derentwillen er den äußeren Akt verfolgt; es handelt sich dann um eine Intention, die ihrerseits sich zum Willensakt, der sich auf den „actus exterior" bezieht (die „electio"), wie die Form zur Materie verhält.

Akt, den der Wille vermittels eines Imperium über andere Potenzen und Körperorgane vollzieht. Es wäre deshalb sinnvoll, zwischen „actus exterior" und „actus externus" zu unterscheiden: Letzterer wäre das nach außen sichtbare, das „äußere Tun", im Gegensatz zu rein inneren Wünschen, Gefühlen usw. Wenn Thomas, dies sei einmal festgehalten, den „actus exterior" als Objekt bezeichnet, so meint er eben gerade nicht den Gegenstand des „äußeren Tuns", sondern denjenigen des Willens, insofern er sich durch ein Imperium auf den Akt einer von ihm verschiedenen Potenz erstreckt.

Damit wäre zunächst einmal folgendes geklärt: Das Objekt von sittlichen Handlungen ist immer ein Gegenstand des Willens. Insofern ein actus humanus, was der Normalfall ist, durch das Imperium über den Akt einer anderen Potenz vollzogen wird, so ist das „Objekt" dieser menschlichen Handlung nicht der *Gegenstand* dieses Aktes der anderen Potenz, sondern vielmehr *deren Akt selbst, insofern er dem Imperium des Willens unterliegt,* - und das heißt auch: insofern er von der Vernunft geordnet ist, also als *bonum rationis.*

Denn das „imperium", das der Wille über andere Potenzen und deren Akte ausübt, ist ja wesentlich ein Akt der ordnenden Vernunft, also eine „ordinatio rationis"[20], die allerdings vom Willen bewegt und in dessen appetitive Dynamik eingebettet ist.[21] Das imperium entspricht demnach, wie bereits im ersten Teil ausgeführt wurde, präzis der präzeptiven Struktur der praktischen Vernunft.

Deshalb können wir dasselbe Handlungsobjekt jeweils unter zwei Gesichtspunkten betrachten: Abstrahiert von seinem „Gewollt-Sein" als der im Imperium durch die *ratio* geordnete „actus exterior", d. h. als Objekt der (praktischen) Vernunft; und zweitens: als Gegenstand des diesem imperium unterliegenden inneren Aktes des Willens. Handlungsobjekte sind immer Objekte der praktischen Vernunft und des Willens, und nur *insofern* sind sie Objekte eines actus humanus, d. h. sogenannte *„moralische Objekte".*

7.1.3 Handlungen als Gegenstände der praktischen Vernunft

Wenden wir uns zunächst der sittlichen Qualifizierung und Spezifizierung des „äußeren Aktes" zu. Thomas sagt, daß sein „Objekt" das ist, „circa quod est actio exterior"[22]; oder: das Objekt, welches dem äußeren Akt seine sittliche Spezies („gut" oder „schlecht" bzw. „gerecht" oder „ungerecht" usw.) verleiht, ist die „materia circa quam".[23]

Denken wir daran, daß mit diesem äußeren Akt gerade nicht der Akt des Willens, sondern derjenige einer anderen Potenz gemeint ist, so könnte es nun ja zunächst den Anschein haben, als sei mit diesem Objekt des äußeren Aktes ganz einfach das Objekt der jeweiligen Potenz gemeint, also die jeweiligen „fines naturales" dieser Potenzen, oder aber „Dinge", die wir gebrauchen, erstreben, nehmen, stehlen oder verteilen usw.

---

[20] I–II, q.17, a.1: „Imperare autem est quidem essentialiter actus rationis: imperans enim ordinat eum cui imperat, ad aliquid agendum (...)."
[21] Ebd.: „Unde relinquitur quod imperare sit actus rationis, praesupposito actu voluntatis, in cuius virtute ratio movet per imperium ad exercitium actus."
[22] I–II, q.18, a.6: „id autem circa quod est actio exterior, est obiectum eius."
[23] I–II, q.18, a.2, ad 2.

Diese Sicht würde nun aber durch die Thomas-Texte nicht gedeckt. Denn Thomas betont ja, daß die Akte der einzelnen Potenzen das menschliche Handeln nicht in ihrer naturalen Eigenart (ihrem „genus naturae"), sondern in ihrer moralischen Spezifität (genus moris) spezifizieren. Das klassische Beispiel dafür ist wiederum der Zeugungsakt: In seiner naturalen Bestimmtheit als Akt der „potentia generativa" spezifiziert er das menschliche Handeln nicht in sittlicher Weise und ist er auch gar nicht (sittliches) Objekt; nur insofern dieser Akt von der Vernunft vergegenständlicht und auch entsprechend durch die Vernunft geordnet wird, ist er ein Handlungsobjekt im sittlichen Sinne; und auf dieser Ebene seiner Vernunftbestimmtheit unterscheiden sich dann die natural identischen Zeugungsakte zwischen Ehepartnern und zwischen solchen, die es nicht sind (z. B. in einer ehebrecherischen Beziehung) auf sittliche Weise. Im genus naturae betrachtet sind „actus coniugalis" und „adulterium" identische Akte; als Objekte eines „actus humanus", d. h. als durch die Vernunft geordnete sittliche Handlungsgegenstände betrachtet, befinden wir uns vor zwei moralisch *objektiv* radikal verschiedenen Handlungsweisen.[24] Ebenfalls sind (sittlich) objektiv verschieden und natural identisch die „Tötung eines Unschuldigen durch einen Pistolenschuß"; und die „Ausführung einer legitim verhängten Todesstrafe durch einen Pistolenschuß"; oder: Lüge schlechthin und Lüge beim „Lügenspiel" im Familienkreis.

Die sittlich-objektive Qualifizierung von Handlungen ist also keinesfalls einfach aus der sogenannten „natura actus", insofern man damit seine naturale Bestimmtheit meint, ableitbar. Thomas betont ja ständig, daß er mit dem „Objekt" jeweils einen Akt im „genus moris" oder seinen „esse morale" meint; diese sittliche Bestimmtheit eines Objektes konstituiert sich durch die Beziehung eines Aktes mit der Vernunft. „Actus humanus, qui dicitur moralis, habet speciem ab obiecto relato ad principium actuum humanorum, quod est ratio."[25] Wie bereits früher vermerkt wurde, bezeichnet Thomas die vom Objekt geprägte

[24] Vgl. I-II, q.18, a.5, ad 3; vgl. auch De Malo q.2, a.4.
[25] I-II, q.18, a.8; vgl. ebd., ad 2: „omne obiectum vel finis habet aliquam bonitatem vel malitiam, saltem naturalem; non tamen semper importat bonitatem vel malitiam moralem, quae consideratur per comparationem ad rationem." Ebd., a.5: „In actibus autem humanis bonum et malum dicitur per comparationem ad rationem"; ebd. ad 1: „Et similiter bonum, inquantum est secundum rationem, et malum, inquantum est praeter rationem, diversificant speciem moris." Vgl. auch De Malo, q.2, a.4 und ebd. ad 5: „Actus autem moralis, sicut dictum est, recipit speciem ab obiecto, secundum quod comparatur ad rationem." In der Sprache vieler Handbücher wurde – in der Tradition von Billuart – aus diesem „proportio ad rationem" eine „proportio ad normam moralitatis"; das ist natürlich als sich nicht falsch, denn die Vernunft ist ja nun eben diese „norma moralitatis". Pinckaers (a. a. O., S. 129) schreibt jedoch richtig: „L'objet de l'acte moral, pour Billuart, c'est l'objet physique, simplement revêtu d'une relation à la règle des moeurs, transporté dans l'ordre moral par son rapport à la loi, à ses préceptes, à ses interdits (...)." Die Beziehung zur „norma moralitatis" wird dadurch zu etwas – bezüglich dem sich bereits auf der vormoralischen Ebene konstituierenden Objekt – Äußerlichem, „Auferlegtem". Es wird übersehen, daß diese „norma moralitatis" fundamental die Vernunft ist, die dieses Objekt als sittliches konstituiert, und daß die Beziehung zu Gesetz, Gebot usw. (als andere Ausdrücke für diese „Sittennorm") eine *abgeleitete,* bzw. reflexe Beziehung darstellt. Die tiefgreifende Aussage Thomas', daß „Gesetz", „Gebot" usw. ihren Ursprung im „bonum rationis" haben und deshalb keine der menschlichen Freiheit von außen her auferlegte Beschränkungen darstellen, wird dabei praktisch übergangen. Das ist zweifellos der Hintergrund, auf dem gewisse gegenwärtige moraltheologische Ansätze einer „Neuformulierung" der christlichen Moral in ihrer Fragwürdigkeit verständlich werden.

Spezies der sittlichen Handlungen als „formae prout sunt a ratione conceptae", diese von den „formae naturales" unterscheidend, durch welche die „res naturales", und damit auch Akte in ihrem „genus naturae" betrachtet, spezifiziert werden.[26]

Spätestens jetzt wird man auf eine äußerst signifikative Nuance in den Formulierungen Thomas' aufmerksam: Das Objekt, welches die Handlungen sittlich spezifiziert, ist nicht einfach das „Objekt" solcher Handlungen schlechthin (also der finis naturalis einzelner Akte oder auch der „Gebrauch von Dingen" als solcher wie z. B. „Geld nehmen", „einen Schuß abfeuern"), sondern das „angemessene Objekt": „Prima moralitas actus attenditur ex obiecto *convenienti*"; als Beispiel führt Thomas auf: „uti re sua" oder aber „accipere aliena".[27] Die Eigentumsbeziehung liegt ja nun nicht in den Dingen, – ebensowenig wie die eheliche, bzw. die ehebrecherische Beziehung („cognoscere mulierem suam" oder „non suam")[28] in der „Natur des Zeugungsaktes" liegt. Die „convenientia", die im Begriff des sittlichen Handlungsobjektes *eingeschlossen* ist und dieses erst im „genus moris" konstituiert, hat ihren Ursprung in einer *ordinatio rationis*.

Thomas zeigt damit, daß mit der Spezifizierung von Handlungen durch das Objekt nicht einfach gemeint ist: Wenn das „Objekt" gut ist, ist die Handlung gut. Denn „Geld", überhaupt „Dinge", aber auch Akte wie der Zeugungsakt, sind in ihrer naturalen Beschaffenheit immer Güter, – dies jedoch auf einer vor-sittlichen, „ontischen" Ebene ihres „genus naturae", – sofern das Geld nicht gefälschtes Geld ist (wobei es dann immer noch das Gut-sein einer gekonnten Fälschung oder des Materialwertes besitzt) und sofern der Zeugungsakt physiologisch normal verläuft („Unfruchtbarkeit" wäre in diesem Sinne ein physisches Übel).

Nicht in diesem Sinne jedoch sind „Güter" bzw. Handlungen, die sich auf diese Güter erstrecken, sittliche Handlungsobjekte; sondern sie sind es, wie Thomas sagt, durch eine „debita proportio ad hanc vel illam actionem"[29], insofern sie also ein „obiectum conveniens" sind.

Eine dritte, dasselbe meinende, Formulierungen können wir De Malo entnehmen: Auf den Hinweis, daß sich die menschlichen Akte durch das Objekt in seiner Beziehung zur Vernunft spezifizieren, folgt die Präzisierung: Eine gute Handlung ist eine solche, die sich auf eine „angemessene" oder „gesollte Materie" bezieht („actus cadens supra debitam materiam"), wie z. B. „einem Hungernden zu essen geben"; eine schlechte Handlung ist ein Akt, der sich auf eine „materia indebita" bezieht, wie z. B. „fremdes Eigentum entwenden". Es handelt sich hier um eine „materia circa quam", die einmal „debita", ein anderes Mal „indebita" ist; diese „materia circa quam", wie wir bereits früher betonten, ist also nicht einfach der materiale Aspekt des Handelns in seinem „genus naturae" (dies wäre eine „materia ex qua"), sondern bereits eine „materia *debita*"; diese „besitzt, insofern sie die Spe-

---

[26] I–II, q.18, a.10.
[27] I–II, q.18, a.2.
[28] De Malo, a. a. O.
[29] Ebd., ad 1: „licet res exteriores sint in seipsis bonae, tamen non semper habent *debitam proportionem* ad hanc vel illam actionem. Et ideo, *inquantum considerantur ut obiecta talium actionum*, non habent rationem boni."

zies verleiht, gewissermaßen die Eigenheit einer Form"[30]; sie ist deshalb dasselbe wie das (sittliche) Handlungsobjekt.[31]

Sowohl im Begriff des Objektes wie auch in demjenigen der „materia circa quam" ist also bereits das durch eine „comparatio ad rationem" konzipierte Element der „convenientia", der „debita proportio" oder schlicht des „debitum", der Angemessenheit, Verhältnismäßigkeit und „Gesolltheit" eingeschlossen. Erneut erweist sich: Handlungsobjekte sind „formae prout sunt a ratione conceptae." Diese Perspektive bestätigt sich in der Quaestio, in der Thomas ex professo über die „bonitas et malitia" des „actus exterior" spricht: diese sittliche Qualifizierung rührt weder vom Willen her noch von der Materie oder den Umständen als solchen (unabhängig von ihrer Beziehung zur Vernunft). Sondern: „Bonitas autem vel malitia quam habet actus exterior secundum se, propter *debitam materiam* et *debitas circumstantias*, non derivatur a voluntate, *sed magis a ratione*."[32]

Damit kommen wir zum Schluß: Das sittliche Objekt, bzw. der sittlich-objektive Sinngehalt menschlicher Handlungen konstituiert sich durch die Erfassung der „convenientia", der „debita proportio", der „debita materia" oder einfach des „debitum" bestimmter „actiones exteriores". Das heißt: Die Erfassung des Handlungsobjektes oder des objektiv-sittlichen Gehaltes oder Sinnes einer Handlung ist ein Werk der (praktischen) Vernunft. Dieses „debitum" liegt weder in den „Dingen", noch in der im „genus naturae" vergegenständlichten „natura actus"; diese müssen vielmehr durch die Vernunft geordnet werden, und zwar fundamental in Akten, die wir ja bereits ausreichend analysiert haben: es handelt sich um (praezeptive) Akte der „lex naturalis", denn diese entspringen ja, durch die „ratio naturalis" und als Partizipation des Ewigen Gesetzes gerade einer „naturalis inclinatio *ad debitum actum et finem*".[33]

Die Lehre über die Vernunftkonstitution des sittlichen Handlungsobjektes verweist uns also in demselben Maße, wie es uns auf die Vernunft überhaupt verweist, gerade auf den Begriff des Naturgesetzes. Der Begriff des „debitum" ist ja in jenem des sittlichen Objektes eingeschlossen. Genau in jenem Maße werden „äußere Handlungen" im sittlichen Sinne „objektiviert" und wird ihr „objektiver" Gehalt vergegenständlicht, in dem in ihnen durch eine „ordinatio rationis" das „debitum" erfaßt und *konstituiert* wird, – und nicht umgekehrt, wie das eine naturalistische Interpretation behaupten würde. Der Begriff des Objek-

---

[30] „(...) et habet quodammodo rationem formae, inquantum dat speciem" (I–II, q.18, a.2, ad 2).
[31] De Malo, a. a. O.: „materia enim actus, dicitur obiectum eius."; vgl. auch I–II, q.72, a.3, ad 2: „obiecta, secundum quod comparantur ad actus exteriores, habent rationem materiae circa quam; sed secundum quod comparantur ad actum interiorem voluntatis, habent rationem finium." Auf diese äußerst wertvolle Präzisierung werden wir noch zurückkommen. – Es sei an die früheren Ausführungen in Teil I, 2.6.2 erinnert: Die „materia circa quam" ist nicht analog zur „materia ex qua" als „Ko-Prinzip" in der hylemorphistischen Struktur des Seins zu denken. Materie und Form in den menschlichen Handlungen verhalten sich wie „Körper" und „Farbe": Die Materie ist das *ganze* Objekt in seiner Vernunftbestimmtheit, aber unter dem materialen Gesichtspunkt. Leib und Seele als hylemorphistische Ko-Prinzipien bezeichnen jedoch im Unterschied dazu nicht jeweils den ganzen Menschen, sondern „Teilaspekte". Der Mensch „ist" weder einfach Körper noch Seele, sondern ein „compositum" aus beiden.
[32] I–II, q.20, a.1; vgl. auch ebd., a.2: Die sittliche Qualifizierung „quae est ex debita materia vel circumstantiis, dependet ex ratione."
[33] I–II, q.91, a.2.

tes setzt jenen des „debitum" bzw. eine „ordinatio rationis" gerade *voraus*. Regel und Maßstab des objektiven Sinnes unserer Handlungen ist die Vernunft und, mit ihr, das natürliche Gesetz der praktischen Vernunft, – wie auch immer dessen Gehalte vermittelt werden. Denn: „bonum et malum in actibus humanis consideratur secundum quod actus concordat rationi informatae lege divina, vel naturaliter, vel per doctrinam, vel per infusionem ..."[34]

Um das Ergebnis wiederum am Beispiel der menschlichen Fortpflanzung zu erläutern, sei folgendes gesagt: Das „moralische Objekt", oder besser: der „objektiv-sittliche Sinngehalt" des menschlichen Zeugungsaktes besteht nicht einfach in der „Erzeugung eines Lebewesens"[35], sondern in der „Weitergabe des menschlichen Lebens". Was ein Mensch ist, ist nun jedoch weder im Zeugungsakt in seinem „genus naturae" betrachtet enthalten, noch vermöchte dieser Akt als solcher (in seiner naturalen Potentialität) überhaupt einen Menschen hervorzubringen. Denn der Akt der Zeugung ist ja aus sich heraus nur fähig, einen menschlichen Körper hervorzubringen, der seinerseits von einer, nicht aus diesem Akt stammenden, Seele informiert wird. Aber auch mit dieser Erkenntnis haben wir noch nicht das „moralische Objekt" dieses Aktes bestimmt. Dieses konstituiert sich vielmehr durch die Erfassung des Wertes des menschlichen Lebens, seiner Sinn- und Zielhaftigkeit und die Verbindung solcher Weitergabe des menschlichen Lebens mit der ehelichen Liebe; es handelt sich dabei um die praktische Erkenntnis eines „bonum humanum", wie es in einem der obersten Prinzipien der „lex naturalis" erfaßt und präzeptiv formuliert wird. Wir könnten somit präzisieren: Das sittliche Objekt (oder: der objektive Sinngehalt) des menschlichen Zeugungsaktes als „actus humanus" ist die „liebende Vereinigung („commixtio canalis") zwischen Mann und Frau, die in sich jedoch bereits den Sinngehalt der Weitergabe des menschlichen Lebens trägt, da ja die leibliche Vereinigung von Mann und Frau die „consummatio" oder Vollendung der ehelichen Liebe ist, die ihrerseits einer entsprechenden, in die „ordinatio rationis" integrierten „naturalis inclinatio" entspringt.[36] In diesem objektiven Sinngehalt findet sich also eine komplexe „commensuratio debita materiae et circumstantiarum": Die Beziehung zwischen Weitergabe menschlichen Lebens und ehelicher Liebe, die einer gesonderten Begründung bedarf[37], sowie die Offenheit des menschlichen Fortpflanzungsaktes für die Erzeugung neuen Lebens. Es handelt sich also um einen personalen Akt; wesentlich um einen Akt des Willens – in diesem Fall: eheliche

---

[34] De Malo, q.2, a.4.
[35] Wobei hier vorausgesetzt sei, daß es sich um eine sogenannte „univoke Kausalität" handelt, im Sinne von „ein Mensch zeugt einen Menschen", daß also das von einem Menschen gezeugte Lebewesen dieselbe Spezies wie der Erzeuger besitzt, also ebenfalls ein Mensch ist. Auf der Ebene der „genus naturae" ist nur das von Bedeutung: Der physiologische Vorgang der Zeugung eines Menschen richtet sich ja, eben physiologisch betrachtet, nur auf die Zeugung eines dem „Erzeuger" entsprechenden, bzw. der Spezies gemäß identischen, Lebewesens; d. h.: der menschliche Zeugungsakt erzeugt einen Menschen, weil der Erzeuger ein Mensch ist, aber nicht weil dieser Zeugungsakt die Zeugung eines Menschen intendiert. Das könnte er schon deshalb nicht, weil ja das, was einen Menschen als Ganzen ausmacht (die ausschließlich und direkt von Gott erschaffene Seele eingeschlossen), weit die physiologische Potentialität dieses Aktes übersteigt.
[36] Vgl. dazu oben, Teil I, 2.7.3.
[37] Vgl. dazu M. RHONHEIMER, Sozialphilosophie und Familie. Gedanken zur humanen Grundfunktion der Familie, a. a. O.

Liebe –, der sich auf das Gut der Weitergabe menschlichen Lebens erstreckt. Dieser Akt ist als Akt ehelicher Liebe auf Fortpflanzung ausgerichtet. Seine Offenheit bezüglich der Weitergabe des menschlichen Lebens ist nicht eine „biologisch-physiologische" Offenheit der potentia generativa, sondern die Offenheit der ehelichen Liebe für die Weitergabe des menschlichen Lebens.

Auch darin zeigt sich: Das Objekt (oder finis operis) des ehelichen Aktes kann nicht einfach vom Akt des potentia generativa her begründet werden; sondern es braucht dazu die formelle Berücksichtigung dessen, was eheliche Liebe ist.[38] Erst in der personalen Dimension des „actus humanus" zeigt sich der objektive Sinngehalt dieses Aktes, – und auch was mit seiner „Offenheit per se für die Weitergabe des menschlichen Lebens" gemeint ist.[39]

Es zeigt sich damit, daß Formulierungen wie „das Objekt des ehelichen Aktes", „das Objekt der Lüge" oder das „Objekt des Diebstahls" eine gewisse Ungenauigkeit und Gefahr in sich bergen. Nehmen wir den Fall des Diebstahls: dessen Objekt ist ja nun weder einfach eine „res" noch eine „res aliena", sondern die *substractio rei alienae*, also die „*Entwendung* fremden Eigentums". Denn die „res aliena" allein kann auch Gegenstand eines Aktes des Neides, aber auch der Mitfreude sein. Erst der Bezug zum Akt der „Entwendung" macht ja diese „res aliena" zu einer „materia indebita".

Damit kommen wir zum zunächst paradox scheinenden Ergebnis, daß das Objekt des Diebstahls eben der „Diebstahl" ist. Wenn ich sage: Objekt des Diebstahls ist die „*Entwendung* fremden Eigentums", dann sage ich ja nicht, worauf sich die Handlung „Diebstahl" bezieht, sondern was die Handlung „Diebstahl" *ist*, d. h. ich definiere sie. Berücksichtigt man das nicht, so muß man zur Bestimmung des Objektes gewissermaßen sogleich eine Stufe „tiefer" steigen, nämlich auf die Ebene des „genus naturae" oder der „Dinge". Deshalb sind wohl so viele auf die Idee gekommen, etwa das Objekt des ehelichen Aktes im „Objekt" der „potentia generativa" als solcher zu suchen, also einer naturalistischen Betrachtung zu verfallen. In einem gewissen Sinne wäre es deshalb besser, anstatt vom „Objekt des äußeren Aktes" vom „objektiven Gehalt" oder „Sinn des äußeren Aktes" zu sprechen, – weil eben das „Objekt" die durch die Vernunft geordnete äußere Handlung selbst ist, bzw. deren „materia circa quam", also die „materia debita".[40]

---

[38] Darin zeigt sich die Schwäche des zu seiner Zeit sehr einflußreichen Artikels von Josef FUCHS, Biologie und Ehemoral, in: Gregorianum, 2 (1962), S. 225–253, der an sich die „traditionelle Sexualmoral" bestätigen wollte. In diesem Artikel, der eine deutliche Tendenz einer Bestimmung des „finis operis" auf der Ebene des „genus naturae" zeigt (vgl. vor allem S. 236ff.) muß der Akt menschlicher Fortpflanzung als Akt ehelicher Liebe als „sekundärer" finis operis hinzugedacht werden.

[39] Vgl. Humanae Vitae, Nr. 11: „... necessarium esse, ut quilibet matrimonii usus ad vitam humanam procreandam per se destinatus permaneat."

[40] Es scheint mir wesentlich zu betonen, daß „Objekte" im moralischen Sinn *menschliche Handlungen* und weder „Dinge" noch die „fines naturales" einzelner Potenzen sind. Im Handbuch von ERMECKE-MAUSBACH beispielsweise, (a. a. O., S. 242f.) wird dies, mit einer mehr als fragwürdigen Berufung auf Thomas und einer vielleicht eher gerechtfertigten Berufung auf die thomistische Schule, aufgrund des genannten scheinbaren Paradoxes ausgeschlossen. „Viele Theologen verstehen unter dem Objekt die Handlung selbst, und zwar nach ihrem Kern und Wesen (im Gegensatz zu den Umständen), so den Diebstahl als solchen beim sakrilegischen Kirchenraub. Allein dadurch verschiebt sich unser Fragepunkt. Wir suchen ja die Moralität durch Zurückgehen

Das scheinbare Paradoxon einer Handlung, die Objekt ihrer selbst ist, löst sich auf, wenn wir bedenken, daß die bisherige Betrachtungsweise einer Abstraktion entspringt. Denn wir haben bisher das Handlungsobjekt als ein in einem actus humanus integriertes Objekt „isoliert" in seinem Bezug zur Vernunft betrachtet, noch nicht aber als Gegenstand des Willens. Der „actus exterior", von dessen Spezifizierung durch das Objekt bisher die Rede war, ist ja ein „actus imperatus"; er ist, als „actus humanus", wesentlich ein *gewollter* Akt und nur als solcher tritt er in die Sphäre des Praktischen, der Vernunft als praktische, ein und wird er ja überhaupt vollzogen. Das Objekt eines solchen „actus humanus", der einer „voluntas deliberata" entspringt, ist nun eben gerade der „actus exterior", den wir bisher isoliert vom Willen betrachtet haben.[41] *Wenn wir jedoch vom Objekt menschlicher Handlungen sprechen, dann meinen wir immer Objekte von Willensakten.* Und erst in dieser Perspektive gelangt man zur vollen Einsicht in das, was mit dem Begriff des Handlungsobjektes gemeint ist.

7.1.4 Handlungen als Objekte des Willens

Handlungen als Gegenstände von Willensakten zu begreifen bedeutet nicht, einen anderen oder zusätzlichen Aspekt herauszugreifen, sondern vielmehr in die Perspektive der Gesamtschau menschlichen Handelns einzutreten. Vergessen wir nicht, welches der Gegenstand der philosophisch-ethischen Untersuchung ist: Die Ordnung, welche die Vernunft in den Akten des Willens schafft; bzw. die Ordnung der willentlichen Akte oder der Mensch, insofern er willentlich um seines Zieles – des Guten – willen handelt.[42] Auf diese Perspektive der Willentlichkeit wird man verwiesen, sobald man sich der Tatsache gewahr wird, daß wir „menschliche Akte", Akte von Personen, und nicht solche von Potenzen und Organen untersuchen. Der personal-integrative Faktor ist dabei eben der Wille und sein Imperium, das allerdings nur insofern moralisch bedeutsam ist, wie es von der ordinatio der praktischen Vernunft abhängt.

---

auf ihre Grundbestandteile (principia, elementa) festzustellen. *Daher scheidet die Handlung zunächst aus. Sie kann ja vor allem nicht Objekt ihrer selbst sein.* (...) Nach dem Vorgang des hl. Thomas und seiner Schule fassen wir Objekt als den wirklichen Gegenstand, auf den die Handlung ihrem Wesen nach sich richtet, mithin im Beispiel des Diebstahls die als Fremdbesitz entwendete Sache." Die Fragwürdigkeit dieser Auffassung zeigt sich durch folgende Überlegung: Wenn Thomas den Diebstahl als „Ablatio occulta rei alienae" bezeichnet (wobei „ablatio occulta" dasselbe wie „substractio", „Entwendung" heißt), so bezeichnet er als „Objekt" die Handlung der „Entwendung". Wäre das Objekt die „res aliena ablata" (die „entwendete fremde Sache"), so wäre es ja nun gar nicht mehr möglich, das Objekt eines „Diebstahls" von jenem der Beschlagnahmung dieser „res aliena ablata" durch die Polizei zwecks Rückerstattung an den Eigentümer zu unterscheiden. Aber wenn die Polizei die „res aliena ablata" beschlagnahmt, so begeht sie doch keinen Diebstahl, sondern eben eine „Beschlagnahmung" einer „ares aliena ablata"; der Diebstahl ist eben die *Entwendung*, „occulta ablatio rei alienae".
[41] Thomas ist sich dessen völlig bewußt; vgl. De Malo, q.2, a.3: „actus exterior dupliciter considerari potest: uno modo secundum quod est in apprehensione secundum suam rationem; alio modo secundum quod est in operis executione."
[42] In I Ethic., lect. 1; vgl. oben I, 1.5.8.

Das zu zeigen ist Inhalt von I–II, q.19; er handelt von der sittlichen Qualifizierung des inneren Aktes des Willens.[43] Thomas stellt dabei zunächst klar, daß im Falle des Willens sich „genus naturae" und „genus moris" identifizieren: Der Wille ist die einzige Potenz, deren Objekt per se die moralische Dimension besitzt; denn Gegenstand des Willens ist das sittlich Gute; sofern etwas gewollt wird, wird es auch immer gemäß seinem „esse morale" gewollt.[44] Insofern sich der Wille auf das „Gut" (Objekt oder finis) anderer Potenzen erstreckt, so will er diese nicht auf der ihnen entsprechenden naturalen Ebene, sondern bereits als (sittlicher) Wille. Der Wille erstreckt sich also nie auf vor-sittliche Güter; oder genauer: vor-sittliche (ontische) Güter sind, insofern sie Objekte des Willens sind, bereits in der Dimension der Moralität.

Aber warum dies? Der naturalistisch argumentierende Teleologismus scheint hier zunächst plausibler; denn er behauptet ja, die sittliche Qualität einer Handlung beruhe tatsächlich auf dem Wert, den man „will". Dieses Wollen habe immer den Charakter einer Intention (oder Gesinnung). Das Wollen, das sich auf (vor-sittliche) Güter, also auch auf den Finis einer jeweils anderen Potenz richte, enthalte jedoch zunächst nicht mehr an sittlichem Gehalt, als dieses ontische Gut in sich *als* ontischer, vor-sittliches enthalte. Die Sittlichkeit des Willens hänge also nicht von solchen rein vor-sittlichen Objekten ab; vielmehr würde das intentionale „Wert-Wollen" dem jeweiligen Erstreben eines vor-sittlichen Gutes seine sittliche Bedeutsamkeit verleihen. Das heißt: Die teleologische Ethik negiert, daß das „Gut" oder „finis" anderer Potenzen (z. B. der potentia generativa oder der Sprachfähigkeit) insofern sie Objekte des Willens sind, bereits unter dem Aspekt eines ihnen zukommenden „esse morale" gewollt werden. Der teleologischen Ethik gemäß bleiben sie vor-sittliche Güter, und die sittliche Qualität ihrer Beachtung oder Nicht-Beachtung hinge *allein* und *ursprünglich* vom inneren Akt des Willens als „Wert-Intention" ab.

Wie sehr in einer solchen Position wiederum ein radikaler Naturalismus oder Physizismus auf der Objektseite mit einem Wertidealismus auf der Seite der Intention verbunden ist und damit die personale Struktur des actus humanus dualistisch in zwei Sphären (Wille – übrige Potenzen und ihre „fines naturales" bzw. vor-sittliche Güter) zerrissen wird, scheint offenkundig. Interessant ist dies jedoch vor allem deshalb, weil Thomas auf diese Position explizit Bezug nimmt. Er antwortet nämlich auf einen Einwand, der lautet, es sei

---

[43] „De bonitate et malitia actus interioris voluntatis."

[44] Ebd., a.1: „bonum et malum sunt per se differentiae actus voluntatis. Nam bonum et malum per se ad voluntatem pertinent; sicut verum et falsum ad rationem, cuius actus per se distinguitur differentia veri et falsi (...) Unde voluntas bona et mala sunt actus differentes secundum speciem." Deshalb fallen beim Willen auch, im Unterschied zu den anderen Seelenkräften, die „ratio obiecti" und die „ratio finis" in eins, denn „finis est obiectum voluntatis, non autem aliarum virium (...)" (ebd. a.2). Vgl. auch In II Sent., d.40, q.1, a.1: „Ideo ipsi actus voluntatis, qui per se et immediate ad voluntatem pertinent, per se in genere moris sunt; unde simpliciter specie dividuntur interiores actus voluntatis per bonum et malum, sicut per differentias essentiales; actus autem imperati a voluntate, eliciti per alias potentias, pertinent ad genus moris per accidens, secundum scilicet quod sunt a voluntate imperati; et ideo actus illi secundum substantiam non distinguuntur secundum speciem per bonum et malum, sed per accidens, secundum quod ad genus moris pertinent." Diese Auffassung des hl. Thomas, daß „Gut" und „Böse" in den inneren Akten des Willens „differentiae essentiales" sind, war hinsichtlich der traditionellen Meinung (Petrus de Tarantasio, Albert, Bonaventura) neu und originell.

unmöglich, daß der Wille vom Objekt *moralisch* spezifiziert würde, denn solche Objekte seien ja Güter, die nur eine „bonitas naturae" besäßen, also vor-sittliche Güter seien[45]; das habe aber zur Konsequenz, daß der innere Akt des Willens seine moralische Qualität aus sich selbst schöpft.

Die Entgegnung auf diesen Einwand ist die Antwort darauf, weshalb der Wille von „Objekten" moralisch qualifiziert werden kann, d. h. weshalb Objekte anderer Potenzen, insofern sie Objekte des Willens sind, bereits in die Dimension des „esse morale", „genus moris", der Moralität also, eingetreten sind. Der Grund liegt auf der Hand, ist aber nicht weniger bedeutsam und bestätigt unsere vorhergehenden Analysen: „Das Gute wird dem Willen durch die Vernunft vergegenständlicht; und insofern es der Ordnung der Vernunft untersteht, gehört es zum Bereich des Sittlichen (genus moris) und verursacht es sittliche Güte im Akt des Willens. Denn die Vernunft ist das Prinzip der menschlichen und sittlichen Akte."[46]

Dies wird nun im dritten Artikel bestätigt; denn während der eben zitierte danach fragte, ob das Gutsein des Willens vom Objekt abhänge, klärt der letztere die Abhängigkeit des Willens von der Vernunft; und es zeigt sich, daß es sich dabei um ein und dieselbe Abhängigkeit handelt, denn „das Gutsein des Willens hängt von der Vernunft in derselben Weise ab, wie es vom Objekt abhängt".[47] Das ist deshalb so – es wurde früher bereits darauf hingewiesen – weil die Objekte der anderen Potenzen dem Willen gar keine adäquaten Gegenstände sind. Der Wille kann gar nicht das „Gut" einer anderen Potenz (ein bonum sensibile oder imaginarium) *als solches* erstreben; diese besitzen nur eine adäquate „proportio" zu den ihnen entsprechenden Strebungen, d. h. dem „appetitus sensibilis". Die universale „ratio boni", auf die sich der Wille erstreckt, ist dem jeweiligen partikularen Gut anderer Potenzen gar noch nicht präsent. Erst vermittels der Erfassung und „ordinatio" solcher Güter durch die praktische Vernunft werden sie, aber dann bereits, weil vernunftbestimmt, in der Dimension der Moralität (als *bona intellecta*), zu Objekten des Willens.[48] Den Willen vermag allein ein „praktisches Gut" wie es von der Vernunft vergegenständlicht wird zu bewegen, und keine „vorsittlichen-Güter".

Die Aussage: „Die sittliche Qualifizierung des Willens hängt vom Objekt ab", ist also identisch mit der Aussage, „sie hängt von der Vernunft ab". Wobei Thomas präzisiert: Die

---

[45] Ebd., a.1, arg.3.
[46] Ebd., ad 3: „bonum per rationem repraesentatur voluntati ut obiectum; et inquantum cadit sub ordine rationis, pertinet ad genus moris, et causat bonitatem moralem in actu voluntatis. Ratio enim principium est humanorum et moralium actuum."
[47] Ebd., a.3: „bonitas voluntatis dependet a ratione eo modo quo dependet ab obiecto."
[48] Ebd.: „bonitas voluntatis proprie ex obiecto dependet. Obiectum autem voluntatis proponitur ei per rationem. Nam bonum intellectum est obiectum voluntatis proportionatum ei; bonum autem sensibile, vel imaginarium, non est proportionatum voluntati, sed appetitui sensitivo: quia voluntas potest tendere in bonum universale, quod ratio apprehendit; appetitus autem sensitivus non tendit nisi in bonum particulare, quod apprehendit vis sensitiva." Die „Zeugung eines menschlichen Lebewesens" ist der potentia generativa eben nur als „bonum particulare" gegenständlich, also als physisches Gut. *Als solches* handelt es sich um ein vorsittliches Gut. Dem Willen wird dieses jedoch, durch die Vernunft vermittelt, in seiner gesamtmenschlich-personalen Dimension gegenständlich. Daß es sich bei dieser „ordinatio rationis" um einen Akt der „lex naturalis" handelt, wurde bereits im ersten Teil dargestellt.

"ratio boni" dieses Objektes konstituiert sich durch den Bezug zum Willen; die "ratio veri" (praktische Wahrheit) jedoch durch die Vernunft.[49] Und deshalb formuliert Thomas lapidar, aber ebenso bedeutungsschwer: "Appetitus voluntatis non potest esse de bono, nisi prius a ratione apprehendatur" ("Das Streben des Willens kann sich nicht auf ein Gut richten, ohne daß dieses vorher durch die Vernunft erfaßt worden wäre").[50] Hierin ist eine klare Antwort auf den Naturalismus und die "Vernunftvergessenheit" der "teleologischen Ethik" enthalten; denn diese übergeht die Konstituierung der Objekte des Willens durch die praktische Vernunft und muß deshalb alle "Güter", auf die sich der Wille erstreckt, als "vor-sittliche Güter" behaupten, um die Dimension der Moralität durch einen Wertidealismus der reinen Willensintentionen oder Grundhaltungen zu rekonstruieren.[51]

Das also allein die Vernunft den Willen "ex parte obiecti" zu bewegen vermag[52], rührt allein daher, daß diese Objekte – Objekte menschlicher, personaler Akte – eine "conceptio rationis" sind. Die Vernunft besitzt in der Konstituierung des Objektes eine tatsächliche sittlich-maßstäbliche Funktion durch ihre Partizipation am Ewigen Gesetz, wie Thomas im nachfolgenden Artikel ausführt. Das sittliche Gutsein des Willens hängt also, vermittels der praktischen Vernunft, vom Ewigen Gesetz ab, wie dies bereits ausgeführt wurde. Die ordnende Kraft der praktischen Vernunft, als Partizipation am Ewigen Gesetz, ist aber nichts anderes als die "lex naturalis". Diese ist es also letztlich, die den objektiven Sinn des menschlichen Handelns in fundamentaler und universaler – d. h. *spezifisch menschlicher* – Weise bestimmt.

Dieses von der Vernunft dem Willen vorgelegte Objekt – eine "materia debita" – ist nun nichts anderes als der "actus exterior", die sogenannte äußere Handlung. Wir waren vorhin zum etwas paradox scheinenden Schluß gelangt, daß das Objekt eines "actus exterior" dieser "actus exterior" selbst ist. Die scheinbare Paradoxie beruht auf einer abstrahierenden Sichtweise. Wenn ich frage: Was ist das Objekt des Diebstahles, so frage ich *eigentlich*: Was ist das Objekt des inneren Willensaktes (sei es nun eine "intentio" oder eine "electio"), bzw.: Was hat dieser actus humanus, also ein vorüberlegter Willensakt, für ein Objekt? Das Objekt ist nun gerade die äußere Handlung "Entwendung fremden Eigentums". Es handelt sich dabei um eine Handlung, die bereits durch die Vernunft in der Dimension der Moralität – bezüglich des *debitum* – spezifiziert ist, und in diesem Fall müßte man von ihm sagen "non est vestitus debitis circumstantiis"; oder er ist "privatus debito modo, specie et ordine".[53]

Das bedeutet: Wenn wir eine Handlung "abstrakt" oder "in sich" betrachten, dann

---

[49] Ebd., ad 1: "bonum sub ratione boni, idest appetibilis, per prius pertinet ad voluntatem quam ad rationem. Sed tamen per prius pertinet ad rationem sub ratione veri, quam ad voluntatem sub ratione appetibilis." Die "ratio veri" ist also (materialiter) Voraussetzung für die "ratio boni", obwohl letztere als solche (formaliter) durch den Willen konstituiert wird. *Daß* der Wille tatsächlich das Gute will, also nicht nur ein "scheinbar Gutes", ist Leistung der praktischen Vernunft.
[50] Ebd.
[51] Vgl. dazu oben, Teil I, 2.6.3. Am explizitesten ist dieser Fehler, wie dort bereits gesagt, bei L. Janssens zu finden.
[52] Ebd., ad 3.
[53] De Malo, q.2, a.4.

betrachten wir sie nur in ihrem Bezug auf die Vernunft. Das heißt jedoch: Wenn wir in dieser Betrachtungsweise nach ihrem „Objekt" fragen, so fragen wir nicht nach dem „finis naturalis", der in diesem äußeren Tun engagierten Potenzen oder Seelenkräfte, und auch nicht nach natürlichen Eigenschaften von diesem Tun zugrundeliegenden „Dingen", sondern nach dem „modus" oder „ordo *debitus*", und zwar in Bezug auf die „ordinatio" der praktischen Vernunft. Anders formuliert: Wir fragen nach dem spezifisch menschlichen und personalen, nicht nach dem „naturalen" Sinn dieses Aktes. Deshalb ist der Ausdruck „Objekt des äußeren Aktes" verfänglich und es haben sich offenbar auch viele in ihm verfangen. Wenn wir, wie Thomas, unter dem „Objekt", das hier gesucht ist, von Anfang an eine „conceptio rationis" verstehen, dann heißt „Objekt des äußeren Aktes" (oder seine „materia circa quam") so viel wie: der menschlich-personale Sinngehalt des äußeren Aktes oder: die in Bezug auf die Ordnung der Vernunft konstituierte „ratio debiti" des äußeren Aktes; wir meinen also in jedem Fall gerade die sittliche Dimension dieses Tuns. Deshalb scheint es klarer anstatt von „Objekt des äußeren Aktes" vom „objektiven Sinngehalt" (sittlichen Wertgehalt) des äußeren Aktes zu sprechen.[54]

Betrachten wir das menschliche Handeln jedoch in seiner Gesamtschau als *willentliches* Handeln, als ein Tun also, das einem intentionalen und elektiven Imperium des inneren Willensaktes entspringt, und sprechen wir dann vom „Objekt" einer solchen Handlung, dann ist mit diesem Objekt gerade der „actus exterior" gemeint, so wie er eben von der Vernunft dem Willen „präsentiert" wird. Während, wie Thomas ausführt[55], der äußere Akt in der Ordnung der Ausführung (ordo executionis) dieselbe sittliche Qualität besitzt, wie der dieser „executio" zugrundeliegende innere Willensakt, so rührt doch die „bonitas" dieses inneren Willensaktes in der Ordnung der sittlichen Spezifizierung oder der „apprehensio" von der Vernunft her. Das Objekt des Willens ist also der „actus exterior" „secundum quod est in ordinatione et apprehensione rationis".[56] Wenn wir also vom Objekt einer menschlichen Handlung sprechen, so meinen wir fundamental und eigentlich den äußeren Akt, „insofern er dem Willen von der Vernunft als ein bestimmtes durch die Vernunft erkanntes und geordnetes Gut vorgelegt wird".[57] Mit dem Objekt ist auch

---

[54] Das schlägt, wie mir scheint mit ausreichenden Gründen, T. G. BELMANS, Le sens objectif de l'agir humain, a. a. O. vor. „Objectum actus" hieße „le sens objectif de l'agir effectué" (S. 16). Der Terminus Objekt „la valeur morale, loin d'être de l'ordre de la chose, ne représente rien d'autre que le sens proprement humain de l'agir délibéré" (S. 110). Der Autor hebt auf klare Weise die sittliche Dimension der praktischen Vernunft (als „raison éthique") in der Konstituierung des Objektes hervor. Dieser Aspekt ist in etwa bei S. PINCKAERS, a. a. O., zu wenig berücksichtigt worden; Pinckaers ging es ja darum, vor allem die Eigenart des menschlichen Handelns als willentliches Handeln hervorzuheben und eine verdinglichte Auffassung des „Objektes" zu kritisieren. Bei Pinckaers finden sich, trotz der prinzipiell zu befürwortenden Ausrichtung seiner Interpretation, Unklarheiten bezüglich der Begriffe „finis operis", „obiectum" und „materia circa quam"; ein Fehler besteht vornehmlich, wie mir scheint, in der Dissoziierung der Begriffe Objekt und „finis operis". P. verweist das „Objekt" generell auf die Ebene des „genus naturae". Vgl. dazu die in einigen Punkten etwas zu undifferenzierte Kritik von Belmans, a. a. O., S. 282 ff.
[55] Vgl. De Malo, q.2, a.4; I–II, q.20, a.1.
[56] I–II, a. a. O.; vgl. auch In II Sent., d.40, q.1, a.3: „actus exterior comparatur ad voluntatem sicut obiectum."
[57] Ebd., ad 1: „Actus exterior est obiectum voluntatis, inquantum proponitur voluntati a ratione ut quoddam bonum apprehensum et ordinatum per rationem (…)."

der äußere Akt als *Ziel des Willens* gemeint[58]; denn, was man will, ist eben – ganz unabhängig von einer zusätzlichen Intention – *Ziel* des Wollens: das Objekt selbst besitzt, unter dem Gesichtspunkt seiner Vergegenständlichung durch den inneren Akt des Willens, eine „ratio finis".[59]

7.1.5 Intention, „Finis operis", „Finis operantis"

Man könnte – und müßte – nun in der Analyse weiterschreiten, und die komplexere Struktur untersuchen, die im Zusammenspiel des objektiven sittlichen Wertgehaltes des äußeren Aktes und dem „finis" einer darüber hinausweisenden Intention besteht. Eine solche Analyse würde jedoch bezüglich des Begriffes des Objektes kaum neuere Erkenntnisse bringen und wir können sie deshalb im vorliegenden Zusammenhang weitgehend ausklammern.

Immerhin soll folgendes gesagt sein: Eine sittliche „intentio finis", die sich wie die Form zum „Objekt" (des äußeren Aktes) als der Materie verhält, findet in diesem Objekt nicht eine sittlich neutrale, vor-sittliche Größe vor, sondern bereits ein moralisch spezifiziertes Handeln. Jede Intention, die ja selbst einen objektiven Gehalt besitzt, informiert zusätzlich, und zwar nicht nebensächlich, sondern formell, und d. h. „wesentlich", ein konkretes menschliches Handeln, das in sich bereits einen objektiven sittlichen Sinngehalt trägt. Thomas betont, daß ein Akt, der mit einer zusätzlichen Zielintention versehen ist, als ganzer auch dann schlecht sein kann, wenn diese Intention gut, der „actus volitus" jedoch, d. h. der äußere Akt als Objekt der „voluntas eligens", schlecht ist.[60] Es gibt äußere Akte (Handlungsobjekte), die in sich ungeeignet sind, als Materie für eine auch noch so gute Intention zu fungieren, und zwar weil sie in sich ein „indebitum" beinhalten, durch ihren Widerspruch zur Ordnung der Vernunft also. Es wäre, um eine Metapher zu gebrauchen, wie wenn jemand sich mit Steinen ernähren wollte: die Intention ist ohne Makel. Aber Steine sind für Ernährungszwecke unbrauchbar.

Nirgends wohl hat Thomas diesen Zusammenhang zwischen dem Willen als Zielintention und dem Willen, der sich auf das unmittelbare Handlungsobjekt richtet, so klar dargelegt wie im Sentenzenkommentar.[61] Denn dort wird der Bezug der Lehre über das unmittelbare Handlungsobjekt und die Zielintention in den Zusammenhang der aristotelischen Analyse des intentionalen und elektiven Aktes des Willens gestellt: Das „Objekt" als

---

[58] De Malo, a. a. O.: „actus exterior comparatur ad actum voluntatis ut obiectum quod habet rationem finis."

[59] Das gilt ja sogar von der „materia circa quam"; vgl. In II Sent., d.36, q.1, a.5, ad 4: „Est duplex materia: ex qua, vel in qua, et materia circa quam; et primo modo materia dicta non incidit in idem cum fine; sed secundo modo est idem cum fine: quia obiectum finis actus est"; in I–II, q.72, a.3, ad 2 wird der doppelte Gesichtspunkt des Objektes als „Materie" und als „Ziel" noch genauer geklärt: „Obiecta, secundum quod comparantur ad actus exteriores, habent rationem materiae circa quam; sed secundum quod comparantur ad actum interiorem voluntatis, habent rationem finium; et ex hoc habent quod dant speciem actui." Ein Erweis, wie flexibel die Terminologie des hl. Thomas ist. Thomas denkt, um es modern zu sagen, im höchsten Maße „strukturell" und „funktional".

[60] Vgl. I–II, q.2, a.2.

[61] Vgl. vor allem in II Sent., d.38, q.1; d.40.

unmittelbares Handlungsziel ist Gegenstand der „voluntas eligens"; das Ziel der Intention hingegen ist Gegenstand der „voluntas intendens"; beide Akte formieren jedoch im konkreten Handeln, in dem etwas durch eine andere Handlung „hindurch" (das „Mittel") intendiert wird, *einen einzigen,* komplexen Willensakt. Und da es darauf ankommt, daß der Wille gut ist, so muß schließlich, so folgert Thomas, ganz einfach die „electio" gut sein; denn diese löst das Handeln aus und in ihr ist ja gerade das Intendierte, eben intentional, präsent.[62] Die „bonitas" der Intention allein genügt jedoch nicht, damit der Wille gut ist.[63]

Das intendierte Ziel (das Objekt der „voluntas intendens") sowie das Objekt der „electio" (der „actus volitus") sind, insofern das eine um des anderen willen, also intentional gewollt wird, gar nicht mehr zwei verschiedene Objekte, sondern in einem einzigen Willensakt auch ein einziges Objekt, in welchem sich der intentionale und der elektive Gegenstand wie Form und Materie verhalten.[64] Das zeigt wiederum, wie flexibel, weil letztlich vernunftbestimmt, das „Objektive" des menschlichen Handelns sich konstituiert. Da ja auch der Intention ein ordnender Akt der Vernunft zugrundeliegt, reduziert sich die Frage nach der möglichen Zuordnung von Handlungen und Intentionen auf die Frage nach der Konstituierung des Objektes eines solchen komplexen Willensaktes. Und das heißt, vorausgesetzt die Intention ist sittlich gut: auf die Frage, ob die Handlung, durch die dieses Ziel intendiert wird, bezüglich dieses Zieles eine „materia debita" oder „conveniens" ist.

Dies zeigt erneut, daß man das unmittelbare Handlungsobjekt oder den „finis operis" weder als bloßen „finis naturalis", noch als einfache „Gegebenheit" oder ein „Ding" betrachten kann. Es ist auch nicht ein unabhängig von der ordnenden praktischen Vernunft des Handelnden bestehendes „operatum".[65] Vielmehr ist auch das „Objekt" oder

---

[62] In II Sent., d.40, q.1, a.2: „(...) Cum igitur electio sit quasi consilii conclusio, ut in III. Ethic, cap. 6, dicitur, oportet quod ad bonitatem voluntatis eligentis concurrat bonitas finis et bonitas eius quod ad finem ordinatur; et si hoc sit, proculdubio actus exterior bonus erit; si autem alterum desit, erit voluntas mala et actus malus."

[63] Ebd.: „non autem bonitas voluntatis intendentis sufficit ad bonitatem actus: quia actus potest esse de se malus, qui nullomodo bene fieri potest. Si autem consideretur voluntas secundum quod est eligens, sic universaliter verum est quod a bonitate voluntatis dicitur actus bonus, et a malitia malus."

[64] In II Sent., d.38, q.1, a.4, ad 1: „finis et id quod est ad finem, in quantum huiusmodi consideratum, non sunt diversa obiecta, sed unum obiectum in quo finis sicut formale est, quasi ratio quaedam volendi; sed id quod est ad finem, est sicut materiale, sicut etiam lumen et color sunt unum obiectum."

[65] Diesen Begriff hat vor allem J. FUCHS verbreitet; vgl.: „operatio" et „operatum" in dictamine conscientiae, in: Thomistica Morum Principia, II, Rom 1961, S. 71–79. Das Handlungsobjekt, wie es als grundlegende „Quelle" der Sittlichkeit einer Handlung betrachtet werde, sei lediglich ein „unpersonales", „materiales" und „statisches" *operatum* und noch gar kein „actus moralis"; also eine rein vor-sittliche Größe. Vgl. auch DERS., Der Absolutheitscharakter sittlicher Handlungsnormen, Testimonium Veritati (hsg. von H. WOLTER), Frankfurt/M. 1971, S. 232, wo noch deutlicher gesagt wird, es lasse „sich eine sittliche Beurteilung der Handlung im voraus zur Intention des Handelnden nicht vornehmen, da es nicht die Beurteilung einer ‚menschlichen' Handlung wäre." Der radikale Physizismus von Fuchs beruht einmal mehr auf der Tatsache, daß er übersieht, daß Handlungsobjekte Objekte von Willensakten sind, und als solche einer „ordinatio und apprehensio rationis" unterliegen, die auch konstitutiv bleibt, wenn man Handlungen abstrakt, unabhängig vom Willen betrachtet; sie fallen deshalb nicht in ihr „genus naturae", auf ein bloßes

der „finis operis" ein *actus volitus*, d. h. Gegenstand eines inneren Aktes des Willens, und als solcher durch die ordnende Kraft der praktischen Vernunft dem Willen vergegenständlicht und diesen moralisch, als sittlich-guten oder sittlich-schlechten Willen spezifizierend.

Im Ausdruck „finis operis" kann deshalb mit dem Wort „opus" nicht ein Akt unter Absehung seines Bezuges zum „bonum humanum" und zur Person gemeint sein. Dieses „opus" ist auch nicht einfach eine Gegebenheit, die der Mensch „antrifft", „aufgreift" und ihrem „finis naturalis" entsprechend „ausführt". Im menschlichen Akt der Fortpflanzung geschieht nicht einfach eine „Anwendung" der Zeugungspotenz gemäß ihrem „finis naturalis". Das „opus", das im Ausdruck „finis operis" (Objekt) gemeint ist, ist ein „actus humanus", und seine Finalität („finis") ist nicht einfach ein naturhaft vorliegender „Naturzweck", sondern dieser Naturzweck in das Gesamt des Suppositums integriert, und das heißt: Von der praktischen Vernunft auf sein nicht nur „natürliches", sondern gesamtmenschlich-personales Ziel ausgerichtet. Dieses Ziel, das nicht einfach „vorliegt" oder aus der Natur „abgelesen" werden kann, definiert und konstituiert sich also einmal mehr nicht ohne Bezug zur Vernunft und damit auch zur erkennenden menschlichen Person. Thomas definiert deshalb den Ausdruck „finis operis" folgendermaßen: „Finis operis est hoc ad quod opus ordinatum est ab agente, et hoc dicitur ratio operis" (Der „finis operis" ist jenes Ziel, auf welches das Tun durch den Handelnden hingeordnet ist).[66] Genau diese „ratio operis" ist es, die auch in der „abstrakten" Betrachtung von Handlungen mitberücksichtigt wird. Im Begriff der „finis operis" wie auch des Objektes ist also eine „ordinatio ab agente" eingeschlossen; diese ist selbstverständlich nichts anderes als eine „ordinatio rationis".

Da das Objekt immer Gegenstand eines „actus humanus", also eines personalen Aktes ist, drückt er auch jeweils den Sinngehalt solcher personaler Akte aus und besitzt er deshalb eine innere axiologische Konsistenz, und zwar aufgrund eines für diese Konsistenz konstitutiven Bezugs zur praktischen Vernunft. Weil der objektive Sinngehalt des äußeren Aktes sowohl ein „ordinatum a ratione" wie auch ein „volitum" darstellt, ist er nicht sittlich „neutral", und nicht jedes Handeln ist geeignet, eine auch noch so gute Intention in sich aufzunehmen. Dazu sagt Thomas trocken: Wenn jemand etwas Schlechtes um eines Guten willen anstrebt, dann ist dieses Gut gar nicht das Ziel des Willens, sondern nur ein Ziel, das sich der Handelnde in ungeordneter Weise vorgesetzt hat.[67] Ziel des Willens, und

---

„operatum" zurück. Fuchs hingegen möchte die ordnende und wertende Funktion der ratio nur auf die „Gesamtschau" des Zusammenhangs von „Handlung, Umständen und Zweck" (Intention) beschränken, – eine Kombination, wie er sagt, von drei „vormoralischen Elementen" (ebd.).

[66] In II Sent., d.1, a.2, a.1.
[67] In II Sent., d.38, q.1, a.5, ad 1: „quando aliquis vult malum propter bonum, illud bonum non est finis actus voluntatis, secundum se considerati, sed est finis a volente inordinate praestitutus." Der Grund liegt darin, daß das Objekt einer guten Intention den elektiven Willen gar nicht zu spezifizieren vermag, weil dieser Wille durch das Wollen der schlechten Handlung eben bereits „ex obiecto" schlecht ist. Und das, weil der „actus exterior" eben bereits einen objektiven, für den Willen sittlich bedeutsamen Sinngehalt besitzt. Erläutert am klassischen Beispiel: Der Wille kann durch die Intention „ein Almosen geben" nicht gerecht werden, wenn er durch den „actus volitus" „Geld stehlen" (als Mittel, um ein Almosen geben zu können) bereits ein ungerechter Wille ist. Die moralische Beurteilung ergibt sich nicht aus einer „kalkulierenden Kombination" von vorsittlichen Gütern, sondern besitzt ihre Grundlage in dem, *was einer will*.

damit moralischer Sinngehalt des entsprechenden Aktes, ist ja auch das sittlich schlechte Handlungsobjekt, das einfach unfähig ist, von einer an sich guten Intention – als „finis operantis" – durchformt zu werden.[68]

Daraus ist natürlich auch zu folgern, daß die Terminologie „finis operis" und „finis operantis" mit Vorsicht zu gebrauchen ist. Zu sagen ist nämlich, daß der „finis operis" immer auch ein „finis operantis" ist. Wenn Thomas bemerkt, daß hin und wieder sich die beiden unterscheiden, dann ist damit gemeint, daß es Fälle gibt, in denen der Handelnde mit einer Intention handelt, die vom „finis" des unmittelbaren Aktes (dem Objekt) verschieden ist. Das kann sein, wenn jemand über das dem Sinngehalt eines konkreten Handelns hinaus noch ein anderes Ziel als letztes verfolgt; oder aber, wenn die Intention mit dem objektiven Handlungsgehalt im Widerspruch steht.

Thomas gebraucht ja diese Unterscheidung sehr selten. Zumeist findet sie sich im Zusammenhang mit dem Beispiel des „Bauens": Man könne ein Haus bauen, und dennoch sei das Ziel, das der Handelnde damit verfolge, ein anderes als einfach „ein Haus bauen".[69] Das Beispiel ist an seinem Ort sinnvoll, hat aber den Nachteil, daß es einen Sonderfall darstellt, nämlich den bereits eingangs besprochenen der moralischen Qualifizierung eines Kunsthandelns, das ja zunächst gar nicht der Sphäre des sittlichen Handelns zugehört. „Finis operis" ist hier das Ziel einer technischen Fertigkeit; das Haus ist ein dieser entsprechendes „Produkt".

Nimmt man solche Beispiele zum Paradigma für sittliches Handeln, so wird man leicht der Gefahr erliegen, Handlungsobjekte oder „finis operis" wie „Dinge" (Häuser, Gebäude) zu betrachten, die dann vom handelnden Subjekt einer bestimmten sittlichen Bestimmung zugeordnet werden. Damit hätte man die Perspektive des sittlichen Handelns, des actus humanus oder personalen Aktes jedoch verfehlt.

Solche Mißverständnisse findet man nicht nur bei kritischen Referenten der traditionellen Moraltheologie, sondern zum Teil auch bei deren Verteidigern. Ein Beispiel scheint mir K. Hörmann zu sein (dessen Ansatz dann F. Scholz mit Nachteil gefolgt ist). Für Hörmann sind die Begriffe „finis operis" und „finis naturalis" einfach identisch. Es handelt sich, wie der Autor ausführt, um die „naturgemäße Wirkung" einer Handlung, für die Thomas auch „die Bezeichnung natürliches Ziel (finis naturalis) oder Werkziel (finis operis), nämlich das Ziel auf das die Sache oder die Handlung ihrer Natur nach, unabhängig vom menschlichen Wollenden, hin gerichtet ist (in quem tendit naturaliter); die Bautätigkeit hat ihrer Natur nach zum Ziel das Haus".[70] Und dieses Ziel sei nun zu unterscheiden

---

[68] Das Ziel, insofern es wirklich den Akt zu spezifizieren vermag, ist immer ein Ziel, bezüglich dessen der äußere Akt in (sittlicher) Proportion steht (also eine „materia debita" oder „conveniens" ist). Sonst ist er nicht wirklich (effektiv, objektiv und spezifizierend) „Ziel dieses äußeren Aktes", sondern eben nur ein Ziel „inordinate ab agente praestitutus". Vgl. dazu auch a. a. O., sol.: *„finis autem dicitur ad quem actus proportionatus est; et ita etiam si finis est bonus, et actus bonus; quia actus malus non est proportionatus ad finem bonum. Unde dicit Philosophus in VI. Ethic, de his qui per malos actus bonos fines consequi intendunt, quod ‚quaerunt sortiri finem inconvenienti medio'; sicut enim non quaelibet materia est disposita ad quamlibet effectum, nec quodlibet medium ad quamlibet conclusionem; ita nec quilibet actus ad quemlibet finem."*
[69] Vgl. z. B. II–II, q.141, a.6, ad 1: „quandoque aliud est finis operantis, et aliud est finis operis; sicut quod patet quod aedificationis finis est domus, sed aedificatoris finis quandoque est lucrum."
[70] K. HÖRMANN, Die Prägung des sittlichen Wollens durch das Objekt nach Thomas von Aquin,

Handlungsobjekt und praktische Vernunft

„von dem Ziel, das der Handelnde verfolgt (Finis operantis)"; mit J. Fuchs, nennt er das Objekt auch ein „operatum", d. h. das „objektive Geschehen", usw.

Falsch ist dies ganz einfach, weil der Begriff des Handlungsobjektes nicht unabhängig vom „menschlichen Wollendem", d. h. unabhängig von seinem Bezug zum „actus humanus" betrachtet werden kann. Betrachtet man eine Handlung in dieser Unabhängigkeit, wird man ihrer nur auf der Ebene ihres „genus naturae" ansichtig. Das Handlungsobjekt ist erst dadurch überhaupt Objekt eines personalen, menschlichen Aktes, daß es von einem *Handelnden* verfolgt wird, daß es also in einem gewissen Sinne auch ein „finis operantis" ist; dadurch wird es von der praktischen Vernunft dem Willen vergegenständlicht und ist nicht mehr einfach ein „objektives Geschehen" oder eine „naturgemäße Wirkung". Erst im Nachhinein und zurückbezogen auf diese Gesamtsicht kann ein Objekt auch abstrakt in seinem sittlichen Gehalt betrachtet werden. Was Hörmann letztlich vergißt, ist, daß auch im Falle einer „abstrakten" Untersuchung des äußeren Aktes als Objekt, unabhängig vom inneren Willensakt, dieses Objekt dennoch immer nur als ein Gegenstand der „apprehensio" und „ordinatio" der praktischen Vernunft, und nicht als ein naturales Geschehen betrachtet wird. Es ist die ordnende Funktion der praktischen Vernunft in der Konstituierung des Objektes, die auch hier einmal mehr zu kurz kommt.

Deshalb kommt Hörmann, in dem er auch hier J. Fuchs zumindest im Ansatz zu folgen scheint, zu der, wie ich glaube, ethisch sinnlosen Position, man könne von Thomas her „der Meinung zustimmen, daß der eheliche Verkehr von Gatten, von denen wenigstens einer keine Keimzellen bereit hat, in seiner konkreten Beschaffenheit nicht die Zeugung des Kindes zum finis operis haben kann".[71] Das ist, um es einfach zu sagen, nicht eine Aussage über den ehelichen Akt als „actus humanus", sondern eine Aussage über den (naturalen) Akt der „potentia generativa": diese kann bei zeitweiser oder dauernder Sterilität tatsächlich keine Zeugung als „finis operis" im Sinne einer „naturgemäßen Wirkung" haben; und von einem ehelichen Akt, den man nur als „Gebrauch" dieser naturalen Potenz betrachten würde, könnte dann selbstverständlich ebensowenig gesagt werden, er sei auf die Weitergabe des menschlichen Lebens ausgerichtet, bzw. er bedeute *objektiv* einen Akt der Wahrnehmung von *Elternschaft*.

Der eheliche Akt als „actus humanus" betrachtet, kann aber, auch wenn der Akt biologisch voraussehbar unfruchtbar ist, sehr wohl seinem objektiven Sinngehalt als Akt ehelicher Liebe, die auf die Weitergabe des menschlichen Lebens hingeordnet ist, beibehalten. Der „finis operis" ist doch in seinem *moralischen*, die aktuelle physiologische Disposition der Zeugungspotenz transzendierenden Gehalt eines Willensaktes oder Aktes menschlicher Liebe davon gar nicht betroffen. Erst wenn der Akt *willentlich* unfruchtbar gemacht

---

in: Moral zwischen Anspruch und Verantwortung, (Hsg. von F. BÖCKLE und F. GRONER), Düsseldorf 1964, S. 242 u. 243.

[71] Ebd., S. 244. Der Text fährt fort: „Wissende Gatten können in diesem auch die Zeugung nicht sinnvollerweise zu ihrem finis operantis machen. Für einen solchen Verkehr kann man nur unter Absehen von den tatsächlichen Gegebenheiten des Aktes als Finis operis festhalten: Was der Mensch tut, wird so vollzogen, daß es bei beiderseitigem Vorhandensein von Keimzellen zur Zeugung führen würde; mit anderen Worten: Das abstrakte, ohne die näheren Umstände gesehene Objekt, bleibt auf die Zeugung als Finis operis ausgerichtet, jedoch nicht das konkret, mit allen Umständen betrachtete Objekt."

worden ist, hat dies auch Folgen für den „finis operis" des ehelichen Aktes: Weil nämlich die Eheleute dann mit dem ehelichen Akt nicht mehr den Akt einer Liebe wollen, die auf die Weitergabe menschlichen Lebens hingeordnet ist. Der objektive Unterschied liegt jedoch nicht im Faktum der Sterilität als solchem; sondern in der Tatsache der Willentlichkeit dieser Sterilität, d. h. einer Veränderung des Objektes der ehelichen Liebe. Um es noch deutlicher zu sagen: Es geht nicht um den „finis" der generativen Potenz, sondern um jenen der ehelichen Liebe. Wie bereits in Teil I, 2.8 gezeigt wurde, liegt das Problem willentlicher Sterilisierung dieser Potenz nicht in dieser Sterilisierung als solcher; sondern in der Unfruchtbarmachung der ehelichen Liebe, die dadurch in ihrem Sinngehalt verändert wird; was ebenfalls eine Veränderung des objektiven Sinnes (des „finis operis") eines unter diesen Bedingungen vollzogenen ehelichen Aktes zur Folge hat.

Genau deshalb besteht ja auch zwischen natürlicher und willentlich hervorgerufener Sterilität ein objektiver moralischer Unterschied, obwohl beide, bez. der potentia generativa, in eins fallen können. Und dieser objektive Unterschied besteht nicht, weil das „Natürliche" moralisiert würde, sondern weil das Natürliche insofern es *nicht willentlich* ist, den objektiven Sinn des Handelns in diesem Fall gar nicht tangieren kann. In diesem Zustand natürlicher (allgemein: nicht-willentlicher) Sterilität vollzogene eheliche Akte sind durchaus „per se offen" für die Weitergabe des menschlichen Lebens, weil diese Finalität überhaupt nie willentlich ausgeschlossen wurde.[72] Das zeigt einmal mehr, daß der eheliche Akt nicht einfach von der Funktion der potentia generativa (Böckle: Gut der Zeugung) her verstanden werden kann, sondern nur vom vollen, personalen Sinngehalt ehelicher Liebe her.

Die Gleichsetzung von „finis operis" und „finis naturalis" ist also, in diesem Sinne, abzulehnen.[73] Man könnte den finis operis oder das Objekt, mit Thomas, nur dann einen „finis naturalis" eines Aktes nennen, wenn man sich in die ethische Perspektive des „Natürlichen" versetzt. Dann handelt es sich jedoch wiederum um das „Natürliche", dem Menschen Gemäße, wie es von der Vernunft, und zunächst der „ratio naturalis" konstituiert wird; in diesem Sinne spricht man, in ethischer Perspektive, von der „Natur eines Aktes". Ein Text von Thomas vermag dies zu verdeutlichen: „Illud dicitur esse naturale alicui rei quod convenit suae formae, per quam in tali natura constituitur (...) Forma autem per quam homo est homo, est ipsa ratio et intellectus. Unde in illud quod est conveniens sibi secundum rationem et intellectum, naturaliter tendit. Bonum autem cuiuslibet virtutis est conveniens homini secundum rationem: quia talis bonitas est ex quadam com-

---

[72] Auch eine ursprünglich nicht-willentliche Sterilität kann selbstverständlich ebenfalls „mißbraucht" werden. Alles hängt hier vom Willen ab, der ja der Liebe zugrundeliegt.

[73] Vgl. auch die ausgezeichneten Ausführungen von C. CAFFARRA, Die Unmoral der Empfängnisverhütung, in: Elternschaft und Menschenwürde, a. a. O., S. 261–273. Der Autor legt deutlich den Finger auf den wunden Punkt einer auf dem Boden des Naturalismus nur scheinbar „antinaturalistischen" Moral: „Sie *verwechselt* den Begriff ‚objektiv schlecht' mit dem Begriff ‚naturhaft schlecht', den Begriff des ‚finis operis' eines Aktes mit dem Begriff des ‚finis naturalis', den er hat. Der Begriff ‚objektiv schlecht' ist eine eigentlich *sittliche* Qualifikation, insofern sie besagt, daß die innere Zielbezogenheit eines Aktes so ist, daß er von einem Willen, der sich gemäß der Vernunft entscheidet, nicht vollzogen werden darf. Der Begriff ‚naturhaft schlecht' hingegen besagt, daß ein Akt nicht imstande ist, eine naturhafte Fähigkeit der Person (finis naturalis) zu vollziehen, also unter Absehen vom Bezug auf den von der Vernunft gesteuerten Willen" (S. 269f.).

mensuratione actus ad circumstantias et finem, *quam ratio facit.*"⁷⁴ Damit das Objekt und der finis operis sich konstituiert, bedarf es dieser „commensuratio actus ad circumstantias et finem, quam ratio facit", einer „ordnenden, maßstäblichen Konfiguration des Aktes bezüglich der Umstände und dem Ziel durch die Vernunft", – ansonsten verbleibt der Akt in seinem „esse naturae" und vermag er seinen sittlichen Gehalt niemals zu offenbaren. Man würde nur den „Kadaver" einer menschlichen Handlung untersuchen, aber nicht das wirkliche, durch das intentionale und elektive Imperium des Willens aufgrund der ordnenden Leistung der praktischen Vernunft „beseelte" und lebendige menschlich-personale Handeln.

7.1.6 „Objektivität", oder: Die Frage nach der moralischen Dimension menschlicher Handlungen

Mit „Objekt" oder „objektivem Sinn" ist also nicht eine dingliche, naturhafte, unabhängig vom Handelnden bestehende „Wirklichkeit" oder ein „objektives Geschehen" gemeint, die dann von einer „subjektiven" Willentlichkeit durchformt würde, auch wenn diese als „Wollen" des naturhaften Geschehens gefordert wird; überhaupt nicht etwas, was im Gegensatz zum „Subjektiven" stünde. Das Gegensatzpaar „objektiv" – „subjektiv" ist in der Moral eine Falschmünze. Denn das objektiv-Sittliche ist das dem Willen des handelnden Subjektes durch die praktische Erkenntnis der Vernunft gegenständliche und als actus humanus (personal) vollzogene Handeln. „Objektiv gut" heißt, wie wir früher formulierten, soviel wie in die natürliche Intentionalität der „ratio naturalis" integriert und durch diese geordnet, gemessen, reguliert; oder auch: in den Kontext der Gesamt-Person, des Suppositums, und damit auch in die Finalitätsstruktur des menschlichen Seins integriert. „Subjektive" sittliche Intentionen müssen, um „gute Intention" zu sein, immer auch *objektiv* gut, d. h. vernunftgemäß, sein. Und das Objekt einer Handlung konstituiert sich nicht ohne den Bezug der Handlung zum handelnden Subjekt, seiner Vernunft und seinem Willen, – obwohl man es auch „abstrakt" als „Handlungstyp" oder „Handlungsweise" vergegenständlichen kann, dies jedoch *nie* unabhängig von seinem konstitutiven Bezug zur praktischen Vernunft; denn die abstrakte Vergegenständlichung einer Handlung und ihres „finis operis" (oder Objektes) ist nie die Vergegenständlichung eines rein „äußeren Faktums", sondern ihre Betrachtung „secundum quod est in ordinatione et apprehensione rationis"⁷⁵; alles andere hieße, nur noch den Kadaver der sittlichen Handlung zu untersuchen, der ebensowenig eine sittliche Handlung ist, wie der Leichnam eines Menschen ein zusammenhängender Organismus ist. An einem Kadaver kann man nur noch die einzelnen Teile „sub ratione partis" studieren, aber nicht mehr den Gesamtorganismus.

Das „Objektive" am menschlichen Handeln stellt sich also nicht dem „Subjektiven" gegenüber. Gegenbegriffe zum *sittlich*-Objektiven sind z. B. das *naturhaft*-Objektive (genus naturae) oder das nicht durch die Vernunft Geordnete, d. h. das, was nicht dem

---

⁷⁴ In II Sent, D.39, q.2, a.1.
⁷⁵ I–II, q.20, a.1.

Willen durch die Vernunft gegenständlich ist. Das „Subjektive" – insofern man es als Gegensatz zum „Objektiven" begreift – ist der bloße Schein (das aristotelische nur „phainomenen agathon" oder nur „scheinbar Gute" im Gegensatz zum „wahrhaft Guten") oder die bloße „Meinung" (doxa), die sich noch nicht der Objektivität der Wahrheit vergewissert hat. Identifiziert man jedoch das „Subjektive" mit dem Sittlichen oder Personalen schlechthin, so ist es kein Gegenbegriff mehr zum *sittlich*-Objektiven, sondern stellt es sich einer anderen Art von Objektivität gegenüber: Der dinglichen Objektivität der den Menschen umgebenden Welt, Natur oder Gesellschaft. Diesen zweiten, nicht-ethischen Begriff des Objektiven mit demjenigen sittlicher Objektivität zu verwechseln und ihn dann einer sittlichen „Subjektivität" gegenüberzustellen, ist nicht nur ein folgenreicher Fehler vieler „traditionell" orientierter Moraltheologen; er findet sich insbesondere auch bei K. Rahner[76], sowie seinen Schülern B. Schüller[77] und H. Rotter[78], ebenso bei F. Böckle, zunächst bezüglich des Begriffes des Handlungsobjektes[79], und dann auch hinsichtlich der

[76] Vgl. K. RAHNER, Das „Gebot" der Liebe unter den anderen Geboten. In: Schriften zur Theologie, V, Einsiedeln 1962, S. 513: „Das christliche Ethos ist im Grunde nicht die Respektierung von objektiven Sachnormen, die Gott in die Wirklichkeit hineingelegt hat. Denn alle diese Sachnormen sind erst dort, wo sie der Ausdruck der Struktur der Person sind, wirklich sittliche Normen. Alle anderen Strukturen der Dinge stehen *unter* dem Menschen. Er mag sie verändern, umbiegen, soweit er nur kann, er ist ihr Herr, nicht ihr Diener. Die einzige letzte Struktur der Person, die sie adäquat ausspricht, ist das Grundvermögen der Liebe. Und diese ist maßlos." Man achte auf die Gegenüberstellung von „objektiv" und „Person", und die gleichzeitige Identifizierung des Objektiven mit dem „Sachlichen", „untermenschlichen", „noch nicht sittlich Bedeutsamen" etc.

[77] „Wir haben anfangs gefragt, in welchem Sinne die Natur des Menschen Maßstab für Gut und Böse sei, also die Natur des Menschen als eines sittlichen Subjekts, als einer frei sich verhaltenden Person. (...) Entscheidend ist (...), daß wir den Begriff Natur eingeführt haben zur Charakterisierung des *Objektes*, auf das ich mich als Subjekt frei beziehe, um zu bestimmen, von welcher Art die „Liebens-würdigkeit" dieses Objektes sei und worin sein zu förderndes Wohl inhaltlich bestehe." – „Wir haben augenscheinlich unsere Fragen in der falschen Richtung vorangetrieben, brauchen das aber nicht zu bedauern, da wir uns auf alle Fälle hätten vergewissern müssen, ob und in welcher Weise unser Verhalten seinen sittlichen Charakter von dem Objekt empfängt, auf das wir uns beziehen. Geben wir aber jetzt unseren Fragen die Richtung auf den Menschen als sittliches Subjekt ..." usw. (B. SCHÜLLER, Die Bedeutung des natürlichen Sittengesetzes für den Christen, in: G. TEICHTWEIER und W. DREIER [Hsg.], Herausforderung und Kritik der Moraltheologie, Würzburg 1971, S. 123/124).

[78] „Die Fähigkeit des Menschen, zur Welt in eine innere Distanz zu treten und die Dinge als Objekte zu begreifen, bedingt gleichzeitig die Fähigkeit zur Subjektivität." – „Der Begriff ‚objektiv' wird in sehr verschiedenem Sinne gebraucht. Hier sei er als Gegensatz zu jenen subjektiven Dimensionen des menschlichen Aktes verstanden, die durch Gefühl und Freiheit charakterisiert sind. Objektive Momente im sittlichen Anspruch sind also jene Gegebenheiten, die unabhängig von personaler Stellungnahme vorgegeben sind" (H. ROTTER, Subjektivität und Objektivität des sittlichen Anspruchs, in: Christlich glauben und handeln, a. a. O., S. 196 u. 203). Man versteht, daß sich viele Moraltheologen aus einem solcherart entstellten Begriff des „Objektiven" zu befreien suchen. Man beachte: Das „Objekt" ist auch hier wiederum das, was vom eigentlich Menschlichen, Personalen absieht und ihm „vorausliegt". Sein Gegenbegriff ist „Freiheit". In Wirklichkeit sind jedoch das „Objektive" die durch die praktische Vernunft des Menschen im Kontext der Person konstituierten spezifisch-menschlichen Sinngehalte des Handelns. Das Vernünftig-Objektive ist nicht Gegensatz zur Freiheit oder deren Einschränkung und Bedrohung, sondern vielmehr ihr Fundament, „radix libertatis", wie Thomas sagt.

[79] „Mit dem Gegenstand meinen wir den gegenständlichen Wert, auf den die Handlung ihrem Wesen

Beziehung des „Objektiven" zum „Subjektiven" (Objekt-Intention)[80]; nicht weniger deutlich treffen wir das Mißverständnis bei F. Scholz[81], J. Fuchs[82] und vielen anderen. Die Vernunft, so sei es einmal gesagt, ist genau in dem Maße objektiv, wie sie subjektiv ist, d. h., wie sie *meine* Vernunft ist, aufgrund derer ich erkenne und unterscheide, was gut und schlecht ist. *Objektivität im sittlichen Sinne ist letztlich nichts anderes als die Wahrheit der Subjektivität,* eine Wahrheit, die sich der „ordinatio" der praktischen Vernunft verdankt und sich fundamental und in universaler Weise als „lex naturalis" zeigt. Eine Unterscheidung zwischen „subjektiver" und „objektiver" Sittlichkeit zu machen hat gerade deshalb, aber auch nur deshalb einen Sinn, weil die Vernunft und damit auch das Gewissen unter bestimmten Umständen ohne eigene Schuld irren kann. Aber sogar diese Art von Subjektivität besitzt in einem gewissen Sinn (per accidens, würde Thomas sagen) den Charakter von Objektivität: Nämlich der unaufgebbaren Tatsache, daß der Mensch, will er Mensch bleiben, gemäß den Diktaten seiner Vernunft handeln muß.

nach sich richtet (...) So ist eine fremde Sache („res aliena") im Blick auf die Rechtsordnunng kein taugliches Objekt meines Besitzstrebens, während eine verlassene Sache (res derelicta, zum Beispiel Holz im Wald) mich an sich weder zum Holen verpflichtet noch ein Suchen verbietet. (...) Wenn wir den menschlichen Akt nur vom Subjekt aus sehen, so ist er eben ein bloßes Streben oder Zustimmen, erst vom Objekt her wird er zu einem Streben oder Zustimmen *zu etwas* und dadurch selbst genauer bestimmt. (...) Um Mißverständnissen vorzubeugen, sei noch eigens bemerkt, daß das Objekt einer Handlung immer ein Sein, also auch ein Gut ist, auf das sich der freigewollte Akt richtet (...)" F. BÖCKLE, Grundbegriffe der Moral (1966), 8. Aufl. 1977, S. 40/41. Böckle übersieht (eine Sichtweise vieler traditioneller Handbücher wiedergebend): Nicht die „res aliena" spezifiziert einen Willensakt objektiv, sondern die äußere Handlung, die sich auf die „res aliena" erstreckt; das Objekt ist nicht die „res", sondern der personale Akt: *„Entwendung fremden Eigentums."*

[80] „Zur Unterscheidung von dem in der Handlung selbst beschlossenen Zweck, dem Werkziel (finis operis), nennen wir den der Intention Wirkziel (finis operantis). Weil das Werkziel (finis operis – Zweck der Handlung) mit dem Objekt zusammenfällt, heißt er auch *objektiver Zweck;* das Wirkziel (finis operantis – Zweck des Handelnden) aber, weil er ganz im Subjekt liegt, *subjektiver Zweck"* (ebd., S. 43). Auch hier: Der Begriff des Objektiven (finis operis) wird als eine unabhängig vom – durch die Vernunft geprägten – Willen des Handelnden bestehende Gegebenheit betrachtet, und nicht als Ziel des Willens, „apprehensum und ordinatum a ratione", – wobei ja gerade die „ordinatio rationis" des Handelnden gemeint ist.

[81] Vgl. F. SCHOLZ, Objekt und Umstände, Wesenswirkungen und Nebeneffekte, a. a. O. Scholz begreift zwar richtig das „Objekt" als ein „Tun" (S. 243), es zeigt sich aber, daß er dieses „Tun" auf der Ebene des „genus naturae", ohne konstitutive Vermittlung durch die ratio, mit dem Willen in Beziehung setzt, wobei wieder der Dualismus des „objektiv-unpersönlichen" und des „subjektiv-personalen" entsteht. Die „materia circa quam", die ja nach Thomas eine „materia debita" ist, wird zur nur noch faktischen „Anordnung äußerer Faktoren" (S. 251). Daraus ergibt sich: „Auch die das Objekt gestaltende materia circa quam ist zunächst äußerlich und wird erst durch den Willen verinnerlicht" (ebd.). Scholz wehrt sich zu Recht gegen eine „physizistische Objektbetrachtung"; er scheint ihr aber selbst nicht zu entgehen (so z. B. in der Berufung auf das von K. Hörmann falsch wiedergegebene Beispiel aus I–II, q.7, a.3, ad 3, wo das „Begießen mit Wasser" als „Objekt", die „ablutio" als „Naturfolge" angegeben wird; bei Thomas ist aber gemeint, die „ablutio" sei das Objekt des äußeren Aktes „Begießen mit Wasser"; d. h.: die Reinigung ist der objektive Sinn dieser Handlung; das „Begießen" als solches wäre das Tun im „genus naturae".

[82] Vor allem bezüglich einer, angeblich auf Thomas zurückgehenden, Unterscheidung zwischen „operatum" (das „objektiv-materiale" Element) und „operatio" (der personale Vollzug des Handelns). Fuchs stützt sich auf eine einzige Stelle, wo Thomas diese Terminologie gebraucht hat: In sei-

7.1.7 Exkurs I: Die Tugend der Wahrhaftigkeit und die Lüge

Das Problem der sittlichen Qualifizierung der Lüge ist zu einem gernbehandelten Thema der gegenwärtigen Moraltheologie geworden. Auf der einen Seite glaubt man dabei ein Paradebeispiel für „physizistische" Normbegründung in der Tradition entdecken zu können: Denn man habe die Schlechtigkeit der Lüge aufgrund der „Natur der Sprache" begründet, d. h. der naturhaften Funktion der Worte als Zeichen für mentale Inhalte, und aus dieser „Natur" auch die „Naturwidrigkeit" bzw. sittliche Schlechtigkeit der Lüge abgeleitet: „Cum enim voces sint signa naturaliter intellectuum, innaturale est et indebitum quod aliquis voce significet id quod non habet in mente."[83]

Andererseits versuchte L. Janssens zu zeigen, daß Thomas ganz und gar nicht naturalistisch argumentiert; eine Lüge sei für Thomas nicht einfach ein material-physisches „falsiloquium"; dieses sei nur ein „ontisches Übel" (exterior event); nur die Intention dessen, der eine Falschaussage macht, *um jemanden in die Irre zu führen* (die „intentio fallendi"), könne dieses ontische Übel auch zu einem moralischen Übel machen. Janssens reduziert das Problem der Lüge also auf die im Wollen eines ontischen Übels bestehende „intentio fallendi".

Meines Erachtens ist sowohl die Meinung falsch, Thomas leite die Schlechtigkeit der Lüge aus der naturhaften Zeichenfunktion der Sprache ab, wie auch die Interpretation, er beschränke die „ratio mendacii" auf die „intentio fallendi". Erstere gründet auf einer mangelnden Analyse der Lüge als einen der „manifestatio veritatis" entgegengesetzten „actus humanus" und damit auf einer Verkennung seines sittlich-objektiven Gehaltes; die Interpretation von Janssens hingegen beruht ganz einfach auf der Auslassung einiger Worte in dem von ihm zitierten und seiner Argumentation zugrundegelegten Text aus der Summa Theologiae. Das Thema kann hier nicht erschöpfend behandelt werden; ich möchte mich mit einigen Hinweisen begnügen.

Die Quaestio über die Lüge gehört zum Traktat über die Tugend der Wahrhaftigkeit („veracitas"). Diese Tugend vervollkommnet den Menschen bezüglich jener Ordnung, die darin besteht, daß sein Sprechen und auch seine äußeren Handlungen sein „Inneres" manifestieren und somit *Kommunikation* sind. Der Mensch tritt mit seinesgleichen nicht durch Gedanken und Intentionen in Kommunikation, sondern durch die leibliche Dimension seines Seins: die Sprache und das (äußere) Tun. Um uns auf die Sprache zu beschränken: Diese leibliche Dimension menschlicher Kommunikation erklärt zugleich die naturhafte Gebundenheit menschlicher Kommunikation an die Sprache, wie auch die innere Sinnhaftigkeit der Sprache, die nicht nur ein Naturgeschehen, sondern eben ein Akt *menschlicher*

---

nem Ethikkommentar (In I Ethic., lect. 1, Nr. 12–23). Mit „operatum" meint Thomas das unabhängig vom Handelnden bestehende *Produkt* einer „operatio transiens", die er „factio" nennt, „sicut cum artifex facit domum aut lectum"; die „actio" jedoch (eine operatio immanens, wie „sehen", „erkennen", „wollen"), kennt kein „operatum"; ihr Ziel ist nicht ein äußeres Produkt, sondern die operatio selbst. Fuchs baut also seine Analyse des sittlichen Handelns auf dem Schema des „Kunsthandelns", des „Umgangs und Produzierens" mit Materialien etc. auf, worauf sich ja der Begriff des „operatum" erstreckt (vgl. J. FUCHS, „Operatio" et „operatum" in dictamine conscientiae, a. a. O.).

[83] II–II, q.110, a.3.

Soziabilität ist. Ohne sie wäre kein menschliches Zusammenleben, kein Vertrauen, keine Freundschaft möglich. Die Tugend der Wahrhaftigkeit gehört also zur Tugend der Gerechtigkeit.[84]

Der spezifische Akt dieser Tugend ist die „manifestatio veritatis"; der objektive Sinngehalt (das „Objekt") dieses Aktes könnten wir auch „zwischenmenschliche Kommunikation" nennen, oder selbst „manifestare veritatem", bzw. „dicere verum": „quia hoc ipsum quod est dicere verum est bonus actus."[85] Diese „manifestatio" ist genau insofern ein „debitum morale", als sie für die Tugend der Wahrhaftigkeit konstitutiv ist; insofern sie also die Ordnung der Kommunikation erstellt. Und diese Ordnung der Kommunikation, so können wir hinzufügen, besteht in zweierlei: Zunächst und vor allem in der Ordnung des menschlichen Willens hinsichtlich des Gutes menschlichen Zusammenlebens; und damit, zweitens, im vertrauensvollen Zusammenleben der Menschen selbst, auf das ja Kommunikation auf allen Ebenen sich bezieht.

Nun ist festzuhalten: Die „manifestatio veritatis" ist ein Akt des Willens, und zwar, als „actus humanus" ein „actus imperatus" des Willens[86]. Als willentlicher personaler „actus humanus" unterliegt der menschliche Akt sprachlicher Kommunikation demnach einer „apprehensio et ordinatio rationis". Wie bisher zur Genüge dargetan wurde, richtet sich der Akt des Willens nie einfach und „direkt" auf den Akt einer Potenz in seinem „genus naturae" oder auf ein „ontisches Gut". Der hier angesprochene Willensakt richtet sich demnach auch nicht auf die naturhafte Zeichenbeziehung zwischen „vox" und „intellectus". Deshalb sagt Thomas ausdrücklich: „Diese Äußerung („manifestatio") oder Aussage („enuntiatio") *ist ein Akt der Vernunft,* der Zeichen und Bezeichnetes einander zuordnet; jede Äußerung („repraesentatio") besteht in einer gewissen Zuordnung, die spezifisch Aufgabe der *Vernunft* ist."[87] Thomas verweist auf den Unterschied zur „Sprache" der Tiere: Hier unterliegt die „manifestatio" nicht einer Willentlichkeit („non tamen manifestationem intendunt"), sondern sie wird durch den „naturalis instinctus" geregelt, also durch eine natur-determinierte Zuordnung von Zeichen und Bezeichnetem. Der Mensch hingegen erfaßt und erstellt die Beziehung zwischen „signum" und „signatum" durch einen ordnenden Akt der Vernunft. Menschliches „Sprechen" ist nicht ein naturales Geschehen, sondern Akt der Vernunft. „Insofern also diese ‚manifestatio' oder ‚enuntiatio' ein moralischer Akt ist, muß sie willentlich sein und von der ‚intentio voluntatis' abhängen".[88]

Objekt der „manifestatio veritatis" ist demnach „conferre signum ad signatum"; diese „collatio" ist ein Akt der Vernunft, und dieser Akt spezifiziert den Willen. In demselbem

---

[84] Vgl. entsprechende Ausführungen von Thomas in II–II, q.109, a.2 und 3.
[85] II–II, q.109, a.1.
[86] Vgl. II–II, q.109, a.3, ad 2: „Veritas secundum quod est cognita, pertinet ad intellectum. Sed homo per propriam voluntatem, per quam utitur et habitibus et membris, profert exteriora signa ad veritatem manifestandam. Et secundum hoc, manifestatio veritatis est actus voluntatis."
[87] Ebd., q.110, a.1: „Quae quidem manifestatio, sive enuntiatio, est rationis actus conferentis signum ad signatum: omnis enim repraesentatio consistit in quadam collatione, quae proprie pertinet ad rationem."
[88] Ebd.: „Inquantum tamen huiusmodi manifestatio sive enuntiatio est actus moralis, oportet quod sit voluntarius et ex intentione voluntatis dependens." Mit „intentio" ist hier nicht die „Intention" gemeint, sondern ganz allgemein das „Wollen", wie aus dem Folgenden hervorgeht.

Maße, wie also das „wahre Sprechen" einen „ordo rationis" begründet, so ist eine Falschaussage wesentlich oder objektiv ein vernunftwidriger Akt, der die vernünftige Ordnung der Kommunikation zerstört; und deshalb besteht die Lüge objektiv und formell in der „voluntas falsum enuntiandi".

Was bedeutet denn nun aber die Aussage: (Mendacium) „est enim actus cadens super indebitam materiam: cum enim voces sint signa naturaliter intellectuum, innaturale est et indebitum quod aliquis voce significet id quod non habet in mente"?[89]

Mit dieser Aussage wird nicht die objektive Schlechtigkeit der Lüge begründet, wie man immer wieder gesagt hat. Der entsprechende Artikel stellt in seiner Überschrift die Frage: „Utrum omne mendacium sit peccatum", „ob *jede* Lüge eine Sünde sei". Es geht hier darum zu zeigen, daß die Lüge ein „malum ex genere" ist, daß die „voluntas falsum enuntiandi" also *immer* ein sittliches Übel darstellt.

Demnach wird hier nicht die objektive Schlechtigkeit der Lüge an sich (die „ratio mendacii" oder die „species") begründet (das war Aufgabe des ersten Artikels der Quaestio), sondern das „Immer" dieser objektiven Schlechtigkeit. Und die Begründung ist evident: Worte sind von Natur aus, aufgrund der leiblichen Konstitution des Menschen, Zeichen für mentale Inhalte. Es ist kein Fall denkbar, in dem jemand eine falsche „collatio signi ad signatum" vornehmen und sich gleichzeitig darauf berufen könnte, in diesem Fall sei mit dem sprachlichen Zeichen (der „vox") *nicht* ein mentaler Inhalt („intellectus") gemeint gewesen. Die naturhafte Beziehung zwischen „vox" und „intellectus" – begründet in der leib-geistigen Konstitution des Menschen – ist ein *praesuppositum* für den „ordo rationis" der menschlichen Kommunikation, und deshalb bewirkt die willentlich falsche „collatio signi ad signatum", die die Vernunft vollzieht, auch *immer* einen Akt, der dem Wesen der menschlichen Kommunikation und damit der Tugend der Wahrhaftigkeit gegenübersteht, also eine Lüge und damit ein sittliches Übel.[90]

Damit soll nur die Struktur der Argumentation Thomas' nachgezeichnet werden, die ganz und gar nicht naturalistisch, jedoch auch nicht spiritualistisch ist, weil sie die naturhaft-leibliche Bedingtheit menschlicher Kommunikation berücksichtigt.

Die Sprache ist deshalb nicht lediglich ein in sich nur „ontisches", frei verfügbares „Mittel", um beliebige kommunikative Zwecke zu erreichen. Die Sprache ist selbst konstitutives *Medium* der Kommunikation und als solches ein menschliches Gut („bonum humanum"). In dieser Perspektive wird es möglich, zu erkennen, daß auch jede „Notlüge" (in der ja die „intentio fallendi" fehlt) diese Kommunikation und damit direkt auch die Beziehung der Gerechtigkeit unter den Menschen angreift. Dies vor allem in fundamentaler Weise bezüglich der Schwächung der habituellen Hinordnung des Willens des Lügners auf das „bonum alterius", das Gut des Mitmenschen. Erkennbar ist dabei auch der große Unterschied zwischen Lüge und einer klugen „occultatio veritatis sub aliqua dissimulatione"[91], die sogenannte „reservatio mentalis"; denn nicht immer besteht die Pflicht zur „manifestatio veritatis"; ja manchmal ist es geboten, sie zu unterlassen. Aber die Mentalrestriktion

---

[89] Ebd., a.3.
[90] Für den Begriff des „praesuppositum" vgl. oben, Teil I, 2.7.5. Zur Lüge als „intrinsece malum" siehe unten, Exkurs III, 7.1.9.
[91] Vgl. ebd., ad 4.

besteht ja gerade darin, trotz der „occultatio veritatis" die zwischenmenschliche Kommunikation und die Ausrichtung des menschlichen Willens auf das „bonum alterius" (Gerechtigkeit) nicht zu zerstören, also nicht zu lügen. Man hat natürlich hin und wieder „Techniken" der Mentalrestriktion verteidigt, die in Wirklichkeit ganz einfach raffinierte und für viele vielleicht das Gewissen beruhigende Formen des Lügens sind.

Was die Thomas-Exegese von Janssens betrifft, so sei lediglich Folgendes gesagt: Um seine Ansicht zu stützen, für Thomas sei nur die „intentio fallendi", also die Absicht mit einer Falschaussage den anderen in die Irre zu führen, für die „ratio mendacii" konstitutiv, beruft sich Janssens auf folgenden Text:

„Intentio vero voluntatis inordinatae potest ad duo ferri: quorum unum est ut falsum enuntietur; aliud quidem est effectus proprius falsae enuntiationis, ut scilicet aliquis fallatur. Si ergo ista tria concurrant, scilicet quod falsum sit id quod enuntiatur, et quod adsit voluntas falsum enuntiandi, et iterum intentio fallendi, tunc est falsitas *materialiter*, quia falsum dicitur; et *formaliter*, propter voluntatem falsum dicendi; et *effective*, propter voluntatem falsitatem imprimendi. Sed tamen *ratio mendacii sumitur a formali falsitate:* ex hoc scilicet, quod aliquis habet voluntatem falsum enuntiandi."[92]

Thomas spricht hier von drei Stufen: Dem materialen „falsiloquim", die „enuntiatio falsi"; diese ist als solche noch keine Lüge, denn sie kann auch unwillentlich sein. Nur was „ex intentione voluntatis" ist, ist ein sittlicher Akt und damit eine Lüge. Aber diese „intentio inordinata voluntatis" kann sich auf *zweierlei* beziehen (an Stelle des Ausdrucks „potest ad duo ferri" stehen bei Janssens drei Pünktchen): Auf das „falsiloquium" selbst („voluntas falsum enuntiandi") oder auf die „impressio falsitatis" in einer anderen Person, die tatsächliche („effektive") Täuschung also; dies ist die „intentio fallendi", also eine eigentliche Intention. Und was begründet nun nach Thomas eine Lüge? Die formelle Falschheit, die „voluntas falsum enuntiandi"; die „intentio fallendi" sei nur eine Vervollkommung der Lüge[93], begründe aber nicht die „ratio mendacii". Jannsens hingegen identifiziert die „ratio formalis" schlechthin mit der „*intentio* fallendi", was plausibel wird, weil dort, wo Thomas differenziert, bei Janssens eben nur drei Auslassungspunkte stehen.[94]

Die Lösung von Thomas ist wiederum nur verständlich, wenn man bedenkt, daß der innere Akt des Willens nicht nur „Intention" ist, wie Janssens dies unterstellt[95], sondern auch „electio", also jene „voluntas", die sich auf das Handlungsobjekt („dicere verum" bzw. „falsum") bezieht; wobei dieses Objekt nicht nur ein „ontisches" „falsiloquium" ist, sondern eine falsche „collatio rationis", also eine Unordnung im Akt der praktischen Vernunft („malum rationis") und somit ein sittliches Übel; denn die „collatio signi ad signatum" im Akt der Wahrhaftigkeit ist als Akt menschlicher Kommunikation ein Akt der *praktischen* Vernunft, bzw. ein „actus humanus".

Was Janssens, sicher zu Recht, hervorheben wollte, ist die Tatsache, daß jede Lüge *objektiv* eine „*voluntas* fallendi" einschließt. Tatsächlich sagt ja Thomas „ratio mendacii

---

[92] II-II, q.110, a.1.
[93] Ebd.: „Quod autem aliquis intendat falsitatem in opinione alterius constituere fallendo ipsum, non pertinet ad speciem mendacii, sed ad quandam perfectionem ipsius (...)."
[94] Vgl. Janssens, a. a. O., S. 146.
[95] Vgl. a. a. O.: „To be a lie, this material element must be embraced by the *formal* element, viz., the end of the inner act of the will, the *intention* to utter something that is not true *(intentio voluntatis inordinatae ... ut falsum enuntietur).*"

sumitur a formali falsitate", „das Wesen der Lüge konstituiert sich durch die formelle Falschheit"[96], also durch die „*voluntas* falsum enuntiandi", und nicht aufgrund des reinen „falsiloquium" in seiner materialen Betrachtung. Hier ist, wie mir scheint, nicht einfach die Unterscheidung von „materieller" und „formeller" Sünde angesprochen; sonst wäre die Aussage an diesem Ort zu trivial, und man könnte sich nicht recht vorstellen, weshalb Thomas sie aufführt, da sie ja überhaupt für *alle* menschlichen Akte zutrifft.

Thomas möchte vielmehr betonen, daß die „ratio mendacii", der sittlich-objektive Gehalt einer Lüge also, nicht in der Mißachtung eines äußeren Gutes besteht; Thomas würde beispielsweise sicherlich nicht sagen, die „ratio adulterii" bestehe in der „voluntas adulterium committendi"; ein Ehebruch formuliert sich vielmehr objektiv durch seine „materia circa quam", d. h. durch die „Materie" „cognoscere mulierem alterius" (bzw. „non suam"). Wenn einer eine verheiratete Frau verführt, ohne zu wissen, daß sie verheiratet ist, dann begeht er *objektiv* einen Ehebruch, auch wenn, aufgrund der Unkenntnis seitens des Mannes, *formell* hier kein Ehebruch vorliegt. Begeht jedoch jemand ein „falsiloquium" in der Meinung, die Wahrheit zu sagen, so handelt es sich eben gerade auch *objektiv nicht* um eine Lüge, denn die „ratio mendacii" beruht auf der „*voluntas* falsum dicendi".

Ich glaube deshalb, daß die Lösung des hl. Thomas mit der augustinischen Definition der Lüge, die in gewisser Hinsicht klarer ist, im Einklang steht. Diese Definition von Augustinus lautet: „Mendacium est quippe falsi significatio cum voluntate fallendi."[97] Die augustinische „voluntas fallendi" ist nun eben genau die thomistische „voluntas falsum enuntiandi"; damit ein „falsiloquium" eine Lüge sei, dazu muß man täuschen *wollen*. Das gilt nun eben für jede Art der Lüge. Auch eine Not- oder Scherzlüge *will* täuschen; sonst hätte sie gar keinen „Sinn"; sie will diese Täuschung aber auf der Ebene der Mittel. Unterschieden davon bleibt eine Lüge, die mit der „*intentio* fallendi" ausgesprochen wird; also nicht um einen Vorteil zu erreichen oder jemandem einen Streich zu spielen, sondern *mit der Absicht zu täuschen*. Diese Unterscheidung ist wichtig: Denn wenn ich lüge, um damit einen, vielleicht legitimen, Vorteil zu erhalten, so kann ich mich nicht darauf berufen: „Ich hatte ja nicht den Willen, ihn zu täuschen"; auch wenn, auf der Ebene der Intention, eine Täuschungsabsicht nicht vorhanden war, so *wollte* ich dennoch – auf der Ebene der Mittel – den anderen in die Irre führen, um mein Ziel zu erreichen. Wenn jedoch die „voluntas eligens" schlecht ist, so ist der ganze Wille schlecht, auch wenn die Intention noch so lobenswert erscheint.

7.1.8 Exkurs II: „Indirektes Handeln", „voluntarium indirectum", – und einige Anmerkungen über den Mißbrauch der Kasuistik in der Moraltheologie

Bekanntlich vertreten viele Moraltheologen heute die Meinung, die klassische Lehre vom „indirekten Handeln" (oder „voluntarium indirectum") sei unhaltbar und zu ersetzen

---

[96] Vgl. a. a. O.
[97] AUGUSTINUS, Contra mendacium 12, 26, PL 40, 537. T. G. BELMANS (a. a. O., S. 138) sieht zwischen den Definitionen von Thomas und Augustinus einen Gegensatz. Aber Belmans hat

„Indirektes Handeln" (voluntarium indirectum)

durch das Prinzip: Man darf auch direkt ein (physisches) Übel bewirken (z. B. eine Abtreibung vornehmen, eine Irreführung bezweckende Falschaussage machen, in einem Krieg nichtkämpfende Zivilbevölkerung töten), vorausgesetzt, daß entsprechend schwerwiegende Gründe vorliegen.[98] Die Tradition hatte festgehalten, daß z. B. der Tod eines Unschuldigen nur „indirekt" verursacht, d. h. niemals als Ziel *intendiert* oder als Mittel *gewählt*, sondern höchstens als Nebenfolge *zugelassen* werden dürfe.

Moraltheologen, welche die Lehre vom indirekten Handeln durch die Weisung „auch direkt, aber nur aus entsprechend schwerwiegenden Gründen" ersetzen möchten, schließen sich dabei einer Ethik an, die den Menschen prinzipiell für *alle* voraussehbaren Folgen seines Handelns moralisch verantwortlich erklärt.[99] Damit halten sie auch dafür, daß es grundsätzlich denkbar und diskutierbar ist, daß die Verhängung der Todesstrafe über einen dem Richter bekannterweise Unschuldigen moralisch gerechtfertigt werden kann, wenn dadurch das Leben *vieler* Menschen gerettet würde (sog. „Kaiphas-Prinzip"; man erinnere sich an das in Kap. 6 besprochene Beispiel des amerikanischen Sheriffs).

G. E. M. Anscombe hat ein treffendes Beispiel vorgelegt, um zu zeigen, zu welch absurden Konsequenzen dieser „Konsequentialismus" führt[100]: Jemand, nennen wir ihn Herrn X, ist verantwortlich für den Unterhalt eines Kindes. Offensichtlich wäre es eine schlechte Tat, aus freien Stücken (ob um eines persönlichen Vorteils oder auch um eines sehr ehrenwerten Zweckes willen ist einerlei) die Unterhaltspflicht zu vernachlässigen oder dem Kinde gar jegliche Hilfe zu entziehen. Nun steht Herr X jedoch plötzlich vor der Wahl, entweder eine Untat zu begehen oder aber zu einer hohen Gefängnisstrafe verurteilt zu werden: geht er ins Gefängnis, so kann er seiner Unterhaltspflicht dem Kinde gegenüber nicht mehr nachkommen. Gemäß der teleologischen (konsequentialistischen) Auffassung besteht nun kein Unterschied zwischen der Verantwortung für die Folge „Entzug des Unterhaltes" im ersten Fall, in dem dieser Entzug als Mittel für einen bestimmten Zweck gewählt wurde, und dem zweiten, in dem diese Folge als vorhergesehene und unvermeidbare Folge der Nichtausführung einer Untat eintritt.

So weit sei das Beispiel hier referiert.[101] Die Tradition hätte den Entzug des Unterhaltes

---

wohl gerade die Bedeutung der „voluntas" in der Konstituierung der „ratio mendacii" bei Thomas übersehen.

[98] Zuerst und am einflußreichsten wurde diese Position in einem in verschiedenen Sprachen fast gleichzeitig erschienenen Artikel von P. KNAUER vertreten: Das recht verstandene Prinzip von der Doppelwirkung als Grundnorm jeder Gewissensentscheidung, in: Theologie und Glaube 57 (1967), S. 107–133.

[99] Vgl. B. SCHÜLLER, Die Begründung sittlicher Urteile, a. a. O., S. 290: „Die dritte Kennzeichnung teleologischer Ethik bestreitet diese Eingrenzung menschlicher Verantwortung. Denn indem sie erklärt, die sittliche Richtigkeit einer Handlung bestimme sich ausschließlich von den Folgen her, macht sie den Menschen verantwortlich für alle voraussehbaren Folgen seines Handelns." Diese Position, die am einflußreichsten der englische Ethiker utilitaristischer Prägung Henry SIDGWICK (1838–1900) vertreten hatte, wurde in dieser Form bereits im Jahr 1903 von G. E. MOORE als unvertretbar herausgestellt (Principia Ethica, S. 149; siehe unten Kap. 8: „Philosophische Schlußfolgerungen...", Anm. 5). Vgl. auch G. E. M. ANSCOMBE, Modern Moral Philosophy, in: The Collected Philosophical Papers of G. E. M. Anscombe, III, Oxford 1981, bes. S. 34–36.

[100] Vgl. Modern Moral Philosophy, a. a. O., S. 35f.

[101] Es wird von G. E. M. Anscombe noch weiter ausgeführt: Die Gleichsetzung von „Mittel" und

für das Kind (als Ziel oder Mittel gewollt) ein direktes Handeln genannt. Da es sich um eine schlechte Tat (die Verletzung einer Gerechtigkeitspflicht) handelt, die hier als Ziel intendiert oder als Mittel gewählt wird, ist diese Handlung unstatthaft. Das Objekt der Handlung gehört hier zur moralischen Spezies „Ungerechtigkeit". Im zweiten Fall handelte es sich um ein indirektes Handeln: Was getan wird ist gut (Unterlassen einer Untat), das Ziel ist ebenfalls gut (Erstreben der Gerechtigkeit), die üble Folge ergibt sich nicht unmittelbar intendiert, sondern vermittelt, als Nebenfolge, aus der vollzogenen Handlung (eine willentliche Unterlassung ist ja auch eine Handlung) und es besteht auch ein schwerwiegender Grund („keine Untat begehen").

Vom teleologischen Standpunkt aus müßte man hingegen argumentieren: Wenn die voraussehbaren Folgen von x-Tun (von „Deontologen" voreilig „Untat" genannt) weniger schlimm sind als der Entzug des Unterhaltes für das Kind, dann bin ich verpflichtet, diese Tat zu begehen, bzw. das „Untat" genannte x-Tun wäre dann gar keine Untat; tue ich sie nicht, dann bin ich moralisch verantwortlich für die aus dieser Unterlassung entstandene Situation des Kindes. Somit kann man dann Abtreibung, aktive Euthanasie, Lüge, die Verurteilung wissentlich Unschuldiger, auf die Zivilbevölkerung gerichtete Vernichtungsbombardemente usw. rechtfertigen (wie Präsident Truman tatsächlich die Atombombe von Hiroshima rechtfertigte). Das tun denn auch unsere Moraltheologen, obwohl sie (meistens) immer noch einen Grund finden, wieso man dann solche Dinge eben doch nicht tun solle (vgl. oben das Beispiel mit dem amerikanischen Sheriff). Was aufgrund der Infragestellung solcher absoluter Prohibitive jedoch bleibt ist, so scheint mir, eine tiefgreifende Zerstörung dessen was man „Moral" nennt.[102]

Was heißt nun aber „indirektes Handeln"? Wenn ich jemanden durch einen gedungenen Berufskiller (oder indem ich sein Haus anzünde und ihn verbrennen lasse) ermorde: Habe ich ihn dann direkt oder indirekt ermordet? Rein „technisch" gesehen kann man antwor-

---

„unvermeidliche Folge" wird Herrn X zu folgender Überlegung führen: Wenn ich in beiden Fällen für die Folgen gleich verantwortlich bin, dann ist es grundsätzlich einerlei, *was* ich tue; ich muß nur auf die Folgen achten, die sich aus meinem Tun (bzw. Unterlassen) ergeben. Deshalb wird sich Herr X berechtigt fühlen, bei Gelegenheit eine noch viel schlimmere Untat zu begehen, weil er ja gar nicht gehalten ist, darauf zu achten, ob diese Handlung in sich gut oder schlecht ist. Sollten sich daraus unvorhergesehen schlimme Konsequenzen ergeben, so wird er sagen: Dafür bin ich nicht verantwortlich, weil ich diese Konsequenzen nicht vorhersehen konnte. Denn eine Handlung ist ja gut oder schlecht, je nach den jeweils *vorhergesehenen* Folgen. Das heißt jedoch: Über die moralische Qualität meiner Handlungen entscheiden also nicht die Folgen als solche, sondern die Folgen die *ich* voraussehe, die vielleicht andere sind als diejenigen, die Y oder Z voraussieht. Somit sind also auch die *tatsächlichen* Folgen nicht mehr relevant, sondern nur die *erwarteten* Folgen. Somit kann jeder sich für die Folgen seines Tuns als nicht verantwortlich erklären, sofern er Gründe dafür angeben kann, daß er sie nicht voraussehen konnte. Dagegen ist, mit G. E. M. Anscombe zu sagen: Das ist absurd. Vielmehr muß festgehalten werden: Jedermann ist verantwortlich für die üblen Folgen seiner Untaten und trägt keinen Verdienst an ihren (eventuell) guten Folgen; und *keiner* ist verantwortlich für die (eventuell) schlechten Folgen seiner guten Handlungen; hingegen kommt jedermann das Verdienst für deren guten Folgen zu.

[102] Vgl. G. E. M. ANSCOMBE, a. a. O., S. 40: „But if someone really thinks, *in advance*, that it is open to question whether such an action as procuring the judicial execution of the innocent should be quite excluded from consideration – I do not want to argue with him; he shows a corrupt mind."

ten: Indirekt. Intentional (und damit in moralischer Perspektive betrachtet) jedoch direkt.[103] Kann ich sagen: Der Tod des Betreffenden ist nur eine (indirekte) Folge (eine Nebenfolge) der Handlung „einen Berufskiller dingen" oder „das Haus anzünden"? Im technischen Sinne: ja; im moralischen Sinne (als intentionaler Akt betrachtet): nein. Und das heißt: In einer ethischen Perspektive ist ein (technisch) „indirektes" Handeln nicht unbedingt das, was in der Ethik ein „indirektes Handeln" genannt wird. Vom indirekten Handeln (im moralischen Sinne) sprechen wir nur, wenn die Handlungsfolge nicht *gewollt* ist, d. h. wenn sie aus der intentionalen Struktur der Handlung herausfällt und ihr damit – wiederum im moralischen Sinne – nicht gegenständlich ist. Denn Handlungsobjekte (hier: „einen Menschen ermorden") sind immer Objekte des Willens.

Das scheint zunächst einmal trivial. Wir können nun aber die Fragestellung zusätzlich einschränken: Ist es möglich, daß eine „technisch", bezüglich des naturhaften Kausalzusammenhanges notwendig und voraussehbar eintretende Folge in moralischer Perspektive (als intentionaler Akt betrachtet) eine bloße Nebenfolge (ein „voluntarium indirectum") ist, für die man keine moralische Verantwortung trägt? Grundsätzlich ist diese Frage sinnvoll, da ja das technisch (oder auch auf der Ebene von „Naturwirkungen") Verursachte offenbar nicht mit dem moralisch Verursachten zusammenfällt. Wenn wir Handlungsobjekte prinzipiell auf der Ebene des „genus naturae" betrachten würden, und uns somit auf die technischen oder naturhaften Ursache-Folge-Zusammenhänge konzentrierten, dann müßten wir sagen: Eine direkt verursachte Folge ist immer Gegenstand eines (moralisch) direkten Handelns. Nehmen wir das obige Beispiel: Die Verurteilung zur Gefängnisstrafe ist eine direkte, unausweichliche, notwendige und deshalb auch vorausgesehene Folge der Unterlassung der Untat; die Verunmöglichung der Ausübung der Unterhaltspflicht ist eine ebenso direkte Folge des Gefängnisaufenthaltes. Angenommen, dieser Zusammenhang ist genau so notwendig und vorhergesehen wie der Tod eines Menschen, wenn ich sein Haus anzünde, dann ist auch die Verursachung der jammervollen Situation des Kindes genau so direkt bewirkt, wie der Tod desjenigen, dessen Haus ich in Brand gesteckt habe. Das ist jedoch absurd, und folglich entscheidet die vorausgesehene ursächliche Notwendigkeit, mit der eine Folge eintritt, noch nicht über das Maß der Verantwortung, die man für sie trägt; d. h. es kann auch beim Vorliegen eines vorausgesehen notwendig-kausalen Zusammenhanges ein (moralisch) indirektes Handeln vorliegen. Dasselbe gilt für die legitime Notwehr: Wenn dabei der Tod des Angreifers nur als Nebenfolge der Handlung „Selbstverteidigung" genannt wird, dann widerspricht das wohl nicht dem nachfolgenden Autopsieergebnis, daß die Handlung der Selbstverteidigung (z. B. das Abfeuern eines Schusses, der dann aber voraussehbar das Herz getroffen hatte), daß diese Handlung die

---

[103] „Intentional" meint: Handlungen sind keine Naturereignisse, sondern vernunftgesteuerte Willensakte. In einer menschlichen Handlung konkretisiert sich immer eine „intentio voluntatis". Zunächst einmal die „intentio finis", die Intention im eigentlichen Sinn, und dann die „electio eorum quae sunt ad finem", die Mittel, die um des Zieles willen gewählt werden; die Mittelwahl *(electio)* ist nichts anderes als eine operative Konkretisierung der *intentio*. Die konkrete, vollzogene Handlung ist, unter ethischem Gesichtspunkt, deshalb eine operativ konkretisierte und „inkarnierte" *intentio voluntatis*. Um Handlungen als menschliche und damit sittliche Handlungen analysieren und beurteilen zu können, sind sie nicht einfach als „physische" Vorgänge, sondern als intentionale Akte zu betrachten.

direkte Ursache des Todes, dieser also (medizinisch gesehen) keine Nebenfolge war. Oder wenn ein Arzt einem todkranken Patienten zur Verminderung der Schmerzen eine Droge verabreicht, die voraussehbar den Tod bewirkt, wenn es die Krankheit nicht vorher tut, so wird man vielleicht bei einer nachträglichen Autopsie feststellen können, daß tatsächlich die Droge und nicht die Krankheit den Tod verursacht hat. Hat deshalb der Arzt den Patienten im moralischen Sinne direkt getötet? Natürlich nicht, denn die Handlung bestand intentional und damit moralisch-objektiv darin, „Schmerzen zu lindern" und nicht „das Leben abzukürzen"; angesichts der Situation des Patienten und ihrer Beurteilung reduziert sich die tödliche Wirkung der Droge auf eine nicht-intendierte (nicht-gewollte, zugelassene) Nebenwirkung, obwohl hier der Tod, vom medizinisch-technischen Standpunkt aus gesehen *keine* Nebenwirkung, sondern direkte Folge der Verabreichung der Droge war.

Wenn wir deshalb in moralischer Perspektive von indirektem Handeln sprechen, so sprechen wir von indirekter *Willentlichkeit („voluntarium* indirectum"), weil die Frage schließlich sich darum dreht: Welches war der objektive Sinn dieses Handelns? Und das Objekt einer Handlung ist immer als Gegenstand des durch das Urteil der praktischen Vernunft informierten Willens zu begreifen. Nicht einfach, was (auf der Ebene des „genus naturae") *geschieht,* wenn man etwas tut, sondern was man auf Grund rational durchformter Intentionalität *will,* spezifiziert die Handlung.[104]

„Wollen" kann man nun etwas in zweierlei Weise: entweder, indem man es als Ziel anstrebt, oder indem man es als Mittel zu einem bestimmten Ziel wählt. Was sich (auch als vorausgesehene) Nebenfolge aus einem angestrebten oder als Mittel gewählten Tun ergibt und selbst weder Ziel noch Mittel ist, das ist nicht gewollt, sondern zugelassen, sofern ein zureichend schwerwiegender Grund das Zulassen einer solchen Wirkung rechtfertigt. Eine solche Nebenfolge ist also ein „voluntarium indirectum", nicht deshalb, weil es gleichsam „über Zwischenstationen" gewollt ist, sondern weil nur die Ursache (die konkrete Handlung) gewollt ist, aus der sich jedoch diese Folge voraussichtlich ergibt.[105]

F. Scholz hat vor einigen Jahren nachzuweisen versucht, daß die meisten früher von

---

[104] Vgl. dazu Thomas: „Morales autem actus recipiunt speciem secundum id quod intenditur, non autem ab eo quod est praeter intentionem" (II–II, q.64, a.7). Hier ist „intendere" im allgemeinsten Sinn für „Wollen" gebraucht; insofern ist sowohl die *intentio finis,* wie auch die *electio* der Mittel ein *intendere.* Nützliche Hinweise dazu bei J. M. BOYLE, *Praeter Intentionem* in Aquinas, in: The Thomist, 42 (1978), 4, S. 649–665.

[105] Man kann, wie mir scheint, das indirekte Handeln freilich nicht mit dem *voluntarium in causa* identifizieren, wie Scholz, im Anschluß an R. GARRIGOU-LAGRANGE's Kommentar zur I–II, Turin 1951, 178) richtig feststellt (Objekt und Umstände, Wesenswirkungen und Nebeneffekte, a. a. O. S. 253). Ein typischer Fall des „voluntarium in causa" wäre: Jemand verursacht den Tod eines Menschen durch schuldhafte Nachlässigkeit (übersetzte Geschwindigkeit im Autoverkehr, Trunkenheit, Fahrlässigkeit eines Arztes bei einer Operation usw.). In diesem Fall ist man für die Folgen verantwortlich, und zwar, im Unterschied zum „voluntarium indirectum", sogar *obwohl* man sie *nicht* vorausgesehen hat, sie aber hätte voraussehen *sollen* und *können.* Es handelt sich also um einen Sonderfall *direkten* Handelns. Beim indirekten Handeln müßte man eher sagen: Die üble Wirkung ist nicht *in causa* gewollt, sondern sie ist *nicht*-gewollt. „Voluntarium indirectum" ist gerade das Moment, das ausmacht, daß eine durch das Wollen ihrer Ursache bewirkte üble Folge auch *nicht einmal* „in causa" gewollt ist, und daß man deshalb dafür nicht die Verantwortung trägt.

„Indirektes Handeln" (voluntarium indirectum)

Moraltheologen als indirekt gerechtfertigten Handlungen in Wirklichkeit gar nicht indirekt sind; der sogenannte ungewollte Nebeneffekt sei in Wirklichkeit immer ein als Nebeneffekt getarntes Mittel.[106] Die Analysen von Scholz beruhen jedoch auf einem physizistischen Verständnis des Handlungsobjektes, d. h. letzlich darauf, Handlungen nicht als intentionale Akte, sondern als vom Handelnden ausgelöste „geschehnishafte" Wirkzusammenhänge zu betrachten.[107] D. h., Scholz vertritt die Meinung, daß (seiner Terminologie gemäß) sog. „Wesensfolgen" (Folgen, die sich mit naturhafter Notwendigkeit aus einer Handlung ergeben und *deshalb* vorauszusehen sind) immer als Mittel gewollt werden *müssen*, da sie eben unvermeidlich eintreten und somit eine *conditio qua non* für die Handlung darstellen. So sei der Tod einer bestimmten Zahl von Zivilisten bei der Bombardierung einer militärischen Festungsanlage wenn auch nicht das Ziel, so doch eine unvermeidliche und voraussehbare Folge der Bombardierung. Deshalb sei die Tötung dieser Personen in Wirklichkeit ein Mittel, um das Ziel der Zerstörung zu erreichen. Denn die Tötung der Zivilpersonen sei hier eine notwendige Folge der militärischen Aktion und deshalb eine „conditio sine qua non" für ihre Durchführung.[108] Ebenso vertritt Scholz die Meinung, es bestehe kein moralischer Unterschied zwischen der Tötung eines Fötus im Mutterleib als Folge des Ablassens des Fruchtwassers (sog. „Eihaustich") und Tötung des Fötus als Folge der Exstirpation eines krebsbefallenen graviden Uterus.[109] In beiden Fällen würden dem Fötus die notwendigen Lebensvoraussetzungen entzogen; sein Tod sei also in beiden Fällen eine „Wesensfolge" der Handlung und damit direkt verursacht.

Das scheint mir jedoch – in moraltheoretischer Perspektive – eine absurde Argumentation zu sein. Hier wird das Handlungsobjekt auf einer rein naturalen Ebene physiologischer Wirkzusammenhänge betrachtet. Eine Analyse der intentionalen Struktur der Handlung zeigt jedoch: im ersten Fall ist das Abfließenlassen des Fruchtwassers überhaupt nicht um seiner selbst Gegenstand einer Wahl; es ist einzig und allein ein Mittel, um den Tod des Fötus zu bewirken („indirektes" Handeln im technischen Sinne). Wollte man diesen nicht, so bestünde hier ja gar kein Anlaß, das Fruchtwasser abfließen zu lassen. Die Handlung „Abfließenlassen des Fruchtwassers" erhält hier ihre intentionale Sinnhaftigkeit gerade *durch* und *nur* durch die Folge „Tod des Fötus". Es ist dies also eine Handlung, die auf der Ebene des Beispiels „ein Haus anzünden, um den Bewohner verbrennen zu lassen" liegt. Im zweiten Fall jedoch ist die Uterusexstirpation intentional betrachtet keinesfalls ein Mittel, um den Fötus zu töten; die Exstirpation ist vielmehr das Mittel, um die Mutter vom Krebs zu befreien; die intentionale Sinnhaftigkeit des gewollten Tuns konstituiert

---

[106] Vgl. F. SCHOLZ, Wege, Umwege und Auswege der Moraltheologie. Ein Plädoyer für begründete Ausnahmen, München 1976; und DERS.: Objekte und Umstände, Wesenswirkungen und Nebeneffekte, a. a. O.

[107] Vgl. vor allem: Objekt und Umstände..., a. a. O., S. 247ff. Scholz analysiert den Begriff des Handlungsobjektes auf der Ebene des „finis naturalis" eines Aktes, bzw. einer Potenz, ohne auch nur im geringsten zu berücksichtigen, daß Handlungsobjekte immer Gegenstände des Willens und damit auch der praktischen Vernunft sind. Der „finis operis" wird dann schließlich auf „die Auswirkungen der inneren Wesensmöglichkeiten, d. h. der Wesenspotenzen" reduziert (ebd., S. 249). Der Begriff des „Nebeneffektes" wird ebenfalls auf dieser physizistischen Grundlage bestimmt.

[108] Vgl. ebd., S. 256/57.

[109] Vgl. Wege, Umwege und Auswege..., a. a. O., S. 95.

sich hier also – im Gegensatz zum ersten Fall – durch die Handlung „Exstirpation des lebensgefährdenden Organs" selbst, und nicht aufgrund der dadurch eintretenden Folge des Todes der Leibesfrucht. Hier ist der Abort also nicht das Ziel der Handlung. Man könnte nun (mit F. Scholz) einwenden: Aber er ist das Mittel zum Ziel. Denn ohne Tötung des Fötus kann man keinen graviden Uterus entfernen. Die Tötung ist eine *conditio sine qua non* für die Heilung. Das wäre jedoch ein nichtssagender Einwand: Jedes notwendige Mittel ist zwar eine „conditio sine qua non" zur Erreichung eines Zieles, aber nicht jede „conditio sine qua non" ist ein Mittel (sonst müßte man ja den Lohn eines jeden Polizisten als unsauberes Geld" betrachten, da die von seinen Klienten begangenen Untaten faktisch die „conditio sine qua non" dafür sind, daß er seinen Beruf ausüben und Geld verdienen kann). Was bewiesen werden muß ist nicht, daß bestimmte Folgen „conditio sine qua non" sind, sondern daß innerhalb der intentionalen Struktur der Handlung eine „conditio sine qua non" den Charakter eines Mittels besitzt. Daß der Abort in unserem Beispiel kein Mittel ist, zeigt sich ganz einfach darin, daß der Tod des Fötus tatsächlich nicht als Mittel *gewählt* wurde, und das heißt: daß die *Vornahme* der Uterusexstirpation (also die Setzung der Handlung) in keinerlei intentionalem Zusammenhang mit der Tötung des Fötus steht. Intentional betrachtet brauche ich hier nicht die Tötung, um das Leben der Mutter zu retten. Ich verursache zwar diese Tötung, aber nicht weil ich sie will, sondern weil sie aus dem, was ich will, folgt. Was ich hier will, das will ich völlig unabhängig von der Folge „Tod des Fötus"; und zudem ist es sowohl auf der Ebene des Zieles wie auch der Mittel zweifellos ein gutes Wollen. Wenn wir der Argumentation von Scholz folgen, so müßten wir im obigen Beispiel den „Entzug des Unterhaltes für das Kind" als *Mittel* (weil „conditio sine qua non") für den Akt der Gerechtigkeit „Unterlassung einer Untat" ansehen. Das wäre wiederum absurd, denn es geht, wie immer in der Moral, um den *Willen* des Menschen, nicht um die Struktur physiologischer oder anderer willensunabhängiger Wirk-Zusammenhänge.

Das tönt nun zunächst sehr „subjektivistisch" und könnte den Anschein erwecken, daß man eigentlich alles tun könne, wenn man nur den Willen entsprechend lenke. Aufgrund der durch die cartesische Psychologie inspirierten Annahme, daß die Willensintentionen beliebig „lenkbar" seien, hat man seit dem 17. Jahrhundert of die ungeheuerlichsten Dinge für moralisch möglich gehalten, und hält man sie oft heute noch für möglich.[110] So werden z. B. die unsinnigsten Arten der Mentalrestriktion gerechtfertigt, von denen auch Scholz einige Beispiele anführt, um die Falschheit der Lehre vom indirekten Handeln zu beweisen. Oder: Das Abwerfen der Atombombe über Hiroshima (oder die Ausradierung deutscher Städte); denn was man ja wolle, so argumentierte man, sei die Beendigung des Krieges, und nicht den Tod der Zivilbevölkerung. Das ist aber deshalb unsinnig, *weil man gewisse Dinge nicht tut, ohne sie auch zu wollen,* oder besser: Weil man das, was man *unmittelbar* tut, immer auch tun *will*. Eine Analyse der intentionalen Struktur der Handlung „Vernichtungsbombardement" kann dies hier aufzeigen: Denn was hätte der Tod der Zivilbevölkerung, der dadurch angerichtete Schreck- und Droheffekt für einen *anderen*, in

---

[110] Vgl. dazu G. E. M. ANSCOMBE, War and Murder, in: The Collected Papers..., a. a. O. S. 59. Verschiedene Versuche solcher Rechtfertigung durch die Lehre von der „Lenkbarkeit" der Intention haben Verurteilungen durch das kirchliche Lehramt nach sich gezogen.

sich tragenden intentionalen Sinn als ein *Mittel* zur Beendigung des Krieges zu sein? Die Zielintention „Beendigung des Krieges" kann ja nur und allein deshalb zur Handlung „Vernichtungsbombardement" führen, *weil* dadurch Massen von Zivilbevölkerung getötet werden. Also kann man nicht behaupten, man habe nicht diese, sondern nur die Beendigung des Krieges gewollt; woraus sich ergibt: Die Tötung der Zivilbevölkerung war ein gewähltes *Mittel* zum Zweck und die Berufung auf das Prinzip der „Lenkbarkeit" der Intention ist hier nur die Verbergung des Prinzips „Der Zweck heiligt die Mittel". Anders verhält es sich beim obigen Beispiel der Uterusexstirpation: Hier kann man ohne „Umlenkung" der Intention begründen, daß man nicht den Tod des Fötus, sondern die Heilung der Mutter wollte, denn die Uterusexstirpation ist auch unabhängig von der Tatsache, daß sich in ihm ein menschliches Lebewesen befindet, sinnvoll und würde auch in diesem Falle, ja sogar erst recht und ohne Bedenken, vorgenommen. Nur physiologisch, aber nicht intentional betrachtet, ist der Tod des Fötus eine „conditio sine qua non" zur Heilung der Mutter; während es im Falle des Vernichtungsschlages gegen Hiroshima nicht möglich war, zum Zwecke der Kriegsbeendigung die Tötung der Zivilbevölkerung *nicht* zu wollen (diese ist hier eine intentionale „conditio sine qua non", ein Mittel), so ist es offensichtlich *möglich*, einen graviden Uterus wegoperieren zu wollen, auch wenn sich in ihm kein lebender Fötus befindet, bzw. ohne seine Tötung zu wollen. Diese Folge ist deshalb, im moralischen Sinne, „praeter intentionem" (und zwar nicht, weil die Intention davon „abgelenkt" wurde, sondern weil sie gar nie darauf gerichtet war), – es sei denn, man habe den Tod der Leibesfrucht eben doch „mit-gewollt", indem man sich z. B. darüber gefreut hat („umso besser", u. ä.). Es ist eben im Willen – im menschlichen Herzen – wo sich entscheidet, ob jemand ein guter oder ein schlechter Mensch ist. Und ein guter Mensch zu sein – darum geht es ja, denn das ist das „ethische Proprium". Und ein guter Mensch ist man nicht aufgrund der Folgen, die man „bewirkt", sondern aufgrund dessen, *was man will* und entsprechend auch tut; (man kann natürlich auch Folgen „wollen" und entsprechend informiert dieses Wollen dann auch das Tun; aber „Wollen" und „Bewirken" von Folgen sind nun eben einmal nicht dasselbe).

Wie wichtig die Berücksichtigung der intentionalen Struktur einer Handlung ist, zeigt sich schlußendlich im umgekehrten Fall: Nehmen wir an, der Krebs sei erst so weit fortgeschritten, daß ohne Risiko für Mutter und Kind mit der Operation bis nach der Geburt des Kindes zugewartet werden könnte. In diesem Falle wäre tatsächlich kein ausreichend schwerwiegender Grund für die Zulassung der Folge des Todes des Fötus vorhanden. Würde man dennoch die Operation in diesem Zeitpunkt (und wissend, daß sie nicht dringend ist) vornehmen, dann kann man nicht mehr behaupten, der Tod des Fötus sei „praeter intentionem", obwohl er, was den medizinisch-physiologischen Wirk- oder „Wesens"-Zusammenhang betrifft, in genau gleicher Weise verursacht wäre, wie im ersten Fall. Vielmehr müßte man urteilen: Hier wird eigentlich der Tod des Fötus nicht nur zugelassen, sondern mit-gewollt; ja, vielleicht ist man sogar ganz froh darum, gleich „zwei Fliegen auf einen Schlag" erledigen zu können. Ebenso versuchte man früher oft, die Unsitte zu rechtfertigen, Gebärmütter ohne zureichenden medizinischen Grund zu entfernen. Die Folge der Sterilisation, von der man ja wußte, daß sie nicht direkt angezielt werden dürfe, bezeichnete man dann als bloße Nebenfolge und glaubte, sich damit rechtfertigen zu können, man habe ja nur „indirekt" gehandelt. Aber wenn eben der angemessen schwere Grund fehlt, so ist die sog. Nebenfolge in Wirklichkeit das (verborgene) Ziel der Handlung, ohne daß dabei jedoch der medizinisch-physiologische, bzw. der naturhafte „Wesenszusammenhang" sich von einer moralisch gerechtfertigten Sterilisierung als bloße Nebenfolge auch nur in irgend einer Weise unterscheiden würde; das wird allerdings nur ersichtlich, wenn man Handlungen als intentionale Akte und nicht, wie F. Scholz, als bloße Verursachung von naturhaften Wirkzusammenhängen begreift.

Deshalb ist Scholz ein gravierender methodologischer Fehler vorzuwerfen, und zwar nicht allein, weil er in seiner Untersuchung des indirekten Handelns in typisch physizistischer Tradition das Augenmerk nur auf solche naturhaften „Wesenszusammenhänge" richtet, sondern zudem weil er die Bedingung: „Für die Zulassung der üblen Folge müssen entsprechend gewichtige Gründe vorliegen" ausklammert und meint, man könne das Indirekte unabhängig von dieser Bedingung analysieren.[111] Dabei übersieht er, daß das moralisch Indirekte immer ein *intentional* Indirektes („praeter intentionem") und nicht ein naturhaft-wesensmäßig Indirektes ist. Scholz argumentiert mit einem physizistischen Begriff des Handlungsobjektes und kann deshalb, mit allen konsequentialistischen Ethikern, nur noch die *nicht*-voraussehbaren Folgen als nicht-verantwortete Folgen festhalten. Woraus dann der Schluß gezogen wird: Da man sowieso für alles in gleicher Weise die Verantwortung trägt, kann man es gar nicht vermeiden, das Üble zu tun; also darf man es, aus entsprechenden Gründen, auch direkt tun[112] (d. h.: man darf es *als Mittel wählen*), – wobei dann in ganz erstaunlicher Weise wieder die alte (legalistische) Lehre von der „Lenkbarkeit" der Intention auftaucht, wenn Scholz bemerkt, entscheidend für die moralische Zulässigkeit einer direkten Verursachung „physischen" Übels sei das Fehlen eines jeglichen *animus nocendi* auf Seiten des Handelnden.[113]

Somit können wir zusammenfassen: Entscheidend für die Existenz eines „voluntarium indirectum" ist zunächst einmal nicht die Tatsache, daß die schlechte Wirkung eine (naturhaft oder technisch) *indirekte* Wirkung ist; ebenso wichtig ist, daß eine solche schlechte Nebenfolge auch nur indirekt *gewollt* ist, daß sie also *praeter intentionem* eintritt. Nicht gewollt kann etwas sein, indem es weder als Ziel noch als Mittel gewollt ist. Vorausgesetzt dazu ist jedoch *immer,* daß ein zureichend schwerwiegender Grund vorliegt.

Das „indirekt Gewollte" ist letztlich eine Wirkung, die man schlicht und einfach *nicht will* (sie ist „praeter intentionem"), obwohl sie bei bestimmten Handlungen, zu denen

---

[111] Vgl. Wege, Umwege und Auswege..., S. 79; 84.
[112] Vgl. auch die reichlich zynisch anmutende „Kompromißtheorie" bezügl. der Sünde von C. E. CURRAN (Themes in Fundamental Moral Theology, Notre Dame – London 1977, S. 31–32): „Recently, I have proposed the need for a theory of compromise in moral theology precisely because of the existence of sin in the world. The surd brought about by human sinfulness is so oppressive that occasionally we cannot overcome it immediately. The presence of sin may force a person to do something one would not do if there were no sin present. Thus in sin-filled situations (notice all the examples of such situations in the current literature) the Christian may be forced to adopt a line of action, which one would abhor if sin were not present." Vergißt hier ein katholischer Moraltheologe nicht, daß Erlösung nicht nur „Vergebung der Sünden" heißt, sondern auch die Gegenwart und Wirksamkeit der heilenden, helfenden und damit die Sünde *überwindenden* Gnade?
[113] F. SCHOLZ, Objekt und Umstände..., a. a. O., S. 259.

man unter Umständen sittlich verpflichtet ist, als *Nebenwirkung* eintritt. Um zu bestimmen, was im moralischen – d. h. intentionalen Sinne – eine Nebenwirkung ist, d. h. eine Wirkung, die nicht den *objektiven* Inhalt einer Handlung prägt und in *diesem* Sinne nicht unmittelbar aus der Handlung folgt, gilt: Eine (vorausgesehene) Wirkung ist eine *Nebenwirkung*, bzw. sie folgt *nicht* unmittelbar aus der vollzogenen Handlung, wenn *erstens* ihr Wollen für den Vollzug der Handlung intentional *nicht* notwendig ist, und wenn, *zweitens*, für ihre Zulassung ein mit dem intendierten Ziel verglichen entsprechend schwerwiegender Grund vorliegt. Zur ersten Bedingung: Daß etwas intentional nicht-notwendig für den Vollzug der Handlung ist, hängt natürlich davon ab, *was man tut*; d. h., es entscheidet sich nicht auf der Ebene der Zielintention (im Sinne des „finis operantis"), sondern auf der Ebene des Handlungsobjektes („finis operis"); nicht aber entscheidet es sich – wie jedoch Scholz behauptet – auf der Ebene von naturalen „Wesenszusammenhängen". Die erste Bedingung entscheidet also darüber, daß die üble Wirkung nicht als Mittel gewählt, die zweite, daß sie nicht als („verstecktes") Ziel intendiert wird. Von einer solchen nicht-gewollten (im allgemeinen Sinne: nicht-intendierten) Nebenwirkung läßt sich dann sagen: Da man sie nicht will, und nur insofern man sie nicht will (insofern sie „praeter intentionem" eintritt), prägt sie auch nicht den objektiven Sinngehalt des entsprechenden menschlichen Aktes. Dies zu beurteilen, ist oft ein diffiziles Problem, und die genannten traditionellen Faustregeln, wie sie in allen Handbüchern aufgeführt werden, dienen ja nur dazu, eine solche Beurteilung zu erleichtern. Diese Regeln sind eine Hilfe für denjenigen, der ein rasches Urteil darüber fällen muß, *ob* ein indirektes Handeln vorliegt. Für eine handlungstheoretisch-ethische Analyse des indirekten Handelns müßte man diese Regeln jedoch zuerst einmal auf die handlungstheoretischen Voraussetzungen zurückführen, denen sie entstammen.[114]

Bei einer solchen Rückführung würden sich dann einige gängige Argumente vieler Kriti-

---

[114] Das zeigt J. M. BOYLE, Toward Understandig the Principle of Double Effect, in: Ethics 90 (1980), 527–538. Als spezifische Bedingungen für das indirekte Handeln bleiben, wie Boyle zeigt, nur noch die zwei bereits genannten: Die schlechte Folge darf nicht gleich unmittelbar (im intentionalen Sinne) aus der Handlung erfolgen wie die gute Wirkung, um derentwillen die Handlung eigentlich vollzogen wird (d. h. sie darf kein Mittel sein); und es muß ein zureichend schwerer Grund vorliegen (denn daß das Üble nicht als Ziel gewollt werden darf und daß eine sittlich erlaubte Handlung vom Objekt her entweder gut oder indifferent sein muß, das gilt überhaupt für *jede* Handlung). Es gibt nun allerdings eine moraltheologische Tradition, dergemäß die gute und die schlechte Wirkung sich gleich unmittelbar aus der Handlung ergeben dürfen. Diese Meinung halte ich für völlig unhaltbar; sie beruht darauf, nicht zu verstehen, was ein Handlungsobjekt ist. Aufgrund dieser Auffassung könnte man jegliche Tötung als Mittel zu einem Zweck rechtfertigen, mit dem Argument: Wenn ich einen Unschuldigen töte und sich daraus physisch-*unmittelbar* eine gute Folge ergibt (die allein ich ja intendiere), so ist der Tod des Menschen „praeter intentionem". In Wirklichkeit gehört jedoch die unmittelbare Folge „Tötung eines Unschuldigen" hier zum Objekt der Handlung, weil sie den Charakter eines Mittels besitzt: denn hier ist die Tötung des Unschuldigen *intentional* notwendig, um das Ziel zu erreichen und wird deshalb direkt gewollt. Denn, wie gesagt, folgt eine Wirkung dann *unmittelbar* aus der Handlung, wenn ihr Wollen für den Vollzug der Handlung intentional notwendig ist, wenn ich also x intentionalsinnvoll nicht tun kann, ohne daß y (die üble Wirkung) daraus folgt (wie z. B. zwecks Erzwingung der Kapitulation eine Atombombe über Hiroshima abwerfen, *ohne* daß sich daraus der Tod von Maßen von Zivilpersonen ergibt).

ker der Lehre vom indirekten Handeln als wenig stichhaltig erweisen. Man käme, so bin ich geneigt anzunehmen, zum Schluß, daß nicht jedes Handeln mit Doppelwirkung die Struktur des Indirekten in sich birgt (weil nicht notwendigerweise eine der beiden Wirkungen eine *Neben*wirkung sein muß), und daß viele der zur Analyse und Kritik der Figur des Indirekten herangezogenen Beispiele für dieses Thema gar nicht einschlägig sind, weil sie zwar Beispiele für die Kategorie des *praeter intentionem*, nicht aber für indirektes Handeln sind. So z. B. das von Kajetan stammende und von F. Scholz eingehend herangezogene klassisch gewordene Handbuchbeispiel des über eine enge Brücke fliehenden Reiters, der ein ihm (zufällig) den Weg versperrendes Kind niederreitet. Die ethische Frage ist hier, ob die üble Wirkung „praeter intentionem" eintritt oder nicht. Das kann aber, so scheint mir, weder in einem moraltheologischen Handbuch, noch durch die Ausführungen eines Handbuch-Kritikers entschieden werden; das weiß, in diesem Fall, nur der Reiter selbst – und Gott, der die Herzen durchforscht.

Denn um diesen und ähnliche Fälle zu beurteilen ist zunächst einmal folgendes zu bedenken: Es handelt sich hier allem Anschein nach gar nicht um einen „lösbaren Fall", etwa im Sinne eines klassischen *casus conscientiae*. Denn auf Seiten des Handelnden stellt sich hier überhaupt nicht die Frage: „Darf ich (das Kind niederreiten)?" oder „darf ich das nicht"? Sobald sich nämlich der Reiter diese Frage stellen würde und er zum Schluß käme: „Ja, um mich zu retten, darf ich das Kind niederreiten, weil ich ja die Flucht intendiere, und nicht den Tod des Kindes", dann würde er (wie F. Scholz richtig bemerkt hat) die Tötung des Kindes als *Mittel* zur Lebensrettung wählen, – was jedoch, wenn wir Thomas folgen, moralisch unzulässig ist.[115]

Das entscheidende Charakteristikum der vorliegenden Struktur des Handelns „praeter intentionem" (wie auch in gewissen Fällen der Selbstverteidigung) scheint mir gerade, daß es zu einer solchen Überlegung „darf ich oder darf ich nicht?" gar nicht kommt, und deshalb auch gar nicht zur Wahl eines Mittels („Niederreiten des Kindes"). Vielmehr will der Reiter einfach über die Brücke flüchten. Das Kind, das er wohl sieht, und dem er vielleicht auch reflexartig auszuweichen versucht, bleibt dabei völlig außerhalb der intentionalen Struktur seines Tuns. Dabei tötet er das Kind, ohne überhaupt dazu gekommen zu sein, sich die Frage zu stellen: „Darf ich das?". Und jetzt kann man sich doch fragen: Trägt der

---

[115] Vgl. II–II, q. 64, a.7, wo Thomas die Frage der Tötung eines Angreifers in legitimer Selbstverteidigung behandelt: „illicitum est quod homo intendat occidere hominem ut seipsum defendat." „Intendere" heißt hier offensichtlich: Die Tötung des Angreifers als Mittel zur Selbstverteidigung wählen. Unbegreiflich, weil mit dem Text *offensichtlich* im Widerspruch, ist die Interpretation dieser Stelle durch Scholz, der seine Auffassung um jeden Preis „thomistisch" absichern möchte (Wege, Umwege und Auswege..., S. 115–117): Scholz behauptet erstens: „intendere" meine bei Thomas immer und nur die „intentio finis". Deshalb sage Thomas: Moralisch unerlaubt sei nur, den Tod des Angreifers nicht als *Ziel* zu intendieren (das heiße für Thomas, gemäß Scholz, „praeter intentionem"); hingegen dürfe man ihn als *Mittel wählen* (denn „eligere" sei kein „intendere"). Abgesehen davon, daß diese terminologische Einschränkung in *keiner* Weise von den Thomas-Texten her gerechtfertigt ist, wird die Scholz'sche Interpretation durch den im gleichen Artikel aufgeführten (von Scholz allerdings verschwiegenen) Satz widerlegt: „illicitum est quod homo *intendat* occidere hominem *ut* seipsum defendat": Es ist unerlaubt, zum *Ziele* der Selbstverteidigung die Tötung eines Menschen als *Mittel* zu wollen. Und für „etwas als Mittel wollen" gebraucht hier Thomas das Wort *intendere!*

Reiter die Schuld am Tod des Kindes? Ist dieser nicht vielmehr (intentional betrachtet) ein *effectus per accidens?*[116] Ist er dafür moralisch verantwortlich und zur Rechenschaft zu ziehen? Und man wird, wenn man einigermaßen gerecht urteilt, antworten: Nein; denn diese Wirkung erfolgte *praeter intentionem*, sie war in keiner Weise gewollt. Hier beurteilen wir überhaupt nicht einen für die Geltung von sittlichen Normen relevanten „Fall", und wir können das Beispiel deshalb auch nicht zur Analyse moralischer Entscheidungssituationen verwenden, *weil hier nämlich gar keine Entscheidungssituation vorliegt.* Es handelt sich vielmehr um ein Beispiel, bei dem man sich gerade davor hüten muß, die Frage zu stellen: „Hat der Reiter *richtig* gehandelt?" Die einzige Frage, die hier sinnvoll ist, lautet: „Trägt der Reiter für den Tod des Kindes die Verantwortung?"

Nehmen wir jedoch einmal an, der Reiter hätte Zeit gehab anzuhalten und zu überlegen: „Darf ich das Kind töten, um mich zu retten?", so würde eine affirmative Entscheidung darauf hinweisen, daß er die Tötung des Kindes als Mittel wählt. Es ist aber gar nicht anzunehmen, ja sogar höchst unwahrscheinlich, daß der Reiter sich die Frage „Darf ich das?" stellt (solche Fragen stellt man angesichts solcher Situationen nur in moraltheologischen Handbüchern) und daß er überhaupt ein Mittel wählt. Was er im Kopf hat ist, seinen Verfolgern zu entkommen und deshalb würde er einfach versuchen, die Brücke zu passieren, ohne das Kind zu verletzen (ansonsten er ein skrupelloser Mensch wäre). Das wird ihm vielleicht nicht gelingen. Aber es liegt hier keine kasuistisch faßbare normative Entscheidungssituation vor und der Tod des Kindes wird *praeter intentionem* bewirkt; aber, wie gesagt, *ob* es letztlich so war, das weiß nur Gott und der Reiter selbst. Vielleicht wäre es für viele Moraltheologen gut, selbst zuerst einmal in eine solche Situation zu geraten, bevor sie hier Urteile fällen. Jedenfalls scheint es, daß hier eine um jeden Preis kasuistisch argumentierende Moraltheologie die Wirklichkeit ihrer Methode anpaßt und so die Struktur der tatsächlichen Situation und damit auch die intentionale Struktur der untersuchten Handlungsweise verfälscht.

Ich neige dazu anzunehmen, daß solche Beispiele (wie auch dasjenige der legitimen Notwehr) äußerst ungeeignet sind, um die Struktur des indirekten Handelns zu analysieren. Wenn solche Beispiele, wie das vorliegende, als „Fälle" für die Normanwendung in einer Entscheidungssituation behandelt werden, dann liegt dem eine radikal verfehlte Perspektive zugrunde: nämlich diejenige einer kasuistischen Moralauffassung, die alle moralischen Fragen prinzipiell als „Fälle" der Anwendung (bzw. der „Ausnahmen") von Gesetzesnormen behandelt und sie in das Schema der Alternative „erlaubt" oder „nicht erlaubt" einzwängt. Von dieser Tradition bleiben auch Kritiker der Lehre vom indirekten Handeln wie z. B. Franz Scholz offenbar tief geprägt, womit ihnen der Vorwurf einer im Grundansatz verfehlten Perspektive und mangelnder Einfühlung in konkrete Lebenssituationen nicht zu ersparen ist. Bevor man eine menschliche Situation beurteilt, muß man sie nämlich zunächst einmal wirklichkeitsgerecht verstehen.[117]

---

[116] F. Scholz hat, mit Berufung auf Thomas, versucht, die Kategorie *per accidens* auf den nicht-voraussehbaren Zufall einzuschränken. Aufgrund seiner physizistischen Perspektive übersieht Scholz natürlich, daß es bei Thomas auch ein *per accidens* im intentionalen Sinne gibt, daß sich bezüglich der Spezifizierung durch das Handlungsobjekt mit dem Begriff *praeter intentionem* deckt (vgl. z. B. I–II, q.72, a.1).
[117] Die Art und Weise, wie Thomas die Frage der legitimen Notwehr abhandelt, verdiente viele

Damit drängt sich auch eine weitere Bemerkung auf, und zwar über den Mißbrauch mit Grenzfällen, sog. *borderline cases:* hypothetische, meist konstruierte oder zumindest zurechtgestutzte und die Vielfalt der Randbedingungen und Handlungsalternativen des konkreten Lebens außer Acht lassende Situationen, die oft zum Nachweis dafür verwendet werden, daß gewisse sittliche Verbote oder Gebote eben doch nicht ausnahmslos gelten, weil man einen Fall finden kann, in dem dies zu scheinbar absurden Konsequenzen führen würde, – wie z. B., den Fall, in dem „einen Unschuldigen *nicht* zum Tode verurteilen" zur Folge hätte, daß deshalb viele Menschen das Leben verlieren würden. Meiner Ansicht nach handelt es sich jedoch bei solchen Grenzfall- und Randzonendiskussionen (bei F. Scholz und auch B. Schüller geradezu methodologisches Prinzip) weniger um ein analytisch hilfreiches Instrument, als eher um einen dialektischen Kunstgriff, der, genau besehen, zu analytischen Zwecken unbrauchbar ist und nur durch die Zuhilfenahme eines Trugschlußes zu (scheinbaren) Ergebnissen führt. Normalerweise wird dabei folgendermaßen vorgegangen: Man findet einen Fall, in dem das Einhalten eines bestimmten sittlichen Verbotes zu schwerwiegenden oder, wie man gleich hinzufügt: „unmenschlichen" (bei Schüller auch: „katastrophalen", „verheerenden") Konsequenzen führt. Folglich, so schließt man, kann ein absolutes (Natur-)Prohibitiv hier nicht gelten. Daraus wiederum wird gefolgert, daß das Verbot nicht ausnahmslos gilt. Und zuletzt ergibt sich dann: Jede Norm kann prinzipiell in einer konkreten Situation auch *nicht* gelten; man muß ihre konkrete Geltung *hic et nunc* vielmehr aufgrund der jeweiligen Handlungsfolgen (durch Güterabwägung, bzw. „teleologisch") bemessen.

Diese Argumentationsstrategie beruht jedoch auf einer *petitio principii,* einem Zirkelschluß: einer Schlußfigur, die bereits voraussetzt, was eigentlich zu beweisen wäre. Zu beweisen ist hier: „Handlungen können nur aufgrund ihrer Folgen, durch Güterabwägung bzw. ‚teleologisch' sittlich beurteilt werden, und nicht aufgrund absoluter, von den konkreten Folgen absehender Kriterien", so daß ausgeschlossen ist: „x-Tun ist unter allen Umständen sittlich schlecht." Gerade dies wurde jedoch bereits stillschweigend vorausgesetzt als man sagte: „In der angegebenen (durch das Grenzfall-Beispiel erläuterten) Situation führt die Einhaltung der als absolut betrachteten Norm zu schwerwiegend-üblen Konsequenzen; *folglich* kann diese Norm hier nicht gelten". Gerade dieses „folglich" wäre jedoch zu beweisen gewesen; d. h. es wäre zu beweisen gewesen, *weshalb* „schwerwiegend"-üble Konsequenzen, die sich aus der Befolgung einer bestimmten sittlichen Norm ergeben, überhaupt darüber entscheiden können, daß diese Norm in diesem Falle nicht gilt. Oder (was dasselbe ist): *Weshalb* die Vermeidung schwerwiegender Konsequenzen durch Nicht-Befolgung einer sittlichen Norm „menschlicher" ist, als die Befolgung einer sittlichen Norm mit der Voraussicht schwerwiegender Konsequenzen. Genau das wird

---

Kommentare. Mir scheint eine sinnvolle Interpretation nur möglich zu sein, wenn man auch hier annimmt, daß Thomas davon ausgeht, daß hier nicht eine eigentliche Entscheidungssituation (mit intentionaler Ziel-Mittel-Struktur) vorliegt. D. h.: Der sich Verteidigende versucht in einer Art Spontanreaktion einfach sein Leben zu retten (Objekt der Handlung), *ohne* die Tötung des Angreifers dabei als Mittel zu wählen. Das Zeichen dafür, daß dies der Fall ist, wird zugleich als Bedingung legitimer Gewaltanwendung angeführt: Daß nämlich das Maß der Gewalt dem Ziel angemessen sei: „si aliquis ad defendendum propriam vitam utatur maiori violentia quam oporteat, erit illicitum" (vgl. II–II, q.64, a.7).

hier jedoch *nicht* bewiesen, denn die Schlußfolgerung: „Ein Verbot kann nicht absolut gelten (seine Einhaltung kann nicht menschlich sein), wenn sich aus seiner Befolgung schwerwiegende Konsequenzen ergeben" wurde hier bereits als Prämisse *vorausgesetzt*. Eine Frage wie die folgende: „Wenn eine Mutter das Austragen ihres Kindes voraussichtlich nicht lebend überstehen wird, ist es dann für die Mutter selbst, ihren Ehemann, ihre Familie, ja sogar für das Wohl der Gesellschaft nicht schlicht *besser, menschlicher* und deshalb *sittlich richtig*, die Geburt ihres Kindes mit dem Opfer ihres eigenen Lebens zu erkaufen, als die Leibesfrucht zur Vermeidung der auch für die Familie schwerwiegenden Folge des eigenen Todes abzutreiben?" - eine solche Frage wird dann aufgrund der genannten „petitio principii" von vielen Moraltheologen nicht einmal mehr der Erwähnung würdig befunden und schließlich unterschlagen. Solche Fragen darf man jedoch nicht einfach aus dem Wege räumen. Denn in ihnen findet sich einmal mehr die sokratische Grundfrage der Moral impliziert: „Was ist schlimmer: Unrecht *erleiden* oder Unrecht *tun*?", d. h. genau jene Frage, deren richtige Beantwortung es ist, die schlußendlich über die Existenz von Menschlichkeit und Unmenschlichkeit in dieser Welt entscheidet.

Extremsituationen und Grenzfälle sagen grundsätzlich nichts über die universal-absolute Gültigkeit einer Norm aus. Sie zeigen nur, daß in bestimmten Fällen vom Menschen heroische Opfer verlangt werden, um die Reinheit des Herzens zu bewahren, – wobei es für den Christen dabei nur *eine* moralisch vertretbare Antwort gibt, nämlich diejenige der Bergpredigt: „Selig, die reinen Herzens sind, denn sie werden Gott schauen" (Mt 5,8) und: „Sucht zuerst das Reich Gottes und seine Gerechtigkeit, und dies alles – d. h. die Deckung der irdischen Bedürfnisse – wird euch hinzugegeben werden" (Mt 6,33). Werden solche Sätze durch die güterabwägende Auflösung eines jeglichen unbedingten *non licet* moraltheologisch irrelevant, dann wird auch „mit der Möglichkeit des Ernstfalls die Pointe der christlichen Existenz" beseitigt.[118]

Grenzsituationen zeigen auch, wie wenig man berechtigt ist, einen Menschen, der in ihnen versagt, zu verurteilen. Die („Heiden"-)Angst vor den – irdischen Maßstäben gemäß – schwerwiegenden Folgen sittlich lauteren Handelns hat schon manchen vor dem Bösen in die Knie gezwungen – und die Überwindung dieser Furcht hat der Kirche viele Märtyrer geschenkt, wobei gerade die, allerdings nicht-intendierten, Folgen des Martyriums dessen moralische Bedeutsamkeit unter Beweis stellt. Wie weit hingegen das Versagen jeweils als moralische Schuld anzurechnen sei, – das weiß ebenfalls nur Gott, dem allein es zusteht zu richten. Wir Menschen jedenfalls brauchen nicht immer mit einem Urteil zur Stelle zu sein. Gott – und die Kirche – haben für denjenigen, der in solchen Situationen überfordert wurde, der mit mehr oder weniger großer Zurechnungsfähigkeit und Schuld das Üble getan hat, jedoch seinen Irrtum bereut, eine andere Antwort: Diejenige der Barmherzigkeit und der Vergebung. Die „Ausnahmeregelungen" vieler Moral-

---

[118] R. SPAEMANN, Wovon handelt die Moraltheologie? in: Internationale katholische Zeitschrift „Communio", 6. Jg. (1977), S. 308. Der Moraltheologe darf nicht vergessen, daß solche Ernstfälle, die auf der Situation der Erbsünde beruhen und auf sie hinweisen, erst unter den Bedingungen des christlichen Glaubens und seiner Verheißung ihren moralisch positiven Sinn ganz und zweifelsfrei enthüllen. Die Erlösungsbedürftigkeit des Menschen zeigt sich gerade darin, daß menschliche Vernunft *allein* in solchen Ernstfällen nicht plausibel zu machen vermag, worin der Wille Gottes besteht.

theologen hingegen scheinen mir jedoch eher ein unverantwortliches Spiel mit dem menschlichen Gewissen zu sein.

Weiterhin gibt es im Leben Situationen, die schlicht und einfach keine eindeutige normative Lösung zulassen. Heutige Moraltheologen pflegen solche Situationen in verfehlt kasuistischer Manier anzuführen, um damit die Sinnlosigkeit absoluter Prohibitive zu belegen. Das, obwohl *de facto* praktisch irrelevant, wohl am weitesten verbreitete Beispiel ist jenes des Arztes, der berichtet, er sei während einer Tumoroperation in einem graviden Uterus vor der Alternative gestanden, entweder die Frau verbluten zu lassen oder aber, zum Zwecke der Stillung der Blutung, den Fötus zu entfernen und damit die Gebärmutter zu retten. Er tat das zweite, worauf ein Moraltheologe ihm dann gesagt habe, das sei unstatthaft. Wenn er den Uterus samt Fötus wegoperiert hätte, wäre dies statthaft (weil nur indirekte Tötung) gewesen, obwohl damit Fötus *und* Gebärmutter verlorengegangen wären. Fazit: Dies zeige, daß die Lehre vom indirekten Handeln zu absurden Konsequenzen führe.[119]

Hier kann man nur sagen: Man hüte sich vor dem Mißbrauch der Kasuistik! Aufgrund eines sich durch geradezu einmalige Seltenheit auszeichnenden Falles Konsequenzen für die normative Ethik zu ziehen, ist schon als solches mehr als fragwürdig. Vor allem aber wird hier der Schluß aufgrund einer nicht sofort durchschaubaren argumentativen Manipulation gezogen: Die indirekte Tötung eines Fötus als Folge einer gerechtfertigten Uterusexstirpation ist, wie oben gezeigt wurde, zwar moralisch zu rechtfertigen, *sie ist jedoch gar keine für diesen Fall relevante Handlungsalternative,* weil sie, als *sinnvoller* Typ indirekten Handelns, einem ganz anderen Handlungszusammenhang angehört und somit auch eine verschiedene intentionale Struktur aufweist. Hätte der vom Arzt befragte Moraltheologe mit seinem Hinweis auf diesen (anderen) Fall gemeint, der Arzt hätte in seiner Situation so handeln sollen, dann hätte er einen unsinnigen Rat erteilt.

Denn diese (nur scheinbare) Alternativlösung beruht ja darauf, daß es nicht um die Rettung der Gebärmutter geht, sondern diese vielmehr unrettbar verloren ist und zudem entfernt werden *muß,* weil ihre Existenz eine Gefahr für das Leben der Mutter ist. Im zweiten Fall jedoch ist die Entfernung der Gebärmutter überhaupt nicht angestrebt, im Gegenteil, angestrebt ist ihre Erhaltung (um derentwillen ja auch die Tumoroperation durchgeführt wurde). Genau deshalb wäre in diesem intentionalen Kontext die Stillung der Blutung durch Entfernung der Gebärmutter eine strukturfremde Alternative: Sie stünde mit dem Ziel, um dessentwillen die Operation begonnen wurde, im Widerspruch, ja würde es geradezu negieren. Deshalb wäre die Entfernung des ganzen Uterus keine *sinnvolle,* d. h. rational einsehbare Handlungsalternative. Zu unterstellen, gemäß der Lehre vom indirekten Handeln sei sie eine solche, ist eine manipulatorische Argumentationsweise.

---

[119] Das Beispiel wurde zuerst von B. HÄRING, Das Gesetz Christi, Bd. 3, 8. Aufl. Freiburg 1967, S. 126 referiert. Obwohl es sich hier um einen praktisch *nie* eintretenden Fall handelt, wird es immer wieder als *das* Beispiel für die Unsinnigkeit einer auf der Lehre vom indirekten Handeln durchgehaltenen sog. „deontologischen" Ethik aufgeführt; vgl. B. SCHÜLLER, Direct Killing/Indirect Killing, in: C. E. CURRAN/R. A. McCORMICK, Readings in Moral Theology Nr. 1, New York 1979, S. 153f; W. SCHOLZ, Wege, Umwege und Auswege..., a. a. O., S. 47–49; F. FURGER, Was Ethik begründet, a. a. O. S. 19. Es ist natürlich offensichtlich fragwürdig, eine so grundlegende These an einem solchen „Fall" aufzuhängen.

Die intentionalen Bedingungen dafür, daß die Entfernung der Gebärmutter hier als sinnvolle Handlung und zudem – weil indirekt – als erlaubte Tötung erscheint, sind in der vorliegenden Situation *nicht* gegeben. Deshalb ist es hier auch nicht möglich, eine intentional, bzw. moralisch konsistente Handlungsalternative anzugeben. Man muß sich auch – etwa für die „erleichterte" kasuistische Diskussion des Falles – davor hüten, die Handlungsstruktur „Entfernung des Fötus zwecks Stillung der Blutung" aus dem Gesamtkontext der ursprünglichen intentionalen Handlungsstruktur „Entfernung des Tumors zwecks Heilung der Mutter" herauszulösen; denn dadurch würde man die intentionale Struktur der Situation verfälschen. Aus diesen Gründen scheint mir dieser Fall *kasuistisch* schlicht *undiskutierbar*. D. h., *rebus sic stantibus* ist es nicht möglich, ein normatives Urteil darüber zu fällen, was der Arzt in dieser Situation hätte tun *sollen*. Das Einzige, was man hier – allerdings nicht-kasuistisch – beurteilen kann, ist die konkrete Handlungsweise des Arztes in *dieser* Situation (d. h., ohne daß man sie unter eine allgemeine Regel, auch nicht jene der Güterabwägung, zu subsumieren versucht); d. h.: es geht wiederum nicht um die Frage der „Erlaubtheit", sondern um jene der Verantwortlichkeit. Dabei würde ich zu dem Urteil neigen: Die Tötung des Fötus erfolgte hier, aufgrund der intentionalen Struktur der Situation, *praeter intentionem;* denn der Wille des Handelnden verhält sich hier zum Gegenstand der Handlung „Tötung des Fötus" nicht als *wählender* Wille, (d. h. ganz anders, als wenn jemand in einer rationalen Entscheidungssituation eine direkte Abtreibung als Mittel zur Lebensrettung der Mutter wählt). Ist allerdings aufgrund gemachter Erfahrung diese Situation voraussehbar und vermeidbar und sollte demselben Arzt das Gleiche wiederholt passieren, dann würde ich für fahrlässige Tötung plädieren (Tötung als „voluntarium in causa").

Jedenfalls ist es unsinnig und bloße Verblüffungstaktik, aufgrund solcher Beispiele zu folgern: Es gibt also Fälle, in denen man, um größeres Übel zu vermeiden, einen Unschuldigen direkt töten darf. Dieser Schluß stimmt ganz einfach deshalb nicht, weil der Arzt dies auch in diesem Fall nicht „durfte". Aber es gibt Handlungssituationen, die sich jeglicher Kasuistik und damit auch der Alternative „dürfen oder nicht dürfen" im Sinne der Subsumtion unter eine allgemeine Norm entziehen. Und die Tradition hat das auch berücksichtigt, wenn sie in einem solchen Fall dafür plädierte: Der Arzt hat *bona fide* gehandelt, weil er in einer rational unentscheidbaren Situation, eine rationale Entscheidung getroffen hat. D. h.: Man kann ihm keinen Vorwurf machen, und dennoch bleibt die Norm, daß man *niemals* die Tötung eines Unschuldigen als Mittel wählen darf, unangetastet. Aus solchen Situationen hingegen Konsequenzen für die normative Ethik abzuleiten, bedeutet erstens: sich der Pflicht zu einer sauberen Argumentation zu entziehen, zweitens: einen Fehlschluß vom Ausnahme- auf den Normfall vorzunehmen, und drittens: Mißbrauch mit der Kasuistik zu betreiben und zu unterstellen, es gebe für *jede* Handlungssituation eine kasuistisch eindeutige normative Lösung. Die Kasuistik, man scheint es oft zu vergessen, ist ein *Hilfsmittel* normativer Beurteilungspraxis und nicht deren *Maßstab*.

Die Methode, von Grenzfällen auf (normative) Ausnahmen zu schließen, erscheint mir zudem auch logisch inkonsistent. Denn man kann nicht (erstens) behaupten: Grenzfälle zeigen, daß auch eine für absolut gehaltene Norm Ausnahmen zuläßt; und (zweitens) *zugleich* dafür halten: Die Möglichkeit solcher Ausnahmen zeigt damit, daß Handlungen aufgrund ihrer Folgen beurteilt werden müssen. Wenn nämlich diese zweite Behauptung gilt, dann kann man auch nicht mehr von „Ausnahmen" sprechen, da diese ja eine allgemeingültige Norm voraussetzen. Diese gibt es jedoch, gemäß der zweiten Behauptung, nicht. Sodaß die zweite Behauptung ihre eigene Voraussetzung (die erste Behauptung), mit der sie jedoch gerade begründet wurde, negiert; ein Syllogismus, dessen Konklusion eine seiner Prämissen aufhebt, muß jedoch als inkonsistent bezeichnet werden. Das Ergebnis ist also in sich widersprüchlich. Grenzfälle (im Bereich des „indirekten Handelns") weisen in Wirklichkeit nicht auf (normative) Ausnahmesituationen hin, sondern vielmehr darauf, daß man in gewissen Fällen für „Freispruch" plädieren muß, ohne jedoch dadurch veranlaßt zu sein, das „Gesetz" zu ändern.

Die Frage nach dem „voluntarium indirectum" ist also letztlich die Frage, wie weit der Mensch für die Folgen seines Handelns die Verantwortung trägt, inwiefern also diese den moralisch-*objektiven* Gehalt seines Handelns prägen. Der Begriff der „Verantwortung" ist nun eben eng verbunden mit jenem der Willentlichkeit. Und während teleologische Ethiker dazu neigen, den Menschen für *alle* Folgen seines Tuns verantwortlich zu erklären, müssen sie diesen Anspruch mit dem Preis bezahlen, alle wählbaren Handlungsinhalte prinzipiell und in sich nur als vor-sittliche Güter zu betrachten. Damit, so scheint mir, fällt mit dem Begriff des indirekt Gewollten auch jener der sittlichen Verantwortlichkeit in seinem moralisch-objektiven und personalen Sinn. Denn wenn ich, aus entsprechend „schwerwiegenden Gründen", prinzipiell alles wollen (also auch eine im allgemeinen als schlecht zu bezeichnende Handlung „ausnahmsweise" als Mittel zu einem guten Zweck wählen) darf, dann hat der Gegenstand meines Wollens auch keine sittliche Bedeutsamkeit mehr. Eine solche käme nur noch den „Gründen" zu. Welches ist dann aber das Kriterium für deren sittliche Verantwortbarkeit? (In Kap. 6 wurde bereits gezeigt, daß ein solches in konsistenter Weise *nicht* angegeben werden kann, vielmehr im Kontext „teleologischer Ethik" höchstens „deontologisch" postuliert zu werden vermag). Die traditionelle Lösung scheint hier zugleich sachlich konsistenter wie auch menschlicher und realistischer. Menschlicher, nicht weil sie „angenehmer" ist, sondern weil sie den Menschen als ein Wesen respektiert, das in seinem eigenen Sein einen sittlich bedeutsamen, durch das Handeln zur Entfaltung gebrachten Sinn trägt und das nicht dazu verurteilt ist, das, was es ist und auch sein soll, dauernd mit entsprechenden „Gründen" konstruieren zu müssen. Realistischer, weil eine solche universale Verantwortlichkeit entweder der totalen Unverantwortlichkeit, dem „Recht zur Amoralität" oder dem normativen Diktat von Fachleuten, Politikern und Gesetzen verfällt. Theologisch wird das dann in eine Theorie des „theologischen Absolutismus" gefaßt, demgemäß man prinzipiell alles tun darf – *anything goes* – weil es ja doch nur „eine einzige innerlich böse Handlung gibt, nämlich die Abwendung von Gott".[120] Das hieße soviel wie: Abdankung der Moral zugunsten der Gottesliebe, – eine Haltung, die offenbar vergißt, was immerhin die Heilige Schrift uns lehrt, daß nämlich Gott des Menschen Liebe zu Ihm aufgrund seiner Taten beurteilt, und daß nicht jeder, der „Herr, Herr!" ruft, ins Himmelreich eingehen wird.

---

[120] F. SCHOLZ, Wege, Umwege und Auswege..., a. a. O., S. 153.

7.1.9 Exkurs III: Der Begriff des „intrinsece malum" und der ethische Kontext

Dem allgemein verbreiteten Wortgebrauch gemäß ist in der Ethik mit einer „actio intrinsece mala" eine beschreibbare Handlung gemeint, die weder aufgrund positiver Satzung („mala quia prohibita") noch aufgrund von Umständen oder Folgen, sondern allein aufgrund der ihr eigenen gegenständlichen (objektiven) Struktur sittlich schlecht ist. Damit, so behauptet man, gibt es beschreibbare Handlungen, die *nie* sittlich erlaubt sind, ganz unabhängig von aller positiven Satzung, der „Situation" oder ihren Folgen.[121]

F. Scholz charakterisiert die Lehre von der Existenz der „in sich schlechten Handlungen" folgendermaßen:

„Es geht um Handlungen, die nur in physischen Begriffen umschrieben werden und doch ausnahmslos als *sittlich* abwegig gelten: z. B. (direkte) Empfängnisverhütung, künstliche Befruchtung, direkter Eingriff in werdendes Leben, um die Mutter – nach Erschöpfung aller anderen Möglichkeiten – zu retten. Solchen Akten haftet nach der herrschenden Lehre eine ‚absolute, innere Schlechtigkeit' an, sodaß sie *niemals*, ganz gleich aus welchem Beweggrund und unabhängig von jeder, auch extremsten Situation, erlaubt sein können".[122]

Aufgrund der bisherigen Ausführungen über moralische Objektivität wird hier sofort offensichtlich, daß dieser Umschreibung des „intrinsece malum" eine physizistische Theorie des Handlungsobjektes zugrundeliegt. Denn: „x-Tun ist *in sich* schlecht" ist eine Aussage, die meint: „x-Tun ist *objektiv* (d. h. aufgrund des Handlungsobjektes) schlecht". Um zu beschreiben, „was getan wird", muß also eine Handlung, die unter das Verdikt des „intrinsece malum" fällt, hinsichtlich ihres *Objektes* beschrieben werden. Wenn hier deshalb eine Handlung „in physischen Begriffen" deskriptiv festgelegt wird, dann bedeutet das auch, das Handlungs*objekt* auf der physisch-ontischen Ebene bestimmt zu haben, also auf der Ebene des *genus naturae*. Auf dieser Ebene jedoch ein *sittliches* Urteil zu fällen („x-Tun ist in sich sittlich schlecht") wäre unzulässig. Die Behauptung, die Lehre von „in sich schlechten Handlungen" sei deshalb unschlüssig, weil man auf der physisch-ontischen Ebene keine sittlichen Urteile fällen könne, erweist sich dann als eine *petitio principii*, weil ja eben unterstellt wurde, daß die Handlung, über die ein solches Urteil gefällt wird, in „physischen Begriffen" beschrieben wird. Über solchermaßen beschriebene Handlungen kann man ja tatsächlich gar kein sittliches Urteil fällen. Die Konklusion ist hier also lediglich die Wiederholung einer Prämisse.[123]

---

[121] Von solchen Handlungen, in denen es nie ein richtiges „Maß" gibt, die unabhängig von Umständen „in sich selbst betrachtet schlecht" (*tô auta phaula*) seien, wie Mord, Diebstahl, Ehebruch, spricht schon Aristoteles in seiner Nikomachischen Ethik (II, Kap. 6, 1107a 9–27).

[122] F. SCHOLZ, Wege, Umwege und Auswege..., S. 16/17; siehe auch in etwas differenzierterer Weise J. FUCHS, „Intrinsece malum". Überlegungen zu einem umstrittenen Begriff, in: W. KERBER (Hsg.), Sittliche Normen. Zum Problem ihrer allgemeinen und unwandelbaren Geltung, Düsseldorf 1982, S. 76f.

[123] Man muß J. FUCHS („Der Absolutheitscharakter sittlicher Handlungsnormen", a. a. O., S. 231) zugute halten, daß er hier zunächst differenzierter argumentiert: „Sittlichkeit läßt sich im eigentlichen – nicht übertragenen oder analogen – Sinn nur von einer *menschlichen Handlung* aussagen, das heißt von einer Handlung, die der Überlegung und freien Entscheidung einer menschlichen Person entspringt." Dieser Aussage ist vollumfänglich zuzustimmen, nicht aber der ihr auf dem Fuße folgenden: „Eine solche Handlung gibt es nicht ohne die Intention des Handelnden."

Das Urteil: „x-Tun ist in sich *(intrinsece)* schlecht" ist jedoch ein sittliches Urteil. Deshalb muß festgehalten werden: Wenn sinnvollerweise von einer Handlung gesagt wird, sie sei „intrinsece mala", so muß man diese Qualifizierung auf eine auf der Ebene ihres *genus moris* beschriebene Handlung beziehen. Somit ist mit zu berücksichtigen, was wir den *ethischen Kontext* der Handlung nennen können. Der ethische Kontext ist jener Kontext, in den ein bestimmtes Tun durch den ordnenden Akt der praktischen Vernunft integriert ist, d. h. der Kontext des Suppositums, der Person, bzw. der Kontext der sittlichen Tugenden, die sämtlich den Bereich der bloßen *fines naturales* übersteigen. Damit das ethische Urteil „x-Tun ist in sich (objektiv) sittlich schlecht" gültig vollzogen werden kann, sind deshalb bei der Beschreibung von „x-Tun" nicht nur die physischen Elemente, sondern auch der ethische Kontext zu berücksichtigen.

Deshalb ist es ja auch möglich, daß dieselbe „in physischen Begriffen" beschriebene Handlung je nach dem ethischen Kontext sittlich verschieden zu beurteilen ist. Das ist eine geläufige und bekannte Lehre, und es ist eigentlich erstaunlich, daß sie bei der Behandlung des Begriffs „intrinsece malum" oft plötzlich in Vergessenheit zu geraten scheint. Das klassische Beispiel lautet: Der eheliche Akt und ehebrecherischer Sexualverkehr unterscheiden sich bezüglich der moralischen Spezies insofern sie einen Bezug zur Vernunft besitzen *(secundum quod comparantur ad rationem)*. So ist der erste zu loben, der zweite hingegen zu verurteilen. Insofern man sie jedoch bezüglich der Zeugungspotenz vergleicht *(secundum quod comparantur ad potentiam generativam)*, so unterscheiden sie sich überhaupt nicht in ihrer Spezies, – wobei allerdings diese auf dieser Ebene des finis naturalis *identische* Spezies keine *moralische* Spezies ist und somit auch nicht das Urteil (sittlich) „gut" oder „schlecht" erlaubt.[124]

Es wäre deshalb logisch inkonsistent, diese bekannte Unterscheidung zwischen dem „genus naturae" und dem „genus moris" eines Aktes zu befürworten, *zugleich* jedoch beispielsweise zu behaupten: „Empfängnisverhütung in physischen Begriffen (d h. als bloßer Eingriff in den Akt der Zeugungspotenz als solcher) umschrieben ist immer schlecht." Das Urteil „Empfängnisverhütung ist in sich schlecht" kann als ethisch relevantes Urteil nicht auf dieser Ebene vollzogen werden, sondern nur auf jener Ebene, auf der die Aktivierung der Zeugungspotenz als in einen ethischen Kontext integriert verstanden wird, d. h. auf der Ebene, auf welcher sich das „genus moris" dieses Aktes konstituiert. Diese Ebene ist jene gewählter menschlicher *Handlungen*, der Gegenstandsbereich, der die lex naturalis konstituierenden praktischen Vernunft; also die Ebene *moralischer* Objektivität.

Damit wird deutlich, daß es zum Zwecke der Beschreibung einer sittlich qualifizierbaren menschlichen Handlung „Empfängnisverhütung" nicht genügt, diese („in physischen Begriffen") etwa zu beschreiben als „chirurgischen, pharmazeutischen, mechanischen usw. Eingriff, der bewirkt, daß der Akt sexueller Vereinigung zwischen Mann und Frau keine

---

Fuchs betrachtet, wie bereits öfter gesagt, die dem wählenden Willen gegenständlichen Güter als nur vor-sittliche Güter. Eine Handlung konstituierte sich demnach als menschliche allein durch die Intention (Absicht). Diese Ansicht beruht nun eben auf dem hinlänglich analysierten physizistischen Vorurteil, die der praktischen Vernunft (unabhängig von aller „Absicht") gegenständlichen Handlungsobjekte seien nur „physische" Güter oder Übel, besäßen also gar keine sittliche Dimension.

[124] Vgl. I–II, q.18, a.5, ad 3.

Zeugungsfolgen haben kann". Dies ist ebenso sinnlos, wie zu behaupten, die geschlechtliche Vereinigung (Kopulation) zwischen einem Mann und einer Frau sei an sich schon, d. h. unabhängig von jeglichem ethischen Kontext betrachtet, *sittlich* „gut" oder *sittlich* „schlecht", ja überhaupt eine *menschliche Handlung.* Vielmehr wäre ja zuvor die Frage zu stellen: Sind hier „Mann" und „Frau" verheiratet? Und sind sie *miteinander* verheiratet? Handelt es sich um freiwilligen Verkehr oder um eine Vergewaltigung? Handelt es sich also um ehelichen, außerehelichen, ehebrecherischen oder aufgenötigten Sexualverkehr? Nur auf dieser Ebene des *genus moris* ist ja ein ethisches Urteil überhaupt erst möglich.

„Empfängnisverhütung" muß deshalb zum Zwecke ihrer *ethischen* Beurteilung auch innerhalb eines ethischen Kontextes beschrieben werden, im Unterschied etwa zu einer rein *medizinischen* Beurteilung: Denn um zu beurteilen, ob ein antikonzeptives Mittel „wirksam", „schädlich" oder „sicher" ist, ist es völlig belanglos, ob es zur Regelung der Fruchtbarkeit ehelicher Akte oder aber als Präventivmittel hinsichtlich einer möglichen Vergewaltung eingenommen wird.

Wenn nun die Enzyklika „Humanae Vitae" lehrt, daß „jede Handlung verwerflich" sei, „die entweder in Voraussicht, oder während des Vollzugs des ehelichen Aktes oder im Anschluß an ihn beim Ablauf seiner natürlichen Auswirkung darauf abstellt, die Fortpflanzung zu verhindern"[125], so steht diese Aussage im ethischen Kontext einer bestimmten Art von *menschlichen Akten:* der freien, also bewußt gewählten Vereinigung von Mann und Frau im sexuellen Verkehr. Es ist dies nicht eine Aussage über die „Unantastbarkeit der physischen Integrität der Zeugungspotenz", sondern eine Aussage über die geschlechtliche Vereinigung von Mann und Frau als *actus humanus* (wobei sich Humanae Vitae auf sexuelle Akte von *Eheleuten* beschränkt). Es geht also nicht um ein „Naturprohibitiv" (Scholz), wenn mit „Natur" hier die „physiologische Struktur der Zeugungspotenz und ihre Integrität" gemeint ist. Von einem „Naturprohibitiv" könnte man allerdings sprechen, wenn mit „Natur" die „Natur der geschlechtlichen Beziehungen zwischen Mann und Frau" gemeint ist („natürlich" dann also im Sinne des durch die *ordinatio rationis* geprägten Naturgesetzes; vgl. Teil I, 2.8).

Deshalb würde beispielsweise eine affirmative Antwort auf die Frage, ob eine Frau bei Voraussicht einer Vergewaltigung eine empfängnisverhütende Maßnahme ergreifen dürfe, in keiner Weise eine „Ausnahme" von dieser Norm konstatieren[126], denn weder intendiert noch wählt eine Frau in diesem Falle sexuelle Betätigung mit dem potentiellen Vergewaltiger. Sie trägt deshalb für diesen Akt auch keinerlei prokreative Verantwortung. Die Vergewaltigung ist von seiten der Frau nicht als menschlicher Akt „Sexualverkehr" zu

---

[125] Nr. 14.
[126] Wie das F. SCHOLZ, Wege, Umwege und Auswege, a. a. O., S. 44/45 hinsichtlich des zu Beginn der sechziger Jahre diskutierten Falles der Kongo-Missionsschwestern meinte. Die Moraltheologen Hürth, Palazzini und Lambruschini äußerten damals in einem Gutachten die Auffassung, die Einnahme empfängnisverhütender Mittel durch Ordensschwestern, die voraussahen, durch Freischärlerbanden sexuell mißbraucht zu werden, sei sittlich zu rechtfertigen. Wenn Scholz meint, das Prinzip, „Empfängnisverhütung ist immer sittlich schlecht", habe dadurch eine Ausnahme erfahren, so beruht dieser Schluß ganz einfach auf der (falschen) Voraussetzung, die Handlung „Empfängnisverhütung" als sittlich qualifizierbare Handlung unabhängig von einem ethischen Kontext, d. h. auf der Ebene des „genus naturae" zu beschreiben.

bezeichnen, sondern als das bloße Erleiden einer physischen Aggression, bzw. das Erleiden des Mißbrauchs ihrer Sexualorgane durch den Aggressor. Das Einnehmen z. B. eines oralen Verhütungsmittels bezweckt zwar die Verhinderung einer möglichen Empfängnis; dieser kontrazeptive Akt bezieht sich jedoch nicht auf den ethischen Kontext „Verhinderung der prokreativen Folgen des Sexualverkehrs zwischen X und Y", sondern auf den Kontext: „Verhinderung der prokreativen Folgen einer sexuellen Aggression von X durch Y" (die kontrazeptive Handlung von X steht hier in keinem Zusammenhang mit der menschlichen Handlung – dem *actus humanus* – „Sexualverkehr"). Die sittliche Erlaubtheit empfängnisverhütender Präventivmaßnahmen hier eine „Ausnahme" vom allgemeinen Verbot der Empfängnisverhütung zu nennen, wäre nur dann möglich, wenn man den Akt „Empfängnisverhütung" (bzw. „Sexualverkehr") unabhängig von einem ethischen Kontext, also auf der Ebene des genus naturae, beschreiben würde (denn auf dieser Ebene „geschieht" ja auch bei einer Vergewaltigung nichts anderes, als was bei jeder Art von sexueller Kopulation geschieht). Eine solche Beschreibung wäre jedoch, wie gesagt, unstatthaft.

Die Behauptung eines „intrinsece malum" ist immer relativ bezüglich eines ethischen Kontextes zu verstehen. Die Qualifizierung „intrinsece malum" betrifft einzig und allein den *moralisch*-objektiven Gehalt einer Handlung. Genau das haben teleologische Ethiker in ihrer Kritik an der Kategorie des „intrinsece malum" übersehen, und zwar deshalb, weil sie den Begriff einer der praktischen Vernunft gegenständlichen *moralischen* Objektivität aus den Augen verloren haben und sie deshalb – aufgrund ihre physizistischen Ansatzes – eine solche Differenzierung als unerheblich betrachten müssen.

Ähnliches wäre für die sittliche Bewertung der Lüge zu sagen, obwohl hier die Dinge etwas komplizierter liegen. Denn die Elemente, die den ethischen Kontext konstituieren, innerhalb dessen eine Falschrede zu einer Lüge wird, sind komplex. Eine Lüge verstößt ja gegen die Tugend der Wahrhaftigkeit, die auf das Gut der zwischenmenschlich-gesellschaftlichen Kommunikation gerichtet ist (siehe Exkurs I). Gewisse, von einigen Moraltheologen diskutierte Grenzfälle, scheinen sich nun aber auf Situationen zu beziehen, in denen ein solcher kommunikativer Kontext gar nicht vorliegt.

Betrachten wir den Fall eines Kriegsgefangenen, dem Fragen gestellt werden, deren wahrheitsgetreue Beantwortung z. B. die Vorbereitung einer militärischen Operation seiner eigenen Truppen verraten würde. Man kann natürlich nicht sagen, daß zwischen durch Krieg verfeindeten Lagern überhaupt keine Kommunikationsgemeinschaft mehr bestünde; sie besteht zumindest potentiell und ihre Wiederherstellung muß, unter Wahrung legitimer Selbstverteidigungsinteressen, Ziel aller Bemühungen sein, denn sonst könnte man auch keinen Frieden schließen. Aber ebensowenig kann man behaupten, daß die erwähnte Befragung eines Kriegsgefangenen im Kontext zwischenmenschlicher Kommunikation stehe. Im Gegenteil: die Befragung des Gefangenen ist hier genauso eine Kriegshandlung wie dies ein durch wahrheitsgetreue Auskunft durch den Gefangenen in der Folge ermöglichter feindlicher Angriff auf die Stellungen seiner Truppen sein wird. Würde man in diesem Kontext eine falsche Auskunft eine *sittlich* zu verurteilende Falschrede, d. h. eine „Lüge" nennen, dann wäre konsequenterweise jegliche Täuschungshandlung im Krieg sittlich zu verurteilen. Vorausgesetzt, man betrachtet sogar die „Tötung eines Menschen" im gerechten Krieg als sittlich erlaubt, dann wäre diese Konsequenz zumindest etwas absurd. Der ethische Kontext ist hier also ein völlig anderer, als derjenige, bezüglich dessen die Lüge definiert und gesagt wurde, sie sei „in sich" und „immer" schlecht.

Die Behauptung einer Relativität des „intrinsece malum" bezüglich eines ethischen Kontextes ist etwas völlig anderes, als die Annahme einer „teleologischen Ethik", Handlungen seien aufgrund ihrer Folgen gut oder schlecht. Denn der ethische Handlungs-Kontext selbst wird ja „in der konkreten Situation" gerade *nicht* aufgrund voraussehbarer Folgen einer Handlung modifiziert. Der ethische Kontext einer Handlung ist vielmehr Bestandteil der von der praktischen Vernunft vergegenständlichten *sittlich-objektiven* Dimension des menschlichen Handelns und vermag deshalb den Bereich eines „intrinsece malum" abzustecken. Ein teleologisches Güterabwägungskalkül hingegen würde „im konkreten Fall" aufgrund „voraussehbarer Folgen" unter Umständen das Gut gesellschaftlicher Kommunikation, bzw. die Tugend der Wahrhaftigkeit zugunsten irgend eines anderen, als größer erachteten Gutes zurückstellen, also rechtfertigen, daß man mit einer Lüge ein gutes Ziel verfolgen darf. Die Lehre des auf einen ethischen Kontext bezogenen „intrinsece malum" hingegen würde eine Lüge nie für erlaubt halten, wohl aber eine Falschrede, die in keiner Weise das Gut der Kommunikation, bzw. die Tugend der Wahrhaftigkeit tangiert.[127] Solche nicht-kommunikativen Situationen sind äußerst selten und können in der Regel genau beschrieben werden. Es kann natürlich „Grauzonen" geben, – aber das ändert nichts an der inneren Schlechtigkeit der Lüge, genau so wenig wie der im Nebel aufkommende Zweifel: „ist dies ein Hund oder eine Katze?" etwas daran ändert, was ein Hund und was eine Katze ist; und: daß „dieses da" *entweder* ein Hund *oder* eine Katze ist.

Ein Wort noch zur Frage des Mordes. Man diskutiert darüber, ob das Gebot des Dekaloges „Du sollst nicht töten" ausnahmslos gilt oder nicht. Wenn damit gemeint ist: „Du sollst nicht *ungerecht* töten" oder „Du sollst *keinen Unschuldigen* töten", dann gilt dies natürlich ausnahmslos. Aber damit würde sich das Problem nur verschieben; denn: wann tötet man *ungerecht?*, bzw.: wer ist ein *Unschuldiger?*

Aufgrund dieser Schwierigkeit sind einige zum Schluß gekommen, die grundsätzliche Erlaubtheit der Todesstrafe, des Tötens im gerechten Krieg oder der Tötung in legitimer Notwehr seien „Ausnahmen" vom allgemeinen Tötungsverbot; die Existenz solcher Aus-

---

[127] Es muß bemerkt werden, daß F. Scholz von der Zulässigkeit eines „sekundären Niemals" spricht (Wege, Umwege und Auswege..., a. a. O., S. 156/57): Man könne gewissermaßen auf einer tieferen Ebene zum Schluß kommen, daß eine Handlung zur Verfolgung eines bestimmten Zweckes *immer* unzulässig ist. Scholz führt das als Beispiel an: „Du darfst nicht abtreiben, um eine Unterbrechung der Berufsausbildung zu vermeiden". Dies gelte immer, weil zwischen „Abtreiben" und „Vermeiden der Unterbrechung der Berufsausbildung" *nie* eine angemessene Proportion bestehen könne. Ob das dem Handelnden auch *immer* einsichtig ist, bleibt eine andere Frage. Die Problematik des Prinzips eines nur „sekundären Niemals" zeigt sich jedoch bei Scholz's Begründung der Unzulässigkeit der Judenvergasung im Dritten Reich: „Die Proportion zwischen Mittel und Zweck ist unzulässig verzerrt." Die Problematik dieser Aussage ist Scholz wohl entgangen: Denn wenn er auch sagen möchte: Die Proportion ist in einem solchen Fall *immer* „unzulässig verzerrt", so beruht die Begründung eben doch auf der Annahme, daß der Schutz des menschlichen Lebens der Begründungsnotwendigkeit unterliegt, ob dessen Zerstörung ein „angemessenes Mittel" zur Erreichung eines Zweckes ist. Das ist jedoch eine Begründungsart, die mir moralisch anstößig und zudem gefährlich erscheint.

nahmen zeigten also, daß „einen Menschen töten" nicht als „actio intrinsece mala" betrachtet werden kann und ein entsprechendes Tötungsverbot nur „ut in pluribus", in den meisten Fällen, aber nicht immer, Gültigkeit besitzt.

Solche und ähnliche Hinweise auf „Ausnahmen" beruhen jedoch darauf, der moralischen Bewertung der Handlung „einen Menschen töten" eine Handlungsbeschreibung auf der Ebene des *genus naturae* (also „in physischen Begriffen") zu unterstellen. Nun scheint es aber durchaus möglich, „Tötung eines Unschuldigen" (Mord, ungerechtfertigte Tötung) im Unterschied zu „Tötung schlechthin" unter Berücksichtigung des ethischen Kontextes, d. h. auf der Ebene des *genus moris* zu beschreiben. Die Handlung „einen Menschen töten" können wir zwar zunächst in einer rein physiologischen oder technischen Deskription identifizieren: Vorausgesetzt wir wissen, was beim Erschießen eines Menschen vor sich geht, so können wir z. B. „einen Menschen töten" beschreiben als „einen Menschen erschießen". Wenn wir jetzt annehmen würden, daß „einen Unschuldigen erschießen" nichts anderes heißt als „einen Menschen ungerechterweise erschießen", dann befänden wir uns allerdings in einer Sackgasse. Denn dann wäre ein Satz wie: „Es ist sittlich schlecht, einen Unschuldigen zu erschießen" eine reine Tautologie, identisch mit dem Satz „Es ist sittlich schlecht, einen Menschen ungerechterweise zu erschießen". Diese Schwierigkeit ist jedoch nur eine Folge der Tatsache, daß wir bis jetzt die Handlung „einen Menschen töten" unabhängig von jeglichem ethischen Kontext beschrieben haben.

Beschreiben wir einmal „Einen Menschen töten" als, „in eigener Kompetenz, d. h. als *Privatperson*, über das Leben einer anderen Person verfügen", wobei „über das Leben verfügen" soviel heiße wie „es durch Tötung beenden". Es geht jetzt nicht darum, die sittliche Schlechtigkeit eines solchen Aktes zu *begründen,* sondern vielmehr darum, die Handlung „Mord" ethisch adäquat zu *beschreiben.* Wenn ich „Morden" in der eben angegebenen Weise beschreibe, dann kann ich sagen: Dieser Akt ist *in sich* und *immer* sittlich schlecht. Hier gibt es keine Ausnahme. „Einen Menschen in legitimer Notwehr töten" fällt hier als mögliche „Ausnahme" überhaupt nicht in Betracht, weil eine solche Tötung überhaupt nur dann zulässig ist, wenn sie *praeter intentionem* erfolgt, d. h. wenn die Tötung nicht *gewollt* (als Mittel intendiert) ist; und was „praeter intentionem" erfolgt, besitzt *überhaupt keine moralische Spezies,* kann also auch keine Ausnahme sein (vgl. 7.1.8).

„Todesstrafe" und „Töten im gerechten Krieg" stehen als sittlich qualifizierbare Handlungen in einem anderen ethischen Kontext und müssen auch entsprechend anders beschrieben werden. Die traditionelle Begründung der Todesstrafe und der Tötung im gerechten Krieg[128] beruht ja gerade darauf, daß hier nicht Privatpersonen über das Leben

---

[128] Zum Begriff des „gerechten Krieges" gehört (z. B. nach PRÜMMER, Manuale Theologiae Moralis, II, 130): 1. Der Krieg muß ein Akt der rechtmäßigen öffentlichen Gewalt sein; 2. Es muß ein gerechter Grund vorliegen hinsichtlich der Wahrung des Gemeinwohles; im allgemeinen ist deshalb nur der Verteidigungskrieg sittlich gerechtfertigt; Angriffskriege werden nur zur Wiedergutmachung eines schwerwiegenden erlittenen Unrechtes als „gerecht" betrachtet. Ausgeschlossen sind deshalb Kriege zur Bekehrung der Ungläubigen, zur Erweiterung des Territoriums und solche aus Ruhmsucht; 3. Lautere Absicht („recta intentio"): Ziel eines kriegsführenden Staates muß die schnellstmögliche Herstellung des friedlichen Zusammenlebens zwischen den Staaten sein. – Unter den heutigen kriegstechnologischen Bedingungen müssen die Möglichkeiten für einen gerechten Krieg mit Bestimmtheit wesentlich eingeschränkt werden. Zur Moralität der Gewalt vgl. G. E. M. ANSCOMBE, War and Murder, in: The Collected Papers..., a. a. O., S. 51–61.

eines Menschen verfügen, sondern Vertreter der öffentlichen Gewalt, denen die Sorge um das Gemeinwohl, insbesondere: um die Wiederherstellung der verletzten Gerechtigkeit anvertraut ist.[129] Impliziert ist dabei auch, daß die diese Gewalt legitimierende Kompetenz (abgesehen von ihrer konkreten organisatorischen oder personellen Ausgestaltung) nicht von Menschen, sondern (im Sinne von Röm. 13,1ff) von Gott stammt. Auch hier geht es nun nicht darum zu *begründen*, ob oder weshalb Todesstrafe und Töten im gerechten Krieg sittlich erlaubt seien, sondern zu zeigen, daß diese Handlungen aufgrund des verschiedenen ethischen Kontextes auch eine andere sittlich-objektive Struktur aufweisen und deshalb auch in verschiedener Weise *beschrieben* werden müssen.[130] Die Erlaubtheit solcher Handlungen wäre dann eben keine „Ausnahme" des Tötungsverbotes, weil sie Handlungen sind, die aufgrund ihres *genus moris* überhaupt nie unter dieses Verbot fallen können. Das heißt nicht, daß sie deshalb schon erlaubt seien. Es heißt aber: Ihre sittliche Qualifizierung ist vom Fall der Tötung aufgrund „privater Kompetenz" unabhängig, bzw. in Bezug auf ihn eigenständig.

In diesem Zusammenhang läßt sich dann sagen: „Es ist *immer* sittlich schlecht einen Unschuldigen zu töten".[131] Wie können wir die Handlung „einen Unschuldigen töten" beschreiben? Indem wir angeben, wer ein Unschuldiger ist. Wir können z. B. sagen, ein Unschuldiger ist jeder Mensch, der Objekt eines Tötungsaktes durch eine Person ist, die als Vertreter der rechtmäßigen öffentlichen Gewalt damit den Prinzipien zuwider handelt, die diese öffentliche Gewalt und ihre Ausübungen als rechtmäßig konstituieren. Damit ist z. B. jegliche Form des Justizmordes ausgeschlossen. D. h.: „unschuldig" ist eine Person, die für eine Tat verurteilt wird, obwohl der Richter nicht weiß, ob er sie begangen hat (bzw.: obwohl er positiv weiß, daß er sie nicht begangen hat). Diese Person ist ein Unschuldiger, weil ein solcher Justizakt gegen die Prinzipien verstößt, welche die öffentliche Justiz als rechtmäßig konstituieren (diese Prinzipien muß man natürlich selbst wieder beschreiben können, aber das bietet nicht die geringsten Schwierigkeiten). Insofern ein Richter aus rein persönlichen Gründen handelt, fällt eine solche Handlung zudem unter den ethischen Kontext des einfachen Mordes.

Damit haben wir also erneut den „ethischen Kontext" in der Beschreibung mitberücksichtigt, und die Handlung damit als durch praktische Vernunft und Willen geleiteten *actus humanus*, d. h. als sittlich qualifizierbare Handlung beschrieben. „Exekution eines zum Tode Verurteilten" oder „Tötung im gerechten Krieg" erscheinen somit nicht als

---

[129] Vgl. J. FINNIS, Fundamentals of Ethics, a. a. O., S. 127ff; vgl. auch II–II, q.64, a.2 und 3.

[130] Thomas begründet in I–II, q.1, a.3, ad 3, aufgrund der Unterscheidung von genus naturae und genus moris, daß die „conservatio iustitiae" eine eigene moralische Spezies von Tötungsakten begründet; die „conservatio iustitiae", die nicht Privatpersonen, sondern ausschließlich der öffentlichen Gewalt zusteht (so II–II, q.64, a.3), wird von Thomas „finis proximus", d. h. moralisches Objekt dieses Aktes genannt.

[131] In einem weiteren Sinne wird zwar auch die Tötung in privater Kompetenz als „Tötung eines Unschuldigen" bezeichnet. Das vereinfacht die Sprache, weil damit positiv gesagt wird: Tötung eines Menschen ist *allein* aufgrund der rechtmäßigen Ausübung der öffentlichen Gewalt erlaubt. Der Nachteil dieser Sprachregelung ist jedoch die Verwischung der Tatsache, daß ein „Justizmord" und ein Mord durch eine Privatperson einem unterschiedlichen ethischen Kontext angehören und damit Tötung durch die rechtmäßige Ausübung der öffentlichen Gewalt als „Ausnahme" vom privaten Tötungsverbot erscheint, ohne jedoch eine solche Ausnahme zu sein.

Ausnahmen, sondern als (physische) Tötungshandlungen, die in einem *anderen ethischen Kontext* stehen. Töten in legitimer Notwehr hingegen ist aufgrund seiner „praeter-intentionalen" Struktur ein sittlich nicht-spezifizierter und auch nicht-spezifizierbarer Akt, d. h. weder „gut" noch „schlecht", sondern eine intentionale Nebenfolge, für die man *nicht verantwortlich ist*.[132] Das Gebot des Dekalogs „Du sollst nicht töten" ist sinnvollerweise als ein Gebot zu verstehen, daß sich auf Handlungen von Privatpersonen richtet und nicht an Justizbeamte *qua* Justizbeamte. Somit gilt es absolut und ausnahmslos, und zwar auch für Justizbeamte, insofern sie der Versuchung ausgesetzt sein sollten, ihr Amt zu „privaten" Zwecken zu mißbrauchen und damit zu Mördern zu werden.

Deshalb sei nochmals gesagt: Handlungen, die deshalb sittlich anders beurteilt werden müssen, weil sie in einem verschiedenen ethischen Kontext stehen, erscheinen nur dann als „Ausnahmen", wenn man dafür hält, menschliche Handlungen seien „in physischen Begriffen", d. h. auf der Ebene ihres *genus naturae* zu beschreiben. Womit, wie mir scheint, erneut erwiesen ist, daß die heute gängige Kritik der Kategorie des *intrinsece malum* nichts anderem als einer *petitio principii* entspringt. Denn wer dafür hält, Handlungen könnten zum Zwecke ihrer moralischen Beurteilung allein in „physischen Begriffen" und nicht in ihrem sittlich-objektiven Gehalt beschrieben werden, der sagt damit nichts anderes als: Der der praktischen Vernunft *gegenständliche Inhalt* einer Handlung ist niemals ein sittlicher, sondern immer nur ein vor-sittlicher Inhalt. Er negiert also nur (ohne es zu beweisen), was mit guten Gründen unterstellt, wer dafür hält, daß menschliche Handlungen eine für die praktische Vernunft spezifische sittlich-gegenständliche Dimension besitzen. Eine ethische Theorie, die auf dieser Negation beruht und deshalb die Existenz von in sich und *immer* schlechten Handlungen ablehnt, können wir „physizistisch" nennen.

7.2 Der objektive Sinn des menschlichen Handelns und das Naturgesetz

7.2.1 Der zentrale Begriff des „debitum"

Ein Ergebnis der vorhergehenden Analysen des Begriffes „Handlungsobjekt" liegt in der Erkenntnis, daß der „objektive" Sinngehalt eines konkreten menschlichen Handelns nicht vom Akt der ausführenden Potenz, der einem Imperium des Willens unterliegt, sondern

---

[132] Hingegen scheint es mir unsinnig, Tötung im (gerechten) Krieg, gemäß der Struktur des „voluntarium indirectum", als „indirekte Tötung" oder „Tötung in legitimer Notwehr" beschreiben zu wollen; man kann sie nur rechtfertigen, indem man die direkte Tötung von Angehörigen kombattanter Truppen durch Angehörige kombattanter Truppen als sittlich gerechtfertigt nachweist; es handelt sich dabei nicht um Akte von Privatpersonen, sondern von Personen, die im Auftrag der öffentlichen Gewalt handeln. Die Amoralität von großflächigen Vernichtungsbombardements und der Atombombe, andererseits, beruht auf der Amoralität von Kriegshandlungen gegenüber (nichtkombattanter) Zivilbevölkerung, die nicht als unrechtmäßiger Aggressor angesehen werden können.

nur von der diesen Akt ordnenden praktischen Vernunft her formuliert werden kann. Denn erst durch die „apprehensio et ordinatio rationis" kann der Akt als „actus exterior" dem Willen als Gut in seinem „esse morale" gegenständlich werden. Als solcher ist er „materia circa quam" (materiale Betrachtung, aber immer „in apprehensione et ordinatione rationis") oder Ziel des Willens (formelle Betrachtung).

Der Wille ist demnach für seine Spezifizierung durch den „actus exterior" von der Vernunft abhängig; der ausgeführte äußere Akt (in ordine executionis) erhält seine sittliche Bedeutsamkeit durch das Imperium des Willens, d. h. dadurch, daß er gewollt – ein „volitum" – ist, sei dies nun als Objekt des elektiven oder als Objekt des intentionalen Aktes des Willens.

Entscheidend an dieser Betrachtungsweise ist die konstitutive Priorität der *ratio debiti* (des sittlichen Wert- oder „Sollenscharakter") bzw. des „ordo rationis" über den auf der Ebene des „genus naturae" konstituierenden Sinngehalt jener Akte, die nicht ursprünglich dem Willen entstammen, also der Akte anderer Potenzen oder Bereiche des menschlichen Suppositums. Nur der Wille ist per se auf das sittlich-Gute, das „bonum rationis" ausgerichtet. Der Akt des Willens zielt gerade in seinem „genus naturae" auf das „esse morale", und dies, weil das seiner Natur entsprechende Objekt durch die Vernunft selbst konstituiert wird.

Die „ratio debiti", die dazu Anlaß gibt, daß eine „materia circa quam" ein „obiectum conveniens" für ein bestimmtes Handeln darstellt, ist somit nicht eine Ableitung aus einem der Vernunft theoretisch gegenständlichen Sein (einem ontischen Gut, bzw. einem Akt in seinem „genus naturae"), sondern vielmehr setzt sie ein praktisches und damit auch werterkennendes, wertendes und in einem gewissen Sinne auch Wert-konstituierendes Verhältnis der Vernunft zur Materie des Handelns voraus. Die „commensuratio materiae et circumstantiarum" zu einem Handlungsobjekt ist eine Leistung der praktischen Vernunft, in welcher deren maßstäbliche Funktion sichtbar wird und durch welche die Materie des Handelns unter dem Gesichtspunkt der „ratio debiti" konfiguriert wird. Diese sittlich-wertende Funktion der praktischen Vernunft, wie sie im Laufe der vorliegenden Untersuchungen dargelegt wurde, kommt also in der Konstituierung des Handlungsobjektes voll zum Tragen. Solche Objekte sind demnach auch jeweils Ausdruck des Handelns im Kontext des menschlichen Suppositums, Ausdruck also eines personalen Handelns und der personalen Autonomie des Menschen.

Damit zeigt sich, daß die Konstituierung des Handlungsobjektes und jene der „lex naturalis" eine identische Struktur besitzen. Darauf wurde ja bereits in Teil I hingewiesen. Das Objekt einer sittlichen Handlung entspringt einer „ordinatio rationis" *in* der Materie des Handelns (die erst in dieser Ordnung der Vernunft eine „materia circa quam", Form und Ziel des Willens ist), genau wie auch die „lex naturalis" eine „ordinatio rationis" *in* den natürlichen Neigungen ist.

Die Leistung der „lex naturalis" als Gesetz der praktischen Vernunft beruht ja nun eben darauf, daß es, als Partizipation an der „ratio aeterna", eine „inclinatio naturalis ad *debitum* actum et finem (...), quo discernimus quod sit bonum et malum" darstellt[133] oder, in der Sprache des Sentenzenkommentars, eine „naturalis conceptio" und „naturalis inclina-

---

[133] I–II, q.91, a.3; es sei zurückverwiesen auf Teil I., 2.3.2.

tio, quibus operatio *conveniens* generi sive speciei *reddatur competens fini*".[134] Die praktische Vernunft vergegenständlicht also keineswegs einfach die den einzelnen Potenzen eigenen Akte („actus proprii") oder gegenständlichen Dinge, um sie als solche schon im Modus des Sollens zu bestätigen. Sie ordnet vielmehr diese Akte gemäß dem ihr spezifisch gegenständlichen Kriterium des „debitum", bringt also ihren eigenen Anspruch, der ebenfalls Anspruch des menschlichen „Seins" als Person oder Gesamt-Suppositum ist, in die Konfiguration des Handlungsobjektes ein.

Das natürliche Gesetz erweist sich damit als die ordinative oder präzeptive Grundlage für die Konstituierung von Handlungsobjekten, – nur als ihre Grundlage jedoch, denn der Bereich der möglichen Objekte des menschlichen Handelns (bzw. möglicher Intentionen und „electiones") ist viel weiter als jener der Präzepte des Naturgesetzes. Denn letzteres ordnet das menschliche Handeln wesentlich im Bereich der natürlichen Neigungen, und das heißt auch: Es konstituiert die „ratio virtutis"[135]; denn die Ordnung des Naturgesetzes ist die Ordnung der Tugend. Damit besitzt das Naturgesetz in der Konstituierung des objektiven Sinnes des menschlichen Handelns eine fundierende Aufgabe. Es ist jenes natürliche Gesetz, welches das menschliche Handeln in der Ausrichtung auf seine grundlegend-objektiven Sinngehalte leitet, so daß dieses Handeln ein *menschliches* und damit auch der sittlichen Tugend entsprechendes ist. Nicht jedoch formuliert dieses Gesetz den objektiven Gehalt einer jeden konkreten Handlung. Das ist die Aufgabe der Klugheit. Doch ist jedes objektiv-sittliche oder eben kluge Handeln auf das Naturgesetz als sein objektives Fundament zurückverwiesen, davon abhängig und gewissermaßen in ihm „integriert". Oder umgekehrt: Die Präzepte des Naturgesetzes erfahren in den Präzepten der Klugheit eine entsprechende Konkretisierung oder „Individuation".

Diesen Zusammenhang zwischen Naturgesetz und Klugheit, die sich auf das konkrete Handeln hic et nunc bezieht, gilt es vor allem bezüglich jener Handlungen zu beachten, in denen eben die fundamentale Menschlichkeit des Handelns überhaupt auf dem Spiel steht. Das wohl aktuellste und meistdiskutierteste Beispiel dafür ist der eheliche Akt der Weitergabe des menschlichen Lebens. Das in concreto Gute oder „Nützliche" (das aristotelische „to sympheron", welches die Klugheit auszumachen hat) darf nicht jene Grundlagen des menschlichen Handelns außer Acht lassen, die garantieren, daß dieses Handeln im fundamentalen Sinne überhaupt menschlich ist.

Denn menschlich ist dieses Handeln jeweils nicht nur, wenn es „aus Vernunftgründen" oder „frei" vollzogen wird. Es muß auch immer ein personales Handeln sein, das heißt ein Handeln, welches den Sinn einzelner Akte und Tendenzen im Kontext des menschlichen Suppositums wahrt. Dieser Sinn wird ja nun gerade in der Reflexion auf den Akt der praktischen Vernunft und dessen anthropologischer und metaphysischer Durchdringung und Erhellung offengelegt. Es offenbaren sich damit die sittlichen Ansprüche des menschli-

---

[134] In IV Sent., d.33, q.1, a.1; es sei daran erinnert, daß Thomas diese „operatio conveniens" von der bloßen „operatio propria" der einzelnen Potenzen (genus naturae) abhebt. Nur für die Vernunft und den Willen ist das „proprium" zugleich das „debitum", d. h. die (praktische) Wahrheit und das sittlich Gute. Die „operationes propriae" der Tiere werden auf das „debitum" durch die „aestimatio naturalis" (Instinkt) hingeordnet; beim Menschen übernimmt diese Funktion die „lex naturalis" (vgl. ebd.).

[135] Vgl. I–II, q.94, a.3.

chen Seins oder der menschlichen Natur; wobei hier das menschliche Sein oder die Natur bereits in einem praktischen Kontext stehen: Das heißt nicht einfach als Gegenstand einer theoretisch erkennenden Vernunft, sondern als eine metaphysisch und anthropologisch geklärte Selbsterfahrung der praktischen Vernunft; *ein Sein und eine Natur also, in deren Begriff und Gehalt bereits die ordnende und wertende Wirksamkeit der praktischen Vernunft als „ratio naturalis" präsent und impliziert ist,* die also eine „strukturierte Ordnungseinheit von Vernunft, Person, Funktionalität und Naturalität" darstellt[136], eine Einheit, die allerdings als solche wiederum von der Vernunft konstituiert ist, die sich dabei selbst, in der Reflexion, *als* Natur gegenständlich wird.

Man würde sich auch hier in einem dauernden Zirkel bewegen, wenn man die wahre Bedeutung, intellektive Kraft und „Wahrheitsmächtigkeit" der menschlichen Vernunft als Partizipation am göttlichen Erkenntnislicht übersehen würde. Die Fähigkeit des menschlichen Intellektes, Wahrheit nicht nur zu erkennen, sondern sie, als praktischer Intellekt, auch im menschlichen Wollen und Handeln zu schaffen, den Menschen also auf die Wahrheit, Authentizität und Sinnfülle seiner Existenz hinzuordnen, hat zur Folge, daß der Mensch nur in einem Leben, das den Ansprüchen der Vernunft genügt, sich als Menschen wiederzuerkennen und so gewissermaßen mit sich selbst im Einklang zu leben vermag. Ein solches „Leben gemäß der Vernunft" heißt nun ja keineswegs ein „rationalistisches" oder „kalkuliertes" Leben, sondern vielmehr ein Leben, das den Ansprüchen der menschlichen Geistigkeit – seiner *imago* – entspricht, eine Existenz, die schließlich ein Leben der Liebe ist, die sich wesentlich auf den Mitmenschen und auf Gott hin transzendiert. Daß der Mensch faktisch in dieser seiner Liebesfähigkeit von sich selbst und seinem Ziel entfremdet ist und er deshalb einer erlösenden Kraft bedarf, um auch sein Menschsein voll zu verwirklichen, das zu betrachten, ist nicht Sache des Philosophen. Es ist aber ebenso nicht Aufgabe des Theologen, Modelle zu finden, um die Ansprüche einer Moral im Kontext der Erlösung (eine christliche Moral) auf die reinen Ansprüche des „Humanums" zu reduzieren. Dann wird er nämlich, und man sieht dies bei vielen Moraltheologen deutlich, den Menschen selbst nicht mehr verstehen können und die „Entfremdung" seines Daseins sowie die Paradoxien einer menschlichen Existenz, die nur noch im Kontext des Humanums gesehen wird, dadurch erträglich machen wollen, daß er die Ansprüche des Menschseins selbst hinabsetzt und damit auch hinter dem bloßen Humanum zurückbleibt.[137]

---

[136] Vgl. W. KLUXEN, Menschliche Natur und Ethos, a. a. O., S. 17.

[137] Beispiel ist gerade die allgemeine Tendenz einer Ersetzung des Begriffes des „indirekt Gewollten" durch das „Auch direkt, aber aus entsprechenden Gründen". Nach F. SCHOLZ sei der zweite Grundsatz „der bitteren Wirklichkeit des Lebens stärker angepaßt und gibt sie buchstäblich direkt wieder. (...) Die gebrochene menschliche Grundsituation mit ihrer Tragik leuchtet stärker auf. Unerbittlich kommt zum Bewußtsein, daß der Mensch nicht nur nicht alle Güter gleichzeitig haben, halten und schützen kann, sondern daß er im Dienst höherer Werte sogar aufgerufen sein kann, geringere vor-sittliche Werte zu verletzen, ohne jeden animus nocendi. Bei schmerzlichen ärztlichen Eingriffen ist uns das geläufig. Das gilt für alle Lebensbereiche. Das Paradies erscheint als endgültig verloren" (Objekt und Umstände..., a. a. O. S. 258 u. 259). – Dieser theologisierende Pessimismus zwecks Schaffung einer „menschlicheren" Moral scheint mir hingegen wenig überzeugend, und seine Konsequenzen sind unabsehbar. Wenn das sittliche Handeln in allen Lebensbereichen mit einem „schmerzlichen ärztlichen Eingriff" gleichgestellt wird, dann kann wirklich alles gerechtfertigt werden. Und das Proprium des Ethischen geht sowieso verlo-

Deutlich zeigt sich dies auch in den Bemühungen vieler Moraltheologen nachzuweisen, daß es keine in sich schlechten Handlungen geben könne, Handlungen also, die immer unsittlich sind. Diese Frage wurde gerade auch im Zusammenhang mit dem Begriff des Naturgesetzes artikuliert. Anhand der Äußerung des hl. Thomas „non est eadem rectitudo apud omnes" und der Folgerung, daß die Präzepte der „lex naturalis" nur „ut in pluribus", also in der Mehrzahl der Fälle wirksam seien, glaubte man, daß auch bei Thomas der Begriff eines „undispensierbaren Naturgesetzes" nicht mit jenem der Existenz von „operationes intrinsece malae" verbunden werden könne. Die Gebote des Naturgesetzes, wie sie auch im Dekalog ausgedrückt sind, verweisen auf die Ziele der Tugenden; diese seien nur „Annäherungen" oder „Ideale", die unter verschiedenen persönlichen und geschichtlichen Umständen verschieden verwirklicht werden können. Und, wie ein Vertreter dieser Auffassung folgert: „Damit wird auch das Ideal einer strikten Universalität der ethischen Urteile aufgegeben."[138]

Im Aufweis der Tatsache, daß auch hier wiederum eine fragwürdige Thomas-Exegese vorliegt, soll in einer kurzen Analyse dieser Frage ein abschließendes Licht über die Eigenart des Naturgesetzes und die durch die praktische Vernunft konstituierte Objektivität des menschlichen Handelns geworfen werden.

7.2.2 Das Problem der Kontingenz der Handlungsmaterie (1): „Non est eadem rectitudo apud omnes"

Im vierten Artikel von I–II, q. 94 stellt sich Thomas die Frage, „utrum lex naturae sit una apud omnes", ob das Naturgesetz für alle Menschen ein und dasselbe sei. Es geht Thomas natürlich darum, diese Frage zu bejahen, und gerade deshalb werden im Corpus des Artikels zwei Phänomene analysiert, die scheinbar das Gegenteil besagen: Erstens die Tatsache, daß es unter Umständen unvernünftig und geradezu ungeboten ist, bestimmte Präzepte des Naturgesetzes auf der Ebene der „principia propria" oder „praecepta secundaria" einzuhalten; so z. B. das Gebot der Gerechtigkeit, „Hinterlegtes muß man zurückerstatten" („deposita sunt reddenda"); solche Gebote verpflichten deshalb nur „ut in pluribus", in der Mehrzahl der Fälle und bewirken demnach eine scheinbare Variabilität des Naturgesetzes: Was in einem konkreten Fall gilt, gilt unter Umständen nicht für alle Fälle, sondern nur in den meisten. Zweitens spricht Thomas auch von einer nicht-identischen „rec-

---

ren; denn beim sittlichen Handeln geht es nicht um „Eingriffe in vorsittliche Güter", sondern schließlich um das Menschsein des Menschen. – Zur Frage des sog. „indirekten Handelns" siehe oben, Exkurs II, 7.1.8.

[138] J. Th. C. ARNTZ, Prima principia propria, in: W. P. ECKERT (Hsg.), Thomas von Aquino. Interpretation und Rezeption, Mainz 1974, S. 15. Vgl. auch: F. SCHOLZ, Wege, Umwege und Auswege der Moraltheologie. Ein Plädoyer für begründete Ausnahmen, München 1976; W. ERNST, Universalität sittlicher Normen – heutige Tendenzen, In: W. KERBER (Hsg.), Sittliche Normen. Zum Problem ihrer allgemeinen und unwandelbaren Geltung, Düsseldorf 1982, S. 58–73; F. SCHOLZ, Durch ethische Grenzsituationen aufgeworfene Normprobleme, in: Theologisch-Praktische Quartalschrift 123 (1975), S. 341–355 (die nachfolgenden Ausführungen sind insbesondere auch als Kritik zu diesem Artikel einschlägig).

titudo" des Naturgesetzes aufgrund einer mangelnden, d. h. verdorbten Kenntnis („notitia depravata") desselben, wegen der Leidenschaften, schlechten Gewohnheiten oder Naturanlagen. „So wie unter den Germanen, wie Julius Cäsar in seinem ‚De bello Gallico' berichtet, einst die Räuberei nicht als Unrecht galt, obwohl sie ausdrücklich gegen das Naturgesetz verstößt".[139]

Hier interessiert uns nur das erste Problem: Bezüglich der konkreten Schlußfolgerungen (conclusiones propriae) der praktischen Vernunft bestehe nicht eine identische Wahrheit oder „rectitudo" bei allen: Wer etwas anvertraut, hinterlegt oder ausgeliehen bekommt, der muß das zurückgeben. Dies ist eine Forderung der Gerechtigkeit. Ist es aber auch eine Forderung der Gerechtigkeit, – um ein anderes Beispiel zu nennen –, ein Jagdgewehr, das mir ein Freund ausgeliehen hat, zurückzugeben, (obwohl es dieser von mir zurückverlangt), wenn ich genau weiß, daß ihn seine Frau eben betrogen hat und er in einem Anfall von Wut und Verzweiflung die Absicht hegt, sie damit zu erschießen? Gilt dann noch das Gebot „Entliehenes ist zurückzugeben"? Es scheint tatsächlich, daß die Formulierung dieses Gebotes der Gerechtigkeit nur im allgemeinen gilt, daß seine Befolgung jedoch aufgrund konkreter Umstände unvernünftig, d. h. auch ungerecht wäre.

Verständlich, daß einige Moraltheologen hier einen „Rettungsanker" für die Ansicht zu finden glauben, kein sittliches Gebot gelte ausnahmslos; es gebe keine Handlungsweise, von der man als solcher schon sagen könne, sie sei „in sich selbst schlecht" (also „intrinsece mala"), es komme immer auf die konkreten Umstände an, usw.

Nun, so Unrecht haben sie mit dieser Meinung nicht. Und zwar insofern sie damit gegen eine Moralvorstellung argumentieren, die alles und jedes genau festlegen will; die das menschliche Handeln in ein Gefüge von vorformulierten und genau festgelegten Handlungsmuster und -schematismen einzwängen möchte, in ein „das darf man" und „das darf man nicht". Tatsächlich ist das Leben reicher als die Formulierungen moralischer Lehrhandbücher. Und die Tugend der Klugheit besteht nicht einfach in einer Anwendung von „Normen", sondern sie geht auf die konkrete Situation ein und vermag hier die Wahrheitsansprüche, die sittlichen Ansprüche menschlichen Handelns, ja gerade die Grundintention des „Gebotes" zu verwirklichen. Wer eben, im alttestamentarischen Kontext, am Sabbat eine Tat der Nächstenliebe verübte, Kranke heilte oder seinen Ochsen aus dem Brunnen zog, der verletzte nicht das Sabbatgesetz, sondern erfüllte es vielmehr in seiner grundlegenden Intention, obwohl er seinem Wortlaut äußerlich zuwider handelte.

Aber heißt das nun, daß wirklich prinzipiell alle Handlungen „je nach Umständen" gut oder schlecht sind? Daß man also in keiner Weise bestimmte Handlungsweisen als immer und unter allen Umständen sittlich schlecht qualifizieren kann? Daß die sekundären Gebote des Naturgesetzes (z. B. „Du sollst nicht töten", „Du sollst nicht ehebrechen", „Du sollst kein falsches Zeugnis wider Deinen Nächsten ablegen" usw.) nur „ut in pluribus", in der Mehrzahl der Fälle, jedoch, je nach Umständen, auch nicht gelten? Daß also, wie Arntz zu begründen sucht, nur die „Ziele der Tugenden" (man soll gerecht, maßvoll usw. handeln) ausnahmslose Gültigkeit besitzen, daß man jedoch niemals solche Wertprädikate („gerecht" oder „ungerecht") bestimmten Handlungsweisen als solchen zusprechen kann (z. B. „stehlen ist ungerecht")? Kann man also deshalb sagen, willentliche Sterilisie-

[139] Ebd.

rung des ehelichen Aktes, aktive Euthanasie, Abtreibung, Lüge, seien zwar meistens sittlich verwerflich, aber prinzipiell, je nach den Umständen, nicht immer? Und zwar unter Berufung auf das Prinzip „non est eadem rectitudo apud omnes", – es ist nicht immer bei allen dasselbe das Richtige oder sittlich Gute.

Dies gilt es zu prüfen. Zunächst, indem wir uns fragen, ob man sich dabei wirklich auf Thomas berufen kann; und zweitens: Ob dieser Ansicht nicht wiederum ein tieferes Mißverständnis bezüglich der Konstituierung des objektiven Sinnes des menschlichen Handelns zugrundeliegt.

Die wichtigsten Aussagen im genannten Artikel 4 von I–II, q.94 sind die folgenden: Die praktische Vernunft schreitet, wie auch die spekulative, vom Allgemeinen zum Besonderen (ex communibus ad propria). Im Unterschied zur theoretischen bezieht sich die praktische Vernunft jedoch auf menschliche Handlungen, und das heißt immer auf Kontingentes, auf eine Materie, die nicht aus Naturnotwendigkeit immer gleich ist, sondern sich „auch anders verhalten kann".[140] Je mehr man zum Besonderen hinabsteigt, umso mehr findet man das Moment der Defizienz (defectus)[141]; d. h. das Phänomen, daß die Handlungsmaterie sich verändert, bzw. nicht mehr mit jener Materie identisch ist aufgrund derer das allgemeine Prinzip formuliert wurde. Im angeführten Beispiel: Es scheint, daß aufgrund der konkreten Umstände das Prinzip „deposita sunt reddenda" der vorliegenden Situation nicht mehr angemessen ist. Deshalb ist „secundum rectitudinem" das Naturgesetz nur bezüglich der „principia communia" dasselbe; aber bezüglich einiger partikularer Prinzipien (secundum *quaedam* propria), die sich wie Konklusionen zu den allgemeinen Prinzipien verhalten, existiert lediglich eine „rectitudo ut in pluribus"; „in paucioribus" jedoch können sie auch versagen (potest deficere), und zwar „wegen einigen partikularen Hinderungsgründen" (propter aliqua particularia impedimenta).[142]

Aus dem Text geht hervor, daß Thomas annimmt, dieses Phänomen finde sich nur bei *einigen* „propria"; man kann es also nicht ohne weiteres prinzipiell auf alle „principia propria" anwenden. Das lassen wir vorderhand dahingestellt. Ein Zweites ist interessanter: Begreift Thomas diesen „defectus" (das Versagen), der sich in einigen Fällen einstellt, als eine „Ausnahme" vom Gebot? Meint er also, daß in bestimmten Fällen ein Gebot nicht „gilt" oder nicht „verpflichtet"? Oder besteht seine Ansicht vielmehr darin, daß die Formulierung des Gebotes bestimmten Situationen nicht adäquat ist? Bzw., daß es Handlungsweisen gibt, die beim Auftreten bestimmter Umstände ihren objektiven Sinngehalt dermaßen verändern, daß sie nicht mehr unter das betreffende Gebot fallen, dieses also gar nicht mehr zum Ausdruck bringen kann, was in dieser Situation getan werden muß?

Es soll gezeigt werden, daß diese zweite die Ansicht des hl. Thomas ist. Das zeigt, daß der Satz „non est eadem rectitudo apud omnes" keineswegs meint, die principia propria des Naturgesetzes seien *nicht* ausnahmslos gültig, sondern vielmehr, daß, aufgrund der Kontingenz der Handlungsmaterie, Situationen entstehen können, die sich der Regelung

---

[140] Das ist die aristotelische Bezeichnung des Kontingenten, das „endechomenon kai allôs echein".
[141] Ebd.: „quanto magis ad propria descenditur, tanto magis invenitur defectus"; und: „quanto enim plures conditiones particulares apponuntur, tanto pluribus modis poterit deficere".
[142] Vgl. auch ebd., a.5: „Potest tamen immutari in aliquo particulari, et in paucioribus, propter aliquas speciales causas impedientes observantiam talium praeceptorum."

durch das entsprechende Gebot entziehen. Und dies, und darin liegt der entscheidende Punkt, obwohl die äußere Handlung zunächst identisch scheint, aber durch einen Umstand sich in ihrem „esse morale" (das heißt: objektiv) verändert hat.

Bevor wir diese Analyse vervollständigen, muß noch genauer berücksichtigt werden, welches Problem Thomas in I-II, 94,4 eigentlich im Auge hat. Es ist nämlich zunächst auffallend, daß Thomas von einem „defectus quantum ad *rectitudinem*" spricht, und keinesfalls von einem Defekt der Gültigkeit oder Verbindlichkeit des entsprechenden sittlichen Gebotes. Was ist mit dieser „rectitudo" oder „veritas" gemeint? Ganz offensichtlich nicht eine „Richtigkeit" oder „Wahrheit" des Gebotes. Denn die Formulierung lautet: „Non est eadem veritas vel rectitudo practica apud *omnes* quantum ad propria"; d. h.: „Die praktische Wahrheit oder Richtigkeit ist nicht bei *allen* (d. h.: bei allen Menschen) dieselbe." Entweder aufgrund einer verdorbenen Kenntnis des Naturgesetzes; oder aber, was hier zur Debatte steht, weil ein bestimmtes Gebot des Naturgesetzes nicht mehr zur Anwendung kommen kann. Denn das Naturgesetz enthält ja die „ratio virtutis", in diesem Falle jene der Ordnung der Gerechtigkeit. Es kann aber Fälle geben, in denen aufgrund eines Hinderungsgrundes („aliquod particulare impedimentum") der Modus der Etablierung dieser Ordnung, so wie es dem Naturgesetz entsprechen würde, nicht durchführbar ist und sich die Anwendung des Gebotes in *diesem* Fall gegen die Intention des Gebotes (die Gerechtigkeit) selbst richten würde. Der Grund für die (nur scheinbare) „Ausnahme" liegt also nicht im Gebot, das hier nicht mehr „gelten" würde, weil es zu „allgemein" oder zu „abstrakt" ist und den Einzelfall nicht zu erfassen vermag. Sondern umgekehrt, in einem „defectus" der Handlungsmaterie, einem „impedimentum", das bewirkt, das die Ordnung der Gerechtigkeit auf die Weise, wie es *diesem* Gebot des Naturgesetzes entspricht, nicht mehr gewahrt werden kann.

Der „Defekt" oder die Veränderung der „rectitudo" scheint also seinen Ursprung nicht im Gebot zu haben, sondern vielmehr in der „Materie", auf welche sich das Gebot beziehen sollte. Man könnte sagen: Die vorliegende Situation – der Ehemann, der sein ausgeliehenes Gewehr zurückverlangt, weil er sich an seiner Frau rächen will – diese Situation ist keine „materia debita" mehr, um durch das Gebot „deposita sunt reddenda" geregelt zu werden; eine „redditio depositi" wäre in diesem Fall kein Akt der Gerechtigkeit, sondern Beihilfe zum Mord.

Vorderhand kommen wir zum Schluß: Während die „praecepta communia" in allen Fällen anwendbar sind (z. B. „man muß die Ordnung der Gerechtigkeit wahren"), so gilt das nicht für alle „principia propria", welche Konkretisierungen des allgemeinen Gebotes bezüglich bestimmter menschlicher Handlungsweisen darstellen. Und es gilt nicht, weil sich, was „in paucioribus" geschehen kann, die in der Formulierung dieses Gebotes unterstellten moralisch ausschlaggebenden Bedingungen *verändert* haben.

Es handelt sich dabei um Bedingungen bezüglich einer in dieser Handlung implizierten Person. Das Prinzip „deposita sunt reddenda" unterstellt, daß der Entleiher der rechtmäßige Eigentümer des entliehenen Gegenstandes ist. Die Rechtsbeziehung (Ordnung der Gerechtigkeit) zwischen dem Eigentümer und dem „depositum" konstituiert die sittliche Pflicht der „redditio" des Entliehenen. Sollte sich nun jedoch in der Rechtmäßigkeit des Besitzanspruches etwas ändern, so würde sich auch der Verpflichtungscharakter der „redditio depositi" ändern. Genau das ist in unserem Beispiel der Fall: Die ursprüngliche

„rectitudo" der Beziehung Eigentümer – Entliehenes hat sich verändert. Der Besitzanspruch auf ein Jagdgewehr, mit dem man seine eigene Ehefrau erschießen will, entspricht nicht mehr der Ordnung der Gerechtigkeit. Deshalb besteht ein partikulares „impedimentum" für die Anwendung des Prinzips „deposita sunt reddenda" auf diese Situation. Die entsprechende Handlung „fiele" auf eine „materia indebita" und wäre *objektiv* keine Handlung der Gerechtigkeit mehr.

Zu I–II, q.94, a.4 gibt es eine aufschlußreiche Parallelstelle, aus der hervorgeht, daß genau dies die Meinung des hl. Thomas ist. Es handelt sich um II–II, q.57, a.2, ad 1: „Was denjenigen Dingen, die eine unveränderliche Natur besitzen, natürlich ist, besitzt notwendigerweise immer und überall eine bestimmte Beschaffenheit. Die Natur des Menschen ist aber veränderlich. Deshalb kann das, was dem Menschen natürlich ist, manchmal versagen (deficere). So entspricht es beispielsweise der natürlichen Gleichheit, daß man dem Entleiher das Entliehene zurückgibt; *wenn es sich nun so verhalten würde, daß die menschliche Natur immer auf das Gute ausgerichtet wäre* („quod natura humana semper esset recta"), dann wäre das immer zu beachten. Aber da es hin und wieder vorkommt, *daß der Wille des Menschen sich ins Schlechte kehrt,* so gibt es einige Fälle, in denen das Entliehene nicht zurückzugeben ist, damit derjenige, der einen verkehrten Willen besitzt, keinen schlechten Gebrauch davon mache: wie zum Beispiel, wenn ein Verrückter oder ein Staatsfeind abgelegte Waffen zurückfordert."[143]

„Natura humana mutabilis est": Nicht ist damit gemeint, daß die menschliche Natur sich im Laufe der Geschichte verändere[144]; sondern: Der Natur des Menschen kommt nicht jene „immobilitas" zu, welche Gott absolut und die rein geistigen Geschöpfe bezüglich ihrer einmal vollzogenen Willensentscheidungen (electiones) besitzen.[145] Dem Men-

---

[143] „Illud quod est naturale habenti naturam immutabilem, oportet quod sit semper et ubique tale. Natura autem hominis est mutabilis. Et ideo id quod naturale est homini potest aliquando deficere. Sicut naturalem aequalitatem habet ut deponenti depositum reddatur: et si ita esset quod natura humana semper esset recta, hoc esset semper servandum. Sed quia quandoque contingit quod voluntas hominis depravatur, est aliquid casus in quo depositum non est reddendum, ne homo perversam voluntatem habens male eo utatur: ut puta si furiosus vel hostis reipublicae arma deposita reposcat."

[144] Eine solche Interpretation wurde z. B. vorgetragen von J. FUCHS, Theologia Moralis Generalis, Rom 1960, S. 77; L. OEING-HANHOFF, Thomas von Aquin und die Situation des Thomismus heute, in: Philosophisches Jahrbuch 70 (1962), S. 17–33; C. FAY, Human Evolution: A Challenge to Thomistic Ethics, in: International Philosophical Quarterly, 2 (1960), S. 50–80; vgl. auch M. B. CROWE, The Changing Profile of the Natural Law, Den Haag 1977, S. 280–283. – Die aufgrund der Texte offensichtliche Unhaltbarkeit dieser Interpretation kann zumindest seit ihrer ausführlichen Kritik durch R. A. ARMSTRONG, Primary and Secondary Precepts in Thomistic Natural Law Teaching, Den Haag 1966, S. 173–179 nicht mehr in Zweifel gezogen werden.

[145] Vgl. I, q.9, a.2: „Sic igitur in omni creatura est potentia ad mutationem: vel secundum esse substantiale, sicut corpora corruptibilia (d. h. sie sind kontingent, können sein oder nicht sein); vel secundum esse locale tantum, sicut corpora caelestia; vel secundum ordinem ad finem et applicationem virtutis ad diversa, sicut in angelis. Et universaliter omnes creaturae sunt mutabiles secundum potentiam Creantis, in cuius potestate est esse et non esse earum; ebd., ad 3: „angeli boni, supra immutabilitatem essendi, quae competit eis secundum naturam, habent immutabilitatem electionis ex divina virtute: tamen remanet eis mutabilitas secundum locum." Der Begriff der „mutabilitas" bedeutet in diesem Zusammenhang dasselbe wie „mobilitas"; vgl. ebd. q.64, a.2: „Unde et voluntas hominis adhaeret alicui mobiliter, quasi potens etiam ab eo discedere et con-

schen ist es aufgrund seiner Natur eigen, einen veränderlichen Willen zu besitzen. Geändert hat sich entsprechend in unserem Beispiel die fundamentale „rectitudo" des Willens des Eigentümers, die im Gebot „deposita sunt reddenda" vorausgesetzt ist, weil sich diese Verpflichtung nur auf eine rechtmäßige Beziehung Eigentümer–Depositum erstreckt, und nicht auf eine solche, die – aufgrund der „depravatio voluntatis" – der Ordnung der Gerechtigkeit widerspricht. Diese „mutatio materiae" ist es, die bewirkt, daß mit der Befolgung des Gebotes „deposita sunt reddenda" in diesem Falle kein Akt der Gerechtigkeit mehr verübt würde; objektiv wäre es ungerecht, das Entliehene zurückzugeben; und zwar in genau demselben Maße, wie es der Gerechtigkeit entsprechen würde – hätte der Staatsfeind seine Waffen noch nicht gestreckt – sich unter diesen Umständen ihrer zu bemächtigen, bzw. sie zu beschlagnahmen.

Bei diesem von Thomas standardmäßig aufgeführten Beispiel ist ja nicht zu vergessen, daß das Privateigentum für Thomas wesentlich gemeinwohlbezogen ist. Die Güter dieser Welt sind zum Nutzen aller geschaffen worden; dem Naturgesetz entspricht jedoch ebenso eine persönliche „potestas procurandi et dispensandi": bezüglich dieser darf der Mensch Eigentum besitzen.[146] Bezüglich des Gebrauchs („usus") dieser Dinge darf sich der Mensch jedoch nie als Eigentümer betrachten; er muß sie immer zum Nutzen der Allgemeinheit verwenden.[147] Das Prinzip „deposita sunt reddenda" setzt also den richtigen, gemeinwohlbezogenen Gebrauch der Dinge voraus; und die „ratio iustitiae" schließt diesen „usus rectus" eben gerade ein. Deshalb versagen gewisse sittliche Gebote, die sich auf den *legitimen Besitz* von Eigentum beziehen, durch den *illegitimen Gebrauch* dieses Eigentums (oder aufgrund einer den gemeinwohlbezogenen Gebrauch des Eigentums gerade in Anspruch nehmenden extremen Notsituation), und können *diese* Situation nicht regeln. Nicht aber, weil das Gebot Ausnahmen kennt, sondern weil die vorliegende Situation gar nicht mehr unter dieses Gebot fällt.

„Mutatio materiae" heißt hier: eine Veränderung der „materia circa quam", eine Veränderung also, die nur der praktischen Vernunft einsichtig wird und die die „ratio debiti" der Handlungsmaterie betrifft. Der Grund für diese „mutatio" liegt in unserem Beispiel einzig und allein in der „depravatio voluntatis" des Entleihers; in der Tatsache also, daß seine Rückgabeforderung *objektiv* nicht mehr den Sinngehalt der Einforderung eines Rechtsanspruches, sondern vielmehr der Vorbereitung zu einem Mord entspricht. Genau deshalb wäre die „redditio" des Entliehenen wiederum *objektiv* (von ihrem Gegenstand oder der „materia circa quam" her) nicht ein Akt der Gerechtigkeit, sondern „Beihilfe zum Mord" Das heißt die *praktische Wahrheit* oder die *rectitudo* des Aktes „reddere depositum" hat

---

trario adhaerere; voluntas autem angeli adhaeret fixe et immobiliter ... liberum arbitrium hominis flexibile est ad oppositum"; In IV Sent., d.26, q.1, a.1, ad 3: „natura humana non est immobilis sicut divina." Vgl. auch I, q.19, a.7; III, q.57, a.1, ad 1.

[146] Vgl. II–II, q.56, a.2. Vgl. auch a.1: Diese „potestas" entspringt einem „naturale dominium exteriorum rerum", begründet in der vernünftigen und willentlichen Struktur des menschlichen Handelns. Thomas betont, daß dem Menschen dieses natürliche Dominium „secundum rationem" zukomme, „in qua imago Dei consistit (...)".

[147] Das zeigt sich auch bei der Erlaubtheit des sogenannten „Mundraubes" in einer „evidens et urgens necessitas". Thomas betont: „Nec hoc proprie habet rationem furti vel rapinae" (ebd., a.7); die Handlung ist hier nur noch dem äußeren Scheine nach objektiv ein Diebstahl. In Wirklichkeit entspricht sie dem rechtmäßigen, gemeinwohlbezogenen „usus" der materiellen Güter.

sich in *diesem* Falle verändert, weil sich das Objekt dieser Handlung geändert hat, nicht jedoch, weil von dem Gebot „deposita sunt reddenda" eine Ausnahme gemacht wurde. Als „Ausnahme" erscheint dieser Fall nur, wenn man als Objekt dieser Handlung nur die rein „äußeren", dinglichen und faktischen Aspekte begreift. Wenn man also nur die ursprüngliche Eigentumsbeziehung, die Tatsache also, daß für den Entleiher das Entliehene eine „res aliena" ist, berücksichtigt. In einer solchen „abstrakten" Betrachtung des Sachverhaltes, in dem wiederum einmal mehr nur der Kadaver der Handlung ins Gesichtsfeld rückt, wird ausgeklammert, daß das *Objekt* einer Eigentumsforderung und einer entsprechenden Rückgabepflicht nicht einfach die „res propria" bzw. „aliena" ist, sondern die „*iusta possessio* rei", bzw. deren legitime Verwendung („usus rectus"). Daß sich genau in diesem *objektiven* Sinne eine Veränderung ergeben hat, wird erst ersichtlich, wenn man nicht vergißt, daß der objektive Sinn einer Handlung nur im Kontext ihrer Vergegenständlichung durch den Willen aufgrund einer „ordinatio rationis" verstanden werden kann. Die verbreitete Meinung, die „principia propria" des Naturgesetzes seien abstrakte Formulierungen, die im konkreten Fall Ausnahmen zuließen, geht also von falschen Voraussetzungen aus. Sie übersieht insbesondere, daß jedes Handlungsobjekt aufgrund der praktischen Vernunft bereits in einer Beziehung zum „ordo virtutis" steht (hier: der Gerechtigkeit), und daß deshalb nicht die Gebote des Naturgesetzes inadäquat sind oder Ausnahmen zulassen, sondern daß es konkrete Situationen oder Fälle von Handlungen gibt, die ihren objektiven Sinn verändern und deshalb nicht mehr unter das entsprechende Gebot fallen können, bzw. durch dieses nicht mehr geregelt zu werden vermögen.

Man könnte einwenden: Dies sei eine praktisch irrelevante Spitzfindigkeit. Es sei doch einerlei, ob man behauptet das Gebot kenne Ausnahmen, oder aber: die Situation hat sich verändert, das Gebot gilt weiter, trifft aber auf diesen Fall nicht zu. Nun, es ist nicht einerlei. Denn es besteht ein großer Unterschied zwischen dem Zweiten und der Behauptung, es gebe Fälle (aufgrund der Umstände oder der Intention des Handelnden), in denen es erlaubt sei, einen entliehenen Gegenstand dem ihn rechtmäßig zurückfordernden Eigentümer nicht zurückzugeben, um ein, wie man sagt, „höheres Gut" damit zu erreichen. Man könnte in diesem Fall nicht argumentieren, der Eigentümer fordere das Entliehene nicht „rechtmäßig" zurück; sondern dies bedeutete: Das Gut des Rechtsanspruches des Eigentümers muß einem anderen, im konkreten Fall aus „schwerwiegenden Gründen" als höher eingeschätztem Gut weichen. Dann befinden wir uns in der Argumentationsstruktur einer „teleologischen Ethik" zu deren Rechtfertigung sich einige Autoren zu Unrecht auf den hl. Thomas berufen haben.

Betrachten wir folgenden Fall: Ein guter Freund leiht mir eine beträchtliche Summe Kapital, damit ich ein Geschäft eröffnen kann. Er verlangt, daß ich das Geliehene in fünf Jahren zurückzahle und verspricht mir Aufschub dieser Forderung nur, wenn er das Geld zu diesem Zeitpunkt nicht dringend benötigt; ich solle also unbedingt mit dieser Möglichkeit rechnen. Ein schriftlicher Vertrag wird nicht angefertigt. Ich eröffne mein Geschäft und bringe es in fünf Jahren mit Glück und Talent soweit, hundert Angestellte zu beschäftigen, und sie, dank dem Kapital meines Freundes, knapp zu entlöhnen. Mein Freund hat eine Firma mit nur zehn Arbeitsplätzen. Beide sind wir verheiratet; ich habe vier Kinder, er ist kinderlos. Es stellt sich eine schwerwiegende wirtschaftliche Krisensituation ein. Mein Freund benötigt dringend das geliehene Kapital, ansonsten er weder seine zehn

Arbeiter bezahlen noch seinen sonstigen Verpflichtungen nachkommen könnte. Sein Geschäft steht vor dem Konkurs. Er verlangt das Geliehene zurück. Zahlte ich es ihm zurück, so würde mein Geschäft in Konkurs geraten. Denn noch lebt meine Firma vom geliehenen Kapital. Ich überlege: Zahle ich das Geld zurück, so gehen hundert Arbeitsplätze verloren und ich kann meine Familie mit vier Kindern nicht ernähren. Zahle ich nicht zurück ... die Firma meines Freundes beschäftigt ja nur zehn Arbeiter und er hat keine Kinder. Ich könnte ihn an meiner Firma beteiligen, seine Arbeiter aufnehmen; er könnte das hingegen nicht. Fazit: Ich bin nicht verpflichtet, das geliehene Kapital zurückzuzahlen; die Folgen wären unabsehbar, katastrophal, unmenschlich. Hundert Arbeitsplätze und eine Familie mit vier Kindern wiegen mehr als nur zehn Arbeitsplätze, usw.

Es bleibe dahingestellt, inwiefern mein Freund moralisch verpflichtet wäre, sein Möglichstes zu tun, um die hundert Arbeitsplätze meiner Firma zu erhalten; *ich* jedenfalls kann ihn dazu nicht verpflichten. Fest steht: Dieses Beispiel ist wesentlich anders, als das vorher analysierte. Denn der Rechtsanspruch meines Freundes existiert tatsächlich. Es hat überhaupt keine „mutatio materiae" stattgefunden. Würde ich nicht zurückzahlen, so behauptete ich: Die Verpflichtung „deposita sunt reddenda" gilt nicht ausnahmslos. Es gibt Situationen, in denen aufgrund der Umstände, möglicher Folgen und einer wirklich lobenswerten Intention (ich möchte ja hundert Arbeitern die Stelle sichern und meine Familie mit vier Kindern durchbringen) der Rechtsanspruch eines anderen ein geringeres Gut darstellt. Ja, sein Rechtsanspruch ist ja etwas nur „abstraktes" oder ein „vor-sittliches" Gut. Sein Beharren auf seinem Anspruch ist ebenso unsittlich, wie meine Haltung, durch mein Handeln ein größeres Gut zu verwirklichen, eben sittlich gut ist. Denn diese Haltung ist ja vernünftig. Alles andere wäre unmenschlich, usw.

Würde ich noch mehr auf die Tränendrüse drücken, dann könnte ich vielleicht auch noch andere davon überzeugen, daß mein Freund wirklich ein Unmensch ist und daß ich nicht verpflichtet bin, zurückzuzahlen; daß dieses Gebot des Naturgesetzes ja wirklich ziemlich abstrakt sei und dem konkreten Leben nicht genügend Rechnung trage. Und so käme ich dazu, mit „ruhigem Gewissen" ein großes Unrecht zu begehen: Die Firma meines Freundes, der mir großzügig eine Kapitalanleihe gemacht hat, in den Ruin zu schicken. Und dabei völlig zu vergessen, daß *ich* unverantwortlich und unmoralisch handelte, habe, als ich, trotz der Kenntnis der eventuellen Rückzahlungsnotwendigkeit, hochstaplerisch hundert Arbeitsplätze schuf. Ich berufe mich jetzt also auf die Menschlichkeit und alle möglichen „verheerenden" oder „katastrophalen" Folgen, die Folgen meines unverantwortlichen Handelns, nicht auf mich nehmen zu müssen.

Damit dürfte deutlich werden, daß ein großer Unterschied besteht, ob ich sage, ein bestimmtes Gebot der Gerechtigkeit sei auf konkrete Fälle nicht anwendbar, weil sich die Situation durch eine „mutatio materiae" dem Gebot entzieht; oder aber: Ein solches Gebot kenne in bestimmten Situationen, weil höhere Güter auf dem Spiel stehen, Ausnahmen. Das Gebot „deposita sunt reddenda" ist auf unser zweites Beispiel sehr wohl anwendbar. Ja gerade in solchen Fällen zeigt es ja seine eigentliche Bedeutung. Seine ausnahmslose Geltung wurde ja von meinem Freund gerade im Moment der Kapitalanleihe *vorausgesetzt*. Wie kann ich mich jetzt, aufgrund der „Situation", darauf berufen, es liege hier eine Ausnahme vor?

Praktische Irrelevanz eines Gebotes auf Grund der Kontingenz der Handlungsmaterie

(„mutatio materiae") und „Ausnahmen" von einem Gebot sind also zwei grundverschiedene Dinge. Eine Ausnahme liegt vor, wenn von der Verpflichtung ein bestimmtes Gebot zu erfüllen, dispensiert wird. „Wenn beispielsweise zwecks Verteidigung des Gemeinwesens in einer Stadt verordnet würde, daß einige in den einzelnen Dörfern zum Schutze der belagerten Stadt Wache halten, so könnten dennoch aus Gründen höherer Zweckmäßigkeit bestimmte Personen von dieser Verpflichtung dispensiert werden". Denn es handelt sich dabei nur um die konkrete Determinierung eines „Modus", um die Intention des Gesetzgebers zu verwirklichen; die Dispens oder Ausnahme tut der Erreichung dieser Intention keinen Abbruch.[148] Vom Gebot „deposita sunt reddenda" dispensieren zu wollen, also Ausnahmen zuzulassen, würde jedoch bedeuten, jemanden davon zu dispensieren, gerecht zu sein, die Tugend zu verfolgen, gemäß der Vernunft oder menschlich zu handeln. Deshalb gibt es im Bereich des Naturgesetzes prinzipiell eben weder Dispense noch Ausnahmen.

7.2.3 Das Problem der Kontingenz der Handlungsmaterie (2): Ausnahmen, Dispensierung, Epikie

Es sind nun noch einige Präzisierungen notwendig. Das Standardbeispiel „deposita sunt reddenda" findet sich bei Thomas in verschiedenen Zusammenhängen, deren unterschiedliche Bedeutung wir jetzt besser verstehen können. In den Texten von I–II, q.94, a.4 sowie in II–II, q.51, a.4, die wir den bisherigen Ausführungen zugrundelegten, wird dieses Gebot als Gebot des Naturgesetzes behandelt. Nun, es gibt andere Stellen, in denen nicht vom Naturgesetz, sondern vom *positiven* Gesetz die Rede ist: I–II, q.100, a.8 spricht vom positiven *göttlichen* Gesetz (Dekalog); II–II, q.120, a.1 spricht vom positiven *menschlichen* Gesetz.

Der Dekalog ist ja eine positive und somit auch sprachlich fixierte Fassung des Naturgesetzes und beinhaltet „die Ordnung auf das gemeinsame und letzte Gut, das Gott ist" (erste Tafel), sowie „die Ordnung der Gerechtigkeit, die unter den Menschen zu beachten ist" (zweite Tafel).[149] Das Gebot „deposita sunt reddenda" ist ja nun keines der zehn Gebote des Dekalogs, ist aber in ihnen enthalten. Denn die zweite Tafel bestimmt „ut scilicet nulli fiat indebitum, et cuilibet reddatur debitum". Und insofern sie dies zum Ausdruck bringen, sind die Gebote des Dekaloges „absolut undispensierbar".

Ein erster Einwand versucht mit dem Argument, der Dekalog entspreche ja dem Naturrecht, dieses versage aber in einigen Fällen wegen der „mutablitas humanae naturae", zu begründen, daß von den Präzepten des Dekalogs dispensiert werden könne. Die Antwort Thomas' entspricht dem oben analysierten Phänomen „non est eadem rectitudo apud omnes".[150]

---

[148] I–II, q.100, a.8.
[149] Ebd.
[150] Ebd., ad 1: „Philosophus non loquitur de iusto naturali quod continet ipsum ordinem iustitiae: hoc enim nunquam deficit, ,iustititiam esse servandam'. Sed loquitur quantum ad determinatos modos observationis iustitiae, qui in aliquibus fallunt." Die Handlung „reddere depositum" ist

Ein neuer Aspekt findet sich jedoch in der Antwort auf den dritten Einwand. Thomas führt zunächst, neben anderem, als Beispiel an: Wenn man jemandem nimmt (oder: nicht zurückerstattet), was sein Eigentum war, so ist das kein Diebstahl, wenn das Wegnehmen einem „debitum" entspricht. Diese Aussage steht vollkommen im Einklang mit dem Prinzip „non est eadem rectitudo apud omnes". Nun führt Thomas jedoch Fälle auf, die über dieses Prinzip hinausgehen: Es kann nämlich sein, daß bestimmte Handlungen aufgrund höherer Autorität (z. B. eine göttliche Weisung) ihren objektiven Charakter verändern. So wäre Abraham kein Mörder gewesen, wenn er seinen Sohn Isaak getötet hätte. Es hätte sich um eine „occisio debita per mandatum Dei" gehandelt; denn Gott ist der Urheber des Lebens und deshalb kann er, anders als der Mensch, auch bestimmen, wann dieses Leben gegeben und genommen werden kann. Ebenso hat Oseas keinen Ehebruch begangen; denn er tat, was er tat, aufgrund göttlichen Geheißes; und Gott ist derjenige, der die natürliche Institution „Ehe" eingesetzt hat.

Thomas will damit sagen: Es handelt sich hier weder um eigentliche Ausnahmen noch um Dispensierungen vom Naturgesetz; sondern vielmehr um eine „mutatio materiae", und zwar nicht aufgrund ihrer Kontingenz, sondern durch eine „ordinatio" des Gesetzgebers.

Diese Ansicht Thomas' besitzt für viele Moraltheologen den Geruch nominalistischer Willkür und einer Notlösung. Als solche muß sie dem erscheinen, der den objektiven Sinn des menschlichen Handelns nur aufgrund des von der „ordinatio rationis" losgelösten „äußeren Handlungs-Geschehens" beurteilt. Das Objekt einer Handlung konstituiert sich jedoch durch eine Hinordnung des Tuns auf den personalen Sinn des Handelns. Und dieser kann in einem konkreten Fall durchaus erhalten bleiben, wenn eine Handlung, die zwar nicht der „natürlichen Ordnung" entspricht, durch denjenigen, der diese natürliche Ordnung gestiftet hat – also nicht aufgrund von „Natur", sondern „per mandatum Dei" – auf das ihr angemessene Ziel (finis debitus) hingeordnet wird. Das heißt: Es ist zwar nicht denkbar, daß Gott einfach „umdefiniert", was ein Ehebruch, ein Diebstahl oder ein Mord sei; wohl aber kann eine Handlung, die gemäß der natürlichen, von Gott geschaffenen Ordnung ein Ehebruch, Diebstahl oder Mord wäre, aufgrund einer höheren, in die natürliche Ordnung der Zweitursachen eingreifenden „ordinatio" der göttlichen Vorsehung „praeter ordinem naturae" auf ihren „finis debitus" hingeordnet werden. Es handelt sich dabei ja um etwas dermaßen Außergewöhnliches und (gleich wie ein „Wunder"[151])

---

also ein Modus, die Gerechtigkeit zu verwirklichen, der bei bestimmten Personen (unter bestimmten Bedingungen) versagt, d. h. kein Akt der Gerechtigkeit wäre.

[151] Vgl. I–II, q.94, a.5, ad 2: „Nec solum in rebus humanis quidquid a Deo mandatur, hoc ipso est debitum; sed etiam in rebus naturalibus *quidquid a Deo fit, est quodammodo naturale.*" Vgl. auch I., q.105, a.6, ad 1: „Cum igitur naturae ordo sit a Deo rebus inditus, si quid praeter hunc ordinem faciat, non est contra naturam." D. h.: Gott überspringt hiermit die von ihm geschaffene Ordnung der Zweitursachen, wahrt jedoch die Ordnung bezüglich der „causa prima", und damit den „ordo iustitiae"; vgl. ebd., ad 2: „ordo iustitiae est secundum relationem ad causam primam, quae est regula omnis iustitiae. Et ideo praeter hunc ordinem, Deus nihil facere potest." Der Mensch ist jedoch auch nicht befähigt, sich selbst von der Ordnung der Zweitursachen zu dispensieren: „ratio naturalis est regula et mensura, licet non sit mensura eorum quae sunt a natura" (I–II, q.91, a.3, ad 2). Würde er das, so wäre er nicht mehr fähig, die Ordnung bezüglich der Erstursache (dem finis ultimus) aufrechtzuerhalten, weil ihm die Orientierung fehlte, die ihm von der ratio

nur einem direkten Eingriff Gottes Vorbehaltenes, daß das Problem für die Moralphilosophie sowieso gegenstandslos ist und daraus keine weiteren Schlüsse gezogen werden können. Thomas unterläßt es, den „Fall Abraham" und analoge „Fälle" mit den normalen Kategorien normativer Ethik „einsichtig" zu machen oder zu rechtfertigen.[152] Wäre der Sinn und das Faktum eines „mandatum Dei" bezüglich der Handlungsweise Abrahams und Oseas nicht explizit offenbart, so könnten wir sie auch niemals verstehen oder rechtfertigen. Wir stünden vor einem Rätsel und müßten sowohl Abraham wie auch Oseas für eine unverständliche und unentschuldbare Handlungsweise tadeln.

Gerade deshalb betont Thomas, daß eine solche „mutabilitas" in den Dingen, die von Gott eingerichtet wurden (wie die Ehe) überhaupt nur einzig und allein aufgrund göttlicher Autorität möglich ist. Die menschliche Autorität vermag Analoges nur in jenen Ordnungen, die durch menschliche Gesetzgebung entstehen. Wenn beispielsweise im Rahmen der von der menschlichen Gesetzgebung geordneten Wirtschaftsordnung – also nur aufgrund menschlicher Satzung – die Ausfuhr von Kapitalien im Hinblick auf das Gemeinwohl untersagt ist, so kann aufgrund der Autorität des Gesetzgebers, dasselbe Gemeinwohl intendierend, durchaus verfügt werden, daß für bestimmte Fälle oder Personen dieses Verbot nicht gilt. Die gleiche Handlung kann dann für den einen gerecht und den anderen ungerecht sein.

Die ganze Argumentation dieses Artikels weist darauf hin, daß es von den Geboten des Naturgesetzes und auch des Dekaloges keine Ausnahmen gibt. Das einzige, was möglich ist, ist eine „mutatio materiae". Diese kann sich einstellen durch die Veränderung („depravatio") des Willens einer im entsprechenden Handlungsgefüge implizierten Person („non est eadem rectitudo apud omnes"), oder aber duch die Autorität desjenigen, der das Sinngefüge der entsprechenden Handlungsweise konstituiert hat. Im Bereiche des „naturaliter iustum" ist das allein Gott, in den Bereichen, die der menschlichen Gesetzgebung unterstehen, die Autorität des menschlichen Gesetzgebers.

Nun gibt es noch einen dritten Kontext, in dem das Beispiel „deposita sunt reddenda" (diesmal ausdrücklich) angeführt wird: II–II, q.120, a.1; die Stelle handelt von der Tugend der „Epikie" oder „aequitas" und Thomas umschreibt diese Tugend folgendermaßen: „Da die menschlichen Akte, bezüglich derer Gesetze erlassen werden, „in singularibus contingentibus" bestehen, die in unendlicher Weise variieren können, so ist es nicht möglich,

---

naturalis her zufällt, die aber auf das „naturaliter cognitum" als Prinzip und damit als Grundorientierung angewiesen ist.

[152] In I–II, q.94, a.5, ad 2 wird dies noch deutlicher: Der Tod, heißt es hier, ist sowieso eine von Gott verfügte Strafe für die Ursünde. „Et ideo absque aliqua inistitia, secundum mandatum Dei, potest infligi mors, cuicumque homini, vel nocenti vel innocenti." Der Ehebruch ist „concubitus cum uxore aliena: quae quidem est ei deputata secundum legem divinitus traditam. Unde ad quamcumque mulierem aliquis accedat ex mandato divino, non est adulterium nec fornicatio". – Dasselbe gilt vom Diebstahl, „quod est acceptio rei alienae. Quidquid enim accipit aliquis ex mandato Dei, qui est Dominus universorum, non accipit absque voluntate domini, quod est furari". Ebenso erklärt Thomas die Dispensierung der Patriarchen des Alten Bundes vom Gebot der Monogamie: „lex autem de unitate uxorum non est humanitus, sed divinitus instituta, nec unquam verbo aut litteris tradita, sed cordi impressa, sicut alia quae ad legem naturae qualitercumque pertinent; et ideo in hoc a solo Deo dispensatio fieri potuit *per inspirationem internam*" (In IV Sent., d.33, q.1, a.2).

irgend eine Gesetzesregel zu erlassen, die in keinem Falle versagen würde; die Gesetzgeber orientieren sich vielmehr danach, was „ut in pluribus" geschieht, und erlassen dementsprechend ihre Gesetze; das Gesetz zu befolgen, verstößt dennoch in einigen Fällen dem Gemeinwohl, welches das Gesetz ja zu erreichen sucht. So wie das Gesetz bestimmt, daß Hinterlegtes zurückgegeben werden muß, was ja auch „ut in pluribus" der Gerechtigkeit entspricht; dennoch kann es manchmal sein, daß dies schädlich wäre, zum Beispiel, wenn ein Verrückter sein Schwert ausliefert und es, noch im Zustand der Raserei befindlich, zurückfordert, oder wenn jemand etwas Hinterlegtes zur Bekämpfung des Vaterlandes zurückverlangt. In diesen und ähnlichen Fällen wäre es schlecht, das positive Gesetz zu befolgen. Gut ist vielmehr, den Wortlaut des Gesetzes nicht zu beachten und zu tun, was die Gerechtigkeit und der allgemeine Nutzen fordert. Und darauf ist die ‚epieikeia' hingeordnet, die wir ‚aequitas' – Billigkeit – nennen. So ist also klar, daß die Epikie eine Tugend ist."

Nur ein kurzer Kommentar zu dieser Stelle: Was Thomas hier sagt, ist weder, daß das Gebot „deposita sunt reddenda" einfach durch die positive menschliche Gesetzgebung „geschaffen" wird, und deshalb auch davon dispensiert werden könnte. Tatsächlich ist die Epikie keine Dispens, denn wer hier vom Wortlaut des Gesetzes absieht, ist nicht der Gesetzgeber, sondern derjenige, der dem Gesetz untersteht. Zweitens ist dieses Argument keineswegs auf das Naturgesetz übertragbar, also in dem Sinne zu verstehen, als ob man hin und wieder gegen den „Wortlaut" des Naturgesetzes handeln müsse, um seine Intention zu wahren.

Die hier referierte Argumentation setzt vielmehr zunächst voraus, daß das Gebot „deposita sunt reddenda" ein Gebot der *natürlichen* Gerechtigkeit ist. Hier wird es jedoch unter dem Gesichtswinkel betrachtet, daß es *zusätzlich* auch noch in einem positiven menschlichen Gesetz formuliert wird. Zwischen den Bereichen des Naturgesetzes und demjenigen des positiven-menschlichen Gesetzes besteht ja kein disjunktives Verhältnis; die meisten Gebote des Naturgesetzes werden auch vom menschlich-positiven Gesetz in irgend einer Form sanktioniert.

Der hier betrachtete Fall erwies sich bezüglich des vom Naturgesetz etablierten „ordo iustitiae" als eine „mutatio materiae". Bezüglich der praktischen Vernunft heißt das: Die Handlung ändert ihren objektiven Sinn und gehört zu einer moralischen Spezies, die von diesem Gebot des Naturgesetzes nicht mehr erfaßt wird. Das gilt prinzipiell auch bezüglich der positiv-gesetzlichen Formulierung desselben Gebotes. Mit dem Unterschied allerdings, daß das positiv-menschliche Gesetz aufgrund einer starren sprachlichen Fixierung auf den nur äußeren Aspekt des menschlichen Handelns (den allein es ja zu regeln sich vornimmt) eine solche „mutatio materiae" nicht berücksichtigen oder vorhersehen kann. Das menschliche Gesetz ist also in diesem Falle inadäquat, weil seine Formulierung inadäquat ist, d. h., weil es diesen Fall in seiner Formulierung nicht mitberücksichtigen kann. Das Naturgesetz ist jedoch wesentlich *nicht* ein sprachlich formuliertes Gesetz, sondern eine „ordinatio rationis" vor aller sprachlichen Formulierung. Deshalb besitzt es diesen Mangel nicht; d. h. es besitzt ihn nur scheinbar, insofern man es eben sprachlich formuliert. Die Unvollkommenheit des menschlichen Gesetzes jedoch, das in seiner Formulierung gewissen Fällen inadäquat ist, kann nur dadurch ausgeglichen werden, indem man dem Wortlaut des Gesetzes zuwider handelt, um seine eigentliche Intention zu erfüllen. Das ist die Tugend der Epikie.

Man muß also sorgsam unterscheiden zwischen den Auswirkungen einer „mutatio materiae" bezüglich dem Naturgesetz einerseits und dem positiven Gesetz andererseits. Im ersten Fall bewirkt diese „mutatio", daß sich der objektive Sinn der Handlung verändert und daß damit die entsprechende Handlungsweise sich der Regelung durch das entsprechende Gebot des Naturgesetzes entzieht. Im zweiten Fall jedoch, der derselben „mutatio materiae" entspringt, bewirkt diese gerade *nicht*, daß sich die Handlungsweise dem entsprechenden Gesetz, was seinen Wortlaut betrifft, entzieht. Sie entzieht sich indessen seiner Intention, die im Wortlaut nur ungenügend, nicht für alle Fälle zutreffend, zum Ausdruck kommt. Deshalb muß man in solchen Fällen dem Wortlaut des Gesetzes zuwider handeln.

Die Anwendung des Modelles der Epikie im Fall der mutatio materiae auf das Naturgesetz, zu dem heute viele Moraltheologen neigen, entspringt deshalb einem fundamentalen Mißverständnis bezüglich des Begriffes des Naturgesetzes. Es wird fälschlicherweise gemäß dem Muster eines menschlich-positiven Gesetzes behandelt. Man achtet auf den Wortlaut von Geboten und Normen und stellt fest, daß dieser nicht alle Fälle abdeckt. Von da aus kommt man zum Schluß, daß das Naturgesetz nicht immer gilt, daß es also Ausnahmen zuläßt. Aber das Naturgesetz besteht nicht ursprünglich aus (sprachlich) formulierten Geboten und Normen, sondern ist eine „ordinatio rationis", ein ordinativer Akt der praktischen Vernunft; diese ordinatio deckt alle möglichen „Fälle" ab und ihm gegenüber gibt es keine Epikie.

Auch hier könnte es wiederum scheinen, es handle sich lediglich um einen Streit um Worte. Dem ist aber nicht so. Wenn ich nämlich behaupte, das Naturgesetz, das *wesentlich* eine „ordinatio rationis" ist, unterliege der Epikie, dann behaupte ich eben, es gebe Fälle, in denen die „ordinatio" im Bereiche der Gerechtigkeit „deposita sunt reddenda" einer bestimmten Situation inadäquat sei und eine Forderung der Gerechtigkeit in bestimmten Fällen einem „höheren Gut" zu weichen habe. Daß also, um das obige Beispiel wieder aufzugreifen, die Intention des Gebotes gewahrt bleibe, wenn ich das, was „an sich" oder „abstrakt" einer Forderung der Gerechtigkeit entspricht, zugunsten eines höheren Gutes unterlasse, d. h. in diesem Falle das geliehene Kapital nicht zurückzahle. Denn es sei ja gerechter – und Gerechtigkeit intendiere ja dieses Gebot – nur zehn Arbeiter anstellte von hundert auf die Straße zu stellen und dazu noch die Existenz einer kinderreichen Familie aufs Spiel zu setzen. Das Gebot des Naturgesetzes habe diesen Fall nicht voraussehen können.

Das Prinzip „deposita sunt reddenda" ist jedoch nicht nur eine idealtypische Annäherung an die Gerechtigkeit; es drückt vielmehr handlungsspezifisch die „ratio iustitiae" aus und kann deshalb nicht aufgrund von Umständen oder Folgen außer Kraft gesetzt werden.

Die beiden, im Grunde identischen, Behauptungen, das Naturgesetz lasse aufgrund der Umstände oder Folgen einer Handlung Ausnahmen zu und diejenige, auch bezüglich des Naturgesetzes sei Epikie denkbar, es sei also in seiner Formulierung von absoluten Verboten bezüglich des Einzelfalles defizient, will dann natürlich besagen, daß dies prinzipiell für alle möglichen Handlungsweisen gilt. Nun stellt sich, abschließend, ganz einfach die

Frage: Ist eine „mutatio materiae" denn wirklich prinzipiell in allen Handlungsbereichen denkbar, oder nur in einigen?

Diese Frage ist deshalb entscheidend, weil ja die angeführte Argumentation für ein Naturgesetz mit Ausnahmen schließlich begründen will, weshalb auch Abtreibung, aktive Euthanasie, künstliche Empfängnisverhütung ebenfalls nur „ut in pluribus" unmoralisch sei; sie will also begründen, daß es prinzipiell keine Handlungen gibt, die man als „intrinsece mala" bezeichnen könnte und die immer und unter allen Umständen unmoralisch sind.

Die Frage ist relativ einfach zu beantworten. Um die Argumentation des hl. Thomas z. B. auf die Empfängnisverhütung anzuwenden, müßte es Fälle oder Situationen geben, in denen der objektive Sinngehalt des ehelichen Aktes sich änderte. Da sich jedoch der Sinngehalt dieses Aktes im Kontext des menschlichen Suppositums (der menschlichen Natur) und der Sinn- und Zielhaftigkeit des menschlichen Lebens überhaupt konstituiert, genau deshalb würde eine solche „mutatio materiae" eine Veränderung der menschlichen Natur voraussetzen. Und zwar nicht eine „mutabilitas naturae", von der Thomas spricht, also eine Schwankung oder „depravatio" in der „vis electiva" des menschlichen Willens; sondern eine Veränderung im ontologischen Strukturgefüge der menschlichen Person.

Die menschliche Natur oder Person ist kein kontingentes Gefüge, das sich je nach Umständen neu definiert. Eine „mutatio materiae" ist lediglich bei solchen Handlungen denkbar, deren objektiver Sinn sich im Kontext eines *kontigenten* Handlungsgefüges konstituiert. Wie eben die Beziehung des Entleihers eines Jagdgewehres zu seinem Eigentümer; oder allgemein: Im Bereich des wesentlich auf das Gemeinwohl bezogenen „usus" äußerer Güter, den die Tugend der Gerechtigkeit ordnet.

Die unterschiedslose Anwendung des Prinzips „non est eadem rectitudo apud omnes" und der sich daraus ergebenden Tatsache, daß *einige* „principia propria" nur „ut in pluribus" einschlägig sind, auf alle Bereiche des menschlichen Handelns, scheint also ungerechtfertigt, und sich dabei auf Thomas zu berufen, entspringt zumindest einer höchst oberflächlichen Exegese der entsprechenden Texte. Immerhin hat etwa J. Th. C. Arntz eine solche Interpretation mit einigem Geschick vorgetragen[153], und es lohnt sich, ein wenig näher auf seine Begründung einzugehen.

7.2.4 Das Problem der Kontingenz der Handlungsmaterie (3): Die universale Geltung der sekundären Prinzipien des Naturgesetzes

Ausgangspunkt ist der bereits zur Sprache gebrachte Artikel 8 von I–II, q.100. Arntz argumentiert folgendermaßen: Die Gebote des Dekalogs, und damit ist gemeint: die „praecepta secundaria" (oder „propria") des Naturgesetzes sind nicht *als solche* ausnahmslos gültig, sondern nur *insofern* sie die „ratio iustitiae" zum Ausdruck bringen.[154] Arntz beruft sich auf a.8, ad 3: „Sic igitur praecepta ipsa decalogi, quantum ad rationem iustitiae quam continent, immutabilia sunt. Sed quantum ad aliquam determinationem per applicatio-

---

[153] J. Th. C. ARNTZ, Prima principia propria, a. a. O., S. 3–15.
[154] Ebd., S. 9.

nem ad singulares actus, ut scilicet hoc vel illud sit homicidium, furtum vel adulterium, aut non, hoc quidem mutabile est." Arntz schließt daraus: Das „Gebot" ist also nur ein möglicher Ausdruck der „ratio iustitiae"; es kann sein, daß dieselbe Ordnung der Gerechtigkeit verlangt, *gegen* den Wortlaut des Gebotes zu handeln bzw. eine Ausnahme zu statuieren. Zunächst sei also festzustellen, daß „das Gebot der Idee der Tugend inadäquat" ist. „Der umfassende Charakter der Idee ist nun der Grund dafür, daß das Gebot nie völlig der Idee entspricht und deshalb nur in der Mehrzahl der Fälle zutrifft und Geltung hat".[155]

Zweitens sei jedoch das Gebot auch „der konkreten Realität inadäquat, in der wir das Gebot befolgen müssen".[156] Arntz beruft sich auf die thomistische Lehre, „daß Umstände in die Beschaffenheit des Objektes eintreten können", was sich, vom erkenntnistheoretischen Standpunkt her gesehen, durch „die innere Unbestimmtheit des abstrakten Begriffs" erklärt: „Der abstrakte Begriff" (Arntz meint damit das „Objekt" einer Handlung bzw. das „Gebot") ist immer nur eine Annäherung an die Realität, und das ethische Urteil, in dem ein solcher Begriff eine Rolle spielt, hat deshalb nur approximativen Charakter. Das ist der Grund, warum ein inhaltlich bestimmtes ethisches Urteil keine ausnahmslose Geltung hat und auch nicht haben kann – mit den Worten des hl. Thomas gesprochen: ‚*non est eadem rectitudo apud omnes*'".[157]

Arntz spielt dann die Klugheit gegen das Gewissen aus, dem es an der nötigen „soupplesse" fehle, um die konkreten Umstände zu berücksichtigen.[158] Er plädiert für eine teleologische Ethik und dafür, die Rolle der „prima principia propria" nicht den sekundären Geboten des Naturgesetzes, sondern den „fines virtutum" zuzugestehen, die eine „Zwischenschicht" zwischen den allerersten und den sekundären Prinzipien darstellen.[159] Die Klugheit vermag „das Ziel der Tugend den Umständen nach schöpferisch zu gestalten oder, anders gesagt, die alle Umstände berücksichtigende vernünftigste Lösung zu finden. Wenn das Gesetz ein Letztes geworden ist, kann weder das Gesetz selbst noch seine Anwendung weiter in Frage gestellt werden. (...) *Der finis virtutis* gibt Raum sowohl für durchgreifende kulturelle Wandlungen wie für einmalige Lösungen. (...) Dasselbe Ideal kann auf mancherlei Weise gestaltet werden, eine andere Gestaltung bedeutet keine Leugnung des Ideals. (...) Nicht die Anschauung des Allgemeinen, sondern die Erkenntnis des Konkreten ist das Wichtigste. Weder die Idee noch der Philosoph sind länger Norm des Handelns, sondern die Klugheit. Damit wird auch das Ideal einer strikten Universalität der ethischen Urteile aufgegeben".[160]

Arntz gibt zu, daß dieser Interpretation gemäß Thomas offensichtlich „ein Modell einführt, das mit seinem eigenen Modell der Evidenz kaum in Einklang zu bringen ist".[161] Wie dem auch sei: Zu den Argumenten von Arntz ist folgendes zu sagen:

1. Es steht zu vermuten, daß Arntz seinen Begriff des Naturgesetzes allzu sehr an jenen

---

[155] Ebd., S. 10.
[156] Ebd.
[157] Ebd., S. 11.
[158] Ebd.
[159] Ebd., S. 4.
[160] Ebd., S. 13–15.
[161] Ebd., S. 12.

des positiv-menschlichen Gesetzes anlehnt; das heißt dessen typisches Unvermögen, alle Einzelfälle zu berücksichtigen, auf das Naturgesetz projiziert; weiter scheint es, daß seine abstrakte Deutung des Handlungsobjektes eine naturalistische Ausgangsbasis besitzt; und daß er, drittens, jenen bereits früher kritisierten Wertidealismus „teleologischer" Ethiker vertritt, dem es unmöglich ist, die sittliche Wertdimension von *Handlungen* zu verstehen.

2. Zunächst zu I–II, q.100, a.8. ad 3, worauf Arntz seine Argumentation aufbaut. Es entspricht durchaus der Meinung Thomas', daß die Gebote des Dekaloges (oder die sekundären Präzepte des Naturgesetzes) genau *insofern* undispensierbar und ausnahmslos gültig sind, als sie die „ratio iustitiae" enthalten. Nicht aber meint Thomas, daß diese Gebote nur approximative, abstrakte und nicht unter allen (individuellen, kulturellen, historischen) Umständen zutreffende Formulierungen dieser „ratio iustitiae" darstellen. Vielmehr geht Thomas davon aus, daß die Ordnung der Gerechtigkeit jeweils genau das verlangt, was in diesen Geboten formuliert ist; daß also etwa ein Diebstahl nicht nur in den meisten Fällen („ut in pluribus"), also ein *möglicher* Verstoß gegen die Ordnung der Gerechtigkeit darstellt, sondern daß stehlen ungerecht *ist* und das Gebot „du sollst nicht stehlen" gerade deshalb, das heißt *weil* und *insofern* es die „ratio iustitiae" konkret, handlungsspezifisch formuliert, auch ausnahmslos gültig ist.[162]

3. Mit dem Zusatz: „sed quantum ad aliquam determinationem per applicationem ad singulares actus, ut scilicet hoc vel illud sit homicidium, furtum vel adulterium, aut non, hoc quidem mutabile est" ist nicht gemeint, daß man keiner Handlung von vorneherein und unabhängig von konkreten Umständen ein sittliches Wertprädikat zusprechen und damit sagen könne, es handle sich um „Diebstahl", „Mord" oder „Ehebruch" und verstoße deshalb gegen die Gerechtigkeit. Thomas plädiert nicht für eine prinzipielle Indifferenz von Handlungen bezüglich sittlichen Wertgehalten. Vielmehr, und so fährt der Text fort, bezieht sich diese Aussage auf den bereits analysierten „Fall" Abraham und Oseas. Die „mutabilitas", von der Thomas im vorliegenden Zusammenhang spricht, ist eine solche aufgrund der „ordinatio" des Gesetzgebers; und, wie es ausdrücklich heißt, in den Dingen, die von Gott eingerichtet wurden – worauf sich ja das Naturgesetz bezieht – stehe dies nur Gott zu. Nur in dem, was der menschlichen Gesetzgebung anheimgestellt ist, kann auch der menschliche Gesetzgeber eine solche Veränderung oder Ausnahme statuieren. Damit ist bereits entschieden: Die vorliegende Argumentation intendiert etwas ganz anderes, als was Arntz ihr abgewinnen möchte.[163] Insofern es um die Ordnung der *natürlichen* Gerechtigkeit geht, gibt sie dem Menschen keine Handhabe, darüber zu befinden, ob nun dieses oder jenes ein Mord, ein Diebstahl oder ein Ehebruch sei oder nicht. Eine solche „mutabilitas" könnte nur einem „mandatum ex auctoriate divina" entspringen.[164] Der vorliegende Text erweist sich also für die Argumentation von Arntz als „blinder Alliierter".

[162] Es sei wiederholt: Aufgrund der konstitutiven Gemeinwohlbezogenheit des „usus" allen Eigentums ist etwa der „Mundraub" keine „Ausnahme" vom Gebot „Du sollst nicht stehlen"; sondern er ist *objektiv* gar kein Diebstahl.
[163] Dieser zieht noch weitergehende Schlüsse: Ein Gebot des Dekaloges sei sogar „in seiner Anwendung (…) der menschlichen Rechtssprechung überlassen", und zwar der „Rechtssprechung der menschlichen Gesellschaft" und dazu noch „der klugen Rechtssprechung und Entscheidung einer Privatperson" (ebd., S. 9).
[164] Was geschehen kann, ist, daß aufgrund der Komplexität einer Situation es schwierig ist zu *beurtei-*

4. Die „fines virtutum" seien, als „prima principia propria", eine „Zwischenschicht" zwischen den „principia communia" (z. B.: „man soll niemandem ein Unrecht tun") und den „principia secundaria". Das entspricht zumindest nicht der Auffassung von Thomas. Hier ist jedoch eine Differenzierung nötig, die Arntz leider außer acht läßt: Obwohl die Gebote des Dekalogs „conclusiones propriae" aus den „principia communia", also auch „sekundäre Prinzipien" des Naturgesetzes sind, so sind „Konklusionen aus den ersten Prinzipien" und „Gebote des Dekalogs" nicht strikt identisch. Die Gebote des Dekalogs sind vielmehr eine mögliche, unter dem Gesichtspunkt der „ratio iustitiae" systematisierte Formulierung von Konklusionen aus den „principia communia". In den gemeinsamen Prinzipien (principia communia) sind die Ziele der Tugenden „naturaliter" wie „semina" oder implizit enthalten.[165] Genau so ist im Doppelgebot „Liebe Gott, etc... und liebe deinen Nächsten wie dich selbst" die ganze Tugend der Gerechtigkeit potentiell enthalten. Deshalb kann man sagen: In den gemeinsamen Prinzipien – unter die, als gemeinsame, eben *alle* Handlungen subsumiert werden können – ist auch das Ziel aller Tugenden enthalten, d. h. das Ziel, worauf alle Tugenden hingeordnet sind: Gottes- und Nächstenliebe. In diesem Sinne ist das Ziel der Gerechtigkeit als „principium commune" das Ziel der Gerechtigkeit als „virtus generalis" oder „principalis" betrachtet.[166] Als Konklusion, bereits weniger „commune" und „magis proprium" können daraus einzelne Formen oder „Teile" von Gerechtigkeit erkannt werden; es seien nur die distributive und kommutative Gerechtigkeit (Arten oder „species") sowie die der Gerechtigkeit „beigesellten" Tugenden (partes potentiales) genannt, wie die Religion, die Wahrhaftigkeit, die Großherzigkeit, die Freundschaft usw.

Die Ziele all dieser Tugenden sind insofern „communia" (auch wenn einige bereits einer Konklusion entspringen) als sie sich jeweils auf verschiedene Akte beziehen. Sie sind aber bereits handlungsspezifischer als z. B. das Gebot: „Du sollst deinen Nächsten lieben wie dich selbst". Es handelt sich also, wie Arntz richtig sagt, um „prima prinicipa *propria*". In den Präzepten des Dekalogs sind jedoch nicht diese Ziele oder Prinzipien, sondern *Akte* aufgeführt.[167] Insofern ist Arntz recht zu geben. Es heißt ja dort nicht: du sollst das Leben deines Mitmenschen wie dein eigenes lieben; du sollst das Eigentum deines Nächsten wie dein eigenes achten; usw. Sondern: Du sollst nicht töten; du sollst nicht stehlen, usw. Durch seine Identifizierung von „Konklusionen innerhalb des Naturgesetzes" und „Geboten des Dekaloges" übersieht nun Arntz jedoch, daß die „prima principia propria" oder

---

len, ob ein Ehebruch, Diebstahl oder Mord vorliegt. Für die Analyse dieses Falles einer „intrinsic complexity of certain particular situations" vgl. ARMSTRONG, a. a. O., S. 156–161; Armstrong kommt zum Schluß: „For implicit throughout his teaching on natural law is the idea that no matter how complex an issue may be, no matter how many different and oftentimes contradictory solutions may be suggested as being the right course of action, it nonetheless remains true that there is one correct solution; there is one action, out of all actions, whether suggested or otherwise, which is the right action to do" (S. 159).

[165] Vgl. II–II, q.47, a.6: „in ratione practica praeexistunt quaedam ut principia naturaliter nota, et huiusmodi sunt fines virtutum moralium, quia finis se habet in operabilibus sicut principium in speculativis."

[166] Das heißt, „secundum communem rationem formalem" und nicht als Einzeltugend (virtus specialis); vgl. I–II, q.61, a.3.

[167] Vgl. auch I–II, q.100, a.2.

Ziele der Tugenden als Spezialtugenden ebenfalls bereits eine inventive Konklusion aus dem obersten Gebot („Du sollst deinen Nächsten lieben wie dich selbst", oder „man soll niemandem Unrecht tun", oder „niemandem tun, was man nicht will, daß man einem selbst tue" usw.) entspringen. Die „prima principia propria" sind also bereits handlungsspezifische Prinzipien (sonst wären sie ja gar keine principia *propria)* und als solche sind sie Konklusionen, und das heißt: sekundäre Prinzipien und liegen deshalb auch auf derselben Ebene wie die Gebote des Naturgesetzes. Nur ist der Modus der Formulierung ein anderer. Thomas sagt deshalb, die Gebote des Dekaloges seien die „prima praecepta legis", denen „die natürliche Vernunft, als den allerklarsten, schlagartig zustimmt" („quibus statim ratio naturalis assentit sicut manifestissimis"). In diesen Geboten leuchte nämlich die „ratio debiti", also die Ordnung der Gerechtigkeit, auf allerklarste Weise („manifestissime") auf.[168] Noch deutlicher wird dies in I–II, q.100, a.8: Es gebe Gebote, welche die Intention des Gesetzgebers beinhalten und die deshalb keine Ausnahmen kennen; und solche, die nur darauf hingeordnet sind, diese Intention zu verwirklichen, und die deshalb Ausnahmen zulassen, wenn ein partikularer Fall eintritt, bei dem die Befolgung des Wortlautes des Gebotes der Intention des Gesetzgebers zuwiderlaufen würde. Arntz erblickt ja nun in den Geboten des Dekaloges ein Gebot der zweiten Art. Nicht jedoch Thomas: „Praecepta autem decalogi continent ipsam intentionem legislatoris, scilicet Dei (...)" – das heißt: die „conservatio boni communis, vel ipsum ordinem iustitiae et virtutis" – „ut scilicet nulli fiat indebitum, et cuilibet reddatur debitum. Secundum hanc enim rationem sunt intelligenda praecepta decalogi. Et ideo precepta Decalogi sunt omnino indispensabilia".[169]

Die Interpretation von Arntz läuft also offensichtlich den Texten entgegen. Das Mißverständnis beruht auf der Tatsache, daß Arntz sich viel zu sehr auf Gebote des Dekaloges konzentriert und von ihnen ausgehend bestimmen möchte, was eine Konklusion aus den gemeinsamen Prinzipien ist. Die Identifizierung von „conclusio" (bzw. principium secundarium) und „Gebot des Dekaloges" wird ihm dabei zum Verhängnis. Denn die Systematik der Zehn Gebote entspricht keineswegs der „Systematik" des inventiven Prozesses der natürlichen Vernunft, sondern sie sind lediglich eine didaktisch motivierte *Darlegung* der Ergebnisse dieses inventiven Prozesses; d. h. sie explizieren die Ziele der Tugenden (die prima principia propria) unter dem Aspekt ihrer „ratio manifestissima", indem sie jene Akte verbieten, die den Zielen der Tugenden widersprechen. Die didaktische Weisheit des Dekaloges beruht darauf, jene Akte zu benennen, die der Tugend entgegenstehen. In seiner negativen Formulierung spricht der Dekalog nicht von Tugenden, sondern von Lastern. Und gerade *deshalb* enthalten seine Gebote (die ja Verbote sind) die „intentio legislatoris", d. h. die Ziele der Tugenden.

Die Einführung der „prima principia propria" (Ziele der einzelnen Tugenden) als „Zwischenschicht" zwischen den allgemeinen, ersten und den „sekundären, durch Konklusion gewonnenen Prinzipien, erweist sich weiterhin als Folge eines Wertidealismus, dem es

---

[168] Vgl. II–II, q.122, a.1.
[169] Ebd. Dieser Artikel spricht übrigens auch gar nicht von „Ausnahmen", sondern stellt die Frage nach der Dispensierbarkeit. Nicht einmal Gott könnte von diesen Geboten dispensieren, ohne damit seiner eigenen Weisheit zu widersprechen.

entgeht, daß sittliche Werte Eigenschaften (Objekte) von Handlungen und nicht von Erkenntnissen oder „Wertintuitionen" darstellen. Die sekundären Prinzipien des Naturgesetzes (von denen die Gebote des Dekalogs nur eine bestimmte, didaktisch motivierte Formulierung darstellen) sind nicht „mögliche Anwendungen" von nur allgemeinen und abstrakten Wert-Prinzipien. Die allgemeinen Prinzipien (also z. B. die „ratio iustitiae") sind vielmehr die universalste Formulierung jener sittlichen Wertgehalte, die konkrete Handlungsweisen überhaupt als spezifische Weisen menschlichen Handelns definieren. Hierbei ist zurückzuverweisen auf den inventiven Ursprung der sekundären Prinzipien: Sie sind, erkenntnismäßig, in den allgemeinen Prinzipien von Anfang an (implizit) enthalten, werden aber in einem diskursiven Akt der „ratio naturalis" expliziert. Es käme aber gar nie zu einer diese sekundären Prinzipien implizit enthaltenen Erkenntnis allgemeiner Prinzipien, wenn diese letzteren nicht aufgrund des konkreten menschlichen Handelns und der „ratio debiti" *in* ihnen erfaßt würden. Die Position von Arntz unterstellt, daß die allgemeinen Prinzipien (oder die Erfassung der „ratio iustitiae", allgemeiner: der sittlichen Werte) *unabhängig* und *vor* der Erfassung des Wertcharakters konkreter *Handlungen* zustandekommt. Diese Auffassung wäre jedoch idealistisch; ein solcher Wertidealismus liegt aber der Formulierung von Arntz zugrunde, allgemeingültige Handlungsnormen besäßen lediglich den Charakter von „abstrakten" und „appoximativen" Idealen. Damit wird, wie letztlich in jeder „teleologischen" Ethik, ein Graben zwischen sittlichen Werten und menschlichen Handlungen aufgerissen.

5. Es zeigt sich damit, daß die Argumentation von Arntz in ihren Grundvoraussetzungen defizient ist. Sie beinhaltet insbesondere eine illegitime Vermengung von zwei Phänomenen, die zu unterscheiden wären: Die „mutatio materiae" aufgrund einer Veränderung in der Struktur des Handlungsgefüges und damit des objektiven Sinnes einer Handlung, was bewirkt, daß sie sich der „Subsumtion" unter eine bestimmte „conclusio propria" entzieht („non est eadem rectitudo apud omnes"); und, zweitens, die „mutatio materiae" aufgrund einer „ordinatio" des Gesetzgebers, eine Veränderung, die in bestimmten Fällen den Charakter einer Dispens oder Ausnahme besitzen kann.

Den ersten Fall jedoch in den Kategorien des zweiten zu analysieren, wie Arntz dies tut, bedeutet die Veränderung in der Struktur des Handlungsgefüges, d. h. die Veränderung des objektiven Sinnes einer Handlung, wie eine „Ausnahme" zu behandeln. Das kann nur plausibel gemacht werden, wenn man das Naturgesetz in den Kategorien des menschlichen Gesetzes begreift, das heißt: als ein Gesetz, das Handlungen nur in ihrer äußeren Erscheinungsform erfaßt und regelt und deshalb Handlungen, die äußerlich nur gleich *erscheinen*, in Wirklichkeit jedoch objektiv verschieden sind, der gleichen Regel unterzieht und deshalb in einigen konkreten Situationen die Intention des Gesetzes, das Gerechte, verfehlt.

Man darf wohl zugeben, daß es *praktisch* von relativ geringer Bedeutung ist, ob man im Fall der Veränderung der Handlungsmaterie oder des Objektes von einer „Ausnahme" spricht oder nicht. Ob ich also sage, das Gebot „deposita sunt reddenda" „gilt in diesem Fall nicht" (im Sinne einer Ausnahme), oder aber: diese Handlung fällt nicht unter das Gebot „deposita sunt reddenda" weil in diesem Fall die „redditio" kein „debitum" ist. In einer moralphilosophischen Analyse, aus der man ja tiefere Einsichten in die Struktur des sittlichen Handelns gewinnen will und die sich nicht ausschließlich an umgangssprachlichen Formulierungen orientieren kann, ist der Unterschied aber sehr wohl von entscheidender Bedeutung. Denn wenn man ihn mißachtet, so kommt man eben zu der Behauptung, die „conclusiones propriae" des Naturgesetzes gelten nicht unter allen Umständen. Achtet man den Unterschied, so gewinnt man die Erkenntnis, daß die partikularen Prinzipien des Naturgesetzes aufgrund der Kontingenz der Handlungsmaterie die Eigenschaft haben, nicht alle Fälle von äußererlich gleich scheinenden Situationen oder Handlungen abzudecken. In unserem Fall: Das Gebot „deposita sunt reddenda" vermag nicht alle Situationen, in denen jemand einen entliehenen Gegenstand zurückfordert, zu regeln, bzw.: es bezieht sich nicht auf alle diese Fälle. Und zwar deshalb, weil im einen oder im anderen Fall „einen entliehenen Gegenstand zurückfordern" oder „zurückgeben" *objektiv* verschiedene Handlungen sind. Im ersten Fall handelt es sich um die Einforderung eines Rechtes; im anderen aber um die Vorbereitung zu einem Mord.

Wie bereits bemerkt, beruht das scheinbare Ungenügen gewisser Prinzipien des Naturgesetzes auf ihrer reflex-sprachlichen Formulierung. Diese Prinzipien sind jedoch ursprünglich und *wesentlich* eine „ordinatio rationis", also ein präzeptiver Akt der praktischen Vernunft. Armstrong argumentiert treffend, daß das Prinzip „deposita sunt reddenda" keineswegs Ausnahmen kennt, daß es aber in dieser Form in einer Weise *formuliert* ist, die nicht alle Bedingungen seiner universalen Geltung beinhaltet.[170] Das Prinzip unterstellt und impliziert ja, daß die „redditio depositi" ein „debitum" ist; das heißt: es meint *nicht,* daß es Umstände gibt, in denen eine „redditio debiti" nicht gefordert ist oder einem „höheren Gut" aufgrund einer Abwägung oder „aus schwerwiegenden Gründen" weichen müsse; sondern es berücksichtigt in seiner Formulierung nicht, daß es aufgrund der Kontingenz der Handlungsmaterie Situationen gibt, in denen die „redditio depositi" kein „debitum" ist. Das Problem ist deshalb nicht ein Problem der ausnahmslosen Gültigkeit, sondern ein solches der Formulierung, denn die Formulierung der principia propria orientiert sich an dem, was „ut in pluribus" der Fall ist und vernachlässigt deshalb oft die explizite Einbeziehung jener Bedingungen, die dem Prinzip eine absolute Geltung geben würde.[171] Die reflex-sprachliche Formulierung von solchen Prinzipien kann den Anschein aufkommen lassen, es handle sich um einen analogen Fall wie jenen der Epikie bezüglich des menschlichen Gesetzes. Der Unterschied besteht darin, daß das menschliche Gesetz nur *aufgrund* seiner sprachlichen Formulierung und *insofern* es formuliert ist, gilt; das Naturgesetz jedoch gilt aufgrund des ordinativen Aktes der praktischen Vernunft und ist differenzierter als entsprechende sprachliche Formulierungen auf der Ebene der Reflexion dies auszudrücken vermögen.[172]

---

[170] Vgl. ARMSTRONG, a. a. O., S. 168: „It is clear from the teaching of S. Thomas that the question is not one of variability, but rather one of reformulation, particulary in the case of the remote conclusions. As we stated earlier, the reason there appears to be variability present, is that the formulations of some particular precepts neglect the conditions that ought to be included if the principle is to be binding in all instances."
[171] „It is clear from St. Thomas's teaching that he was aware that the formulation of a secondary natural law precept may omit the conditions that require to be expressed if the law is to be absolute."
[172] Es sei daran erinnert, daß Thomas die Präzepte der „lex naturalis" als *„propositiones* universales

Abgesehen von diesem Unterschied zwischen dem Naturgesetz und dem menschlich-positiven Gesetz ist noch ein Zweites zu sagen: Nur wer den objektiven Gehalt (bzw. das Handlungsobjekt) nur aufgrund des „äußeren" Geschehens beurteilt, d. h. aufgrund des „actus exterior" abgelöst von seiner Objektivierung durch die praktische Vernunft und als Objekt eines inneren Willensaktes, also nur seinen „Kadaver" betrachtet, kann diesen fundamentalen Unterschied zwischen „Ausnahme von einem Gesetzesgebot" und „Veränderung des Objektes aufgrund der Kontingenz der Handlungsmaterie" übersehen. Wenn also Arntz die Verbindung der sekundären Gebote des Naturgesetzes mit der „ratio virtutis" als eine approximative Abstraktion betrachtet, dann nur deshalb, weil er selbst von der Konstituierung des Handlungsobjekts eine sehr abstrakte Vorstellung besitzt. Arntz sagt ja selbst: Das Objekt beinhaltet nur einen „abstrakten Begriff" einer Handlung; dieser abstrakte Begriff besitze aber eine „Offenheit", durch Umstände näher bestimmt zu werden und sich damit der Realität anzunähern. Damit ist etwas Richtiges und etwas Falsches gesagt.

Die Umstände können tatsächlich eine Handlung in ihrem objektiven Gehalt verändern; das heißt ein hinzutretender Umstand kann für die praktische Vernunft zu einer „principalis conditio obiecti" werden.[173] Das ist genau in unserem Beispiel geschehen: die Veränderung der Absichten des Entleihers ist bezüglich der anfänglichen oder in sich betrachteten Beziehung Entleiher-Entliehenes-Empfänger ein neu hinzutretender Umstand, der jedoch für die Bestimmung des objektiven Gehaltes seiner Rückgabeforderung bestimmend wird. Und das heißt: Er ist gar kein Umstand mehr, sondern wird zur „principalis conditio obiecti".

Falsch ist jedoch die Annahme von Arntz, daß das Objekt in sich betrachtet ein noch abstrakter, realitätsferner Begriff und damit eine vor-moralische Größe ist. Denn das Gebot „deposita sunt reddenda" ist eine Spezifizierung der allgemeinen „ratio iustitiae" („reddere debitum" oder „ius suum unicuique tribuere"). Das ursprüngliche Objekt war demnach nicht „reddere rem alienam", sondern „reddere debitum" bzw. „debita redditio rei alienae". Das ist keine abstrakte oder wertneutrale Handlungsbeschreibung. Arntz unterstellt jedoch in seiner Argumentation, daß mit „Objekt" das Objekt einer Handlung in ihrem „genus naturae" betrachtet gemeint sei. Das Beispiel des „Tötens", mit dem er operiert, zeigt dies. Denn „Töten" ist ein Akt auf der Ebene des „genus naturae". Das (moralische) Handlungsobjekt wäre: einen Unschuldigen töten (bzw. „morden"), eine Todesstrafe ausführen usw.

Damit vermischt Arntz zwei mögliche Betrachtungsweisen der „Umstände", die Thomas jedoch sorgsam auseinanderhält: Man kann eine Handlung in ihrem „genus naturae"

---

rationis practicae" bezeichnet, also als praktische *Urteile* und nicht als „normative Aussagen" (vgl. oben Teil I, 2.2). Die Gebote des Naturgesetzes sind *als* „lex naturalis" ebenso wesentlich Urteile der praktischen Vernunft, wie die Gebote des positiven Gesetzes *als* positive *formulierte* normative Aussagen sind, die eben (unter Absehung anderer Geltungsgründe) *als* positive Gesetze nur *insofern* sie formuliert und *sprachlich* promulgiert sind, gelten und verpflichten. Das Naturgesetz ist jedoch mit der menschlichen Vernunft selbst promulgiert und gilt und verpflichtet aufgrund der praktischen *Urteile* dieser Vernunft.

[173] Vgl. I–II, q.18, a.10.

betrachten, also nur die „substantia facti exterius"[174] berücksichtigen; und dann erscheint auch das, was eigentlich zum (moralischen) Objekt gehört als bloßer Umstand. Was also in Wirklichkeit dem Objekt einer Handlung und der „substantia eius inquantum est ex genere moris" zuzusprechen ist, wird ein bloßer Umstand „secundum quod consideratur ipsa substantia actus absolute".[175] Diese „absolute", also vom Kontext des „genus moris" „abgelöste", „abstrakte" Betrachtung von Handlungen und ihrer „Objekte" ist es, die Arntz seinem Begriff des Handlungsobjektes zugrundelegt – übrigens, wie bereits gesagt, *darin* einer unglücklichen Tradition einiger moraltheologischer Handbücher folgend.[176]

Tatsächlich geht Arntz von einem naturalistischen und verdinglichten Begriff des Handlungsobjekts aus: „Zur Erläuterung dieser Unbestimmtheit der Begriffe ist darauf aufmerksam zu machen, daß Thomas den gemäßigten Realismus vertritt. Das heißt: *‚universalia sunt in rebus'*. Das sagt aber nichts darüber, wie sie in den Sachen sind. Die Vorstellung liegt nahe, daß das Wesen, das der Name bezeichnet, wie ein fester geschlossener Kern in den Sachen steckt. Zu diesem Kern kommen die näheren Bestimmungen hinzu, die sich ihm gegenüber rein akzidentell verhalten. Ähnliches gilt dann für die menschliche Handlung: sie wird vom Objekt spezifiziert, und die Umstände verhalten sich zu ihm wie die Akzidentien zur Substanz."

Diese Darstellung, so Arntz, sei jedoch noch allzu simplifizierend. Er versucht sie deshalb zu differenzieren, indem er auf die ebenfalls thomistische Lehre hinweist, daß dann die Umstände als „principalis conditio obiecti" auftreten können, das Objekt also „flexibel" und „offen" für neue Bestimmungen ist, die ihm erst Realitätsnähe verleihen.

Der Fehler liegt hier im Ausgangspunkt, der den Begriff des Objektes verfälscht. Thomas unterstellt nämlich keineswegs, daß das „Objekt", das durch gewisse „Umstände", (die eben in diesem Fall gar keine solchen mehr sind), verändert wird, das Objekt der Handlung im „genus naturae" sei; daß also alle Handlungen losgelöst von ihren Umständen indifferent, wertneutral und für jedwede umstandsbedingte Bestimmung „offen" seien. Thomas ist auch nicht der Meinung, daß das Objekt „in den Sachen steckt"; das Objekt ist vielmehr die menschliche *Handlung,* so wie sie in ihrem fundamentalen menschlich-sittlichen Gehalt von der praktischen Vernunft in einer „ordinatio" der „ratio naturalis" geordnet (geregelt) und dem Willen vergegenständlicht wird. Somit zeigt sich, daß auch Arntz seine Konzeption auf einer naturalistischen Auffassung des Handlungsobjektes gründet.

---

[174] In IV Sent., d.16, q.3, a.1, sol.2.
[175] Ebd., ad 2.
[176] Das zeigt sich auch des öfteren im Unvermögen objektiv *indifferente* Akte von Akten im „genus naturae" zu unterscheiden. MERKELBACH beispielsweise bringt als Beispiel für eine „actio indifferens" „dare pecuniam" (Summa Theologiae Moralis, I, 2. Aufl., Paris 1935, S. 142). Diese Handlung ist aber nicht eine indifferente Handlung, sondern die Handlung „Almosen geben", „Lohn auszahlen" etc. in ihrem „genus naturae" betrachtet. „Geld geben" als solches ist eine Handlung, die es gar nicht gibt, weil „Geld geben" *als solches* bereits *immer* eine „proportio ad rationem" und damit die moralische Spezies „gut" oder „böse" besitzt. Objektiv indifferent ist eine Handlung dann, wenn eine solche „proportio" nicht von ihr aus gegeben ist, sondern nur durch die Umstände oder die Intention. Die Standardbeispiele von Thomas sind „sich den Bart reiben", „ein Holzstück vom Boden aufnehmen" oder „spazieren gehen" u. ä. Der Unterschied zur Handlung „dare pecuniam" springt ins Auge.

Wir kommen damit zum Schluß, daß gemäß der Auffassung des hl. Thomas auch die sekundären Prinzipien des Naturgesetzes eine ausnahmslose Geltung besitzen und das Phänomen der Kontingenz der Handlungsmaterie keine „Ausnahmen" oder kulturelle und geschichtliche Veränderungen schafft. Das Versagen einzelner „principia propria" „ut in paucioribus" beruht nicht auf einer Ausnahmesituation, sondern auf der Kontingenz der Handlungsmaterie, die zuläßt, daß eine Handlung sich in ihrem objektiven Sinngehalt verändern kann. Das zeigt aber auch, daß gerade jene Handlungen, deren objektiver Sinngehalt sich nicht im Kontext eines kontingenten Handlungsgefüges definieren, sondern in jenem des menschlichen Suppositums, das Auftreten dieses Phänomens nicht zulassen. Während ein Umstand, der dann kein Umstand mehr ist, die moralische Natur der Handlung „reddere depositum" objektiv zu verändern vermag, so ist kein Umstand zu denken, der etwa die sittlich-personale Natur des ehelichen Aktes objektiv verändern könnte; dazu müßte sich die menschliche Natur selbst ändern. Aber nicht einmal unter der Annahme einer stetigen geschichtlichen Evolution dieser Natur könnte man eine solche Veränderung dann noch zusätzlich „von Fall zu Fall" postulieren.

7.2.5 Das Problem der Kontingenz der Handlungsmaterie (4): Die Geschichtlichkeit des Naturrechts

Aufgrund dieser Ausführungen kann auch deutlich werden, inwiefern die aller positiven Gesetzgebung zugrundeliegenden, durch das Naturgesetz geregelten Verwirklichungen der Gerechtigkeit – das *Naturrecht* – geschichtlicher und auch kulturell-zivilisatorischer Veränderbarkeit unterliegen. Wenn wir „Naturrecht" definieren als das durch das Naturgesetz geregelte „Gerechte", so sehen wir auch zudem, daß Naturrecht eine Art von Verwirklichung oder „Anwendung" des Naturgesetzes im Bereich des zwischenmenschlichen Lebens darstellt.[177]

Natürlich ist „geschichtliche (und kulturelle) Variabilität des Naturrechtes" wohl zu unterscheiden von „geschichtlicher (und kultureller) Variabilität der *Auffassungen* über das Naturrecht". Das scheint trivial, wird aber nicht selten übersehen.[178] Daß sich die Auffassungen darüber ändern, was nun „Naturrecht" sei, sowie die Art und Weise, wie man im Laufe der Jahrhunderte naturrechtliche Argumente zu verwenden pflegte, um bestimmte Handlungsweisen zu begründen, das steht hier nicht zur Diskussion. Auch Thomas war sich der Existenz einer solchen Entwicklung durchaus bewußt: Aufgrund der Komplexität der Materie, kultureller Bedingtheiten und infolge von Fortschritt oder

---

[177] Terminologisch wäre hier folgende Klärung vonnöten: Eigentlich und im strengen Sinne ist das Naturrecht der Tugend der Gerechtigkeit zugeordnet; es ist also Ausdruck nur jenes Teiles des Naturgesetzes, der sich auf die Tugend der Gerechtigkeit bezieht. In einem weiteren und unspezifischeren Sinn spricht man von „naturrechtlich" auch als Synonym mit „dem Naturgesetz entsprechend"; so spricht man allgemein von einer „naturrechtlich" begründeten Moral, auch dort, wo es nicht um die Tugend der Gerechtigkeit, sondern um alle anderen Tugenden geht. Hier sprechen wir von Naturrecht im ersten und engeren Sinn.
[178] Darauf hat auch J. FINNIS, Natural Law and Natural Rights, a. a. O. S. 25, deutlich hingewiesen.

Rückschritt in der Erfassung des Naturrechtes können sich die *Auffassungen* über dieses durchaus verändern.[179]

Es geht also nicht um die Veränderung der Auffassung über das Naturrecht, sondern um die Veränderbarkeit des Naturrechtes selbst, d. h. um die Frage: Ist es möglich, daß eine bestimmte Forderung der Gerechtigkeit heute mit naturrechtlichem Anspruch gilt, morgen jedoch nicht mehr – oder umgekehrt? Bzw., daß sie in einem bestimmten kulturellen, zivilisatorischen Kontext gilt, in einem anderen jedoch nicht?

Wenn wir die vorhergehenden Ausführungen über die Kontingenz der Handlungsmaterie berücksichtigen, so wird einsichtig, daß und weshalb solches möglich ist. Nicht weil das Naturgesetz sich ändert, sondern weil die Konfiguration der Handlungsmaterie in dem Sinne kontingent ist, daß bestimmte konkrete Forderungen (bzw. Gesetze) zu einer Zeit naturrechtlich begründet werden können, in einer anderen Zeit jedoch nicht mehr; und dies deshalb, weil bestimmte gesetzliche Regelungen nur unter bestimmten Umständen notwendig sind, um den immer geltenden Präzepten des Naturgesetzes Folge zu leisten.

So läßt sich verstehen, weshalb aufgrund des gesellschaftlichen Kontextes gewisse menschliche Rechte und Gesetze als naturrechtliche Forderungen auftreten können, die vorher (oder anderswo) nicht als solche gegolten hatten. Daß zum Beispiel heute der Staat eine naturrechtlich begründbare Gerechtigkeitspflicht besitzt, das Schulwesen zu ordnen, wird niemand bestreiten. Dennoch besaß der Staat diese Pflicht nicht immer: Denn sie ergibt sich aus Existenz und Struktur des modernen Bildungswesens. Ein klassisches Beispiel ist auch das Zinsverbot: Im Mittelalter hatte Kapital und Zins eine völlig andere wirtschaftliche Bedeutung. Kredit auf Zins zu geben war, aufgrund dieser Umstände, eine sittlich völlig andere Handlung, als sie dies im heutigen Wirtschaftsleben darstellt.

Das zeigt wohl deutlich, daß eine Naturrechtsauffassung verfehlt wäre, die ein überzeitliches und unabhängig von aller kultureller Bedingtheit feststehendes „System" detaillierter, „immer" und „überall" gültiger naturrechtlicher Gerechtigkeitsforderungen aufstellte: Etwa die *eine* dem Naturrecht entsprechende Staatsform, Wirtschaftsordnung, Steuergesetzgebung usw. Ein Beispiel für die Verbindung der überzeitlich gleichbleibenden sittlichen Grundforderungen des Naturrechtes mit ihrer jeweiligen Verwirklichung in einer bestimmten Zeit bildet gerade die kirchliche Soziallehre, deren Entwicklung man wohl nur auf diesem Hintergrund adäquat verstehen und beurteilen kann. Gewiß: es gibt Fortschritte in der Einsicht in die Struktur und die Erfordernisse der politischen, wirtschaftlichen, sozialen Gerechtigkeit. Aber es gibt auch Umstände, die sich ändern. So lehrte eben die Kirche seit Leo XIII., daß der Staat die Aufgabe besitze, zum Schutze der Arbeiter in das Wirtschaftsleben einzugreifen. Aber diese Forderung ist erst aufgrund der wirtschaftlichen und sozialen Entwicklungen des 19. Jahrhunderts entstanden, in deren Kontext die Enzyklika Rerum Novarum unveränderliche Prinzipien des Naturrechtes zur Geltung gebracht hat.

Thomas reflektiert diese Zusammenhänge an einigen wenigen Stellen; so unterscheidet er in De Malo den formellen Aspekt der Gerechtigkeit positiver menschlicher Gesetze

---

[179] Vgl. R. A. ARMSTRONG, Primary and Secondary Precepts in Thomistic Natural Law Teaching, a. a. O. Kap. VI.

von einem materiellen Aspekt. Die formelle Gerechtigkeit dieser Gesetze gründet in ihrer Übereinstimmung mit den „Prinzipien des Rechtes, die sich in der natürlichen Vernunft" befinden; diese Prinzipien sind unveränderlich (und enthalten, gemäß der Extension der „ratio naturalis", sowohl primäre wie sekundäre Präzepte). Auf der anderen Seite ist die materielle Richtigkeit zu betrachten: „Und in dieser Hinsicht ist nicht dasselbe überall und bei allen gerecht und gut, vielmehr muß dies durch Gesetze festgesetzt werden. Dies ergibt sich aus der Veränderlichkeit der menschlichen Natur und aus verschiedenen Bedingtheiten der Menschen und der Dinge gemäß örtlicher und zeitlicher Verschiedenheit".[180]

Thomas begründet hier also gerade die Notwendigkeit menschlicher Gesetze aufgrund der Kontingenz der Handlungsmaterie, die auch eine örtliche (kulturelle, zivilisatorische) und geschichtliche Kontingenz sein kann; sowie auch aufgrund der „Veränderlichkeit der menschlichen Natur", womit ja, wie bereits gezeigt, nur gemeint ist, daß der Mensch von Natur aus in seinem *Wollen* veränderlich ist. Eine Drogengesetzgebung wird ja kaum nötig sein, wo nicht in gemeinwohlgefährdendem Ausmaße Drogen konsumiert und mit ihnen gehandelt wird; das kann aber, aufgrund der Gewohnheiten der Menschen – der „mutabilitas" der „rectitudo" ihres Wollens – sich ändern; und dann braucht es eben als unbedingte Forderung der Gemeinwohlgerechtigkeit auch entsprechende Gesetze.

In der Summa Theologiae stellt Thomas direkt die Frage, ob das Naturgesetz wandelbar sei.[181] Dies könne in zweierlei Weise verstanden werden: Erstens als Veränderung durch Hinzufügung; und dies sei ohne weiteres möglich, „denn vieles ist dem Naturgesetz hinzugefügt, was zum menschlichen Leben nützlich ist, sei es durch göttliches, sei es durch menschliches Gesetz." Der zweite Fall (Veränderung durch Wegnahme, *per modum subtractionis*) reduziert sich auf die bereits besprochene Struktur der Geltung der Präzepte des Naturgesetzes „ut in pluribus": Thomas verweist dabei selbst auf seine früheren Ausführungen.

Interessant ist dabei jedoch vor allem, daß Thomas die Hinzufügung durch positive Gesetze, die ein „zum menschlichen Leben Nützliches" statuieren, als eine Veränderung des *Naturgesetzes selbst* bezeichnet. Wie ist das gemeint? Gemeint ist damit, daß das Naturgesetz (oder das Naturrecht) in jedem geschichtlichen und kulturellen Kontext immer in diesen Kontext gleichsam „inkarniert" auftritt. Ein oft angeführtes Beispiel: Es entspricht dem Naturrecht, daß ein Übeltäter bestraft wird. Kein menschliches Gesetzbuch beschränkt sich jedoch auf diese Forderung, sondern es setzt für bestimmte Straftaten bestimmte Strafen fest. *Dieses* positive menschliche Gesetz ist eine Ableitung *per modum determinationis* aus dem Naturgesetz, und in ihr ist das Präzept „Übeltäter sind zu bestrafen" (selbst ein sekundäres Gebot des Naturgesetzes) „inkarniert": Seine Geltungskraft lebt aufgrund des Naturgesetzes und *insofern* gehört dieses konkrete positive Gesetz auch zu ihm (bzw. ist es eine „derivatio per modum determinationis *aus* ihm); die Konkretion

---

[180] „Uno modo formaliter; et sic semper et ubique sunt eadem, quia principia iuris quae sunt in naturali ratione non mutantur. Alio modo materialiter; et sic non sunt eadem iusta et bona ubique et apud omes, sed oportet ea lege determinari. Et hoc contingit propter mutabilitatem naturae humanae, et diversas conditiones hominum et rerum secundum diversitatem locorum et temporum" (De Malo, q.2, a.4, ad 13).
[181] I–II, q.94, a.5.

dieses Gesetzes selbst unterliegt jedoch historischer und kultureller Bedingtheit. Ein Staat, der diese Konkretisierung hingegen nicht vornehmen würde, verstieße gegen das Naturgesetz. Das Gesetz, das bestimmte Straftaten mit bestimmten Strafen belegt, entspricht also dem Naturgesetz und ist gleichzeitig, in seiner konkreten Ausgestaltung wandelbar. Genau in diesem Sinne kann das Naturgesetz selbst veränderbar genannt werden.

Es sind nun aber auch solche Konkretisierungen denkbar, die in einem gegebenen historisch-zivilisatorischen Kontext die einzig mögliche, also eine notwendige, Weise darstellen, um einem bestimmten Gebot des Naturgesetzes Geltung zu verschaffen. In diesem Falle kann man im strengen Sinne sagen: Dieses Gesetz ist *(hic et nunc)* ein naturrechtliches Gebot, ohne dabei außer Acht zu lassen, daß sich die Umstände ändern können und damit auch die positiv-gesetzlichen Bestimmungen. *Insofern* ändert sich dann auch das Naturrecht, wobei eben dabei immer das historisch-kulturell „inkarnierte" Naturrecht gemeint ist. Der Fehler weiter Strömungen der Naturrechtslehre – vor allem unter dem Einfluß des neuzeitlichen Rationalismus – bestand ja gerade darin, dieses „inkarnierte" Naturrecht nicht von den immer geltenden Prinzipien zu unterscheiden.

7.2.6 Naturgesetz, Tugend, Klugheit

Wir haben gesehen: Die oftmalige Komplexität vieler Situationen erschwert in vielen Fällen die Erkenntnis dessen, was zu tun ist. Die Regelung des konkreten Handelns durch das natürliche Gesetz der praktischen Vernunft verliert an Evidenz und Eindeutigkeit, je näher man sich bei der Ebene des konkreten „operabile" befindet. In vielen Fällen sind mehrere Handlungsweisen sittlich gerechtfertigt, oder es scheint zumindest so. Die simple Orientierung an universal formulierten Handlungsnormen versagt oft oder erweist sich als ungenügend, nicht weil diese Handlungsnormen ungenügend sind, sondern weil wir, aufgrund der materialen Kontingenz des Handelns in bestimmten Zusammenhängen (vor allem im Bereich der Tugend der Gerechtigkeit) oft Schwierigkeiten haben, auszumachen, welcher der objektive Gehalt der betreffenden Handlung ist, bzw., im Bereich der Gesetzgebung, welche Gesetze den objektiven sittlichen Ansprüchen Genüge zu tun vermögen.

Es gehört gerade zur Klugheit (auch zur gesetzgeberischen Klugheit) und zu den mit ihr unlösbar verknüpften sittlichen Tugenden, konkrete Situationen in ihrer objektiven Bedeutung richtig einzuschätzen[182], also das menschliche Handeln gemäß der Ordnung der Vernunft auf das Ziel, das Gute hinzuordnen. Der Akt der Klugheit ist jedoch fundamental und ursprünglich nicht durch „Normen" geregelt. Die Klugheit steht damit weder mit diesen noch mit dem „Gewissen" in Konflikt oder bräuchte diese zu modifizieren. Die Klugheit hängt vielmehr ab vom intentionalen Akt der sittlichen Tugenden und damit zugleich von der universalen „ordinatio" der natürlichen Vernunft sowie deren Habitus

---

[182] Diese konkrete sittliche Wertung ist Leistung der sogenannten „ratio particularis" oder „vis cogitativa". Vgl. z. B. In VI Ethic., lect. 1, Nr. 1123; lect. 9, Nr. 1255. Für eine historische und systematische Analyse ihrer Bedeutung im Zusammenhang der Erkenntnistheorie des hl. Thomas verweise ich auf: C. FABRO, Percezione e Pensiero, 2. Aufl. Brescia 1962, vor allem I, Kap. IV, S. 193 ff.

der ersten Prinzipien, den die Tradition, aus welchen Gründen auch immer, „Synderesis" genannt hat.

Die fundamentale Regel der praktischen Vernunft als „recta ratio agibilium" ist eine ihr vorausliegende und ihre normative Kraft konstituierende natürliche Regel, die dieser selben praktischen Vernunft auf der Ebene der „ratio naturalis" entspringt. Diese Regel ist das Naturgesetz, und nicht „sittliche Normen", die ja nur eine nachträgliche Formulierung der „ordinatio rationis" auf der Ebene der Reflexion darstellen. Es ist der heutigen Moraltheologie in den hier kritisierten Ausgestaltungen vorzuwerfen, daß es ihr nicht gelungen ist, eine Jahrhunderte alte Perspektive zu überwinden, die sittliche „Normen" und damit auch die reflexe Formulierung des Naturgesetzes fälschlicherweise als das grundlegende Phänomen zu betrachten pflegte. Die ganze Argumentation der in der vorliegenden Untersuchung kritisierten moraltheologischen Neuansätze verläuft noch auf der Ebene einer Normenethik, die den Ausgangspunkt des moralischen Diskurses im Phänomen des „Gebotes" und des „Gesetzes" als reflex-formulierte Handlungsnormen erblickt, um diesen Normen dann das Gewissen, die Freiheit, die Einmaligkeit der Situation, die Intention des Subjektes usw. entgegenzuhalten.

Diese abstrakte Ausgangsposition konstruiert damit unweigerlich eine von der Sache her gar nicht bestehende „Spannung" „zwischen den notwendig erforderlichen und allgemein formulierten Normen und dem konkreten Anspruch des einzelnen".[183] Und das Geschäft des Moraltheologen beginnt dann darin zu bestehen, Argumente zu suchen, um diese Spannung erträglich zu machen.[184] In gewissen Traditionen legalistischer Moraltheologie, die solchermaßen vorzugehen pflegte, wurde die „Spannung" zugunsten der Norm entschieden. Die Argumentationsfiguren, die entstanden, um Sonderfälle zu erklären, konnten so leicht als „Auswege" oder „Notlösungen" erscheinen. Die Plausibilität dieser Argumentationsfiguren begründete sich oft mehr intuitiv als diskursiv, jedenfalls aber erfüllten sie ihren praktischen Zweck, mit dem Nachteil allerdings, daß der „legalistisch" argumentierende Moraltheologe der Gefahr verfiel, sich als bloßen „Gesetzesgelehrten" zu betrachten.

Daran scheint sich bis heute nicht viel geändert zu haben. Nur, daß man sich jetzt für die „Freiheit des einzelnen" entscheiden möchte. Der Moraltheologe ist weiter ein Gesetzesgelehrter, lehrt nun aber wie, wann und weshalb gewisse Normen nicht verpflichten und man auch anders handeln könne. Man scheint die Freiheit neu zu entdecken, und zwar als die Möglichkeit, sich im Raum „begründeter Ausnahmen" bewegen zu können.

---

[183] Vgl. W. ERNST, Universalität sittlicher Normen ..., a. a. O., S. 61.
[184] Es ist aufs höchste befremdlich, in welchem Maße dabei oft die klassische Lehre von der sittlichen Tugend abgewertet wird. Vgl. folgende Interpretationen durch W. ERNST, a. a. O., S. 61f.: „Um diese Spannung erträglich zu machen und der Gewissensentscheidung in der konkreten Situation gerecht zu werden, sind in der traditionellen Moraltheologie jene bekannten Lehren entwickelt worden, die als Hilfe und Ausweg dienen sollten: die Lehre von der Klugheit und vom Gewissen, die Lehre von den Quellen der sittlichen Handlung, das Prinzip der Doppelwirkung, die Lehre von den Tugenden und von der Epikie, vom Probabilismus und vom kleineren Übel." Wie ist es möglich, so muß man unweigerlich fragen, die Lehre von der Klugheit und der sittlichen Tugend als „Hilfe und Ausweg" zu interpretieren, um die Spannung zwischen Norm und Subjekt „erträglich" zu machen? Wird hier nicht die Perspektive auf den Kopf gestellt? Sind nicht die Lehre von

Dabei bleibt die Ordnung zwischen dem Grundlegenden und dem Gegründeten auf den Kopf gestellt. Die Freiheit des Menschen ist viel mehr, und zugleich aber sind auch die Ansprüche des Menschseins viel höher. Manchmal scheinen sie den Menschen zu überfordern. Das wäre in der Tat der Fall, wenn der Mensch jene Art von Autonomie besitzen würde, die ihn ganz auf sich selbst stellte. Der Mensch ist jedoch nicht nur Geschöpf Gottes, sondern, durch das Werk der Gnade, auch Kind Gottes. Der christliche Moraltheologe darf das nie vergessen und etwa behaupten, die „christliche Moral" hätte dem Menschen nichts spezifisch Neues zu sagen. Sie hat ihm nämlich, unter vielem anderen, zu sagen, daß er diesen Anforderungen seines Menschseins nicht ohne jene Gnade, d. h. göttliche Hilfe, gerecht werden kann, die uns durch und in Christus, sowie vermittelt durch seine Kirche, zuteil wird. Die Erlösung ist nicht Erlösung von den sittlichen Ansprüchen des Menschseins oder vom „moralischen Gesetz", sondern sie ist Erlösung vom menschlichen Unvermögen, diesen Ansprüchen voll und ganz zu entsprechen und das heißt auch: von der Unfähigkeit, der wirklichen menschlichen Würde gemäß zu leben.

der Tugend und der Klugheit der Ausgangspunkt dafür, um überhaupt verstehen zu können, was eine sittliche Norm ist? Muß es nicht so sein, daß man zuerst vom Menschen spricht, und dann erst von Normen und Geboten? Sicher muß es so sein, denn sonst geschieht es, daß, wenn man vom Menschen zu sprechen beginnt, man diesen von den Normen und Geboten „in Schutz nehmen muß", anstatt zu verstehen, daß sittliche Normen gerade Ausdruck der Anforderungen des Menschseins, des Lebens gemäß der Tugend darstellen.

8 PHILOSOPHISCHE SCHLUSSFOLGERUNGEN UND MORALTHEOLOGISCHER AUSBLICK

Zum Abschluß sollen die wichtigsten Ergebnisse der vorangegangenen Untersuchungen festgehalten und ein Ausblick auf einige moraltheologische Konsequenzen gegeben werden (vgl. auch die zusammenfassenden Bemerkungen zu Teil I).

1. Das Naturgesetz, wie es in seinen grundlegenden Strukturlinien dargestellt wurde, ist Ausdruck personaler Autonomie. Diese Autonomie umschließt eine Reihe von grundlegenden Elementen, deren organische Einheit letztlich darauf beruht, daß die menschliche Person ein nach dem Ebenbild Gottes *(ad imaginem Dei)* geschaffenes Lebewesen, ein freies und geistbeseeltes Wesen der Körperwelt ist, das in seinem Erkennen und Streben das ewige Gesetz partizipiert und auf Gott hin angelegt ist, die „sichtbare", körperliche Welt also zugleich auch transzendiert. Das Naturgesetz ist nicht ein gewöhnliches „Naturphänomen", denn es besitzt nicht eine „naturale", sondern eine *personale* Struktur, die menschlichem Person-Sein entspricht. Person-Sein ist in der durch die natürliche Vernunft kognitiv und operativ vermittelten Einheit des Suppositums selbst eine besondere, ausgezeichnete, weil rational durchformte, Art von „Natürlichkeit", in deren Konstituierung die Vernunft als *ratio naturalis* eine maßstäbliche Ordnungsfunktion ausübt. Sich zur Begründung moralischer Normativität auf die Natur beziehen oder „naturrechtlich" argumentieren heißt immer, an diese der vernünftig-personalen Struktur des Naturgesetzes entsprechend geprägte Natur zu appellieren, an eine „natürliche Ordnung" also, die sich in der Reflexion über die spontane, teils intuitive und vorwissenschaftliche, aber auch von persönlichen Dispositionen (sittlichen Tugenden) abhängende sittliche Erfahrung als *ordo rationis* zeigt.

Das Naturgesetz ist demnach weder mit der „natürlichen Ordnung" im rein metaphysischen Sinne noch mit der (Vernunft-)Natur des Menschen zu identifizieren. Das natürliche Gesetz ist vielmehr ein Gesetz der praktischen Vernunft, d. h. eine *ordinatio* der praktischen Vernunft als natürliche Vernunft, welche die den natürlichen Neigungen gemäßen Akte auf das dem Menschen als Person eigene Ziel hinordnet. Damit ist *nicht* gemeint, das Naturgesetz könne nur *insofern* es als Präzept auftritt, „Gesetz der praktischen Vernunft" genannt werden, ansonsten (in inhaltlicher Hinsicht) verleihe jedoch die praktische Vernunft lediglich der „Stimme" einer ihr gegenständlichen Naturordnung Gehör. Die praktische Vernunft konstituiert nicht einfach nur die „ratio praecepti", formt also nicht einfach natürliche Neigungen oder Aktgefüge in sittliche Gebote um; vielmehr besitzt die menschliche Vernunft auch in ihrer praktischen Wirkweise eine axiologische Eigenkonsistenz und konstituiert deshalb das sittliche Sollen (den *ordo ad finem*) auch in inhaltlicher Hinsicht. Sie tut dies jedoch nicht in „schöpferischer" Weise: Auch praktische Erkenntnis ist immer Erkenntnis und als solche konstituiert sie zwar in einem ordinativen Akt das sittliche Sollen, ohne jedoch in schöpferischer (oder „eigenkompetenter") Weise die Wahrheit dieses Sollens zu konstituieren. Genauer gesagt: Sie konstituiert zwar (kognitiv) diese Wahrheit, aber nicht in einer Weise, die einer Verfügbarkeit über diese Wahrheit entspricht, sondern partizipativ. Denn die ordinatio der praktischen Vernunft, die Naturgesetz heißt, ist eine „Partizipation des ewigen Gesetzes im vernünftigen Geschöpf".

Im Naturgesetz entfaltet sich somit im Kontext der Autonomie der sittlichen Erfahrung des Subjektes das ewige Gesetz. Das Naturgesetz ist nicht „abbildhafter" Reflex einer „Naturordnung", sondern praktisch–kognitiver Mitvollzug der ordinatio des ewigen Gesetzes, welches in Bezug auf jede Ordnung, die insofern *nur* „Natur" ist, als sie von „Vernunft" unterschieden werden kann, selbst ordnende Funktion besitzt.

Während dem stoischen Modell des Naturgesetzes die Identität von *physis* und *logos* zugrundeliegt, die Vernunft hier also als der Natur immanent und *deshalb* als normativ angesehen und der diese natürliche Ordnung des Kosmos durchwaltende logos mit dem „ewigen Gesetz" identifiziert wird (eine Auffassung, die schließlich zu einem formell zirkulären Begriff des „Naturgemäßen" als „Vernunftgemäßen", und umgekehrt, führt), so ist bei Thomas die sittlich maßgebende Vernunft nicht „logos" (Strukturprinzip) einer natürlichen Ordnung, sondern eine bezüglich des *nur* Natürlichen ordnende Kraft, die den logos eines *transzendenten* ewigen Gesetzes, wie es im Geist des Schöpfers besteht, zum Durchbruch bringt. Die menschliche Vernunft ist nicht ein die kosmische Ordnung konzentriert widerspiegelnder „Mikrokosmos", sondern in ihr findet sich die *imago* des göttlichen Geistes, deren Wahrheitsmächtigkeit und ordnende Kraft sie partizipiert und wirksam werden läßt. Die praktische Vernunft ist demnach als *natürliche* Vernunft ein kognitives Prinzip, das aller übrigen Natur voraus ist und sie transzendiert; das aber *zugleich*, als geschaffene Vernunft und einer geistigen Seele entspringend, die substantielle Form eines Körpers ist, ebenfalls *Natur* ist. So hat es Thomas, wie wir sahen, am deutlichsten in seinem Kommentar zum Johannesevangelium zum Ausdruck gebracht: Der Mensch ist „secundum intellectualem naturam, *quae est ab extrinseco ... a Deo per creationem*" (siehe oben II, 4.1.5). Die Vernunft besitzt demnach bezüglich aller von der Vernunft unterscheidbaren „Natur" *Telos*-Charakter; ihre praktische Tätigkeit kann keinesfalls darauf reduziert werden, natürliche Neigungen in sittliche Gebote „umzuformulieren". Wenn sie auch auf diese natürlichen Neigungen in konstitutiver Weise angewiesen ist, um überhaupt erkennen zu können und praktisch-wahre Präzepte für das menschliche Handeln zu etablieren (denn der Mensch *ist* ebenso sein Körper wie er Geist ist, Dualität heißt nicht Dualismus!), so besitzt sie dennoch bezüglich dieser Neigungen eine eigene axiologische Konsistenz und damit eine ordnende Aufgabe. Diese von der praktischen Vernunft in den natürlichen Neigungen geschaffene Ordnung ist die Ordnung der Tugend, in welcher sich die Integrität der Person in ihrer operativen Vollkommenheit offenbart.

Sittliche Normen, die in dieser Weise ihren Geltungsgrund in der *lex naturalis* besitzen, sind demnach Normen, die in grundlegendster, vollkommenster und umfassendster Weise die Ansprüche des menschlichen Person-Seins zum Ausdruck bringen und deshalb nie und in keiner Weise menschliche Freiheit, menschliches Sein-Können, menschliche Spontaneität oder Authentizität beschränken oder gar unterdrücken, vielmehr diese gerade erst in der Wahrheit des menschlichen Person-Seins ermöglichen, weil sie ja nichts anderes als die für alles menschliche Handeln *fundamentale* Wahrheit über den Menschen zum Ausdruck bringen. Es handelt sich dabei um eine Wahrheit, die darüber entscheidet, daß menschliches Handeln überhaupt *menschliches* Handeln ist; eine Entscheidung, die aufgrund menschlicher Freiheit nicht mit Naturnotwendigkeit gegeben ist, sondern im Handeln verwirklicht werden muß. Diese personale Sicht des Naturgesetzes, und nicht eine Flucht in die „Geschichtlichkeit", ist die wirkliche Alternative zu einem legalistischen oder naturalistischen Begriff der Moralbegründung.

2. In einem solchen personalen Verständnis der Natur als Grundlage der Moral zeigt sich, wie durch die Autonomie der praktischen Erfahrung des sittlichen Subjektes – der Person – sich ein „Gesetz der praktischen Vernunft" entfaltet, das ein natürliches Gesetz ist. *Zugleich* entfaltet sich in diesem natürlichen Gesetz der praktischen Vernunft nichts anderes als das ewige Gesetz des Schöpfers selbst, das für die menschliche Autonomie nicht nur „transzendental fundierend" oder „rahmengebend", sondern vielmehr mit dem vom Menschen autonom entfalteten Naturgesetz *identisch* ist, – ist doch das Naturgesetz nichts anderes als „Partizipation des ewigen Gesetzes im vernünftigen Geschöpf", eine Partizipation, die im Menschen gerade kraft seines Person-Seins vollkommen, d. h. *kognitiv-aktiv*, ist.

Diese menschliche Autonomie ist deshalb „autonome Theonomie" oder „Autonomie des Menschen in Gott", d. h. partizipierte, in Eigengesetzlichkeit übergeführte Theonomie. Gott ist moralischer Gesetzgeber nicht dadurch, daß er wie ein „Gebieter" oder „Herrscher" durch Eingriffe und Rechtsvorbehalte dem Geschöpf ein Gesetz *auferlegt*, wie dies in letzter Zeit immer wieder in einer inadäquaten und selbst anthropomorphen Anthropomorphismus-Kritik eines solchen (angeblich) der „traditionellen" Moral zugrundeliegenden Gottesbildes gesagt wurde.[1] In diesem Sinne ist jedoch Gott weder Herrscher noch Gebieter; er ist aber auch nicht bloßer „Partner" oder „Auftraggeber" des Menschen, sondern sein *Schöpfer:* Gott gab dem Menschen sein Gesetz, indem er ihn mit einer bestimmten Natur und ihren Neigungen, insbesondere der natürlichen Vernunft, *erschuf.* Wenn es die durch Schöpfung vermittelte Teilhabe am ewigen Gesetz nicht zur Voraussetzung hätte, so könnte alles nachfolgende (positive, offenbarte) göttliche Gesetz höchstens eine auf exklusiver Herrscherstellung beruhende „göttliche Rechtsordnung", nicht aber *moralisches* Gesetz genannt werden.

3. Der Mensch nimmt am ewigen Gesetz gemäß seinem *ganzen* Sein teil. Die menschliche Person ist Leib und Geist, die in unverbrüchlicher Einheit menschliche Güter und sinnhaftes menschliches Seinkönnen definieren. *Anima mea non est ego* (Ad I Cor., 15, lect. 2, n. 924) muß jenen entgegengehalten werden, die die menschliche Person und ihr „Ich" spiritualistisch verkürzen: „Meine Seele ist nicht mein Ich" oder „Ich bin nicht meine Seele." Der Mensch „hat" wohl eine Seele, aber er *ist* Leib *und* Seele. Und das heißt: „Ich bin nicht nur meine Seele, sondern auch mein Leib"; oder besser: „Ich bin ein geistbeseelter Leib". Die Leiblichkeit des Menschen ist ebenso konstitutiv für das Verständnis der menschlichen Person, das menschliche Ich oder Selbstbewußtsein; sie darf nicht als „untermenschlich" (Rahner) bezeichnet werden, weil daraus die zum anthropologischen Dualismus führende Gleichung Mensch=Person=Geist folgen würde, gegen die sich christliche Schöpfungstheologie seit ihren Anfängen hat wehren müssen.

---

[1] Vgl. vor allem J. FUCHS, Das Gottesbild und die Moral innerweltlichen Handelns, a. a. O.

Deshalb versteht sich auch, weshalb die konstitutiven Bedingungen der Leiblichkeit des Menschen ursprünglicherweise (und nicht erst aufgrund ihrer Sinnbereicherung durch „Ausdruckshandeln") personale Bedeutung besitzen. Es wurde ausreichend gezeigt, wie diese Dimension des menschlichen Seins in einer nicht-naturalistischen Weise zu verstehen ist und wie sie normativ wirksam wird. Insbesondere wurde darauf hingewiesen, daß sämtliche natürliche Neigungen, auch diejenigen, die der leiblichen Natur des Menschen entspringen, aufgrund der Schöpfung des in sich *einen* menschlichen Suppositums in dieses bereits schon immer *ontologisch* integriert sind. Die ordnende Funktion des Naturgesetzes und schließlich der sittlichen Tugend bewirkt nicht ontologische, sondern *praktisch-kognitive* und *operative* Integration in das Suppositum, und damit auch die praktische Wahrheit des menschlichen Handelns. Es soll deshalb noch einmal in aller Deutlichkeit wiederholt werden: Die menschliche Leiblichkeit ist nicht ein, wenn auch „sittlich bedeutsamer", zugleich jedoch „neutraler", in sich „untermenschlicher" oder „unterpersonaler" Bereich. Sie formuliert für spezifisch menschliches Sein-Können vielmehr grundlegende *menschliche Güter* (oder Ziele), die für *personales* Handeln konstitutiv sind. Sie ist das sogar bis zu jenem Maße, in dem sich in der leiblichen Verbindung von Mann und Frau durch die *elevatio carnis* ein „schöpferischer *transitus*" (Styczen) ereignet. Wer das nicht versteht, wird schließlich auch nicht mehr das *Verbum caro factum est* verstehen, das heißt die Tatsache, daß das göttliche Wort, um die menschliche Natur mit der göttlichen zu vereinen, nicht menschliche *Seele* oder menschlicher *Geist*, sondern *Fleisch* geworden ist.

4. Die Erfassung der personalen Struktur des Naturgesetzes eröffnet ebenfalls den Zugang zum Verständnis des menschlichen Handelns als sittliches Handeln und seiner Objektivität, die letztlich nichts anderes bedeutet als der – einer Objektivierung durch die praktische Vernunft entspringende – fundamentale menschlich-personale Sinn des Handelns. In diesem Kontext wird die Unterscheidung zwischen „gutem" und „schlechtem" Handeln einsichtig, das selbst nicht zu unterscheiden ist von „richtigen" und „falschen" Handlungsweisen, da der sittliche Wertcharakter unmittelbar den Handlungen, und nicht erst den Intentionen oder Fundamentaloptionen zukommt.

Eine solche personale Auffassung vom menschlichen Handeln ist einem legalistisch-formalistischen Verständnis von Moral direkt entgegengesetzt, weil sie das sittlich „Richtige" (und auch den Begriff des moralischen Gesetzes) vom sittlich Guten her definiert, und nicht umgekehrt, (im Kontext einer Tugend- und nicht einer Gesetzesethik), und dieses „Gute" als Ausdruck der konstitutiven Erfordernisse der Person begreift. Auch wenn diese Güter der Person, letztlich alle zusammengefaßt im Gut ihrer personalen Integrität, metaphysisch betrachtet kontingente, weil geschaffene Güter sind, so sind sie doch in einem *moralischen* Sinne *absolute* Güter: *Persona affirmanda est propter se ipsam* („Die Person soll um ihrer selbst willen bejaht werden"), so heißt das hier einschlägige Grundprinzip des ethischen Personalismus. Wenn auch die „Würde des Menschen" metaphysisch (und insofern nicht- oder vorsittlich) betrachtet ein kontingentes, nicht-absolutes, weil geschaffenes, begrenztes (weil es nicht nur *einen* Menschen gibt), durch Gott konstituiertes und auf ihn verweisendes Gut ist, so ist dennoch in der Sphäre des sittlichen Handelns das *praktische* Gut „*Achtung* der Würde des Menschen" ein (im moralischen Sinne) absolutes, nicht-kontingentes sittliches Gut. Ebenso unterschieden sind auch „Tod eines

Unschuldigen" und „Tötung eines Unschuldigen". Die sogenannte teleologische Ethik hat diese entscheidende Differenzierung zwischen dem metaphysisch und dem moralisch Absoluten leider übersehen.[2] Als Grund für dieses Übersehen wurde die Tatsache aufgewiesen, daß die teleologische Ethik einem naturalistischen („physizistischen") und damit „dinglichen" Begriff des Handlungsobjektes verhaftet bleibt.

5. Auf dieser Grundlage wird einsichtig, was wir das „ethische Proprium" genannt haben: Sittlichkeit besteht nicht darin, irgendwelche guten Folgen oder Wirkungen im menschlichen Umfeld, der Gesellschaft oder der Geschichte zu erwirken; vielmehr geht es darum, daß der *handelnde* Mensch gut sei; es geht, um mit Plato zu sprechen, um das „Gut der Seele", und Aristoteles zufolge nicht darum, „Gerechtes" zu tun, sondern im Tun des Gerechten gerecht zu *sein*. Gerade deshalb sind zwei verschiedene Wirkungen oder Folgen, die in einem teleologischen Güterabwägungskalkül undifferenziert gegeneinander aufgewogen würden, wesentlich gegenseitig unabwägbar: Unrecht erleiden und Unrecht tun. Ersteres ist kein sittliches Übel, letzteres hingegen durchaus.

Es scheint, daß das Modell teleologischer Güterabwägung das „ethische Proprium" vor allem deshalb übersieht, weil es seinen Analysen anstatt ein praktisch-ethisches zumeist ein technisches Handlungsmodell unterstellt, d. h., weil es den Unterschied zwischen *Praxis* und *Poiesis* übersieht. Ein Diskurs, der sich darauf bezieht, (vorsittliche) Güter zu optimieren, bzw. (vorsittliches) Übel zu minimalisieren, bleibt prinzipiell unter der Schwelle des Sittlichen. Er appelliert an die vordergründige Evidenz und Plausibilität technischer Kalküle (wie das eines Arztes, der bei einem bestimmten operativen Eingriff versucht, seinem Patienten möglichst wenig Schmerzen zuzufügen, wobei ja die *moralische* Frage der Zulässigkeit dieses Eingriffes bereits *vorher* geklärt sein muß und in diesem Kalkül gar nicht zur Debatte steht; die aus einem notwendigen operativen Eingriff unvermeidlich folgenden Schmerzen entscheiden keineswegs über die moralische Zulässigkeit des Eingriffes: dadurch daß diese minimal sind, wird ein moralisch unzulässiger Eingriff in keiner Weise „weniger unsittlich"; das könnte man aber mit einem teleologischen Güterabwägungsmodell nicht begründen). Um aus ihrem technischen Handlungsmodell sittliche Verbindlichkeiten zu deduzieren, muß die teleologische Ethik, wie gezeigt wurde, schließlich zu einer neuen Version der „naturalistic fallacy" Zuflucht nehmen.

Die sogenannte teleologische Ethik ist überdies immer noch von einem „oft unbewußten Legalismus"[3] beherrscht, der für sämtliche ethischen Probleme, gerade auch im Bereich moralischer Grenz- und Härtefälle, eindeutige Lösungen und Urteile sucht, – in Anlehnung an juristische Entscheidungsmodelle, wo zwischen verschiedenen Rechtsgütern abzuwägen ist und eine Entscheidung für die eine oder die andere Partei gefällt werden *muß*. Dieses juristische Prozeßmodell, ganz abgesehen davon, daß es den einzelnen Menschen überfordert[4], übersieht, daß es im ethischen Diskurs nicht um Rechtsgüter – wie

---

[2] Vgl. J. SEIFERT, Absolute Moral Obligations towards Finite Goods as Foundation of Intrinsically Right and Wrong, a. a. O., bes. S 76 ff.
[3] J. FINNIS, Fundamentals of Ethics, a. a. O. S. 93 f.
[4] Das wird begründet von R. SPAEMANN, Über die Unmöglichkeit einer universalteleologischen Ethik, a. a. O.

ein von A erlittenes Unrecht durch B –, sondern um sittliche Güter geht – das Unrecht-Tun von B – die gegenseitig inkommensurabel sind. Es übersieht ebenfalls die Grundstrukturen der praktischen Vernunft, für die es in einer konkreten Lage nicht unbedingt *eine* sittlich verantwortbare Lösung gibt. Daß eine solche Lösung jedoch existieren muß und daß nur sie die sittlich verantwortbare sei, das unterstellt die teleologische Güterabwägung, die ja festhält, daß der Handelnde für alle voraussehbaren Folgen direkte Verantwortung trage und daß die sittlich richtige Handlung jeweils jene sei, in der das kleinere Übel bzw. das höchste Maß an Gütern bewirkt werde. Wäre dieses Maß nicht in jedem Einzelfall auszumachen – was mehr als nur zu vermuten ist – so würde das teleologische Modell implizit die Möglichkeit der Einsicht in das sittlich Richtige und die sittliche Verpflichtung für unmöglich erklären; eine Ethik der Güterabwägung erwiese sich dann als irrationale Ethik.[5]

Dieser implizite Hang zur Irrationalität beruht schließlich darauf, daß es weder sittlich verlangt noch dem Menschen möglich ist, für alle Folgen die Verantwortung zu tragen, will man nicht den Begriff der sittlichen Verantwortung selbst aushöhlen. Das Verständnis dieses Sachverhaltes setzt allerdings eine Theorie der sittlichen Handlung voraus, die auf einer differenzierten Analyse der Willentlichkeit beruht.[6] Es gibt nämlich Folgen, die, obwohl vorausgesehen, keineswegs intentionaler Gegenstand praktischer Entscheidungen sind, die also nicht *gewählt* und das heißt: weder als Ziel noch als Mittel zum Ziel *gewollt* werden (man sagt dann, sie seien nur „indirekt gewollt", d. h. zugelassen). Stellt man, wie die teleologische Ethik, solche indirekten Folgen mit den (direkt) gewählten bzw. gewollten auf dieselbe Ebene, so muß man notwendigerweise den Begriff moralischer Verantwortung aus den Augen verlieren. Denn der Begriff solcher Verantwortung ist auf jenen des wählenden Willens zurückbezogen, ein Bezug, der durch die Gleichstellung *aller* Folgen verlorengeht: Wenn man in einem praktischen Urteil gewählte Folgen mit solchen gleichstellt, die als unvermeidbare Nebenfolgen nur zugelassen, aber nicht gewählt werden, so beginnt man den wählenden und den zulassenden Willen zu identifizieren und damit die für die Handlungstheorie entscheidende Kategorie der Wahl *(prohairesis, electio)* überhaupt zu verlieren. Man würde also damit zum Beispiel behaupten, ein Unternehmer, der sich in einer unverschuldet schwierigen Situation weigert, durch einen vergleichsweise geringen „Schaden" anrichtenden betrügerischen Akt als einzig noch möglichen Ausweg, die wirtschaftlichen Existenzgrundlagen seines Betriebes und damit die entsprechenden Arbeitsplätze zu retten, sei deshalb für den Ruin seines Unternehmens grundsätzlich ebenso verantwortlich wie derjenige, der sein Unternehmen durch betrügerische Aktionen, durch die er sich persönlich bereichert, kalkuliert in den Konkurs treibt. Durch eine

---

[5] Das hatte bereits G. E. MOORE gegenüber einem einseitigen Konsequentialismus festgestellt, da in Anbetracht verschiedener Handlungsalternativen unser Kausalwissen bezüglich der Folgen zu unvollständig ist, um über diese Folgen eine eindeutige Aussage machen zu können. „Accordingly it follows that we never have any reason to suppose that an action is our duty: we can never be sure that any action will produce the greatest value possible." (Principia Ethica, Cambridge [1903] 1984, S. 149).
[6] Vgl. dazu J. M. BOYLE, Jr., Toward Understandig the Principle of Double Effect, in: Ethics, 90 (1908), S. 527–538.

solche Gleichstellung eines bloß „zulassenden" Willens (erster Fall) und eines „wählenden Willens" (zweiter Fall) wird Verantwortung reduziert auf bloße Fähigkeit zur „Verursachung" bestimmter Wirkungen, wobei dann eben in einem solchen rein technischen, aber nicht mehr sittlichen Begriff der Verantwortung es dann einerlei erscheinen muß, ob diese Verursachung „direkt" oder „indirekt" geschieht. Ebenso wird man nicht mehr unterscheiden können zwischen einr direkten Tötung des Fötus im Mutterleib und einem notwendigen operativen Eingriff, mit der voraussichtlich möglichen Nebenfolge des Todes des Fötus, eine Folge, die man zwar (im technischen Sinne) verursachen würde, für deren Eintreten der Handelnde jedoch unter den Bedingungen eines nur zulassenden Willens keine *sittliche* Urheberschaft besitzt, weil er sie weder als Ziel noch als Mittel *gewählt* hat. Die (vordergründige) Plausibilität der sogenannten teleologischen Ethik beruht zu einem großen Teil auf dieser Verwechslung von moralischer Urheberschaft und Verantwortlichkeit mit rein „technischer" Urheberschaft als *Verursachung* von Wirkungen oder Folgen.

Wie die teleologischen Ethiker zu unterstellen, auch der zulassende Wille sei nur eine Form des wählenden Willens, entspringt jedoch nicht nur einer unzulässigen Reduktion der psychologischen Struktur des menschlichen Aktes auf die Logik eines technischen Handlungsmodells, sondern auch einer tieferliegenden Fehleinschätzung der menschlichen Verantwortlichkeit und „Vorsehung". Denn in einer teleologischen Güterabwägungsethik wird die menschliche Verantwortung überspannt, weil unterstellt wird, daß es dem Menschen nicht nur möglich, sondern er sogar verpflichtet ist, in seinem Handeln *aller* Folgen seines Tuns Herr zu sein und sie in einem Optimum zu harmonisieren. Das ist zunächst eine theologisch fragwürdige, mit der christlichen Offenbarung kaum in Einklang zu bringende Position, denn sie impliziert, daß nicht erst ein endzeitlicher göttlicher Eingriff diese von der Vergänglichkeit gezeichnete Welt umgestalten wird, sondern daß dem menschlichen Handeln selbst die Verantwortung für die Gesamtsituation dieser Welt zufällt. Indem sie den einzelnen Menschen strukturell für das „Ganze" verantwortlich erklärt, so verwechselt sie göttliche und menschliche Vorsehung und negiert die theologische Relevanz menschlich tragischer Grenzsituationen als erlösungsbedürftige Situation und will dem Menschen, unter Preisgabe des Begriffes differenzierter Verantwortlichkeit, die universale Verantwortung für die eindeutige Lösung solcher Situationen aufbürden. Die Aufbürdung dieser Kompetenz scheint allerdings zunächst eine Befreiung zu sein, aber nur deshalb, weil sie selbst gar nicht konsistent gelebt werden kann, da man ja, um überhaupt handeln zu können, die unübersehbare Kette „voraussehbarer Folgen", für deren Abwägung letztlich auch ein der Güterabwägung selbst entzogenes moralisches Kriterium fehlt, an irgend einem Punkt dezisionistisch durchschneiden muß. Das Ergebnis bleibt ein rational unbegründbarer Subjektivismus, der bezüglich der Prinzipien der Güterabwägung selbst eine Inkonsequenz darstellt und sich schließlich jeder beliebigen Form von sittlicher Rechtfertigung öffnen kann.

Der letzte Preis, der allerdings für diese Lösung bezahlt werden muß, ist die bereits angetönte Aufgabe der Unterscheidung zwischen sittlichem Handeln (und damit Akten des praktischen Wählens, die das Gutsein des Willens prägen) und („technischer") Optimierung von vorsittlichen Gütern bzw. Übeln; d. h. z. B. des Unterschiedes zwischen dem Urteil „Es ist immer ungerecht direkt einen Unschuldigen zu töten" und dem Urteil „Es ist besser (gerechter oder weniger gerecht) direkt den Tod eines Unschuldigen zu verursachen, als durch Unterlassung dieser Handlung den Tod von hundert Unschuldigen zu bewirken". In einem wahrhaft ethischen Kontext hat das zweite Urteil – die Logik des Kaiphas: „Es ist besser, daß *ein* Mensch für das Volk stirbt, als daß die ganze Nation zugrundegeht" (Joh 11, 50) – keinen Sinn; und zwar deshalb, weil in einem ethischen Kontext ein „weniger ungerechtes" Handeln immer noch als ungerecht, und damit als moralisch unvollziehbar erkannt wird (die Pointe der Kaiphas-Logik besteht ja gerade darin, daß sie, auf der Ebene „vorsittlicher Übel" verbleibend, den „Tod eines Menschen" dem „Zugrundegehen der ganzen Nation" gegenüber abwägt, also das Problem gar nicht im ethischen Kontext zur Sprache bringt; hätte Kaiphas nämlich gesagt „Es ist besser *einen Unschuldigen zu töten*, als die ganze Nation zugrundegehen zu lassen", so hätte sein Vorschlag moralische Bedenken aufwerfen können; in Wirklichkeit ist es Kaiphas mit seiner Formulierung gelungen, die moralische Problematik seines Vorschlages zu verdecken: Denn der „Tod *eines* Unschuldigen" ist ja sicher dem Zugrundegehen *aller* vorzuziehen; der „Tod eines Unschuldigen" ist jedoch nicht dasselbe wie das „*Töten* eines Unschuldigen").

Zudem weiß der Handelnde, wenn er ein wahrhaft sittliches Urteil vollzieht, daß er für Folgen, die er nur durch ungerechtes Handeln verhindern könnte, gar keine sittliche Verantwortung trägt. Will er diese Verantwortung dennoch übernehmen, so muß er schließlich leugnen, daß es beschreibbare Handlungstypen gibt, die man universal als „ungerecht" bezeichnen kann, daß eine solche Qualifikation also nur durch die Ziele, Intentionen, durch den Gesamtkontext einer konkreten Situation gegeben werden kann. Wenn teleologische Ethiker behaupten, sie bestritten nicht die Wahrheit des Satzes „man darf nie sittlich Schlechtes tun, um ein Gut zu erwirken" (vgl. Röm 3,8), so haben sie diesen Satz in Wirklichkeit gegenstandslos gemacht: Denn ihrer Theorie gemäß sind ja sittlich schlechte Handlungen allein jene, die *nicht* um eines guten Zieles willen verfolgt werden. Kein Mensch wäre demnach überhaupt fähig, teleologisch-güterabwägend ein sittliches Urteil zu fällen, welches ihm zu tun erlaubte, was dieser Satz verbietet (mit der von einigen konzedierten Ausnahme der Verleitung zur Sünde). Daß man aber solche Urteile dennoch fällen und ihnen gemäß handeln kann, das beweist nicht nur der moralische *common sense* aller Zeiten, sondern auch die Geschichte. Es scheint also, daß fundamentale ethische Grundprinzipien im Kontext des teleologischen Güterabwägungsmodelles gerade deshalb gegenstandslos und nichtsagend werden, weil dieses Modell das Proprium sittlicher Urteile und sittlichen Handelns aus den Augen verloren hat, also ein Modell ist, daß dem Phänomen des sittlich-praktischen Urteilens nicht gerecht zu werden vermag.[7]

6. Das „ethische Proprium", das jene „Folgen" einer Handlung als für deren sittlichen Wert konstitutiv betrachtet, die diese Handlung in ihrem spezifisch menschlich-personalen Sinne konstituieren, besitzt für die menschliche Praxis schließlich eine befreiende und wirkliche, rational abgedeckte Verantwortung bestärkende Wirkung. Als sittlich unver-

---

[7] Für eine eingehende Kritik dieser Aspekte der teleologischen Ethik, vor allem bei J. Fuchs, vgl. G. GRISEZ, Moral Absolutes. A Critique of the View of J. Fuchs, S. J., a. a. O., vor allem S. 156–163.

zichtbar werden hier jene normativen Bereiche behauptet, die den spezifisch *menschlichen* Sinn des menschlichen Handelns konstituieren, deren Zuwiderhandeln man also als ein *intrinsece malum* behaupten kann. Gleichzeitig eröffnet es auf dieser menschlich-personalen Grundlage das Spektrum eines weithin nicht eindeutig definierten Raumes möglicher sittlicher Handlungsweisen, ohne diese der (letztlich rigoristischen) Notwendigkeit der Bestimmung des jeweiligen „Güteroptimums" zu unterwerfen. Eine solche Ethik, die absolute sittliche Normen kennt, ist zwar unnachgiebig in dem, was menschliches Handeln als *menschliches* konstituiert, flexibel, ja geradezu „kreativ", jedoch im Bereiche der verschiedenen Möglichkeiten der eigenverantwortlichen Wahrnehmung dieser in der menschlichen Natur begründeten humanen Handlungsmöglichkeiten.

7. Für ein metaphysisch adäquates Verständnis der Grundlegung dieser spezifisch humanen Handlungsmöglichkeiten und ihres Charakters, als durch die lex naturalis begründete „natürliche Ordnung" des menschlichen Handelns, hat sich im Laufe unserer Untersuchungen der Begriff des *Ewigen Gesetzes* als ein Schlüsselbegriff erwiesen. Die ursprünglich augustinisch inspirierte, von Thomas auch anthropologisch konsequent durchgearbeitete Perspektive des Naturgesetzes als Partizipation des Ewigen Gesetzes eröffnet für die Moraltheologie Perspektiven und analytische Möglichkeiten von noch lange nicht ausgeschöpftem Ausmaße. Denn die Partizipation des Ewigen Gesetzes im Menschen beschränkt sich nicht auf die „lex naturalis". Aufgrund der göttlichen Vorsehung ist der Mensch von Anfang an zu einem Leben berufen, das einer weit höher zielenden „ordinatio" entspricht: Der „lex gratiae", die durch die Menschwerdung und Erlösung in Christus zur „Lex Christi" oder „lex evangelica" geworden ist, und das menschliche Leben auf die Heiligkeit Gottes hinordnet.

Die Partizipation dieser „ordinatio" des Ewigen Gesetzes durch die Gnade und die theologischen Tugenden Glaube, Hoffnung und Liebe ist nicht ein der menschlichen Natur aufgepfropfter Fremdkörper oder ein „zweites Stockwerk" seiner Existenz. Ihr entspricht vielmehr der ursprüngliche menschliche Sinn des menschlichen Daseins, aber nicht aufgrund der „Natur" des Menschen, sondern aufgrund des göttlichen Heilswillens und der nur *einen* „ordinatio" des Ewigen Gesetzes. Diese konstituiert in der menschlichen Person eine untrennbare, aber ebenso unvermischte und unterscheidbare Einheit des Natürlichen und des Übernatürlichen.

Diese Einheit ist durch die Ursünde des Menschen, durch den Fall und die darauf folgende Situation der Erbsünde zerstört worden. In der „ordinatio" des Ewigen Gesetzes und der Teilhabe des Menschen an ihr ist durch diesen Rückfall auf das *nur* Natürliche und *nur* Menschliche ein tiefer Bruch entstanden; ein Widerspruch zwischen dem Heilswillen Gottes und dem Zustand der Menschheit, der als *moralische* Situation („peccatum naturae"), d. h. aufgrund der Abgewandtheit des menschlichen Willens von seinem wahren Ziel, den Charakter von Schuld trägt. Nur eine versöhnende Intervention der Barmherzigkeit Gottes vermochte diese Schuld zu tilgen, und diese erlösende Intervention kristallisiert sich in einem neuen Gesetz, das durch seine Verkörperung in Jesus Christus, der menschgewordenen göttlichen Weisheit, *Gesetz Christi* ist und die menschliche Natur als nunmehr erlöste von den Wunden ihres Falles heilt und sie wiederum ihrer Bestimmung zuführt.

Die „ordinatio" der „lex naturalis" bleibt dabei auch in ihrer Integration in die „lex gratiae" oder „lex evangelica" voll gewahrt – „ea quae sunt de lege naturae, plenarie ibi traduntur" –; sie ist deren Voraussetzung und wird – „cum multa tradantur ibi supra naturam"[8] – durch sie erhoben und vollendet.

Diese Erhebung und Vollendung der menschlichen Natur in der Ordnung der göttlichen Heiligkeit offenbart sich in Christus. „Die Unterscheidung von übernatürlicher Heilsordnung und zeitlicher Ordnung des menschlichen Lebens muß innerhalb des einen Planes Gottes gesehen werden, alle Dinge in Christus zusammenzufügen".[9] In der Teilhabe am Leben Christi durch die Kraft des Heiligen Geistes – der personhaften Liebe zwischen dem Vater und dem Sohn – verwirklicht sich erst im Vollsinne, d. h. gemäß dem göttlichen Heilswillen, die Teilhabe an der „ordinatio" des Ewigen Gesetzes. Hier liegt die spezifische Perspektive der Moraltheologie: Sie muß fundamental christologisch sein. Sie hat von Christus als *Weg*, als *Wahrheit* und als *Leben* des Menschen zu sprechen. Aber sie kann das nur, wenn sie den Menschen als „natura *elevata*" versteht, so wie sie Christus nur verstehen kann, wenn sie daran festhält, daß in der Einheit der einen göttlichen Person *zwei* Naturen, die göttliche und die in diese *aufgenommene* („assumpta") menschliche „*unvermischt, unverwandelt, ungetrennt und ungesondert*" bestehen (Konzil von Chalzedon). Ebenso wie in Christus das Humanum in seiner Integrität aufgenommen ist, kann man dann dem kirchlichen Lehramt, das ja Christus und das Leben in Christus zum Gegenstand seiner Verkündigung hat, keinesfalls die Berechtigung absprechen, auch für das Humanum, und damit: für das Naturgesetz zuständig zu sein. Und ebensowenig wie man Christus auf seine menschliche Natur reduzieren kann, wird man dann Existenz und Eigenart des Propriums der christlichen Moral übersehen können, einer Moral der Gotteskindschaft, der Heiligkeit, der Identifizierung mit Christus und damit einer Moral der Teilhabe an der prophetischen, priesterlichen und königlichen Sendung des Erlösers des Menschen.[10]

8. Um die vieldiskutierte Frage nach dem Proprium einer christlichen Moral angemessen zu beantworten, wäre deshalb wohl eine Unterscheidung aufzugeben, die weder dieser sich wie ein roter Faden durch die Dokumente des II. Vatikanischen Konzils hindurchziehenden christologischen Perspektive noch einer wirklichen Theologie des ewigen Gesetzes adäquat ist: Die Unterscheidung von „Weltethos" und „Heilsethos", sowie auch die ihr gleichgelagerte zwischen „innerweltlichem (kategorialem) Handeln" und „transzendentalen" Intentionen, Motivationen oder Fundamentaloptionen (nicht jedoch die notwendige Unterscheidung zwischen zeitlicher *Ordnung* und Heils*ordnung*, sondern die in der obigen Unterscheidung behauptete Dualität von Welt*ethos* und Heils*ethos)*. Vielmehr wäre festzuhalten, daß gerade das christliche Heilsethos auch ein Weltethos ist und das Weltethos für den Christen zu einem Heilsethos umgestaltet und erhoben wird; in der christli-

---

[8] I–II, q.94, a.4, ad 1.
[9] Kongregation für die Glaubenslehre, Instruktion über die christliche Freiheit und die Befreiung (22. März 1986), 80.
[10] Vgl. II. Vatikanisches Konzil, Dogmatische Konstitution „Lumen Gentium", bes. Kap. 2, 4 und 5; Dekret „Apostolicam actuositatem", bes. Kap. 1 und 2.

chen Existenz müssen zeitliche Ordnung und Heilsordnung ohne Aufhebung ihrer Unterscheidbarkeit als in einem einzigen Ethos vereint begriffen werden, das *zugleich* Weltethos *und* Heilsethos, übernatürlicher Glaube *und* innerweltliches Handeln ist. Wer deshalb das „Christliche" der christlichen Moral auf transzendentale, vom Glauben bestimmte Intentionen, Motivationen oder Fundamentaloptionen einschränkte, würde zumindest zweierlei übersehen: Erstens, daß durch die Menschwerdung des göttlichen Wortes in Jesus Christus alles Menschliche – und damit alles innerweltliche Handeln – eine Heilsbedeutung und damit auch eine neue sittliche Normativität erlangt, die es aus sich heraus, ohne die *assumptio,* keinesfalls besitzt (Beispiel: Die christliche Feindesliebe, die menschliche Gerechtigkeit übersteigt, im christlichen Kontext jedoch *Gebot* einer neuen, höheren Gerechtigkeit darstellt; ja der Inhalt der Bergpredigt insgesamt, besonders der Seligpreisungen, die im Gebot zusammengefaßt sind: „Seid vollkommen, wie euer Vater im Himmel vollkommen ist"; oder der Sendungsauftrag: „Wie mich der Vater gesandt hat, so sende ich euch"). Und zweitens (es wurde bereits früher angetönt) die Tatsache, daß sittliche Forderungen im Bereich des Humanums in vielen Fällen das sittliche Können des Menschen in seinem gefallenen und erlösungsbedürftigen Zustand überfordern oder gar übersteigen. Die Spannung, die sich auf diese Weise oft zwischen Sollen und Können zeigt, ist für die Autonomie der sittlichen Einsicht eine echte Bedrohung. *Denn an sich kann kein Sollen einsichtig sein, das weiter reicht, als das sittliche Können.* D. h.: Es wird auf die Dauer *im besten Fall* nur als unerreichbares Ideal, aber nicht als verpflichtende Handlungsnorm Anerkennung finden. Auf einen solchen Zwiespalt ist nur eine echte, aus der Offenbarung schöpfende theologische Antwort möglich und verantwortbar, vor der viele Moraltheologen heute sichtlich zurückschrecken. Sie lautet: Nur ein der christlichen Moral entsprechendes Leben, ein Leben in Christus, dessen Teilhabe sich im Geheimnis der Kirche vollzieht und auf der Gnade des Heiligen Geistes gründet, vermag dem Menschen die Mittel und die Hoffnung zu geben, den Anforderungen des Humanums, der Würde des Menschseins voll zu entsprechen. Eine Moraltheologie, die darauf verzichtet, diesen (erlösenden) Anspruch der christlichen Verkündigung aufrechtzuerhalten, ist, so scheint mir, keine echte christliche Moraltheologie mehr. Sie wird dann – man denke an das Thema Ehescheidung – das beschränkte sittliche Können des nicht mit der Wirksamkeit der erlösenden Gnade rechnenden Menschen zur Norm einer „reinen Moral des Humanums", eines säkularen Humanismus erheben, dabei jedoch eine Moral befürworten, die hinter dem wahren Humanum zurückbleibt.

9. Viele Moraltheologen sind in ihrer Option für eine „autonome Moral" von ernsthaften pastoralen Motiven bewegt: Die Sorge um eine adäquate, dem heutigen, in einer säkularisierten Welt lebenden, oft selbst säkularisierten oder gar atheistischen Menschen, die christliche Heilsbotschaft auf einsichtige Weise zu verkünden.[11] Und dabei sieht man als

---

[11] Vgl. etwa A. AUER, Hat die autonome Moral eine Chance in der Kirche? A. a. O. S. 11: „Der theologische Sinn der Autonomie-Vorstellung liegt darin, die Heilswahrheit auf eine dem gegenwärtigen Menschen zugängliche Weise neu zu erschließen"; J. FUCHS, Autonome Moral und Glaubensethik, a. a. O. S. 68: „Ist uns Christen eine Diskussion über objektiv ethisch richtiges Verhalten mit dem säkularisierenden, säkularisierten, humanistischen, atheistischen usw. Mitmen-

gangbarsten Weg den Aufweis, daß Handlungsnormen, die sich auf das innerweltliche Leben beziehen (Weltethos) dem Christen und dem Nicht-Glaubenden gemeinsam sind; nur die Motivationen, die den letzten Sinn dieses Handelns und die Perspektive der Hoffnung aufweisen, unterschieden sich, und diese Motivation allein sei spezifischer Gegenstand der christlichen Verkündigung.

Nur wenn es die Kluft zwischen dem Sollen und Können auf der Ebene des Humanums nicht gäbe, würde allerdings diese Rechnung aufgehen. Dem (nichtglaubenden) Humanisten ist nun aber durchaus nicht einsichtig, daß Forderungen, die nur mit Hilfe der Gnade erfüllt werden können, selbst zum sittlich normativen Bestand des Humanums gehören. Der Humanist wird, je nach den moralischen Standards des gesellschaftlichen Umfeldes und seinen persönlichen Dispositionen, die Schwelle des auf der Ebene des Humanums sittlich unverzichtbar Gesollten oft tiefer ansetzen als der gläubige Christ. Denn letzterer hat allein durch seinen Glauben ein Mehr an Einsicht in das sittliche *Können*, und damit letztlich eben auch in das sittliche Sollen des Menschen: denn er weiß, daß der Mensch dazu berufen ist, mehr zu „können" als er faktisch „kann". Will deshalb der Christ an der Behauptung gleicher Evidenz des sittlichen Sollens auf der Ebene des Humanums für Christen und Nichtgläubige festhalten, so bleibt nur noch die Frage, wer sich nun wem anzupassen habe. Tatsache ist: Aufgrund der praktischen Prinzipien einer „autonomen Moral" wird sich der Christ anpassen müssen, indem er die in einer jeweiligen geschichtlichen und kulturellen Situation anerkannten moralischen Standards zum Standard des Humanums erhebt, wobei dann gerade das Humanum verfehlt wird.

In Wirklichkeit steht der gläubige Christ mit dem (ungläubigen) Humanisten bezüglich der faktischen Fähigkeit in die Einsicht der sittlichen Gehalte des Humanums nicht auf derselben Ebene. Indem der Christ alle echten menschlichen Werte, die sich auch außerhalb des christlichen Kontextes finden, als menschliche und deshalb auch christliche Werte aufgreift und in Feinfühligkeit Sinn für echten Pluralismus in zeitlichen Dingen und Achtung der Freiheit der Gewissen besitzt, so muß er darüber hinaus in Demut und Entschiedenheit als Weg, den Anforderungen des Humanums zu genügen, gerade die „Weisheit des Kreuzes" verkünden, die dem (ungläubigen) Humanisten als Torheit erscheint. Obwohl sich der Christ als „einer der Vielen" im Erstreben der edlen Ziele menschlicher Existenz mit allen Menschen guten Willens vereint weiß und in allen Bereichen der Gesellschaft „zu Hause" ist, so ist er dennoch im Bereiche einer säkularisierten, nicht vom Glauben gezeichneten Welt, zugleich auch „ein anderer" und oft ein Zeichen des Widerspruchs; denn er verkündet eine *spezifisch christliche Moral des Humanums*. Und gerade darin liegt doch die Glaubwürdigkeit, die Evidenz und Attraktivität der christlichen Heilsbotschaft seit jeher begründet: Nicht im Aufweis neuer oder höherer Motivationen für sowieso allen Menschen einsichtige und nachvollziehbare sittliche Forderungen; sondern im Aufweis des Weges, um die für jeden Menschen guten Willens quälende Kluft zwischen seiner (rational-autonomen) sittlichen Einsicht in das Sollen und seinem oft dahinter zurückbleibenden sittlichen Können zu überbrücken, bzw. demjenigen, der die Einsicht in das Sollen bzw. das Tun des Gesollten/Guten auf sein jeweiliges Können (und

schen unserer Zeit eine sinnvolle Möglichkeit oder leben wir notwendig in einem Glaubensghetto?"

Wollen) reduziert hat, zu dem einzuladen, was man *Umkehr* nennt, um ihm die Versöhnung mit Gott, seinem Vater, anzubieten.

Damit ist nicht gemeint, daß die sittlichen Forderungen des reinen Menschseins prinzipiell nur dem Gläubigen einsichtig sind, daß sie also nicht eine innere, autonome Rationalität besäßen, die jedermann zugänglich wäre. Gemeint ist erstens, daß aufgrund der Kluft zwischen Sollen und Können nicht jedermann diese Einsicht *hat,* ja, daß oft ganzen Gesellschaften solche Einsicht abhanden kommen kann, obwohl sie prinzipiell, was die innere Rationalität solcher Einsicht betrifft, möglich wäre. Deshalb ist gerade der auf Offenbarung gestützte Glaube das faktisch notwendige Korrektiv, das durch keinen geschichtlichen oder gesellschaftlichen „Druck" erlöschende Licht für die Beleuchtung der wahren Ansprüche des Humanums. Zweitens ist zu berücksichtigen, daß die Moral des Humanums sich nicht nur auf äußere Handlungen, sondern – wie jede Moral – auch auf den inneren Willen des Menschen erstreckt. Auch hier geht das christlich Mögliche und Geforderte weit über das bloße „Humanum" hinaus. Drittens ist gemeint, daß das Humanum als „Weltverhalten" durch seine *assumptio* in Christus selbst neue, der Heiligkeit Gottes entsprechende Inhalte erhalten hat. „Heiligkeit" kann man nicht auf Motivationen, Intentionen oder Fundamentaloptionen beschränken. Die Heiligkeit besteht auch im Tun, ein Tun, das erst im Geheimnis Christi (und damit auch im Geheimnis der Kirche) seine volle inhaltliche Bestimmung erhält, jedoch immer ein „Weltethos" oder „innerweltliches Handeln" ist. Denn wo anders als in der Welt sollte der Mensch in diesem Leben etwas zu tun haben?

Die Unterscheidung zwischen „Weltethos" und „Heilsethos" sowie auch die Unterscheidung einer spezifisch christlichen Intentionalität (auf der transzendentalen Ebene) von einem durch die christliche Heilsbotschaft nicht spezifizierten, prinzipiell rein humanen „innerweltlichen Handeln" scheint deshalb hinter einer der wesentlichen Grundaussagen des II. Vatikanischen Konzils zurückzubleiben: Daß nämlich das in Christus zu bewirkende Heil nicht einfach darauf reduziert werden kann, daß „die Seele gerettet" wird, daß man nach dieser innerweltlichen Existenz schließlich das Heil im Verlassen dieser Welt, in der Vereinigung mit Gott erreicht. Das letzte Konzil hat ja gerade wieder in Erinnerung gerufen, daß das Heil ein ganzheitliches ist, also auch den Zustand der Welt, die Überwindung der „Sünde der Welt" betrifft: Christliches Handeln ist deshalb ein *erlöstes und miterlösendes innerweltliches Handeln,* das diese Welt verändern muß, um „alles, was im Himmel und auf Erden ist, in Ihm zu erneuern" (vgl. Eph 1,10). Das Reich Gottes ist zwar nicht von *dieser* Welt und sein Wachstum ist vom irdischen Fortschritt wohl zu unterscheiden (vgl. GS 39), aber es wird auch nicht „jenseits" der Welt errichtet (das „Jenseits" ist eine Kategorie, die nicht auf den *Weltcharakter* der menschlichen Existenz einschränkt, der durch die Auferstehung definitiv bestätigt werden wird, sondern auf die „Grenze des Todes" des individuellen Menschen und das heißt: auf das Leben nach dem Tode hinweist). Das „Reich Gottes", so müssen wir sagen, umschließt die Welt, und auch der irdische Fortschritt, sofern er aus der Liebe kommt und auf die Liebe zielt, ist für das Wachstum dieses Reiches von großer Bedeutung (GS 39); aber es wird in seiner vollkommenen Gestalt erst am Ende der Zeiten offenbar, und zwar durch einen göttlichen Akt der Wiederherstellung oder „Neuschöpfung", durch den „die Gestalt dieser Welt vergeht" und Gott „eine neue Erde bereitet, auf der die Gerechtigkeit wohnt", in der die Liebe bleiben wird, „wie das, was sie einst getan hat" und alles „von der Knechtschaft der Vergänglichkeit befreit sein" wird (vgl. GS 39). Ein Handeln, das weder aus dem Bewußtsein des Gefallenseins der Schöpfung noch aus dieser eschatologischen Hoffnung auf Auferstehung und Wiederherstellung lebt, ist ein innerweltlich spezifisch anderes, nicht-christliches Handeln. Es muß sowohl die Situation des Menschen, wie auch seine Möglichkeiten und Hoffnungen anders deuten und deshalb zu anderen innerweltlichen Handlungsnormen gelangen: Denn da es weder den „eschatologischen Vorbehalt", noch die jeglichen menschlichen Verheißungshorizont übersteigende Hoffnung des Christen teilt, wird es nur jenes Handeln als sinnvoll erachten können, dem nach menschlicher Voraussicht Erfolg beschieden ist. Es wird Handlungsweisen, die in der Spannung zwischen der Vorläufigkeit einer gefallenen aber erlösten Schöpfung und der eschatologischen Hoffnung stehen und deshalb menschlich gesehen oft sinnlos und erfolglos, ja „unmenschlich" scheinen, nicht als sittlich verbindlich anerkennen können. Wiederum ergibt sich: Ein nicht-christliches Ethos wird das sittlich Verbindliche auf das menschlich-Mögliche reduzieren und deshalb die wahren Möglichkeiten menschlichen Handelns nur unvollständig erfassen. „Innerweltliche" Handlungsnormen von Nicht-Christen als substantiell identisch mit denjenigen eines Christen zu behaupten, kann man deshalb nur, wenn die christliche Heilsbotschaft von ihrem Bezug auf die Wiederherstellung der gefallenen Schöpfung abgelöst wird; (Nicht-Christen ein „anonymes" Christentum, also eine implizite, unbewußte christliche Hoffnung zu attestieren, würde darauf hinauslaufen, ihr Nicht-Christ-Sein, letztlich ihre Freiheit und die reflektierten Inhalte ihres Gewissens nicht ernst zu nehmen). Theologen, die diesen im Begriff einer ganzheitlichen Erlösung implizierten Bezug zwischen Heil und Welt ausklammern, pflegen in demselben Maße nicht mehr von der Erbsünde zu sprechen, wie sie auch spezifisch christliche moralische Inhalte auf bloße Intentionalitäten reduzieren, die auf ein „Jenseits-der-Welt" verweisen. Sie vergessen also, daß das spezifisch Christliche gerade deshalb im innerweltlichen Handeln zum Tragen kommen muß, weil Erlösung schließlich Erlösung des Menschen *und seiner Welt* ist, Wiederherstellung in Christus, und weil diese Wiederherstellung nicht *nur* im Horizont der Hoffnung eine Zukunftsverheißung darstellt, sondern auch in der Betätigung der christlichen Liebe *gegenwärtige innerweltliche Aufgabe* ist. Und weil deshalb die menschliche Lebenswirklichkeit, die in ihr offenstehenden Möglichkeiten und Verbindlichkeiten, einer christlichen Deutung im Lichte der Offenbarung bedürfen, die zur Formulierung von Handlungsnormen führt, die aus dem Kontext dieser Lebenswirklichkeit allein niemals in ihrer Integrität einsichtig werden können.

10. Die Frage, ob der Christ sich damit in ein „Glaubensghetto" (J. Fuchs) einschließt, ist deshalb eine nicht die Inhalte, sondern das praktische Verhalten betreffende Frage. Wenn auch aufgrund seiner Einsicht in das sittliche Können der Christ gleichsam „nicht von dieser Welt" ist, so muß er dennoch, was sein Leben, sein Tun, sein Zeugnis, seine Solidarität mit *allen* Menschen betrifft, „von dieser Welt" sein: „Ich bitte nicht, daß Du sie aus der Welt nehmst, sondern daß Du sie vor dem Bösen bewahrest" (Joh. 17,15). Das heißt: Der Christ ist wesentlich dazu berufen, das christliche Heilsethos als Weltethos zu leben, seinen Glauben in innerweltliches Handeln umzusetzen. Daraus ergibt sich nicht Forderung nach „Säkularisierung" – was immer man auch darunter verstehen mag – son-

dern jene nach einer aus dem Glauben gelebten *säkularen Existenz;* eine solche Existenz ist ebenfalls ein neues *spezifisch christliches Weltethos* der Teilnahme an der priesterlichen, prophetischen und königlichen Sendung Christi, ein Ethos, das neue (kategoriale) Weisen innerweltlichen Handelns prägt und in dem sich der Christ durch das Einstehen für die Gerechtigkeit und im Aufbau einer „Zivilisation der Liebe" (Paul VI.) als „Licht der Welt" und „Salz der Erde" versteht. Dieses praktische Erfordernis einer echten *christlichen Säkularität,* die den Glauben an den einen Erlöser in allen Bereichen der Gesellschaft zu vergegenwärtigen weiß, darf jedoch keinesfalls verwechselt werden mit der Forderung nach einer Reduktion konkreter Handlungsnormen der christlichen Moral auf eine Moral des „reinen" Humanums. Dies wäre ein tragisches Mißverständnis. Fällt man ihm nicht anheim, so ist der Weg freigelegt zu einer wahrhaft übernatürlichen, christlichen, weil christozentrischen, Moral der Bergpredigt, der Seligpreisungen. Hier jedoch hat der Philosoph das Wort dem Theologen zu überlassen.

LITERATURVERZEICHNIS

(Angeführt werden die im Text zitierten Titel, eine Auswahl weiterer nicht direkt zitierter, jedoch eingearbeiteter Literatur, sowie einige wichtige Arbeiten, die nicht mehr berücksichtigt werden konnten)

ABBA, G., Lex et virtus. Studi sull'evoluzione della dottrina morale di san Tommaso d'Aquino, Rom 1983
ALLAN, D. J.: Aristotle's Account of the Origin of Moral Principles; in: BARNES, J./SCHOFIELD, M./SORABJI, R. (Hsg.): Articles on Aristotle, 2. Ethics and Politics, New York 1977 (Original: Actes du XIème Congrès international de Philosophie, XII, 1953, 120–127)
— The Practical Syllogism, in: Autor d'Aristote (Festschrift für A. Mansion), Louvain 1955, S. 325–340.
ANDO, T., Aristotle's Theory of Practical Cognition, 3. Aufl. Den Haag 1971
ANSCOMBE, G. E. M., Intention, Oxford 1958
— Thought and Action in Aristotle; in: BARNES, J./SCHOFIELD, M./SORABJI, R.: Articles on Aristotle, 2, New York 1977, 61–71
— Modern Moral Philosophy, in: The Collected Philosophical Papers of G.E.M. Anscombe, Vol. III (Ethics, Religion and Politics), Oxford 1981, S. 26–42 (orig. in: Philosophy, 33 [1958])
— War and Murder, in: The Collected Papers ... (siehe oben), S. 51–61 (orig. in: W. STEIN, [ed.], Nuclear Weapons: A Catholic Response, London–New York 1961)
ARMSTRONG, R. A., Primary and Secondary Precepts in Thomistic Natural Law Teaching, Den Haag 1966
ARNTZ, J. TH. C., Die Entwicklung des naturrechtlichen Denkens innerhalb des Thomismus, in: F. BÖCKLE (Hsg.), Das Naturrecht im Disput, Düsseldorf 1966, S. 87–120
— Prima principia propria, in: W. P. ECKERT (Hsg.), Thomas von Aquino. Interpretation und Rezeption, Mainz 1974, S. 3–15.
ASHMORE, R. B., Jr., Aquinas and Ethical Naturalism, in: The New Scholasticism, 49 (1975), S. 76–86
AUBENQUE, P., La prudence chez Aristote, Paris 1963
AUBERT, J.-M., Loi de Dieu, lois des hommes, Tournai 1964
— L'universalité et l'immutabilité du droit naturel, in: ELDERS/HEDWIG (Hsg.), The Ethics of St. Thomas Aquinas (siehe dort), S. 143–160
— Y a-t-il des normes morales universelles? In: PINCKAERS/PINTO DE OLIVEIRA (Hsg.), Universalité et permanence des Lois morales (siehe dort), S. 314–329
AUER, A., Autonome Moral und christlicher Glaube, 2. Aufl. Düsseldorf 1984
— Die Autonomie des Sittlichen nach Thomas von Aquin, in: K. DEMMER und B. SCHÜLLER (Hsg.), Christlich glauben und handeln (siehe dort), S. 31–54
— Hat die autonome Moral eine Chance in der Kirche? in: G. VIRT (Hsg.), Moral begründen – Moral verkünden, Innsbruck – Wien 1985, S. 9–30
BAJDA, J., Verantwortete Elternschaft und Antikonzeption. Eine moraltheologische Analyse, in: E. WENISCH (Hsg.), Elternschaft und Menschenwürde (siehe dort), S. 243–260
BELMANS, T. G., Le sens objectif de l'agir humain. Pour relire la morale conjugale de Saint Thomas (Pontificia Accademia di S. Tommaso: Studi Tomistici 8), Città del Vaticano 1980 (deutsche Ausgabe: Der objektive Sinn des menschlichen Handelns. Zur Ehemoral des hl. Thomas, Vallendar 1984)
BIEN, G., Die menschlichen Meinungen und das Gute. Die Lösung des Normproblems in der aristotelischen Ethik, in: M. RIEDEL (Hsg.), Rehabilitierung der praktischen Philosophie, I, Freiburg/Br. 1972, S. 345–371
BÖCKLE, F., Das Naturrecht im Disput, Düsseldorf 1966
— Grundbegriffe der Moral (1966), 8. Aufl. Aschaffenburg 1977
— Natur als Norm in der Moraltheologie, in: F. HENRICH (Hsg.), Naturgesetz und christliche

Ethik, München 1970, S. 75–90
- Natürliches Gesetz als göttliches Gesetz in der Moraltheologie, in: F. BÖCKLE u. E.-W. BÖCKENFÖRDE (Hsg.), Naturrecht in der Kritik, Mainz 1973, S. 165–188
- Theonome Rationalität als Prinzip der Normbegründung bei Thomas von Aquin und Gabriel Vazquez, in: ZALBA (Hsg.), L'Agire morale (siehe dort), 1974, S. 213–227
- Werteinsicht und Normbegründung, in: Concilium 12 (1976), S. 615–617
- Fundamentalmoral, München 1977

BOURKE, V. J., St. Thomas and the Greek Moralists, Milwaukee 1947
- Right Reason as the Basis for Moral Action, in: ZALBA (Hsg.), L'Agire Morale (siehe dort), S. 122–127
- Right Reason in Contemporary Ethics, in: The Thomist 38 (1974), S. 106–124

BOYLE, J. M., „Praeter Intentionem" in Aquinas, in: The Thomist, Vol 42 (1978), 4, S. 649–665
- Toward Understanding the Principle of Double Effect, in: Ethics 90 (July 1980), S. 527–538

BUJO, B., Moralautonomie und Normfindung bei Thomas von Aquin, Paderborn 1979

CAFFARRA, C., Die Unmoral der Empfängnisverhütung, in: E. WENISCH (Hsg.) Elternschaft und Menschenwürde (siehe dort), S. 261–273

CALDERA, R. T., Le Jugement par Inclination chez saint Thomas d'Aquin (Diss.), Freiburg/Schweiz (Univ. Bibliothek) 1974

CAPONE, D., Oggettività dell'ordine morale nel giudizio di coscienza in situazione, in: PINCKAERS/PINTO DE OLIVEIRA (Hsg.), Universalité et permanence des Lois morales (siehe dort), S. 389–407

CATHREIN, V., Quo sensu secundum S. Thomam ratio sit regula actuum humanorum? In: Gregorianum, 5 (1924), S. 584 ff.

COMPOSTA, D., Natura e ragione. Studio sulle inclinazioni naturali in rapporto al diritto naturale, Zürich 1971
- Nuove impostazioni della teologia morale, in: PINCKAERS/PINTO DE OLIVEIRA (Hsg.), Universalité et permanence des Lois morales (siehe dort), S. 258–276

COOPER, J. M.: Reason and Human Good in Aristotle, Cambridge/Massachusetts 1975

CROWE, M. B., The Changing Profile of the Natural Law, Den Haag 1977

CROWE, F. E., Universal Norms and the Concrete „operabile" in St. Thomas Aquinas, in: Sciences Ecclésiastiques, Vol. 7 (1955), S. 115–149; 257–291

CURRAN, Ch. E., Themes in Fundamental Moral Theology, Notre Dame–London 1977

CURRAN, Ch. E./McCORMICK, R. A. (Hsg.) Readings in Moral Theology, Nr. 1, New York 1979

DE FINANCE, J., Grundlegung der Ethik, Freiburg/Br. 1968
- Autonomie et Théonomie, in: ZALBA (Hsg.), L'agire morale (siehe dort), S. 239–260

DE BROGLIE, G., La Doctrine de saint Thomas sur le fondement communautaire de la chasteté, in: ZALBA (Hsg.), L'Agire Morale (siehe dort), S. 297–307

DELHAYE, PH., „Droit naturel" et Théologie morale. Perspectives actuelles, in: Revue théol. de Louvain (1975), S. 137–164

DEMMER K. und SCHÜLLER B. (Hsg.), Christlich glauben und handeln – Fragen einer fundamentalen Moraltheologie in der Diskussion (Festschrift für J. FUCHS), Düsseldorf 1977

DONAGAN, A., The Scholastic Theory of Moral Law in the Modern World, in: A. KENNY (Hsg.), Aquinas. A Collection of Critical Essays, London 1962, S. 325–339

DOOR, D. J., K. Rahner's Formal Existential Ethics, in: The Irish Theological Quarterly 36 (1969), S. 211–229

DUPRÉ, L., Situation Ethics and Objective Morality, in: Theological Studies, Vol. 28 (1967), S. 245–257

ELDERS, L. J./HEDWIG K. (Hsg.), The Ethics of Thomas Aquinas (Proceedings of the Third Symposium of St. Thomas Aquinas' Philosophy, Rolduc, 1983), Città del Vaticano 1984 (Studi Tomistici 25)

ELTER, P., Norma honestatis ad mentem Divi Thomae, in: Gregorianum, 8 (1927), S. 337 ff.

ENDRES J., Anteil der Klugheit am Erkennen des konkret Wahren und am Wollen des wahrhaft Guten, In: Studia Moralia I (1963), S. 223–263

ENGBERG-PEDERSEN, T., Aristotle's Theory of Moral Insight, Oxford 1983
ERMECKE, G., Das Naturrecht in Disput, Theol. Revue 4 (1969), S. 267-274
— Zur Christlichkeit und Geschichtlichkeit der „Moral in der Krise", in: Münchener Theol. Zeitschr., 21. Jhg (1970), S. 297-312
— Das Problem der Universalität oder Allgemeingültigkeit sittlicher Normen innerweltlicher Lebensgestaltung, in: Münchener Theol. Zeitschr. 24. Jhg (1973), 1, S. 1-24
ERNST, W., Universalität sittlicher Normen – heutige Tendenzen, In: W. KERBER (Hsg.), Sittliche Normen. Zum Problem ihrer allgemeinen und unwandelbaren Geltung, Düsseldorf 1982, S. 58-73
ESSER, G., Intuition in Thomistic Moral Philosophy, in: Proceedings of the American Catholic Philosophical Association (Washington), 31 (1957), S. 156-177
FABRO, C., Participation et causalité selon S. Thomas d'Aquin, Louvain/Paris 1961
— Percezione e Pensiero, 2. Aufl. Brescia 1962
FAY, C., Human Evolution: A Challenge to Thomistic Ethics, in: International Philosphical Quarterly, 2 (1960), S. 50-80
FINNIS, J./GRISEZ, G., The Basic Principles of Natural Law: A Reply to Ralph McInerny, in: The American Journal of Jurisprudence and Legal Philosophy 26 (1981), S. 21-31
FINNIS, J. M., Natural Law and Natural Rights, Oxford 1980
— Fundamentals of Ethics, Oxford-New York 1983
— Natural Law and Unnatural Acts, in: Heythrop Journal, 11 (1970), S. 365-387
— *Humanae Vitae*: Its Background and Aftermath, in: International Review of Natural Family Planning, IV (1980), S. 141-153
— Practical Reasoning, Human Goods, and the End of Man, Proceedings of the American Catholic Philosophical Association, 58 (1984), S. 23-36
— Personal Integrity, Sexual Morality and Responsible Parenthood, in: Anthropos, 1 (1985), S. 43-55
FRANKENA, W. K., The Naturalistic Fallacy, in: FOOT, Ph. (Hsg.): Theories of Ethics, Oxford 1967, S. 50-63
FUCHS, J., Lex naturae. Zur Theologie des Naturrechts, Düsseldorf 1955
— Theologia Moralis Generalis, Rom 1960
— „Operatio" et „operatum" in dictamine conscientiae, in: Thomistica Morum Principia II, Rom 1961, S. 71-79
— Biologie und Ehemoral, in: Gregorianum, 2 (1962), S. 225-253
— Moral und Moraltheologie nach dem Konzil, Freiburg/Br. 1967
— Gibt es eine spezifisch christliche Moral? In: Stimmen der Zeit, 2 (1970), S. 99-112
— Der Absolutheitscharakter sittlicher Handlungsnormen, in: Testimonium Veritati (Hsg. H. WOLTER), Frankfurter Theologische Studien, Band 7, Frankfurt/M. 1971, S. 211-240
— Autonome Moral und Glaubensethik, in: D. MIETH – F. COMPAGNONI, Ethik im Kontext des Glaubens (siehe dort), S. 46-74
— „Intrinsece malum". Überlegungen zu einem umstrittenen Begriff, in: W. KERBER (Hsg.), Sittliche Normen. Zum Problem ihrer allgemeinen und unwandelbaren Geltung, Düsseldorf 1982, S. 74-91
— Das Gottesbild und die Moral innerweltlichen Handelns, in: Stimmen der Zeit 202 (1984), S. 363-382
FURGER, F., Gewissen und Klugheit in der katholischen Moraltheologie der letzten Jahrzehnte, Luzern/Stuttgart 1965
— ‚Kenosis' und das Christliche einer christlichen Ethik. Eine christologische Rückfrage, in: K. DEMMER und B. SCHÜLLER (Hsg.), Christlich glauben und handeln (siehe dort), S. 96-111
— Zur Begründung eines christlichen Ethos – Forschungstendenzen in der katholischen Moraltheologie, in: Theologische Berichte IV, Zürich 1974, S. 11-87
— Was Ethik begründet. Deontologie oder Teleologie – Hintergrund und Tragweite einer moraltheologischen Auseinandersetzung, Einsiedeln 1984
GARCIA DE HARO, R., I concetti fondamentali della Morale, in: Anthropos 1 (1985), S. 95-108

GAUTHIER R. A./JOLIF, J. Y., L'Ethique à Nicomaque, Introduction, Traduction et Commentaire, 2 Bände, 2. Aufl. Löwen–Paris 1970
GEACH, P., The Moral Law and the Law of God, in: DERS.: God and the Soul, London 1969, S. 117–129
GILSON, E., L'être et l'essence, 2. Aufl. Paris 1972
GRISEZ, G., The Logic of Moral Judgement, in: Proceedings of the American Catholic Philosophical Association (Washington), 36 (1962), S. 67–76
— A New Formulation of a Natural-Law Argument against Contraception, in: The Thomist, 30 (1966), S. 343–361
— The First Principle of Practical Reason, in: A. KENNY (Hsg.), Aquinas. A Collection of Critical Essays, London 1969, S. 340–382
— Dualism and the New Morality, in: ZALBA (Hsg.), L'Agire Morale (siehe dort), S. 323–330
— Choice and Consequentialism, in: Proceedings of the American Catholic Philosophical Association, 51 (1977), S. 144–152
— Against Consequentialism, in: The American Journal of Jurisprudence and Legal Philosphy, 23 (1978), S. 21–72
— The Way of the Lord Jesus, Vol 1: Christian Moral Principles, Chicago 1983
— Moral Absolutes. A Critique of the View of Josef Fuchs S. J., in: Anthropos 2 (1985), S. 155–201
GRÜNDEL, J., Naturrecht, in: Sacramentum Mundi, Bd. III, Freiburg/Br. 1969, S. 707–719
— Aktuelle Themen der Moraltheologie, München 1971
— Ethik ohne Normen, Freiburg 1970
HARDIE, W. F. R., Aristotle's Ethical Theory, 2. Aufl. Oxford 1980
HÄRING, B., Das Gesetz Christi, 6. Aufl. 1961
HEDWIG, K., Circa particularia. Kontingenz, Klugheit und Notwendigkeit im Aufbau des ethischen Aktes bei Thomas von Aquin, in: ELDERS/HEDWIG, The Ethics of St. Thomas Aquinas (siehe dort), S. 161–187
HILPERT, K. Ethik und Rationalität. Untersuchungen zum Autonomieproblem und zu seiner Bedeutung für die theologische Ethik (Moraltheologische Studien. Systematische Abteilung, hsg. v. B. SCHÜLLER, Bd. 6), Düsseldorf 1980
HÖFFE, O., Sittlich-politische Diskurse, Frankfurt/M. 1981
HÖRMANN, K., Die Prägung des sittlichen Wollens durch das Objekt nach Thomas von Aquin, in: Moral zwischen Anspruch und Verantwortung, (Hsg. von F. BÖCKLE und F. GRONER), Düsseldorf 1964, S. 233–251
— Das Objekt als Quelle der Sittlichkeit, in: ELDERS/HEDWIG (Hsg.), The Ethics of St. Thomas Aquinas (siehe dort), S. 118–132
HUFTIER, M., Conscience individuelle et règle morale, in: Esprit et Vie, 85. Jhg. (1975), S. 465–476; 481–490
INCIARTE, F., Theoretische und praktische Wahrheit, in: M. RIEDEL (Hsg.), Rehabilitierung der praktischen Philosophie, Bd. II, Freiburg i. B. 1974, S. 155–170
— Autonomie und Theonomie des Gewissens, in: Theologisches Nr. 126 u. 127 (1980), Sp. 3817–3825, 3885–3890
— Theonomie, Autonomie und das Problem der politischen Macht, in: Theol. Revue, 78. Jhg. (1982) Nr. 2, Sp. 89–102
IRWIN, T. H.: First Principles in Aristotle's Ethics; in: Midwest Studies in Philosophy: Studies in Ethical Theory (University of Minnesota), Morris, Minn., 3 (1978), 252–272
— Aristotle on Reason, Desire and Virtue, in: The Journal of Philosophy, Vol. 72 (1975), S. 567–578
JANSSENS, L., Ontic Evil and Moral Evil, in: Louvain Studies, 4 (1972), S. 115–156
JOHANNES PAUL II., Mann und Frau schuf er. Grundfragen menschlicher Sexualität, München/Zürich/Wien 1981
— Die menschliche Liebe, Katechesen 1979–1981 (Communio personarum Bd. 1), hsg. von N. und R. MARTIN mit einem Geleitwort von E. Kardinal Gagnon, Vallendar 1985
— Die Erlösung des Leibes und die Sakramentalität der Ehe, Katechesen 1981–1984 (Communio

personarum Bd. 2), hsg. von N. und R. MARTIN, Valendar 1984.
JONAS, H., Gnosis und spätantiker Geist, I, 3. Aufl. Göttingen 1964
JUROS, H./STYCZEŃ, T., Methodologische Ansätze ethischen Denkens und ihre Folgen für die Theologische Ethik – Bericht über Ethik in Polen, in: Theologische Berichte IV, Zürich 1974, S. 89–108
KALINOWSKI, G., Le problème de la Vérité en Morale et en Droit, Lyon 1967
KENNY, A., Will, Freedom and Power, Oxford 1975
– The Aristotelian Ethics. A Studie of the Relationship between the Eudemian and Nichomachean Ethics of Aristotle, Oxford 1978
KERBER W. (Hsg.), Sittliche Normen. Zum Problem ihrer allgemeinen und unwandelbaren Geltung, Düsseldorf 1982
KLUXEN, W., Menschliche Natur und Ethos, in: Münchener Theologische Zeitschrift 23 (1972), S. 1–17
– Philosophische Ethik bei Thomas von Aquin (1964). 2. Aufl. Hamburg 1980
KNAUER, P., Das rechtverstandene Prinzip der Doppelwirkung als Grundnorm jeder Gewissensentscheidung, in: Theologie und Glaube 57 (1967), S. 107–133 (englische Übersetzung in: Natural Law Forum 12 (1967) S. 132–162 unter dem Titel: The Hermeneutic Function of the Principle of Double Effect; wiederabgedruckt in: C. E. CURRAN/R. A. McCORMICK, Readings in Moral Theology, No. 1, New York 1979, S. 1–39)
KORFF, W., Norm und Sittlichkeit, Mainz 1973
– Theologische Ethik, Freiburg/Br. 1975
– Natur oder Vernunft als Kriterium? In: Concilium 17. Jhg. (1981), S. 831–836
KUHN, H., Wissenschaft der Praxis und praktische Wissenschaft, in: Werden und Handeln (Festschrift für V. E. Freiherr von Gebsattel), hsg. von E. WIESENHÜTTER, Stuttgart 1963, S. 157–190
LAMBERTINO, A., Eudemonologia tomista e critica kantiana all'eudemonismo, in: ZALBA (Hsg.), L'Agire morale (siehe dort), S. 261–269
LAUN, A., Die naturrechtliche Begründung der Ethik in der neueren katholischen Moraltheologie, Wien 1973
– Theologische Normenbegründung in der moraltheologischen Diskussion, in: Theol.–prakt. Quartalschrift, 126 (1978), S. 162–170
– Das Gewissen. Oberste Norm sittlichen Handelns, Innsbruck 1984
LAWLER, R., O.F.M. Cap. / BOYLE, J. M. / MAY W. E., Catholic Sexual Ethics. A Summary, Explanation, & Defense, Huntington, Indiana 1985
LEHU, L., La Raison – Règle de la moralité d'après Saint Thomas, Paris 1930
LOTTIN, O., Le droit naturel chez Saint Thomas et ses prédécesseurs, Bruges 1931
Psychologie et morale au XIIme siècle, Gembloux 1942ff.
– La Valeur des formules de Saint Thomas d'Aquin concernant la Loi naturelle, in: Mélanges Joseph Maréchal, II. Bruxelles 1950, S. 355–377
– Aristote et la connexion des vertus; in: Autour d'Aristote (Festschrift für A. Mansion), Louvain 1955, S. 343–364
LOTZ, J. B., Philosophische Bemerkungen zum Finden und Gelten sittlicher Normen, in: DEMMER/SCHÜLLER, Christlich glauben und handeln (siehe dort), S. 147–170
MANSER, G. M., Das Naturrecht in thomistischer Beleuchtung, Freiburg/Schweiz 1944
MARITAIN, J., Von der christlichen Philosophie (Übers. von B. SCHWARZ), Salzburg–Leipzig 1935
– Neuf leçons sur les notions premières de la Philosophie morale, Paris 1951
MARMY. E. (Hsg.), Mensch und Gemeinschaft in christlicher Schau. Dokumente, Freiburg/Ue. 1945
MAUSBACH, J. – ERMECKE G., Katholische Moraltheologie, Erster Band: Die allgemeine Moral, 9. Aufl., Münster 1959
McCORMICK, R. A., Notes on Moral Theology, in: Theological Studies, Vol. 28 (1967), S. 749–800; Vol. 36 (1975), S. 77–129; Vol. 40 (1979), S. 59–112

- Neuere Überlegungen zur Unveränderlichkeit sittlicher Normen, in: W. KERBER (Hsg.), Sittliche Normen. Zum Problem ihrer allgemeinen und unwandelbaren Geltung, Düsseldorf 1982, S. 46–57

McINERNY, R. M., Truth in Ethics: Historicity and Natural Law, in: Proceedings of the American Catholic Philosophical Association (Washington), 43 (1969), S. 71–82
- Prudence and Conscience, in: The Thomist 38 (1974), S. 291–305
- Naturalism and Thomistic Ethics, in: The Thomist 40 (1976), S. 222–242
- The Principles of Natural Law, in: American Journal of Jurisprudence, 25 (1980) S. 1–15
- Ethica Thomistica. The Moral Philosophy of Thomas Aquinas, Washington D. C. 1982
- On Knowing Natural Law, in: ELDERS/HEDWIG (Hsg.), The Ethics of St. Thomas Aquinas (siehe dort), S. 133–142

MERKS, K.-W., Theologische Grundlegung der sittlichen Autonomie. Strukturmomente eines ‚autonomen' Normbegründungsverständnisses im lex-Traktat der Summa Theologiae des Thomas von Aquin, Düsseldorf 1978

MESSNER, J., Das Naturrecht, 6. Aufl., Innsbruck–Wien–München 1966

MICHELAKIS, E. M., Aristotle's Theory of Practical Principles, Athen 1961

MIETH, D. – COMPAGNONI, F. (Hsg.), Ethik im Kontext des Glaubens. Probleme – Grundsätze – Methoden, Freiburg/CH – Freiburg–Wien 1978

MILHAVEN, J. G. and CASEY, D. J., Introduction to the Theological Background of the New Morality, in: Theological Studies, Vol 28 (1967), S. 213–244

MONAN, J. D., Moral Knowledge and its Methodology in Aristotle, Oxford 1968

MOORE, G. E., Principia Ethica, Cambridge 1984

MORISSET, P., Prudence et fin selon Saint Thomas, in: Sciences ecclésiastiques 15 (1963), S. 73–98; 439–458

MORISSET, B., Le syllogisme prudentiel, in: Laval théologique et philosophique, Vol. XIX (1963), n° 1, S. 62–92

NAUS, J. E.: The Nature of the Practical Intellect according to Saint Thomas Aquinas, Rom 1959

NICOLAS, M. J., L'Idée de nature dans la pensée de Saint Thomas d'Aquin, Revue Thomiste (1974), S. 533–590

OEHLER, K., Thomas von Aquin als Interpret der aristotelischen Ethik, in: Philosophische Rundschau 5 (1957), S. 135–152

OEING-HANHOFF, L., Thomas von Aquin und die Situation des Thomismus heute, in: Philosophisches Jahrbuch 70 (1962), S. 17–33
- Der Mensch: Natur oder Geschichte? Die Grundlagen und Kriterien sittlicher Normen im Licht der philosophischen Tradition, in: F. HENRICH (Hsg.), Naturgesetz und christliche Ethik. Zur wissenschaftlichen Diskussion nach Humanae Vitae, München 1970, S. 13–47

PESCH, O. H., Das Gesetz. Kommentar zu I–II, qq. 90–105, (Summa Theologica, Deutsche Thomas-Ausgabe 13. Band), Heidelberg/Graz–Wien–Köln 1977

PIEPER, J., Die Wirklichkeit und das Gute, 7. Aufl. München 1963

PINCKAERS, S., Eudämonismus und sittliche Verbindlichkeit in der Ethik des heiligen Thomas, in: ENGELHARDT, P. (Hsg.): Sein und Ethos, Mainz 1963, S. 267–305
- Le renouveau de la morale. Etudes pour une morale fidèle à ses sources et à sa mission présente, Tournai 1964
- La nature de la moralité: morale casuistique et morale thomiste, in: S. Thomas d'Aquin, Somme Théologique, Les actes humains, 2, Renseignements techniques, Paris–Tournai 1966, S. 215–273
- Le problème de l'„Intrinsece malum". Esquisse historique, in: PINCKAERS/PINTO DE OLIVEIRA, Universalité et permanences des Lois morales (siehe dort), S. 277–290
- Les sources de la morale chrétienne. Sa méthode, son contenu, son histoire, Freiburg/CH–Paris 1985 (Etudes d'éthique chrétienne/Studien zur theologischen Ethik 14)

PINCKAERS, S. und PINTO DE OLIVEIRA, C. J. (Hsg.), Universalité et permanence des Lois morales, (Etudes d'éthique chrétienne 16), Fribourg–Paris 1986

POHLMANN, R., Artikel „Autonomie", in: Historisches Wörterbuch der Philosophie (hsg. v. J. RITTER), Bd. 1, Basel 1971, Sp. 701–719

RAHNER, K., Bemerkungen über das Naturgesetz und seine Erkennbarkeit, in: Orientierung 22 (1955), S. 239–243
— Über das Verhältnis des Naturgesetzes zur übernatürlichen Gnadenordnung, in: Orientierung 1 (1956), S. 8–11
— Über das Verhältnis von Natur und Gnade, in: Schriften zur Theologie, I, Einsiedeln 1956, S. 323–345
— Über die Frage einer formalen Existentialethik, in: Schriften zur Theologie, II, Einsiedeln 1956, S. 227–246
— Das ‚Gebot' der Liebe unter den anderen Geboten. in: Schriften zur Theologie, V, Einsiedeln 1962, S. 494–517
REINER, H., Wesen und Grund der sittlichen Verbindlichkeit (obligatio) bei Thomas von Aquin, in: ENGELHARDT, P. (Hsg.): Sein und Ethos, Mainz 1963, S. 236–266
RHONHEIMER, M., Die Entdeckung der Familie, in: FONTES/HASSENSTEIN/LOBKOWICZ/RHONHEIMER, Familie – Feindbild und Leitbild, Köln 1977, S. 11–44
— Familie und Selbstverwirklichung, Köln 1979
— Sozialphilosophie und Familie. Gedanken zur humanen Grundfunktion der Familie, in: B. SCHNYDER (Hsg.), Familie – Herausforderung der Zukunft (Symposium an der Universität Freiburg Schweiz vom 26.–28. 11. 1981), Freiburg/CH 1982, S. 113–140
— Die Praktische Vernunft als Gegenstand philosophischer Ethik. Vorbereitende Überlegungen für eine „Rekonstruktion" der Lehre vom Naturgesetz bei Thomas von Aquin, in: Forum Katholische Theologie 2 (1986), S. 97–119
RODRIGUEZ LUÑO, A., Sulla recezione del modello filosofico utilitaristico da parte di alcuni teologi moralisti, in: Anthropos, 2 (1985), S. 203–213
ROMMEN, H., Die ewige Wiederkehr des Naturrechts, München 1947
ROTTER, H., Subjektivität und Objektivität des sittlichen Anspruchs, in: K. DEMMER und B. SCHÜLLER (Hsg.), Christlich glauben und handeln (siehe dort), S. 195–207
— Tendenzen in der heutigen Moraltheologie, in: Stimmen der Zeit, 4 (1970), S. 259–268
— Christliches Handeln. Seine Begründung und Eigenart, Graz–Wien–Köln 1977
— Zwölf Thesen zur heilsgeschichtlichen Begründung der Moral, in: H. ROTTER (Hsg.), Heilsgeschichte und ethische Normen, (Vorwort von K. RAHNER), Quaestiones Disputatae 99, Freiburg 1984, S. 99–127
SCHELAUSKE, H. D., Naturrechtsdiskussion in Deutschland, Köln 1968
SCHOLZ, F., Objekt und Umstände, Wesenwirkungen und Nebeneffekte. Zur Möglichkeit und Unmöglichkeit indirekten Handelns, in: K. DEMMER und B. SCHÜLLER (Hsg.), Christlich glauben und handeln (siehe dort), S. 243–260
— Wege, Umwege und Auswege der Moraltheologie. Ein Plädoyer für begründete Ausnahmen, München 1976
— Durch ethische Grenzsituationen aufgeworfene Normprobleme, in: Theologisch–Praktische Quartalschrift 123 (1975), S. 341–355
SCHÜLLER, B., Zur theologischen Diskussion über die lex naturalis, in: Theologie und Philosophie, 4 (1966), S. 481–503
— Die Bedeutung des natürlichen Sittengesetzes für den Christen, in: G. TEICHTWEIER UND W. DREIER (Hsg.), Herausforderung und Kritik der Moraltheologie, Würzburg 1971, S. 105–130
— Direkte Tötung – indirekte Tötung, in: Theologie und Philosophie 47 (1972), S. 341–357 (=Direct Killing/Indirect Killing, in: Ch. E. CURRAN/R. A. McCORMICK [ed.], Readings in Moral Theology No. 1, New York 1979, S. 138–157)
— Neuere Beiträge zum Thema ‚Begründung sittlicher Normen', in: Theologische Berichte, IV (1974), S. 109–181
— Die Begründung sittlicher Urteile. Typen ethischer Argumentation in der Moraltheologie, 2. überarbeitete und erweiterte Aufl. Düsseldorf 1980
— Eine autonome Moral, was ist das? in: Theol. Revue 78. Jhg. (1982), Nr. 2, Sp. 103–105
SCOLA, A., La fondazione della legge naturale nello *Scriptum super Sententiis* di san Tommaso d'Aquino, Freiburg/Ue. 1982

— Antropologia, etica e scienza, in: Anthropos 2 (1985), S. 215–226
SEIDL, Horst: Der Begriff des Intellekts (nous) bei Aristoteles im philosophischen Zusammenhang seiner Hauptschriften, Meisenheim am Glan 1971
— Natürliche Sittlichkeit und metaphysische Voraussetzung in der Ethik des Aristoteles und Thomas von Aquin, in: ELDERS/HEDWIG (Hsg.), The Ethics of St. Thomas Aquinas (siehe dort), S. 95–117
SEIFERT, J., Was ist und was motiviert eine sittliche Handlung? Salzburg/München 1976
— Der Unterschied zwischen natürlicher Empfängnisregelung und künstlicher Empfängnisverhütung, in: E. WENISCH (Hsg.), Elternschaft und Menschwürde, Vallendar–Schönstatt 1984, S. 191–242
— Gott und die Sittlichkeit innerweltlichen Handelns. Kritische philosophische Reflexionen über den Einfluß anthropomorpher und agnostischer Gottesvorstellungen auf Ethik und Moraltheologie, in: Forum Katholische Theologie 1 (1985), S. 27–47
— Absolute Moral Obligations towards Finite Goods as Foundation of intrinsically Right and Wrong Actions. A critique of Consequentialist ‚Teleological Ethics': Destruction of Ethics through Moral Theology? in: Anthropos 1 (1985), S. 57–94.
SORABJI, R.: Aristotle and the Rôle of Intellect in Virtue, in: Proceedings of the Aristotelian Society, New Series, 74 (1973–74), 107–129
SPAEMANN, R., Die Aktualität des Naturrechts, in: Naturrecht in der Kritik (hsg. von F. BÖCKLE und E.-W. BÖCKENFÖRDE), Mainz 1973, S. 262–276
— Artikel „Natur" in: Handbuch philosophischer Grundbegriffe (hsg. v. H. KRINGS, H. M. BAUMGARTNER und C. WILD), Bd. III, S. 956–969
— Wovon handelt die Moraltheologie? In: Internationale Katholische Zeitschrift (1977), S. 289–311
— Naturteleologie und Handlung, in: Zeitschr. f. philos. Forschung 32 (1978), S. 478–493
— Über die Unmöglichkeit einer universalteleologischen Ethik, in: Philosophisches Jahrbuch 88 (1981), S. 70–89
STALLMACH, J., Das Problem sittlicher Eigengesetzlichkeit des Individuums in der philosophischen Ethik, in: Theologie und Philosophie 42 (1967), S. 22–50
STYCZEŃ, T., Autonome Ethik mit einem christlichen „Proprium" als methodologisches Problem, in: D. MIETH – F. COMPAGNONI, Ethik im Kontext des Glaubens (siehe dort), S. 75–100
— Zur Frage einer unabhängigen Ethik, in: K. WOJTYLA/A. SZOSTEK/T. STYCZEŃ: Der Streit um den Menschen. Personaler Anspruch des Sittlichen, hsg. von J. Kardinal HÖFFNER, Kevelaer 1979, S. 113–175
— Das Gewissen – Quelle der Freiheit oder der Knechtung? In: Archiv für Religionspsychologie, Bd. 17 (1986), S. 130–147
— Die Wahrheit über den Menschen als Schutz gegen einen Antipersonalismus in der Ethik, in: Internationale Katholische Zeitschrift Communio 12 (1983)
— Das Problem der Allgemeingültigkeit ethischer Normen in epistemologischer Sicht, in: PINCKAERS/PINTO DE OLIVEIRA (Hsg.), Universalité et permanence des Lois morales (siehe dort), S. 239–257
TETTAMANZI, D., L'oggettività dell'ordine moral nel giudizio di coscienza in situazione, in: PINCKAERS/PINTO DE OLIVEIRA (Hsg.), Universalité et permanence des Lois morales (siehe dort), S. 362–388
TONNEAU, J., Le volontaire in *esse naturae* et in *esse moris*, in: Thomistica Morum Principia, Rom 1960, S. 196–203
— Absolu et obligation en Morale, Montréal–Paris 1965
URDANOZ, T., La moral y su valor objetivo. Nueva moralidad y Moral de Santo Tomás, In: Angelicum, Vol. 52 (1975), S. 179–227
VANNI ROVIGHI, S., C'è un'etica filosofica in S. Tommaso D'Aquino? In: Rivista die Filosofia Neo-Scolastica, II–IV (1974), S. 653–670
VEATCH, H. B., Are there Non-Moral Goods? In: The New Scholasticism 52 (1978), S. 471–499
VOEGELIN, E., The New Science of Politics, Chicago/London 1952
VON HILDEBRAND, D., Ethik, 2. Aufl., Gesammelte Werke Bd. II, Stuttgart–Regensburg 1973

WALGRAVE, J. H., The Personal Aspect of St. Thomas Ethics, in: ELDERS/HEDWIG, The Ethics of St. Thomas Aquinas (siehe dort), S. 202–215
WALLACE, W. A., The Role of Demonstration in Moral Theory, Washington 1962
— Existential Ethics: A Thomistic Appraisal, in: The Thomist, 27 (1963), S. 493–515
WALSH J. J. und SHAPIRO H. L. (Hsg.), Aristotle's Ethics: Issues and Interpretations, Belmont, California 1967
WELZEL, H., Naturrecht und materiale Gerechtigkeit, 4. Aufl. Göttingen 1980
WENISCH, E. (Hsg.), Elternschaft und Menschenwürde. Zur Problematik der Empfängnisregelung. Mit einem Geleitwort von Franciszek Kardinal MACHARSKY, Vallendar–Schönstatt 1984
WIELAND, G., Ethica – Scientia practica. Die Anfänge der philosophischen Ethik im 13. Jahrhundert (Beiträge zur Geschichte der Philosophie und Theologie des Mittelalters, Neue Folge Bd. 21), Münster 1981
WITTMANN, M., Die Ethik des Hl. Thomas von Aquin, München 1933
WOJTYLA, K., Das Problem des Willens in der Analyse des ethischen Aktes, in: DERS., Primat des Geistes. Philosophische Schriften (hsg. von J. STROYNOWSKI), Stuttgart 1979, S. 281–308
— Person: Subjekt und Gemeinschaft, in: K. WOJTYLA/A. SZOSTEK/T. STYCZEŃ: Der Streit um den Menschen. Personaler Anspruch des Sittlichen, hsg. von J. Kardinal HÖFFNER, Kevelaer 1979, S. 13–68
— Lubliner Vorlesungen, (hsg. von J. STROYNOWSKI); mit einem Vorwort von T. STYCZEŃ, Stuttgart 1981
— Liebe und Verantwortung (Krakau 1962), 2. bearbeitete und ergänzte Ausgabe, 2. Aufl. München 1981
— Person und Tat, Freiburg/Br. 1981
YARTZ, F. J., Order and Right Reason in Aquinas' Ethics, in: Mediaeval Studies, 37 (1975), S. 407–418
ZALBA, M. (Hsg.), L'Agire Morale (Atti del Congresso Internazionale, Roma–Napoli 17/24 Aprile 1974: Tommaso d'Aquino nel suo settimo centenario, Band 5), Neapel 1974

PERSONENREGISTER

(Die Verweise beziehen sich jeweils auf den Text und/oder die Fußnoten)

Abaelard 97
Abba, G. 191, 195, 421
Albertus Magnus 333
Allan, D. J. 65, 421
Ambrosius 104
Ando, T. 56, 421
Anscombe, G. E. M. 46, 177, 351 f., 356, 372, 421
Aristoteles 22, 27, 41, 43 ff., 56 ff., 65, 78, 84, 88, 91, 143, 160 f., 176, 178, 195, 210 f., 228, 229, 233, 245, 247 f., 250, 255, 260 f., 265, 269, 274 f., 279 f., 283, 300 ff., 313, 319, 322, 337, 367, 376, 380, 410
Armstrong, R. A. 216, 226, 230, 258, 382, 394, 397, 401, 421
Arntz, J. Th. C. 61, 75, 82, 94, 231, 378 f., 391 ff., 421
Ashmore, R. B. 421
Aubenque, P. 56, 421
Aubert, J.-M. 421
Auer, A. 24, 58, 77, 107, 148, 149 ff., 164, 167 f., 168 f., 178 ff., 182, 185, 189, 201, 221, 416, 421
Augustinus 36, 205, 211, 266, 350, 414

Baius (De Bay, M.) 262
Bajda, J. 129, 421
Belmans, T. G. 14, 46, 47, 94, 241, 317, 336, 350, 421
Bentham, J. 274 ff., 279
Bien, G. 43, 421
Billuart, C. 322, 327
Böckenförde, E.-W. 183
Böckle, F. 51, 61, 74 f., 92, 94, 148, 154, 168, 181 ff., 189, 201, 206, 209, 215, 236 f., 243, 294, 296 ff., 311, 313 f., 323, 341, 342, 344 f., 421
Boethius 192
Bonaventura 333
Bourke, V. J. 36, 422
Boyle, J. M. 130, 354, 359, 411, 422, 425
Bujo, B. 422

Caffarra, C. 342, 422
Caldera, R. T. 52, 422
Capone, D. 422
Carpentier, R. 304
Casey, D. J. 426

Cathrein, V. 35 f., 226 f., 422
Cicero 274
Clarke, S. 27
Compagnoni, F. 54, 165, 426
Composta, D. 73, 75, 422
Cooper, J. M. 422
Crowe, F. E. 422
Crowe, M. B. 101, 229, 382, 422
Curran, Ch. E. 97, 100, 358, 364, 422

De Broglie, G. 113, 422
De Finance, J. 76, 180, 253 ff., 422
De Lugo, J. 308
Delhaye, Ph. 422
Demmer, K. 149, 263, 422
Descartes, R. 127, 356
Dionysius Pseudo-Areopagita 212
Donagan, A. 422
Door, D. J. 144, 422
Dreier, W. 307, 344
Dreitzel, H. P. 159
Dühring, I. 210
Duns Scotus 265
Dupré, L. 422

Eckert, W. P. 378
Elders, L. J. 47, 422
Elter, P. 35 f., 422
Endres J. 422
Engberg-Pedersen, T. 56, 423
Ermecke, G. 31, 331, 423, 425
Ernst, W. 378, 404, 423
Esser, G. 423

Fabro, C. 141, 227, 403, 423
Fay, C. 382, 423
Finnis, J. M. 14, 28, 46, 47, 49, 70, 124, 130, 177, 246, 273, 309, 373, 400, 410, 423
Frankena, W. K. 423
Fuchs, J. 28, 30, 32, 54, 65, 103 f., 106, 120, 124, 141 f., 145, 149, 263, 321, 331, 338 f., 341, 345 f., 367, 382, 408, 416, 423
Furger, F. 64 f., 242, 263, 309 f., 364, 423

García de Haro, R. 423
Garrigou-Lagrange, R. 354
Gauthier, R. A. 57, 76, 424
Geach, P. 424

Personenregister

Gilson, E. 141, 424
Grisez, G. 14, 25, 28, 83, 86, 124, 130, 245f., 413, 423, 424
Groner, F. 341
Grotius, H. 27
Gründel, J. 424
Gründer, K. 205

Hardie, W. F. R. 424
Häring, B. 31, 364, 424
Hassenstein, B. 104
Hedwig, K. 47, 422, 424
Hegel, G. W. F. 72
Henrich, F. 34, 51, 74, 209
Hildebrand, D. von 50, 428
Hilpert, K. 424
Höffe, O. 276, 424
Höffner, J. 14, 38
Hörmann, K. 340f., 345, 424
Huftier, M. 424
Hume, D. 27

Inciarte, F. 177, 424
Irenäus 69
Irwin, T. H. 27, 424

Janssens, L. 92f., 96ff., 97, 124, 335, 346ff., 424
Johannes Damaszenus 192
Jolif, J. Y. 57, 76, 424
Jonas, H. 69, 425
Juros, H. 55, 59, 425

Kajetan 65, 360
Kalinowski, G. 425
Kant, I. 69, 160, 166, 168, 173ff., 282
Kenny, A. 28, 46, 177, 425
Kerber, W. 92, 135, 321, 367, 378, 425
Kluxen, W. 14, 28, 48ff., 58, 60, 120, 186, 189ff., 320, 377, 425
Knauer, P. 97, 351, 425
Korff, W. 425
Kuhn, H. 425

Lambertino, A. 56, 425
Laun, A. 27, 149, 167, 174, 182, 235, 425
Lawler, R. 130, 425
Lee, D. 159
Lehu, L. 35f., 60, 62, 206, 209, 425
Lobkowicz, N. 104
Lottin, O. 70, 209, 425
Lotz, J. B. 425

Macharsky, F. 188

Manser, G. M. 28, 425
Maritain, J. 28, 77, 87, 262, 425
Marmy, E. 33, 425
Mausbach, J. 31, 331, 425
May, W. E. 130, 425
McCormick, R. A. 92, 97, 135, 364, 422, 425
McInerny, R. M. 28, 426
Merkelbach, H. 31, 399
Merks, K.-W. 177, 181, 184ff., 192, 201, 206, 208, 215, 228, 236, 256, 426
Messner, J. 71, 75, 426
Michelakis, E. M. 426
Mieth, D. 54, 165, 426
Milhaven, J. G. 426
Mill, J. S. 27, 274f., 277ff.
Monan, J. D. 56, 426
Moore, G. E. 26, 351, 411, 426
Morisset, B. 426
Morisset, P. 426

Naus, J. E. 426
Nicolas, M. J. 426

Oehler, K. 426
Oeing-Hanhoff, L. 34, 86, 114, 215, 382, 426

Papst,
— Leo XIII. 32ff., 141, 401
— Pius XII. 106, 287, 324
— Paul VI. 420
— Johannes Paul II. 102, 107, 130, 135, 424
Pesch, O. H. 215, 232, 426
Petrus de Tarantasio 333
Pieper, J. 28, 39ff., 152, 155, 426
Pinckaers, S. 17, 94, 244, 317, 322, 327, 336, 426
Pinto de Oliveira, C. J. 426
Platon 55, 57, 176, 199, 202, 210, 221, 246f., 260, 279, 300f., 410
Pohlmann, R. 159, 163, 426
Proclus 48, 212
Prümmer, D. M. 31f., 372

Rahner, K. 28, 75, 141, 144, 262f., 271, 344, 427
Raphael, D. D. 27
Reiner, H. 427
Rhonheimer, M. 104, 253, 327
Riedel, M. 43, 177
Ritter, J. 159, 205
Rodriguez Luño, A. 427
Rommen, H. 28, 39f., 427
Rotter, H. 111, 263, 311, 427

Satre, J. P. 166
Schelauske, H. D. 28, 427
Scheler, M. 31, 176, 312
Schnyder, B. 104, 253
Scholz, F. 110, 340, 345, 354ff., 358, 360ff., 364, 366f., 369, 371, 377f., 427
Schüller, B. 30, 92, 103, 110, 149, 242ff., 256f., 263, 264ff., 271, 273, 283ff., 296, 298, 300, 303ff., 344, 351, 362, 364, 422, 427
Schwarz, B. 262
Scola, A. 84, 208, 427
Seidl, H. 428
Seifert, J. 56, 102, 273, 410, 428
Shapiro, H. L. 245, 429
Sidgwick, H. 351
Siegler, F. 245
Sokrates 176
Sorabji, R. 428
Spaemann, R. 25, 70, 242, 363, 410, 428
Stallmach, J. 144, 428
Steinbüchel, T. 31
Stoodley, B. H. 159
Stroynowski, J. 75
Styczeń, T. 14, 35, 38, 55, 59, 165f., 425, 428
Suárez, F. 27
Szostek, A. 38

Teichtweier, G. 307, 344
Tettamanzi, D. 428
Thomas von Aquin 13, 17ff., 24ff., 29, 31, 33, 34, 36–62, 63–113, 139–146, 148ff., 154, 158, 159f., 173, 175f., 185ff., 191–204, 205–239, 241ff., 248–272, 274, 283f., 302, 304f., 312f., 317–350, 354, 360ff., 373, 375f., 378–403, 406ff., 414
Tillmann, F. 31
Tonneau, J. 37, 428

Ulpian 100
Urdanoz, T. 428

Vanni Rovighi, S. 428
Vázquez, G. 27
Veatch, H. B. 428
Vermeersch, A. 243
Virt, G. 24, 149
Voegelin, E. 55, 428

Walgrave, J. H. 429
Wallace, W. A. 144, 429
Walsh, J. J. 245, 429
Welzel, H. 34, 429
Wenisch, E. 102, 118, 129, 429
Wieland, G. 429
Wittmann, M. 37f., 94, 150, 429
Wojtyla, K. 38, 49, 75, 100, 126, 429
Wolter, H. 338

Yartz, F. J. 36, 429

Zalba, M. 429

SACHREGISTER

(Die Verweise beziehen sich jeweils auf den Text und/oder die Fußnoten)

Absicht (s. Intention)
Abtreibung 160, 270, 281, 351, 371, 380, 391, 412
actus
— *competens fini* 73, 376
— *conveniens fini* 73
— *debitus* 73 f., 83, 199
— *elicitus* 325
— *exterior* 82, 96, 325, 332, 335 ff., 375, 398
— *humanus* 49, 53, 65, 75, 80 ff., 93, 119, 124, 131, 159 f., 173, 176, 266 f., 292, 318 ff., 330, 332, 339 ff., 347, 361 f.
— *imperatus* 82, 325 f., 332, 347
— *interior* 325
— *proprius* 72 f., 80, 201
aestimatio naturalis 84
anima mea non est ego 408
Anthropologie (philosophische) 49, 154
— dualistische/spiritualistische (s. auch: Dualismus; Spiritualismus) 19, 69, 87, 112, 127, 169 f., 260, 290, 292, 407 ff
— normative 58, 66
— personale 19, 98 ff., 121
— und Metaphysik 52 f., 58 ff.
— und Naturgesetz 189 ff.
— und philosophische Ethik 53 ff., 66
— und sittliche Handlung 174 ff., 301
Anthropomorphismus
— und Gottesbild 103, 256, 408
— und „theonome Autonomie" 143, 168, 178–188, 197, 256
Anthropozentrik 192, 194
Antikonzepiton (s. Empfängnisverhütung)
appetitus (s. Strebevermögen, -akt)
apprehensio
— der *ratio naturalis* 47, 80 ff., 237, 254, 341
— *intellectualis* 44 f., 47, 219
— *naturalis* 219, 236 f.
Atheismus 416 f.
— methodischer 179, 186
Ausnahmen 361 ff., 365 ff., 370, 371 ff., 379 ff., 385 ff., 395 ff., 404
Aussagen, normative 58, 63 ff., 77 f., 285 ff., 398
Autonomie 149–204, 408
— als Begründungsunabhängigkeit bezügl. des Glaubens 158
— als Eigengesetzlichkeit 50, 150, 155, 158, 161 ff., 165 f., 180, 238, 271
— als „Ontonomie" 256
— als Vermittlung von Theonomie 256
— als Unabhängigkeit 152 f., 158, 167, 172, 183 ff., 405
— der irdischen Wirklichkeiten 164
— der praktischen Vernunft 152 ff., 255 ff., 408
— der sittlichen Erfahrung/Einsicht 18, 35, 408, 416 ff.
— des Sittlichen gegenüber dem Glauben 149, 160, 172, 178 f.
— des Sittlichen gegenüber der Naturordnung 69, 168 ff.
— des Sittlichen gegenüber der Metaphysik 58, 170 ff.
— des sittlichen Subjekts 35, 166
— des Sollens 160 ff., 174–177
— des Weltethos (s. dort)
— Emanzipationsautonomie 164, 167, 169
— funktionale 161 ff., 166, 167, 170 ff., 178 f., 184, 264
— kognitive 163, 171
— Kompetenzautonomie 163 ff., 167, 169
— konstitutive 163 ff., 170 ff., 179, 184, 227
— methodologische 55, 163, 171
— personale 59, 100, 139, 143, 159 ff., 167, 169 f., 173, 175, 178, 191–196, 196 ff., 223, 239, 253, 255, 271, 406
— sittliche 143, 149 ff.
— Souveränitätsautonomie 164, 167, 169
— theonome 24, 71, 143, 149, 166, 177, 178–188
— transzendentale 174
— und Partizipation 143, 180 f., 182 ff., 185 ff., 189–211
— und Zuständigkeit 164
Autorität 235

Befreiungstheologie 263
Begründung sittl. Normen (s. Normenbegründung)
Biologismus 26, 124
Bona humana (s. Güter, menschliche)
bonum commune (Gemeinwohl) 67, 90, 309, 373, 383, 389, 395
— der Spezies Mensch 113, 116
— *naturae* 100 f

bonum rationis (Gut der Vernunft) 75, 80f., 88, 140, 204, 241, 254f., 264, 269, 279, 280, 327

Caritas (göttl. Liebe) 103, 304ff.
causa
— *instrumentalis* (Instrumentalursache) 102
— *particularis* 197
— *prima* (Ersturcache) 70, 182f., 190, 206
— *secunda* (Zweitursache) 71, 102, 113, 183, 197, 206, 211, 238, 387
— *universalis* 197, 212
Christologie 263, 415
Christus 106, 139, 145f., 191, 193, 250, 263, 405, 414f., 416, 418, 420
conclusiones (aus den ersten Prinzipien) 78f., 218ff., 225ff., 379, 394ff., 397
contra naturam (naturwidrig) 98ff., 112
contra rationem (vernunftwidrig) 98ff., 112, 116
conversio ad phantasmata 107, 214

Debitum/*debitum* (das sittlich Gute/Gesollte) 73, 75, 79f., 108, 328f., 335, 374ff., 396
Dekalog 143, 208, 231ff., 371, 374, 378, 386ff.
— und sittliche Tugend 296, 391ff.
demonstratio 226f.
deposita sunt reddenda 378ff., 388, 396, 398
Desintegration
— der ehelichen Liebe 134f., 137
— der Sinnlichkeit 135
determinatio ad unum 38, 73, 84, 89
dectamen (rationis) 60, 68, 70, 208, 216, 253
Diebstahl 313, 331, 383, 386, 393f.
Dispens(ierung) 386ff.
dominium (Herrschaft des Willens; s. auch Autonomie, personale) 126, 128, 143, 159f., 167, 192ff.
Dualismus
— anthropologisch-ethischer 18, 20, 25, 86f., 92, 98, 107, 169f., 290, 292, 407ff.
— von Natur und Vernunft 17, 34, 62, 69, 150f., 170

Ehe 38, 81, 100, 116, 253, 387
— Ehebruch 313f., 350, 387f., 393
— eheliche Gleichheit 114, 116, 121
— eheliche Liebe 100ff., 114, 117ff., 283, 288, 291, 311, 331
— eheliche Treue 103f., 114, 116
— ehelicher Akt (s. Sexualverkehr)
— Ehesakrament 106, 138f.
— Einheit der E. 104
— Fruchtbarkeit der E. 115–139 (passim), 291, 341f.
— Unauflöslichkeit u. Scheidung 135, 283, 284, 416
— Ziele/Zwecke/Güter der E. 101, 104
Eigentum 383, 386
electio (s. Wahl)
Elternschaft, verantwortliche 104ff., 115–139, 292, 311
Empfängnisverhütung (Kontrazeption) 24, 110, 113ff., 173, 281, 391
— als *actio intrinsece mala* 368ff.
— und Naturgesetz 113–139
— und Vergewaltigung 369f.
Engel
— Intellekt der E. 218f.
— und Individuation 144
— Wille *(electio)* der E. 382f.
ens et bonum convertuntur (Konvertibilität des Seienden und des Guten) 41f.
Enthaltsamkeit *(continentia)*
— als Akt 116, 129ff.
— periodische 119, 121ff., 129ff.
Epikie 386, 388ff.
Erbsünde 142f., 251, 363, 414, 418f.
Erfahrung
— geschichtliche 156, 309
— praktische 34, 42f., 51, 57, 126f., 165, 171, 408
— Selbsterfahrung (reflektive; s. auch: Reflexion) 49, 54, 57, 273, 377
— sinnliche 238
— sittliche 18, 35, 54, 77, 165, 23
ergon idion 57, 60
Erkenntnis (s. Vernunft)
Erlösung 106, 153, 363, 377, 405, 412, 414f., 418ff.
Ersturcache (s. *causa prima*)
esse morale/substantiale/essentiale 41f., 155
esse naturae/moris (s. *genus n./genus m.*)
essentia (s. Wesen)
Essentialismus (s. Naturgesetz, als Seinsordnung)
Ethik
— analytische 177
— deontologische 255, 280ff.
— eudämonistische 56, 174, 275ff.
— Existentialethik 144
— Gesetzesethik (s. Legalismus)
— Glaubensethik 149
— Heilsethik, h.-geschichtliche E. 259ff., 311
— Liebesethik 298, 299ff., 303ff.
— normative 243ff., 271f.
— philosophische 21, 42–63, 154ff.
— Prinzipienethik 299ff.

Sachregister

— Seinsethik 28, 149 ff., 152 ff.
— Situationsethik 231
— teleologische 17 ff., 46, 69, 75, 92, 94, 110, 126, 148, 173, 177, 207, 252, 273–316, 335, 351 ff., 366, 371, 384, 393, 410 ff.
— theologische 25, 55 f.
— und Anthropologie 53 ff., 172, 176 f.
— und Metaphysik 54, 58 ff., 153, 158, 170 ff.
— und Methodologie, epistemologische Stellung 34, 42–63
— und Moraltheologie (s. dort)
— Wertethik 176
— Wesensethik 28
Eudämonismus (s. Ethik)
eupraxia 56, 176
Euthanasie 380, 391
Evidenz (praktische) 51, 76 f.
extensio, praktische (des Intellekts) 44 ff., 78

Fairness 295, 300, 303 f.
falsiloquium (Falschrede) 296, 346 ff., 351
finis 159 f., 333
— als Objekt 96 f., 322 ff., 332 ff.
— *debitus* 73 f., 140, 387
— *naturalis* 85, 105, 323 f., 328, 331, 333 f., 336, 338 ff., 342, 355, 368
— *operantis* 96 f., 155, 322, 336 ff., 345, 359
— *operis* 97, 155, 245, 254, 297, 322, 331, 336 ff., 345, 355
— *proximus* 305
Folgen 280 ff., 299 ff., 306 ff., 315, 351 ff., 371, 410 ff.
fomes peccati 142 f., 167, 259 ff.
forma substantialis 40 f., 60 f., 87, 140
Fortpflanzung 101, 103 ff., 113 ff., 253, 283, 288, 296, 323 f., 328 ff., 339, 341 f.
— als Mitwirkung mit der Schöpferliebe 102, 106 f., 113 ff., 122, 138
— und Verantwortung (s. Verantwortung)
Freiheit 42, 48, 69, 83, 98, 124, 143 ff., 151, 160, 173, 175 f., 179, 181, 184 f., 192, 196, 231, 344, 404 f.
Freundschaft (s. auch Liebe) 38, 90, 249, 300, 343, 394
Fruchtbarkeit, eheliche (s. Ehe)
Fruchtbarkeitsrhythmen/-zyklen 110, 117, 123, 137
fuga (s. *prosecutio*)
Fundamentaloption *(optio fundamentalis)* 409, 416, 418

Gebot, sittliches 64, 142 f., 145, 272, 379 ff.
Geburtenkontrolle, -regelung 111, 292
Gehorsam 161, 167

Gemeinwohl (s. *bonum commune*)
Genmanipulation 109
genus naturae/genus moris 62, 81, 85, 91 ff., 104, 254, 302, 315, 327 ff., 330 f., 333, 336, 343, 345, 352, 367 ff., 370, 372 f., 375 f., 398 f.
Gerechtigkeit 38, 90, 99, 114, 160, 179, 232, 249, 251, 270, 295, 296, 297, 300, 303 f., 306, 314, 347 f., 373, 378 ff., 386 f., 389, 393 ff., 400 ff., 416, 418
Geschichtlichkeit (des Naturrechts) 382, 400 ff., 408
Gesetz
— allgemeines 67 ff., 72, 145, 231
— biologische, physiologische Gesetze 114, 117 ff., 136, 139
— Christi (s. *lex*)
— der Gnade (s. *lex*)
— der praktischen Vernunft 109, 138, 139–142, 330, 406, 408, passim
— des Alten Bundes (s. *praecepta moralia* der *lex vetus*)
— evangelisches (s. *lex*)
— ewiges *(lex aeterna)* 32 ff., 38, 70 ff., 109, 112 f., 139 ff., 181, 185 ff., 189 ff., 198 ff., 206, 233, 245, 249, 255, 335, 407 f., 414 f.
— göttliches 138, 232 f., 261
— natürliches *(lex naturalis;* s. Naturgesetz)
— positiv-göttliches 386 ff.
— positiv-menschliches 225, 386, 388 ff., 393, 396 f., 401 ff.
Gesinnung 36, 283, 293 ff., 299, 303 ff., 311 ff.
Gewalt 167
Gewissen 34 f., 49, 64, 65, 68, 141, 145, 155, 231, 234 f., 286, 364, 392, 403 f., 417, 419
Glaube
— als Akt/theol. Tugend 59, 178 f., 363, 414
— als methodologisches Prinzip 59
— als sittliches Prinzip 310
— und Naturgesetz 178 f., 232
— und sittliche Einsicht 149, 166, 178 f., 417
— und Vernunft 21, 221, 234 f.
Glück 56 f., 247 f., 260, 274 ff.
Gnade (s. auch Natur und Gnade) 139, 142, 145, 178, 251, 271, 358, 405, 416 f.
Gott 145, 271
— als *bonum commune* der Schöpfung 194
— als moralischer Gesetzgeber 75, 178 ff., 185 ff., 239, 255 f., 408
— als Schöpfer 46, 56, 72, 102, 178 ff., 192 ff.
— als Vater 418
— als Weltregierer (s. Weltregierung)
— Gottes „überlegene Weisheit" 289, 290 ff.
— Reich Gottes 418 ff.
— Vorsehung Gottes (s. auch: Vorse-

hung) 34f., 70f., 116, 138, 184
— Wille Gottes 110, 113, 242, 288, 291, 363
Gott in uns (s. auch *nous*) 59, 211
Gottebenbildlichkeit (s. auch *imago*) 59, 100, 145, 180f., 191ff., 249, 323, 406
Gotteskindschaft 405, 415
Grenzfälle, Grenzfalldiskussionen 362, 365f., 370
Gut, Güter, das Gute 43, 56f., 108, 160, 165f., 175ff., 247f., 285f., 294ff., 312
— absolute und kontingente 312f., 409f.
— *bonum rationis* (s. dort)
— das höchste G. 56, 247ff.
— das scheinbar und in Wahrheit Gute 43, 77, 143, 176, 248, 269, 335
— gut-schlecht/richtig-falsch 264ff., 283, 292ff., 297, 299f., 409
— intelligible 47, 80
— menschliche *(bona humana)* 47, 78ff., 84, 88, 93, 125ff., 143, 151, 154f., 157, 236ff., 248, 305, 330
— praktische 46f., 63f., 75, 77, 172, 186, 279, 300f., 334, 409
— sittliche (s. auch: menschliche G.) 73, 140, 165f., 250ff., 280, 292ff., 300f.
— und Werte 296f., 299ff.
— vorsittliche (vor-moralische, ontische, physische) 27, 46, 91f., 96f., 135, 284, 294ff., 300, 306ff., 333ff., 347, 366f., 378, 412
Güterabwägung 26f., 207, 254, 285, 294, 296ff., 299ff., 306ff., 314, 362, 371, 397, 410ff.

Handeln
— indirektes (s. *voluntarium indirectum*)
— innerweltliches 415ff.
— mit Doppelwirkung (s. *voluntarium indirectum*)
    — naturwidriges *(„contra naturam";* s. naturwidrig)
Handlung
— als *actio immanens* 145, 197, 264
— als Willensakt 313
— Ausdruckshandlung 106, 298, 311, 409
— Beschreibung/Deskription von Handlungen 59, 367ff., 398, 413
— Herstellungs-/Kunst-/technisches Handeln 318ff.
— indifferente 69, 91f., 285, 320, 399
— intentionale (teleologische) Struktur 64, 353ff.
— menschliche (s. auch: *actus humanus*) 80ff., 159ff., 300, 367, 369
— Metaphysik der H. (s. Metaphysik)

— sittliche 197, 264–272, 312ff., 318ff.
— und Anthropologie (s. dort)
— und sittl. Werte (Wertcharakter von H.) 299ff., 312ff., 393, 396
Handlungsobjekt (s. Objekt)
Handlungsweise, richtige/falsche 177, 264ff., 299, 312ff., 409
Hedonismus 56, 174, 176
Heiligkeit
— als sittliche Vollkommenheit 145, 250, 271, 415, 418
— des menschlichen Lebens 102
Heilsethos (s. Weltethos und H.)
Heteronomie 135, 152f., 166ff., 174ff., 177
Hoffnung, christliche 414, 417ff.
Humanum 377, 415ff.

Identität, humane 126f.
ignorantia electionis 64
Illumination(slehre) 205, 212
imago (s. auch: Gottebenbildlichkeit) 73, 101, 180f., 191–196, 196ff., 203, 208, 211, 213, 223, 238f., 246, 269f., 296, 315, 377, 406
Imperativ, kategorischer 175
imperium 50, 68, 78, 81, 96, 202, 252, 264, 325f., 374
In Vitro-Fertilisierung 118
inclinatio naturalis (natürliche Neigung) 47f., 72ff., 79ff., 84, 86ff., 109ff., 119, 125, 139ff., 199ff., 215, 224, 236ff., 278, 406
— *ad agere/vivere secundum rationem* 85, 93
— *ad bonum secundum naturam rationis* 254f.
— *ad cognoscendum et amandum Deum* 193f.
— *ad coniunctionem maris et feminae* 80, 99, 100ff., 122, 125, 127
— *ad conservationem sui esse* 80, 88, 99
— *ad debitum actum et finem* 73f., 76, 78, 80, 99, 140, 203, 329, 375
— *ad proprium actum et finem* 72, 99, 109, 111, 200
— als *semina virtutum* 89ff., 109, 203, 305
— als untermenschliche (indifferente) Handlungsmaterie 75, 86, 94, 112, 237, 409
— der Vernunft „zur normsetzenden Aktivität" (s. Naturgesetz)
— personale Bedeutung 86, 91ff.
— und Ewiges Gesetz 113, 200ff.
— und Naturgesetz (s. dort)
— zum Zusammenleben in der Gesellschaft 80, 99
— zur Erkenntnis von Wahrheit 80, 99
Indifferenz, moralische (s. Handlung, indifferente)
Individuation, moralische 144, 376

Sachregister

Insemination, künstliche 287f.
Integration (der menschlichen Güter/Werte/
  Neigungen) 75, 80ff., 87ff., 93, 98, 101, 238,
  409
— kognitive 82, 87, 127, 238, 409
— ontologische (seinsmäßige) 87, 93, 108,
  124, 172, 409
— operative 87, 100, 124, 172, 409
Integrität
— personale 137, 409
— physiologische 123f., 137, 369
— ursprüngliche (s. *natura integra*)
intellectus
— *agens* 44, 210
— *perfectus/imperfectus* 209, 216f.
— *practicus* 44ff.
— und *ratio* 217–224
Intellekt (s. auch *lumen intellectuale*)
— als Akt 44ff.
— als Potenz 44ff., 246f.
Intention, *intentio* 47f., 63, 64, 68, 95, 299,
  314, 320, 322f., 333, 337ff., 349f., 353f., 376,
  384, 409, 416
— Lenkbarkeit der I. 356ff.
— *intentio voluntatis* 95, 353, 360
— *praeter intentionem* 354, 357, 358ff., 372
Intentionalität, praktische (s. auch: Handlung,
  intentionaler Charakter) 43, 64, 353ff.
intrinsece malum 242, 283, 302, 315f.,
  367–374, 378f., 391, 414
inventio 216–225, 258, 395f.
iudicium ex inclinatione 52
ius
— *gentium* 225f.
— *naturale* (s. auch: Naturgesetz und Naturrecht) 84, 207, 229
Jungfräulichkeit 127f.
Jusnaturalismus, neuzeitlicher 244, 403

Kaiphas-Prinzip 351, 413
Kasuistik 244, 350, 361ff., 364ff.
kata logon/meta logou 161
Kausalität, göttliche 197
Keuschheit 114, 116, 119, 123ff., 300
Kirche 146, 244, 405, 416, 418
Klugheit *(prudentia)* 52, 58, 61, 64, 89, 98,
  153, 160, 186, 224, 230f., 232f., 257, 267,
  269, 304, 376, 392, 403f.
Kommunikation 254, 346ff., 370
Konsequentialismus 17, 273, 351ff., 411
Kontemplation 45, 59
Kontext, ethischer 367f., 413
Kontingenz
— der praktischen Güter 46f., 380

— der Handlungsmaterie 224, 239, 378–403
Kontradiktionsprinzip (s. Widerspruchspr.)
Kontrazeption (s. Empfängnisverhütung)
Kopula, praktische 52
Krieg, gerechter (s. Tötung)

Legalismus (Gesetzesethik) 17, 145, 176, 231,
  244, 272, 404, 408f., 410
Lehramt, kirchliches 115, 173, 291, 415
— und Autonomie d. sittl. Einsicht, Gewissen 221, 234f., 256
— und Naturgesetz 29–35, 244, 256
Lehre/Lernen (Unterweisung; s. auch Vernunft, natürliche) 35, 256
— als Erkenntnisprozeß 207, 231ff.
— und natürliche Vernunft 207, 221ff.,
  231ff., 238
Leib, Leiblichkeit 86, 93, 99f., 107ff., 123,
  125ff., 230, 329, 346ff., 407ff.
— Ethik d. L. 107
— Theologie d. L. 107
Leidenschaft *(passio)* 54, 251
lex
— *aeterna* (s. Gesetz, ewiges)
— *Christi* 414
— *evangelica* 414f.
— *fomitis* (s. *fomes peccati*)
— *gratiae* 191, 414f.
— *naturalis* (s. Naturgesetz)
— *vetus* (s. *praecepta moralia*)
Lichtmetapher 205ff., 236, 249
Liebe (s. auch: *caritas*) 100, 111, 249
— als sittliches Prinzip 303ff., 344
— eheliche (s. Ehe)
— Freundschaftsliebe (s. auch: Freundschaft)
— Gottesliebe 193f., 232, 414
— Liebesgebot 303, 394, 418ff.
— Nächstenliebe 249, 295
logos 76, 211, 407
Lüge 215, 270, 281, 283f., 290, 327, 331,
  346ff., 380
— als *actio intrinsece mala* 370f.
lumen
— *gloriae* 212
— *gratiae* 212
— *intellectuale* 44, 48, 74, 155, 210ff., 224,
  246f.
— *naturale (rationis)* 61, 73f., 80, 142, 205,
  208ff., 216, 219, 234
Lust, das Lustvolle 275ff., 279ff.

malitia 251
— *ex obiecto* 241
— *intrinseca* (s. *intrinsece malum)*

Manipulation (menschlicher Akte) 125, 136
Mäßigkeit 160, 300, 304
Maßstab der Sittlichkeit (s. auch: Vernunft, normative Funktion; Natur; Naturordnung) 36ff., 60ff., 241ff., passim
materia
— *circa quam* 94ff., 215, 323, 328ff., 336, 345, 375, 383
— *commensurata a ratione* 95
— *debita* 95f., 328ff., 335, 338, 345
Mensch (s. auch: Person)
— als *animal rationale* 60, 86, 100f., 107, 126
— als inkarnierter Geist 86, 101, 126
— als Körperwesen 99f., 125ff.
— Würde des M. 118, 136, 139, 143, 297, 405, 409, 416
— Ziel d. M. 247ff.
mensura (s. auch: Vernunft als Maßstab) 36ff., 74ff., 206
Mentalrestriktion 348f., 356
Metaphysik 52, 170ff.
— der Handlung (Handlungsmetaphysik) 58ff., 61, 66, 190
— und philosophische Ethik 52f., 54, 58ff., 170ff., 279, 300f.
Mitte der Tugend *(medium rationis)* 84
Mittel-Ziel 56, 64, 82, 257, 314, 338, 354, 411
Moral
— autonome 17ff., 148, 149–158, 252, 306, 416ff.
— christliche 245, 377, 415ff.
— gnostische, manichäische 69
Moralische Differenz 283, 320
Moralität (s. Sittlichkeit)
Moralpositivismus 19, 166
Moralsysteme 145, 242
Moraltheologie
— Handbücher der M. 243f., 297, 359f 379
— traditionelle 243ff., 271f.
— und Christologie 415
— und diskursive Begründung sittl. Normen 243ff.
— und Paränese 242f., 288
— und philosophische Ethik 243ff.
Motivation 156, 174, 278, 416ff.
motus ad Deum 195f.
mutatio materiae 383ff., 387ff., 396

Nachfolge Christi 302
Natur (s. auch: *inclinatio naturalis*, natura, Naturgesetz, Naturordnung, natürliche Vernunft, usw.)
— als *causa ordinationis* 140
— als (kognitive) Regel der Vernunft 37, 227, 237, 387f.
— als physiologische/biologische Struktur (s. auch Gesetz, biologisches) 123f.
— als sittliche Norm/Maßstab/Regel 29ff., 36ff., 71f.
— Analogie des N.-Begriffs 140f.
— gefallene 142f., 259ff.
— in der Reflexion 141f., 377, 406f.
— und Gnade 142, 145, 259ff., 271, 305f., 414ff.
— und sittliche Vervollkommnung 37ff.
— und übernatürliche Ordnung 142, 145, 191, 249ff., 262f., 414f.
— untermenschliche, unterpersonale 111, 271, 344, 409
— Veränderlichkeit *(mutabilitas)* der N. 382f., 402
— Zwecke der N. (s. *finis naturalis)*
natura
— *a natura/secundum naturam* 74f., 98, 109, 111, 203, 237
— *animalis/rationalis* 108
— *contra naturam* (s. naturwidrig)
— *elevata* 415
— *intellectualis* 193, 195
— *integra* 251, 259ff.
— *lapsa* (s. Natur, gefallene)
— *metaphysica* 28, 29, 40, 61, 141, 171, 263
— *pura* 251, 262f.
— *sibi relicta* 142, 251, 259f.
— und *ratio* 142
natura humana mutabilis est 382f., 402
naturalis conceptio 83f., 209, 216, 375
Naturalismus (s. auch Physizismus) 17ff., 62, 89, 94, 98, 110, 154, 290, 292ff., 333, 393, 399, 408
naturalistic fallacy (s. Naturalistischer Fehlschluß)
Naturalistischer Fehlschluß 26f., 239, 257, 273, 285, 294f., 296ff., 299, 410
naturaliter cognitum 47, 98, 209, 215ff., 221, 230, 253, 388
naturgemäß 34, 50, 142, 255, 407
Naturgesetz *(lex naturalis)*
— als „natürliche Neigung zur normsetzenden Aktivität" (autonomistische Interpretation) 76, 173, 181–185, 201, 207, 236, 238
— als *aliquid per rationem constitutum* 62, 67ff., 71, 74, 84
— als *aliquid pertinens ad rationem* 67, 83
— als deskriptiver Gegenstand der Vernunft 63f., 77
— als *dictamen rationis* 68
— als *opus rationis* 62, 67ff.

Sachregister

— als *ordo virtutis* (s. dort)
— als Partizipation des Ewigen Gesetzes 65, 70–76, 139 ff., 185 ff., 329, 407 f., 414 f.
— als *praescriptio rationis* 32 f., 141
— als präzeptiver Gegenstand der Vernunft 63 ff., 68
— als *propositio universalis* 67 f., 397 f.
— als Seins- oder Naturordnung (neoscholastische, naturalistische, essentialistische Interpretation) 28, 35 ff., 62, 71, 83, 141 f.
— als Ordnung *(ordinatio/ordo)* der praktischen Vernunft (personale Interpretation; s. auch *ordinatio rationis; ordo rationis)* 36, 63–90, 139 ff., 198 ff., 224 ff., 235 ff., 335, 406 ff., passim
— biologisch/physiologische Naturgesetze (s. Gesetz)
— *in fieri/in facto esse* 66
— Konstituierung des N. durch das Ewige Gesetz 70 ff., 189–204
— Konstituierung des N. durch die (natürliche) praktische Vernunft 67 ff., 76–84, 141 f.
— naturwissenschaftlicher Begriff des N. 71, 109, 111, 139
— Objektivität des N. (s. dort)
— Prinzipien, Präzepte des N. (s. dort)
— stoischer Begriff des N. 34, 71 f., 90, 407
— und Dekalog (s. dort)
— und Dispens (s. dort)
— und Epikie (s. dort)
— und Ewiges Gesetz 32 ff., 70 ff., 181 ff., 189–204, 238, 408, 414 f.
— und gefallene Natur (s. dort)
— und Geschichte (s. Geschichtlichkeit)
— und Glaube (s. dort)
— und *ius gentium* (s. dort)
— und Lehramt 29–35, 415
— und natürliche Neigungen (s. auch *inclinatio naturalis)* 79 ff, 85 ff., 98, 108 ff., 139 ff., 198–204, 329, 406
— und Naturrecht 141, 400 ff.
— und Offenbarung 206 f., 238, 256, 418 f.
— und *ordo ad finem* 83 ff.
— und philosophische Ethik 24–62
— und praktische Vernunft 24–62, 63–84, passim
— und Tugend 65, 85 ff., 142 ff., 261, 392 ff., 403 f.
— Verdunkelung/Zerstörung des N. 258, 261 f.
natürliche Methode (s. auch Enthaltsamkeit, periodische) 119, 136 f.
natürliche Neigung (s. *inclinatio naturalis)*

Naturordnung, *ordo naturae* (s. auch Natur) 28, 31, 33 f., 36 ff., 62, 69, 71, 74, 150, 154, 169 ff., 387, 406 ff.
— Moralisierung der N. 108 ff.
Naturprohibitive 369
Naturrecht (s. *ius naturale)*
naturwidrig (s. auch Handeln contra *naturam)* 98 ff., 287 ff., 308, 346
Naturzwecke (s. auch: *finis naturalis)* 289 f., 338 ff.
Nebenwirkungen (-folgen) 351 ff.
Nominalismus 176, 244, 387
non est eadem rectitudo apud omnes 378 ff., 387 f., 391 f., 396
Normen, sittliche 143 ff., 174, 188, 207, 403 f., 407, passim
Normenbegründung 24 f., 69
— aus dem Glauben 149, 152
— diskursive 29, 69 f., 155, 177, 235, 242 ff., 281
Normenethik 18
Notwehr, Selbstverteidigung (s. Tötung)
nous 59, 211
Nutzen/Nützlichkeit 274 ff., 280, 376
— und Wahrheit 176 f., 275, 277 ff.

Objekt *(obiectum)* 18, 91–98, 297, 305
— als *conceptio rationis* 61 f., 94 f., 328, 335 f.
— als Gegenstand der praktischen Vernunft 61 f., 314
— als Ziel des Willens 97 f., 314, 322 ff., 332 ff.
— *obiectum conveniens* 328 f., 375
— *obiectum morale* 61 f., 91 ff., 215, 302
— praktisches (Handlungsobjekt) 45 f., 47, 61 f., 75, 81 f., 91–98, 254, 313 ff., 317–405, 367
— und Umstände 392, 398 f.
— verdinglichte Auffassung 94, 338 f., 344, 399
Objektivierung
— absolute *(consideratio absoluta;* s. auch: *genus naturae)* 92, 399
— moralisch-praktische 82, 91 ff., 326 ff., 409
Objektivität
— als Gegensatz zum Subjektiven 30–35, 141 f., 231, 293, 314, 343 ff.
— sittliche (moralische, praktische) 61 f., 91 ff., 97 f., 162, 314 ff., 343 ff., 368
— und Naturgesetz 97 f., 329 f., 335, 374–405
Offenbarung 29, 70, 110, 174, 221, 231, 416, 418 f.
— und Moraltheologie 59, 178
— und Naturgesetz (s. dort)
operari (agere) sequitur esse 38, 49

Operative Konkretisierung 56, 257, 270, 376
operatum 338 ff., 345 f.
Optimierung (von Gütern/Folgen; s. auch: Güterabwägung) 298 ff., 306 ff.
ordinatio ad opus 44
ordinatio rationis 27, 67, 89, 98, 103, 116, 138, 139 ff., 143 ff., 162, 199, 201, 203, 227, 236, 254, 258, 328 ff., 341, 345, 347, 369, 375, 384, 387, 389 f., 403 f., 406
ordo
— *ad finem* 83 f., 95, 406
— *naturae/naturalis* (s. auch: Naturordnung) 109, 111, 113, 137, 406
— *rationis* 27, 36, 52 f., 62, 63, 71 f., 74, 81, 84, 85 ff., 95, 103, 109 f., 111 f., 113, 120, 125, 137 f., 139 ff., 143 ff., 190, 241, 250, 258, 264, 375, 406
— *specificationis/executionis* 96, 336, 375
— *virtutis* 63, 84, 85 ff., 111, 113, 142 ff., 203, 268, 376
orthos logos 57 f.

Partizipation (s. auch: Autonomie und P.; Naturgesetz als P. des Ewigen Gesetzes) 35, 70 ff., 180 f., 189 ff., 205, 223 f., 246, 254
peccatum
— *contra naturam* 98 ff., 135 f.
— *ex debilitate, infirmitate* 262
— *ex malitia* 262
Person (s. auch Suppositum) 98 ff., 111, 126 f., passim
— als geistiges Ich 93, 290
— als moralisches Subjekt 19, 35, 38, 49, 127, 165 f., 239, 408
— als Natur 93
— und Natur 93, 107, 271, 344
Persona affirmanda est propter se ipsam 409
Personalismus, spiritualistischer/dualistischer 120 f., 126
Pflicht, sittliche 64, 174 f., 272, 278, 280 ff.
phainomenon agathon 77, 176, 344
Physizismus (s. auch Naturalismus) 17, 25 ff., 62, 94, 148, 209, 239, 273 ff., 292 ff., 296 ff., 312, 333, 355 ff., 367
potentia generativa (s. Zeugungspotenz)
potentia oboedientialis 270
praecepta moralia (der *lex vetus*) 208, 232, 235
praeceptum 50
— der Klugheit 64, 98
— des Naturgesetzes (s. auch: Präzepte) 68 f., 80 f., 139, 202
praesuppositio/praesuppositum 111 ff., 120, 137 f., 142, 202 f., 348
Praktische Vernunft 17, 76 ff., 110, 112, 160, 141, 143, 145, 151 ff., 174 ff., 236, 249, 318 ff., 368, 398, 404, 406 ff., 409, passim
— als natürliche Vernunft (s. dort)
— appetitive Bedingtheit 46 ff.
— bewegender Charakter 46 f.
— intentionale/teleologische Struktur 64, 246 ff., 353 ff.
— kognitiver Primat/Priorität der praktischen Vernunft 49 ff., 406 f.
— konstitutive Bedeutung 26 f., 63 ff., 76 ff., 250 ff., 326 ff., 406 f.
— operative Konkretisierung durch die Klugheit (s. auch: Klugheit) 257, 270
— präzeptiver Charakter 50, 252 f.
— und Naturgesetz 24–63, 63, 374–405, passim
— und philosophische Ethik 25 ff., 42–63
— und Reflexion (s. dort)
— und *speculatio* des Intellektes 45
— und Wahrheit (s. auch: Wahrheit) 45 f., 213 ff., 246 f.
— Unterschied zur theoretischen Vernunft 18, 44 ff., 254, 380
praktischer Syllogismus 64, 78
praxis-poiesis 318 ff., 410
Präzepte des Naturgesetzes
(s. Prinzipien d. N.)
prima facie duties (präsumptive Pflichten) 303
principia
— *per se nota* 76 f., 229
— *propria* 224, 230 ff., 378, 380 f., 384, 391 ff.
Prinzipien, Präzepte des Naturgesetzes 63 f., 68 f., 218 ff., 229–239
— allgemeine *(communia)* 223, 225, 228, 380 f., 394
— allgemeinste *(communissima)* 228
— *bonum est quod omnia appetunt* 43, 51, 77, 222, 248, 279
— *bonum prosequendum (et faciendum), malum vitandum est* 51 f., 63 f., 76 ff., 157, 175, 222, 227 f., 236
— entferntere *(remota)* 227, 233, 235
— erste 51 f., 76 ff., 111
— Goldene Regel 270
— partikuläre 304 ff.
— sekundäre *(secundaria)* 224–235, 378, 391 ff., 402
— Unableitbarkeit des ersten P. 51 f., 76 ff.
— universale Geltung 391 ff.
Prinzipien, theoretische 76
Privateigentum (s. Eigentum)
prohairesis 160 f., 411
Prokreation (s. Fortpflanzung)
proportio 334

Sachregister

— *ad rationem* 91, 94, 241
— *debita* 84, 329
Proportionalismus 17, 273
propositio 67 f.
Proprium
— der christlichen Moral 156 f., 263, 312, 415 ff.
— ethisches 156 ff., 263–272, 311, 410 ff., 413 f.
prosecutio/fuga (des Willens) 50, 63, 68, 77, 79, 89
providentia (s. Vorsehung)
prudentia (s. Klugheit)

ratio (s. Vernunft)
ratio naturalis (s. Vernunft, natürliche)
ratio virtutis 85, 381
Rationalismus 28, 54, 61, 141, 403
Rationalität, autonome (des Sittlichen) 149 ff., 155, 158, 166, 418
rationes seminales 222
recta ratio 58, 60 f., 98, 109, 224, 230, 245, 258, 267, 404
rectitudo 379 ff., 402
reditio completa 48 f., 54, 237
Reflexion (der praktischen Vernunft) 48 f., 50, 52, 53 f., 57, 61, 63 ff., 68, 77 f., 140 f., 145, 171, 274, 377, 406
religio (sittliche Tugend der Religion) 90, 179, 232, 251, 394
res 47, 237

Sachlichkeit, Ethos der S. 152 f., 156 f.
Säkularisierung 416 f., 419
Schlußfolgerungen (s. *conclusiones*)
Schulthomismus 17, 21, 241 ff.
scientia moralis 63, 66
secundum naturam (s. naturgemäß)
secundum rationem (s. vernunftgemäß)
Seele 49, 54 ff., 60 f., 87, 107
— der herrschende Teil der S. 57 f., 255
— Hierarchie in der S. 57 f., 88 f., 246 f., 269
— Lehre von der S. 54 ff.
— Teile der S. 57 f., 87, 247, 252
Sein und Handeln (s. auch: operari sequitur esse) 49, 58 ff., 168 ff., 173, 177
Sein und Sollen *(is/ought)* 26 f., 31, 50 f., 141, 154
Seinsethik (s. Ethik)
Seinsordnung (s. Naturordnung)
Selbst-
— beherrschung 123 ff., 136
— kontrolle 123 ff.
— regulierung 121

Selbstmord 102
semina virtutum (s. *inclinatio naturalis*)
Sexualität 104, 113 ff., 121–136, 289 f., 321
Sexualtrieb 124 ff.
Sexualverkehr
— ehelicher 106, 113–139, 291, 330 f., 341 f., 368, 391
— homosexueller 134
— onanistischer 134
— Koitus interruptus 114, 123, 125
— Vergewaltigung 110, 369 f.
Sinneserkenntnis, -erfahrung 45, 219
Sinnlichkeit 57 f., 75, 107 f., 135, 219, 247, 249, 251, 260, 269, 325
Sittlichkeit (Moralität) 248 ff., 264 ff., 299, passim
Sollen, sittliches 59, 64, 150 ff., 160 ff., 175 ff., 285 ff., 292 ff., 406
— Autonomie des S. (s. Autonomie)
— und sittliches Können 416 ff.
Sozialeudämonismus 275 ff.
Soziallehre, kirchliche 401
speculatio (als Akt des Intellektes) 45 ff., 80
Spezies/Spezifizierung, moralische *(species moralis)* 61 f., 94 f., 97, 231, 305, 327, 368, 372, 389, 399
Spiritualismus (in der Moral) 17, 69, 87, 92, 103, 107
spoudaios 143, 233, 261
Sprache
— als menschliche Handlung (s. auch: Kommunikation) 289 f., 346 ff.
— der Verkündigung, des Lehramtes 29 ff.
— sprachliche Formulierung des Naturgesetzes 52, 68, 77, 386, 389 f., 397 f.
Starkmut 160, 300, 304
Sterilisierung 117, 119, 132, 135, 288, 357 f., 379
Stoa (s. Naturgesetz, stoischer Begriff)
Streben 43, 46 ff., 56, 63, 78, 86, 237, 258
Strebevermögen, -akt(e) *(appetitus)* 46 ff., 51 f., 81, 89, 267
Subjekt
— moralisches/sittliches 35, 38, 49, 165 ff., 408
— im Gegensatz zum Objekt 30 ff., 127, 141 f., 343 ff.
Subjektivismus 32, 54, 412
Subjektivität (s. auch Objektivität) 93, 143, 173, 314, 343 ff.
Subsumtion
— des Einzelfalles unter das Gesetz 145
— des Konkreten unter das Allgemeine 64
Sünde (s. auch: Erbsünde; *peccatum)* 143, 358,

413, 418
Suppositum *(suppositum humanum)* 49, 75, 87f., 91ff., 98, 100, 127, 170, 230, 237f., 246, 253ff., 290, 343, 368, 375f., 391, 400, 406, 409
suum cuique („jedem das Seine") 270
Syllogismus, praktischer (s. praktischer S.)
synderesis 65, 98, 228ff., 231, 404

Teleologie/teleologisch 64, 256, 280ff.
Teleologisch-deontologisch 64, 69, 280ff., 285ff.
Theologie 178
— als *scientia fidei, sacra doctrina* 59, 190
— philosophische 178f., 190
Theonomie 35, 166, 177, 255ff.
— partizipierte (s. auch: Autonomie und Partizipation) 143, 166, 239, 408
Todesstrafe (s. Tötung)
Tötung
— als *actio intrinsece mala* 371ff.
— eines Unschuldigen 264, 270, 314, 327, 371ff., 409f., 412f.
— im gerechten Krieg 371ff.
— in Notwehr (Selbstverteidigung) 353f., 360ff., 371ff.
— Todesstrafe 371ff.
— ungerechte (Mord) 103, 225, 313, 352, 371ff., 387, 393
Transzendentale Deduktion 28
Transzendentaler Formalismus 174ff., 282
Tugend
— allgemeine 38, 48, 265ff.
— dianoetische (intellektuelle) 60, 266
— sittliche (s. auch: *ordo virtutis*) 43, 57f., 77, 123ff., 142ff., 157, 160, 170, 172, 176f., 204, 231, 258f., 261, 265ff., 305, 315, 368, 403f.
— theologische 414
— und Naturgesetz 85ff., 98, 258, 261, 392ff., 403ff.
— Ziele der T. 379, 392ff.
Übel
— sittliches 412f.
— vor-sittliches (prae-moralisches, ontisches) 112, 135, 283, 346, 351, 412f.
Umstände (siehe: Objekt und U.)
Universalität (sittlicher Urteile) 64, 378, 391ff.
Unsterblichkeit 101, 135
Unzucht *(luxuria)* 111, 313
Urteile
— normative 61
— praktische (s. auch: praktische Vernunft) 44ff., 61, 67ff., 80, 380, passim
präzeptive 68, 80
— reflexe, des Gewissens (s. auch: Gewissen; Reflexion) 64f., 68
— spekulative 80
— theoretische 44ff., 380
usus (Willensakt) 324f., 383f., 393
ut in pluribus 378ff., 389, 393, 402
Uterusexstirpation 355ff., 412
Utilitarismus 27, 56, 69, 92, 174, 176f., 273ff., 309, 311, 315, 351

Verantwortung 351ff., 366, 411ff.
— der Person 17ff., 139
— prokreative (s. auch Elternschaft) 104ff., 118ff., 121–136, 369ff.
Vernichtungsbombardemente *(obliteration bombing)* 351, 356f., 359
Verbum (divinum) 213ff.
Verdinglichung (kognitive) 68, 94, 338f., 344, 399
Verkündigung (s. Lehramt)
Vernunft
— als „Ableseorgan" 28, 76, 151, 201
— als Bestandteil der Natur- oder Seinsordnung 34, 69, 406
— als Maßstab des Sittlichen (normative Funktion) 36f., 57f., 60ff., 67, 74f., 79ff., 89, 154, 157, 206, 237, 241–263, 268, 276, 330, 335, 375, 406
— als *regula* 36f., 60ff., 67, 72, 79ff., 89, 237, 249
— Autonomie der V. und Lehre, Lehramt (siehe dort)
— diskursiver Akt d. V. 208, 218ff., 238
— gesetzgebende 26, 71, 182f.
— natürliche *(ratio naturalis)* 34, 47, 52, 61f., 69, 74f., 76ff., 85, 98, 112, 137, 140ff., 170, 188, 199ff., 205–239, 249, 313, 315, 342, 378, 396, 403f, 406
— praktische (s. praktische V.)
— „schöpferische" (des Menschen) 24, 26, 62, 76, 159, 172, 178, 181–188, 206ff., 406
— schöpferische (Gottes; s. auch: Gott als Schöpfer) 45f., 72
— spekulative 44ff., 76
— Telos-Charakter der V. 246ff., 268f., 270, 315, 407
— theoretische 44ff., 153
— und Glaube (s. dort)
— und Natur (s. auch: Dualismus) 26, 36ff., 69, 142, 406f.
— und Sinnlichkeit (s. auch dort) 57f.
— Wahrheitsmächtigkeit der V. 213ff., 377

Sachregister 443

Wirklichkeits-/Wahrheitsbezug der V. 213 ff., 246 f.
vernunftgemäß *(secundum rationem)* 75, 142, 151, 241, 252, 267, 407
Vernunftvergessenheit 36, 273, 335
via iudicii/via inventionis 217 ff., 232, 238
vis cogitativa (ratio particularis) 403
Vollkommenheit, sittliche 38, 42, 124, 125, 127, 157, 261
voluntarium
— *in causa* 354
— *indirectum* („indirektes Handeln") 350–366, 374, 377, 411 f.
voluntas
— *eligens* 338
— *intendens* 338
— *ut natura* 78, 80, 85
Vorsehung *(providentia;* s. auch: Gott) 65, 70 f., 73 f., 186, 189, 196 ff.
vulnus/vulnera naturae 251

Wahl, Wählen (Willensakt: *electio)* 43, 47 f., 52, 63, 64, 68, 78, 84, 90, 95 f., 98, 131, 230, 264, 314, 338, 353 f., 360, 376, 382 f., 411 f.
Wahrhaftigkeit 284, 296, 346 ff., 370, 394
Wahrheit 45, 48, 210 ff., 246 f., 377
— als subjektive Setzung und gefundene 35, 165 f., 239, 406 f.
— der Subjektivität 143, 345
— des sittlich Guten 35, 45
— Erkenntnis der W. als Endziel 247 ff.
— noetische Unverfügbarkeit 35, 165 f., 406 f.
— normative 34, 165 f.

— praktische 61, 65, 140, 166, 177, 224, 253, 257, 383 f., 409
Weitergabe des Lebens (s. Fortpflanzung)
Weltethos und Heilsethos 153, 156 f., 179, 415 ff.
Weltregierung, göttliche 33 ff., 70 f., 73 f., 138, 184, 196 ff., 199 ff.
Wert(e) 46, 145, 294, 296 ff., 299 ff.
— und Güter (s. dort)
— und Handlungen (s. dort)
Wertidealismus 285, 333, 335, 395 f.
Wertphänomenologie 296
Wertphilosophie 176
Wesen *(essentia)* 41 f., 72
Wesensnatur 28, 29, 37, 40, 61
Widerspruchsprinzip 51, 79
Wille (voluntas) 89, 96 f., 108, 121, 250 ff., 264, 269, 322 f., 325 f., 332 ff., 337 ff., 350, 352, 354 ff., 375, 383, 402, 411 f., 414
— als *appetitus intellectivus/a. in ratione* 75, 89, 96, 98, 103
— freier *(liberum arbitrium)* 84, 382 f.
— Gottes (s. Gott)
— guter 36, 312

Zeugung (Prokreation; s. auch: Fortpflanzung) 311, 323 f., 328 ff.
Zeugungspotenz *(potentia generativa)* 104 ff., 115, 122, 323 f., 327, 331, 339, 341 f., 368 f.
Ziel (s. *finis)*
Zölibat 127 f
Zwang/Nötigung 167

Für die Hilfeleistungen bei der Anfertigung der Register sei Herrn Peter Studer, Egg/Zürich, herzlich gedankt.